BAYU CANG ZHEN
——CHONGQING SHI DI-YI CI
QUANGUO KEYIDONG WENWU PUCHA
ZONGJIE BAOGAO JI SHOUCANG
DANWEI MINGLU

巴渝藏珍

重庆市第一次全国可移动文物普查总结报告暨收藏单位名录

主　编　幸　军
副主编　程武彦　柳春鸣　钟冰冰　欧阳辉

西南师范大学出版社
国家一级出版社 全国百佳图书出版单位

图书在版编目(CIP)数据

巴渝藏珍：重庆市第一次全国可移动文物普查总结报告暨收藏单位名录/幸军主编．—重庆：西南师范大学出版社,2019.3
ISBN 978-7-5621-5571-3

Ⅰ.①巴… Ⅱ.①幸… Ⅲ.①文物－普查－工作报告－重庆 Ⅳ.①K872.719

中国版本图书馆CIP数据核字(2019)第044512号

巴渝藏珍
——重庆市第一次全国可移动文物普查总结报告暨收藏单位名录

主编 幸 军

责任编辑：曾 文 周明琼 应 娟
责任校对：翟腾飞
书籍设计：王 煤
出版发行：西南师范大学出版社
　　　　　重庆·北碚 邮编：400715
　　　　　网址：www.xscbs.com
经　　销：新华书店
印　　刷：重庆紫石东南印务有限公司
排　　版：重庆大雅数码印刷有限公司·张祥
幅面尺寸：210 mm×280 mm
插　　页：8
印　　张：39.75
字　　数：901千字
版　　次：2019年5月 第1版
印　　次：2019年5月 第1次印刷
书　　号：ISBN 978-7-5621-5571-3

定　　价：158.00元

编委会

主　　编　幸　军

副 主 编　程武彦　柳春鸣　钟冰冰　欧阳辉

编　　委　严小红　杨柱逊　梁冠男　刘华荣　夏伙根

本册主编　甘　玲　金维贤

重庆中国三峡博物馆

重庆中国三峡博物馆展厅

重庆红岩革命历史博物馆（红岩革命纪念馆）

重庆图书馆

重庆文化遗产研究院

重庆自然博物馆

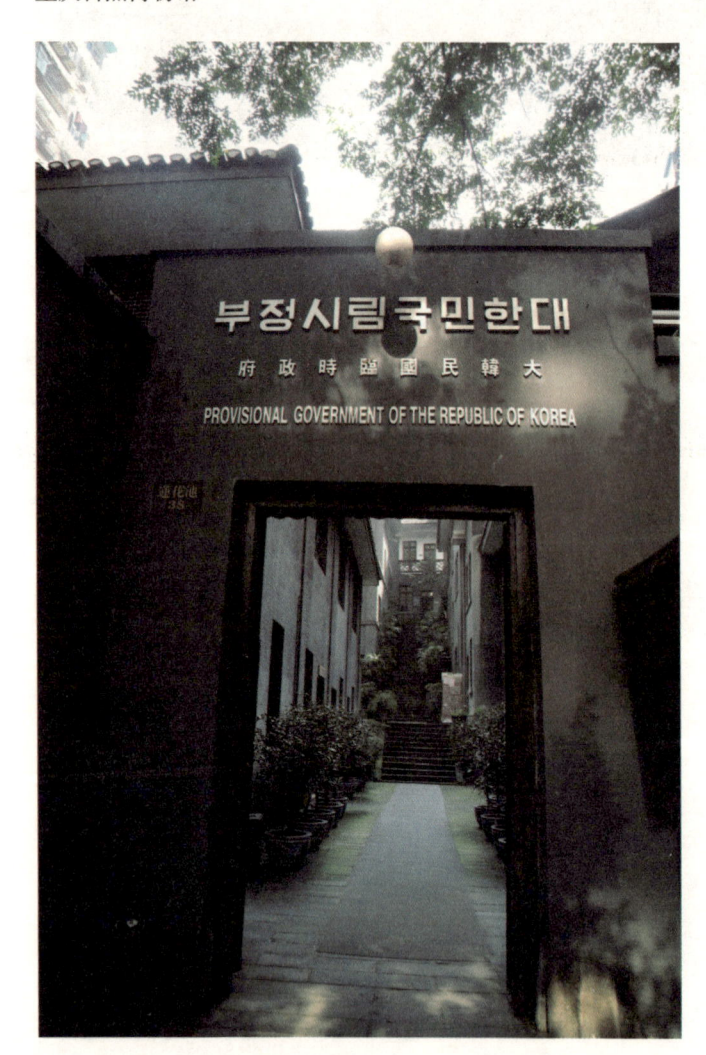

重庆大韩民国临时政府旧址陈列馆

重庆三峡移民纪念馆

大足石刻博物馆

巴渝古床博物馆

巫山博物馆

刘伯承同志纪念馆

聂荣臻元帅陈列馆

云阳博物馆

武隆区博物馆展厅

大渡口博物馆展厅

奉节县夔州博物馆展厅

涪陵区博物馆展厅

彭水县博物馆展厅

大足石刻博物馆展厅

重庆巴渝民俗博物馆展厅

巫山博物馆展厅

序

重庆是中国历史文化名城,具有悠久的历史和光荣的革命传统,积淀了巴渝文化、革命文化、抗战文化、三峡文化、移民文化、统战文化等人文底蕴。这些丰厚的文化遗产,延续着这座城市的历史记忆。

可移动文物是宝贵的文化遗产,是传承弘扬中华优秀传统文化的重要载体。2012年至2016年,国务院部署开展第一次全国可移动文物普查,这是保护传承中华优秀传统文化的重大举措,是加强国家软实力建设的重要文化战略,也是全面夯实我国文物工作基础的关键工程,具有里程碑意义。

五年来,在重庆市委、市政府的坚强领导下,全市各级有关部门和各级普查机构精心组织,高效推进,广大一线普查员攻坚克难、敬业奉献,圆满完成了可移动文物普查任务,取得了丰硕的普查工作成果。

面对可移动文物总量大、范围广、类型多、收藏单位多元、保存情况复杂等现状,我市以县域为基本单元、国有单位为基本对象的网格式调查排查,实现了地理范围的全覆盖、国有单位的全参与、文物核心指标的全登记,摸清了国有可移动文物家底,建立起全市可移动文物资源数据库。普查结果显示,全市国有文物收藏单位有165家,采集登录可移动文物148.2489万件,文物照片91.5479万张。我市国有可移动文物呈现出文物类型丰富、文化序列完整、地域特色鲜明、分布相对集中等特点。35个文物类别均有分布,从200万年前至现代,重要历史时期反映社会生产生活的各类文物齐备,三峡文物、革命文物、抗战文物最具重庆地域特色。

在普查过程中,全市参与普查工作的普查员共6671人,举办各类培训432次,共调查国有单位26104家,新建近15万件/套文物的档案。各单位按照普查工作要求开展藏品清点,核查账物对应情况,补充完善文物信息,健全藏品账目档案,建立健全文物管理制度。同时,我市还通过自主研发文物信息离线登录平台,建立文物信息逐级审核制度、数据审核专家责任制等工作机制,确保了普查进度和数据质量。

通过五年的普查，全市建立了国有可移动文物认定体系，健全了国有可移动文物收藏管理制度，构建了国有可移动文物动态监管体系，建立起统一的可移动文物的登录标准，为我市可移动文物保护和利用奠定了良好的基础，也为探索建立覆盖全市所有系统的文物保护利用体系创造了条件。

普查工作期间，我市还在文化遗产宣传月和主题日组织开展形式多样的专题宣传活动，利用文物普查成果，拍摄《国宝大调查》专题片，举办"细数家珍，传承文明——重庆市第一次全国可移动文物普查"展览，并在全市各区县巡展，普及文化遗产保护知识，营造文化遗产保护氛围。重庆中国三峡博物馆组织参观者探访文物保护中心实验室，让观众了解文物保护修复过程；重庆市文化遗产研究院组织文物保护志愿者走进考古工地，体验考古发掘出土文物的过程，组织文博专家在各大中小学开展文化遗产保护专题讲座，提升青少年学生对文化遗产保护的认知。

普查过程中，各普查收藏单位通过对珍贵文物的整理研究，进一步发掘出文物历史价值、艺术价值和科学价值，发表与普查成果相关文章150余篇，还出版藏品图录和藏品专题研究图书。2013年起，以普查为契机，我市率先启动抗战可移动文物专题研究，先后对全市抗战文物、革命文物、长征文物（可移动文物部分）进行调查统计，为下一步开展文物保护利用奠定了良好的基础。2016年，受国家文物局委托，我市还对四川、云南、贵州、重庆等西南4省市抗战可移动文物进行专项调查，并编制完成《抗战文物（可移动）专项调查报告——以西南四省市为例》。

在可移动文物普查基础上，我市组织开展镇馆之宝评选活动，评选出354件/套镇馆之宝。重庆中国三峡博物馆先后编辑出版《重庆中国三峡博物馆馆藏文物选粹——玉器》《重庆中国三峡博物馆馆藏文物选粹——鼻烟壶》和《重庆中国三峡博物馆馆藏文物选粹——铜镜》等图录，以"馆藏江南会馆文物资料整理与研究"为题，作为2015年度重庆市社会科学规划特别委托项目立项。渝北区编辑出版《渝北古韵》，在普查清理木质文物的基础上，重点研究馆藏特色古床等文物。黔江区文化部门经过系统整理，出版发行了《双冷斋文集校注》《笏珊年谱校注》，填补了黔江区清代历史文献的空缺。

为了让第一次全国可移动文物普查成果更好地服务于社会，重庆市文物局编辑出版《巴渝藏珍——重庆市第一次全国可移动文物普查总结报告暨收藏单位名录》和《巴渝藏珍——重庆市第一次全国可移动文物普查文物精品图录》。前者由重庆市的普查总报告、全市6家直属单位和39个区县的普查分报告、重庆市第一次全国可移动文物普查收藏单位名录三个部分组成，是中华人民共和国成立以来重庆市首次对可移动文物进行全面综述；后者从全市石器、铜器、书法绘画等35个类别，148.2489万件藏品中遴选出1604件/套文物，分六卷进行编著，入选文物年代序列完整，类型丰富，是全市国有可移动文物珍品的群集荟萃，反映了重庆历史文化传承脉络，体现了重庆深厚的历史文化底蕴。

保护文物功在当代,利在千秋。回望过去,我市通过普查,全面掌握了可移动文物的数量分布、保存状况、文物价值等重要信息,向摸清文物资源家底、健全文物管理机制、发挥文物公共服务功能迈出了关键的一步。展望未来,保护文物、传承历史,让收藏在博物馆文物、陈列在广阔大地上的遗产、书写在古籍里的文字都活起来,我们深感任重道远。

幸 军

Preface

Chongqing is a historically and culturally prestigious city in China that boasts a long history and a glorious revolutionary tradition. Chongqing has cultivated Bayu culture, revolution culture, culture of War of Resistance Against Japanese Aggression, the Three Gorges culture, immigrant culture, united front culture, and other humanistic and cultural references, leaving an extremely rich cultural heritage and extending the historical memory of the city.

Movable cultural relics are precious cultural heritages and important carriers for the inheritance and promotion of excellent traditional Chinese culture. From 2012 to 2016, the State Council had deployed and carried out the first national survey on movable cultural relics, which was a major measure taken to preserve and inherit excellent traditional Chinese culture, an important cultural strategy to promote national soft power, and a key project to comprehensively consolidate the foundation of protecting China's cultural relics.

Over the past five years, under the leadership of the municipal Party committee and municipal government of Chongqing, relevant departments at all levels within the city have formulated the overall planning and requested high standards; census institutions at all levels have meticulously organized and efficiently promoted relevant work; plenty of front-line census enumerators have overcome various difficulties and dedicated to the project, successfully completing the first national census on movable cultural relics and achieving fruitful census results.

Faced with a large number of movable cultural relics that come from a wide range and are reserved by various collection units with complex preservation conditions, the city carried out a grid-style screening and examination which took counties as the basic units and state-owned units as the basic objects. Eventually, the city realized coverage of all geographical areas, participation by all state-owned units, and registration of all key indicators of cultural relics, captured a clear picture of state-owned movable cultural relics, and established the city's movable cultural relics resources database. According to the census results, there are

165 state-owned cultural relics collection units in the city, among which 1,482,489 movable cultural relics and more than 90 thousand photos of cultural relics have been collected and registered. The state-owned movable cultural relics in our city are characterized by rich types of cultural relics, complete cultural sequences, distinct regional characteristics, relatively concentrated distribution, etc. Dating from modern times to 2 million years ago, cultural relics have been found in all 35 types, including complete cultural relics that reflected the production and social life in important historical periods. The cultural relics of the Three Gorges, revolution, and the War of Resistance are of the most distinctive regional features of Chongqing.

During the census, a total of 6,671 census enumerators have participated, 432 trainings of various kinds have been held, a total of 26,104 state institutions have been surveyed, and nearly 150,000 pieces/set of new cultural relics archives have been built. In accordance with the requirements of the census, all units have carried out inventory checking of cultural relics, checked up accounts, supplemented cultural relics information, improved the accounts and archives of cultural relics, and established a sound cultural relics management system. Meanwhile, the city has developed an offline registration platform for cultural relics information through independent research and established a level-by-level verification system for cultural relics information and an expert responsibility system for data verification and other working mechanisms, which ensured the normal work progress and high data quality of the census.

Through five years of census, the city has established an identification system for state-owned movable cultural relics, a sound collection and management system for state-owned movable cultural relics, built a dynamic supervision system for state-owned movable cultural relics, and established a unified registration standard for movable cultural relics, laying a solid foundation for the protection and utilization of movable cultural relics, and providing conditions for exploring to build a system for the protection and utilization of cultural relics that covers all systems in the city.

During the census, the city has organized various forms of special promotional activities in the Cultural Heritage Promotion Month and on the Cultural Heritage Promotion Theme Day. Making use of achievement of the census, the city produced a feature film called *the National Treasure Census*, held exhibitions in all districts and counties of the city titled *Checking out Family Treasures and Passing Down Civilization—Chongqing's First Census on National Movable Cultural Relics*, popularized knowledge on cultural heritage protection and created an atmosphere for cultural heritage protection. Chongqing China Three Gorges Museum organized visitors to see the laboratory of the Cultural Relics Protection Center for them to understand the conservation and restoration process of cultural relics. Chongqing Institute of Cultural Heritage organized cultural relic protection volunteers to set foot on archaeological sites and experience the process of excavating unearthed cultural relics, and organized cultural and museological experts to hold special lectures on cultural heritage protection in primary and secondary schools, so as to raise young students' awareness of cultural heritage protection.

In the process of the census, all collection units have further explored the historical value, artistic value and scientific value of culture relics, published more than 150 articles related to the census results, and published collection catalogues and special research books on collections through collating and research of the precious cultural relics. Since 2013, taking the census as an opportunity, the city has taken the lead in starting special research on the movable cultural relics during the War of Resistance. The census and statistics on relics concerning the War of Resistance, revolution, and the Long March (movable cultural relics) of the city have been conducted successively, laying a good foundation for further protection and utilization of cultural relics. In 2016, entrusted by the National Cultural Heritage Administration, the city conducted a special examination on movable cultural relics concerning the War of Resistance in 4 provinces and municipality in southwest China (Sichuan, Yunnan, Guizhou, and Chongqing), completed the compilation of *Special Survey Report on Relics of the War of Resistance (Movable) — Taking Four Provinces and Municipality in Southwest China as An Example*.

Based on the census on movable cultural relics, the city organized a selection of museum treasures in which 354 pieces/set of museum treasures stood out. Also, cultural and creative design contest was launched, and Chongqing China Three Gorges Museum has successively edited and published catalogues including *Selective Collection of Chongqing China Three Gorges Museum – Jades*, *Selective Collection of Chongqing China Three Gorges Museum – the Snuff Bottles*, and *Selective Collection of Chongqing China Three Gorges Museum – the Bronze Mirrors*. A special project named *Data Compilation and Research of Cultural Relics of Jiangnan Club* was launched as entrusted by Chongqing social science planning of 2015. Yubei District edited and published *Yubei Ancient Charm*. On basis of the examining and sorting out wooden cultural relics, it focused on research on featured ancient beds and other cultural relics in the collection. After systematical arrangement, the cultural department of Qianjiang District published *Annotates on the Collected Works of Shuanglengzhai and Annotates on the Hushan Chronology*, which filled the gap of historical documents of Qianjiang District during the Qing dynasty.

In order to make the results of the first national census on movable cultural relics better serve the society, the Cultural Heritage Bureau of Chongqing edited and published *Bayu Treasures —Summary of Chongqing's First National Census on Movable Cultural Relics and Collection Units Directory* and *Bayu Treasures—the Catalogue of Selective Cultural Relics from Chongqing's First National Census on Movable Cultural Relics*. The former is composed of 3 parts: The census report by Chongqing municipality, the reports by 6 directly affiliated units of Chongqing municipality and 39 districts and counties, as well as directory of the collection units of Chongqing's first national census on movable cultural relics. It is the first comprehensive census on movable cultural relics in Chongqing since the founding of the People's Republic of China. The latter selects more than a thousand pieces/sets of cultural relics from 1,482,489 items among the city's 35 categories including stone and bronze artifacts, calligraphy, and paintings. It is compiled in six volumes with complete chronological sequences and various types of cultural relics. It boasts a diverse collection of state-owned movable cultural relics of the city, reflects the historical and cultural context of Chongqing, and demonstrates the profound historical and cultural heritage of Chongqing.

The preservation of cultural relics in the contemporary benefits generations in the future. Looking back on the past, the city has comprehensively grasped the quantity, distribution, preservation status, cultural heritage value and other important information of movable cultural relics through the census, which is a pivotal step to obtain a thorough understanding of cultural heritage resources, improve the cultural heritage management mechanism, fulfill the public service function of cultural heritage. Looking forward to the future, we have a long distance to cover and heavy responsibilities to shoulder in protecting cultural relics, inheriting the history, and bringing to life the cultural relics collected in museums, heritage displayed on the vast land, and characters written in ancient books.

XING, Jun

目录

综述 / **001**

重庆市第一次全国可移动文物普查工作报告 / **14**

直属单位报告（6家） / **36**

01　重庆中国三峡博物馆第一次全国可移动文物普查总结报告 / **36**

02　重庆红岩革命历史博物馆第一次全国可移动文物普查总结报告 / **51**

03　重庆图书馆第一次全国可移动文物普查总结报告 / **63**

04　重庆市文化遗产研究院第一次全国可移动文物普查总结报告 / **70**

05　重庆自然博物馆第一次全国可移动文物普查总结报告 / **82**

06　重庆大韩民国临时政府旧址陈列馆第一次全国可移动文物普查总结报告 / **93**

区县报告（39个） / *100*

- 01 万州区第一次全国可移动文物普查总结报告 / *100*
- 02 涪陵区第一次全国可移动文物普查总结报告 / *116*
- 03 渝中区第一次全国可移动文物普查总结报告 / *129*
- 04 大渡口区第一次全国可移动文物普查总结报告 / *139*
- 05 江北区第一次全国可移动文物普查总结报告 / *150*
- 06 沙坪坝区第一次全国可移动文物普查总结报告 / *160*
- 07 九龙坡区第一次全国可移动文物普查总结报告 / *171*
- 08 南岸区第一次全国可移动文物普查总结报告 / *186*
- 09 北碚区第一次全国可移动文物普查总结告 / *196*
- 10 綦江区第一次全国可移动文物普查总结报告 / *211*
- 11 大足区第一次全国可移动文物普查总结报告 / *221*
- 12 渝北区第一次全国可移动文物普查总结报告 / *231*
- 13 巴南区第一次全国可移动文物普查总结报告 / *247*
- 14 黔江区第一次全国可移动文物普查总结报告 / *262*
- 15 长寿区第一次全国可移动文物普查总结报告 / *275*
- 16 江津区第一次全国可移动文物普查总结报告 / *284*
- 17 合川区第一次全国可移动文物普查总结报告 / *299*
- 18 永川区第一次全国可移动文物普查总结报告 / *312*
- 19 南川区第一次全国可移动文物普查总结报告 / *326*
- 20 万盛经开区第一次全国可移动文物普查总结报告 / *336*
- 21 潼南区第一次全国可移动文物普查总结报告 / *349*
- 22 铜梁区第一次全国可移动文物普查总结报告 / *360*
- 23 荣昌区第一次全国可移动文物普查总结报告 / *372*
- 24 璧山区第一次全国可移动文物普查总结报告 / *384*
- 25 梁平区第一次全国可移动文物普查总结报告 / *393*
- 26 城口县第一次全国可移动文物普查总结报告 / *405*
- 27 丰都县第一次全国可移动文物普查总结报告 / *418*
- 28 垫江县第一次全国可移动文物普查总结报告 / *434*
- 29 武隆区第一次全国可移动文物普查总结报告 / *442*
- 30 忠县第一次全国可移动文物普查总结报告 / *454*
- 31 开州区第一次全国可移动文物普查总结报告 / *469*
- 32 云阳县第一次全国可移动文物普查总结报告 / *483*
- 33 奉节县第一次全国可移动文物普查总结报告 / *496*

34　巫山县第一次全国可移动文物普查总结报告　/　*509*

35　巫溪县第一次全国可移动文物普查总结报告　/　*527*

36　石柱县第一次全国可移动文物普查总结报告　/　*535*

37　秀山县第一次全国可移动文物普查总结报告　/　*547*

38　酉阳县第一次全国可移动文物普查总结报告　/　*559*

39　彭水县第一次全国可移动文物普查总结报告　/　*571*

重庆市第一次全国可移动文物普查收藏单位名录　/　*580*

后记　/　*621*

综述

一

重庆地处祖国西南,辖区面积8.2万平方千米,人口3300万。除了汉族以外,还有土家族、苗族、回族、满族等55个少数民族193万多人生活于此。

重庆是国家历史文化名城。在巫山县龙骨坡遗址发现的"巫山猿人"左下颌骨及牙齿化石,距今有200多万年,是中国已知年代最老的古人类化石。重庆的新石器时代遗址分布在长江、嘉陵江、乌江等流域,玉溪下层文化、大溪文化、玉溪坪文化等文化的遗存揭示了8000年来各阶段的史前文化面貌,留下了丰富的文物。3000多年前,这里与全国的大多数地方一样,进入了文明时代。大地坪、中坝子、石地坝、中坝、瓦渣地夏商时期遗址等出土的各类文物,丰富了人们对这段历史的认识。春秋时期巴文化活动于以长江三峡为主的广泛区域,与周边的秦、蜀、楚、越等文化碰撞交流,巴人的青铜戈、矛、钺等兵器,特别是柳叶形青铜剑,富有鲜明的地方特色。公元前316年,秦国兼并巴与蜀,将巴地划为巴郡,设置官署管理,开启了巴蜀融入中原文化的进程。汉代至唐宋,曾使用过巴郡、楚州、巴州、渝州、恭州等名称,建置变化较大。宋孝宗淳熙十六年(1189),恭州改名为重庆,恭州升格为重庆府,重庆由此得名。各历史时期的文化遗存和文物收藏,数量极其庞大,内容非常丰富,充分反映了重庆与全国一起发展进步的历史。

1890年,中英签订《新订烟台条约续增专条》,将重庆列为对外通商口岸,以此为标志,重庆进入近代化发展阶段。重庆由川东、长江上游的区域性政治中心和军事重镇,向中国西部的经济中心转化。重庆的近代化发展过程,受到西方经济、文化及政治的深刻影响。留存在重庆的大量不可移动文物可供人们了解感受这段历史,同时大量馆藏可移动文物也有反映了这段历史。

重庆具有光荣的革命传统,为了推翻封建统治,反抗外国侵略,邹容、杨沧白、张培爵等仁人志士不断探索,留下了宝贵的遗产。赵世炎、杨闇公、吴玉章、冉钧、聂荣臻、刘伯承等中国共产党创建时期的革命先驱,为重庆这座城市留下了光辉的篇章。

抗日战争全面爆发以后，国民政府为了坚持抗战，决定以重庆为战时首都。重庆人民为抗战胜利做出了卓越的贡献，作为战时首都的重庆在政治、经济、文化、军事、外交等各方面，都留下了深深的印记。重庆是中国共产党开展统一战线工作和民主党派成长发展的重要舞台，无论是抗战时期的中共中央南方局，还是抗战胜利后的国共谈判，在中国现代历史上都具有重大的标志性意义。

二

20世纪30年代，在重庆出现了具有近代意义的文物收藏行为与收藏机构。1930年3月，卢作孚先生在北碚区建立峡区博物馆，收藏、陈列自然标本，是重庆建立博物馆的开荒之作。同年10月，卢作孚先生又在北碚创建中国西部科学院，峡区博物馆并入该院，开展较为系统的藏品搜集、保管、陈列、研究工作，藏有植物标本12855号，昆虫标本20900号，其他动物标本3900号。

抗日战争时期，国民政府确立重庆为战时首都。在这期间，国立北平故宫博物院、南京中央博物院筹备处和中央研究院历史语言研究所的珍贵文物标本，先后运来重庆或经由重庆转运他处。相关机构在战时重庆举办了多种文物、标本展览，受到市民的欢迎。1944年，中国西部科学院邀集中央研究院植物研究所等10余家单位筹建中国西部科学院博物馆（后更名为中国西部博物馆），成为当时规模较大的博物馆之一。

中华人民共和国成立后，1951年3月，西南博物院在重庆筹建。同年7月，中国西部博物馆并入。1954年，西南博物院更名为重庆市博物馆。1981年，经四川省政府批准，重庆市博物馆加挂四川省重庆自然博物馆牌子。到1985年底，共收藏文物、标本158067件/套。

1958年5月和1963年11月，由重庆市博物馆筹备的"红岩革命纪念馆""重庆'中美合作所'集中营美蒋罪行展览馆"先后开放并独立运行，收藏、研究、展示相关文物和资料，成为著名的爱国主义和革命传统教育基地。

1992年，重庆自然博物馆从重庆市博物馆中分离出来，独立运行。

2005年，在重庆市博物馆基础上建立的重庆中国三峡博物馆对外开放。

中华人民共和国成立以来，重庆市各个区县逐步建立文物管理所或博物馆，负责本区域内的文物保护管理和展示工作。大足区文物保管所于1952年成立，1984年并入新成立的大足石刻艺术博物馆。到2016年底，重庆市共有各级文物管理所、博物馆87家。

三

2012年10月，国务院启动第一次全国可移动文物普查，这是文化遗产领域一次重大国情国力的大调查,旨在全面掌握我国的文物资源情况,加强文物保护,建设文化遗产强国。第一次全国可移动文物普查历时4年多,普查范围首次超出文化、文物部门,涵盖了国民经济20个行业中的10个行业。普查工作经过工作准备、普查实施和验收汇总等三个阶段,如期实现普查目标,摸清了国有单位收藏文物的情况。

第一次全国可移动文物普查确立了工作规范与流程,统一了可移动文物普查认定标准、范围和登录内容。可移动文物划分为35类,分别为:(1)玉石器、宝石;(2)陶器;(3)瓷器;(4)铜器;(5)金银器;(6)铁器、其他金属器;(7)漆器;(8)雕塑、造像;(9)石器、石刻、砖瓦;(10)书法、绘画;(11)文具;(12)甲骨;(13)玺印符牌;(14)钱币;(15)牙骨角器;(16)竹木雕;(17)家具;(18)珐琅器;(19)织绣;(20)古籍图书;(21)碑帖拓片;(22)武器;(23)邮品;(24)文件、宣传品;(25)档案文书;(26)名人遗物;(27)玻璃器;(28)乐器、法器;(29)皮革;(30)音像制品;(31)票据;(32)交通、运输工具;(33)度量衡器;(34)标本、化石;(35)其他。

重庆市委、市政府高度重视第一次全国可移动文物普查工作,各级人民政府和各部门、单位认真贯彻落实国务院和国家文物局的相关通知精神,精心组织,扎实推进。全市共投入人员6671人,落实普查经费2897万元,至2016年12月底,顺利完成普查任务,取得丰硕成果。

据此次普查统计,全市共确定国有文物收藏单位165家,采集登录可移动文物148.2489万件,其中珍贵文物4.2172万件,新认定文物约15万件。共收录文物图片91.5479万幅,数据容量2584 G。重庆市国有可移动文物拥有量居全国第16位,具有分布相对集中、特色鲜明、类型丰富、文化序列完整等特点。

四

为了向全社会公开重庆市可移动文物普查工作、国有文物收藏单位和国有文物收藏等情况,使普查成果更好地服务于社会大众,重庆市文物局组织专业人员编撰了巴渝藏珍系列图书。其中,《巴渝藏珍——重庆市第一次全国可移动文物普查总结报告暨收藏单位名录》由重庆市可移动文物普查报告、直属单位和各区县可移动文物普查报告、重庆市第一次全国可移动文物普查收藏单位名录三部分组成,可以看作我市可移动文物普查工作的一次全面总结与巡礼。

第一次全国可移动文物普查确定的35个类别,在重庆市国有可移动文物中都有体现,充分反映了重庆悠久的历史和丰厚的文化积淀。《巴渝藏珍——重庆市第一次全国可移动文物普查文物精品图录》从这35个类别中精选了1604件/套文物,分为六卷对全市可移动文物精华进行集中展示与宣传。

（一）《巴渝藏珍——重庆市第一次全国可移动文物普查文物精品图录·标本、化石卷》

本卷共收录自然类藏品210件/套，分为现生动物和现生植物、岩石和矿物、古生物化石、古人类化石及其他共五大类。

现生动物和现生植物无疑是自然类藏品的主体，数量优势明显。其采集地范围广泛，远不止于重庆，而是涵盖了西部各省，尤以川西为主。植物标本既有藻类、蕨类等低等植物，也有裸子植物、被子植物等高等植物。动物标本既有无脊椎动物，也有脊椎动物。

与动植物标本一样，矿物和岩石也是人们热衷收藏的类型。该类藏品在其他自然博物馆中较少，而重庆自然博物馆因与西部科学院地质调查所（1936年后并入新成立的四川地质调查所）、中央地质调查所的历史联系，反而拥有大量此类藏品，具有良好基础，成为该博物馆的一个特点。

矿物指由地质作用所形成的天然单质或化合物，而岩石则是矿物的集合体，由一种或多种矿物组成，它与矿物一样也具有较高的科学研究和观赏价值。

古生物化石是保存在地层中的古代生物的遗体、遗迹和遗物。作为远古生命遗存，它提供了绝灭动物的研究实证，丰富了人类对生物界系统发生关系的认识，同时也是进化论最直接、最有力的实物证据。

重庆地区古生物化石丰富，重庆自然博物馆是中国乃至世界上收藏侏罗纪恐龙化石最丰富的博物馆之一，涵盖当时生活过的主要的恐龙类群，如兽脚类、蜥脚类、鸟脚类、剑龙类等。这些古生物化石大部分来自20世纪50年代及之后的调查发掘，如成渝铁路施工建设中发现的各类脊椎动物化石，合川马门溪龙、上游永川龙、巨型永川龙等著名恐龙化石，20世纪70年代中后期在四川自贡取得了伍家坝恐龙化石群、大山铺恐龙化石群等重大发现，大量恐龙化石在该馆汇集，使重庆具有侏罗纪恐龙化石收藏优势。

古人类化石指在地层中出土的古人类遗骸，多处于破碎的状态，骨块彼此少有联结，稀少而珍贵。重庆中国三峡博物馆收藏的"巫山猿人"左下颌骨化石（带两颗牙齿），距今201万~204万年，是中国境内迄今发现最早的古人类化石。

原中央地质调查所是我国最早研究土壤的机构，在抗战时期内迁北碚后成立了土壤研究室，由于该所是发起筹备中国西部博物馆的重要机构之一，因而在重庆自然博物馆留存了部分土壤样品。

（二）《巴渝藏珍——重庆市第一次全国可移动文物普查文物精品图录·石器、石刻、砖瓦，陶器，瓷器卷》

本卷共收录文物371件/套，分为石器、石刻、砖瓦，以及陶器，瓷器三大类。

石器类文物的年代分布集中在旧石器时代至汉代以前，其中史前时期遗存最为丰富，主要是用于生产、生活的各种器具。

重庆旧石器时代文化遗存丰富，石器原料以砾石为主，成品多为中大型的砍砸器、尖状器，属于典型的南方砾石工业体系。旧石器时代早期有巫山龙骨坡洞穴遗址，中期以丰都井水湾、烟墩堡遗址为代表，晚期有铜梁区张二塘遗址为代表的铜梁文化。新石器时代的石器加工技术更加精细多样，除各类打制石器外，有更为精致的磨制石矛、石镞，三峡地区的大溪文化遗址还发现了带有礼仪性质的石铲和石钺。铲跟钺最早都是实用的生产工具，随着社会形态的逐渐转变，才分离出礼器的功能，这种礼仪用器一般都以美石制作。巫山人民医院遗址2003年出土一件穿孔石钺，平面呈梯形，钺身中段上部钻孔，孔近正圆，通体磨光，加工技术精湛，推测或与早期巫文化祭祀相关。商周时期，青铜制品虽然已在贵族祭祀、战争和生活中广泛使用，但在普通民众的生产生活中石器仍占很大比例。

石刻类文物从汉代开始大量增多，主要是墓葬装饰、建筑构件及宗教造像。两汉民间方术和道教流行，人们期望死后得以升仙，墓葬与建筑构件雕刻多见朱雀、玄武、青龙、白虎四神和车马出行图、门阙接引图等。璧山、江津、永川及沙坪坝等地出土了较多的画像石棺。

宋代墓内装饰则更具生活气息，多表现斗拱、门楣、妇人启门、夫妇对坐等与日常生活相似的场景。明代高等级墓葬可见随葬的整队石雕仪仗俑，铜梁出土明代石俑总计已有500余件。明代兵部尚书张佳胤的父母合葬墓出土石俑89件及石质家具明器12件，石俑有文武官员、执仪仗或吹奏击鼓的侍从等形态各异的人物，家具明器为桌椅、箱柜等，这批石俑与明器雕刻精细，线条流畅，展示了明代贵族的日常生活，也反映了当时雕塑技艺的发达面。

重庆地区现存汉代石阙数量在全国占有较大比重。乌杨阙系忠县发掘出土，现收藏于重庆中国三峡博物馆，是唯一经考古发掘出土并复原展示在博物馆的汉阙，同时还一并发现了相关的阙址、神道和墓葬，具有重要的历史价值。

南北朝至明清时期，宗教石刻造像增多。大足石刻研究院所藏的南宋石释迦牟尼佛像，庄严肃穆，额间饰白毫，双目微开，身披袈裟，结跏趺坐于仰莲座上。大足石刻造像自唐末开凿，到南宋晚期到达鼎盛，大部分造像均在此期间建成。宝顶山在南宋时成为中国佛教密宗成都瑜伽派的中心地，这尊释迦牟尼佛造像即原存于宝顶山小佛湾内，具有极高的历史及艺术价值。

砖瓦类文物涵盖了各个历史时期墓葬和建筑物地面、墙面及房顶的功能性或装饰性砖瓦制品，其中以汉墓中出土的画像砖最具时代特色和艺术价值。现藏于重庆中国三峡博物馆的系列画像砖，如盐井画像砖等生动再现了汉代巴蜀人民的日常生产生活场景。

陶器的出现是人类进入文明社会的标志之一。奉节鱼腹浦遗址（距今约8000年）出土的一块陶片，是重庆已知年代最早的陶制品。重庆本土新石器文化有玉溪下层文化、玉溪上层文化、玉溪坪文化和中坝文化等，代表器形有圈足碗、圜底罐、深腹平底罐、高领壶。主要分布在江汉平原的大溪文化,在峡江地区也有分布,巫山大溪遗址是大溪文化的命名地。大溪文化常见红陶、黑陶及彩陶,还有一类外红内黑的陶器,颇有特色。

商周时期的陶器大多属于与日常生产生活相关的实用器,小平底罐、圜底釜都是这一时期常见的器形,除此之外亦有陶鬶、灯形器等制作较为复杂的器形,船形杯和尖底杯是巴蜀地区的特有产品。船形杯主要发现于三峡地区西部,数量不多,其用途推测与制盐有关。春秋战国时期,陶质仿铜礼器十分突出,鼎、豆、壶的组合在墓葬中常见。

汉代的陶器类文物藏量较大,多以明器形式出现,占重庆市陶器总量的72%以上。除常见的罐、壶、釜之外,仿真的人俑、动物,以瑞兽为饰的摇钱树座及模型明器是汉代文物中极富特点的一类,充分体现了汉代崇信升仙的社会风尚。

南北朝至唐代,瓷器日益盛行,中国北方多见的三彩陶器和各类陶俑,重庆地区宋代以后才得以流行。出土的宋元时期陶器以日用碗碟为主,反映了当时日常生活的情况。奉节出土的一组宋代三彩陶俑,组合完整,雕刻精细,栩栩如生,造型和釉色都堪称精美。

重庆地区出土瓷器的年代最早可追溯至东汉,但出土数量有限,以青瓷为多,常见四系罐。丰都汇南汉代墓群出土了一件白釉碗,是重庆发现的唯一一例早期白釉器。

两晋南北朝的瓷器仍以青瓷为多,鸡首壶、盘口壶、四系罐都是这一时期常见的器形。两晋时仿生器尤多,蛙形水盂、熊形灯、虎子等多有发现。奉节出土的东晋青瓷虎子,灰白胎,釉呈艾青色,整体似虎,双目突出,做匍匐仰头长啸状,背部设一提梁。

唐代时重庆周边的四川、湖南两地瓷器产量巨大,邛窑、长沙窑均生产彩绘青瓷,两窑的产品在重庆文博单位也多有收藏。峡江地区也多有出土湖南湘阴窑的产品,万州冉仁才墓出土的一组青瓷俑正是湘阴窑所烧。

宋代时重庆本地窑场崛起,南岸涂山窑和巴南姜家窑、清溪窑都是这时期本地有名的窑口。受当时斗茶之风影响,其产品多为当时流行的窑变黑褐釉的日用器。南宋晚期,蒙古族南下,百姓为躲避战火纷纷逃离家园,此时的窖藏瓷器多有发现,荣昌、开州、奉节等地窖藏出土了不少龙泉窑、湖田窑、吉州窑、定窑和耀州窑的精品。

明清两代的瓷器藏量占全市馆藏瓷器总量的42%,以民窑为主,青花为多。较为精美的官窑瓷器多来自捐赠或拨交,李初梨先生、汪云松先生都曾向重庆市博物馆捐赠大量瓷器。1957年,故宫博物院向重庆市博物馆调拨了一批清代官窑瓷器,这批文物涵盖了有清一代所产的青花、五彩、粉彩、斗彩及单色釉瓷器,品种齐全,时代从顺治到宣统年间,序列完整,是重庆市瓷器文物中难得的珍品。

(三)《巴渝藏珍——重庆市第一次全国可移动文物普查文物精品图录·书画、碑刻、古籍卷》

本卷收录文物181件/套,分为甲骨、碑刻拓本、古籍善本及书法绘画四大类。

重庆市馆藏甲骨数量不多,主要收藏于重庆中国三峡博物馆、西南大学博物馆,系河南安阳殷墟出土的商代甲骨。三峡文物抢救保护工作中,发现了少量唐代甲骨,反映了峡江地区以龟甲兽骨占卜的做法延续时间很长。

重庆碑刻拓本藏品丰富,年代最早为先秦两汉时期,数量则以明、清至民国时期居多。既有传世的珍稀拓本,也有出土的碑刻题记。在出土文物中,东汉景云碑、皇宋中兴圣德颂题刻、西山题刻、白鹤梁枯水题刻等,反映了重庆及三峡地区悠久灿烂的历史文化。

重庆地区古籍善本收藏历史悠长,量多质优,主要表现在明清善本古籍多、地方志古籍全及古籍书目文献丰富三个方面。重庆图书馆藏古籍善本宋刻《名公增修标注隋书详节》二十卷,是宋代史学家吕祖谦编辑的史学名作的南宋刻本,书页每页的左栏上方外侧书耳标小题、卷数、页数;书中页眉上刻有前人的注释与校勘。书中钤有"沧苇""吴兴刘氏嘉业堂藏""云轮阁""荃孙""艺风堂藏书记"等印。该书为南宋刻巾箱本,开本小,为方便科举考生随身携带。2008年入选第一批国家珍贵古籍名录。

书法绘画是重庆国有文物收藏单位藏品的大宗。藏品自宋元以降序列完整,流传有序,类型丰富:既有南宋院画小品,又有元代界画扇面,明清以来各流派大家之作皆成系列,还有极具地方特色的梁平年画、清代竹帘画等民间美术代表。大量的本土书画家作品及明清以来本地藏家传世书画展示了巴渝地区自古以来文化繁荣与文脉流传。

南宋马麟等所作院画小品册是重庆馆藏书法绘画中时代最早的文物之一。此册是南宋时期马麟、林椿等7位宫廷画家的作品。内容为《丁香黄蜂图》《琼花真珠鸡图》《丛花蛱蝶图》《鹌鹑图》《清风摇玉佩图》《绿茵牧马图》《葵花狮猫图》及《荷塘清暑图》,绢本设色写生,所绘诸景皆各尽其妙。元代无款仙山楼阁图团扇面是一幅工笔重彩金碧山水的界画。此图无款,有跋等32则,与图合装为一册。画面小巧精细,绘有人物百余。人物、眉目、衣裙、屋瓦、山石、楼阁、雕饰、苍松等,笔笔精细,气韵生动,是罕见的古代小幅绘画作品。

巴渝大地自古以来人杰地灵,文脉绵延。本土知名书画家作品和独具地方特色的工艺品,如龚有融、竹禅的作品,梁平竹帘画、年画等,成为重庆市馆藏文物的一大亮点。

龚有融(1755—1830),字晴皋,巴县人。以诗、书、画闻名于世,《巴县志》称为"县三百年来极高逸文艺之誉者"。其书法用笔豪放,奇气纵横。绘画擅长水墨写意,表现山居、江景、竹石、芭蕉,无不恬淡宁静,饶有生趣,是重庆历史上最著名的书画家。

释竹禅(1824—1900),法名熹,又号主善、六八门人、王子出家等。重庆梁平双桂堂第十代方丈。绘水墨人物竹石别有一派。《海上画语》评其"书画一笔不入俗"。人物画是竹禅绘画之中格调最高的类别,墨汁淋漓,线条奔放,造型生动。

梁平竹帘画是国家级非物质文化遗产,与苏州缂丝画、杭州丝织画、永春纸织画并称中国四大家织。梁平竹帘画始于清代,"细如毫发密如丝"。至光绪年间发展出油漆彩绘的画帘,从方炳南到黄胄、苏葆桢屡有大家于竹帘上挥毫泼墨。梁平区文物管理所收藏的清代花鸟图竹帘,是现存最早竹帘画之一。

(四)《巴渝藏珍——重庆市第一次全国可移动文物普查文物精品图录·金属器卷》

本卷共收录文物232件/套,分为铜器、金银器、铁器及其他金属器三大类。

重庆地区馆藏铜器涵盖的年代范围很广,从商代到清代乃至民国均有,其中尤以战国、汉代数量为多,区域特色鲜明。

商代的三羊铜尊是目前所见重庆出土年代最早的一件青铜容器,1980年出土于巫山县大昌镇大宁河畔的李家滩,喇叭口、束颈、折肩、弧腹、高圈足,器身以云雷纹为地,上饰夔纹和兽面纹,造型与纹饰总体呈商代晚期的特征,而模糊的地纹,粗犷的铸造风格,又表现出浓郁的地方特色,与四川广汉三星堆遗址出土的同类器相似。

战国时期的巴蜀青铜器特别是各种饰有虎纹、手心纹等巴蜀图语的青铜兵器,是巴蜀文化的显著特色。巴人墓葬中常见青铜兵器随葬,与史书中关于巴人尚武、骁勇善战的记载相符。"烟荷包"式铜钺、柳叶形铜剑、各种虎纹铜戈都是巴蜀兵器常见的器形。

青铜錞于是典型的巴文化青铜乐器,在重庆、四川、湖北等巴人故地多有发现,年代多为战国至西汉前期。重庆中国三峡博物馆收藏的一件战国铜錞于重约30千克,造型厚重、音质优良,有"錞于王"之美誉。该錞于钮作虎形,栩栩如生,不怒而威。盘内虎钮周围分布有五组纹饰:椎髻人面、羽人击鼓与独木舟、鱼与勾连云纹、手心纹、神兽与四叶纹,是研究巴文化的重要实物资料。

小田溪巴人贵族墓地出土的战国鸟形铜尊是巴人青铜容器的代表作。器物整体呈鸟形,具有鱼嘴、鹰喙鼻、兽耳、凤冠、鸽身、鸭脚等特征,通体饰细蜜的羽纹,羽纹上原应有规律的镶嵌绿松石,惜已脱落。该器物造型别致,纹饰精美,且体轻、壁薄、中空,铸造难度极高,反映了巴人的铸造工艺和审美情趣。

汉代铜器以生活用器为多,如铜鼎、铜釜、铜壶、铜洗、铜匜、铜杯、铜灯、铜镜等,多为墓葬中出土。一些地方还出土了青铜俑和青铜动物,如开州竹溪镇红华村东汉崖墓出土的牵马铜俑,由铜俑和铜马两部分组成。云阳文物管理所收藏的一件汉代铜马,造型矫健灵动,殊为珍贵。

铜佛像在重庆也有较多发现，年代多为唐代及明清时期。丰都县镇江镇观石滩村出土的一件青铜摇钱树残件上铸有一个高发髻、着袒右袈裟、右手施无畏印的佛像。一同出土的摇钱树树座上刻有铭文"延光四年五月十日作"，"延光"为东汉安帝年号，"四年"即公元125年。有学者认为这是目前国内出土时代最早的有明确纪年的佛像，对中国佛教起源研究有重要意义。唐代的铜佛像在丰都玉溪坪、云阳明月坝等遗址都有发现，表明这一时期重庆的佛教信仰有了较大发展。

重庆地区的金银器收藏颇丰，但以零星发现居多。明清时期的金银器以传世品为主，且大部分为小饰品，如耳环、发簪（钗）、指环、手镯等。

重庆中国三峡博物馆收藏的两枚汉代金印非常珍贵。东汉的"偏将军印章"金印，方形，龟钮，印面篆刻印文"偏将军印章"五字，呈三行排列。据文献记载，偏将军系将军的辅佐，此官制始设于春秋，通常由帝王拜授。偏将军印符合两汉官印制度，即官高者使用龟钮，中下级官吏使用鼻钮。金制官印流行于汉晋时期，全国发现的数量不多，重庆中国三峡博物馆收藏的这枚偏将军金印形制完整，成色足，甚为珍贵。该馆收藏的另外一枚金印是东汉朔宁王隗嚣为其母亲所制，形制和偏将军金印几无二致，亦很珍贵。

重庆中国三峡博物馆收藏有一套出土于南川的南宋荔枝纹金带具，一套共有16件，计有带扣2件、扣箍1件、方形銙11件、椭圆形銙1件、挞尾1件。该带具采用锤揲等古代金银器的常用工艺制成，纹饰主要有荔枝纹、折枝花卉及回文等，尤其以荔枝纹最为精美。带具是古代附于腰带上的装饰品，有玉、金、银、铜等多种质地，宋代尤为重视金带。该带具制作工艺精良、纹饰精美，且保存完整，弥足珍贵。

中国是世界上较早出现和使用铁器的国家之一。重庆地区铁器的发现以三峡库区居多，如丰都、万州、巫山等地，年代以汉至南北朝时期为主，器物类别主要可分为生产工具、兵器和生活用具，较为常见的有铁锸、环首铁刀、铁釜等。由于铁器极易氧化腐蚀，难以长久保存，多数品相欠佳。

（五）《巴渝藏珍——重庆市第一次全国可移动文物普查文物精品图录·工艺、文玩卷》

本卷共收录文物271件/套，分为玉石器、宝石，玻璃器，牙骨角器、竹木雕和漆器，珐琅器、织绣和皮革，紫砂器、鼻烟壶和文具，乐器、法器和家具六大类。这些文物体现了历代能工巧匠巧夺天工的奇思妙想和精致工艺，既包含了丰富的历史文化内涵，又是研究中国古代工艺美术、审美思想发展的重要材料。

新石器时代的大溪文化，已经发展出相当发达的玉石器加工工艺。大溪文化遗址中，出土有玉玦、玉璜、绿松石饰和黑色油石器等，其中，玦和璜是主要的玉器品种，造型不甚规整，表现出制玉的原始风貌。

战国时期的玉石器主要出现在涪陵、万州、云阳等巴蜀文化遗存中。涪陵小田溪巴人贵族墓群出土的玉石器尤为珍贵，出土了玉璧、玉环、玉璜、玉觿及玉剑饰等精美玉石器，这些丰富的出土器物为研究巴人的历史和文化提供了宝贵的资料。巴人的玉石器工艺，既有自身的显著特点，也深受楚文化的影响。汉代玉石器也以出土为多，器形承接先秦以来传统，以礼仪性和装饰性器物为主。

汉以后的玉石器，多为传世文物，如用作礼器的玉璧、玉玦、玉环、玉璜等和日常生活中使用的簪、钗等各种配饰。

中国境内最早的古玻璃出土于新疆地区，年代最早的可以上溯到西周。重庆地区玻璃器藏品的数量共计15483件，包括各类玻璃饰物、鼻烟壶以及玻璃生活用品。其中，出土的玻璃器从战国时期延续到六朝，先后在云阳、丰都、万州等地出土，主要有璧、珠、管、耳珰等。

早在新石器时代，重庆峡江地区就出土了大量的牙骨角器，如大溪遗址的骨铲、骨锥、骨针等生产骨器，上面简单的刻划纹和圆圈等符号体现了大溪先民朴素的审美意识。巫山双堰塘遗址出土了一件西周时期的骨雕凤鸟像，造型栩栩如生，与同期青铜器和玉器上的凤鸟纹饰极其相似，具有典型的西周艺术特色。

春秋战国时期，文化思想的活跃带动了艺术的百花齐放，象牙雕刻从牙骨角器中脱离了出来，模仿玉石雕刻技艺，纹饰更为纤细和密集。到了清代，象牙雕刻工艺达到了鼎盛，题材也十分丰富，如象牙雕套球摆件、象牙圆雕动物、象牙圆雕人物等。

重庆地区的竹木雕和漆器类藏品有6639件，主要是明清时期的藏品。竹木雕类藏品包括木雕人物像、木匾额、木挂屏、木面具，以及木驼峰、木撑拱、木门楣等建筑构件，极具地方特色。

珐琅器自从传入中国后，其制造和使用基本为皇家垄断，是皇家贵族的专用品。金属胎珐琅器根据金属制作工艺和珐琅加工处理方法等方面的不同，分为掐丝珐琅、錾胎珐琅、画珐琅和透明珐琅等不同的工艺品种。重庆中国三峡博物馆藏的清铜胎掐丝珐琅黑地寿桃花卉纹天球瓶，通体施黑色珐琅为主色地，掐丝填彩釉饰寿桃、花卉等具有中国特色的传统吉祥图案，珐琅质地精细，色彩纯正。

重庆地区的织绣类藏品有7050件，既有各类衣物、被面、西兰卡普、刺绣荷包等，也有刺绣的图轴和册页。其中的清露香园顾绣渔人樵夫图、清顾绣长江风景图册页、清乾隆白地彩色缂丝花鸟立轴等，亦书亦画，形神兼备，极具观赏性。

皮革类的藏品中，以开州区文物管理所的皮影藏量最为丰富，多达1000余件，其中的清朝李宗曦的家传宫廷皮影选料上乘，造型玲珑剔透，雕刻精致，色彩鲜明，有极高的文物价值和欣赏价值。

紫砂是陶的一个特殊种类，因其特有的艺术图样和浓郁的文化气息，受到人们的珍爱。重庆地区的紫砂器藏品有202件，多为名家作品。紫砂器以壶为主，制作精美，署有名匠供春、时大彬、徐友泉、陈仲美等名款,或几何造型,或取材动植物形态,或塑造各类人物,千变万化,各具风采。

鼻烟壶是用来盛装鼻烟的器具,质地多样,有金属、陶瓷、玉石等。在重庆地区收藏的304件鼻烟壶中,以玻璃质地的鼻烟壶最多。玻璃鼻烟壶中最独特的工艺就是内画,即在玻璃器的内壁上绘画施彩,由于玻璃的晶莹剔透,使所绘图画反衬出来,周乐元、马少宣、毕荣九、乐三等内画工艺大师的作品在重庆市都有收藏。

文房用具涵盖了笔、墨、纸、砚等。重庆地区划入文房用具的藏品有2967件,时代从唐代至清代,主要为水盂、砚台、印盒、笔筒、墨、笔洗、镇纸等。文具中的砚台是伴随着笔和墨的发展而发展起来的,从南朝的青瓷三足砚到清镂雕荷叶端砚,浓缩了不同时期的文化、经济乃至审美意识的各种信息,成了集雕刻、绘画于一身的精美工艺品。

古琴是中国最古老的弹拨乐器之一,既是四艺(琴、棋、书、画)之首,也是斫琴、漆灰等工艺美术的精致体现。重庆中国三峡博物馆古琴藏量丰富,而且不乏精品、名器,年代自唐代、宋代、明代到清代,序列完整。

奉节白帝城博物馆藏有一批清代硬木家具,来源于清末奉节籍湘军将领鲍超。鲍超是清末湘军悍将,钟情古董家具的收藏。这批清代家具包括了八把硬木镶嵌大理石螺钿椅和四张硬木镶嵌大理石螺钿茶几。螺钿椅长69.5厘米、宽55.3厘米、高101厘米,靠背、扶手和座板均采用圆形或方形的大理石镶嵌,边缘镂雕如意或花卉,茶几长48厘米、宽37.5厘米、高85.5厘米,双层托架,中间镶嵌大理石。在整套家具的镂雕处均镶嵌有红绿宝石和螺钿花卉图案,尽显清式家具富贵繁复之风。

(六)《巴渝藏珍——重庆市第一次全国可移动文物普查文物精品图录·近现代卷》

本卷共收录文物340件/套,分为从鸦片战争到辛亥革命时期、从五四运动到大革命时期、抗战时期、解放战争时期、中华人民共和国初期等五个阶段。

近现代文物与其他时代的文物不同,其质地更多样、历史线索更清晰。尤为重要的是,一些主要的文物收藏机构长期以来对近现代文物通常采取单独保管的方式。这就使得近现代文物在分类时,不宜简单地按照质地、属性、功用等划分,而需要根据文物的历史背景及时代特点来划分。

1840年鸦片战争之后,在中国逐渐沦为半殖民地半封建社会之际,深处内陆腹地的重庆受此影响,其社会各领域都发生着前所未有的变化。直至1949年11月30日重庆解放的一百余年间,一批批英雄的重庆儿女为民族独立和人民解放做出了卓越的贡献。之后的数十年,重庆人民在新的制度下,不断开创新的历史,为社会进步和生活富裕谱写了壮丽诗篇。"历史是最好的教科书。"尽管近现代史只有一百多年的时间,但其曲折的历程却被成千上万的文物所承载。只要将它们稍加分类,就可以清晰地绘织出重庆近现代社会演进的图景。

鸦片战争是中国近代史的开端,它对中国产生的影响是广泛而深远的。不过,就重庆而言,由于位于长江上游,鸦片战争所开启的时代意义直到大约半个世纪后才凸显出来。开埠,是近代重庆发展史上具有里程碑意义的事件,一些新的社会经济形态开始出现。紧接着,以反洋教斗争、追求民主共和等为主要内容的革命风起云涌。与此同时,民族资本主义得到迅猛发展,社会进步思潮广泛传播。因此,开埠对重庆的影响是全方位的。从这个意义上讲,辛亥革命在重庆的发生、发展及其对周边局势带来的变化都与开埠密不可分。清黄开基墓砖、清林则徐手札册、清太平天国将士使用过的铜炮、清代光绪十七年大足教案清政府缉拿余栋臣的公文、1902年邹容在日本留学时给家人写的信、辛亥革命时期四川同盟会会章、辛亥革命时期蜀军政府讨满房檄文等,反映了这个大时代的一些侧影。

五四运动之后的新民主主义革命点亮了走向光明的灯塔。尽管军阀混战连连,但以学生救亡为先导的反帝爱国运动不断掀起高潮。随着马克思主义的传播,共产主义小组于1920年开始在重庆建立。此后,重庆的历史翻开了新的一页。在杨闇公、吴玉章、萧楚女、冉均等人的努力下,第一次国共合作在重庆得到迅猛发展。然而,由于国民党右派及地方军阀的叛变,大革命的形势急转直下,重庆不少革命志士在1927年被杀害。大革命的失败,使得中国共产党重庆组织转入地下,他们根据实际情况,积蓄力量,为迎接新的革命时代的到来做好准备。承载这段历史的馆藏文物有:1920年5月7日铜梁王邦侗在重庆留法预备学校的毕业证书、聂荣臻留法勤工俭学家书、杨沧白致廖仲恺的信、1919年五四运动万县学生救国会宣言、1924—1926年杨闇公日记、1930年刘愿庵烈士遗书等。

抗日战争时期是1931—1945年中日民族矛盾逐渐发展并上升为社会主要矛盾的一个阶段。抗日战争持续的14年,在重庆近现代史上显得尤为突出。一方面,局部抗日战争时期,重庆人民在以收回王家沱、组织成立救国会、红军北上抗日等为代表的历史事件中表现出更加明显的自觉、自醒,中国共产党在重庆的组织力量和群众基础得到较大发展;另一方面,全面抗战时期,重庆成为战时首都、抗日民族统一战线的重要政治舞台、中国战区统帅部所在地。此时的重庆实际上成为全中国乃至世界关注的重要焦点,不少在政治、军事、外交、经济、文化等领域具有划时代意义和国际影响的历史事件都在重庆发生。这一时期,抗日民主运动在重庆得到不断发展,社会各界对挽救民族危亡和追求民主进步的呼声达到了前所未有的高度。中国共产党倡导建立的统一战线在重庆开展了广泛的实践,并取得了显著成功,它成为抗日战争胜利的重要法宝。

在重庆馆藏文物中,反映这段历史的藏品不胜枚举,如1931年四川各界民众自动收回重庆王家沱日租界运动大会告民众书、1933年红军第四方面军反帝标语石刻、铜质冀鲁豫军区抗战纪念章、爱波斯坦的外籍新闻记者证、抗日战争时期程默拍摄的《重庆大轰炸》摄影册、郭沫若在抗日战争期间写的话剧《屈原》剧本、1939年5月4日日军轰炸重庆时遗留的弹片、1940年文工会成立时的签名轴、

1942年陈布雷为蒋介石撰拟的《告入缅将士书》电稿、抗日战争时期国军将领郭勋祺在抗日前线使用过的警枕等。

抗日战争胜利后,国共两党围绕战后和平与建国问题在重庆进行了谈判,这是全国人民的期盼。然而,由于以蒋介石为首的国民党蓄意发动内战,谈判中所签署的协议和绘制的蓝图并没有实现。1946年5月,国民政府迁离重庆,还都南京,但这并没有改变其走向没落和失败的命运。与国民党强化专制统治相对应,战后社会民主运动在重庆风起云涌,中国共产党领导的重庆地下组织也得到发展。然而,1948年4月,由于部分领导同志的叛变,川东地下党组织遭到了严重破坏,直至1949年初才逐渐恢复。随着全国解放形势的发展,国民党被迫退守西南,试图负隅顽抗。1949年夏秋之际,迁往广州的国民政府和中央党部分批迁至重庆。然而,由于国民党背离了民心,背离了历史潮流,其以重庆为据点的军事策略很快被瓦解。1949年11月,中国人民解放军势如破竹,击败了国民党在川东一带的主力宋希濂部。就在重庆即将迎来解放之际,国民党于1949年11月27日对关押在渣滓洞、白公馆等监狱的杨虎城、罗世文、车耀先、周均时、江竹筠等大批革命者和爱国人士实施集体屠杀。

馆藏文物中有1945年10月"柳诗尹画"联展签名横批、1946年冯玉祥送给鲜英的"民主之家"木匾、1948年重庆地下党出版的《挺进报》、1949年重庆中美合作所集中营殉难烈士陈策《天快亮的行凶》手稿、1949年重庆中美合作所集中营殉难烈士江竹筠遗书、杨虎城使用的佩剑等,为我们生动地展示了这段波澜壮阔的历史。

中华人民共和国的建立宣告了一个新时代的到来。1949年11月30日重庆解放之后,在中国共产党的领导下,重庆人民开始建立和维护新民主主义政权,社会秩序和生产生活逐步得到恢复。与此同时,重庆作为当时西南军政委员会驻地,还负担着解放西南、清除国民党残余势力的任务。在经济领域,随着三大改造的完成,重庆开始沿着社会主义的建设道路不断发展。此后数十年,尽管历经波折,但重庆在经济建设和社会发展上仍然取得了巨大成就。

重庆市馆藏中华人民共和国成立以来的文物有1951年和平解放西藏时阿沛·阿旺晋美赠送给刘伯承的藏剑、中华人民共和国成立初期邓小平和刘伯承等重庆各界人士悼念"11·27"大屠杀死难烈士签名布、现代成渝铁路通车纪念章、1954年温少鹤的重庆自来水公司股票、1956年《漆鲁鱼自传》手稿、1985年邓颖超行书"重庆红岩革命历史博物馆精神永放光芒"轴等,为这段历史见证提供了基础,也等待着我们不断增加和丰富有关藏品。

编者

重庆市第一次全国可移动文物普查工作报告

重庆市是唯一一个位于中西部的直辖市,是长江上游地区的经济中心,是全国统筹城乡综合配套改革试验区,是我国人口最多、面积最大的直辖市,具有中等省份的规模。1986年,重庆市被国家公布为第二批历史文化名城,文物资源丰富。随着重庆市文博事业的稳步发展,在全市范围内正逐步形成历史、抗战、革命、工业、自然五大博物馆群,而序列完整、数量众多、类型丰富的可移动文物资源更为博物馆发挥作用提供了有利条件。

2012年10月,国务院启动了第一次全国可移动文物普查工作,这是继第三次全国不可移动文物普查之后,在文化遗产领域开展的又一次重大国情国力资源调查,是一项旨在全面掌握我国文物资源、加强文物保护、建设文化遗产强国的国家工程。本次普查自2012年10月启动至2016年底结束,分为工作准备、普查实施和验收汇总三个阶段,历时4年多,持续周期长,涉及多个行业和领域。全市各级人民政府认真贯彻国务院和国家文物局的通知精神,精心组织,积极动员,扎实推进工作,如期实现普查目标。据统计,在整个普查期间,全市共投入人员6671人,举办各类培训班432次,落实普查经费2896.79万元(其中市级落实1084.8万元,区县级落实1811.99万元),共发放调查表29080份,回收29080份,排查出全市39个区县共有26104家国有单位,实现了全市国有单位摸底调查100%全覆盖。此次普查涵盖了国民经济20个行业中的10个行业,新认定文物37660件/套(其中文博系统国有收藏单位28893件/套,文博系统外国有收藏单位8767件/套)。截至2016年10月31日,全市165个国有可移动文物收藏单位共采集登录文物1482489件,其中珍贵文物42172件,共收录文物图片91.5479万张,数据容量2584 G。

现存重庆市国有可移动文物收藏单位的可移动文物在35个文物类别中都有分布,主要具有以下四个特点:一是分布相对集中。全市约85%的文物集中收藏在主城区和三峡库区,5家省级重点收藏单位的藏品占一半以上。二是文物特色鲜明。三峡地区出土文物体现了本地区考古学文化发展脉络,揭示了三峡地区悠久灿烂的历史文化在我国古代文化中的重要地位和作用。抗日战争时期的文物是重庆市最富价值、最具代表性的资源之一,是重庆市作为历史文化名城的重要载体。革命文物基本涵盖了新民主主义革命各个历史阶段,充分展现了重庆革命文物资源的丰富性与独特性。三是文物类型较为丰富。35个类别的文物均有分布,不同材质的文物不缺项,文物均匀性好。四是文化序列较完整。从距今约200万年前至现代,基本没有大的缺环,重要历史时期、有代表意义的重要文化、反映不同层面社会生产生活的各类文物齐备,文化内涵极为丰富。

通过第一次全国可移动文物普查,重庆市全面摸清可移动文物家底,掌握了可移动文物资源状况,建立起了完备的登录备案机制,实现了可移动文物的标准化、动态化、规范化管理,为更好地发挥文物的价值作用和提升社会服务管理水平奠定了良好的基础。

一、重庆市普查数据[①]

截至2016年10月31日,重庆市在全国可移动文物信息登录平台登录可移动文物470234件/套,实际数量为1482489件。其中,珍贵文物29378件/套,实际数量为42172件。登录可移动文物信息的收藏单位165家。

(一)重庆市可移动文物基本情况

1. 类别

可移动文物类别

可移动文物类别	可移动文物实际数量(件)	实际数量占比(%)
合计	1482489	100.00
玉石器、宝石	9633	0.65
陶器	72381	4.88
瓷器	42892	2.89
铜器	15397	1.04
金银器	2166	0.15
铁器、其他金属器	4120	0.28
漆器	825	0.06
雕塑、造像	15257	1.03
石器、石刻、砖瓦	22925	1.55
书法、绘画	35357	2.38
文具	2967	0.20
甲骨	274	0.02
玺印符牌	8077	0.54

---

①编辑注:本书普查数据表格中的数据"实际数量占比(%)",均是统一精确到小数点后两位,进行四舍五入而得,故存在总和不是100.00%的情况,也存在<0.01%(不写成0%)的情况。由于书稿此类表格较多,故不做过多注解,敬请读者知悉与理解。

续表

可移动文物类别	可移动文物实际数量(件)	实际数量占比(%)
钱币	330993	22.33
牙骨角器	4388	0.30
竹木雕	5814	0.39
家具	1987	0.13
珐琅器	464	0.03
织绣	7050	0.48
古籍图书	657639	44.36
碑帖拓本	33392	2.25
武器	5825	0.39
邮品	367	0.02
文件、宣传品	22747	1.53
档案文书	14391	0.97
名人遗物	5730	0.39
玻璃器	15483	1.04
乐器、法器	1378	0.09
皮革	2019	0.14
音像制品	29950	2.02
票据	4531	0.31
交通、运输工具	429	0.03
度量衡器	313	0.02
标本、化石	96494	6.51
其他	8834	0.60

2.年代

(1)可移动文物年代类型。

可移动文物年代类型

可移动文物年代类型	可移动文物实际数量(件)	实际数量占比(%)
合计	1482489	100.00
地质年代	92916	6.27
考古学年代	13077	0.88
中国历史学年代	1349682	91.04
公历纪年	5334	0.36
其他	8883	0.60
年代不详	12597	0.85

(2)可移动文物中国历史学年代分布。

可移动文物中国历史学年代分布

可移动文物中国历史学年代	可移动文物实际数量(件)	实际数量占比(%)
合计	1349682	100.00
夏	20	<0.01
商	2464	0.18
周	15172	1.12
秦	3012	0.22
汉	203344	15.07
三国	4893	0.36
西晋	721	0.05
东晋十六国	5693	0.42
南北朝	16542	1.23
隋	80	<0.01
唐	21306	1.58
五代十国	716	0.05
宋	50952	3.78
辽	92	<0.01
西夏	163	0.01
金	449	0.03
元	2753	0.20
明	80949	6.00
清	710339	52.63
中华民国	162971	12.07
中华人民共和国	67051	4.97

3. 级别

可移动文物级别

可移动文物级别	可移动文物实际数量(件)	实际数量占比(%)
合计	1482489	100.00
一级	2375	0.16
二级	5784	0.39
三级	34013	2.29
一般	266762	17.99
未定级	1173555	79.16

4. 来源

可移动文物来源

可移动文物来源	可移动文物实际数量(件)	实际数量占比(%)
合计	1482489	100.00
征集购买	116542	7.86
接受捐赠	44474	3.00
依法交换	245	0.02
拨交	7337	0.49
移交	41477	2.80
旧藏	813175	54.85
发掘	343471	23.17
采集	105023	7.08
拣选	369	0.02
其他	10376	0.70

5. 入藏时间

可移动文物入藏时间范围

可移动文物入藏时间范围	可移动文物实际数量(件)	实际数量占比(%)
合计	1482489	100.00
1949年10月1日前	466316	31.45
1949年10月1日—1965年	326566	22.03
1966—1976年	8559	0.58
1977—2000年	334788	22.58
2001年至今	346260	23.36

6. 完残程度

可移动文物完残程度

可移动文物完残程度	可移动文物实际数量(件)	实际数量占比(%)
合计	1387245	100.00
完整	135543	9.77
基本完整	958189	69.07
残缺	266514	19.21
严重残缺(含缺失部件)	26999	1.95

注:根据国家文物局《关于做好馆藏自然类藏品登记工作有关要求的通知》的要求,登录的自然类藏品95244件/套,不填写"完残程度"指标项。

(二)重庆市可移动文物分布情况

1.按收藏单位隶属关系统计可移动文物数量

可移动文物数量分布(按收藏单位隶属关系)

收藏单位隶属关系	可移动文物实际数量(件)	实际数量占比(%)
合计	1482489	100.00
中央属	87352	5.89
省属	786162	53.03
地市属	0	0
县区属	608560	41.05
乡镇街道属	346	0.02
其他	69	<0.01

2.按收藏单位性质统计可移动文物数量

可移动文物数量分布(按收藏单位性质)

收藏单位性质	可移动文物实际数量(件)	实际数量占比(%)
合计	1482489	100.00
国家机关	37	<0.01
事业单位	1477144	99.64
国有企业	2036	0.14
其他	3272	0.22

3.按收藏单位类型统计可移动文物数量

可移动文物数量分布(按收藏单位类型)

收藏单位类型	可移动文物实际数量(件)	实际数量占比(%)
合计	1482489	100.00
博物馆、纪念馆	824927	55.64
图书馆	500380	33.75
美术馆	0	0
档案馆	459	0.03
其他	156723	10.57

4.按收藏单位所属行业统计可移动文物数量

可移动文物数量分布(按收藏单位所属行业)

收藏单位所属行业	可移动文物实际数量(件)	实际数量占比(%)
合计	1482489	100.00
农、林、牧、渔业	87	0.01
制造业	1300	0.09

续表

收藏单位所属行业	可移动文物实际数量(件)	实际数量占比(%)
电力、热力、燃气及水生产和供应业	49	<0.01
建筑业	34	<0.01
房地产业	602	0.04
科学研究和技术服务业	656	0.04
教育	144277	9.73
卫生和社会工作	408	0.03
文化、体育和娱乐业	1329237	89.66
公共管理、社会保障和社会组织	5839	0.39

二、重庆市普查工作组织实施

(一)加强组织,健全机构

1.设立普查领导小组,成立普查机构

根据《国务院关于开展第一次全国可移动文物普查的通知》精神,为切实加强普查工作的组织领导,2013年4月8日,重庆市成立了第一次全国可移动文物普查领导小组(简称"市普查领导小组"),负责普查工作的组织和领导。市普查领导小组组长由市政府分管领导担任,副组长由市政府副秘书长、市文化广播电视局[1]局长、市文物局局长担任。普查领导小组单位成员由市发改委、市教委、市民政局、市财政局、市经信委、市国土资源和房屋管理局等20个相关部门和单位的负责人组成。市普查领导小组办公室(简称"市普查办")设在市文物局,主任由市文物局局长担任。办公室下设综合协调组、技术服务组、专家审核组、市级普查组、宣传报道组等。市普查领导小组办公室主要负责制订和组织实施普查各阶段的工作计划,编制普查经费预算,组织普查工作培训,开展普查的宣传报道,组织业务人员进行相关资料、信息的报送、登录,组织普查档案的建档备案,编制《重庆市第一次全国可移动文物普查工作报告》。在重庆市第一次全国可移动文物普查领导小组的统一指导、协调下,各成员单位各司其职,通力协作,共同做好文物普查各项工作。

2013年4月18日,国务院第一次全国可移动文物普查电视电话会后,重庆市立即召开全市可移动文物普查工作电视电话会议,市普查领导小组组长强调,各区县政府要高度重视普查工作,要找准重点、难点,厘清轻重缓急,严格按照国家文物局制订的时间表、路线图,确保普查工作有序开展。会后,全市39个区县(含万盛经济技术开发区,下同)认真学习贯彻国务院有关文件精神,积极开展工作,按照市普查办的组织模式,相继成立了普查工作领导机构,搭建了普查平台。重庆中国三峡博物馆、重

---

[1] 书稿中涉及的单位、部门的简称,以及图书出版时机构改革涉及的单位名称调整,由于书稿编写、出版时间跨度大,各区县和机构的情况不同,故编辑时未做调整,仍保留当时的称呼,特此说明。

庆红岩革命历史博物馆、重庆自然博物馆、重庆市文化遗产研究院、重庆图书馆等市级重点收藏单位也分别组建了普查工作领导小组，为普查工作的顺利开展做好了组织保障。

2.制订普查实施方案和确定工作制度

为贯彻落实《国务院关于开展第一次全国可移动文物普查的通知》和《重庆市人民政府关于开展第一次全国可移动文物普查的通知》精神，科学、规范、有序完成普查工作，市普查办在广泛征求普查领导小组成员单位、市属文博单位、区县文物部门及有关专家意见的基础上，借鉴吸收第三次全国不可移动文物普查和馆藏珍贵文物数据库建设经验，依据《第一次全国可移动文物普查实施方案》，结合重庆市市情，拟订了《重庆市第一次全国可移动文物普查实施方案》，并于2013年5月2日下发执行。方案明确了普查工作的组织管理、时间步骤、技术路线、经费保障等内容。以此为指导，各区县以及市级重点收藏单位也制订了符合自身实际情况的普查工作执行方案，全市由此形成了完善的方案体系。

文物普查是一项复杂的社会系统工程，需要各有关部门的通力协作与配合，需要各级普查机构的精心组织和实施。重庆市将与普查工作相关的行政部门，以及可能与可移动文物普查有关的各行业行政部门，均纳入普查领导小组成员单位，确保普查对象不遗漏，普查工作有保障。2013年普查工作全面展开后，市普查办多次与国资委、统计局、档案局、图书馆、教育部门、财政局等19个重点行业系统沟通联系，建立了联系机制，通过联合印发通知，共同部署安排，使各系统各行业普查工作顺利推进。如与重庆市档案局联合行文，要求各区县档案局(馆)要高度重视档案系统可移动文物普查工作，按照国家文物局、国家档案局的要求，加强组织领导，落实工作责任，加快档案系统非纸质实物档案的认定登记；与中国银行业监督管理委员会重庆监管局联合行文，督促银行系统与各级普查办密切配合，积极自查申报；以重庆市文化委员会名义印发通知，要求全市图书馆、美术馆等各级文化单位自觉配合，积极参与普查；加强与市教委以及重庆师范大学、西南大学、西南政法大学、重庆大学、四川美术学院等高校的联系协调，确保高校普查工作顺利实施；与重庆市财政局联合印发通知，督促各级严格落实财政部和国家文物局要求，保障普查经费落实。为加强市、区县两级普查办工作联系，利用QQ平台搭建了普查工作群和普查审核群，及时传达文件精神、部署工作和通报进展情况。

3.落实普查工作经费

根据财政部、国家文物局《关于加强第一次全国可移动文物普查经费保障与管理的通知》精神，市普查办和各区县普查办分别编制了普查经费预算，并纳入同级财政预算，确保普查经费保障到位。按照财政部和国家文物局要求，会同市财政局联合开展普查经费落实情况的督查工作。截至2016年10月31日，重庆市可移动文物普查共到位经费2896.79万元，其中市级普查工作经费614.80万元，市直属重点文物收藏单位普查专项经费470万元，区县普查经费共1811.99万元，详见下表。

重庆市2013—2016年可移动文物普查经费落实情况表（单位：万元）

	合计	2013年	2014年	2015年	2016年
市级	614.80	194.90	155.75	155.75	108.40
市属单位	470	0	200	100	170
区县级	1811.99	502.50	484.41	482.03	343.05
全市总计	2896.79	697.40	840.16	737.78	621.45

在经费使用上，各级普查办严格按照国家财务制度规定，加强经费管理，专款专用，厉行节约，反对浪费，确保资金使用的规范、安全、有效；同时，加强普查设备的登记、使用与管理，防止国有资产流失。

4.组建普查队伍

队伍建设是普查工作的基础保障。重庆市在普查队伍的组建上充分考虑了科学性、合理性、专业性以及公共性等特点。2013年普查工作启动以来，全市先后有6671人参与普查工作。从人员构成来看，各级普查办359人，国有可移动文物收藏单位1308人，招募培训普查志愿者4786名。全市普查员实行统一登记，持证上岗，分级管理。此外，全市有218名专家参与文物认定、鉴定和数据审核、验收等工作。广泛的参与人群和高素质的专业力量构成，为普查工作的顺利开展奠定了坚实的基础。

重庆市可移动文物普查队伍统计表（单位：人）

	各级普查办	可移动文物收藏单位	普查专家	普查志愿者	合计
市级	10	153	65	137	365
区县级合计	349	1155	153	4649	6306
合计	359	1308	218	4786	6671

各级普查办积极宣传，充分调动社会资源参与可移动文物普查。在普查期间，西南大学、重庆师范大学、重庆工商大学等高校文博、历史、考古和摄影等专业的在读优秀学生争当普查志愿者。青年学生学习态度认真、求知欲望强烈，经过培训后，很快适应普查基础性工作，成为重庆市可移动文物普查工作中的重要有生力量。学生志愿者的加入一方面缓解了普查人员不足的现实问题，保证了普查工作的进度；另一方面通过参与普查工作，他们把学到的理论知识应用到实践中，升华了专业知识，开拓了文物视野，增强了实践能力，丰富了人生阅历，是一次非常有意义的实践经历。这次普查为以后与这些高校开展全面合作，实现双方互利共赢、长远发展打下了良好的基础。

（二）划分阶段，有序实施

1.国有可移动文物收藏单位调查阶段

重庆市摸底调查工作历时半年，共调查全市39个区县26104家国有单位，涵盖了文博系统（文管所、博物馆、纪念馆、陈列馆）、文化系统（图书馆、美术馆）、档案系统、民政系统、教育系统、企业系统等领域，实现了全市国有单位摸底调查全覆盖。

《国有单位文物收藏情况调查登记表》的发放与回收是普查前期的基本工作,也是重点工作,市普查办专门制定了《重庆市〈国有单位文物收藏情况调查登记表〉发放、回收工作制度》,并对普查员进行了培训,要求"发得出去,收得回来",确保两个100%开展工作。全市共发放调查表29080份,回收29080份,做到了全覆盖、全回收。在摸底调查中,各级普查机构克服了国有单位数量多、性质及隶属关系复杂、基础数据与实际情况不符、部分单位不配合等困难,通过召开工作会、与相关部门建立协调机制、实地走访等方式,最终圆满完成此项任务。

根据调查结果显示,可能收藏有文物的单位共238家,其中35家经认定没有文物,故未在平台注册单位信息,其余203家全部完成注册,注册率达到100%。经过最终认定,确认收藏有文物资料的单位有165家,其余38家国有单位登录数量为0,具体原因是:巴南区天心寺和潼南区7家文物点的文物已经移交给当地文物管理所,重庆美术馆、北碚美术馆、重庆市綦江农民版画院等31家单位不属于此次文物普查范围。

2.国有可移动文物认定工作阶段

重庆市严格按照《文物认定管理暂行办法》,制定印发了《重庆市可移动文物普查文物认定规范》,规范了文物认定程序和工作细则。同时,将文物普查与文物清库建档、定级相结合,推进藏品管理工作。为确保文物认定工作的科学性、权威性,重庆市文物局印发了《关于建立重庆市第一次可移动文物普查文物认定审核专家库的通知》,市普查办组建了由36名专家组成的文物认定专家库,各区县普查办也分别组建文物认定专家库。2014—2015年,市、区县两级文物行政部门共组织专家700余人次,先后到114个文博系统外国有收藏单位和22个文博系统国有收藏单位开展认定工作,新认定文物37660件/套,其中文博系统国有收藏单位28893件/套,文博系统外国有收藏单位8767件/套。

在普查期间,一大批新发现、新认定的文物成为亮点。重庆中国三峡博物馆的600多张沉睡了50多年的宣传画从库房中被"唤醒",经专家认定为文物。这批宣传画主要记录了中华人民共和国成立初期农村、城市生活的风貌与社会变迁,其中不乏齐白石、徐悲鸿等大家之作。重庆钢铁(集团)有限责任公司档案馆新发现的一批古籍图书也是普查的亮点发现之一,其中《张文襄公函稿》(中华民国九年刊本)、《江夏县志》(清同治八年刊本)等珍贵古籍对于研究中国近代史上的洋务运动特别是汉阳铁厂的历史有重要价值。重庆图书馆在普查期间对馆藏的近2500件碑帖进行了整理、发掘。其中,最具价值的是拓于清代的白鹤梁碑帖。这批白鹤梁碑帖长约160厘米,宽约95厘米,由于当时江水污染较少,且水流对石碑的侵蚀程度小,所以拓片字迹清晰、质量较高,对开展白鹤梁石刻的研究具有较高的价值。

3. 国有可移动文物信息采集登录阶段

2013年8月，重庆市举办了可移动文物信息采集技术培训班，开始进行文物信息采集登录的有益尝试。2014年初，重庆市文物信息采集工作全面展开。2014年7月下旬，举办了可移动文物信息登录平台骨干培训班，140余名普查骨干参与了培训，文物信息登录工作正式启动。2015年初，全市文物工作会议专门对2015年度普查工作做出部署，明确了全年普查工作任务、计划和要求。为加快普查工作进度，确保完成年度目标任务，同时保证数据质量，市普查办与各区县普查办和市属收藏单位签订了普查工作《目标责任书》，明确了全年的目标任务，普查工作得以快速推进。2015年10月，市普查办根据全市普查工作整体推进情况，组织4支普查工作队，支持帮助进度较为滞后的黔江区、忠县以及市图书馆、市档案馆开展文物信息采集和登录工作。2016年6月30日，全市165个国有收藏单位采集登录1482489件；导入馆藏珍贵文物数据15922件/套；依托国家普查办导入古籍数据44016册/套；全国美术馆藏品普查导入数据3244件/套，全市采集登录进度达到100%。

4. 国有可移动文物信息审核阶段

数据审核是可移动文物普查工作收官的关键环节。重庆市严格按照《第一次全国可移动文物普查数据审核工作管理办法》的要求，以属地管理、分级负责的原则开展数据审核工作。

一是精心组织，有序推进。市普查办统筹各方面资源，做好人、财、物保障，协调解决审核中出现的问题，全力保证普查审核工作的顺利进行。2016年初，在各区县普查办完成县域普查数据审核的基础上，重庆市按照《第一次全国可移动文物普查数据审核工作管理办法》，制订了《重庆市可移动文物普查数据市级审核实施方案》，明确审核时间表和任务图；组建市级审核队伍，在全市各文博单位抽调54名业务骨干和36名专家库成员共90人组成审核队伍，并与每位审核人员签订了《重庆市第一次全国可移动文物普查数据市级审核责任书》，确保审核数据安全；组织审核培训，为保证市级审核质量，提高审核效率，市普查办2016年先后组织了5次市级审核培训会，邀请国家普查办和北京自然博物馆专家来渝对市级审核人员进行培训，进一步统一审核标准和流程；建立普查审核工作QQ群，针对审核中发现有争议的问题，通过讨论交流、专家咨询等方式及时予以解决。

二是创新机制，提速增效。市普查办依托重庆中国三峡博物馆，统筹全市普查力量，对所有上报市普查办的数据进行逐条审核，54名审核员共审核数据466990件/套（不包含美术系统3244件/套）。在逐条审核的基础上，先后组织19次专家抽审会对已审核数据进行抽审，在抽审中做到全市所有收藏单位和所有文物类别"两个全覆盖"，确保抽审覆盖率达100%，差错率控制在0.5%以内。

三是群策群力，如期完成。普查审核时间紧、任务重，承担市级审核主要任务的重庆中国三峡博物馆和重庆自然博物馆在进行采集登录的同时，派出业务人员参与市级审核工作。全体审核人员和专家克服重重困难,经常加班加点,挑灯夜战,奋战在普查审核第一线。2016年8月17日,经过多方努力,重庆市第一次可移动文物普查数据市级终审任务全面完成。

(三)宣传动员,营造氛围

普查宣传是确保普查各项工作顺利开展的有力保证。重庆市高度重视普查宣传工作,普查工作开展之初,市普查办就将对外宣传列入普查工作的重要内容,制订了《重庆市可移动文物普查宣传方案》,同时要求各区县普查办制订符合辖区实际的普查宣传方案,为文物普查营造了良好的社会环境与舆论氛围。

1. 媒体宣传

首先是利用传统媒体重点宣传。2014年4月下旬,中央电视台、中国文物报社等7家中央媒体来渝对重庆普查工作进行专门采访报道。2015年和2016年连续两年与重庆日报社合作,开设《走进博物馆》《走进可移动文物普查》专栏50期,由报社选派记者专门采写以普查员和文物背后的故事为主题的专栏文章,起到很好的宣传效果。此外,垫江县、彭水县等区县还策划拍摄了《垫江县第一次全国可移动文物普查宣传片》《彭水县第一次全国可移动文物普查宣传片》《彭水文化遗产》等系列纪录片,广泛提高了民众对文物普查工作的认识度。

其次是积极利用网络新媒体广泛开展宣传。自普查工作开展以来,重庆市各级普查办在中华文物信息网、华龙网、大渝网等网站定期发布可移动文物普查工作进展情况,展示普查成果。此外,重庆市将开设可移动文物普查专题网页纳入普查宣传工作计划。经过制订网页设置方案,搜集、整理网页素材,征询各地普查办及相关单位意见建议等精心筹备工作之后,重庆市开通了普查专题网页,将普查机构设置、相关政策文件、普查资料、通知公告、热点新闻、工作动态和工作简报等内容向公众公开。依据客观需求设置的专题网页更加具有针对性与合理性,普查宣传理念渗透进专题网页各大板块,不仅便于普查工作交流互动,也使公众能够全面、及时地了解可移动文物普查工作的最新进展,真正贯彻"服务普查搞宣传、搞好宣传促普查"的理念。

2. 活动宣传

在普查工作期间,重庆市充分利用各类主题日和主题月,组织开展形式多样、受众面广、影响巨大的专题宣传活动,有力推动了文物保护理念的传播和普及。

从2010年开始,重庆市每年从5月18日的国际博物馆日起,到6月第二个周六的中国文化遗产日止,开展持续近一个月的"重庆文化遗产宣传月"活动。截至2016年6月,该项活动已经成功开展了七届,获得了良好的社会反响。其中,与可移动文物普查相关的活动主要有以下几项:

一是策划展览进行宣传。在重庆文化遗产宣传月期间,重庆市各级普查办举办多场形式多样、内容丰富的展览,宣传第一次全国可移动文物普查。

二是走进考古现场、文物保护现场活动。如在2016年第七届重庆文化遗产宣传月期间,重庆中国三峡博物馆组织参观者探访文物保护中心实验室,让民众了解文物修复工作;重庆市文化遗产研究院组织网友和文物保护志愿者走进巫山高唐观遗址考古发掘现场,亲身体验考古发掘工作。这些活动都增进了民众对文物保护工作的理解和认识。

三是开展"文化遗产走进校园"活动。重庆市多次组织文博专家在重庆师范大学、鹅岭小学等大中小学开展考古专题讲座和文物保护专题讲座,提升青少年学生对文化遗产的认知,培养他们的文化传承意识。

3. 其他宣传

重庆市在充分利用媒体宣传和活动宣传的同时,还积极拓展宣传形式,以组织展览、张贴海报、发放资料等手段拓展宣传范围,真正做到普查宣传"三下五进",即普查宣传下乡、下农村、下基层,进社区、进学校、进军营、进企业、进机关,使人人共享普查成果,人人了解文物保护。据部分统计,在普查期间,重庆市各级普查办共制作展板1050块,发放宣传资料8.15万份、海报3.22万份、宣传册页10万余份。这些宣传活动受众面广,宣传教育效果好,使得"保护文物,人人有责"的理念更加深入人心,为以后的文物工作创造了更好的社会环境和舆论环境。

通过丰富多样的广泛宣传、受众明确的目标宣传,重庆市第一次全国可移动文物普查工作得到了各级领导、社会大众的广泛理解和积极支持,扩大了普查工作的社会影响,同时对普查工作也形成了巨大的推动力。

(四)质量控制,确保进度

在普查工作中,重庆市严格按照国家文物局发布的《第一次全国可移动文物普查质量控制管理办法》,强化检查指导、质量抽查和数据审核机制,加大对普查质量的控制管理。制定了《重庆市可移动文物普查质量控制管理制度》,将普查组织、国有单位文物收藏情况调查、文物认定、信息采集登录报送、数据整合汇总等环节贯穿到质量控制管理的全过程。加强普查质量的控制管理,量化工作目标,督促各区县和市级重点收藏单位按照统一部署推进普查工作,重培训、定标准、明责任、强督查,普查质量控制取得了良好的效果。

1. 构建培训体系

文物普查具有技术要求高、工作难度大的特点。为切实推进文物普查工作,提高普查人员的业务素质,严格掌握文物普查的相关规范标准与普查技术,重庆市在完成国家规定普查任务的同时,将培训工作作为一个系统工程,长期坚持开展下去。2013—2016年,重庆市共参加国家文物局举办的全国文物普查培训班7次,累计培训34人次。市普查办先后举办10次可移动文物普查业务培训班,累计培训普查骨干744人次。各区县组织普查业务培训共422次,累计培训4466人次。通过各类培训,重庆市文物工作者业务水平有了显著提高,不仅为文物普查培养了大批业务力量,同时也为重庆市文博事业发展积蓄了人才。

2.普查工作督查

为保证调查质量,加强对各区县普查工作的指导力度,及时为区县解难答疑,督促各项工作进度,重庆市建立普查工作月报制度,掌握各地工作进度及质量,并多次深入基层督促各项工作落实。2014年6月和11月组织开展经费落实和工作进展等专项检查,2015年派出督查组开展督查和专项检查,对普查工作进展较慢的区县普查办进行约谈,向采集登录缓慢的黔江区、南岸区和忠县发出了督办通知。2015年10月中旬,召开市直属文博单位普查工作推进会。通过业务专家检查发现问题,行政管理开展督查的方式,针对发现的问题,及时研究提出具体整改意见,指导区县逐一解决,有力地确保了重庆市普查工作的质量和进度。

3.普查中的人员、文物、数据安全管理

重庆市可移动文物普查工作始终坚持"安全第一"和"安全工作做在前,隐患解决在事故前"的原则,将普查人员的文物安全教育放在首位。通过岗前培训,加强普查人员的职业道德教育,增强荣誉感和责任感;在普查设备设施的使用上,均以保证文物和人员的安全为前提。

文物不可再生,损坏或损毁文物都是无法弥补的损失。重庆市在可移动文物普查工作中,要求普查员在进行文物操作时必须合乎安全规范,坚持制度化管理,分工合理,责任分明,准确掌握普查操作规程和技术标准,注意文物的防火、防盗、防震等。同时要求有预防性保护意识,注意文物掉落、磕碰、挤压、震裂等安全威胁,尽可能减少搬运文物次数,以减少文物损坏的概率。此外,还制订应对突发情况的预防措施及处理方法。

普查得到的综合数据和基础资料均严格保密,做到专人负责,妥善保管。纸质媒介的数据及时整理、归档并指定专人专柜妥善保存。电子媒介的数据及时更新和备份保存。普查数据未经上一级可移动文物普查办公室批准,不得随意公布。

4.普查验收

根据国家文物局《关于做好第一次全国可移动文物普查验收工作的通知》,重庆市于2016年10月13日至10月28日组织5个工作组,对各区县及市直属文博重点收藏单位的第一次全国可移动文物普查工作进行检查验收。通过听取汇报和实地检查验收,全市39个区县和6个市直属重点文博单位普查工作全部合格。重庆市本级为验收合格。

(五)展示成果,做好总结

1.编制普查档案

建立可移动文物普查档案是科学规范文物档案管理工作的必要措施,是对第一次全国可移动文物普查各类数据进行全面保存、保管并发挥其作用的基础。2015年6月,重庆市启动普查资料建档和数据库的筹备工作,严格按照《国有可移动文物普查建档备案工作规范(试行)》的要求,实行专库、专柜、专人保管档案资料。普查数据实行两级备份,市、区县分别保留一套电子数据,同时市普查办负责对各区县的建档备案工作进行指导、督促和检查。

重庆市入档的资料包括可移动文物普查登记表,各区县普查报告,各普查机构的请示、报告、通知、工作计划、总结、简报、会议记录、方案、规章制度,各有关机构工作人员名册,各种培训资料教材、宣传材料、工作照片、声像资料、展览文本等,以及在普查工作中形成的其他重要相关资料。

2.普查专题研究

2013年,以普查为契机,重庆市率先启动抗战可移动文物专题研究。2013年11月6日,市普查办印发《关于开展抗战可移动文物专项调查的通知》,先后对全市抗战文物、革命文物、长征文物(可移动文物部分)进行调查统计,摸清了现状,为下一步开展文物保护利用工作奠定了良好的基础。2016年3月7日,受国家文物局委托,重庆市组织相关单位对四川、云南、贵州、重庆西南4省市抗战可移动文物进行专项调查,2016年4月30日完成该调查并编制完成专项调查报告。

3.普查表彰情况

重庆市普查工作的顺利推进离不开相关领导小组成员单位的大力支持,也与广大一线普查队员发扬艰苦奋斗、互帮互助、牺牲奉献的精神密不可分。重庆中国三峡博物馆和重庆自然博物馆这两家市属重点文博单位普查数据分别为279035件和94880件,普查任务十分艰巨。为保障可移动文物普查工作快速推进,重庆中国三峡博物馆提出"百日攻坚,决战决胜"的目标,组织藏品部、文物信息部、研究部、文物保护部、安全管理处、文化产业处、公众教育部、陈列部、办公室九个部门的约占全馆四分之一的职工参与到普查之中。根据藏品类别和未采集数据量,以100天为期限进行任务分解,共分10个普查组,以各类别保管员为组长,全天候入库采集登录文物信息,每天进行目标考核和技术分析,通过团结协作,形成合力,提前完成数据采集登录任务。重庆自然博物馆普查之际正值新馆建设时期,许多文物还保存在环境恶劣的老库房内,给普查工作带来很大难度,特别是大量的动物标本都是浸泡在福尔马林之中,库房内熏蒸和日常防虫所用药品具有强烈的刺激性气味,普查员即使戴上口罩,头疼、恶心、呕吐、眼疼、呼吸系统不适等症状仍然在所难免。面对艰苦的工作环境,普查员们默默工作、牺牲奉献,在新馆建成后举全馆之力仅用半年的时间圆满完成普查任务。为发扬成绩、鼓励先进、总结经验,2016年11月3日,重庆市文物局下发《关于开展重庆市第一次全国可移动文物普查工作先进集体和先进个人评选表彰活动的通知》,部分区县也对普查工作中业绩突出和有重要贡献的先进集体和个人给予了表彰,对普查中提供重大文物线索者也给予了物质和精神奖励。

三、重庆市普查工作成果

本次普查取得了丰硕的成果。普查登录的1482489件文物,全面展现了人类文明的进程,有开发这片土地的筚路蓝缕,有开埠时期的见证,有抗战大后方的坚韧,有艰苦卓绝的革命历程,有中华人民共和国成立后发展建设的辉煌。可以说,发生在巴渝大地的重要历史事件,都能在可移动文物中找到印证。每一件文物都像历史长河中的闪亮珍珠,它们聚在一起装订成一本厚重的历史书,反映了重庆历史的沧桑变迁,见证了城市的发展,承载了重庆人的记忆,传承了巴渝文明,增强了文化底蕴,丰富了重庆市文化遗产保护事业的内涵。

(一)重庆市可移动文物资源情况及价值

1. 文物数量及分布

重庆市165个国有收藏单位共采集登录1482489件可移动文物。

从文物收藏单位的性质来看,99.64%的文物集中收藏在事业单位,国家机关、国有企业和其他单位的文物数量为0.36%。从文物收藏单位的类型来看,55.64%的文物集中收藏在博物馆、纪念馆,文博系统外图书馆的文物数量为33.75%,档案馆为0.03%,其他单位为10.57%。

从文物分布的地域来看,重庆市约70%的文物收藏在5家省级重点收藏单位和三峡库区7家收藏单位。重庆中国三峡博物馆、重庆红岩革命历史博物馆、重庆市文化遗产研究院、重庆自然博物馆、重庆图书馆5家省级重点收藏单位文物数量共计733248件,占总量的49.46%。巫山县文物管理所(巫山博物馆)、万州区博物馆(文物管理所)、云阳县文物保护管理所(云阳博物馆)、丰都县文物管理所、涪陵区博物馆(文物管理所)、忠县文物局、开州区文物管理所7家单位文物数量共计268816件,占总量的18.13%。

重庆市市级以上国有收藏单位文物分布表

序号	市级以上国有单位名称	文物数量(件)	占总量比例(%)
1	重庆图书馆	299437	20.20
2	重庆中国三峡博物馆	279035	18.82
3	重庆自然博物馆	94880	6.40
4	西南大学	75288	5.08
5	重庆红岩革命历史博物馆	37189	2.51
6	重庆师范大学	26800	1.81

续表

序号	市级以上国有单位名称	文物数量（件）	占总量比例（%）
7	重庆市文化遗产研究院	22707	1.53
8	重庆大学图书馆	11998	0.81
9	重庆三峡学院	8544	0.58
10	西南政法大学	7628	0.51
11	四川美术学院	2916	0.20
12	重庆市九龙坡区华岩寺（佛教协会佛学院）	2803	0.19
13	重庆钢铁（集团）有限责任公司	1298	0.09
14	重庆市中药研究院	656	0.04
15	重庆工业博物馆置业有限公司	602	0.04
16	重庆三峡医药高等专科学校	518	0.03
17	重庆市第八中学	250	0.02
18	重庆川剧博物馆	207	0.01
19	重庆市中医院	177	0.01
20	重庆市档案馆	117	0.01
21	重庆市南山植物园管理处	87	0.01
22	重庆警察博物馆	82	0.01
23	重庆历史名人馆	82	0.01
24	重庆大学教育基金会	66	<0.01
25	重庆三峡水利电力（集团）股份有限公司	49	<0.01
26	重庆市设计院	34	<0.01
27	重庆大韩民国临时政府旧址陈列馆	31	<0.01
28	史迪威研究中心	22	<0.01
29	重庆市育才中学校	11	<0.01
	合计	873514	58.92

重庆市各区县文物分布表

序号	区县名称	文物数量（件）	所占比例（%）
1	渝中区	342348	23.09
2	沙坪坝区	339181	22.88
3	北碚区	274572	18.52
4	万州区	91509	6.17
5	巫山县	56224	3.79
6	丰都县	53389	3.60
7	云阳县	42076	2.84
8	涪陵区	38706	2.61

续表

序号	区县名称	文物数量(件)	所占比例(%)
9	江津区	32586	2.20
10	合川区	28026	1.89
11	长寿区	23380	1.58
12	忠县	19269	1.30
13	渝北区	17650	1.19
14	巴南区	12550	0.85
15	开州区	12183	0.82
16	铜梁区	11156	0.75
17	綦江区	8758	0.59
18	大足区	8024	0.54
19	九龙坡区	7706	0.52
20	石柱县	7460	0.50
21	黔江区	6357	0.43
22	奉节县	6278	0.42
23	秀山县	6075	0.41
24	巫溪县	5540	0.37
25	南岸区	5019	0.34
26	永川区	4344	0.29
27	酉阳县	3804	0.26
28	武隆区	3285	0.22
29	梁平区	3185	0.21
30	荣昌区	2339	0.16
31	大渡口区	2082	0.14
32	南川区	1744	0.12
33	城口县	1554	0.10
34	彭水县	1216	0.08
35	璧山区	1044	0.07
36	江北区	750	0.05
37	垫江县	551	0.04
38	潼南区	444	0.03
39	万盛经开区	125	0.01
	合计	1482489	100.00

注：重庆市石柱土家族自治县(简称"石柱县")，重庆市秀山土家族苗族自治县(简称"秀山县")，重庆市酉阳土家族苗族自治县(简称"酉阳县")，重庆市彭水苗族土家族自治县(简称"彭水县")，重庆市万盛经济开发区(简称"万盛经开区")，全书同。

2. 文物保存状况

从各个区县以及市级重点收藏单位的具体保存状况来看，重庆中国三峡博物馆等系统内收藏文物数量较大的单位整体保存情况较好，有专业的保管人员、封闭的展柜、独立的库房、完备的安防设施。此外，忠县、江津、万盛等区县则以建设博物馆新馆为契机，筹备建立现代化文物库房，购置符合文物保存环境标准的储存设备及囊匣盒套，建立文物库房环境监控系统，并对现有藏品进行消毒、杀菌、灭虫等处理，文物的保存状况有了极大改善。但仍有大量的收藏单位的文物保存条件十分落后，特别是一些文物收藏量小的区县文物管理所，以及文博系统外的宗教寺庙、学校、档案馆等单位，保管条件差，保护措施落后，缺乏技术、人员、经费支持，文物保存现状不容乐观。

3. 文物价值

此次普查登录的1482489件文物，具有历史、科学、艺术价值。从出土文物来看，石器有原始之美，远古陶器有朴素之美，熠熠生辉的玉器有温润之美，巴渝青铜器有时间之美，涂山瓷器有华丽之美，是我们人类共同的财富。革命文物是1840年以来，中华民族为争取民族独立，实现伟大复兴而奋斗的重要实物见证，是革命历史过程的再现，是中华民族为了自身命运顽强拼搏过程的再现。重庆是中国近现代史的重要舞台，革命文物数量多、分布广、等级高、价值大，是重庆的特色文物资源，对于开展爱国主义教育，推动精神文明建设有重要作用。民族文物是中华民族优秀文化遗产的重要组成部分，是各族人民在缔造祖国历史进程中，共同创造的多元一体的中华民族文化的物化反映。重庆民族文物在反映本地少数民族历史、宗教、习俗等方面有重要价值，对我们了解文化多样性，理解和处理民族关系有重要作用，对维系民族历史传承有促进作用，对增强中华民族认同、国家认同有巨大意义。

（二）建立健全管理机制

1. 建立文物档案

一是规范登记账本。为加强藏品管理，规范藏品档案，2013年初，重庆市印制了《博物馆藏品总登记账本》，为新建或重建藏品账目及档案的单位做好保障服务。从普查验收的情况来看，市级重点收藏单位均有规范的文物总账；部分区县的收藏单位在文物总账制度上存在不规范的情况，通过此次普查进行重新建账建档。

二是建立文物信息数据库。重庆市依托重庆中国三峡博物馆信息中心建立全市可移动文物信息档案和信息检索系统。信息管理条件较好的重庆中国三峡博物馆已逐步将馆藏文物信息纳入国家建立的以"云计算"等现代信息技术为支撑的文物数据应用服务平台，实现资源共享。

2. 健全制度规范

通过此次普查，重庆市进一步完善了可移动文物调查、认定、登记、管理及利用制度。在普查期间,各文物收藏单位陆续制定或完善了《馆藏文物藏品使用细则》《文物藏品保管员岗位职责》《文物藏品登记编目登记员岗位职责》《总账管理人员岗位职责》等相关制度,对重庆市文物管理等基础工作具有较大的推动作用。重庆图书馆馆藏文物299437件,在非文博系统收藏单位中文物藏品数量最多。为加强藏品规范化管理,重庆图书馆制定了《重庆图书馆古籍书库管理制度》,对古籍保护环境、保管、检查、出入库、安全等做出了明确规定,并加大执行力度,确保文物保护管理制度落到实处。

3.加强文物保护

首先是改善可移动文物保存条件。部分区县由于库房狭小,许多文物处于堆放、叠放状态,需要加强文物保存环境的硬件设施建设,新建标准文物库房。现有技术设备落后,不能满足文物保护需要的,需要进行技术升级和设备的更新换代,如防盗、防火设施,以及必要的空气调节和控制设备等。文物保护工作是一项公益性事业,往往面临经费缺乏的情况,需要各级政府加大财政投入,将文物保护经费列入财政预算,每年拿出专项经费用于文物的常态性保护。

其次是可移动文物保护修复工作。在"十二五"期间,重庆市加强珍贵文物修复和出土文物修复,提升文物修复技术水平,重点开展金属器、陶瓷器、纺织品、纸质文物修复,经批准立项实施的馆藏珍贵文物本体修复和三峡出土文物再修复项目45个,共修复珍贵文物和三峡出土文物3886件。但是,与此次普查数据中需要修复的文物数量相比,无论是资金投入,还是修复力量,都远远不够,可移动文物保护修复工作任重道远。今后要积极争取国家和市级财政资金投入,加大可移动文物的保护修复力度,实施各类文物分级保护,实现文物规范化管理。

4.引进培养人才

专业人才队伍的缺失是重庆市文物保护事业发展的瓶颈。从调查情况来看,重庆市可移动文物的保护与管理人员严重不足,许多收藏单位缺乏专业的保管人员,部分单位即使能够做到配备一名保管人员,但在实际工作中往往是身兼多职,并且缺乏文物保管方面的专业培训。针对这一问题,一是需要引进高水平的专业人才,二是要注重加大对现有员工的培养力度,积极鼓励他们参加与文物保管或研究相关的各类专业培训,提高自身专业素养和业务研究能力。

(三)发挥文物在经济社会发展中的重要作用

1.普查成果利用计划

根据《重庆市第一次全国可移动文物普查实施方案》的要求,重庆市将建立可移动文物信息管理平台和文物数据库,建立可移动文物综合管理系统和公共服务系统,通过网络展示普查成果,为文博系统和社会公众提供科研和教育服务。

2.利用普查成果举办展览情况

在普查期间,结合每年开展的国际博物馆日、中国文化遗产日和重庆文化遗产宣传月等活动,通过实物展览和图片展板流动展出的方式,市、区县两级利用普查成果共举办了35个临时展览,展出文物3240件,吸引观众近60万人次。其中,在2016年的重庆文化遗产宣传月期间,重庆市各级普查办和市属文博单位群策群力,推出了"细数家珍,传承文明——重庆市第一次全国可移动文物普查"展览。此次展览,吸引了众多学生、社区居民、文博爱好者等参观,通过此次巡展向社会各界展示了重庆市可移动文物普查的阶段性成果,进一步宣传可移动文物普查的重要意义,提升社会公众的认知度和普查的社会影响力,动员社会力量参与文博保护,营造了全民参与保护文化遗产的良好氛围。

3.普查成果公开出版发行情况

全市各收藏单位发表与普查成果相关的文章150余篇。重庆中国三峡博物馆编辑出版《重庆中国三峡博物馆馆藏文物选粹·玉器》《重庆中国三峡博物馆馆藏文物选粹·鼻烟壶》和《重庆中国三峡博物馆馆藏文物选粹·铜镜》三本图录,整理300余件有关江南会馆的材料,并以"馆藏江南会馆文物资料整理与研究"为题,作为2015年度重庆市社会科学规划特别委托项目立项。渝北区出版《渝北古韵》,在普查清理木质文物的基础上,重点研究馆藏特色古床等文物。黔江区文化部门经过系统整理,出版发行了《双冷斋文集校注》《笏珊年谱校注》,填补了黔江区清代历史文献的空缺。

四、建议

重庆市圆满地完成了第一次全国可移动文物普查任务,成果丰硕,收获巨大,但也存在一些问题需要加以改进,普查工作的经验教训需要深入总结。

1.大力夯实人才基础

在各级政府和文物行政主管部门的大力支持下,重庆市第一次全国可移动文物普查工作开局比较顺利。但是,随着普查工作的深入展开,普查人员数量不足、专业不强、专家队伍匮乏等问题逐渐暴露出来,导致普查工作特别是采集审核工作进度一度迟缓。因此需要进一步加强基层专业人员的培养工作,特别是在薄弱区县提高人员配置并积极开展后续培训工作,努力提升基层文物保护人员的整体专业素质。

2.注重普查指导和监督

普查各阶段各环节是有机统一体,需要有机联动、相互配合,任何一个环节出问题都会影响相关环节的运行。普查调查、认定、采集、登录、审核、验收和报告等完成状态和质量需要各级普查办组织力量及时给予指导,否则会贻误时机,影响全局。同时,要针对薄弱环节、落后单位加强监督力度,补好短板,调节状态,协调发展,整体推进。

3.提升可移动文物保护水平

在第一次全国可移动文物普查工作结束后,重庆市将加强文物数字化保护工作,珍贵文物全部配备柜架囊匣。建设国家一级、二级博物馆文物保存环境监测平台、环境调控系统,建立覆盖较为全面的保护修复平台。扩大可移动文物修复保护资质单位队伍,拓展资质范围,建立健全可移动文物保护修复体系。推进地市级博物馆库房和区域文物中心库房建设,提高可移动文物保护管理水平。

4.加强文物的合理利用

教育是博物馆的基本职能。合理利用馆藏文物,坚持用文物说话,讲中国故事,通过展览使观众更好地了解文物,了解历史,最终实现教育的目的。积极参与"互联网+中华文明"三年行动计划,让文物有更广阔的展示平台,最大限度地满足人民群众的文化需求。

5.深化普查成果研究

普查工作虽然基本结束,但普查成果不能束之高阁。各文博单位应该深入开展普查资料整理,充分发挥资源和人才优势,努力扩大科学研究领域,并积极与国内外科研机构、高等院校开展合作,推出一批重要科研成果,真正做到让收藏在博物馆里的文物和书写在古籍里的文字活起来。

报告执笔人:金维贤、张殊、刘华荣

直属单位报告（6家）

01　重庆中国三峡博物馆第一次全国可移动文物普查总结报告

重庆中国三峡博物馆（以下可简称"三峡博物馆"）的前身是1951年成立的西南博物院，经过60余年的发展，目前是首批国家一级博物馆、西南地区唯一的中央与地方共建国家级博物馆培育单位，同时也是全国古籍重点保护单位。作为综合性大馆，三峡博物馆馆藏丰富、种类齐全，在藏品管理、藏品保护与研究、社会公共服务等领域都处于地区领先的水平，是重庆乃至西南地区的龙头博物馆，在全国范围内也具有较大的影响力。

第一次全国可移动文物普查工作从2012年10月开始启动，在国务院和重庆市人民政府的统一部署下，根据重庆市文物局的具体要求和安排，三峡博物馆于2013年下半年正式启动可移动文物普查工作，经过工作准备、数据采集、信息审核三个阶段的工作，于2016年11月通过重庆市文物局组织的专家验收，全面完成了普查任务。

此次可移动文物普查，三峡博物馆共采集登录文物113517件/套，实际数量279035件，基本摸清了家底。从普查的结果来看，三峡博物馆的可移动文物具备以下几个特点：一是门类齐全，文物在此次统计的35个类别中都有分布，没有缺项；二是特色突出，以陶瓷、书画、巴蜀青铜器、汉代文物、抗战文物、西南地区少数民族文物、社会主义建设文物等为主要特色，形成了以"重庆历史文物、三峡库区出土文物、西南地区民族民俗文物、近现代文物"为主的馆藏文物体系；三是文物保存环境和保存状态较好，严重残缺和亟须修复的文物所占比例极小。

通过该次普查，三峡博物馆全面掌握了馆藏可移动文物的数量、特征、保存状况等基本情况，健全了文物管理与保护的有关制度，为进一步挖掘馆藏文物内在价值，提升社会公共服务水平打下了坚实的基础。此外,普查还提高了三峡博物馆员工的文物知识和保护意识,在普查过程中,各部门相互协作、共同努力,形成了一支极富凝聚力和战斗力的队伍。

一、普查数据

经第一次全国可移动文物普查,本馆国有可移动文物收藏量为113517件/套,实际数量为279035件。其中,珍贵文物17958件/套,实际数量26890件。

(一)三峡博物馆可移动文物基本情况

1. 类别

可移动文物类别

可移动文物类别	可移动文物实际数量(件)	实际数量占比(%)
合计	279035	100.00
玉石器、宝石	6258	2.24
陶器	2606	0.93
瓷器	7154	2.56
铜器	2988	1.07
金银器	654	0.23
铁器、其他金属器	1265	0.45
漆器	623	0.22
雕塑、造像	3123	1.12
石器、石刻、砖瓦	1939	0.69
书法、绘画	26328	9.44
文具	2352	0.84
甲骨	210	0.08
玺印符牌	7361	2.64
钱币	102247	36.64
牙骨角器	2247	0.81
竹木雕	3503	1.26
家具	548	0.20
珐琅器	435	0.16
织绣	5887	2.11
古籍图书	40234	14.42
碑帖拓本	22064	7.91
武器	1131	0.41
邮品	95	0.03

续表

可移动文物类别	可移动文物实际数量(件)	实际数量占比(%)
文件、宣传品	16445	5.89
档案文书	10663	3.82
名人遗物	1295	0.46
玻璃器	2529	0.91
乐器、法器	663	0.24
皮革	131	0.05
音像制品	738	0.26
票据	3102	1.11
交通、运输工具	53	0.02
度量衡器	86	0.03
标本、化石	33	0.01
其他	2045	0.73

2. 年代

(1)可移动文物年代类型。

可移动文物年代类型

可移动文物年代类型	可移动文物实际数量(件)	实际数量占比(%)
合计	279035	100.00
地质年代	0	0
考古学年代	989	0.35
中国历史学年代	269313	96.52
公历纪年	2366	0.85
其他	1559	0.56
年代不详	4808	1.72

(2)可移动文物中国历史学年代分布。

可移动文物中国历史学年代分布

可移动文物中国历史学年代	可移动文物实际数量(件)	实际数量占比(%)
合计	269313	100.00
夏	6	<0.01
商	290	0.11
周	3467	1.29
秦	71	0.03
汉	9804	3.64
三国	254	0.09

续表

可移动文物中国历史学年代	可移动文物实际数量（件）	实际数量占比（%）
西晋	137	0.05
东晋十六国	74	0.03
南北朝	1685	0.63
隋	39	0.01
唐	10528	3.91
五代十国	307	0.11
宋	10044	3.73
辽	73	0.03
西夏	55	0.02
金	135	0.05
元	783	0.29
明	4970	1.85
清	116617	43.30
中华民国	83954	31.17
中华人民共和国	26020	9.66

3. 级别

可移动文物级别

可移动文物级别	可移动文物实际数量（件）	实际数量占比（%）
合计	279035	100.00
一级	1114	0.40
二级	4296	1.54
三级	21480	7.70
一般	214820	76.99
未定级	37325	13.38

4. 来源

可移动文物来源

可移动文物来源	可移动文物实际数量（件）	实际数量占比（%）
合计	279035	100.00
征集购买	49521	17.75
接受捐赠	25990	9.31
依法交换	167	0.06
拨交	5647	2.02
移交	22304	7.99

续表

可移动文物来源	可移动文物实际数量(件)	实际数量占比(%)
旧藏	119475	42.82
发掘	47302	16.95
采集	1778	0.64
拣选	11	<0.01
其他	6840	2.45

5.入藏时间

可移动文物入藏时间范围

可移动文物入藏时间范围	可移动文物实际数量(件)	实际数量占比(%)
合计	279035	100.00
1949年10月1日之前	1810	0.65
1949年10月1日—1965年	202715	72.65
1966—1976年	5194	1.86
1977—2000年	57738	20.69
2001年至今	11578	4.15

6.完残程度

可移动文物完残程度

可移动文物完残程度	可移动文物实际数量(件)	实际数量占比(%)
合计	279035	100.00
完整	25729	9.22
基本完整	205834	73.77
残缺	46133	16.53
严重残缺(含缺失部件)	1339	0.48

二、普查工作组织实施

(一)加强领导,健全机构

1.成立普查机构

接到开展普查工作的通知后,三峡博物馆迅速成立了第一次全国可移动文物普查领导小组,全面负责本馆的文物普查工作,由馆长担任组长,藏品部和文物信息部两位分管副馆长担任副组长,成员由藏品部、文物信息部、研究部、文物保护部等各部门负责人组成。领导小组下设普查工作办公室,由藏品部分管副馆长担任主任,文物信息部分管副馆长担任副主任,负责协调、组织普查工作,解决重要问题。普查工作办公室下设普查实施组、技术支持组、协调保障组、专家组四个工作组。普查实施组按文物类别又细分为不同的工作小组,负责文物数据采集和信息录入;技术支持组负责相关软件的开发和数据的统计、维护,为普查提供技术支持;协调保障组负责协调各部门,为普查提供人力、物力和财力的保证;专家组负责文物认定、鉴定,为普查提供专业指导。文物普查领导小组的成立理顺了普查工作各方面的关系,各工作组各司其职、相互配合,有效保证了普查工作的顺利开展。

2.制订方案

为确保普查工作有序推进,三峡博物馆制订了《重庆中国三峡博物馆第一次全国可移动文物普查实施方案》,将可移动文物普查列为近几年工作的重中之重,对普查的工作流程、时间和任务安排做了详细部署。本馆还结合工作实际,制定了切实可行的普查工作制度并上墙,明确了普查工作中的各种注意事项,使普查工作规范有序。

3.落实经费

普查初期,三峡博物馆即编制了详细的普查经费预算,重庆市财政局、文物局的有关人员还专程来我馆调研了经费需求,并按年度及时拨付了专项经费共计160万元,其中2014年70万元,2015年40万元,2016年50万元。在资金的使用上,我馆严格坚持专款专用的原则。截至2016年7月31日,本馆可移动文物普查共使用经费约141.5万元,约占预算经费(约166.5万元)的85%,其中添置设备及聘用人员劳务费占70%以上。据统计,2014年本馆使用可移动文物普查经费300371元,2015年使用499628元,2016年使用614796元。

4.组建队伍

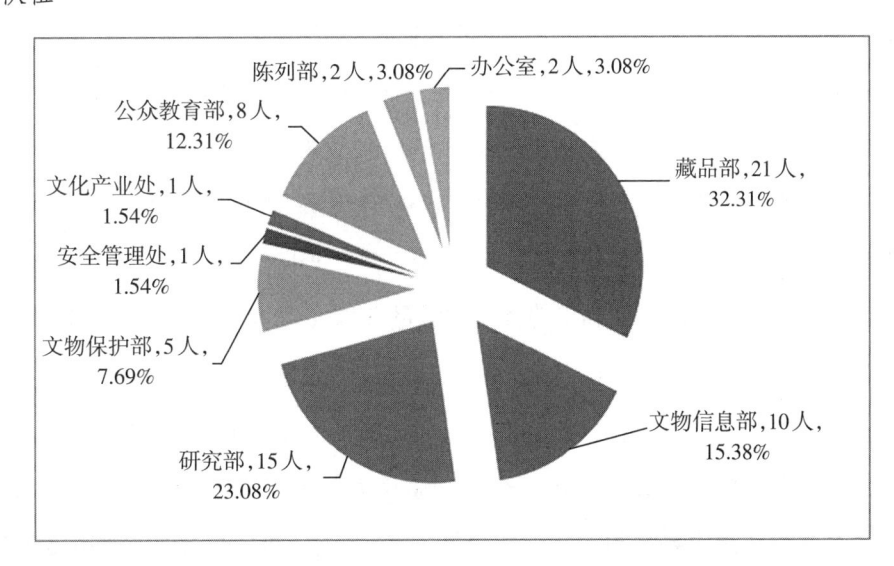

重庆中国三峡博物馆可移动文物普查在职员工参与情况示意图

在普查期间,先后有来自藏品部、文物信息部、研究部、文物保护部、安全管理处、文化产业处、公众教育部、陈列部、办公室九个部门的65名工作经验丰富的在岗职工参与了普查工作,超过全馆职工总数的四分之一。另有来自重庆师范大学、西南大学、重庆工商大学、重庆第二师范学院、四川大学、吉林大学、西北民族大学等高校的文博、历史、考古和摄影等专业的实习生及志愿者30余人参与普查工作,约占全体普查人员的三分之一。三峡博物馆还返聘了知名退休专家胡昌健、申世放等人作为专家组成员,为文物认定和普查工作提供指导。

(二)逐步实施,阶段推进

1. 积极开展文物认定

为厘清文物普查的范围,确保普查数据的科学性,三峡博物馆按照《重庆市可移动文物普查文物认定规范》的要求,积极组织专家组对馆藏室等区域存放的藏品进行了认定。经专家组的细致工作,我馆新认定文物共计16600件/套,极大地丰富了馆藏文物的内涵。如一批保存了50多年的宣传画被重新认定,这些文物记录了中华人民共和国成立初期的城市和农村风貌,其中不乏齐白石、徐悲鸿等大师之作,对充实我馆藏品序列起了非常重要的作用。

2. 有序推进信息采集

从2014年6月起,三峡博物馆可移动文物普查工作开始进入全面实施阶段,各工作组的普查人员按照统一安排,有序开展普查工作,上午在库房按照普查要求采集文物尺寸、影像等信息,下午在数据平台上录入信息。截至2015年12月底,共采集登录各类文物28827件/套。

3. 百日攻坚,决战决胜

因馆藏文物数量巨大,普查人手又有所欠缺,虽经大家努力工作,到2016年初,距离普查工作目标的最终完成仍有很大差距。在时间紧、任务重的紧迫形势下,为确保本馆普查工作按时完成,馆领导高度重视,推动本馆可移动文物普查工作进入最后的冲刺阶段。2016年1月8日,三峡博物馆召开了全馆可移动文物普查动员大会,会上提出"百日攻坚、决战决胜"的口号,将可移动文物普查列为2016年度的馆内头号重点工作,要求在保证文物安全和普查质量的前提下加快普查进度,并采取了以下几点有力措施:一是从全馆各部门抽调力量,进一步充实普查队伍。二是重新调整了工作计划,将普查任务进一步细化。根据文物类别和未普查文物总量,以100天为期限进行任务分解,共分10个普查组,每组3至6人不等,以各类文物保管员为组长,全天候入库采集并登录文物信息。同时,在文物库房外安放了工作进度墙,每天进行目标任务考核,对出现的问题及时分析、查找原因,并迅速整改。三是加强工作督查。馆长每周定期入库督查,分管副馆长全面统筹普查具体工作,每天入库检查并直接参与普查数据采集。在全馆各部门的大力配合下,全体普查人员倾尽全力,到2016年5月底,共采集登录文物68048件/套,提前顺利完成了目标任务,用时共计93天。

4. 加强信息审核,保证数据质量

在普查过程中,三峡博物馆专门安排了两名工作人员负责对采集数据进行初审,普查完成后,本馆又组织工作人员对数据进行了自查,并组织专家进行了抽审。在重庆市可移动文物普查的数据审核阶段,三峡博物馆还承担了全市普查数据的审核工作,统筹市内各普查单位的精锐力量,组织54名审核员对包括本馆在内的全市46万余条文物普查数据进行离线逐条审核,发现问题及时反馈至原普查机构进行修改,确保错误率控制在0.5%以内。

(三)积极宣传,营造氛围

三峡博物馆高度重视宣传对文物普查工作的促进作用,安排专人采用多种形式开展普查宣传工作,取得了较好的宣传效果。

1.传统媒体宣传

利用报纸、期刊等传统媒体,积极投稿,大力宣传我馆文物普查工作。其中,《博物馆的可移动文物普查》(2014年6月13日)、《"抗日能从众,持躬若守愚"——介绍〈董必武给漆鲁鱼的题词〉》(2015年1月2日)、《一枚红军用过的外国版货币——墨西哥鹰洋之红色往事》(2015年1月6日)、《一位荷兰外交家的重庆"琴"缘》(2015年3月3日)、《文物无小事 普查有大为——写在重庆中国三峡博物馆可移动文物普查决战之际》(2016年3月18日)等文章在《中国文物报》刊登。在《重庆日报》可移动文物普查成果的专题栏目中,有四期专门介绍了三峡博物馆的普查工作,起到了很好的宣传作用。

2.新媒体宣传

我馆特别重视引导和发挥博客、微博等新兴媒体的宣传作用,利用官方网站、微博、微信公众号等媒体平台,推送众多普查信息,展示普查优秀成果,得到了广大网友的好评。

3.活动宣传

三峡博物馆还以重要节庆为契机,适时推出与普查相关的宣传内容。如在2014年国际博物馆日活动期间,在展厅生态廊以展板的形式推出介绍可移动文物普查基本知识的专题展览;在2016年重庆市第七届文化遗产宣传月期间,我馆组织参观者探访文物保护中心实验室,让民众了解文物修复工作;2016年,根据重庆市文物局安排,组织了"细数家珍,传承文明——重庆市第一次全国可移动文物普查"的文物展览,于2016年国际博物馆日活动期间在合川主会场进行了展出。

这些内容丰富、形式多样的宣传,使社会大众充分认识并深入了解了第一次全国可移动文物普查工作的性质、内容和意义,效果显著。

(四)严控质量,保障安全

在普查中,三峡博物馆严格按照国家文物局印发的《第一次全国可移动文物普查质量控制管理办法》和重庆市文物局印发的《重庆市可移动文物普查质量控制管理制度》等有关规定和要求,高度重视本单位普查工作各环节的质量监督,认真开展业务培训,严格工作督查,保障普查安全,保证普查工作质量合格。

1. 重视学习,提高业务水平

鉴于普查工作要求高、难度大等因素,三峡博物馆积极组织职工参加各种普查培训,以提高业务能力,保证普查质量。本馆职工先后参加文物普查培训共计7次,累计122人次,其中,参加全国文物普查培训3次,累计11人次;参加重庆市普查办举办的可移动文物普查培训2次,累计35人次;馆内组织开展文物普查专题培训2次,累计培训76人次。在文物普查的过程中,本馆还注重老同志的"传帮带"作用,以老带新,十分注重在普查过程中提高新同志的业务能力。同时,本馆还注重与各省市兄弟博物馆间的交流与学习,2015年上半年藏品部派遣一名员工到南京博物院交流学习一个月,2015年11月藏品部和文物信息部全体员工分两批分别赴山西、山东和上海、江苏等地,观摩了山西博物院、山东博物馆、苏州博物馆、南京博物院的可移动文物普查工作,并与他们的普查相关部门座谈,交流经验心得,收获颇多。另外,本馆普查技术骨干还多次赴重庆市各区县指导普查工作,交流先进经验。

2. 加强监督,保证质量和进度

为确保普查数据的可靠性,在数据录入期间,本馆安排专人进行数据初审。数据录入工作完成后,本馆又组织多次馆内审核,并邀请专家对普查数据进行了抽审,有效保证了普查数据的质量。针对馆内一度出现的普查进度落后的情况,本馆在"百日攻坚、决战决胜"普查阶段进一步加强了对普查进度的督导,形成了馆领导每周进库两次检查普查工作、部门领导入库直接参与普查的高压态势,极大地提升了普查工作效率,有效促进了普查工作提前完成。

3. 安全管理,保障人员、文物和数据安全

在普查工作中,本馆始终将"安全第一"视为普查的重要原则,重视对普查人员,尤其是新入职普查人员的技术和职业道德培训工作。在普查过程中,各普查小组实行组长负责制,由各保管员担任组长,严格要求普查人员按照操作规范和技术标准开展工作,预防文物损毁事件发生。在文物数据的保护上,纸质数据由藏品部编目室整理、归档,并设置专柜统一保管,电子数据由文物信息中心进行维护和备份保存,所有数据均做到妥善保管、严格保密。截至普查验收完成,本馆未发生任何一起普查人员、文物以及数据方面的安全事故。2016年10月27日,重庆市文物局局长率队对本馆可移动文物普查工作进行验收,验收组听取了总结汇报,查阅了藏品总账、《文物登记卡》等普查相关资料,最后对本馆的普查工作予以充分肯定并宣布验收结论为合格。

(五)整理成果,做好总结

1. 普查档案工作

为更好地总结普查工作,充分发挥普查的作用,本馆认真做好了普查资料的整理归档工作。对本馆普查的文物档案严格按照《国有可移动文物普查建档备案工作规范(试行)》的要求,设置专柜保存

于编目室。对普查过程中产生的请示、报告、通知、工作计划、总结、简报、方案、规章制度等公文材料和宣传资料、工作照片、展览文本等其他资料也进行了合理归档,分类专门保存。

2. 做好后续研究

通过本次普查对馆藏可移动文物的系统梳理,三峡博物馆启动了一系列的馆藏文物专题研究工作,如开展了玉器、鼻烟壶、铜镜等专题研究,并出版了图录。另外,本馆还整理了300余件有关江南会馆的历史资料,并以"馆藏江南会馆文物资料整理与研究"为题开展项目研究,目前该课题已作为2015年度重庆市社会科学规划特别委托项目立项。

三、普查工作成果

(一)三峡博物馆可移动文物资源情况及价值

通过此次普查,本馆全面掌握了馆藏可移动文物的数量、种类、本体特征、人文信息和保存情况,为总体评价本馆可移动文物的价值、保护现状及发展趋势,构建科学、有效、适宜的馆藏文物体系提供了重要依据。

1. 摸清文物数量

三峡博物馆此次普查共采集登录文物279035件,基本摸清了建馆60多年来的家底。在这27万余件文物中,珍贵文物有26890件,其中一级文物1114件,二级文物4296件,三级文物21480件。另外,一般文物有214820件,未定级文物有37325件。从具体类别来看,数量最多的是钱币,有102247件,数量最少的标本、化石只有33件。此外,书法、绘画,古籍图书,碑帖拓本,文件、宣传品,档案文书等类别文物的数量都在万件以上,属馆藏文物中的大宗,这与本馆馆藏文物体系的特点也是基本一致的。

2. 掌握文物保存状况

三峡博物馆建有专门的文物库房,面积达3000多平方米,库房区域内有恒温恒湿设备及摄像监控等设施,绝大多数文物都进柜或上架保管,珍贵文物一般还有专门的囊匣盒套,因此馆藏文物的保存状况较好。

普查数据显示,本馆可移动文物保存完整为25729件,比例为9.22%;基本完整为205834件,比例为73.77%;残缺为46133件,比例为16.53%;严重残缺为1339件,比例为0.48%。残缺和严重残缺的比例较低,亟须修复文物的比例也较低。

3. 明确文物价值

重庆中国三峡博物馆本次普查的279035件文物涵盖了所有的35个门类,一般都具有较高的历史、艺术和科学价值。从远古时代的古人类牙齿化石到现代革命先烈的遗书,一件件精美的文物,为我们展示了巴渝文化、三峡文化、抗战文化的内涵和价值,它们是重庆这座城市历史文化记忆的传承所在,也是重庆这座城市的魅力所在。

(二)建立健全管理机制

1. 建立文物档案

(1)实行数据多点备份。

三峡博物馆普查工作办公室对普查资料、档案实行备份管理,技术服务组对普查数据库实现多点备份,确保安全。

(2)规范文物账本登记。

为加强藏品管理,规范藏品档案,本馆使用了重庆市文物局印制的《博物馆藏品总登记账本》进行总账登记。对已普查文物和账目进行一一核对,切实做到账物一致,并对普查文物纸质登记卡和文物数码照片进行分类整理、归档。

(3)建立文物信息数据库。

依托国家建立的可移动文物档案和信息管理系统,制订了可移动文物分类、分级标准与程序,实现本馆收藏文物的标准化和规范化管理。另外还计划将馆藏文物信息纳入国家建立的以"云计算"等现代信息技术为支撑的文物数据应用服务平台,实现资源共享、服务社会。

2. 健全制度规范

普查伊始,三峡博物馆便统一认识,克服种种畏难思想,对于国家文物局、重庆市文物局部署的普查工作自始至终无条件执行。本馆成立了以馆长为组长的可移动文物普查领导小组,陆续出台了《重庆中国三峡博物馆第一次全国可移动文物普查工作方案》《重庆中国三峡博物馆第一次全国可移动文物普查文物安全保护规定》,以及文物保护部制订的《重庆中国三峡博物馆可移动文物预防性保护方案》、藏品部编制的《重庆中国三峡博物馆藏品部库房巡查制度》,在这些制度的规范下,普查工作得以顺利开展。特别值得一提的是,在"百日攻坚"阶段,馆领导结合"三严三实""两学一做"的学习和实践,将工作地点从办公室移到库房,直接部署具体工作,甚至直接参与到数据采集工作中来。此外,我馆还制作了"重庆中国三峡博物馆可移动文物普查每周汇总上传表""重庆中国三峡博物馆可移动文物普查每日完成量表"的展板并上墙,这不仅仅是对普查工作完成情况的梳理,在更大程度上使普查人员明确自己的目标任务,从而合理安排时间,保质保量地完成工作任务。在政策允许的范围内,本馆还建立了相应的激励机制,不搞大锅饭,对完成任务早、任务完成好的普查组进行专项奖励。这些措施提升了大家的认识,充分调动了工作积极性,成为普查圆满完成的重要保证。

3.加强文物保护

在本次可移动文物普查工作中,三峡博物馆始终高度重视文物保护工作,并且注重以普查促保护。

(1)文物的保藏。

三峡博物馆设有高标准的文物库房,分类保藏不同质地的文物。文物库房与办公区域有效隔离,库房区域做到摄像监控全覆盖、无死角,只有具有一定权限的文物保管人员才能进入相应的库房区域,外来人员进库需经分管领导同意并进行登记。文物库房内常年恒温恒湿,并能实时监控温湿度变化。

在文物普查期间,所有入库普查人员必须按规定着装,佩戴口罩,防止与文物接触时产生负面影响。在普查过程中即时更换不合格的包装物,取而代之的是无酸材料制作的裹布或囊匣盒套,起到了防尘、防潮、防虫、防震、防霉等良好的预防效果。

此外,为改善全封闭情况下普查人员的工作环境,本馆提前启动文物预防性保护项目,耗资近百万,为文物库房更换了新风系统,无论工作环境还是文物保存环境都得到了有效改善。

(2)文物的修复。

2014年3月,重庆中国三峡博物馆文物保护部制订了《重庆中国三峡博物馆可移动文物预防性保护方案》。在普查期间,文物保护部于2014年完成《吕凤子仕女图轴》等13件馆藏珍贵书画文物的保护修复工作和1件一般书画文物的保护修复工作,共计14件,另配合展览,对199件/套馆藏文物进行修补、加固等工作。2015年完成11件陶器、6件瓷器、17件书画,共计34件文物的修复工作。2016年修复文物20件,其中书画文物8件(含三级文物2件,一般文物6件),陶器12件(含二级文物1件,三级文物1件,一般文物10件)。

4.注重人才培养

(1)交流经验。

在普查期间,重庆中国三峡博物馆与国内兄弟博物馆,特别是中央与地方共建国家级博物馆有着密切的联系,平时通过电话、网络等方式与各兄弟单位多有交流,汲取他们普查的有益经验,从而提升本馆人才队伍的业务能力和综合素质。另外,本馆还派遣多名员工前往南京博物院等多个先进单位观摩其可移动文物普查现场,交流心得体会。参加外出学习交流的同事回来后,分享了自己的所见所闻和汲取到的宝贵经验,这成为本馆可移动文物普查顺利进行的助力器。

(2)培训学习。

重庆中国三峡博物馆发挥区域性核心博物馆的辐射力、带动力,为全市可移动文物普查做出了卓越贡献。本馆先后十余次派员参加国家文物局和重庆市文物局组织的普查专业知识及相关技能培训。受市文物局委托,先后多次组织本馆专家对全市参与普查的业务骨干进行数据采集、审核等方面的专业培训,提升了全市普查人员的专业素养。通过此次普查,全馆员工的文物专业知识素养和实践操作能力有了明显的提升,为以后藏品管理和文物研究工作的进一步开展打下了良好的基础。

(3)人才引进。

针对本次普查的特点,在"百日攻坚"阶段,重庆中国三峡博物馆在普查一线上集中了业务部门的专业技术骨干,可谓精英辈出,进库普查的正研、副研、博士、硕士比比皆是,其目的就是在最短的时间内,对普查数据需要的十四个指标项给予最准确的描述和定性。我们的清库建档工作均是在返聘专家的指导下进行,影像采集工作均由专业摄影师完成。

(4)院校合作。

在普查期间,先后有四川大学、重庆师范大学、西南大学等高校文博、历史、考古和摄影专业的实习生及志愿者30余人参与普查工作,这些学生学习态度认真,动手能力强,求知欲望强,在本馆老师的带领下,成为本馆普查的重要有生力量。重庆中国三峡博物馆作为学生实习基地,相关高校对本馆充满信任,学生们面对这个难得的学习机会颇为珍惜、收获颇丰。重庆中国三峡博物馆历来注重与高校联系与合作,并且与重庆师范大学、西南大学一直保持有战略合作伙伴关系。这次普查为本馆以后与这些高校开展全面合作,实现双方互利共赢、长远发展打下了良好的基础。

5. 提升团队意识

本次可移动文物普查时间紧、任务重,藏品部仅凭自身力量无法按时完成任务。因此,在普查之初,馆里就明确了以藏品部为主,其他部门大力配合,确保普查顺利完成的工作原则。普查全面实施前,藏品部从馆内其他部门调整补充六名员工,此外,馆文物摄影室(含两名文物摄影师)也划归藏品部,这大大充实了普查队伍,同时还返聘两名退休老专家回馆指导普查具体工作。整个普查期间共有藏品部、文物信息部等九个部门参与。此次可移动文物普查参与部门之广、参加员工之多,在近几年的博物馆工作中还是首次。在普查过程中,形成了以责任部门(藏品部)员工为主,其他部门员工协助配合的良好工作机制,大家服从大局、任劳任怨,最终圆满完成工作任务,充分证明了重庆中国三峡博物馆是一个精诚团结、具有战斗力的集体。其他部门员工通过普查能近距离接触文物,加深了自身对馆藏文物的认识,达到了双赢的效果。

虽然普查工作非常艰巨,但广大职工认识非常统一:普查工作并非单纯政治任务,而是博物馆自身信息化建设的必需,是迟早都要完成的本职工作。全国范围内的普查正是加快该项工作的良好契机,我们希望借此契机建立自己完善的基本电子信息数据库。重庆中国三峡博物馆的数据采集质量远远超过国家规定的标准,图片数量按照自己数据库的要求拍摄,并不局限于国家文物局规定的最低标准(至少一张),例如有一套"民国拓泰山石经峪金刚经拓片"共计944张,由于每张的尺幅较大,我们拍摄了944张图片,一个采集组整整耗时两周时间才完成一件/套数据的采集。重庆中国三峡博物馆每张图像达到5 M以上,也远高于国家规定标准(至少1 M);为提高普查速度及质量,普查人员还发明了一些小工具及设备,重新装修了摄影室和鉴赏室。高度的责任心和使命感使得本馆保质保量地完成了普查工作。

(三)有效发挥文物在重庆地区经济社会发展中的重要作用

1.普查成果利用计划

本馆已将此次普查数据上传至"重庆中国三峡博物馆信息管理系统",以供全馆人员参考与利用。接下来,本馆将配合重庆市建立可移动文物信息管理平台和文物数据库,建立可移动文物综合管理系统和公共服务系统,为文博系统和社会公众提供科研和教育服务。

国务院办公厅转发的文化部、国家发改委、财政部、国家文物局等部门《关于推动文化文物单位文化创意产品开发的若干意见》提出,"推动文化资源与现代生产生活相融合,既传播文化,又发展产业,增加效益,实现文化价值和使用价值的有机统一。力争到2020年,逐步形成形式多样、特色鲜明、富有创意、竞争力强的文化创意产品体系,满足广大人民群众日益增长、不断升级和个性化的物质和精神文化需求"。本馆将利用此次普查的成果,精选出极具代表性的文物进行文创产品的开发与利用,传承弘扬优秀文化。这无疑有利于推动沉淀在本馆中的文化资源真正"活起来",有利于推动本馆转变理念、提高效能,提升服务能力,实现自我优化和提升。

2.利用普查成果举办展览情况

2014年国际博物馆日活动期间,本馆在展厅生态廊推出介绍可移动文物普查基本知识的展板。此外,根据重庆市文物局安排,组织了"细数家珍,传承文明——重庆市第一次全国可移动文物普查"的文物展览,该展览于2016年国际博物馆日活动期间在合川主会场进行了正式展出。

3.普查成果公开出版发行情况

本馆编辑出版《重庆中国三峡博物馆馆藏文物选粹·玉器》《重庆中国三峡博物馆馆藏文物选粹·鼻烟壶》和《重庆中国三峡博物馆馆藏文物选粹·铜镜》三本图录,整理300余件有关江南会馆的材料,并以"馆藏江南会馆文物资料整理与研究"为题,作为2015年度重庆市社会科学规划特别委托项目立项。

四、建议

在此次可移动文物普查期间,三峡博物馆虽然取得了不错的成绩,但同时也暴露出一些问题,针对这些问题,在这里提出以下几点建议。

1. 积极完善藏品管理制度

目前，三峡博物馆使用的藏品管理制度大多制定于10余年前的新馆开放时期甚至更早，已不能适应新的发展需要，亟须进行全面整理，逐一修改完善，以符合目前的工作实际和要求。

2. 大力推进建立藏品管理系统

需要指出的是，本馆的藏品管理传统单一，藏品信息的整理和分类统计较为困难。藏品信息不全，甚至还存放在藏品保管人员的个人电脑上，单位对馆藏文物整体上缺乏有效的动态管理与监控。因此本馆以本次普查为契机，结合智慧博物馆项目，大力推进藏品管理系统的建设工作，加强对藏品保管人员的管理，以实现藏品管理的流程化、规范化、智能化，最终大幅提升本馆的藏品管理水平。

3. 切实加强馆藏文物研究

文物是博物馆的基础，对馆藏文物的研究也是博物馆开展其他活动的基础，可以这样说，没有好的文物研究就没有好的展览，更没有好的教育。三峡博物馆目前在馆藏文物研究上还很薄弱，缺乏对馆藏文物的基础性的、系列性研究，更缺乏在全国范围内有影响力的文物研究方面的专家。今后，我们应充分利用本次普查的成果，大力开展馆藏文物系列研究，努力培养文物研究专家，不断提高馆藏文物研究水平，为博物馆其他工作的顺利开展夯实基础。

4. 有效推动普查成果利用

当今我国正在大力推行教育文化大数据工程，着力构建文化传播大数据综合服务平台，"互联网+中华文明"三年行动计划等的提出在社会文化服务方面对博物馆提出了更好的研究。三峡博物馆应以此次普查为契机，打造博物馆大数据平台，以适应当前社会高度信息化的发展趋势和要求。同时，深入挖掘、合理利用文物IP资源，结合市场需求，开发独具特色的文创产品，既传播文化又产生效益，更好地为社会提供公共文化服务。

此次普查工作，是对三峡博物馆馆藏文物的一次彻底清理，让我们初步摸清了家底，建立起了基本的藏品数据库，增强了为社会服务的能力。为完成此项光荣而神圣的使命，三峡博物馆的全体普查人员及志愿者、实习学生不畏艰难，勇于担当，相互协作，充分发挥了不怕吃苦、艰苦奋斗的工作作风。但我们也知道，我们距离真正做到"让收藏在禁宫里的文物，陈列在广阔大地上的遗产，书写在古籍里的文字都活起来"的要求还相去甚远。下一步，我们要积极响应习总书记的号召，"撸起袖子加油干"，继续踏实做好文物基础工作，充分发挥文物的社会价值，为广大群众服务。

报告执笔人：罗霞、胡承金、华夏婕

报告审阅人：梁冠男

02 重庆红岩革命历史博物馆第一次全国可移动文物普查总结报告

为全面贯彻落实《国务院关于开展第一次全国可移动文物普查的通知》精神，按照国务院第一次全国可移动文物普查领导小组办公室制订的《第一次全国可移动文物普查实施方案》和重庆市第一次全国可移动文物普查领导小组办公室制订的《重庆市第一次全国可移动文物普查实施方案》的要求，重庆红岩革命历史博物馆党政班子高度重视，经过三年多的辛苦努力，较圆满地完成了普查工作任务。

重庆红岩革命历史博物馆于2007年正式成立，由原歌乐山烈士陵园和红岩革命纪念馆两大主体馆合并而成，馆藏文物主要来源于两大纪念馆文物旧藏。2011年，中国民主党派历史陈列馆成立并纳入重庆红岩革命历史博物馆，自此重庆红岩革命历史博物馆正式建立了以两大纪念馆、一大陈列馆为基础的中国近现代革命文物馆藏体系。通过此次可移动文物普查，重庆红岩革命历史博物馆对馆藏可移动文物的数量、类别、来源、质地、保存情况等均有了一个全面的掌握，同时也以此次文物普查为契机培养文物管理人才、完善文物管理制度、构建馆藏文物数据库、添置文物管理设备，并逐步梳理解决文物历史问题，使得重庆红岩革命历史博物馆的文物基础工作向系统化、规范化、科学化迈出了坚实而重要的第一步。

一、普查数据

截至2016年10月31日，重庆红岩革命历史博物馆在全国可移动文物信息登录平台登录普查藏品（文物和资料）共26809件/套，实际数量37189件，分为20类，上传的图片数量为48587张，珍贵文物3119件/套，实际数量为4734件。

1. 类别

可移动文物类别

可移动文物类别	可移动文物实际数量（件）	实际数量占比（%）
合计	37189	100.00
碑帖拓本	1	<0.01
瓷器	8	0.02
档案文书	202	0.54
雕塑、造像	1	<0.01
度量衡器	1	<0.01

续表

可移动文物类别	可移动文物实际数量(件)	实际数量占比(%)
古籍图书	812	2.18
家具	56	0.15
名人遗物	3507	9.43
皮革	6	0.02
票据	38	0.10
钱币	21	0.06
书法、绘画	991	2.66
陶器	2	0.01
文件、宣传品	2368	6.37
文具	22	0.06
武器	117	0.31
玺印符牌	31	0.08
音像制品	28754	77.32
邮品	10	0.03
其他	241	0.65

2.年代

(1)可移动文物年代类型。

可移动文物年代类型

可移动文物年代类型	可移动文物实际数量(件)	实际数量占比(%)
合计	37189	100.00
公历纪年	3	0.01
中国历史学年代	37085	99.72
年代不详	101	0.27

(2)可移动文物中国历史学年代分布。

可移动文物中国历史学年代分布

可移动文物中国历史学年代	可移动文物实际数量(件)	实际数量占比(%)
合计	37085	100.00
清	3	0.01
中华民国	6676	18.00
中华人民共和国成立后	30406	81.99

3. 级别

可移动文物级别

可移动文物级别	可移动文物实际数量(件)	实际数量占比(%)
合计	37189	100.00
一级	296	0.80
二级	520	1.40
三级	3918	10.54
一般	3827	10.29
未定级	28628	76.98

4. 来源

可移动文物来源

可移动文物来源	可移动文物实际数量(件)	实际数量占比(%)
合计	37189	100.00
拨交	10	0.03
发掘	1	<0.01
接受捐赠	3912	10.52
旧藏	32404	87.13
移交	455	1.22
征集购买	406	1.09
采集	1	<0.01

5. 入藏时间

可移动文物入藏时间范围

可移动文物入藏时间范围	可移动文物实际数量(件)	实际数量占比(%)
合计	37189	100.00
1949年10月1日—1965年	1201	3.23
1966—1976年	96	0.26
1977—2000年	28476	76.57
2001年至今	7416	19.94

6.完残程度

可移动文物完残程度

可移动文物完残程度	可移动文物实际数量(件)	实际数量占比(%)
合计	37189	100.00
完整	29728	79.94
基本完整	6712	18.05
残缺	410	1.10
严重残缺(含缺失部件)	339	0.91

二、普查工作组织实施

(一)加强组织、健全机构

1.参与单位

此次普查,共有文物征管部、办公室、研究部、技术设备部、社会教育部、计划财务处、后勤物管处、参观接待一部、参观接待二部、保卫处、中国民主党派历史陈列馆、立阳公司等12个部门和单位参与,占全馆内设部门的一半以上。

2.组织机构

重庆红岩革命历史博物馆成立了第一次全国可移动文物普查领导小组,负责普查工作的组织领导,协调解决重大问题。领导小组办公室设在文物征管部,根据上级发布的普查实施方案、普查规范和技术标准,以及其他相关规定,负责本馆普查工作的组织实施,下设综合协调组、技术服务组、专家审核组、普查组、宣传报道组等具体工作小组。

3.经费保障

重庆市财政局、文物局对重庆红岩革命历史博物馆普查经费给予了极大保障。重庆红岩革命历史博物馆可移动文物普查共使用经费约90万元,主要用于文物普查电脑设备、摄影器材的购置,以及聘请志愿者协助普查工作和普查工作日常所产生的必要开支等。在经费使用上,严格按照国家财务制度相关规定,加强对普查经费的管理,专款专用。

重庆红岩革命历史博物馆2013—2016年可移动文物普查经费落实情况表(单位:万元)

合计	2013年	2014年	2015年	2016年
90	0	40	20	30

4. 人力投入

重庆红岩革命历史博物馆先后参加可移动文物普查的人员有43人,其中,重庆师范大学文物与博物馆专业在校大学生作为实习生参与普查工作15人。

重庆红岩革命历史博物馆可移动文物普查队伍统计表(单位:人)

合计	本级普查办	收藏单位	普查专家	普查志愿者
43	0	20	8	15

(二)划分阶段,有序实施

1. 准备阶段

这一阶段的主要工作是组建可移动文物普查工作小组、制订普查实施方案、摸清家底、培训普查人员。2013年5月,重庆红岩革命历史博物馆成立了第一次全国可移动文物普查工作筹备小组,标志着重庆红岩革命历史博物馆的文物普查工作正式拉开帷幕,同时开展文物调查摸底工作,2013年5月底前全面摸清文物收藏情况,并及时启动了文物建账、建档、清库等工作。重庆红岩革命历史博物馆根据市普查办编印的普查工作手册和培训教材,按照培训通知,制订培训计划,启动培训工作。2013年6月至9月,分别派出10余人参加国家文物局第三期全国可移动文物普查骨干培训班、重庆市文物局组织的全国可移动文物普查业务培训班等普查培训,确保普查技术工作顺利进行。2013年10月,由党委会专题研究决定,正式成立了由馆长任组长的第一次全国可移动文物普查领导小组。2013年11月,主要领导组织召开了专题工作会,对可移动文物普查工作进行了部署,印发了《重庆红岩革命历史博物馆第一次全国可移动文物普查工作实施方案》,明确了普查的重点、范围、内容、标准、步骤和完成时间,落实了具体责任人,为下一步具体工作的实施打好了基础。

2. 摸索实施阶段

鉴于重庆红岩革命历史博物馆的文物基础工作薄弱,没有与普查软件相对接的文物数据库作为基础等问题,全馆从思想上高度重视此次可移动文物普查工作,采取"笨鸟先飞"的工作策略,于2014年1月起就铆足干劲着手实施。在实施的过程中,普查工作人员边学边做,所有人员都拿出了十足认真严谨的工作态度,唯恐出现一丝差错。认真对可移动文物逐一复核基本信息,对名称有差错和不恰当的文物均进行细致的考证和重命名,对文物尺寸及质量都进行了精确的度量。

3. 全面实施阶段

重庆红岩革命历史博物馆及时认真总结前期采集登录经验,实行专人负责管理,力求普查工作精益求精,将普查质量作为贯穿整个普查工作的核心和灵魂。一是抓数据质量。按照"211(两测一录一核)"要求开展普查,"两测"即对同一藏品进行两次测量,"一录"即测量数据由专人录入,"一核"即当天普查工作结束后,由专人核定采集数据,统一备份保管。二是抓照片质量,根据普查技术要求,对照片大小、光线、背景等技术进一步规范,按照"31(拍三取一)"要求,即对同一文物,至少拍摄三张,优中选优,避免质量参差不齐,减少了返工。为了更好地达到普查要求,馆内文物普查工作组在繁重的普查工作间隙,挤时间采取"请进来,走出去"的方针向兄弟馆学习普查知识,分别邀请重庆中国三峡博物馆申世放、胡昌健、朱骏等文物专家为文物普查人员培训教学以及为馆内文物藏品进行重新定名,同时派出5名普查人员分别赴重庆中国三峡博物馆藏品部和信息中心学习先进普查经验。在重庆红岩革命历史博物馆文物库房改建、工作环境恶劣、历史问题众多、展厅文物分散、网络平台拥堵的艰难情况下,文物普查人员加班加点,利用休息空档错峰上传文物普查数据,兢兢业业、夜以继日努力完成普查目标任务。

4. 攻坚实施阶段

从2015年8月起,为了按期保质保量地完成普查任务,重庆红岩革命历史博物馆所有文物普查人员一律放弃休假,全身心投入文物普查的攻坚工作。此时,文物采集登录工作面临收尾,主要有两项重点任务:一是集中解决中前期普查工作中遗留的疑难问题。由于过去在文物基础建设和管理上的诸多历史遗留问题,导致了多个独立编号的文物打捆评级、复制品和复印件误入总账,以及部分复制品被认定为珍贵文物等情况。本馆专门分批邀请重庆市、国家博物馆、军事博物馆的文物专家对存疑文物进行甄别评审,彻底解决了困扰多年的"老大难"问题,为普查工作扫清了障碍。二是对登录数据进行复核。为了保证数据的准确程度,普查人员在数据审核的同时再对打包文物进行了开箱比对,增加了工作量,普查人员在此期间连续加班,使得普查数据的准确率得到了保证。在这一阶段内,重庆红岩革命历史博物馆普查工作人员不分昼夜地积极投入紧张的工作任务中,人均加班70小时。

5. 查漏补缺阶段

2016年1月,按照重庆市文物局的要求,临时将馆藏图片中的20474件旧藏照片以及部分档案资料纳入此次文物普查。接到这一任务后,在时间紧、任务重的情况下突击对这批资料进行了采集登录。然后将文物普查人员分为三批:一批人员负责对两万多件资料进行复核;一批人员对最后剩余的文物进行清理、登录及审核;另一批人员负责与市普查办审核人员进行沟通,跟踪修改此前报送的文物数据,尽最大努力从最大程度上保证数据的准确性。重庆红岩革命历史博物馆的文物普查数据最终在2016年8月市普查办的抽查检验审核中得到领导和专家们的一致认可,获得一次性通过。

(三)宣传动员,营造氛围

普查宣传是确保普查各项工作顺利开展的有力保证。重庆红岩革命历史博物馆高度重视普查宣传工作,为文物普查营造了良好的社会环境与舆论氛围。

1. 媒体宣传

为了切实加大文物普查宣传力度,不断弘扬主旋律、发出好声音、守住好阵地、营造好氛围,本馆在文物普查工作期间在中央电视台、重庆电视台、《经济日报》《中国旅游报》《重庆日报》《重庆晚报》等主流媒体宣传报道23条/次;被人民网、新华网、国家文物局网、凤凰网、华龙网等重要网站转载宣传信息27条/次;在门户网站"不朽的红岩"宣传报道活动动态信息180余条。在"2015全国重点网络媒体记者重庆行"活动中,重庆红岩革命历史博物馆邀请来自全国重点网络媒体的编辑记者们走进博物馆,亲身感受文物史料的历史魅力。

2. 活动宣传

在普查工作期间,重庆红岩革命历史博物馆组织开展形式多样、受众面广、影响巨大的专题宣传活动,有力推动了文物保护理念的传播和普及。

一是国际博物馆日活动。组织开展了定时免费义务讲解活动。国际博物馆日当天,三大景区共计完成讲解21场,10000余名观众享受了红岩文化、历史文物的盛宴。在专家咨询讲解处,设立了"专家讲解岗",邀请馆里的历史专家,为观众提供免费咨询讲解,为他们讲解文物背后的故事。

二是第二课堂活动。重庆红岩革命历史博物馆各景区已成为重庆市中小学生开展课外学习、主题活动的重要场所,特别是节假日、纪念日前后,开展专题教育的学生团体络绎不绝。每年平均接待青少年学生207万人次,开展升旗仪式、"红岩小记者体验营"等各类特色主题教育活动300余场。为了扩大文物普查宣传力度,重庆红岩革命历史博物馆认真贯彻落实《博物馆条例》,深入挖掘红岩革命历史文化资源优势,着力拓展青少年教育服务功能,编撰了《红岩博物馆学堂》教育教材,建立了博物馆青少年教育课程体系和系列化、菜单化的教育活动项目库,积极打造全市青少年学习教育"第二课堂",充分发挥社会主义核心价值观的引领作用。

三是展览活动。通过"千秋红岩展览""红岩魂展览"和"民主党派历史陈列馆展览"三大基本陈列展览,以及"光辉历史 不朽丰碑——中共中央南方局致力抗日民族统一战线的伟大实践"大型专题展览,充分展示了文物史料、历史图片等,对文物普查工作进行持续不断的宣传。重庆红岩革命历史博物馆原创性展览"红岩精神与中国梦"荣获"重庆市十佳展览奖"和"综合效益优秀奖"。

四是国际会议活动。重庆红岩革命历史博物馆作为中国展馆参展方之一,以"红岩精神 永放光芒"为主题,参加了2016年在意大利举行的国际博物馆协会第24届全体大会。重庆红岩革命历史博物馆将红岩文化与抗战精神紧密结合,从重庆对世界反法西斯战争的贡献的视角入手,精心筹备了图片展览、多媒体宣传片和各种文创产品,向全世界展示了红岩抗战历史文化和重庆近百年的发展变化,引起了国内外博物馆人的关注和兴趣。

3.其他宣传

重庆红岩革命历史博物馆在充分利用媒体宣传和活动宣传的同时,积极拓展宣传形式,组建"红岩精神宣讲团",到全市的大中小学校进行巡回宣讲,同时还走进医院、部队、社区、企业,分别去到解放军二炮驻渝部队、重庆工商大学、市结核病防治所、北碚区同兴村以及山东省东营市胜利油田等,围绕文物故事和先进事迹,采取音画配合解说的形式,以"穿插讲述"的模式进行宣讲,方式更实际,内容更生动,变"实地讲"为"上门传",意义重大,效果显著。通过丰富多样的广泛宣传和受众明确的目标宣传,重庆红岩革命历史博物馆可移动文物普查工作得到了各级领导、社会大众的广泛理解和积极支持,扩大了普查工作的社会影响,同时对普查工作也形成了巨大的推动力。

(四)质量控制,确保进度

1.普查工作中的重点和难点

此次普查工作的重点:主要是对多年累积以及两馆合并后的文物进行一个总的清理,清晰准确地对每件文物的信息进行采集、登录、审核及上报。

此次普查工作的难点:一是馆藏文物的历史遗留问题较多,如复制品被评定为珍贵文物的认定问题、多个独立编号的文物打捆评级的认定问题、复制品和代用品被登入文物总账的认定问题等。二是过去文物管理基础工作薄弱,需要构建新的管理体系,从头开始做起。重庆红岩革命历史博物馆一直使用的文物数据系统软件无法实现与国家文物局普查软件在数据上的共享,必须通过现场抄录数据与原系统数据相互比对之后,再录入新的普查系统,增加了普查工作的繁杂程度,同时文物总账缺乏科学性和规范性,也为普查工作增添难度。三是在普查过程中需要解决突发状况,如普查软件的变更等临时的紧急情况。四是这次普查工作开展的时间,正好与馆内文物库房改建工程的时间相重合,因此就涉及首先要将所有库房文物打包转移,然后在普查的时候再依次开箱查看,完成后再对文物进行封箱。同时,新建文物库房位于目前文物征管部办公区域的楼上,两个区域有楼梯相通,因此在施工期间所产生的噪声、粉尘、有害气体对普查人员造成了非常大的影响,有很长一段时间都在工程脚手架下进行紧张的工作。部门人员经常于夜晚、周末在办公室值班。五是普查数据上传网络平台拥堵。需要上传的数据庞大,而且在工作时间上传往往极其困难,传输速度非常缓慢,效率很低。六是点多线长,文物展出点分散。重庆红岩革命历史博物馆是由红岩革命纪念馆、歌乐山革命纪念馆和中国民主党派历史陈列馆所组成,因此馆内文物分散于三馆之内,这样的分布为文物普查工作增加了难度,不仅是普查人员要往返奔波于三地之间,而且普查工作所需要的大型秤、摄影器材等各类工具的搬移也相当困难。

2.解决普查工作中的重点和难点的方法

一是高度重视,保障有力。按照国家文物局和重庆市文物局对第一次全国可移动文物普查的要求和具体部署,重庆红岩革命历史博物馆党政班子高度重视,于2013年5月就启动了普查工作,成立了第一次全国可移动文物普查工作筹备小组,开始进行前期的各项筹备工作。2013年10月,成立了以馆长为组长的第一次全国可移动文物普查领导小组,制订了《重庆红岩革命历史博物馆第一次全国可移动文物普查工作实施方案》,将可移动文物普查工作列为2013—2016年全馆工作的重中之重。接到普查任务之时,重庆红岩革命历史博物馆当时正面临着文物库房改建工程刚刚启动,所有文物均打包转移存放,根本没有条件进行文物普查的情况,但是为了不影响整个文博系统的工作,重庆红岩革命历史博物馆自加压力,在无条件中创造条件参与开展此次文物普查。馆领导对文物普查工作非常重视与支持,在整个文物普查的实施过程中经常不定期地到普查现场对普查工作人员进行慰问,尤其是在普查工作的攻坚实施阶段,在普查人员连续加班的情况下,更是给予了极大的关心。为了改善文物普查密闭的工作环境,以及减小文物库房改建所产生的灰尘、毒气对于普查人员的健康影响,本馆为普查工作添置了空气净化器、排风扇和竹炭包,为普查工作的顺利进行提供了基础和保障。

二是认识到位,严格要求。鉴于这次可移动文物普查工作的重要性,以及考虑到文物基础建设上的差距和不足,在接到这项普查任务时,重庆红岩革命历史博物馆就在第一时间展开了广泛的动员,并及时对各项普查任务进行了部署实施。为了以勤补拙,普查人员在普查工作初期就进入了高强度的工作状态,经过半年的努力,重庆红岩革命历史博物馆的普查数据登录情况在全国居于前列。为了保证普查数据的准确性,每条文物数据均要经过3~5次复核,同时进入普查后期,普查工作组积极主动地召开了两次内部普查数据模拟抽查会,通过模拟抽检及时找准自身问题并对症修改。正是由于在普查工作中的高标准、严要求,通过不断的努力和投入更多的时间与精力,才使得重庆红岩革命历史博物馆不致因为基础薄弱而延误普查进度,保证了普查工作的顺利实施。

三是强化学习,密切交流。为了弥补文物基础知识的欠缺,更好地完成此次普查任务,2013年6月至9月,重庆红岩革命历史博物馆分别派出10余人参加国家文物局第三期全国可移动文物普查骨干培训班、重庆市文物局组织的全国可移动文物普查业务培训班等普查培训,确保普查技术工作顺利进行。随后于2015年初派出5名普查人员分别赴重庆中国三峡博物馆藏品部和信息中心学习先进普查经验。除了注重学习培训外,还邀请重庆中国三峡博物馆文物专家对普查人员进行培训以及对文物藏品进行重新定名。

为进一步提高普查队员业务水平,在普查期间,重庆红岩革命历史博物馆举办文物普查培训6次,培训普查人员19人次。

重庆红岩革命历史博物馆参加的普查培训情况一览表

合计		2013年		2014年		2015年		2016年	
次数（次）	人数（人次）	次数（次）	人数（人次）	次数（次）	人数（人次）	次数（次）	人数（人次）	次数（次）	人数（人次）
6	19	2	4	2	4	1	5	1	6

四是顾全大局，坚持奉献。文物普查团队精诚协作、通力配合，在普查过程中以大局为重，发扬牺牲精神，克服各种困难。为了克服展厅文物分散的困难，重庆红岩革命历史博物馆想办法使工作时间更紧凑、集中、有效率，每次在展厅普查时所有人员都主动放弃午休时间，搬运各类器材时更是男女一起上阵，以坚韧的毅力攻克难关；为了克服软件变更的困难，普查人员按照上级要求迅速调整工作方案，努力加快节奏全部重新采集录入；为了克服兼顾文物库房改建工作的困难，不使普查进度受到延误，普查人员克服困难坚持完成普查任务；为了克服普查数据上传网络平台拥堵的困难，普查人员将电脑带回家，牺牲每天晚上和周末与家人欢聚和正常休息的时间上传普查数据，常常是要到深夜十一二点才能避开平台拥堵，成功上传。为了能够顺利完成此项艰巨的工作任务，普查人员长期加班，至少有3名以上工作人员因文物致病菌尘而生病感染，1名工作人员因体力不支而晕倒，2名工作人员因空气污染及劳累而住院病危，所有主要参与人员都出现了不同程度的腰椎、颈椎疾病和抵抗力下降，然而为了不耽误普查工作进程，他们仍然坚持带病坚守工作岗位。无论有多少困难有多大困难，普查人员都始终以普查工作为重，在工作和个人生活的矛盾之中，总是选择了牺牲个人的时间和自身利益，咬牙坚持，以保证普查工作能够顺利进行。

（五）展示成果，做好总结

重庆红岩革命历史博物馆通过普查过程中组织的专家文物鉴定评审，新认定文物共计526件/套，其中新增一级文物6件/套，二级文物12件/套，三级文物131件/套，一般文物377件/套。认真收集整理了文物普查工作以来的各项档案资料，对第一次全国可移动文物普查工作的各类数据进行全面保存、保管。对可移动文物普查登记表、文物普查工作的请示、报告、通知、工作计划、总结、简报、会议记录、方案、规章制度，各有关机构工作人员名册，各种培训资料教材、宣传材料、工作照片、声像资料、展览文本等均纳入分门别类的档案盒，由专人进行保管。

同时，重庆红岩革命历史博物馆文物普查成果图集文集正在进行中，将利用此次文物普查的工作成果形成公开出版物；红岩村和烈士陵园的陈列展厅的基本陈列展览，也将在今年年内依据文物普查的相关工作成果进行改陈，将普查成果以展览的形式向社会公众呈现。

三、普查工作成果

（一）可移动文物资源情况及价值

1. 文物保存状况

通过此次文物普查，重庆红岩革命历史博物馆可移动文物资源呈现的主要情况为：纸类文物的损伤状态以纸张酸化、破损和虫蛀为主；器物类文物的损伤状态以锈蚀、老化和磨损为主；纺织类文物的损伤状态以虫蛀、污渍和破损为主。总体来看，文物保存较为完好。

重庆红岩革命历史博物馆新改建的文物库房自2016年下半年开始正式投入使用，库房总面积约800平方米，馆藏文物分为纸、纺织品、器物三大类，分库保管。文物库房配备一套恒温恒湿设备，科学控制文物保存环境，以使环境温湿度恒定达到最利于文物保护的水平。

展厅文物中，中国民主党派历史陈列馆展厅文物是采用专业文物展示柜进行存放展示；烈士陵园红岩魂展厅和红岩村千秋红岩展览馆展厅的展出文物是采用普通展示柜存放展出。所有展厅展出文物均采用LED冷光照明，定期安排人员进行除尘维护，采用中央空调分时段对文物环境温度进行调节，但均未配备恒温恒湿设备。相较于库房保存文物，展厅展示文物更易受到外界环境对文物所产生的影响，较不利于文物保存。因此，展存文物与库存文物相比，展存文物因空气污染、温湿度影响、病虫害侵蚀等而造成的损害更加明显。目前已购买无酸材料的文物保护装置，对残损较重的文物逐步开展修复工作，并采用无酸RP袋对出现酸化、虫蛀的文物进行脱氧处理。同时，正在积极申请文物保护相关项目经费，配备展厅文物保护监测设备。

2. 文物价值

此次普查登录的文物，是重庆近现代历史的缩影，是革命历史过程的再现，对开展爱国主义教育，推动精神文明建设有重要作用。重庆红岩革命历史博物馆文物藏品以革命文物、抗战文物、统战文物为重点，为深入挖掘文物内涵和深入认识历史提供依据和支撑，具有非常大的历史研究价值。

（二）建立健全管理机制

通过文物普查工作，重庆红岩革命历史博物馆在五个方面的管理机制上有了新的突破。一是对过去的文物历史旧账进行了一次深度梳理，将疑难问题充分梳理出来，也为今后解决这些难题找准了切入口和方向。二是建立了文物信息数字化查询系统，使得今后查询文物信息资料更便捷，文物管理工作更加系统科学。三是通过在普查过程中与上级部门和兄弟博物馆密切地沟通、交流、学习，开阔了视野，拓展了馆际交流，更找到了重庆红岩革命历史博物馆作为革命类纪念性质的博物馆在文物工作方面的差距和今后发展的目标。四是完善了文物管理制度，使今后的文物管理工作更加科学和规范。五是通过文物普查过程中的学习与实践，培养锻炼了一批文物管理人员，打造了一支团结精干的文物专业人才队伍。

(三)发挥文物的重要作用

一是展览展示。文物普查的文物均分别展示于中国民主党派历史陈列馆、红岩村千秋红岩展览馆以及烈士陵园红岩魂展览馆中,每年参观观众约600万人次。

二是出版物。利用文物普查成果编撰"抗战大后方剪影"系列丛书之《民众抗日救亡》《重庆文物志》等出版物,深度挖掘文物背后的历史故事,编撰成图文并茂的普及读物,为全国的中小学生提供通俗易懂的阅读书籍,为重庆的旅游资源开发提供历史文化支撑。

三是开展宣讲。开展"红岩故事进校园巡回故事会"活动,从鹅岭小学的首讲到在第二十九中学的最后一次宣讲,在近两个月的时间里"红岩故事宣讲团"先后到鹅岭小学、大同实验小学、精一民族小学、中华路小学、复旦中学、人民路小学、四十二中学、马家堡小学、红岩小学、石油路小学、重庆鼓楼中学、大坪中学、第二十九中学等13所学校讲述红岩故事,让同学们了解红岩文物,传播红岩真情。

四、建议

(1)建议国家文物局能出台相关的政策和机制来解决馆藏文物历史遗留问题,如文物退出机制等。

(2)建议全国可移动文物信息登录平台的软件在设计上能够更加符合近现代革命类历史博物馆的文物藏品性质特征,如在类别、年代等选择的项目设定中能考虑到其特殊性。

(3)加强文物管理人员的专业能力培养,注重加大对现有员工的培训力度,积极创造机会安排相关的各类专业培训,提高其专业素养。

(4)进一步规范文物管理制度,在实际工作中严格落实各项制度规范。

(5)加大项目申报力度,争取多方面的项目经费支持,以强化文物基础设施设备方面的薄弱环节。

报告执笔人:侯亚兰

报告审阅人:罗霞

03 重庆图书馆第一次全国可移动文物普查总结报告

重庆图书馆是我国大型综合性的省级公共图书馆,其前身为1947年创立的国立罗斯福图书馆,是重庆市主要的文献信息收集、交流和服务中心,是国务院颁布的首批"全国古籍重点保护单位"和文化部评定的"国家一级图书馆"。收藏的可移动文物以古籍图书为主,另有碑帖拓本,书法、绘画等。

2012年10月,国务院启动了第一次全国可移动文物普查工作,这是继第三次全国不可移动文物普查之后,在文化遗产领域开展的又一次重大国情国力调查,是一项旨在全面掌握我国文物资源、加强文物保护、建设文化遗产强国的国家工程。为全面贯彻落实《国务院关于开展第一次全国可移动文物普查的通知》(国发〔2012〕54号)、《重庆市人民政府关于开展第一次全国可移动文物普查的通知》(渝府发〔2013〕18号)精神,按照国务院第一次全国可移动文物普查领导小组办公室制订的《第一次全国可移动文物普查实施方案》(文物普查发〔2013〕6号)和重庆市第一次全国可移动文物普查领导小组办公室制订的《重庆市第一次全国可移动文物普查实施方案》(渝文物〔2013〕114号)的要求,重庆图书馆可移动文物普查工作自2014年下半年开始启动,对普查工作精心组织,扎实推进。据统计,在整个普查期间,重庆图书馆共投入人员33人,落实普查经费31万元。截至2015年12月底,重庆图书馆已完成全部申报数据的著录和登录工作,在全国可移动文物信息登录平台登录可移动文物(碑帖拓本)4201件/套,向重庆市可移动文物普查办公室传送文物信息(古籍图书)93000件/套,50余万册,顺利地完成了本次普查任务。

通过第一次全国可移动文物普查,重庆图书馆全面摸清了可移动文物家底,掌握了馆藏可移动文物的资源状况,建立起了完备的登录备案机制,实现了可移动文物的标准化、动态化、规范化管理,为更好地发挥文物的价值作用和提升社会服务管理水平奠定了良好的基础。

一、普查数据

重庆图书馆自2014年开始启动可移动文物普查工作,截至2015年12月31日,重庆图书馆完成全部申报数据的著录和登录工作,在全国可移动文物信息登录平台登录文物(碑帖拓本)4201件/套,向重庆市可移动文物普查办公室传送古籍图书文物(古籍与中华民国时期图书)信息93000件/套,50余万册。

1. 类别

可移动文物类别

可移动文物类别	可移动文物实际数量(件/套)	实际数量占比(%)
合计	97308	100.00
书法、绘画	107	0.11
古籍图书	93000	95.57
碑帖拓本	4201	4.32

2. 年代

可移动文物年代类型

可移动文物年代类型	可移动文物实际数量(件/套)	实际数量占比(%)
合计	97308	100.00
公历纪年	97308	100.00

3. 入藏时间

可移动文物入藏时间范围

可移动文物入藏时间范围	可移动文物实际数量(件/套)	实际数量占比(%)
合计	97308	100.00
1949年10月1日之前	97308	100.00

4. 完残程度

可移动文物完残程度

可移动文物完残程度	可移动文物实际数量(件/套)	实际数量占比(%)
合计	97308	100.00
完整	29192	30.00
基本完整	48654	50.00
残缺	14596	15.00
严重残缺(含缺失部件)	4866	5.00

二、普查工作组织实施

(一)加强组织,健全机构

1.设立普查领导小组,成立普查机构

根据《国务院关于开展第一次全国可移动文物普查的通知》及重庆市第一次全国可移动文物普查领导小组办公室制订的《重庆市第一次全国可移动文物普查实施方案》的精神,为切实加强普查工作的组织领导,在重庆市第一次全国可移动文物普查领导小组的统一指导、协调下,2014年10月,重庆图书馆启动了可移动文物普查工作,成立了第一次全国可移动文物普查领导小组,负责普查工作的组织和领导。普查领导小组组长由重庆图书馆馆长担任,副组长由分管副馆长担任,负责普查工作的组织和领导,协调解决重大问题;普查小组成员由重庆图书馆特藏文献中心工作人员组成,普查领导小组办公室设在重庆图书馆特藏文献中心,主任由特藏文献中心主任担任。办公室下设综合协调组、技术服务组、专家审核组、宣传报道组等。普查办公室主要负责制订和组织实施普查各阶段的工作计划,编制普查经费预算,组织普查工作培训,开展普查的宣传报道,组织业务人员进行相关资料收集与信息的报送、登录,组织普查档案的收集整理,建档备案,编制《重庆图书馆第一次全国可移动文物普查工作报告》。在重庆图书馆第一次全国可移动文物普查领导小组的统一指导、协调下,各小组通力协作,各司其职,共同做好文物普查各项工作,为普查工作的顺利开展做好了组织保证。

特藏文献中心负责本次普查具体工作的实施,根据上级发布的普查实施方案、普查规范和技术标准,以及其他相关规定,负责重庆图书馆普查工作的推进和落实,其下设古籍文献、书画碑帖、中华民国文献等具体工作小组。

2.制订普查实施方案和确定工作制度

重庆图书馆为贯彻落实《国务院关于开展第一次全国可移动文物普查的通知》和《重庆市人民政府关于开展第一次全国可移动文物普查的通知》精神,科学、规范、有序完成重庆图书馆普查工作,结合重庆图书馆的实际情况,拟订了《重庆图书馆第一次全国可移动文物普查实施方案》,方案明确了普查工作的组织管理、时间步骤、技术路线、经费保障等内容,以便普查工作顺利推进。从2014年11月起,重庆图书馆可移动文物普查工作开始进入全面实施阶段,馆藏可移动文物共分书画、碑帖、古籍与中华民国文献四类。图书馆系统与博物馆系统对数据著录与采集的标准不同,在著录的格式、顺序及编号等问题上的要求完全不同,这增加了重庆图书馆在实际工作中的难度。但重庆图书馆普查工作者在人员少、时间短、任务重的情况下,克服种种困难,于2015年底完成了这次普查任务。重庆图书馆的普查工作,分三个小组,一是古籍文献组,二是书画碑帖组,三是中华民国文献组,每组成员4~6人,各负其责,必要时由特藏文献中心负责人进行协调调动,如拍照工作,由其中2~3人负责,著录采集工作,由各组人员完成,上传数据由1人负责完成。这样既有分工,又有协作,使重庆图书馆的普查工作得以顺利完成。

3.落实普查工作经费

为做好本次普查工作,重庆图书馆专门编制经费预算,落实了人员培训、采购普查相关设备的经费;同时在普查工作中严格按照专款专用的原则使用经费。2014年重庆市文物局下拨古籍保护经费25万元。截至2015年12月,重庆图书馆可移动文物普查共使用经费约31万元,其中自筹经费6万元。

4.组建普查队伍

根据馆藏可移动文物的类型、级别、数量以及时间等因素,重庆图书馆可移动文物普查的队伍建设,以本馆人员为主,外聘人员为辅。首先本馆人员分为三个小组,一是古籍文献组,二是书画碑帖组,三是中华民国文献组。其次是外聘部分人员进行一些需要集中处理的工作。同时本次普查工作,得到市文物局和重庆中国三峡博物馆的大力支持,并先后得到故宫博物院、西南大学、大渡口文管所的业务指导和帮助,共有18人对本次普查工作进行了业务指导、授课和参与具体工作,重庆图书馆特藏文献中心参与普查工作的人员共计15人,先后参与本次古籍普查的工作人员共计达到33人。通过以上的分工协作,重庆图书馆的第一次全国可移动文物普查工作才得以顺利完成。

(二)划分阶段,有序实施

重庆图书馆的普查工作,从2014年10月开始,至2015年底基本完成。

首先,在此次普查中,重庆图书馆全面掌握了馆内可移动文物的数量、种类和保存情况,为将来构建科学、有效的馆藏文献保护体系提供了依据。其次,依托全国古籍普查平台及参照国家建立的可移动文物档案和信息管理系统制订的可移动文物分类、分级标准与程序,实现了重庆图书馆收藏文献的标准化和规范化管理。

(三)宣传动员,营造氛围

做好宣传工作是确保普查各项工作顺利开展的有力保证,同时也是对普查工作的肯定与重视。重庆图书馆高度重视普查宣传工作,普查工作开展之初,重庆图书馆普查领导小组就将对外宣传列入普查工作的重要内容,把本次普查工作作为本馆的重点文化建设工作进行宣传,根据普查的不同阶段分别确定了相应的重点宣传内容,由专人开展相关工作,在报纸、网络上进行了宣传报道,其中,在《重庆日报》《重庆晨报》等媒体上登载宣传可移动文物普查成果的报道8篇。

(四)质量控制,确保进度

在此次普查工作中,重庆图书馆严格按照国家文物局发布的《第一次全国可移动文物普查质量控制管理办法》,以及市普查办制定的《重庆市可移动文物普查质量控制管理制度》,在普查工作中,加强检查指导、质量抽查和数据审核,加大对普查质量的控制管理,将普查中对文物认定、信息采集、登录报送、数据整合、汇总等环节的质量控制管理贯穿到全过程。加强普查质量的控制管理,量化工作目标,按照统一部署推进普查工作,制定标准,明确责任,强化督查,使普查质量控制取得了良好的效果。

1. 构建培训体系

可移动文物普查具有专业技术要求高、工作难度大的特点。重庆图书馆切实推进可移动文物普查工作,及时提高普查人员的业务素质,使其严格掌握可移动文物普查的相关规范、标准与普查技术。图书馆系统与博物馆系统对数据著录与采集的标准不同,在著录的格式、顺序及编号等问题上,可移动文物的著录要求与图书馆系统完全不同,致使重庆图书馆在可移动文物普查工作的实施中有一定难度,但重庆图书馆不畏艰难,将可移动文物普查相关规范、标准与全国古籍普查相关规范、标准相结合,对普查人员进行了全面的培训工作。2014—2015年,重庆图书馆共参加市普查办举办的全市文物普查培训班2次,累计培训5人次。重庆图书馆为了将普查工作做得更好,专门邀请了故宫博物院、西南大学、重庆中国三峡博物馆的专家针对此次普查中的专业知识进行了指导、授课及专业培训,培训普查骨干8人次,累计培训33人次。通过各类培训,重庆图书馆文物普查工作者的业务水平有了显著提高。培训不仅为文物普查培养了一批业务力量,同时也为重庆图书馆古籍保护事业的发展积蓄了人才。

2. 普查工作督查

为了保证普查工作的质量与进度,在本次普查工作中,重庆图书馆可移动文物普查领导小组定期对重庆图书馆的普查工作进行了检查与督促,并对普查工作中出现的问题进行及时处理与协调,从而保证了重庆图书馆可移动文物普查工作的顺利完成。

3. 普查中的人员、文物、数据安全管理

重庆图书馆针对此次普查工作,以保证文物安全为首要责任。文物不可再生,损坏或损毁文物都是无法弥补的损失。重庆图书馆在可移动文物普查工作中,对文物进出库做了严格的规定;同时要求普查人员在对文物进行普查操作时必须合乎安全规范,坚持制度化管理,分工合理,责任分明,准确掌握普查操作规程和技术标准;同时要求普查人员有预防性保护意识,在对文物的著录、拍照等过程中,必须注意文物掉落、挤压、震裂等安全威胁,尽可能减少搬运文物的次数,以减小文物损坏的概率;此外,还确定了应对突发情况的预防措施及处理方法。

对于普查后得到的基础资料与综合数据,重庆图书馆可移动文物普查领导小组要求必须做到严格保密,有专人负责,妥善保管。同时,对纸质媒介的数据要做到及时整理、归档并指定专人专柜妥善保存;对于电子媒介的数据要及时更新和备份保存。所有普查数据未经领导小组及上一级可移动文物普查办公室批准,不得随意公布。

4. 普查验收

根据国家文物局《关于做好第一次全国可移动文物普查验收工作的通知》,重庆市于2016年10月28日组织了验收工作组,对重庆图书馆第一次全国可移动文物普查工作进行检查验收。验收工作组通过听取汇报和实地检查进行验收,重庆图书馆的验收结论为合格。

(五)展示成果,做好总结

1. 编制普查档案

建立可移动文物普查档案是科学规范文物档案管理工作的必要措施,是对第一次全国可移动文物普查各类数据进行全面保存、保管并发挥其作用的基础。从2014年10月普查工作开始,重庆图书馆就做好了普查资料建档和数据库的筹备工作,严格按照《国有可移动文物普查建档备案工作规范(试行)》的要求,实行专库、专柜、专人保管档案资料。普查数据实行多级备份,市、馆、组分别保留一套电子数据。

重庆图书馆入档的资料包括可移动文物普查登记表,工作的计划、总结、会议记录、方案、规章制度,工作人员名册,各种培训资料、宣传材料、工作照片、展览文本等,以及在普查工作中形成的其他重要相关资料。

2. 普查专题研究

2016年,重庆图书馆以此次可移动文物普查为契机,启动了馆藏重庆地方唱本与碑帖拓本可移动文物的专题研究。2014年至2016年,重庆图书馆先后对馆藏重庆地方唱本与碑帖拓本可移动文物进行调查统计,摸清了现状,并于2016年12月签订了《重庆地方唱本研究》的出版合同,同时也准备编辑出版"重庆图书馆藏碑帖拓片目录与图录"。

三、普查工作成果

1. 摸清了家底

重庆图书馆在第一次全国可移动文物普查工作中取得了丰硕的成果。本次普查登录上传文物97308件/套,摸清了重庆图书馆馆藏文物的家底,使重庆图书馆的古籍文献、中华民国文献、碑帖字画有了明确的数量,同时也掌握了这些文物的现存状态。重庆图书馆长期没有解决的碑帖整理著录工作,经过此次普查取得了阶段性的成果,为重庆图书馆今后的古籍保护工作奠定了良好的基础。

2.加强了合作

在本次普查工作中,重庆图书馆得到了故宫博物院、西南大学、重庆中国三峡博物馆的大力支持,故宫博物院文保专家莅临重庆图书馆指导碑帖著录和鉴定,重庆中国三峡博物馆派出专家和业务骨干指导和帮助重庆图书馆的可移动文物普查工作,西南大学图书馆专家带领研究生和大渡口文物管理所业务骨干也参与了部分普查工作。通过这次可移动文物普查,重庆图书馆与上述单位建立了紧密的合作关系,为今后进一步开展工作打下了良好的基础。

3.培养了人才

近一年半时间的普查工作,得到了故宫博物院和重庆中国三峡博物馆等有关单位的大力帮助,重庆图书馆工作人员在实践操作中,在相关专家的指导和培养下,在碑帖著录、鉴定和文献保护等方面的业务水平有了长足的进步,业务素养明显提升,为今后文献的进一步开发和利用储备了人才基础。

四、建议

1.加强协调和共享

希望全国可移动文物普查的数据能够实现共建共享。可移动文物普查办公室与国家古籍保护中心充分协调,在下一次的普查中统一标准,避免重复劳动和资源浪费,进一步加强图书馆系统与博物馆系统之间的互助与合作关系。

2.加强人才培养

引进高水平、高学历的专业人才,加大现有员工的培养力度,积极培养文献鉴定和保护方面的专业人才,将个人研究方向与实际工作相结合,通过文献的保护工作来促进专业技能的提高。

通过一年半的普查工作,重庆图书馆初步摸清了家底,建立了较为完善的文献目录,下一步拟结合正在开展的中华民国文献和古籍文献的数字化工作,进一步提升为全社会服务的能力和水平,为我市文化工作的发展和繁荣做出积极贡献。

报告执笔人:周道霞

报告审阅人:刘兴亮

04 重庆市文化遗产研究院第一次全国可移动文物普查总结报告

重庆市文化遗产研究院系重庆市文化委员会(重庆市文物局)直属正处级文博科研事业单位,是伴随重庆直辖、三峡库区文物保护而诞生的专业文物保护机构。秉承"开展文化遗产研究和保护,传承弘扬历史文化"的宗旨,重庆市文化遗产研究院承担重庆市境内文化遗产的调查与研究,文物的勘探、发掘和修复,文物保护的规划和设计,信息咨询和培训宣传等工作。十多年来,重庆市文化遗产研究院围绕三峡工程文物考古、基本建设文物保护两条路线展开业务工作,坚持地下、地面、科技保护业务多元发展、齐头并进,为构建重庆市古代物质文化发展序列做出了突出贡献,积极推进了重庆市文化遗产保护事业的发展。重庆市文化遗产研究院发掘留取的三峡库区和基建出土文物标本丰富了重庆地区可移动文物资源。

第一次全国可移动文物普查是继第三次全国文物普查(不可移动文物部分)之后在文化遗产领域开展的又一重大国情国力调查,是一项旨在全面掌握我国文物资源、加强文物保护、建设文化遗产强国的战略工程,也是加强文物保护管理,推进公共文化服务体系建设的基础性工作。为此,重庆市文化遗产研究院根据《国务院关于开展第一次全国可移动文物普查的通知》、《重庆市人民政府关于开展第一次全国可移动文物普查的通知》、重庆市文物局《关于落实重庆市政府通知精神认真做好第一次全国可移动文物普查的通知》等文件要求,通过认真细致的工作,于2016年8月全面完成了重庆市文化遗产研究院第一次全国可移动文物普查工作。通过此次开展的可移动文物普查,重庆市文化遗产研究院掌握了可移动文物的数量、分布、特征、保存现状等基本情况,和"文物数量大、保存分散、文物种类较少、残缺文物为主"的特点,提高了工作人员的文物保护意识、文物管理水平及专业知识和专业技能,为进一步建立具有现代化科学素养的专业队伍创造了条件;协调了保管部和院内各相关部门的关系,形成共同保护文物的工作合力;同时,为准确判断文物保护形势、科学确定文物保护方法提供了依据;加强了重庆市文化遗产研究院在文化遗产领域的国有资产管理和资源整合能力,为充分发挥文物在建设社会主义先进文化、促进经济社会全面协调可持续发展中的重要作用提供了坚实的基础。

一、普查数据

截至2016年8月底,重庆市文化遗产研究院在全国可移动文物信息登录平台登录可移动文物21217件/套,实际数量为22707件。其中,珍贵文物34件/套,实际数量为70件。

1. 类别

可移动文物类别

可移动文物类别	可移动文物实际数量(件)	实际数量占比(%)
合计	22707	100.00
玉石器、宝石	82	0.36
陶器	7025	30.94
瓷器	11768	51.83
铜器	656	2.89
金银器	32	0.14
铁器、其他金属器	8	0.04
雕塑、造像	1097	4.83
石器、石刻、砖瓦	1055	4.65
文具	18	0.08
玺印符牌	20	0.09
钱币	458	2.02
牙骨角器	66	0.29
竹木雕	1	<0.01
织绣	16	0.07
武器	209	0.92
文件、宣传品	1	<0.01
玻璃器	24	0.11
乐器、法器	2	0.01
交通、运输工具	2	0.01
度量衡器	1	<0.01
标本、化石	93	0.41
其他	73	0.32

2. 年代

（1）可移动文物年代类型。

可移动文物年代类型

可移动文物年代类型	可移动文物实际数量（件）	实际数量占比（%）
合计	22707	100.00
地质年代	93	0.41
考古学年代	355	1.56
中国历史学年代	20083	88.44
其他	2036	8.97
年代不详	140	0.62

（2）可移动文物中国历史学年代分布。

可移动文物中国历史学年代分布

可移动文物中国历史学年代	可移动文物实际数量（件）	实际数量占比（%）
合计	20083	100.00
夏	0	0
商	21	0.10
周	688	3.43
秦	5	0.02
汉	7494	37.32
三国	276	1.37
西晋	5	0.02
东晋十六国	99	0.49
南北朝	122	0.61
隋	0	0
唐	254	1.26
五代十国	180	0.90
宋	3565	17.75
辽	0	0
西夏	0	0
金	0	0
元	758	3.77
明	2682	13.35
清	3404	16.95
中华民国	530	2.64
中华人民共和国	0	0

3. 级别

可移动文物级别

可移动文物级别	可移动文物实际数量(件)	实际数量占比(%)
合计	22707	100.00
一级	0	0
二级	2	0.01
三级	68	0.30
未定级	22637	99.69

4. 来源

可移动文物来源

可移动文物来源	可移动文物实际数量(件)	实际数量占比(%)
合计	22707	100.00
征集购买	0	0
接受捐赠	0	0
依法交换	0	0
拨交	0	0
移交	0	0
旧藏	0	0
发掘	22647	99.74
采集	60	0.26
拣选	0	0
其他	0	0

5. 入藏时间

可移动文物入藏时间范围

可移动文物入藏时间范围	可移动文物实际数量(件)	实际数量占比(%)
合计	22707	100.00
1949年10月1日之前	0	0
1949年10月1日—1965年	0	0
1966—1976年	0	0
1977—2000年	200	0.88
2001年至今	22507	99.12

6.完残程度

可移动文物完残程度

可移动文物完残程度	可移动文物实际数量（件）	实际数量占比（%）
合计	22614	100.00
完整	65	0.29
基本完整	3464	15.32
残缺	12077	53.40
严重残缺（含缺失部件）	7008	30.99

注：根据国家文物局《关于做好馆藏自然类藏品登录工作有关要求的通知》的要求，登录的自然类藏品（标本化石类）93件/套，不填写"完残程度"指标项。

二、普查工作组织实施

（一）组织有力，保障充分

1.建立领导小组，确保普查工作顺利开展

为全面贯彻落实上级通知的精神要求，重庆市文化遗产研究院成立了以院长为组长，副书记、副院长、院长助理为成员的可移动文物普查领导小组，负责全院普查工作的组织领导工作并协调解决普查中的重大问题。领导小组下设以保管部为主体的普查办公室，由副书记担任办公室主任，普查办公室负责制订相应的工作方案、人员协调和普查工作的具体实施。同时全院各部门积极配合，以确保普查工作的顺利开展。

2.编制工作方案，确保普查工作有序进行

2013年4月，重庆市文化遗产研究院在组队赴陕西考察学习陕西省文物考古研究院文物普查试点工作情况及其先进经验的基础上，结合实际，编制了《重庆市文化遗产研究院第一次全国可移动文物普查工作方案》，确定了普查工作流程、时间安排，并将普查工作分为工作准备、普查实施和整理汇总三个阶段，确保了普查工作有序开展，突破了考古单位的传统工作模式，寻求新的思路，不断开拓创新，将重庆市文化遗产研究院文物保管工作推上了一个新的台阶。

3.落实普查工作经费，保障普查进度

重庆市文化遗产研究院可移动文物普查自2013年启动以来，向市财政申请到位普查经费75万元，到2015年底，普查经费实际支出632539.83元。经费支出主要包括培训费、外聘普查人员补助、基本设备购置费、数据处理及质量控制费、资料档案费、公务费6大类。正是由于有了经费保障，重庆市文化遗产研究院的普查工作才得以按时完成。

重庆市文化遗产研究院2013—2016年可移动文物普查经费落实情况表（单位：万元）

合计	2013年	2014年	2015年	2016年
75	0	25	20	30

在经费的使用上，严格按照国家财务制度规定，加强经费管理，专款专用，厉行节约，反对浪费，确保资金使用的规范、安全、有效；同时，加强普查设备的登记、使用与管理，防止国有资产流失。

4.组建普查队伍

本次普查，重庆市文化遗产研究院普查领导小组6名成员组成专家组，保管部4名工作人员组成普查办工作组，后期考古所还抽调了3名业务人员参与了影像采集和数据录入，5名业务骨干参加了数据审核，办公室、文物保护管理办公室也抽出3名工作人员参与了影像采集工作。此外，重庆市文化遗产研究院与四川大学、重庆师范大学等高校展开合作，在2013—2015年期间共招募了35名文博专业在读优秀学生参与文物普查工作。这样既保障了普查进度，也为学生们提供了学习、实践平台。

在普查过程中，重庆市文化遗产研究院采取派员参加国家文物局和重庆市文物局普查办举办的各类普查培训以及自行组织院内外专家讲座等形式，加强对普查人员的业务培训和管理，以确保普查工作按照国家文物普查规范和标准进行。

（二）调查、采集、登录、审核，分阶段实施普查

1.调查阶段

根据重庆市文物局普查办的要求，2013年5月，重庆市文化遗产研究院开展了院内文物标本保存保管情况的摸底调查工作，得出重庆市文化遗产研究院藏品总数为27773件/套的初查数据，并由普查办公室汇总形成了《重庆市可移动文物普查国有单位信息调查表》，初步掌握重庆市文化遗产研究院可移动文物的收藏情况。

2.认定采集登录阶段

在整个普查采集过程中，重庆市文化遗产研究院作为考古院所，藏品比较单一，主要为陶瓷类、金属类以及石质文物等，多为残件修复器，残片标本占大宗。因此，重庆市文化遗产研究院普查文物范畴限定为保存完整、基本完整、可修复以及少量典型标本。先采集文物编号、名称、类别、尺寸、数量等基本要素，并填写纸质登记卡，再电子化文物登记卡，然后集中进行影像信息采集，并导入照片，完成一件文物的完整信息采集工作。

截至2015年底，重庆市文化遗产研究院全面完成21217件/套文物标本的数据及影像信息采集、离线平台登录、离线数据审核、数据在线上传以及上报等工作。至此，重庆市文化遗产研究院"一普"信息采集阶段性目标任务如期完成，为2016年进行的普查资料的整理、汇总、数据库建设和公布普查成果打下了坚实的基础，同时也为院藏文物信息建档、搭建数字化服务平台创造了良好条件。

3.审核阶段

数据审核是普查全面实施后普查机构的重要工作,也是较为繁重的工作。数据审核工作做不好,普查工作就是半途而废,普查质量就失去了有力保证。

重庆市文化遗产研究院普查数据审核经历了三个阶段:院内审核、市级审核、院内再次审核。2016年,按照市普查办的工作部署和要求,重庆市文化遗产研究院不但完成了丰都、忠县两县25251件/套文物的普查数据市级审核,还对本院普查数据进行再审核,以确保数据质量。

为保障普查数据的准确性,重庆市文化遗产研究院在信息采集的各个环节对普查数据反复核对、检查,包括纸质数据与实物核对、纸质数据与软件录入数据核对、导入照片与数据核对,尽量做到数据测量准确,记录真实,录入准确、完整、无重复、无遗漏,保证文字信息与图像信息一致,登录信息和账目一致。

由于普查数据审核工作量大,审核要素多达14项,且对专业水平具有较高要求,重庆市文化遗产研究院进行院内审核时邀请了考古所部分业务骨干参与,建立了QQ讨论组,大家对存疑的问题及时进行沟通、讨论。针对审核员对一些器物的认识意见不统一的情况,我们邀请了专家进行疑难讲解,相互探讨,统一标准,有效提高了审核质量。

(三)普查宣传

为做好第一次全国可移动文物普查工作,重庆市文化遗产研究院积极开展宣传工作,对此次普查工作的前期宣传与后期工作的进展情况均在院内部资料《重庆考古简讯》《考古重庆》以及微信平台上做了及时简要的报道。其中,在《重庆考古简讯》中刊登了3期,对普查工作分阶段规划和进度做了大致的介绍,方便院内工作人员对此次文物普查工作的具体情况进行了解。在《考古重庆》中报道了3次,在微信平台公布了2次,不仅用文字对普查工作进行说明,还配上了普查工作人员的工作照,图文并茂,让重庆市文化遗产研究院的工作人员及其他感兴趣的读者更深入地了解这次普查工作。

(四)质量控制

在本次普查中,重庆市文化遗产研究院严格按照上级要求,编制工作方案,确定普查操作方式;开展试点工作,熟悉普查流程;组织人员培训,掌握普查标准和规范;对普查工作实施全过程的质量控制。

为保证普查工作符合国家文物普查规范和标准,重庆市文化遗产研究院派员参加了国家文物局、市普查办举办的各类相关专业培训7次,参加人数19人。除此之外,重庆市文化遗产研究院还自行组织院内外专家举办讲座3次。培训主要是对第一次全国可移动文物普查登录规范、普查实施中存在问题的说明、普查文物信息指标解析、可移动文物普查平台及采集软件的使用、影像采集要求、普查数据审核工作流程及质量评定标准等进行了系统学习。这些专业培训,提高了普查队员的专业素质,确保了普查登录数据准确,描述翔实。在普查过程中,重庆市文化遗产研究院按照市普查办的要求,结合普查实际情况,采取自我检查、接受市里专项督查、向院普查领导小组和市普查办定期报告等多种方式进行普查进度和质量管理。

在文物安全方面,重庆市文化遗产研究院制定并完善相关安全制度、开展安全培训,培养普查人员安全素养,保证普查人员在现场操作符合规范,人员符合管理要求,在工作中降低对文物的损害。重庆市文化遗产研究院在普查工作中没有发生任何安全责任事故。

在数据安全方面,重庆市文化遗产研究院制定了数据管理制度和档案管理规定,实行专人负责,保证所有数据和基础资料严格保密,保障数据日常管理、更新、维护和统计。

根据国家文物局《关于做好第一次全国可移动文物普查验收工作的通知》,2016年10月,普查验收组对重庆市文化遗产研究院的普查工作进行了验收,结论为验收合格。

(五)普查工作总结情况

重庆市文化遗产研究院严格按照《国有可移动文物普查建档备案工作规范(试行)》的要求,启动普查资料建档和数据库工作,实行专库、专柜、专人保管档案资料。我们对《文物登记卡》和文物数码照片按照区县、文物点、年份进行了分类整理、归档,对离线普查数据导出备份,目前已编制完成纸质普查档案44册,刻录移动硬盘4个,存储数据近8 TB。

三、普查工作成果

(一)掌握本院可移动文物资源情况及价值

1.摸清数量及分布

重庆市文化遗产研究院共采集登录文物标本22707件,在市级以上国有收藏单位中排名第7位,占总量的1.53%。

重庆市文化遗产研究院作为考古机构,与全国大多数考古单位一样,过去大多数文物标本都分散掌握在考古领队的工地上。重庆市文化遗产研究院建立了保管部,以普查为契机,及时将各工地出土的文物集中起来,统一保管,改善了文物保存设施设备,保障了文物安全。本次普查,基本摸清了2013年12月31日前发掘出土并暂存于重庆市文化遗产研究院的文物情况,将符合普查范畴的和非普查对象进行分类管理,最终纳入普查的文物及标本21217件/套。通过此次普查,重庆市文化遗产研究院掌握了本院的文物类别、质地、年代、保存状态等基本情况,以瓷器、陶器为大宗,时代主要集中在汉、宋、清代。

在本次可移动文物普查过程中,我们借普查之机,将历年累计发掘的出土文物标本按比例移交给区县文物管理所和重庆中国三峡博物馆,并请重庆市文物局组织专家鉴定组对其中部分文物标本进行了级别鉴定。目前,已向南岸、铜梁、潼南、武隆、江津、大渡口、沙坪坝、大足等区县文物管理所和重庆中国三峡博物馆移交文物标本833件/套(含珍贵文物34件/套)。

2.保存状况

此次普查,基本掌握重庆市文化遗产研究院文物标本的完残情况和保存状态,其中保存完整和基本完整的文物仅占总数的15.61%,而残缺或严重残缺(含缺失部件)的器物占84.39%,这也是作为考古单位保存文物完残情况的普遍现象。文物的保存状态总体不甚理想,即使对大部分残缺件已进行了临时修复,但因保存环境和修复材质老化等问题,很多文物亟须得到更进一步的修复保护。重庆市文化遗产研究院的文物目前主要集中存放在院周转库房、渝中区老鼓楼和奉节白帝城的临时库房三地,周转库房配置了专用文物柜架、贵重文物典藏柜,安保监控设施齐全,但缺乏恒温、恒湿设备,容易受环境因素影响的金属类等文物的保存环境亟待改善。临时库房的保存条件和环境都相对较差,为了文物安全,改善保存环境工作迫在眉睫。

3.文物的使用管理情况

重庆市文化遗产研究院作为考古单位,文物主要供院内外文物考古专家学者进行文物、考古学研究,在充分保障文物安全的前提下,对部分手续完备的业内外人士开放部分文物库房供参观学习,积极参与博物馆行业开展的主题性文物展览。比如秦始皇帝陵博物院于2016年9月28日至2016年12月28日举办的"寻巴——消失的古代巴国",经双方协商,重庆市文化遗产研究院向其借出19件相关文物用于展览,加强了馆际交流,提高了博物馆(考古所)藏品利用率,丰富了博物馆展陈内容。这是重庆市文化遗产研究院首次尝试参与主题性文物展览。通过普查,我们对院藏文物性质、特征有了更加全面的了解,为今后参与甚至主办此类展览提供了经验,为充分利用文物资源奠定了基础。

通过文物普查,我们对重庆市文化遗产研究院的文物资源数量、分布等都有了全面了解,为下一步文物资源的再分配和利用提供了依据。深入挖掘文物信息及价值所在是一项重点工作,我们应拓展文物利用途径,让文化遗产保护成果更好地惠及人民群众。

(二)健全文物保护体系

1.完善文物档案

在本次可移动文物普查工作中,通过摸底调查和普查登录,我们逐步完善了重庆市文化遗产研究院保管部周转库房文物标本的纸质和电子账目,建立了陶瓷类、金属类和石质及其他类共三类分类账,在账上对已普查登录和未普查登录的文物标本进行分别标注,对已普查文物标本和账目进行核对,做到物账一致,并对普查文物纸质登记卡和文物数码照片进行分类整理、归档。

此次普查,促进了重庆市文化遗产研究院文物藏品建账、归档工作的开展和完善,基于普查信息平台,搭建了重庆市文化遗产研究院现代信息技术的文物资源信息系统和管理平台的基本构架,为实现对院藏文物的标准化、动态化管理,实现文物实时观察、及时处理等目标迈出了坚实的步伐。

2.完善制度和规范

通过本次普查,重庆市文化遗产研究院的文物入库程序得到进一步规范,文物移交出入库制度得到进一步完善,文物管理工作更加规范化、程序化。在普查期间,本院陆续完善了《保管部资料、文物移交制度》《保管部资料、文物出入库制度》《资料、文物库房安全保卫制度》《文物标本库房人员出入库制度》等相关制度,并加大执行力度,确保文物保护管理制度落到实处。本次普查,文物信息涵盖面广,要素齐全,为今后的文物信息采集工作提供范本,更加规范化、标准化,有利于文物信息的系统管理。在本次普查中,本院逐步掌握了文物摄影方面的各类要求和技巧,也充分认识到全方位提取文物信息的重要性。通过普查,重庆市文化遗产研究院文物信息登录和影像采集工作逐步步入正规化、规范化,业务水平大大提高。

3.明确保护需求

以前,重庆市文化遗产研究院与全国绝大多数考古单位一样,存在文物保存分散、文物具体数量不明晰、保存条件差以及研究利用服务能力薄弱等问题。2011年1月,重庆市文化遗产研究院设立保管部以后,逐步实现了考古出土文物标本和资料的及时移交、建立账目、统一保管、专人保管、规范利用。本次全国可移动文物普查为重庆市文化遗产研究院打破传统考古工作惯例提供了新思路。通过对存放于保管部、考古所和工地临时库房等三处的文物标本的摸底调查,弄清了重庆市文化遗产研究院的文物标本总量,并将符合普查要求的文物纳入普查范畴。通过普查,重庆市文化遗产研究院文物基础信息不详细,文物保护不及时的情况得到彻底改变,文物保护需求得到进一步明确。

在本次可移动文物普查工作中,重庆市文化遗产研究院坚持"抢救第一、保护为主、加强管理、合理利用"的工作方针,高度重视文物保护工作,以普查促保护。其间,重庆市文化遗产研究院文保中心在普查过程中保护修复了金属类文物共71件/套。在普查中,我们添置了不同规格的文物筐,方便了文物的存放和搬运;采购了简易除湿机等设备,为金属类文物库房提供了一个基本的温湿环境。根据普查数据显示,重庆市文化遗产研究院已修复文物共13156件,状态稳定不需修复文物共3883件,部分损毁需要修复文物共5315件,腐蚀损毁严重,亟须修复文物共260件。(自然类藏品93件/套未统计)下一步,重庆市文化遗产研究院保管部将配合文保中心,按照计划陆续对部分损毁严重的文物标本进行修复;同时,根据院藏文物情况,制订具有针对性的预防性保护方案,引进相关人才,加大文物的预防性保护力度。

根据重庆市文化遗产研究院文物标本及普查工作的实际情况,结合对普查数据的统计分析可以看出，重庆市文化遗产研究院的文物主要以发掘出土文物为主，所占比例达99.74%，且大多是残缺文物，所占比例为84.39%，所以我们对残缺文物进行了抢救性修复，加大了保护力度。从类别来看，22个分类中以陶瓷器类文物最多，所占比例最大，为82.77%；雕塑、造像和石器、石刻、砖瓦两类占9.48%，其余18类占7.75%。我们对不同类别文物按陶瓷、金属、石质及其他等进行分类保存，以便为不同性质的文物提供相对应的保护需求和措施。从年代来看，从旧石器时代至近现代，时间长，跨度大，主要以中国历史学年代文物为主，所占比例为88.44%，我们定期检查年代较为久远的文物，了解其保存状况并及时调整保护措施。从级别加类别及年代来看，珍贵文物数量极少，所占比例仅为0.31%；以玉石器、宝石、织绣、瓷器及雕塑、造像为主，少量铜器，陶器，玻璃器和文具；以明清时期、汉代、宋代文物居多。从入藏时间看，可移动文物入藏主要集中于1977—2000年、2001年至今两个时间段，尤其在2001年至今入藏的文物所占比例为99%以上。我们对分时段、分批次入库的文物按类别存放在不同的库房，方便今后的保管和使用，并加大对金属器文物的预防性保护力度。从入藏时间反映出重庆市文化遗产研究院近年来的可移动文物保护范围得以不断扩大，对文物资源的了解和认识不断加深，藏品越来越丰富。

此次普查为我们今后的文物保护工作提供了基础，使我们明确了保护工作重点。目前，重庆市文化遗产研究院正在拟建新的文物标本库房，新库房的保存环境、设施设备、软硬条件、安防措施等均按照一级风险文物保护单位标准建设，重庆市文化遗产研究院文物标本保护管理工作将上一个新台阶。

（三）有效发挥文物在重庆地区经济社会发展中的重要作用

1. 普查成果利用计划

习近平同志指出，"文物承载灿烂文明，传承历史文化，维系民族精神，是老祖宗留给我们的宝贵遗产，是加强社会主义精神文明建设的深厚滋养"，"让文物说话、把历史智慧告诉人们，激发我们的民族自豪感和自信心"，"让收藏在禁宫里的文物、陈列在广阔大地上的遗产、书写在古籍里的文字都活起来"。重庆市文化遗产研究院通过普查，对院藏文物特征有了充分认识。为让文物活起来，本院遴选了部分具有区域文化代表性的文物，深挖其内涵，开展文化创意产品开发，期望让更多的人走近文化遗产，并加入到文化遗产保护事业中来。本院积极转化普查成果，将部分文物资料整理出版，比如《中国出土青铜器四川重庆卷》《三峡文物保护工程成果图录》等。接下来，本院将在普查的基础上，按照文物类别编撰一系列普查成果图录。

2. 普查成果展览

重庆市文化遗产研究院在普查过程中采用院刊、微信平台等方式积极开展宣传工作，展示了重庆市文化遗产研究院阶段性的普查成果，提供公共文化服务平台，使文物保护成果更好地服务于人民群众。

3.普查成果资源开发和利用

重庆市文化遗产研究院作为传统考古单位,一反常态,率先建立了保管部,将文物集中保管,并通过可移动文物普查,建立了翔实全面的文物信息,初步搭建了文物网络管理平台,并通过权限设定,让文物资料在局部范围内开放、同步利用,大大提升了文物资料的利用率,有利于提高重庆市文化遗产研究院的整体研究水平。由于目前普查登录平台的局限性,重庆市文化遗产研究院拟计划在本次普查的基础上,参考文物信息采集要素和管理流程,开发符合本院文物特征的文物信息管理平台和检索通道,逐步实现重庆市文化遗产研究院文物管理的规范化、程序化,加大文物资源的利用率,加快成果转化步伐,促进文化遗产保护事业的飞跃发展。

四、建议

(1)继续加强文物普查宣传,调动社会民众参与文物普查的热情,提高社会对文物普查的关注力度。

(2)做好普查工作的相关后续工作。本次普查工作持续时间长,工作任务繁重,文物信息要素多,信息采集难免错漏。接下来,要对已普查数据进行反复核对,对未采集的文物信息进行补充,确保数据的准确性和完整性。

(3)提升可移动文物保护水平。继续完善重庆市文化遗产研究院文物数据库暨信息管理平台建设,积极推进标本库房建设,加强人员专业素质培养,从软件和硬件上努力提高本院可移动文物保护管理水平。

(4)进一步加强文物的合理利用。合理利用文物,努力使普查成果更好地服务社会。通过考古现场、互联网、展览等平台及开发文创产品等方式让群众走近文物,更好地了解文物,了解历史,在实现教育目的的同时最大限度地满足人民群众的文化和精神需求。

(5)深化普查成果研究。普查工作结束后,重庆市文化遗产研究院将深入开展普查资料整理,充分发挥本院文物资源和科研人才优势,努力扩大科学研究领域,争取推出一批重要科研成果,真正做到让收藏在博物馆里的文物和书写在古籍里的文字活起来。

(6)要继续处理好文物保护与经济协调发展的关系,在做好文物保护的基础上,积极探索研究文物保护与经济快速发展的关系,实现文物保护与经济互惠共赢发展的最佳状态。

报告执笔人:何海蓉、于桂兰、方刚

报告审阅人:甘玲

05 重庆自然博物馆第一次全国可移动文物普查总结报告

第一次全国可移动文物普查是继第三次全国文物普查（不可移动文物部分）之后在文化遗产领域开展的又一重大国情国力调查，是一项旨在全面掌握我国文物资源、加强文物保护、建设文化遗产强国的国家工程。2012年10月，国务院下发了《关于开展第一次全国可移动文物普查的通知》，启动第一次全国可移动文物普查工作。2013年3月，重庆市人民政府下发了《关于开展第一次全国可移动文物普查的通知》，全面部署了重庆市第一次全国可移动文物普查工作。普查分为工作准备、普查实施和验收汇总三个阶段。2012年10月至2013年2月为工作准备阶段，主要任务是制订实施方案，发布规范和标准。2013年3月至2015年12月为普查实施阶段，开展文物普查认定和信息数据登录，采取建档、采集、登录、报送、审核同时进行的方式整理普查数据资料。2016年1月至12月为验收汇总阶段，主要任务是进行普查资料的整理、汇总、数据库建设和发布普查成果。重庆市普查办印发了《重庆市第一次全国可移动文物普查实施方案》，进一步明确了普查工作的内容、范围和目标，强调了各阶段的工作任务和技术要求。

重庆自然博物馆高度重视第一次全国可移动文物普查工作，科学组织，认真实施，在人力、物力、财力等方面给予了全力支持和保障。在市普查办的组织协调下，重庆自然博物馆全力推进普查准备、文物认定、文物信息采集登录和普查数据审核等各阶段任务的实施，圆满完成了全馆国有可移动文物普查工作。据统计，在整个普查期间，重庆自然博物馆共投入普查人员134人，落实普查经费100万元。

重庆自然博物馆是国家一级博物馆，收藏的可移动文物种类丰富、数量庞大，因此普查任务也较为繁重。重庆自然博物馆新馆于2013年开始陈列布展，以新馆建设为第一要务，一边抓新馆建设，一边抓文物普查，各技术部门开展对藏品标本的清理工作。2014年新馆进入攻坚阶段，在上级的同意下，优先保证新馆如期开放，我馆的普查工作于2014年10月正式启动。通过此次开展的可移动文物普查，我馆已全面掌握了可移动文物的数量、分布、特征、保存现状等基本情况。普查提高了我馆员工的文物保护意识，提高了文博系统工作人员的科学知识、专业技能和管理水平。同时我馆在普查工作中协调了各相关部门的关系，形成了一个极富战斗力和凝聚力的团体，有序完成94880件藏品标本的信息采集、照片拍摄、档案整理、数据登录的工作，2016年8月如期完成数据采集及审核工作。

通过实施第一次全国可移动文物普查，我馆已基本掌握馆内标本的数量、分布、特征、保存现状等基本情况。普查提高了文博系统工作人员的文物保护意识以及馆内人员的科学知识、专业技能和管理水平,为进一步建立具有现代化科学素养的专业队伍创造了条件;协调了单位和政府各职能部门的关系,形成共同保护文物的工作合力;为准确判断文物保护形势、科学制定文物保护政策和拟订保护规划提供了依据;同时加强了本馆在文化遗产领域的国有资产管理和资源整合能力,充分发挥文物在建设社会主义先进文化、促进经济社会全面协调可持续发展中的重要作用。

一、普查数据

(一)重庆自然博物馆可移动文物基本情况

1. 种类

可移动文物种类

可移动文物种类	可移动文物实际数量(件)	实际数量占比(%)
合计	94880	100.00
无脊椎动物标本	38674	40.76
植物标本	28120	29.64
脊椎动物浸制标本	8001	8.43
脊椎动物剥制标本	7602	8.01
展厅新征集标本	5734	6.04
地矿及土壤化石标本	4849	5.11
古生物化石标本	1900	2.00

2. 类别

可移动文物类别

可移动文物类别	可移动文物实际数量(件)	实际数量占比(%)
合计	94880	100.00
现生动物和现生植物	87064	91.76
岩石和矿物	4158	4.38
古生物化石	2725	2.87
古人类化石	187	0.20
其他	746	0.79

3. 级别

可移动文物级别

可移动文物级别	可移动文物实际数量（件）	实际数量占比（%）
合计	94880	100.00
珍贵	2788	2.94
一般	87708	92.44
其他	4384	4.62

4. 来源方式

可移动文物来源

可移动文物来源	可移动文物实际数量（件）	实际数量占比（%）
合计	94880	100.00
拨交	2	<0.01
采集	76010	80.11
发掘	626	0.66
接受捐赠	4056	4.27
旧藏	3989	4.20
依法交换	2	<0.01
征集购买	10159	10.71
其他	36	0.04

5. 保藏方式

可移动文物保藏方式

可移动文物保藏方式	可移动文物实际数量（件）	实际数量占比（%）
合计	94880	100.00
薄片	107	0.11
标本	6749	7.11
剥制	1242	1.31
干制	34339	36.19
骨骼	10	0.01
假剥制	6279	6.62
蜡叶	28190	29.71
模型（模具）	222	0.23
皮张	351	0.37
头骨	97	0.10
液浸	9615	10.13
针插	6941	7.32
其他	738	0.78

6. 入藏时间

可移动文物入藏时间范围

可移动文物入藏时间范围	可移动文物实际数量(件)	实际数量占比(%)
合计	94880	100.00
1949年10月1日之前	24773	26.11
1949年10月1日—1965年	6877	7.25
1966—1976年	713	0.75
1977—2000年	45664	48.13
2001年至今	16853	17.76

二、普查工作组织实施

(一)统筹管理、分级负责

1. 设立普查领导小组,成立普查机构

重庆自然博物馆成立第一次全国可移动文物普查领导小组,负责普查工作的组织和领导,协调解决重大问题。领导小组根据上级发布的普查实施方案、普查规范和技术标准,以及其他相关规定,负责本馆普查工作的组织实施,其下设普查实施组、技术服务组、专家组、协调保障组、督查组等具体工作小组。

2. 制订普查实施方案和确定工作制度

本馆的普查工作于2014年10月正式启动,并制订了《重庆自然博物馆第一次全国可移动文物普查实施方案》,明确了普查的目的意义、工作要求等,并对普查的范围内容、人员组织、时间安排、技术路线、数据资料管理、经费预算、宣传工作等内容进行了任务分解和细化。

为加强普查期间藏品安全管理,规范普查工作秩序,本馆建立健全了库房管理各项制度,根据市文物普查工作方案,制订了普查工作计划,严格依照普查工作程序,规范实施文物普查各环节工作。

3. 落实普查工作经费

为保障本馆第一次全国可移动文物普查工作顺利开展,重庆市财政局、文物局专门来我馆调研了经费需求,并按年度拨付了相关费用,确保了各阶段可移动文物普查工作的顺利实施。普查经费的使用,严格执行了财务管理制度,实行专账和专人管理。严格按照相关会计制度、单位内部财务管理办法、内部控制制度及财务审批权限管理,严格资金使用审计,保证了经费的科学、合理使用。2013—2016年,共落实了100万元普查经费。

重庆自然博物馆2013—2016年可移动文物普查经费落实情况表（单位：万元）

合计	2013年	2014年	2015年	2016年
100	0	30	20	50

4.组建普查队伍

在普查期间，全馆所有内设部门均参与了普查工作，包括有办公室、生命科学部、地球科学部、技术开发部、展示教育部、北碚陈列馆、保卫科、新馆办公室八个部门。参与普查工作的在职员工35人，超过全馆职工总数的二分之一。认定专家有刘文萍、李书恒、黄万波等。

根据本馆的藏品分类，将普查人员按专业分为7个普查组，分别为：无脊椎动物组、植物组、脊椎动物浸制组、脊椎动物剥制组、展厅新征集组、地矿及土壤化石组、古生物化石组，每个普查组再根据工作量与工作计划招募志愿者分为多个小组。

在新馆库房设立了植物组工作间、地矿及土壤化石组工作间，在新馆办公室设立了展厅新征集组工作间，在文星湾库房设立了脊椎动物剥制组工作间、脊椎动物浸制组工作间、无脊椎动物组工作间等。

同时，设立专门的督查小组及数据组，全程参与各组的普查，及时上传下达，做好每组每周的工作跟进与督促，最后及时地完成各组的数据汇总，提交审核。

重庆自然博物馆为保证按质按量地完成本馆的可移动文物普查工作，促进各小组工作进度，提高工作效率，确定了普查工作考核方案及相关工作制度，按照方案每月底对各小组的工作进行考核，按工作完成情况实现奖惩分明，落实到人。

在普查期间，先后有西南大学生命科学学院、地理科学学院、文学院、经济管理学院、材料学院等及重庆工商大学的志愿者80余人参与普查工作。

重庆自然博物馆可移动文物普查队伍统计表（单位：人）

合计	区普查办	单位人员	普查专家	普查志愿者
134	6	35	7	86

（二）调查、认定、采集、登录、审核，分阶段实施

1.国有可移动文物认定工作阶段

根据《重庆市可移动文物普查文物认定规范》的通知要求，本馆制订了《重庆自然博物馆第一次全国可移动文物普查文物认定工作计划》，对认定工作程序、委派专家、认定时间做出具体部署。新认定标本的数量为10187件，类别主要包括现生动物和现生植物、岩石和矿物、古生物化石、古人类化石共计4类。

2. 国有可移动文物信息采集登录阶段

重庆自然博物馆根据《重庆市第一次全国可移动文物普查实施方案》要求，对文物信息采集阶段工作做了详细部署，并印发了《馆藏文物登录规范》《藏品登录工作手册》等规范性文件，完善了《文物出入库管理制度》等相关管理制度，确保了文物信息采集登录工作的高质量、高效率实施。

重庆自然博物馆可移动文物普查信息采集登录工作，采取"分组工作"的模式，将该阶段工作分解后交给不同的工作组，每个工作组独立完成测量、拍照、登记、录入、核对等多个模块，划分职责，落实岗位，有序实施各项工作。各组严格按照信息采集登录工作要求，完善文物名称、尺寸、类型、质地、保存状况、照片等各项指标，确保数据不遗漏、质量合标准。

普查数据和资料，由普查实施各小组分别采集，在全国可移动文物信息登录平台上登录，各级按照权限对已登录信息数据逐级进行审核。在此期间，工作人员严格按照《中华人民共和国文物保护法》《中华人民共和国统计法》的规定和普查的具体要求，如实、准确地填报我馆普查信息。本馆普查工作办公室对普查资料、档案实行备份管理。

由于信息数据采集登录量大，任务重，时间紧，本馆实施了"文物数据采集和在线登录工作同步推进"的工作推进方法，确保了在2016年6月前全面完成信息采集登录任务。我馆在全国可移动文物信息登录平台采集现生动物和现生植物87064件，岩石和矿物4158件，古生物化石2725件，古人类化石187件，其他746件，合计登录可移动文物94880件。文物信息采集登录工作做到了进度、质量两手抓，为后续的数据审核工作打下了良好基础。对全国可移动文物信息登录平台要求必须填报的14个指标，进行了详细调查，为建立藏品档案奠定了基础。采集的数据通过在线平台录入后分五级呈报审核，完成国家登录。

3. 国有可移动文物信息审核阶段

本馆高度重视普查信息登录审核工作，及时转发了重庆市文物局《关于发布第一次全国可移动文物普查数据审核工作管理办法的通知》，印发并组织学习了《第一次全国可移动文物普查数据质量评定标准》等规范文件，根据审核工作要求，加强文物信息数据审核工作。

本馆文物信息审核集中安排在2016年7月至8月，采取离线审核的方式。本馆以馆内学科部门专业技术人员为班底，邀请文物认定、审核专家库成员进行指导，成立了文物普查数据审核小组，承担全馆文物普查数据馆内集中审核与管理工作。审核严格实施藏品总登记账、文物信息采集登记表和文物信息登录离线软件三方信息核对制度，实行分级管理、责任到人、全面审核的原则，严格遵循馆内初审、市普查办文物普查数据审核小组复审、市级专家抽审和终审的审核流程。审核小组工作人员分工合作，反复审定，对存疑的数据及时进行现场复核，重新采集核对信息，做到有错必改、有疑必核，发现问题举一反三，减少数据误差，确保数据质量。

(三)宣传动员

1. 宣传方案、宣传方法和宣传手段

本馆普查领导小组把普查作为本馆的重点文化建设工作进行宣传,根据普查的不同阶段分别确定了相应的重点内容。在普查工作中,积极做好普查的宣传工作,使全馆职工了解普查,支持普查。其中,通过《重庆日报》等媒体对普查工作进行跟踪报道,分成三期介绍可移动文物普查成果。对普查工作中表现出来的优秀普查员进行事迹宣传和表彰,同时邀请媒体对普查的阶段性成果进行宣传,在普查专业网站、文物信息网、《重庆日报》、华龙网、微信公众号、官方微博等平台进行普查成果宣传。

2. 重大节庆宣传情况

在一般节日期间,我馆制作了宣传展板、横幅、宣传资料,将可移动文物普查宣传展板纳入馆内展览、临展及馆周边区域展览,以扩大社会影响。

我馆每年借助国际博物馆日、重庆文化遗产宣传月等文博系统重大节庆,通过活动、展板、发放宣传资料等方式,开展普查宣传,引导全民关注成果展,扎实做好铺垫,使普查工作深入人心。

(四)质量控制

在普查期间,本馆始终把数据质量和标本安全、数据安全放在重要位置,对文物数据质量和信息安全问题实施全程管理。

一是加强业务培训学习。本馆根据普查各阶段工作要求,印发和组织职工学习《普查藏品登录操作手册》《馆藏文物登录规范》等规范性文件,做好业务人员实际操作训练,强化其对信息采集登录、数据管理、数据审核等内容的理解和运用,提升其普查操作能力。

二是开展普查试点工作。根据本馆标本资源和专业人才资源现状,多次对本单位的普查人员进行现场操作培训,及时解决普查信息采集登录中的疑难问题,完善操作流程,规范测量、登记、拍照等各环节技术标准和工作要求。成立领导小组,理顺各方面的关系,为普查工作的顺利开展提供了有力的保障。同时由普查主要责任部门——普查办公室牵头制订本馆普查实施方案,编制经费预算,采购相机、电脑、扫描仪等普查相关设备。为增强普查力量,馆领导还协调增加两大技术部人员编制,多次派业务骨干参加普查培训。2015年11月,重庆自然博物馆召开第一次普查动员大会,迅速落实参与普查的人员,落实工作场地、工作设备,讲解工作流程,明确工作内容,在新馆库房和文星湾老馆库房同步设立普查小组工作室,同步开展普查工作。2015年12月,地矿及土壤化石组首先进行普查试点,为下一阶段普查的全面实施积累了经验。我馆在之后的每个月都定期组织召开普查工作会,解决普查工作中存在的问题,督促普查工作进度。市普查办也多次组织国家普查专家调研及指导我馆的普查工作。

三是强化普查过程管理。重庆自然博物馆对可移动文物普查数据和资料进行统一调查、采集,在全国可移动文物信息登录平台登录;按照权限对已登录信息数据逐级进行审核。本馆严格按照《中华人民共和国文物保护法》《中华人民共和国统计法》的规定和此次普查的具体要求,如实、准确地配合普查工作。任何部门和个人都不得虚报、瞒报、拒报、迟报,不得伪造、篡改普查资料和数据。普查资料和数据涉及国家秘密的,普查人员应履行保密义务。同时严格实施标本存放区域安全管理,安排专人负责藏品安全工作,做到采集一件、提取一件、退还一件,确保普查期间文物安全。严格实施普查数据安全管理,配置普查数据处理专用电脑和移动硬盘,设立普查专用登录账户、密码,专人负责普查数据库管理和数据修改。严格实施普查数据质量管理,随时检查、及时修改完善数据信息,将数据的质量控制贯穿到文物信息采集、登录、审核等各个环节,不断提高数据质量。截至普查验收,本馆在可移动文物普查工作期间未发生人员安全、藏品安全、数据安全方面的事故。同时对上级普查部门建立周报制度,每周按天统计普查工作进度,及时上报数据,每月进行数据分析,根据预估工作量及实际完成量调整下阶段工作进度,保证按时完成普查工作。

四是做好普查验收。根据市文物局验收工作要求,我馆普查验收采取单位自验和市普查办复验的方式。我馆根据普查验收的相关文件要求完善资料并报市普查办后,市普查办组织专家按照《验收合格评定标准》进行验收后形成验收报告。验收内容包括普查的组织、普查保障措施、文物认定、文物信息采集登录、普查的总结、普查中的藏品管理、普查成果开发利用等方面。经过逐项验收,本馆普查工作合格。

(五)普查工作总结情况

在普查期间,本馆认真做好总结工作,建立健全普查档案资料。以普查数据为基础,完善《文物登记卡》信息,健全文物藏品登记账本,初步建立起了馆藏文物电子信息库。为更好地管理藏品,本馆还在制定(或修订)相关规章制度,如藏品图像使用规定、文物安全责任制度、藏品管理办法、藏品出入库制度等,最终的目的是实现藏品管理的规范化、标准化。

三、普查工作成果

(一)掌握本馆可移动文物资源情况及价值

1.摸清数量及分布

一是摸清了全馆国有可移动文物资源情况。从收藏情况来看,本馆可移动文物分布呈现出分类集中的特点。馆内藏品主要为自然类标本,藏品标本类别主要为现生动物和现生植物、岩石和矿物、古生物化石、古人类化石共计4类,总量繁多,类别丰富,具有较高的历史文化价值。

2.掌握保存状况

我馆有文星湾老馆库房和新馆库房,文星湾老馆库房面积为916平方米,新馆库房面积为4460平方米,藏品由相关学科部门的专业技术人员兼任库管员。由于经费不足、技术条件限制等,藏品保护条件和保存环境仍然不能满足藏品保护的需要。如老馆库房保存条件较差,无恒温、恒湿调控设备。新馆刚刚开放,标本需要全部整理,文星湾老馆库房的标本也要逐步搬至新馆库房,涉及标本近40000件/套。在库房搬迁过程中需要对标本进行统一熏蒸消毒,对所有标本进行重新分类、整理、归档。

3.掌握使用管理情况

目前,本馆馆藏文物的使用主要在展示和研究两个方面。新馆设有贝林厅、重庆厅、恐龙厅、进化厅、地球厅、环境厅6个主题展厅,面向市民免费开放。本馆适时举办临展、巡展,展示馆藏文物资源。由于近几年迁建新馆、重新布展等,老馆馆藏资源暂时封存,未公开开放。

根据普查结果,本馆掌握了馆藏标本的分布、数量、保存等状况,对本馆进一步制订文物保护规划、开发利用文物资源有重要的意义。

(二)健全文物保护体系

1.完善文物档案

在普查工作的基础上,本馆着手建立藏品账目,健全文物藏品档案,实施了馆藏文物藏品的全面清理,启动了文物藏品账目及档案信息化建设,实现藏品管理的数字化、制度化、规范化,建立文物信息电子档案库,推进馆藏资源信息化建设。

2.完善制度和规范

在文物普查启动阶段,本馆为统一标准、规范,实现资源标准化管理,对国务院、国家文物局及行业规范进行了梳理。2015年11月,重庆自然博物馆召开第一次全国可移动文物普查动员大会,迅速落实参与普查的人员,落实工作场地、工作设备,讲解工作流程,明确工作内容,在新馆库房和文星湾老馆库房同步设立普查小组工作室,同步开展普查工作。

通过普查工作,本馆进一步完善了藏品管理制度,理顺了藏品征集、使用、提退等管理流程,逐步形成了稳定的管理机制,促进了过去藏品档案不全、管理标准不一等问题的解决,推动了藏品管理的制度化、规范化。

3.明确保护需求

通过此次可移动文物普查,本馆明确了自身的藏品资源,同时也明确了自身藏品保护工作的欠缺。可移动文物保护基础工作薄弱。可移动文物藏品库房均无预防性保护措施和设施设备,文星湾老馆藏品保管条件差,保护措施落后,缺乏技术条件支持,库房藏品管理体系不完善;文星湾老馆库房缺乏恒温恒湿设备和先进的防霉防蛀措施,仅仅靠定期通风,更换干燥剂、防霉防虫药剂等手段保存文物,这对可移动文物的保护是远远不够的。新馆库房虽然有恒温恒湿设备,但是同样缺乏先进的防霉防蛀设备。

本馆的总账还存在全馆未统一,部分类别标本存在无总账,还有部分类别存在账、物无法完全对应的情况,而且这种现象还较为普遍。汇总数据的传统计量方式与本次普查要求相左,这种情况下如何界定标准是比较难的问题。现在,对已完成的数据,普查组正在重新核对、清点相关的数据、实物。如何妥善解决上述问题并科学完善藏品总账、分类账,需要我们科学研究并尽早拿出可行办法。

4. 扩大保护范围

首先,在此次普查中,本馆全面掌握了馆内可移动文物的数量、种类、本体特征、标本信息和保存情况,总体评价本馆可移动文物的价值、保护现状及发展趋势,为将来构建科学、有效、适宜的馆藏文物保护体系提供依据。其次,依托国家建立的可移动文物档案和信息管理系统,确定可移动文物分类、分级标准与程序,实现本馆藏品的标准化和规范化管理。另外,还将馆藏文物信息纳入国家建立的文物数据应用服务平台,实现了资源共享。

(三)有效发挥文物在本馆经济社会发展中的重要作用

1. 普查成果利用计划

本馆将以普查成果为基础,进一步加强国有可移动文物的研究,发掘文物内涵,加强文物的保护与合理利用。一是要以多种形式公开普查成果,在法律规定的范围内实现文物信息资源的共享。二是要将普查成果与展览结合起来,以普查数据为基础,设计、制作更多精品展览。三是要把普查成果的利用与公共文化服务结合起来,创新形式,服务于民。

2. 普查成果展览

文物信息采集登录阶段工作完成后,重庆自然博物馆在新馆大厅开展了"凤鸣山水 福报万家——2017年新春鸡展"的展览,对此次可移动文物普查的部分藏品进行了实物与图片相结合的展示与宣传。普查结束后,本馆举办了第一次全国可移动文物普查成果展,全面展示本馆可移动文物普查工作开展情况和馆内可移动文物资源情况。

3. 普查成果出版物

本馆加大对文物影像信息采集、账目档案编制整理工作,精选馆藏的精品珍贵文物,为将来出版《第一次全国可移动文物普查成果汇编》和展览陈列普查成果做足准备。同时,正在筹备利用普查成果出版馆藏文物图册。

四、建议

可移动文物普查是一项摸清家底、规范管理文物资源的大调查,对今后的文物工作具有重要的指导意义。虽然现阶段可移动文物普查的任务已基本完成,但结合这期间暴露出来的问题,从长远来看,我们还有很多工作要做。

1. 建立健全规章制度,实现藏品及图像规范化管理

本次普查,本馆初步建立起了馆藏文物电子信息库,虽然尚未正式对外公布,但已批量为上级部门、馆内相关部门提供了图像资料。要更好地管理好藏品,需要尽早制定(或修订)相关规章制度,如藏品图像使用规定、文物安全责任制度、藏品管理办法、藏品出入库制度等,最终目的是实现藏品管理的规范化、标准化。

2. 结合目标任务进行定岗定责

藏品保管现由专业人员兼任库管员,岗位职责是专业科学研究及库房管理;另设总账人员,岗位职责是总账编目。这是根据原有工作职责设立的,有其合理之处。随着藏品数量增加,科研工作与每日库房管理存在一定冲突,拟重新进行调整。

3. 加强人才培养,打造研究型的藏品管理队伍

为改变目前库房管理松散的现状,建议从两个方面入手打造研究型的藏品管理队伍:第一,引进专业对口、有库房管理能力的人才,更为重要的是要注重加大对现有员工的培养力度,积极鼓励他们参加与库房保管相关的专业培训,既保证管理员的专业研究,也保证库房的日常管理正常运行;第二,在工作实际中培养人才,库房保管应参考个人研究方向,形成合力,在此基础上可以加入有研究能力者组成研究组。

4. 完善藏品信息,建立健全馆藏文物数据库

由于此次文物普查的时间紧、任务重,我们只采集了标本基本信息,还有很多其他方面的信息,如流传经历、鉴定情况、展览信息等尚未来得及采集,今后我们应该有计划地逐步补充这些标本信息,依托全国可移动文物信息登录平台,最终建立完整的馆藏文物数据库系统,并不断加以完善,为馆内外的展览、研究等提供更好的服务平台。

报告执笔人:马琦、刘艳巍

报告审阅人:张殊

06　重庆大韩民国临时政府旧址陈列馆第一次全国可移动文物普查总结报告

重庆大韩民国临时政府旧址陈列馆(以下简称"韩国馆")位于重庆市渝中区七星岗莲花池38号,是研究、展示韩国独立运动史的专题型博物馆。大韩民国临时政府是一个在中国长期坚持反日独立运动的朝鲜流亡政府,1919年成立于上海,1939年迁往重庆,1945年回归汉城(今首尔),是二战时期在中国境内唯一的外国流亡政府。1992年中韩建交以后,经两国政府协商,莲花池38号作为中韩人民并肩作战、共同抗日的历史见证,由中韩共同出资于1995年8月11日正式修复成纪念馆并对外开放。

第一次全国可移动文物普查是继第三次全国文物普查(不可移动文物部分)之后在文化遗产领域开展的又一重大国情国力调查,是一项旨在全面掌握我国文物资源、加强文物保护、建设文化遗产强国的国家工程。2013年,随着重庆市普查工作的正式启动,韩国馆根据上级的要求和部署,将普查工作分为工作培训准备、普查实施及验收总结三个阶段,在上级有关部门的指导下,普查工作进展顺利。到2015年下半年,韩国馆已顺利完成第一次全国可移动文物普查工作。韩国馆的可移动文物申报数量为29件/套,已完成文物登录29件/套,完成比例为100%。韩国馆收藏的29件/套可移动文物,主要以中华民国时期的纸质票据、图书为主,保存状况较好,是中韩近代交流合作的重要凭证和物证,是中韩友谊的历史见证,具有十分重要的历史研究价值。

通过第一次全国可移动文物普查,韩国馆全面摸清了家底,建立了完备的登录备案机制,实现了可移动文物的标准化、规范化管理,为更好地发挥文物的价值奠定了良好的基础。

一、普查数据

截至2016年6月30日,韩国馆在全国可移动文物信息登录平台登录可移动文物29件/套,实际数量为31件。其中,珍贵文物17件/套,实际数量为19件。

(一)韩国馆可移动文物基本情况

1.类别

可移动文物类别

可移动文物类别	可移动文物实际数量(件)	实际数量占比(%)
合计	31	100.00
票据	13	41.94
档案文书	11	35.48

续表

可移动文物类别	可移动文物实际数量（件）	实际数量占比（%）
古籍图书	6	19.35
武器	1	3.23

2.年代

（1）可移动文物年代类型。

可移动文物年代类型

可移动文物年代类型	可移动文物实际数量（件）	实际数量占比（%）
合计	31	100.00
中国历史学年代	30	96.77
公历纪年	1	3.23

（2）可移动文物中国历史学年代分布。

可移动文物中国历史学年代分布

可移动文物中国历史学年代	可移动文物实际数量（件）	实际数量占比（%）
中华民国	30	100.00

3.级别

可移动文物级别

可移动文物级别	可移动文物实际数量（件）	实际数量占比（%）
合计	31	100.00
一级	2	6.45
二级	9	29.03
三级	8	25.81
一般	12	38.71

4.来源

可移动文物来源

可移动文物来源	可移动文物实际数量（件）	实际数量占比（%）
合计	31	100.00
征集购买	30	96.77
接受捐赠	1	3.23

5.入藏时间

可移动文物入藏时间范围

可移动文物入藏时间范围	可移动文物实际数量(件)	实际数量占比(%)
2001年至今	31	100.00

6.完残程度

可移动文物完残程度

可移动文物完残程度	可移动文物实际数量(件)	实际数量占比(%)
合计	31	100.00
完整	21	67.74
基本完整	10	32.26

二、普查工作组织实施

(一)加强组织,健全机构

1.设立普查领导小组,成立普查机构

根据《国务院关于开展第一次全国可移动文物普查的通知》精神,为切实加强普查工作的组织领导,自2013年初第一次全国可移动文物普查工作启动以来,韩国馆就召开了普查工作动员大会,成立了以分管副馆长为组长,业务部主任为副组长,业务部成员为组员的可移动文物普查领导小组,全面展开普查工作。

2.制订普查实施方案和确定工作制度

韩国馆共印发上级部门发布的相关普查通知共计10余份,同时制订了由普查小组成员承担普查工作,馆内其他员工协助工作的普查工作模式,确保普查工作的顺利开展。

3.落实普查工作经费

韩国馆从2013年开展第一次全国可移动文物普查工作以来,每年编制普查经费预算,向上级主管部门申请划拨经费,2013年至2016年间,本馆共计得到重庆市文物局划拨可移动文物普查经费15万元。详见下表。

韩国馆2013—2016年可移动文物普查经费落实情况表(单位:万元)

合计	2013年	2014年	2015年	2016年
15	0	5	0	10

在普查经费的使用上,韩国馆严格按照国家财务制度规定,加强经费管理,专款专用,厉行节约,反对浪费,确保资金使用的规范、安全、有效;同时,加强普查设备的登记、使用与管理,防止国有资产流失。

4.组建普查队伍

韩国馆参与普查的人员共计3名,其中,一名成员参加重庆市文物局举办的相关业务培训,并进行相关资料数据的统计及录入,普查小组组长及副组长对普查员的工作进行监督及抽查。

韩国馆可移动文物普查队伍统计表(单位:人)

合计	收藏单位	普查专家	普查志愿者
3	3	0	0

(二)划分阶段,有序实施

1.可移动文物的调查阶段

从2013年起,韩国馆开始了文物藏品调查摸底工作,先后编制了《韩国馆馆藏文物藏品登记表》《韩国馆可移动文物录入品登记表》和《文物登记卡》。2013年底,经调查确定,本馆收藏有31件文物。

2.可移动文物认定工作阶段

2015年1月,韩国馆首次聘请重庆市文物鉴定组专家为本馆收藏的31件馆藏品进行评审鉴定,会上各位专家充分肯定本馆近年来在藏品征集与保护等方面做出的努力,就本馆藏品的历史背景和价值、来源以及藏品本身的完残程度做了详细的评审。专家们一致认为,韩国馆收藏的藏品是中韩近代交流合作的重要凭证和物证,是中韩友谊的历史见证,具有十分重要的历史研究价值。最后,经重庆市文物鉴定组专家鉴定,评定国家一级文物2件、二级文物9件、三级文物8件、一般文物12件,并出具了《鉴定意见书》(渝文鉴〔2015〕3号),其中一、二、三级文物进入珍贵文物项目库。本馆此次首批藏品定级工作的顺利进行,为后续可移动文物保护的立项工作打下了坚实的基础。

3.可移动文物信息采集登录阶段

2013年8月,韩国馆派员参加了重庆市举办的可移动文物信息采集技术培训班,随后开始进行文物信息采集登录的有益尝试。2014年初,全面展开信息采集工作。本馆严格按照可移动文物普查的标准规范开展文物测量、拍摄、数据采集、信息登录等各项工作,并按要求配置了摄影设备、电子称量器具、角尺等数据采集用具,为文物普查工作的顺利开展打好了基础。馆内业务部其他同志配合普查小组成员,共同进行可移动文物的拍摄、测量等数据采集工作,于2014年底全部采集完毕,并完成了单机版录入。2015年初开始对认定的馆藏珍贵文物和一般文物进行在线录入工作,至2015年底,全面完成本次普查工作,共计登录文物为31件,完成比例为100%。

4.可移动文物信息审核阶段

2016年上半年,韩国馆登录的31件可移动文物全部通过重庆市普查办的审核。2016年4月,本馆两位普查员还参加了市普查办组织的重庆市可移动文物数据审核工作,负责綦江区和万盛经开区的普查数据审核,并于2016年6月全面完成初审工作,共计审核文物636件/套,顺利完成市普查办安排的工作任务。

在审核阶段,韩国馆和其他收藏单位一样,都遇到了如何正确认定藏品的性质、类别、质地等问题。针对此类问题,本馆派普查员参加了重庆市文物局组织的专业培训,并按重庆市文物局印发的《第一次全国可移动文物普查数据审核要求》及《普查审核中存在的问题答疑》等文件,重新对登录的藏品性质、类别进行了修改补充,再次确保了普查数据的准确性。

(三)宣传动员,营造氛围

韩国馆积极开展普查宣传工作,制订宣传工作方案,采用微信、微博、QQ等多种形式拓宽宣传方式,对馆藏珍贵文物通过手机微信发布资料图片进行宣传介绍,并将其中1件一级文物和1件二级文物的图片资料制作成展板,用于新展厅的陈列展示(此项工作与本馆的改陈工作同时进行),让来参观的中外游客对韩国馆的珍贵文物有了进一步的了解。

(四)质量控制,确保进度

在普查工作中,韩国馆严格按照国家文物局发布的《第一次全国可移动文物普查质量控制管理办法》,根据各阶段工作目标,动态确定考核内容,着重加强普查各环节的检查、总结和评估,保证普查成效。本馆采取普查员自我检查、副组长巡回检查、组长专项督查、定期报告等多种方式进行进度和质量管理,并按重庆市文物局的要求定期汇报普查登录进度等情况。

1.普查员培训情况

韩国馆于2013年派出一名普查员参加重庆市文物局主办的重庆市可移动文物信息采集技术培训班;2014年该普查员继续参加了重庆市可移动文物普查信息登录平台骨干培训班的培训;2015年分管副馆长和一名普查员共同参加了重庆市可移动文物普查数据审核与管理培训班的培训;2016年业务部主任与普查员先后参加了由重庆市文物局举办的可移动文物预防性保护培训班的三次培训。具体培训情况详见下表。

韩国馆普查培训情况一览表

合计		2013年		2014年		2015年		2016年	
次数(次)	人数(人次)	次数(次)	人数(人次)	次数(次)	人数(人次)	次数(次)	人数(人次)	次数(次)	人数(人次)
6	6	1	1	1	1	1	2	3	2

2.普查中的人员、文物、数据安全管理

韩国馆始终坚持"安全第一"和"安全工作做在前,隐患解决在事故前"的原则,将普查人员的文物安全教育放在首位。韩国馆通过岗前培训加强普查人员的职业道德教育,增强其荣誉感和责任感;在普查设备设施的使用上,均以保证文物和人员的安全为前提。

本馆专门制订了《韩国馆藏品巡查表》，每周由库管人员对藏品的安全及保存现状进行三次巡查，密切关注文物的防火、防盗、防震等情况；同时制订《藏品库房环境控制情况巡查表》，库管人员每天都对库房的温度、湿度进行巡查，确保文物的安全保存环境。

3.普查验收

根据国家文物局《关于做好第一次全国可移动文物普查验收工作的通知》，韩国馆于2016年10月26日接受了市普查办组织的普查验收。韩国馆普查人员认真准备了普查报告及档案材料，并对第一次可移动文物普查工作做了详细的汇报。普查验收组在听取了工作汇报及查阅相关档案、资料后，对本馆的普查工作给予了肯定，并宣布验收结论为合格。

三、普查工作成果

（一）可移动文物资源情况及价值

1.文物数量

经第一次全国可移动文物普查，韩国馆共有可移动文物31件。其中，一级文物2件，二级文物9件，三级文物8件，一般文物12件。

2.文物保存状况

韩国馆的藏品除一件文物是接受捐赠外，其余均为征集购买，且多为纸质文件，虽目前保存状况较完整，但仍需做好防腐、防潮、防尘、防酸工作。

3.文物价值

韩国馆收藏的文物是中韩两国近代交流合作的重要凭证和物证，是中韩友谊的历史见证，具有十分重要的历史研究价值。

（二）建立健全管理机制

1.建立文物档案

韩国馆先后编制了《韩国馆馆藏文物藏品登记表》《韩国馆可移动文物录入品登记表》和《文物登记卡》，做到了文物纸质档案资料与档案信息化相对应，全面完成了31件文物的档案整理工作。

2.健全制度规范

韩国馆于2015年6月编制了《重庆大韩民国临时政府旧址陈列馆藏品管理制度》，设定固定场所并由专人管理藏品，制定了严格的出入库管理制度，每月定期检查藏品安全，实现了藏品的规范化管理。

3.加强文物保护

韩国馆共有可移动文物31件，除一件为武器外，其余均为纸质文物。为加强馆藏纸质文物的保护,本馆联系了中国科技大学国家纸质文物鉴定研究所龚德才教授派助手到重庆,联合重庆中国三峡博物馆专业人员一起对本馆纸质文物进行取样、检测、实验,并出具了详细的检测报告。其后根据国家文物局要求,本馆委托重庆中国三峡博物馆文物保护部根据中国科技大学纸质文物鉴定研究所的检测报告,代为编写了《重庆大韩民国临时政府旧址陈列馆馆藏纸质文物保护修复方案》,此方案通过国家文物局的审批(文物博函〔2015〕1294号文件),并于2015年8月获国家重点文物保护专项补助资金。

此外,针对库房面积较小、文物保存环境设施落后的问题,本馆拟进行技术升级和设备的更新换代,从硬件方面加大文物保护的力度。

(三)发挥文物在经济社会发展中的重要作用

1. 利用普查成果举办展览情况

韩国馆将1件一级文物和1件二级文物的图片资料制作成展板,在新展厅的陈列中进行展示宣传,平均每月有近1000人次参观,此项举措使观众对本馆珍贵文物有了进一步的了解。

2. 普查成果公开出版发行情况

应中国博物馆协会纪念馆专业委员会征稿要求,本馆选取一件古籍图书(二级文物),撰写了论文《杜君慧与妇女问题》,刊登于《中国纪念馆珍贵文物故事》丛书中,该书已经正式出版。

四、建议

(1)由于全国范围内使用人次众多,登录量大,本次普查所使用的全国可移动文物信息登录平台经常堵塞,造成无法登录等情况,非常不利于工作的开展。希望能进一步改善登录系统,确保以后的普查数据在线登录、数据维护等工作能顺利进行。

(2)提升可移动文物保护水平。目前,韩国馆可移动文物的保存环境及设施设备较陈旧,文物库房面积较小。本馆拟将对文物库房进行全面改造,增设特藏室,提高可移动文物保护管理水平。

(3)加强文物合理利用。合理利用馆藏文物,坚持用文物说话,讲文物背后的故事,通过展览、互联网平台做好文物的宣传工作,让观众更好地了解文物,了解历史。

(4)加强普查专业人员的培训工作。在以后的文物普查工作中,希望上级部门多组织专业性的、有针对性的培训和讲座,提升基层文物保护人员的整体专业素质。

报告执笔人:吴岚

报告审阅人:夏伙根

区县报告（39个）

01　万州区第一次全国可移动文物普查总结报告

　　文物，是人类创造的物质文化遗存和精神文化的物化遗存，是人类文明发展历史的记忆和见证，是国家和民族的"金色名片"，是不可再生的珍贵文化资源。为摸清我国国有可移动文物家底情况和保存现状，提高我国文化遗产保护管理水平，促进社会主义文化大发展大繁荣，建设社会主义文化强国，根据《国家"十二五"时期文化改革发展规划纲要》，国务院决定从2012年开始开展第一次全国可移动文物普查。

　　万州区自2013年正式启动第一次全国可移动文物普查工作以来，各收藏单位按照《国务院关于开展第一次全国可移动文物普查的通知》和《重庆市人民政府关于开展第一次全国可移动文物普查的通知》精神，在国家文物局和重庆市文物局的支持指导下，结合万州区实际，统一部署，精心组织，积极推进普查工作，取得了丰硕成果。

一、普查数据

　　截至2016年10月31日，万州区在全国可移动文物信息登录平台登录可移动文物27126件/套，实际数量91509件。其中，珍贵文物546件/套，实际数量610件。在可移动文物信息登录平台上注册的收藏单位有14家。

(一)万州可移动文物基本情况

1. 类别

可移动文物类别

可移动文物类别	可移动文物实际数量(件)	实际数量占比(%)
合计	91509	100.00
玉石器、宝石	385	0.42
陶器	9657	10.55
瓷器	3666	4.01
铜器	1428	1.56
金银器	250	0.27
铁器、其他金属器	570	0.62
漆器	6	0.01
雕塑、造像	1073	1.17
石器、石刻、砖瓦	2033	2.22
书法、绘画	663	0.72
文具	57	0.06
甲骨	13	0.01
玺印符牌	151	0.17
钱币	29268	31.98
牙骨角器	104	0.11
竹木雕	45	0.05
家具	66	0.07
织绣	61	0.07
古籍图书	32804	35.85
碑帖拓本	80	0.09
武器	379	0.41
邮品	63	0.07
文件、宣传品	1271	1.39
档案文书	1071	1.17
名人遗物	47	0.05
玻璃器	4334	4.74
乐器、法器	129	0.14
皮革	14	0.02
音像制品	286	0.31

续表

可移动文物类别	可移动文物实际数量(件)	实际数量占比(%)
票据	966	1.06
交通、运输工具	0	0
度量衡器	37	0.04
标本、化石	23	0.03
其他	509	0.56

2. 年代

(1)可移动文物年代类型。

可移动文物年代类型

可移动文物年代类型	可移动文物实际数量(件)	实际数量占比(%)
合计	91509	100.00
地质年代	22	0.02
考古学年代	701	0.77
中国历史学年代	90650	99.06
公历纪年	47	0.05
其他	4	<0.01
年代不详	85	0.09

(2)可移动文物中国历史学年代分布。

可移动文物中国历史学年代分布

可移动文物中国历史学年代	可移动文物实际数量(件)	实际数量占比(%)
合计	90650	100.00
夏	10	0.01
商	158	0.17
周	1952	2.15
秦	71	0.08
汉	39301	43.35
三国	163	0.18
西晋	16	0.02
东晋十六国	5109	5.64
南北朝	1801	1.99
隋	0	0
唐	586	0.65

续表

可移动文物中国历史学年代	可移动文物实际数量（件）	实际数量占比（%）
五代十国	0	0
宋	1149	1.27
辽	0	0
西夏	0	0
金	0	0
元	154	0.17
明	1163	1.28
清	33444	36.89
中华民国	1216	1.34
中华人民共和国	4357	4.81

3. 级别

可移动文物级别

可移动文物级别	可移动文物实际数量（件）	实际数量占比（%）
合计	91509	100.00
一级	13	0.01
二级	24	0.03
三级	573	0.63
一般	2691	2.94
未定级	88208	96.39

4. 来源

可移动文物来源

可移动文物来源	可移动文物实际数量（件）	实际数量占比（%）
合计	91509	100.00
征集购买	1783	1.95
接受捐赠	1420	1.55
依法交换	2	<0.01
拨交	47	0.05
移交	4882	5.33
旧藏	31628	34.56
发掘	51499	56.28
采集	155	0.17
拣选	83	0.09
其他	10	0.01

5.入藏时间

可移动文物入藏时间范围

可移动文物入藏时间范围	可移动文物实际数量(件)	实际数量占比(%)
合计	91509	100.00
1949年10月1日之前	49	0.05
1949年10月1日—1965年	0	0
1966—1976年	522	0.57
1977—2000年	14797	16.17
2001年至今	76141	83.21

6.完残程度

可移动文物完残程度

可移动文物完残程度	可移动文物实际数量(件)	实际数量占比(%)
合计	91487	100.00
完整	4955	5.42
基本完整	45685	49.94
残缺	40561	44.34
严重残缺(含缺失部件)	286	0.31

注：根据国家文物局《关于做好馆藏自然类藏品登录工作有关要求的通知》的要求，登录的自然类藏品22件/套，不填写"完残程度"指标项。

(二)万州区可移动文物分布情况

1.按收藏单位隶属关系统计可移动文物数量

可移动文物数量分布(按收藏单位隶属关系)

收藏单位隶属关系	可移动文物实际数量(件)	实际数量占比(%)
合计	91509	100.00
中央属	0	0
省属	9111	9.96
地市属	0	0
县区属	82396	90.04
乡镇街道属	2	<0.01
其他	0	0

2. 按收藏单位性质统计可移动文物数量

可移动文物数量分布(按收藏单位性质)

收藏单位性质	可移动文物实际数量(件)	实际数量占比(%)
合计	91509	100.00
国家机关	6	0.01
事业单位	91454	99.94
国有企业	49	0.05
其他	0	0

3. 按收藏单位类型统计可移动文物数量

可移动文物数量分布(按收藏单位类型)

收藏单位类型	可移动文物实际数量(件)	实际数量占比(%)
合计	91509	100.00
博物馆、纪念馆	59392	64.90
图书馆	22745	24.86
美术馆	0	0
档案馆	0	0
其他	9372	10.24

4. 按收藏单位所属行业统计可移动文物数量

可移动文物数量分布(按收藏单位所属行业)

收藏单位所属行业	可移动文物实际数量(件)	实际数量占比(%)
合计	91509	100.00
电力、热力、燃气及水生产和供应业	49	0.05
教育	9062	9.90
卫生和社会工作	224	0.24
文化、体育和娱乐业	82162	89.79
公共管理、社会保障和社会组织	12	0.01

二、普查工作组织实施

(一)属地管理、分级负责

1. 设立普查领导小组,成立普查机构

(1)普查组织机构和办事机构的组建。

为了认真做好万州区第一次全国可移动文物普查,万州区委、区政府高度重视,于2013年5月8日,重庆市万州区人民政府向全区正式下发《重庆市万州区人民政府关于开展第一次全国可移动文物普查的通知》(万州府发〔2013〕27号),紧接着,又下发《重庆市万州区人民政府办公室关于成立万州区第一次全国可移动文物普查领导小组的通知》(万州府办〔2013〕43号),成立了万州区第一次全国可移动文物普查领导小组,普查工作办公室设在万州区文化委。

(2)普查组织机构和办事机构的组织构成。

为了加强对万州区第一次全国可移动文物普查的工作领导,万州区成立了由区政府分管副区长为组长,区政府办公室、区文化委领导为副组长,区发改委、区文化委、区教委、区统计局等18个单位分管领导为成员的领导小组,下设普查工作办公室,区文化委副主任兼任办公室主任,并组成了普查工作综合协调组、社会普查组、专家普查组、宣传信息组。普查办公室主要负责制订和组织实施普查各阶段工作计划,编制普查经费预算,组织文物普查培训工作,组织开展普查的宣传报道,组织业务人员进行相关资料、信息的报送、登录工作,组织普查档案的建档备案工作,编制《万州区第一次全国可移动文物普查总结报告》。在万州区第一次全国可移动文物普查领导小组的统一指导、协调下,各成员单位各司其职,各负其责,通力协作,密切配合,共同做好了文物普查各项工作;各乡镇街道也按要求成立了文物普查办公室,对万州区内文物普查工作职责任务进行了分解落实。

2.制订普查实施方案和确定工作制度

(1)2013年5月9日,万州区人民政府召开了全区党政机关、各街道办事处、各类事业单位、国有企业负责人参加的"万州区第一次全国可移动文物普查工作会"。会上,区政府决定从2013年5月9日起全面启动万州区第一次全国可移动文物普查工作。

(2)按照区普查领导小组制订的《万州区第一次全国可移动文物普查实施方案》,根据国家文物局、重庆市文物局的要求,万州区全覆盖地向全行政区域范围内所有的党政机关、镇(乡、街道办事处)、事业单位、国有企业发放了《万州区可移动文物普查国有单位信息调查表》。经过核实,有754个单位编入了《国有单位文物收藏情况调查汇总表》;其中有14个单位收藏有不同类别的文物,基本上做到了不漏单位、不漏文物,按时按要求完成了万州区可移动文物普查的基础工作,做好了调查登记工作。

3.落实普查工作经费

为了保证普查工作的顺利开展,2013年区财政局安排可移动文物普查工作经费20万元,支出20.16万元,其中,会议筹备、普查宣传、聘用文物普查工作人员、对工作人员和乡镇街道文化服务中心人员进行培训、办公费用等共计5.4万元;购置普查用办公设施设备14.76万元,含照相器材9套10.84万元,空调0.26万元,电脑3台1.29万元,办公档案柜2个0.18万元,摄影器材2.19万元。

4.组建普查队伍

(1)组织保证。

万州区成立了以区政府分管领导任组长,区政府办公室、区文化委领导为副组长,区发改委、区财政局、区经信委、区教委、区国资委、区商务局、区民政局、区人力社保局、区国土资源局、区文化委、区民宗侨台办、区统计局、区机关事务局、区档案局、区地志办、区科协、人行万州支行、区文管所18家单位为成员单位的文物普查领导小组,负责普查工作的组织和领导,协调解决重大问题。万州区以区文化委下属国有可移动文物收藏单位万州区博物馆为班底,吸收各部门文物保护骨干,组建了万州区第一次全国可移动文物普查工作办公室,下设综合协调组、社会普查组、专家普查组、宣传信息组,具体指导各部门开展普查工作。

(2)组织机构保证。

万州区组建普查领导小组1个,成立普查工作办公室1个,印发普查通知5个,印发普查实施方案1个。

(3)技术保证——组建专家队伍。

普查办公室成立了由文博、档案和古籍方面的专家组成的万州区可移动文物普查专家组。普查专家组主要负责本次普查文物的认定工作。

(4)技术保证——强化普查培训。

这次可移动文物普查工作专业性强、技术要求高、规范标准严,这就要求普查队伍必须具有较高的知识水平,再辅之以文物知识、数据录入等方面培训。从2013年以来,万州区共开展可移动文物普查培训15次,其中:区级层面开展普查培训3次,区博物馆内部培训9次,区图书馆内部培训3次。培训工作的开展,为普查工作的顺利进行提供了坚强的技术保证。

(5)人力保证——普查人员的选调与培训。

为了确保普查质量,我们整合全区文博专业技术人员资源,充分调动乡镇及各文博单位力量,形成一支以专家组为业务指导,博物馆专业技术人员为骨干,乡镇文化工作人员和大学生志愿者为补充,普查办公室组织协调的立体化普查队伍。根据普查各阶段的任务要求,采取"全区集中培训"和"普查队员上门培训"相结合的方法。前期市文物局专家为普查队员详细讲解了《国有单位文物收藏情况调查登记表》《国有可移动文物收藏单位统计表》《文物登记卡》的填写方法。2013年5月26日,万州区普查办委托区博物馆举办了万州区可移动文物普查培训会,各有关乡镇街道、区级部门共100余人参加培训,会上讲解了可移动文物普查的操作规范及要求,使大家进一步明确了普查意义、范围和目标。2013年8月25日,重庆市可移动文物普查信息采集技术培训会在万州区召开,区级各相关部门、乡镇街道派出52人参加培训。这些培训,提高了万州区普查队员的认知水平和普查技能,明确了调查方式,使普查员了解了各个普查表的内在逻辑、内容关系。后期,普查队员则上门走访重点收藏单位,具体指导可移动文物普查各项工作,及时发现问题,解决问题。

2013年,万州区全区举办文物普查培训班1期,培训普查人员120人次。2014年举办普查业务培训班1期,培训普查人员30人次。2015年举办1期培训,培训业务骨干20人次。总投入人员:专家组成员6人,普查办工作组人员4人,收藏单位人员60人,志愿者30人,其他人员2人。

万州区可移动文物普查队伍统计表(单位:人)

普查人员	合计	在职	临时	职称
专家组成员	6	6	0	中级职称以上
普查办工作人员	4	4	0	—
收藏单位人员	60	60	0	专业技术人员
志愿者	30	0	30	—
其他人员	2	2	0	中级职称以上

(二)调查、认定、采集登录、审核,分阶段实施

1. 文物收藏单位调查

从2013年5月起,万州区开展了国有单位名录编制工作。万州区第一次全国可移动文物普查工作办公室向全区所有党政机关、各乡镇街道办事处、各类事业单位和国有企业发放了《国有单位文物收藏情况调查登记表》,共收回了754个国有单位的调查登记表,反馈有疑似文物收藏的国有单位9家,反馈率为100%。经认定,最终确定14家国有单位收藏文物,并向他们发放了《可移动文物信息认定登记表》《文物登记卡》和《万州区第一次全国可移动文物普查认定申请书》。为了进一步做好万州区可移动文物普查工作,万州区可移动文物普查办制定了《万州区推进第一次全国可移动文物普查工作办公制度》,明确了普查办人员职责、工作分工、经费管理、办公设备管理和会议制度等。

2. 文物认定

根据万州区普查办《关于做好2014年可移动文物普查工作的通知》,万州区组织6名专家形成专家组,专家组成员主要由文博、档案和古籍方面的人员组成。专家库的成员为文物认定的主要技术力量,在区普查办的领导下开展辖区范围内的可移动文物认定及普查业务指导工作,共计开展认定工作13次。专家组成员在收藏单位现场确认文物的时代、质地、类别并出具相应的认定书,并对文物保护管理和文物档案编制进行了现场指导。万州区共组织专家新认定文物500件/套,并于2015年1月12日完成文物认定工作。认定系统内收藏单位1家,重庆市万州烈士陵园管理中心8件/套;系统外的收藏单位10家,包括:重庆市万州区图书馆209件/套、重庆三峡中心医院205件/套、三峡都市报社6件/套、

重庆市三峡京剧团16件/套、重庆市三峡曲艺团3件/套、重庆市万州区质量技术监督局1件/套、万州区天城镇卫生院1件/套、万州区新田镇人民政府1件/套、三峡水利电力集团股份有限公司49件/套、重庆市万州区地方志办公室1件/套。万州区博物馆成立了以馆长为组长，副馆长为副组长，相关科室负责人为成员的区博物馆可移动文物普查小组，下设文物信息采集组、文物信息录入组、文物信息审核组，整理和完善了《万州区博物馆藏品总登记工作简则》《万州区博物馆文物日常养护操作规范》《万州区博物馆文物征集收购制度》《万州区博物馆藏品征集管理办法》等藏品管理规章制度，建立了馆藏文物纸质和电子文物档案。

为了确保万州区的可移动文物普查资料准确无误，万州区博物馆针对时间紧、任务重、工作量大的情况，积极动员全馆专业人员参与信息校对、登录工作，严把信息录入上传质量关。专家普查组认真对辖区内的重庆三峡中心医院、三峡水利电力集团股份有限公司、重庆市万州区质量技术监督局等11个国有收藏单位的可移动文物进行了认定，共认定文物500件/套，出具11份文物认定书，并指导非文博系统收藏单位的普查人员进行了相应的登录、拍照、档案建设工作，在规定的时间全面完成了万州区的可移动文物普查上传工作，通过了万州区第一次全国可移动文物普查办公室的审核验收，解决了万州区国有文物资源底数不清、残损情况不明、登记建档不全等历史遗留问题，防止了国有资产文物的流失。万州区所有收藏单位已经完成清库建档工作和账目核对工作，14家收藏单位已全部建立了藏品登记档案，有专门的藏品管理机制，所占比例分别为100%。针对系统外收藏单位在普查前对藏品的管理较为松散，存在无账、无卡、无档案的情况，这次文物普查促使他们从调查阶段起开始文物申报、清库和文物建档、建账工作，实现藏品规范化管理的第一步。万州区健全了国有可移动文物保护体系；完善国有可移动文物档案，建立"文物身份证"和管理体系；初步实现国有可移动文物资源标准化、动态化管理；基本建成了国有可移动文物信息资源库，建立了国有可移动文物收藏名录和国有可移动文物名录。

3.采集登录

2013年6月14日，万州区完成国有单位调查。2014年4月20日，全区注册收藏单位9家，登录藏品总数16072件/套，实际数量23960件。2015年12月30日，全区注册收藏单位14家，登录藏品总数23472件/套，实际数量23972件。行政区域内普查工作逐级深入。2016年9月，全区注册收藏单位14家，登录藏品总数27126件/套，实际数量91509件，全面完成本次普查工作任务，实现普查工作目标。

4.数据审核

为有序推进普查数据审核工作，区普查办将可移动文物普查办公室的专家及区博物馆业务骨干组成小组，在市普查办的领导下，负责万州区和开州区文物的普查数据审核。

在国普办、市普查办的支持下,万州区在完成数据登录、上报后,进行了一次自查。自查采取离线审核方式,在具体实施中先由审核员拆包分散逐条审核,然后互相交换数据逐条审核,确保每条数据填报准确,力求必填数据不漏、不误。

截至2016年8月31日,经市文物局普查专家委员会审核,万州区普查数据质量差错率低于0.5%,符合第一次全国可移动文物普查标准。至此,万州区全面完成第一次全国可移动文物普查工作中的数据采集、登录、上报、审核工作,取得了阶段性成果。

(三)宣传动员

为了做好可移动文物普查工作,向公众开展可移动文物知识、文物普查的重要性以及文物保护相关政策与法规的宣传,提高公众对可移动文物普查工作的了解与认识,2013年6月23日,万州区第一次全国可移动文物普查办公室印发了《万州区第一次全国可移动文物普查工作宣传方案》,确定了可移动文物普查宣传工作的目标、内容及要求。我们分阶段、有重点地利用报纸、电台、网络、节庆以及重大活动进行可移动文物普查和文物法律法规的宣传普及,营造百姓了解文物、保护文物、支持文物普查的良好社会舆论氛围,使普查工作深入人心,形成全民关注和参与的局面。其中,《三峡都市报》报道5次,电视台报道5次,网络报道11次,印发宣传资料5200份,悬挂宣传横幅12幅,张贴宣传海报16张,普查工作简报上报6期。

(1)宣传教育形式多样化。

充分利用报纸、电台、网络、节庆以及重大活动进行可移动文物普查和文物法律法规的宣传普及,深入介绍国有可移动文物普查工作,让广大群众了解文物普查的重要意义,积极引导群众提供文物线索。

(2)丰富载体扩大宣传范围。

将文物保护宣传与可移动文物普查宣传相结合,在加强日常宣传的同时,还紧密结合"5·18"国际博物馆日、中国文化遗产日等时机,通过发放宣传材料、调查问卷等方式加强普查宣传,让群众了解保护文物的重要性,提高群众对文化遗产的保护意识。

(3)强化新闻宣传,扩大影响力。

根据国有可移动文物普查的时序安排,重点发挥好区属媒体《三峡都市报》和区有线电视的作用,宣传文物保护知识、相关法规、普查意义,提高公众对普查工作的认可。

(四)质量控制

对可移动文物普查进行进度和质量控制,是本次普查的关键。为此,2014年4月18日,万州区第一次全国可移动文物普查办公室印发了《万州区第一全国可移动文物普查进度和质量控制工作制度》;2015年6月18日,又印发了《关于做好全区可移动文物普查进度管理和数据审核工作的通知》,将普查质量控制贯穿于整个普查全过程,确保普查到达率和调查区域覆盖率,以及普查资料、信息登记和录入,数据整合和汇总等各项技术环节的质量控制。在普查过程中,万州区还制定了例会制度,随时召开相关工作会,及时解决在普查工作中存在的质量控制上的各项问题,并聘请专家进行质量审核和验收。在数据采集和数据处理上,我们做到:

(1)核对《国有可移动文物收藏单位登记表(试行)》《国有可移动文物普查——文物登记表(试行)》总量与纸质文本、电子文本数量是否相符。

(2)使用国有可移动文物普查信息采集软件对文物调查到达率与覆盖率、文本内容、文本填报与审定流程进行逻辑审查。

(3)随机抽取纸质文本和与之对应的电子文本样本若干,进行个体质量检验。检验内容为纸质文本质量以及纸质文本与电子文本的对应情况。

(4)审查每一项指标的填写质量和照片拍摄质量。

(5)随机选取普查单位若干,实地检验调查到达率与覆盖率情况。

(6)随机选取调查对象若干,实地检验调查质量表实际相符情况。

(7)审核验收结论为"合格"者,可转入数据整理工作阶段。

(8)审核验收结论为"不合格"者,在区普查验收工作组规定时间内,对照审核验收结论指出的问题进行整改。对调查对象的基本信息进行补查、复查的,在补查、复查的基础上对登录的资料进行修改、补充完善后,由区普查验收工作组组织专业人员审核是否达到合格等次。

(五)普查工作总结情况

1.编制普查档案

在普查过程中,每个普查单位都对与普查有关的档案进行了认真细致的归档留存工作,档案主要分为三个部分:

(1)工作准备阶段档案,包括国家、市、区各级部门下发的各类通知、实施方案、经费预算草案、工作制度等。

(2)实施阶段档案,包括普查人员培训、专家库的建立、国有单位文物信息调查表、任务分解表、汇总表、文物认定书、文物信息采集、简报等。

(3)验收阶段档案,包括验收报告、总结报告、相关资料的汇总等。

2.《万州区国有可移动文物收藏单位名录》编制情况汇总

区普查办按照普查工作要求,依据《国有可移动文物普查——收藏单位名录编制规范(试行)》,已建立了《万州区国有可移动文物收藏单位名录》,从而为万州区制定文物保护政策提供了依据,为区政府统一配置管理文物资源、充分发挥文物资源的社会效益提供了支持。

3.《万州区国有可移动文物名录》编制情况汇总

区普查办按照普查工作要求,依据《国有可移动文物普查——文物名录编制规范(试行)》,都已建立了完整的《万州区国有可移动文物名录》,为促进其规范化、制度化管理,提高文物保护、利用的整体水平奠定了基础。

4.可移动文物信息管理系统建立情况汇总

为提高普查文物的信息化管理水平,各文物收藏单位依托国有可移动文物普查信息采集软件,加强可移动文物信息管理系统建设。有条件的单位在文物基本普查信息的基础上,不断充实和完善文物其他信息内容。区普查办注重与各收藏单位的沟通交流,及时更新普查文物信息,不断加强普查数据管理力度,真正实现收藏单位与区普查办文物信息数据有效衔接。

三、普查工作成果

(一)创新普查工作流程

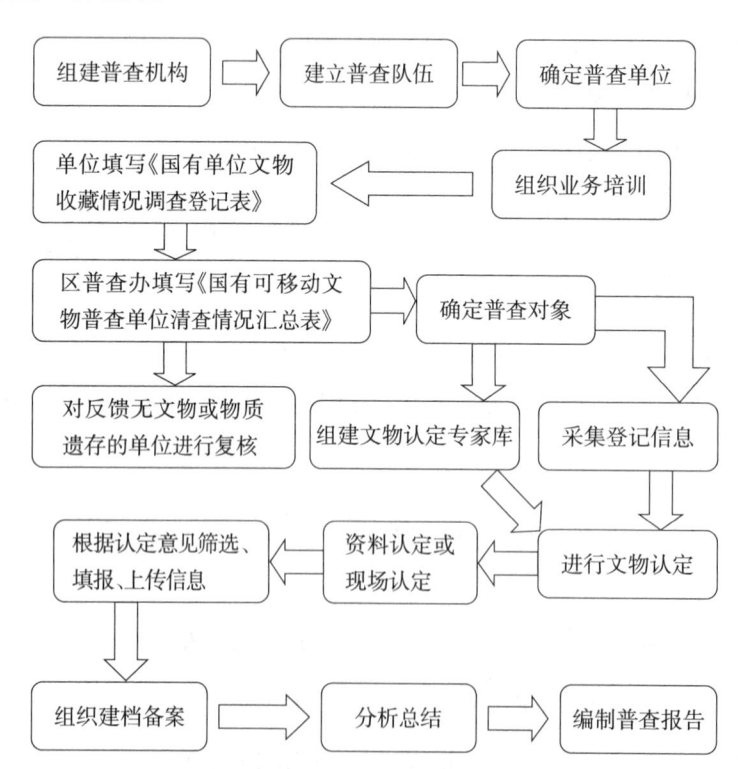

组建普查机构 ⇒ 建立普查队伍 ⇒ 确定普查单位 → 组织业务培训 → 单位填写《国有单位文物收藏情况调查登记表》 → 区普查办填写《国有可移动文物普查单位清查情况汇总表》 → 确定普查对象 → 组建文物认定专家库 / 采集登记信息 → 进行文物认定 → 资料认定或现场认定 → 根据认定意见筛选、填报、上传信息 → 对反馈无文物或物质遗存的单位进行复核 → 组织建档备案 ⇒ 分析总结 ⇒ 编制普查报告

万州区可移动文物普查工作覆盖范围广,专业性强,我们按照筹划准备、普查实施、成果汇总三个阶段部署、开展普查工作,具体工作流程按照调查、认定、采集、登录、审核,分阶段进行。

(二)普查工作中重点和难点解决的工作方法

(1)万州区可移动文物普查范围较广,涉及的各个国家机关、企事业单位情况不一,心态各不相同,很多单位对普查工作一无所知。在普查过程中,普查队员经常遇到"门难进、脸难看、配合不积极"等情况。为将普查工作落到实处,首先,万州区出台了相关的政策性文件,召开了宣传动员大会,要求各级部门高度重视、统一实施推动普查工作;其次,加大宣传,自普查工作开展以来,区普查办举办了多种形式的宣传活动,包括邀请重庆中国三峡博物馆专家举办瓷器鉴定专场、印刷普查资料、张贴宣传标语、悬挂宣传横幅、制作普查展板、发布简报等,万州电视台及《三峡都市报》等媒体也及时进行了宣传报道。

(2)非文博单位文物信息的不完善是万州区的文物普查工作中的难点。在普查工作中,我们发现非文博单位在登录文物信息时,出现以下几种情况:一是藏品名称命名不尽规范;二是文物实际数量填报不统一;三是完残状况填写术语口语化等。此次普查人员在专业及知识结构上的不同,导致对《第一次全国可移动文物普查手册》中的一些标准规范理解或认识有不一致,在实际工作中会对同一器物的认知存在偏差,因而不可避免地出现上述问题。针对一些突出的具体问题,我们多次虚心请教市普查办的专家,反复研讨和集体学习《第一次全国可移动文物普查手册》,在市普查办专家的大力支持下,我们统一了认识和标准,解决了普查过程中遇到的难题。

在普查方法上,我们采取以点带面、点面结合的办法。以技术业务实力强的文博单位,率先进行普查,摸索出适合本辖区普查的方式方法,来带动系统外单位的普查工作全面顺利地开展。同时,以市级文博专家指导、区级文博骨干实施、其他单位协助推进的三级普查体系,形成了分工明确、信息畅通、落实到位的普查网络,确保了普查工作圆满顺利完成。

(三)可移动文物普查中加强文物保护工作

在可移动文物普查工作中,万州区坚持"抢救第一、保护为主、加强管理、合理利用"的工作方针,高度重视文物保护工作,以普查促保护,共保护修复文物300余件/套。在普查中,全区文物保护条件和保存环境得到较好改善,各单位都配备了专用的文物库房和库管人员,部分库房内购置了恒温恒湿设备、密集柜架,珍贵文物放置于囊匣盒套内。比如:万州区博物馆新库房内重新采购了一套恒温恒湿设备,可以根据不同质地的文物进行温度、湿度调节;所有库房均采购了密集柜架,文物全部进柜;所有珍贵文物均放置于囊匣盒套内。

(四)完成万州区可移动文物普查工作,提供公共文化服务

在第一次全国可移动文物普查过程中,为及时向社会展示我们的精品文物及最新征集文物的情

况,万州区博物馆先后制作"馆藏精品文物图片展"和"刘江先生捐赠书法篆刻展品展",在全区范围内巡回展出。随着万州区可移动文物普查工作的完成,我们通过网站、媒体以及展览的形式,向全社会公布万州区的可移动文物资源,也通过拓展文物资源,促进文化产品开发,丰富公共文化服务内容,让文化遗产保护成果更好地惠及人民群众。

万州区在第一次全国可移动文物普查的工作中深刻把握文物工作是资源依托型工作的文物规律,实现了以下工作目标:一是在不改变文物权属现状的前提下,全面摸清了万州区国有可移动文物的数据分布、保存状况、保管权属和使用管理等情况,为科学制定保护政策和拟订保护规划提供了依据;二是建立了全区国有可移动文物认定体系、名录、档案和信息管理系统,为文物的标准化和动态管理创造了基础条件;三是依托现有的技术条件,建立了可移动文物信息的知识产权保护制度,实现了文物信息资源的整合与合理利用;四是真正建立了社会参与、部门联动、权责共享的文物保护机制,形成了文化遗产共建、共管、共享的保护格局,提高了全社会的文物保护意识;五是提高了各有关单位的文物保护意识,尤其是提高了文博系统工作人员的科学知识、专业技能和管理水平,为进一步建立具有现代化科学素养的专业队伍创造了条件;六是加强了万州区在文化遗产领域的国有资产管理和资源整合能力,充分发挥文物在建设社会主义先进文化、促进经济社会全面协调可持续发展中的重要作用。

四、建议

第一次全国可移动文物普查是继第三次文物普查(不可移动文物部分)之后,我国文化遗产保护领域又一次重要的国情、国力资源调查。因此,我们认为普查过程是一次对可移动文物保护发现问题、解决问题、总结经验的过程。

1.加强文管队伍的培训,规范文物入藏程序

在普查工作中,我们发现部分国有可移动文物收藏单位文物账目混乱,来源不清,交接手续不全,甚至文物定名、计件、完成情况缺乏专业性等。因此,加强文保人员的专业培训迫在眉睫。

2.多方整合可移动文物资源,提高全民对文物的保护意识

绝大多数非国有文博系统的文物都闲置在凌乱的库房中,基本不对外展出,文物的作用没有得到发挥。建议让非国有文博系统的文物对外展出,提高全民对文物的保护意识。

3.加大投入,将高科技运用到文物展览上,使可移动文物"活"起来

目前,在全国多数博物馆的文物展览中,文物一般都是处于静态要鼓励更多的博物馆运用科技手段,使文物"活"起来。

4.进一步加大对文物的修复投入

根据万州区可移动文物普查情况,从完残程度来看:完整4955件,基本完整45685件,残缺40561件,严重残缺(含缺失部件)286件。从保存状态来看:状态稳定,不需修复48697件;部分腐蚀,需要修复40323件;腐蚀损毁严重,亟须修复524件;已修复1943件。根据这些统计数据,国家加大对文物的修复投入,从而进行文物修复工作;同时,更要加大文物预防性保护的投入,使文物免受各种伤害。(根据国家文物局《关于做好馆藏自然类藏品登录工作有关要求的通知》的要求,登录的自然类藏品22件/套,不填写"完残程度"指标项。)

报告执笔人:谭建华

报告审阅人:梁冠男

02　涪陵区第一次全国可移动文物普查总结报告

涪陵区居重庆市中部、三峡库区腹地，位于长江、乌江交汇处，有渝东门户之称，是著名的榨菜之乡，理学圣地，历史上因乌江古称涪水、巴国王陵多在此而得名。涪陵在春秋战国时期曾为巴国国都，秦、汉、晋时设枳县。涪陵悠久的历史文化为当代文博事业的发展积淀了丰厚的基础，尤其是数量众多、类型丰富的可移动文物资源为博物馆发挥作用提供了有利条件。

2012年10月，国务院启动了第一次全国可移动文物普查工作，这是继第三次全国不可移动文物普查之后，在文化遗产领域开展的又一次重大国情国力资源调查，是一项旨在全面掌握我国文物资源、加强文物保护、建设文化遗产强国的国家工程。本次普查自2012年10月启动至2016年底结束，分为工作准备、普查实施和验收汇总三个阶段，共历时4年多，持续周期长，涉及多个行业和领域。涪陵区认真贯彻国务院、国家文物局以及重庆市文物局的相关文件精神，精心组织，积极动员，扎实推进工作，如期实现普查目标。据统计，在整个普查期间，全区共投入人员32人，举办各类培训班26次，落实普查经费60万元，共发放调查表882份，回收882份，排查出全区共有4家国有单位收藏有文物，实现了全区国有单位摸底调查100%全覆盖。此次普查涵盖了国民经济20个行业中的2个行业，新认定文物5件/套。截至2016年10月31日，全区4个国有收藏单位共采集登录文物38706件，其中珍贵文物309件，共收录所有文物图片2.9682万张，数据容量74.31453 G。

涪陵区国有可移动文物收藏单位的可移动文物主要分布在铜器等30个文物类别中，具有以下三个特点：一是分布相对集中，全区约88%的文物集中分布在长江流域和乌江流域；二是文物特色鲜明，两江流域出土文物揭示了本地区考古学文化发展脉络，体现了其在涪陵区乃至重庆市古代文化中的重要地位和作用，战国青铜文物是涪陵最富价值、最具代表性的资源之一，是涪陵作为巴国国都的重要证明；三是文化序列较完整，基本没有大的缺环，重要历史时期、有代表意义的重要文化、反映不同层面社会生产生活的各类文物齐备，文化内涵极为丰富。

通过第一次全国可移动文物普查，涪陵区全面摸清了可移动文物家底，掌握了可移动文物资源状况，建立起了完备的登录备案机制，实现了可移动文物的标准化、动态化、规范化管理，为更好地发挥文物的价值作用和提升社会服务管理水平奠定了良好的基础。

一、普查数据

截至2016年6月30日,涪陵区在全国可移动文物信息登录平台上共登录可移动文物13248件/套,实际数量为38706件,其中珍贵文物248件/套,实际数量309件。在全国可移动文物信息登录平台上注册的收藏单位有4家。

(一)涪陵区可移动文物基本情况

1. 类别

可移动文物类别

可移动文物类别	可移动文物实际数量(件)	实际数量占比(%)
合计	38706	100.00
玉石器、宝石	153	0.40
陶器	5374	13.88
瓷器	2365	6.11
铜器	1059	2.74
金银器	60	0.16
铁器、其他金属器	198	0.51
漆器	4	0.01
雕塑、造像	1458	3.77
石器、石刻、砖瓦	1346	3.48
书法、绘画	284	0.73
文具	25	0.06
玺印符牌	34	0.09
钱币	20558	53.11
牙骨角器	158	0.41
竹木雕	153	0.40
家具	71	0.18
珐琅器	9	0.02
织绣	47	0.12
古籍图书	4640	11.99
碑帖拓本	4	0.01
武器	209	0.54
档案文书	6	0.02
名人遗物	2	0.01
玻璃器	141	0.36
乐器、法器	32	0.08
音像制品	1	<0.01

续表

可移动文物类别	可移动文物实际数量(件)	实际数量占比(%)
票据	65	0.17
度量衡器	15	0.04
标本、化石	51	0.13
其他	184	0.48

2.年代

(1)可移动文物年代类型。

可移动文物年代类型

可移动文物年代类型	可移动文物实际数量(件)	实际数量占比(%)
合计	38706	100.00
地质年代	44	0.11
考古学年代	377	0.97
中国历史学年代	37498	96.88
公历纪年	98	0.25
其他	660	1.71
年代不详	29	0.07

(2)可移动文物中国历史学年代分布。

可移动文物中国历史学年代分布

可移动文物中国历史学年代	可移动文物实际数量(件)	实际数量占比(%)
合计	37498	100.00
商	1515	4.04
周	672	1.79
秦	1229	3.28
汉	13930	37.15
三国	1	<0.01
西晋	55	0.15
东晋十六国	51	0.14
南北朝	333	0.89
隋	7	0.02
唐	21	0.06
宋	1845	4.92
金	1	<0.01
元	20	0.05
明	199	0.53

续表

可移动文物中国历史学年代	可移动文物实际数量（件）	实际数量占比（%）
清	15690	41.84
中华民国	1914	5.10
中华人民共和国	15	0.04

3. 级别

可移动文物级别

可移动文物级别	可移动文物实际数量（件）	实际数量占比（%）
合计	38706	100.00
一级	5	0.01
二级	3	<0.01
三级	301	0.78
一般	19236	49.70
未定级	19161	49.50

4. 来源

可移动文物来源

可移动文物来源	可移动文物实际数量（件）	实际数量占比（%）
合计	38706	100.00
征集购买	11480	29.66
接受捐赠	17	0.04
依法交换	1	<0.01
移交	107	0.28
旧藏	10354	26.75
发掘	16518	42.68
采集	228	0.59
拣选	1	<0.01

5. 入藏时间

可移动文物入藏时间范围

可移动文物入藏时间范围	可移动文物实际数量（件）	实际数量占比（%）
合计	38706	100.00
1949年10月1日之前	4	0.01
1949年10月1日—1965年	44	0.11
1966—1976年	129	0.33
1977—2000年	23921	61.80
2001年至今	14608	37.74

6.完残程度

可移动文物完残程度

可移动文物完残程度	可移动文物实际数量(件)	实际数量占比(%)
合计	38706	100.00
完整	1	<0.01
基本完整	15677	40.50
残缺	16060	41.49
严重残缺(含缺失部件)	6968	18.00

(二)涪陵区可移动文物分布情况

1.按收藏单位隶属关系统计可移动文物数量

可移动文物数量分布(按收藏单位隶属关系)

收藏单位隶属关系	可移动文物实际数量(件)	实际数量占比(%)
合计	38706	100.00
中央属	0	0
省属	0	0
地市属	0	0
县区属	38706	100.00
乡镇街道属	0	0
其他	0	0

2.按收藏单位性质统计可移动文物数量

可移动文物数量分布(按收藏单位性质)

收藏单位性质	可移动文物实际数量(件)	实际数量占比(%)
合计	38706	100.00
国家机关	0	0
事业单位	38706	100.00
国有企业	0	0
其他	0	0

3.按收藏单位类型统计可移动文物数量

可移动文物数量分布(按收藏单位类型)

收藏单位类型	可移动文物实际数量(件)	实际数量占比(%)
合计	38706	100.00
博物馆、纪念馆	34067	88.01
图书馆	4638	11.98
其他	1	<0.01

4. 按收藏单位所属行业统计可移动文物数量

可移动文物数量分布（按收藏单位所属行业）

收藏单位所属行业	可移动文物实际数量（件）	实际数量占比（%）
合计	38706	100.00
科学研究和技术服务业	1	<0.01
文化、体育和娱乐业	38705	>99.99

二、普查工作组织实施

（一）加强组织，健全机构

1. 设立普查领导小组，成立普查机构

为加强对可移动文物普查工作的领导，涪陵区政府印发了《关于批转涪陵区开展第一次全国可移动文物普查实施方案的通知》文件，对全区第一次全国可移动文物普查工作进行了部署，提出了相关要求，明确了各单位的职能职责，成立了分管副区长任组长，20个相关区级部门负责人为成员的涪陵区第一次全国可移动文物普查领导小组，领导小组办公室设在涪陵区文化委员会。

重庆市召开全市可移动文物普查工作电视电话会议后，涪陵区普查办认真学习贯彻会议精神，区普查领导小组组长强调，各乡镇街道要高度重视普查工作，要找准重点难点，厘清轻重缓急，严格按照重庆市文物局制订的时间表、路线图，确保普查工作有序开展。全区27个乡镇街道认真学习贯彻国务院有关文件精神以及市文物局的相关政策规定，积极开展工作，按照区普查办的组织模式，相继成立了普查工作领导机构，搭建了普查平台，为普查工作开展做好了组织保证。

2. 制订普查实施方案和确定工作制度

涪陵区博物馆组建了可移动文物普查工作小组，负责推动全区普查工作的开展。普查工作小组共印发普查通知882份，普查方案882份，并负责解释和落实。此次普查工作由涪陵区文化委牵头，区普查办负责，区博物馆、区少儿图书馆、区图书馆和区党史研究室具体实施。为确保普查工作有序推进，普查工作小组建立了文物编号组，负责对文物逐个编号，避免重复，文物信息登记组负责文物基本信息的填写，数据测量组测量各项数据，还有摄像组、审核组和计算机登录组，由此形成流水线工作，既保证了质量又提高了普查效率。

3. 落实普查工作经费

涪陵区财政局于2013—2016年共拨付60万元用于可移动文物普查工作，具体落实情况见下表。

涪陵区2013—2016年可移动文物普查经费落实情况表（单位：万元）

	合计	2013年	2014年	2015年	2016年
涪陵区（总计）	60	0	20	20	20
本级普查办	0	0	0	0	0
涪陵区博物馆（文物管理所）	60	0	20	20	20
涪陵区少儿图书馆	0	0	0	0	0
涪陵区图书馆	0	0	0	0	0
涪陵区党史研究室	0	0	0	0	0

涪陵区的普查经费主要用于购置摄像机、照相机、电子秤；购买防尘口罩、工作服；支付文物搬运费、加班费、伙食费、资料整理费、外聘工作人员工资费用等。在经费使用上加强管理，做到专款专用，厉行节约，反对浪费，确保资金使用的规范、安全、有效。同时加强普查设备的登记、使用与管理，防止国有资产流失。

4.组建普查队伍

涪陵区的普查队伍由5名普查办人员、11名收藏单位人员、10名专家以及6名志愿者组成，共计32人。各普查人员齐心协力，有序推进了普查进度。普查人员多次积极参加相关培训，不断积累普查知识，提高业务工作能力，以提高普查质量。

涪陵区可移动文物普查队伍统计表（单位：人）

合计	本级普查办	收藏单位	普查专家	普查志愿者
32	5	11	10	6

（二）划分阶段，有序实施

1.国有可移动文物收藏单位调查阶段

涪陵区摸底调查工作历时约半年，共调查全区27个乡镇街道882家国有单位，涵盖了文博系统（文管所、博物馆、纪念馆、陈列馆）、文化系统（图书馆、美术馆）、档案系统、民政系统、教育系统、企业系统等领域，实现了全区国有单位摸底调查全覆盖。

《国有单位文物收藏情况调查登记表》的发放与回收是普查前期的基本工作，也是重点工作。涪陵区普查办严格按照"发出去、收回来"的要求认真落实，并对普查员进行了培训，确保文物调查登记表真实有效。全区共发放调查表882份，回收882份，做到了全覆盖、全回收。在摸底调查中，各级普查机构克服了国有单位数量多、性质及隶属关系复杂、基础数据与实际情况不符、部分单位不配合等困难，通过召开工作会、与相关部门建立协调机制、实地走访等方式，最终圆满完成此项任务。

据调查结果显示,反馈可能收藏有文物的单位共5家,其中1家经认定没有文物,故未在平台注册单位信息,其余4家全部完成注册,注册率达到100%。经过最终认定,确认收藏有文物资料的单位有4家。

2.国有可移动文物认定工作阶段

涪陵区严格按照《文物认定管理暂行办法》以及《重庆市可移动文物普查文物认定规范》,规范了文物认定程序和工作细则。同时,将文物普查与文物库房清理、藏品档案建立相结合,推进藏品管理工作。为确保文物认定工作的科学性、权威性,涪陵区普查办学习了《关于建立重庆市第一次全国可移动文物普查文物认定审核专家库的通知》,区普查办组织11名专家对文物进行认定。各乡镇街道也配备了具有丰富文博知识的普查人员。2014年至2015年,区文物行政部门共组织普查人员10余人次,先后到3个文博系统外国有收藏单位和1个文博系统国有收藏单位开展认定工作,新认定文物5件/套,均为文博系统外国有收藏单位收藏。

为及时有效地展开普查工作,普查工作组采用轮换工作岗位的做法,使每个普查员都能在不同的岗位工作,熟悉所有的普查工作环节;建立工作流水线,前述的各个小组相互配合,严格把关;涪陵区博物馆利用文物库房搬迁机会,把文物按出土地点分别搬运到中心库房,既清理了库房,又清点了文物。

3.国有可移动文物信息采集登录阶段

2013年8月,我区普查人员参加了重庆市举办的可移动文物信息采集技术培训班,学习了如何对文物信息进行采集登录。2014年初,涪陵区文物信息采集工作全面展开。2014年7月下旬,普查人员参加了可移动文物信息登录平台骨干培训班,3名普查骨干参加了培训,文物信息登录工作正式启动。2015年初,全区文物工作会议专门对2015年度普查工作做出部署,明确了全年普查工作任务、计划和要求。2015年3月,区普查办根据全区普查工作整体推进情况,组织3名普查人员,支持帮助涪陵区少儿图书馆开展文物信息采集和登录工作。截至2016年6月30日,全区4个国有收藏单位采集登录38706件文物,采集登录进度达到100%。

4.国有可移动文物信息审核阶段

涪陵区普查采集的数据先分批开展初审,及时发现问题,并针对出现的问题请专家讨论修改。初审后的数据由重庆市文物局组织专家集中审核,等集中审核发现的问题反馈回来,普查人员再进行核对、讨论并修改,如此反复,最终涪陵区普查数据顺利通过市级终审。

(三)宣传动员

涪陵区各普查单位通过各种形式展开普查宣传工作,如利用网络新媒体、印发传单、下乡巡展等。区博物馆在国际博物馆日和中国文化遗产日通过展板形式宣传普查,区少儿图书馆则通过送图书下乡活动宣传普查工作。涪陵区共计制作宣传展板30个,发放传单3000份,取得了较好的宣传效果。

(四)质量控制

在普查工作中,涪陵区严格按照国家文物局发布的《第一次全国可移动文物普查质量控制管理办法》,强化检查指导、质量抽查和数据审核机制,加大对普查质量的控制管理。严格按照《重庆市可移动文物普查质量控制管理制度》,将质量控制管理贯穿到普查组织、国有单位文物收藏情况调查、文物认定、信息采集登录报送、数据整合汇总等环节。加强普查质量的控制管理,量化工作目标,督促各收藏单位按照统一部署推进普查工作,重培训、定标准、明责任、强督查,普查质量控制取得了良好的效果。

1.组建培训体系

文物普查具有技术要求高、工作难度大的特点。为切实推进文物普查工作,提高普查人员的业务素质,使其严格掌握文物普查的相关规范标准与普查技术,涪陵区在完成重庆市文物局规定的普查任务的同时,将培训工作作为一个体系工程,长期坚持开展下去。2013年至2016年涪陵区多次派人参加市普查办举办的可移动文物普查培训班,同时还在本区范围组织数次普查培训,累计培训34人次,详见下表。通过各类培训,涪陵区文物工作者的业务水平有了显著提高,这些培训不仅为文物普查培养了大量的业务骨干,同时也为涪陵区文博事业的发展积蓄了人才。

涪陵区组织普查培训班情况一览表

组织单位	合计 培训次数(次)	合计 培训人数(人次)	2013年 培训次数(次)	2013年 培训人数(人次)	2014年 培训次数(次)	2014年 培训人数(人次)	2015年 培训次数(次)	2015年 培训人数(人次)	2016年 培训次数(次)	2016年 培训人数(人次)
合计	26	34	5	7	7	7	7	9	7	11
市普查办	7	11	1	2	2	2	2	3	2	4
区博物馆	7	11	1	2	2	2	2	3	2	4
区少儿图书馆	4	4	1	1	1	1	1	1	1	1
区党史研究室	4	4	1	1	1	1	1	1	1	1
区图书馆	4	4	1	1	1	1	1	1	1	1

2.普查工作督查

为保证调查质量,加强对普查工作的指导力度,及时解难答疑,督促各项工作进度,涪陵区建立普查工作月报制度,掌握各普查单位工作进度及质量,并多次深入各普查单位督促各项工作落实。2014年6月和11月组织开展经费落实和工作进展等专项检查,2015年接受市督查组开展的督查和专项检查,有效推进了普查工作进度。2015年10月中旬,普查人员参加重庆市普查单位工作推进会。通过业务专家检查发现问题,行政管理开展督查的方式,针对发现的问题,及时研究提出具体整改意见,有力地确保了涪陵区普查工作质量进度。

3.普查中的人员、文物、数据安全管理

涪陵区可移动文物普查工作始终坚持"安全第一"和"效率优先"的原则,将普查人员的文物安全教育放在首位。通过岗前培训,加强普查人员的职业道德教育,增强其荣誉感和责任感。在普查设备设施的使用上,均以保证文物和人员的安全为前提。

文物不可再生,损坏或损毁文物都是无法弥补的损失。涪陵区在可移动文物普查工作中,要求普查员在进行文物操作时必须合乎安全规范,坚持制度化管理,分工合理,责任分明,准确掌握普查操作规程和技术标准。注意文物的防火、防盗、防震等,同时要求有预防性保护意识,注意文物掉落、磕碰、挤压、震裂等安全威胁,尽可能减少搬运文物次数,以减小文物损坏的概率。此外,还明确了应对突发情况的预防措施及处理方法。

对普查得到的综合数据和基础资料均严格保密,做到专人负责,妥善保管。纸质媒介的数据及时整理、归档,并指定专人专柜妥善保存。电子媒介的数据及时更新和备份保存。普查数据未经上一级可移动文物普查办公室批准,不得随意公布。

4.普查验收

根据国家文物局《关于做好第一次全国可移动文物普查验收工作的通知》,重庆市文物局于2016年10月组织验收组,对涪陵区可移动文物普查工作进行验收,在听取汇报和查阅普查相关资料、档案后,验收组宣布涪陵区可移动文物普查工作验收结论为合格,顺利通过市级验收。

(五)展示成果,做好总结

1.编制普查档案

建立可移动文物普查档案是科学规范文物档案管理工作的必要措施,是对第一次全国可移动文物普查各类数据进行全面保存、保管并发挥其作用的基础。2015年6月,涪陵区启动普查资料建档和数据库的筹备工作,严格按照《国有可移动文物普查建档备案工作规范(试行)》的要求,实行专库、专柜、专人保管档案资料。普查数据实行两级备份,市、区县分别保留一套电子数据,同时重庆市普查办负责对本区的建档备案工作进行指导、督促和检查。

涪陵区入档的资料包括可移动文物普查登记表,普查的报告、请示、通知、工作计划、总结、简报、会议记录、方案、规章制度,各有关机构工作人员名册,各种培训资料教材、宣传材料、工作照片、声像资料、展览文本等,以及在普查工作中形成的其他重要相关资料。

2.普查表彰情况

涪陵区普查工作的顺利推进离不开相关领导小组成员单位的大力支持,也与广大一线普查队员发扬艰苦奋斗、互帮互助、牺牲奉献的精神密不可分。涪陵区博物馆收藏的文物多达34067件,普查任务十分艰巨。为保证可移动文物普查工作快速推进，办公室、保卫科等几个部门的职工也参与到普查之中。通过团结协作，形成合力，涪陵区博物馆提前完成数据采集登录任务。为鼓励先进、总结经验，根据重庆市文物局下发的《关于开展重庆市第一次全国可移动文物普查工作先进集体和先进个人评选表彰活动的通知》，涪陵区也对在普查工作中业绩突出和有重要贡献的先进集体和个人以及在普查中提供重大文物线索者给予了精神奖励。

三、涪陵区普查工作成果

（一）涪陵区可移动文物资源情况及价值

1. 文物数量及分布

涪陵区4个国有收藏单位共采集登录文物38706件。从文物收藏单位的性质来看，100%的文物集中收藏在事业单位，国家机关、国有企业和其他单位的文物数量为0。从文物收藏单位的类型来看，88.01%的文物集中收藏在博物馆、纪念馆等文博系统内单位；文博系统外的收藏单位中，图书馆的收藏数量为11.98%。

2. 文物保存状况

从涪陵区各收藏单位的具体保存状况来看，收藏数量较大的涪陵区博物馆文物整体保存情况较好，有专业的保管人员、封闭的展柜、独立的库房，安防设施完备。区党史研究室、区少儿图书馆等收藏单位，文物保管条件差，保护措施落后，缺乏技术、人员和经费支持，文物保存现状不容乐观。

3. 文物价值

此次普查登录的38706件文物，历史、科学和艺术价值较高。从出土文物来看，战国青铜器，尤其是青铜兵器，体现了涪陵曾作为巴国都城的重要地位，特色鲜明，这对于开展爱国主义教育，推动精神文明建设有重要作用。

（二）建立健全管理机制

涪陵区普查办积极探索建立健全馆藏文物管理机制，区博物馆制定第一次全国可移动文物普查安全制度和严格的文物库房和普查办工作室出入登记制度，凡是出入的人员均实行实名登记制度；严格文物移交制度，文物移交均需填写文物移交表，由移交人、接收人和监交人签字确认，形成各尽其责、相互牵制的文物移交制度；对文物库房实行双人管理制度，两名保管员各持一把钥匙，同时出入库房。有序搬运文物，接触文物的工作人员务必佩戴手套。博物馆消防控制室启动应急方案，全天值守，在单位重要出入口安装监控设备，每天记录安全台账。

(三)有效发挥文物在涪陵区经济社会发展中的重要作用

1. 普查成果的利用

普查工作给所有可移动文物建立了"文物身份证",使每件文物都得到了合法的保护,普查还丰富了涪陵区的文物资源,在此基础上,涪陵区建立了全区可移动文物名录。区博物馆还制作了可移动文物总清单,可随时检索出需要的任何可移动文物。

让文物活起来是永恒的议题,从中华人民共和国成立到现在,我国不断加强博物馆之间的交流合作,多次让文物走出国门,走向世界。涪陵区普查办以"了解文物,了解文化景观"为立足点,开展了多项文物交流工作。区博物馆在最近几年的国际博物馆日活动期间都推出了馆藏精品文物图片展,展出展板30张,从先秦时期到近现代,内容覆盖了各个时期的不同质地和形制的文物。同时还到农村、学校、军营等地方开展巡展活动,让文物走进生活,贴近生活,参观人数合计约5000人,取得了良好的社会效果。从2013年开始到2016年,连续4个文化遗产日,区博物馆都开展了免费的文物鉴定活动,并通过网络和印发传单大力宣传文物保护法。

2015年是中国人民抗日战争暨世界反法西斯战争胜利70周年,区博物馆积极组织开展革命文物巡展活动,以二路红军在罗云的革命历史为线索,结合遗留的革命文物,如军刀、皮箱等,深入开展爱国主义教育,广泛普及革命文物知识。

"寻找消失的巴国"主题展是秦始皇帝陵博物院开展的旨在展示古巴国风采的活动,区博物馆积极支持配合,经重庆市文物局批准,区博物馆出借给秦始皇帝陵博物院12件馆藏青铜文物。这是涪陵区的文物第一次走出重庆,可谓是翻开了新的篇章,在可以预见的将来,涪陵的文物会得到更多关注,发挥更大的社会作用。

四、建议

经过几年的努力,涪陵区圆满完成了第一次全国可移动文物普查工作任务,取得了丰硕的成果,但同时也存在一定的问题,针对这些问题,提出以下几点建议。

(1)建议重庆市文物局定期开展文博工作员培训会,以培训结果和年终考核相结合的方式推进文博事业的发展。

(2)建议国家设立专项资金对民间文物实行征集管理,肃清文物市场的不正之风。

(3)从此次普查来看,对于文物的计数和完残状况存在较大的争议,建议重庆市制定统一的标准并印发下去,严格执行。

(4)简化文物出借的行政审批程序,加强馆际之间的文物交流,不断增强文物的公共服务功能,让文物真正"活"起来。

(5)建立健全可移动文物修复机制,简化文物修复行政审批程序。

(6)充分利用本次可移动文物普查成果,文物收藏单位可考虑分片区对普查成果开展联合展览。

报告执笔人:李振文

报告审阅人:夏伙根

03 渝中区第一次全国可移动文物普查总结报告

第一次全国可移动文物普查工作是中华人民共和国成立以来在可移动遗产领域开展的首次文物调查。根据《国务院关于开展第一次全国可移动文物普查的通知》，此次普查从2012年10月开始，到2016年12月结束。2013年3月1日，重庆市人民政府下发《关于开展第一次全国可移动文物普查的通知》，要求各县文广新局、市属各文博单位积极配合好各级政府，着手启动各地的文物普查工作。

按照国务院、重庆市政府的统一安排部署，渝中区2013年4月成立了重庆市渝中区第一次全国可移动文物普查领导小组及办公室，正式启动第一次全国可移动文物普查（可简称"一普"）工作。根据实际情况，渝中区普查工作分为三个阶段：一是工作准备阶段，2012年10月至2013年4月，主要任务是成立普查机构，编制普查实施方案；二是普查实施阶段，2013年5月至2015年12月，主要任务是开展文物调查认定和信息数据登录；三是验收汇总阶段，2016年1月至12月，主要任务是普查数据、资料的整理、汇总、数据库建设和公布普查成果。

渝中区的历史悠久、文脉厚重，留有众多文化遗产，文物建筑十分密集。通过此次开展的可移动文物普查，渝中区已基本掌握辖区内可移动文物的数量、分布、特征、保存现状等基本情况。普查提高了各有关单位的文物保护意识，尤其是提高了文博系统工作人员的科学知识、专业技能和管理水平，为进一步建立具有现代化科学素养的专业队伍创造了条件；协调了文物管理部门和政府各职能部门之间的关系，形成了共同保护文物的工作合力；为准确判断文物保护形势、科学制定文物保护政策和拟订保护规划提供了依据；同时加强了我区在文化遗产领域的国有资产管理和资源整合能力，以充分发挥文物在建设社会主义先进文化、促进经济社会全面协调可持续发展中的重要作用。

一、普查数据

截至2016年10月31日，渝中区在全国可移动文物信息登录平台上注册收藏单位6家；登录可移动文物654件/套，实际数量为3386件。其中，珍贵文物34件/套，实际数量39件。

(一)渝中区可移动文物基本情况

1. 类别

渝中区可移动文物类别

可移动文物类别	可移动文物实际数量(件)	实际数量占比(%)
合计	3386	100.00
玉石器、宝石	4	0.12
陶器	29	0.86
瓷器	50	1.48
铜器	25	0.74
金银器	2	0.06
铁器、其他金属器	8	0.24
漆器	5	0.15
雕塑、造像	13	0.38
石器、石刻、砖瓦	59	1.74
书法、绘画	75	2.22
文具	0	0
甲骨	0	0
玺印符牌	0	0
钱币	1027	30.33
牙骨角器	1	0.03
竹木雕	157	4.64
家具	56	1.65
珐琅器	0	0
织绣	15	0.44
古籍图书	1689	49.88
碑帖拓本	1	0.03
武器	7	0.21
邮品	0	0
文件、宣传品	0	0
档案文书	65	1.92
名人遗物	6	0.18
玻璃器	0	0
乐器、法器	5	0.15
皮革	10	0.30
音像制品	0	0
票据	2	0.06
交通、运输工具	7	0.21

续表

可移动文物类别	可移动文物实际数量(件)	实际数量占比(%)
度量衡器	10	0.30
标本、化石	0	0
其他	58	1.71

2. 年代

(1)可移动文物年代类型。

渝中区可移动文物年代类型

可移动文物年代类型	可移动文物实际数量(件)	实际数量占比(%)
合计	3386	100
地质年代	0	0
考古学年代	0	0
中国历史学年代	3281	96.90
公历纪年	100	2.95
其他	0	0
年代不详	5	0.15

(2)可移动文物中国历史学年代分布。

渝中区可移动文物中国历史学年代分布

可移动文物中国历史学年代	可移动文物实际数量(件)	实际数量占比(%)
合计	3281	100.00
宋	4	0.12
明	51	1.55
清	3055	93.11
中华民国	153	4.66
中华人民共和国	18	0.55

3. 级别

渝中区可移动文物级别

可移动文物级别	可移动文物实际数量(件)	实际数量占比(%)
合计	3386	100.00
一级	0	0
二级	2	0.06
三级	37	1.09
一般	1534	45.30
未定级	1813	53.54

4. 来源

渝中区可移动文物来源

可移动文物来源	可移动文物实际数量（件）	实际数量占比（%）
合计	3386	100.00
征集购买	1493	44.09
接受捐赠	55	1.62
拨交	78	2.30
移交	16	0.47
旧藏	1678	49.56
发掘	12	0.35
采集	5	0.15
拣选	31	0.92
其他	18	0.53

5. 入藏时间

渝中可移动文物入藏时间范围

可移动文物入藏时间范围	可移动文物实际数量（件）	实际数量占比（%）
合计	3386	100.00
1949年10月1日之前	34	1.00
1949年10月1日—1965年	1632	48.20
1966—1976年	0	0
1977—2000年	18	0.53
2001年至今	1702	50.27

6. 完残程度

渝中区可移动文物完残程度

可移动文物完残程度	可移动文物实际数量（件）	实际数量占比（%）
合计	3386	100.00
完整	1143	33.76
基本完整	2203	65.06
残缺	40	1.18
严重残缺（含缺失部件）	0	0

(二)渝中区可移动文物分布情况

1. 按收藏单位隶属关系统计可移动文物数量

渝中区可移动文物数量分布(按收藏单位隶属关系)

收藏单位隶属关系	可移动文物实际数量(件)	实际数量占比(%)
合计	3386	100.00
中央属	0	0
省属	138	4.08
地市属	0	0
县属	3248	95.92
乡镇街道属	0	0
其他	0	0

2. 按收藏单位性质统计可移动文物数量

渝中区可移动文物数量分布(按收藏单位性质)

收藏单位性质	可移动文物实际数量(件)	实际数量占比(%)
合计	3386	100.00
国家机关	0	0
事业单位	1829	54.02
国有企业	1557	45.98
其他	0	0

3. 按收藏单位类型统计可移动文物数量

渝中区可移动文物数量分布(按收藏单位类型)

收藏单位类型	可移动文物实际数量(件)	实际数量占比(%)
合计	3386	100.00
博物馆、纪念馆	1720	50.80
图书馆	1632	48.20
美术馆	0	0
档案馆	0	0
其他	34	1.00

4. 按收藏单位所属行业统计可移动文物数量

渝中区可移动文物数量分布(按收藏单位所属行业)

收藏单位所属行业	可移动文物实际数量(件)	实际数量占比(%)
合计	3386	100.00
建筑业	34	1.00
文化、体育和娱乐业	1725	50.95
公共管理、社会保障和社会组织	1627	48.05

二、普查工作组织实施情况

(一)加强组织,健全机构

1. 设立普查领导小组,成立普查机构

根据《国务院关于开展第一次全国可移动文物普查的通知》,此次普查从2012年10月开始,到2016年12月结束。重庆市渝中区人民政府高度重视普查工作,组织有力,保障充分,推进有序,顺利完成了普查任务。

按照全市第一次全国可移动文物普查工作安排,经渝中区政府同意,渝中区于2013年4月成立了重庆市渝中区第一次全国可移动文物普查领导小组及办公室,负责普查工作的组织和领导,协调解决重大问题。普查领导小组由区政府分管领导任组长,成员单位包括发改委、文化委、教委、民政局、财政局、国土分局、经信委、民宗委、统计局、档案局、党史研究室11个部门,普查领导小组下设办公室,设在区文化委。通过建立普查机构、联席会议,在2014年6月,渝中区基本形成了第一次全国可移动文物普查工作机制。

2. 制订普查实施方案和确定工作制度

区普查办成立后,及时制订了《重庆市渝中区第一次全国可移动文物普查实施方案》,印发了《重庆市渝中区人民政府办公室关于印发渝中区第一次全国可移动文物普查实施方案的通知》,方案明确了普查的目的和意义、工作要求、组织保障,确定了普查工作流程、操作方式、时间安排等,全面部署安排了可移动文物普查工作。同时,建立了普查管理机制,把第一次全国可移动文物普查工作纳入相关单位年底综合考核内容中,制定了科学、仔细的工作流程、技术规范、质量控制等制度办法,为普查工作全面推开奠定了良好基础。

3. 落实普查工作经费

为了保证普查工作的顺利开展,区财政局积极筹集资金并将普查经费列入相应年度的财政预算,2013年至2016年共落实普查经费71万元,主要用于人员培训,可移动文物的摸底调查、认定,文物信息录入和审核上报等工作。

渝中区2013—2016年可移动文物普查经费落实情况表(单位:万元)

	合计	2013年	2014年	2015年	2016年
市级拨款	1	0	0	1	0
区级拨款	70	20	20	20	10
全区总计	71	20	20	21	10

4.组建普查队伍

渝中区设立了第一次全国可移动文物普查办公室,具体工作由渝中区文管所组织开展。自普查工作开展以来,先后有93人参与普查工作,其中区普查办工作人员10人,各普查成员单位(收藏单位)30人,普查专家5人。另外先后有重庆师范大学历史专业应届毕业生9人,各街道工作人员21人,其他普查志愿者18人参与普查工作。全区共参与21次普查培训工作,共计培训120人次。

渝中区可移动文物普查队伍统计表(单位:人)

合计	普查成员单位(收藏单位)	普查专家	普查志愿者
93	30	5	48

渝中区普查培训情况一览表

合计		2013年		2014年		2015年	
次数(次)	人数(人次)	次数(次)	人数(人次)	次数(次)	人数(人次)	次数(次)	人数(人次)
21	120	7	48	7	45	7	27

(二)划分阶段,有序实施

1.国有可移动文物收藏单位调查阶段

根据全市统一安排,区普查办于2013年6月起对渝中区行政域内的所有国有单位进行摸底调查,通过各街道向各国有单位发放《国有单位文物收藏情况调查登记表》《国有单位文物收藏情况调查汇总表》。普查范围是渝中区所有国有单位,包括机关、事业单位、国有企业及国有控股企业,统计全区国有单位共589家,调查覆盖率为100%。

2.国有可移动文物认定工作阶段

全区国有单位共589家,据反馈共9家国有单位为藏品收藏单位,随后区普查办组织专家对这9家国有单位藏品进行文物认定,最终确定6家国有单位收藏有可移动文物藏品。其中渝中区文物管理所新认定文物50件/套、史迪威博物馆新认定文物20件/套、重庆市设计院新认定文物34件/套。

3.国有可移动文物信息采集登录阶段

截至2016年8月31日,普查登录工作全部结束,全区共登录藏品654件/套,实际数量3386件。其中渝中区文物管理所50件/套,实际数量93件;渝中区图书馆109件/套,实际数量1632件;重庆市湖广会馆管理处372件/套,实际数量1523件;重庆历史名人馆69件/套,实际数量82件;史迪威博物馆20件/套,实际数量22件;重庆市设计院34件/套,实际数量34件。

4.国有可移动文物信息审核阶段

为有序推进普查数据审核工作,渝中区普查办开展了本区范围内的普查数据审核工作,先由收藏单位审核员结合文物认定情况对普查数据进行初步审核,然后由区普查办审核员进行复审,复审通过后,将数据上报至市普查办,市普查办验收合格后上报国务院第一次全国可移动文物普查工作办公室。截至2016年8月31日,我区已全部完成登录工作并通过了市级审核。

(三)宣传动员,营造气氛

渝中区普查办充分利用了广播、电视、网络、移动传媒、宣传品等各类媒体和载体,结合国际博物馆日、中国文化遗产日等活动,开展了广泛深入的宣传工作,对普查的目标意义、对象范围及有关的法律法规,普查工作进展,普查成果,普查先进事迹等进行宣传,为各级抓好"一普"工作营造了良好的社会氛围,为普查奠定了坚实的群众基础。

(四)质量控制

1. 数据采集工作中的质量控制情况

在实地文物调查工作中,普查人员认真解读普查登记表的各项内容,如实记录调查信息。对普查数据资料采取边采集、边整理、边审核、边建档的方式进行。一旦发现有不符合质量标准要求的,及时返工,重新登记,保证了基础数据真实可靠。

2. 数据处理平台的建设管理情况

区普查办根据实际情况,配置了普查专用电脑、照相摄影器材等硬件设备,同时根据国家、市里的统一安排,及时更新和调整普查数据处理软件,构建符合标准的数据处理平台。在数据处理期间,定期利用移动硬盘对普查数据进行备份,确保了普查数据的安全性。

3. 数据处理中的质量控制情况

一是检查处理数据采集的完整性和可靠性,对部分佐证材料欠缺的文物进行核实,力求弄清每件文物的来源。二是检查处理文字填写的科学性、准确性,做到记录翔实,描述准确,符合规范。三是通过自我检查、巡回检查等多种方式充分保证普查质量,使其通过可移动文物普查质量审核。

(五)普查工作总结情况

1. 编制普查档案

根据普查要求,2016年9月我区完成了第一次全国可移动文物普查档案编制工作。

此次完成的档案编制工作分行政文件卷、汇总资料卷2卷,整理录入电子文本500余份,档案内容涵盖了第一次全国可移动文物普查期间的各级文件、各类报表、工作报告、不可移动文物名录及收集整理的不可移动文物登记表、拍摄的电子照片等汇总资料和其他有关的材料。

2. 普查表彰情况

我区普查工作全面完成后,普查工作领导小组对在第一次全国可移动文物普查中表现突出的普查队员以及在文物普查工作中提供有力支持的单位,给予了表彰和奖励。

三、渝中区普查工作成果

（一）掌握本行政区域可移动文物资源情况及其价值

1.摸清数量及分布

截至2016年8月31日,渝中区已完成藏品登录工作,本区域共登录藏品654件/套,实际数量3386件。其中,渝中区文物管理所50件/套,实际数量93件;渝中区图书馆109件/套,实际数量1632件;重庆市湖广会馆管理处372件/套,实际数量1523件;重庆历史名人馆69件/套,实际数量82件;史迪威博物馆20件/套,实际数量22件;重庆市设计院34件/套,实际数量34件。

2.文物保存状况

渝中区共有3386件藏品,其中完整的有1143件,占比33.76%;基本完整的有2203件,占比65.06%;残缺的40件,占比1.18%;严重残缺的0件。

3.文物价值

普查的藏品多以古籍图书、书画、钱币、竹木雕等为主,具备历史、科学、艺术价值,是重庆的特色文物资源,对于开展爱国主义教育,推动精神文明建设有重要作用。

（二）建立健全管理机制

1.完善文物档案

通过本次普查,渝中区可移动文物的档案得以完善,各藏品收藏单位通过普查工作,梳理了本单位的藏品,文物档案的完善为提高文化遗产保护工作奠定了坚实的基础,为今后的文物保护和科学利用提供了依据,也为促进文物信息化管理提供了翔实的资料。

2.完善制度和规范

渝中区普查办成立后,及时制订了《重庆市渝中区第一次全国可移动文物普查实施方案》和明确了相关标准规范,建立了普查机构议事交流会议制度,定期召开会议,沟通情况,研究难题和解决办法,对文物调查、认定、登记、管理及利用,制定了科学、仔细的工作流程、技术规范、质量控制等制度办法,同时,建立起激励约束机制,把普查工作纳入相关单位年度工作目标和年底综合考核评价内容中,增强了普查人员的责任心和主动性。

3.加强文物保护

坚持"抢救第一、保护为主、加强管理、合理利用"的工作方针,高度重视可移动文物保护工作,以可移动文物普查成果为依据,对全区文物进行梳理、分类,把需要修复的文物进行统计,列出亟须抢救保护的文物,开展保护修复方案编制工作,争取专项资金,陆续进行修复。

4. 引进、培养人才

在普查期间,渝中区公招文物保护专业技术人员2名,充实了文物管理力量,并组织业务学习、交流十余次,锻炼了普查队伍。

(三)有效发挥文物在本行政区域经济社会发展中的重要作用

1. 普查成果利用计划

按照《重庆市渝中区第一次全国可移动文物普查实施方案》的工作安排,及时公布国有可移动文物名录和可移动文物收藏单位名录。根据普查数据,统计亟须抢救保护的文物,开展保护修复方案编制工作,争取专项资金,进行修复。

2. 普查成果展览

结合2017年国际博物馆日、中国文化遗产日活动,举办了渝中区第一次全国可移动文物普查成果展。

3. 普查成果出版物

编写出版《渝中区可移动文物普查工作报告》。

四、建议

(1)定期开展可移动文物普查工作。可移动文物普查既是一项基础工作,也是一项长期的任务,随着社会发展和人们认识的提升,一些新的文物类型不断涌现,文物的内涵与范围不断扩大,在今后的工作中定期开展可移动文物普查,以便及时发现文物,做好文物数据的采集,将其纳入保护名册。

(2)健全规章制度,提高可移动文物管理水平。必须加强可移动文物管理规章制度的改进和完善,使其保护工作实现制度化管理,做好可移动文物的建档工作,做到账目清楚、详明,避免可移动文物的损坏和流失。

(3)正确处理收藏和利用之间的关系,合理利用可移动文物。文物保护的最终目的是为了更好地利用、发挥其应有的价值和作用。我们既不能重利用、轻保护,也不能保护过度,一味将其深锁库房。要通过合理展览和开发,让更多的人了解文物蕴含的历史文化。

(4)进一步健全和完善人才培养、选拔、引进和激励机制。通过增加文物管理所人员编制,采取"走出去,请进来"等方式,加大培训力度,发挥主体作用;通过对现有人才进行整合,采取各种形式对现有人员进行系统培训和再教育,形成一支文物保护的骨干队伍。

报告执笔人:徐晓渝、胡征、唐嵩

报告审阅人:张殊

04 大渡口区第一次全国可移动文物普查总结报告

大渡口区位于重庆市主城西南部,东邻巴南区,南与江津区隔江(长江)相望,西、北与九龙坡区相接,辖5个街道和3个镇,辖区面积102.82平方千米。大渡口区第一次全国可移动文物普查工作,按照国家普查办和市普查办的统一部署,在区委、区政府的正确领导下,在区普查办的指导下,全面贯彻《国务院关于开展第一次全国可移动文物普查的通知》和《重庆市人民政府关于开展第一次全国可移动文物普查的通知》精神,全区普查工作从2013年4月正式启动,至2016年结束。2013年5月至10月,大渡口区对行政区域内497家国有收藏单位开展了摸底调查工作,最终确认收藏有文物的国有单位4家。参与本次普查工作的人员共计41人。大渡口区共计投入普查经费80万元,为顺利完成可移动文物调查、认定、数据采集、登录和审核各阶段工作任务提供了经费保障。此次普查共登录文物数据599条,新认定文物2082件,其中古籍图书约占62%。此次普查全面掌握了大渡口区国有收藏单位可移动文物的数量、分布和保存状况,为下一步建立、完善国有可移动文物档案和信息管理系统,建立可移动文物分级、分类、分布名录,为文物的标准化和规范化管理奠定了基础条件。

一、普查数据

(一)大渡口区可移动文物基本情况

1.类别

可移动文物类别

可移动文物类别	可移动文物实际数量(件)	实际数量占比(%)
合计	2082	100.00
陶器	32	1.54
瓷器	57	2.74
铜器	8	0.38
铁器、其他金属器	29	1.39
雕塑、造像	14	0.67
石器、石刻、砖瓦	65	3.12
书法、绘画	1	0.05
文具	4	0.19
玺印符牌	8	0.38

续表

可移动文物类别	可移动文物实际数量(件)	实际数量占比(%)
钱币	5	0.24
牙骨角器	1	0.05
家具	15	0.72
织绣	4	0.19
古籍图书	1298	62.34
武器	213	10.23
文件、宣传品	196	9.41
档案文书	4	0.19
玻璃器	6	0.29
乐器、法器	1	0.05
票据	1	0.05
交通、运输工具	9	0.43
度量衡器	1	0.05
标本、化石	2	0.10
其他	108	5.19

2.年代

(1)可移动文物年代类型。

可移动文物年代类型

可移动文物年代类型	可移动文物实际数量(件)	实际数量占比(%)
合计	2082	100.00
地质年代	0	0
考古学年代	38	1.83
中国历史学年代	2042	98.08
公历纪年	0	0
其他	0	0
年代不详	2	0.10

(2)可移动文物中国历史学年代分布。

可移动文物中国历史学年代分布

可移动文物中国历史学年代	可移动文物实际数量(件)	实际数量占比(%)
合计	2042	100.00
夏	0	0
商	0	0
周	1	0.05
秦	0	0

续表

可移动文物中国历史学年代	可移动文物实际数量（件）	实际数量占比（%）
汉	41	2.01
三国	0	0
西晋	0	0
东晋十六国	0	0
南北朝	1	0.05
隋	0	0
唐	1	0.05
五代十国	0	0
宋	14	0.69
辽	0	0
西夏	0	0
金	0	0
元	0	0
明	31	1.52
清	76	3.72
中华民国	1301	63.71
中华人民共和国	576	28.21

3. 级别

可移动文物级别

可移动文物级别	可移动文物实际数量（件）	实际数量占比（%）
合计	2082	100.00
一级	0	0
二级	35	1.68
三级	75	3.60
一般	0	0
未定级	1972	94.72

4. 来源

可移动文物来源

可移动文物来源	可移动文物实际数量（件）	实际数量占比（%）
合计	2082	100.00
征集购买	340	16.33
接受捐赠	334	16.04
依法交换	0	0
拨交	0	0
移交	0	0

续表

可移动文物来源	可移动文物实际数量(件)	实际数量占比(%)
旧藏	1298	62.34
发掘	58	2.79
采集	52	2.50
拣选	0	0
其他	0	0

5.入藏时间

可移动文物入藏时间范围

可移动文物入藏时间范围	可移动文物实际数量(件)	实际数量占比(%)
合计	2082	100.00
1949年10月1日之前	0	0
1949年10月1日—1965年	0	0
1966—1976年	0	0
1977—2000年	0	0
2001年至今	2082	100.00

6.完残程度

可移动文物完残程度

可移动文物完残程度	可移动文物实际数量(件)	实际数量占比(%)
合计	2082	100.00
完整	606	29.11
基本完整	573	27.52
残缺	732	35.16
严重残缺(含缺失部件)	171	8.21

(二)全区可移动文物分布情况

1.按收藏单位隶属关系统计可移动文物数量

可移动文物数量分布(按收藏单位隶属关系)

收藏单位隶属关系	可移动文物实际数量(件)	实际数量占比(%)
合计	2082	100.00
中央属	0	0
省属	1900	91.26
地市属	0	0
县区属	182	8.74
乡镇街道属	0	0
其他	0	0

2. 按收藏单位性质统计可移动文物数量

可移动文物数量分布（按收藏单位性质）

收藏单位性质	可移动文物实际数量（件）	实际数量占比（%）
合计	2082	100.00
国家机关	0	0
事业单位	182	8.74
国有企业	1900	91.26
其他	0	0

3. 按收藏单位类型统计可移动文物数量

可移动文物数量分布（按收藏单位类型）

收藏单位类型	可移动文物实际数量（件）	实际数量占比（%）
合计	2082	100.00
博物馆、纪念馆	180	8.65
图书馆	0	0
美术馆	0	0
档案馆	1300	62.44
其他	602	28.91

4. 按收藏单位所属行业统计可移动文物数量

可移动文物数量分布（按收藏单位所属行业）

收藏单位所属行业	可移动文物实际数量（件）	实际数量占比（%）
合计	2082	100.00
制造业	1298	62.34
房地产业	602	28.91
文化、体育和娱乐业	180	8.65
公共管理、社会保障和社会组织	2	0.10

二、普查工作组织实施情况

（一）属地管理，分级负责

1. 成立普查领导小组，成立普查机构

为切实做好普查工作，2013年5月，大渡口区迅速布置，及时成立由分管区长任普查领导小组组长，区发改委、区财政局、区教委、区文化委、区统计局、区民宗办、区档案局、区民防办、区国土分局等单位领导为成员的区第一次全国可移动文物普查领导小组，负责普查的组织和领导协调工作。领导小组下设办公室，区文化委主任任区普查办主任，负责普查工作的具体实施，为全区可移动文物普查工作的顺利推进奠定了组织基础。

2.制订普查实施方案

根据上级普查方案的要求,区普查办编制印发《大渡口区第一次全国可移动文物普查实施方案》,明确了大渡口区文物普查工作的目标、范围、内容和组织实施要求,做好了分工和进度安排。重点行业和收藏单位也分别制订普查方案,为区级的数据汇总及整理工作创造了良好的环境。

3.落实普查工作经费

根据《财政部关于加强第一次全国可移动文物普查经费保障与管理的通知》精神,结合大渡口区财政实际情况,区普查办提前编制预算,区财政及时足额落实可移动文物普查专项经费,购置电脑和大容量移动硬盘,全面保证普查员所需的必要工具和物资,为顺利完成各阶段普查工作提供了经费保证。

大渡口区2013—2016年可移动文物普查经费落实情况表(单位:万元)

	合计	2013年	2014年	2015年	2016年
市级拨款	4	0	0	4	0
区级拨款	76	20	20	26	10
全区总计	80	20	20	30	10

4.组建普查队伍

根据第一次全国可移动文物普查工作需要,大渡口区参与实施文物调查、普查数据录入和审核的人员共计41人,其中区普查办工作组人员4人、专家组成员10人、收藏单位人员8人、志愿者19人。全区普查人员在区普查办的调动和指挥下,人人到岗、到位,是一支高素质的普查队伍,在学习普查业务综合知识的基础上,先后组织区文管所、区统计局、区档案局、重庆工业博物馆置业有限公司、重钢档案馆及各镇(街道)业务骨干近220人次参加普查培训。

大渡口区可移动文物普查队伍统计表(单位:人)

合计	本级普查办	收藏单位	普查专家	普查志愿者
41	4	8	10	19

(二)调查、认定、采集、登录、审核,分段实施

1.国有可移动文物收藏单位调查阶段

2013年5月至10月,大渡口区对本行政区域内各级国家机关、事业单位、国有企业和国有控股企业等各类国有单位所收藏保管的国有可移动文物开展了摸底调查工作,区普查办通过区统计局提取了国有单位统计名录和资料,形成本次普查摸底调查国有单位目录,根据目录对辖区497家国有收藏单位全面认真地开展了摸底调查工作,发放《国有单位文物收藏情况调查登记表》《国有单位文物收藏情况调查汇总表》《可移动文物认定信息登记表》和《藏品登记卡》,并就调查登记表的填写做了详细的

解释说明。区普查办坚持查漏补缺和清查目录相结合,经过现场调查对已有单位进行核对,对反馈的摸底调查表进行如实登记,确保了摸底工作全覆盖。经过摸底调查,共调查登记有疑似文物收藏的国有单位5家,最终确认收藏有文物的国有单位4家。2013年7月3日,大渡口区完成国有单位摸底调查工作并上报市普查办。

2. 国有可移动文物认定工作阶段

根据《重庆市可移动文物普查文物认定规范》要求,区普查办填写《可移动文物认定需求情况表》,向市普查办提出文物认定申请,组织市文物鉴定组专家进行现场认定,审核《可移动文物认定信息表》,并做好认定记录。从2014年起,先后开展文物认定工作5次,完成了对大渡口区文物管理所167件/套、重庆工业博物馆置业有限公司220件/套、重庆钢铁(集团)有限责任公司211件/套、重庆市大渡口区档案局1件/套文物的认定工作。

3. 国有可移动文物信息采集登录阶段

在文物信息采集阶段,主要开展文物及标本、资料的测量、拍摄、信息数据采集和登记工作。各收藏单位每天由审核人员对普查员工作进行检查,每天向区普查办报告进度,严格按操作规程开展信息采集工作,发现问题及时解决。共建立《藏品登记卡》6份,拍摄照片9000张。2014年12月31日,大渡口区摸底调查阶段反馈收藏有文物的4家国有单位完成在全国可移动文物信息登录平台的注册工作。2016年9月,大渡口区顺利完成文物信息采集、登录、汇总、上报工作,共登录藏品数据599条,实际藏品数量2082件。

4. 国有可移动文物信息审核阶段

区普查办按照《第一次全国可移动文物普查数据审核工作管理办法》要求,重点加强了对文物定名、时代等的审核工作。区普查办审核可移动文物数据的流程为各收藏单位初审、区普查办审核员复审、专家库专家审核、区普查办领导审核,再上报市普查办抽样审核。在市普查办专家指导下,及时补登上传,按时完成各项差错数据的修改工作。2016年8月,区普查办报送的599条数据顺利通过市级审核。

(三)宣传动员

1. 宣传方案、宣传方法和宣传手段

区普查办设立宣传组,落实了人员和责任,联合区委宣传部对全区可移动文物普查宣传动员工作进行了总体安排,明确了区普查办、收藏单位、新闻媒体的普查宣传任务和职责,制订了切实可行的宣传方案。通过编发普查简报、张贴普查海报,以及在《大渡口报》、微信新媒体上刊登信息等增强宣传效果。

2.重大节庆宣传情况

在国际博物馆日、重庆文化遗产宣传月活动期间,集中宣传可移动文物普查及其成果,形成了普查良好氛围。

可移动文物宣传

电视(次)	手机政讯(条)	报刊(次)	海报(份)	册页(份)	动态信息(条)
2	2	2	400	1200	19

3.重点地区宣传情况

区普查办联合重钢档案馆对可移动文物普查工作进行了专题报道,开展文物档案知识的宣传和咨询。2013年,在摸底调查重钢档案馆阶段,先后整理发现民国七年(1918年)《张文襄公电稿》《张文襄公函稿》《张文襄公奏稿》《张文襄公牍稿》4套刊本,其中保存较为完整的为《张文襄公电稿》,全套电稿共计32册66卷,被专家鉴定为珍贵文物,2014年《大渡口区在普查文物认定工作中发现珍贵古籍》一文成功被国家普查办网站采用,为普查工作营造了良好的宣传氛围。

(四)质量控制

1.普查工作中的质量控制

在正式普查开始后,区普查办审核员对普查工作中所采集的藏品名称、尺寸、照片质量等严格把关,对数据明显不符合要求的返回普查员认真核实修改,对审核合格后的藏品照片进行备份,这种严格的检查审核方法,有力确保了大渡口区国有收藏单位上报的数据真实、客观、有效。

2.普查办印发的相关文件

普查初期,大渡口区普查办印发了《大渡口区第一次全国可移动文物普查实施方案》,普查审核阶段根据《第一次全国可移动文物普查数据质量评定标准》制定了《大渡口区第一次全国可移动文物普查质量管理制度》。

3.人员培训

普查前,对普查人员进行了强化普查综合知识培训,使其迅速熟悉普查工作流程和技术规范。普查中,对普查人员强化文物数据采集登录培训,明确质量考核,确保了审核工作有效推进。2013年,全区举办文物普查培训2期,参会人员80人次。2014年举办普查业务培训班2期,培训普查人员计60人次。2015年举办培训2期,培训负责人、业务骨干等计60人次。2016年举办培训2期,培训人员计60人。

可移动文物普查培训

合计		2013年		2014年		2015年		2016年	
次数(次)	人数(人次)	次数(次)	人数(人次)	次数(次)	人数(人次)	次数(次)	人数(人次)	次数(次)	人数(人次)
8	260	2	80	2	60	2	60	2	60

4. 培训内容

普查中的培训主要围绕文物收藏摸底调查、文物认定、文物数据信息采集、数据登录规范、数据审核管理几个方面进行,区普查办组织普查员认真学习普查工作手册,把培训、集体学习和自学结合起来,在普查工作过程中培养人才,锻炼队伍。

5. 验收

按照《重庆市第一次全国可移动文物普查验收实施方案》要求,区普查办认真对照《验收合格评定标准》进行了自查,准备验收材料,填写《第一次全国可移动文物普查验收表》,完成《第一次全国可移动文物普查验收报告》。

6. 人员安全、文物安全、数据安全管理等情况

在具体操作过程中,区普查办督促各收藏单位必须确立安全第一的意识,签订安全责任书,在对文物进行提取和登记时,要求必须佩戴手套。对普查过程中形成的需要归档的纸质文件材料,及时收集、整理和归档,电子文件做到及时备份,编制案卷目录,并建立归档文件材料的卷内文件目录、页码、卷内备考表等,确保人员、文物、数据的安全。

(五)普查工作总结情况

及时开展全区第一次全国可移动文物普查总结工作,总结普查工作中存在的问题,交流经验,编制《大渡口区第一次全国可移动文物普查总结报告》、可移动文物名录和可移动文物收藏单位名录。

三、普查工作成果

(一)掌握本行政区域可移动文物资源情况及价值

1. 摸清数量及分布

经普查,大渡口区共登记国有单位497家,4家单位被纳入本次可移动文物普查范围并在登录平台上完成注册工作,按单位类型:博物馆1家,档案馆2家,其他1家。

2. 掌握保存状况

大渡口区有4家国有收藏单位,其中重庆工业博物馆置业有限公司220件/套文物保存较好,重钢档案馆现藏原汉阳钢铁厂藏书楼古籍图书211件/套,于独立的气体灭火档案库房保存。大渡口区文物管理所和大渡口区档案局均为已普查登记的馆藏文物建立库房保管。

3. 掌握使用管理情况

通过普查,大渡口区在每家国有收藏单位都建立了文物藏品登记制度,要求加强文物收藏保护和管理工作,要求文物保管员必须与责任人核对文物实物、文物藏品总登记账及文物藏品登记卡。

（二）健全文物保护体系

1.完善文物档案

普查后，大渡口区4家国有收藏单位均已建立文物档案。大渡口区文物管理所建立文物档案167卷；重庆工业博物馆置业有限公司建立文物档案220卷；重钢档案馆建立文物档案211卷；大渡口区档案局建立文物档案1卷。建立藏品登记卡共599份，其中大渡口区文物管理所167份，重庆工业博物馆置业有限公司220份，重钢档案馆211份，大渡口区档案局1份。

可移动文物档案（单位：卷）

合计	文物管理所	重庆工业博物馆置业有限公司	重钢档案馆	区档案馆
599	167	220	211	1

2.完善制度和规范

严格按照重庆市文物局印发的《重庆市可移动文物普查文物认定规范》《第一次全国可移动文物普查数据质量评定标准》《重庆市第一次全国可移动文物普查验收实施方案》等文件精神，结合大渡口区普查工作的实际进展，在普查过程中不断完善档案，并制定了《大渡口区第一次全国可移动文物普查数据规范性管理制度》。

3.明确保护需求

普查涉及工作面广、工作量大、专业性强。大渡口区委托专业机构总体评价大渡口区可移动文物保护现状，初步完成陶器、瓷器、石质文物和古籍图书保护需求计划，为科学制订保护规划和修复方案提供了依据。

4.扩大保护范围

登录范围涵盖国家文化遗产、国有单位藏品、国有控股企业藏品，还包括宗教单位、图书馆、美术馆、档案馆的藏品，充分利用已有普查成果推进可移动文物合理适度利用。

（三）有效发挥文物在经济社会发展中的重要作用

1.普查成果利用计划

利用已有普查成果加快推进建立文物资源目录和大渡口区可移动文物数据库，同时出版可移动文物普查成果，公布普查名录，推动信息资源社会共享。

2.普查成果展览

策划筹办大渡口区第一次全国可移动文物普查成果专题展览，做好普查成果服务社会的后续工作。

四、建议

(1)定时对行政区域内的可移动文物进行调查,加强普查员的个人素养与沟通能力,做到更准确、更全面地了解行政区域内的可移动文物的具体情况。

(2)积极培养、吸引人才,建立区级可移动文物认定专家库。

(3)不断完善制度和规范,加强对本行政区域可移动文物管理。

(4)多举办相关展览展示、宣传活动,向大众普及相关知识,加大对本行政区域可移动文物的利用。

报告执笔人:李国洪、李雨橙

报告审阅人:张殊

05　江北区第一次全国可移动文物普查总结报告

第一次全国可移动文物普查是继第三次全国文物普查（不可移动文物部分）之后在文化遗产领域开展的又一重大国情国力调查，是一项旨在全面掌握我国文物资源、加强文物保护、建设文化遗产强国的国家工程。根据《国务院关于开展第一次全国可移动文物普查的通知》，此次普查从2012年10月开始，到2016年12月结束。2013年3月，重庆市人民政府发出《重庆市人民政府关于开展第一次全国可移动文物普查的通知》，要求各级文化文物行政部门积极配合好各级政府，着手启动各地的文物普查工作。2013年5月，市政府办公厅印发了《重庆市第一次全国可移动文物普查实施方案》，明确了重庆市文物普查工作的目标、范围、内容和组织实施要求。江北区政府高度重视可移动文物普查工作，成立了江北区第一次全国可移动文物普查领导小组，下设江北区第一次全国可移动文物普查办公室（区普查办），由江北区文化委具体负责辖区内可移动文物普查工作的开展。区政府印发了《江北区第一次全国可移动文物普查实施方案》。本次普查全面掌握了江北区国有收藏单位可移动文物的数量、分布和保存状况，为下一步建立、完善国有可移动文物档案和信息管理系统，建立可移动文物分级、分类、分布名录，为文物的标准化和规范化管理奠定了基础条件。

据统计，在整个普查期间全区共投入普查人员11人，落实普查经费31.8万元，向辖区内1121家国有单位发放《重庆市可移动文物普查国有单位信息调查表》，回收1121份，实现了全区国有单位摸底调查100%全覆盖。确认本行政区域内国有收藏单位2家，分别为重庆市江北区文物保护管理所和重庆市中医院。新认定文物284件/套（其中重庆市江北区文物保护管理所222件/套，重庆市中医院62件/套）。截至2016年8月31日，全区共采集登录文物329件/套，实际数量750件。

一、普查数据

（一）江北区可移动文物基本情况

1.类别

可移动文物类别

可移动文物类别	可移动文物实际数量（件）	实际数量占比（%）
合计	750	100.00
玉石器、宝石	347	46.27
陶器	30	4.00
瓷器	12	1.60

续表

可移动文物类别	可移动文物实际数量(件)	实际数量占比(%)
铜器	7	0.93
金银器	43	5.73
雕塑、造像	13	1.73
石器、石刻、砖瓦	14	1.87
书法、绘画	4	0.53
文具	1	0.13
钱币	63	8.40
竹木雕	4	0.53
家具	2	0.27
古籍图书	177	23.60
武器	1	0.13
玻璃器	32	4.27

2.年代

(1)可移动文物年代类型。

可移动文物年代类型

可移动文物年代类型	可移动文物实际数量(件)	实际数量占比(%)
合计	750	100.00
地质年代	0	0
考古学年代	4	0.53
中国历史学年代	745	99.33
公历纪年	0	0
其他	0	0
年代不详	1	0.13

(2)可移动文物中国历史学年代分布。

可移动文物中国历史学年代分布

可移动文物中国历史学年代	可移动文物实际数量(件)	实际数量占比(%)
合计	745	100.00
夏	0	0
商	0	0
周	0	0
秦	0	0
汉	84	11.28
三国	0	0

续表

可移动文物中国历史学年代	可移动文物实际数量（件）	实际数量占比（%）
西晋	0	0
东晋十六国	0	0
南北朝	0	0
隋	0	0
唐	0	0
五代十国	0	0
宋	1	0.13
辽	0	0
西夏	0	0
金	0	0
元	3	0.40
明	11	1.48
清	627	84.16
中华民国	17	2.28
中华人民共和国	2	0.27

3. 级别

可移动文物级别

可移动文物级别	可移动文物实际数量（件）	实际数量占比（%）
合计	750	100.00
一级	1	0.13
二级	2	0.27
三级	53	7.07
一般	517	68.93
未定级	177	23.60

4. 来源

可移动文物来源

可移动文物来源	可移动文物实际数量（件）	实际数量占比（%）
合计	750	100.00
征集购买	7	0.93
接受捐赠	144	19.20
依法交换	0	0
拨交	0	0
移交	89	11.87

续表

可移动文物来源	可移动文物实际数量(件)	实际数量占比(%)
旧藏	177	23.60
发掘	0	0
采集	0	0
拣选	0	0
其他	333	44.40

5.入藏时间

可移动文物入藏时间范围

可移动文物入藏时间范围	可移动文物实际数量(件)	实际数量占比(%)
合计	750	100.00
1949年10月1日之前	0	0
1949年10月1日—1965年	177	23.60
1966—1976年	0	0
1977—2000年	135	18.00
2001年至今	438	58.40

6.完残程度

可移动文物完残程度

可移动文物完残程度	可移动文物实际数量(件)	实际数量占比(%)
合计	750	100.00
完整	273	36.40
基本完整	411	54.80
残缺	66	8.80
严重残缺(含缺失部件)	0	0

(二)江北区可移动文物分布情况

1.按收藏单位隶属关系统计可移动文物数量

可移动文物数量分布(按收藏单位隶属关系)

收藏单位隶属关系	可移动文物实际数量(件)	实际数量占比(%)
合计	750	100.00
中央属	0	0
省属	177	23.60
地市属	0	0
县区属	573	76.40
乡镇街道属	0	0
其他	0	0

2. 按收藏单位性质统计可移动文物数量

可移动文物数量分布(按收藏单位性质)

收藏单位性质	可移动文物实际数量(件)	实际数量占比(%)
合计	750	100.00
国家机关	0	0
事业单位	750	100.00
国有企业	0	0
其他	0	0

3. 按收藏单位类型统计可移动文物数量

可移动文物数量分布(按收藏单位类型)

收藏单位类型	可移动文物实际数量(件)	实际数量占比(%)
合计	750	100.00
博物馆、纪念馆	573	76.40
图书馆	0	0
美术馆	0	0
档案馆	0	0
其他	177	23.60

4. 按收藏单位所属行业统计可移动文物数量

可移动文物数量分布(按收藏单位所属行业)

收藏单位所属行业	可移动文物实际数量(件)	实际数量占比(%)
合计	750	100.00
卫生和社会工作	177	23.60
文化、体育和娱乐业	573	76.40

二、普查工作组织实施

(一)属地管理、分级负责

1.设立普查领导小组,成立普查机构

为全面贯彻《重庆市人民政府关于开展第一次全国可移动文物普查的通知》的精神要求,2013年7月,江北区政府成立了江北区第一次全国可移动文物普查领导小组,负责普查工作的组织和领导,协调解决重大问题。普查领导小组组长由区政府分管领导担任,副组长由时任江北区文化广电新闻出版局局长担任,普查领导小组单位成员由区发改委、区教委、区民政局、区财政局、区经信委、区国土资源和房屋管理局等20个相关部门和单位组成。下设江北区第一次全国可移动文物普查办公室,负责

普查工作的日常组织和具体协调。主要职责是:按照《重庆市人民政府关于开展第一次全国可移动文物普查的通知》要求,组织实施江北区的可移动文物普查工作;对文物数量集中的文化馆、图书馆、美术馆等文化系统收藏单位及公安、海关、档案、学校、银行等行业系统,统一沟通协调普查工作;建立普查管理制度,编制实施方案和年度工作计划;明确普查流程,发放普查手册及相关资料,进行普查员注册,印制普查员工作证,实行标准化管理;编制普查工作经费预算。

2.制订普查实施方案和确定工作制度

2013年7月17日,区政府印发了《江北区第一次全国可移动文物普查实施方案》,明确了江北区可移动文物普查工作的目标、范围、内容和组织实施要求。

普查分为工作准备、普查实施和验收总结三个阶段。

工作准备阶段:2012年10月至2013年2月。制订实施方案,发布规范和标准,成立普查机构;成立江北区第一次全国可移动文物普查领导小组及办公室,编制重庆市江北区可移动文物普查实施方案和年度工作计划;编制经费预算;积极争取市级财政支持,市、区级财政将普查经费列入年度预算;制订普查培训和宣传方案;开展普查宣传工作。

普查实施阶段:2013年3月至2015年12月。开展江北区文物普查认定和文物数据采集登录。针对普查数据资料采取建档、采集、登录、报送、审核同时进行的方式。

(1)健全普查机构,落实普查制度,建立普查专业队伍。

(2)明确普查工作流程,发放普查工作手册,对普查员进行信息注册,印发普查员工作证,实行标准化管理,编写普查培训教材,开展普查人员培训。

(3)建立国有单位清单,开展国有单位文物收藏摸底调查。

(4)先期在全区博物馆、图书馆、档案馆对收藏的文物进行清查、认定和登录,总结普查经验。

(5)收藏有文物的国有单位在网上进行信息注册。

(6)区普查办对收藏单位文物申报信息进行核查认定。

(7)对江北区行政区域内的文物进行测量、拍摄、信息数据资料采集,并将文物信息通过可移动文物信息管理平台联网上报。

(8)区普查办组织专家对区内文物收藏单位录入的文物信息及时进行网上初审并上报,统一汇总至市普查办。

(9)区普查办按季度向上级普查办报送普查进展情况报告。

验收总结阶段:2016年1月至12月。进行普查工作的总结验收,资料档案的整理和汇总,数据库建设以及发布普查成果。

(1)完善可移动文物数据库,进行数据整理汇总、统计分析、存储备份、运行维护和管理。

(2)按规范要求形成普查各项成果。

①公布《江北区国有可移动文物名录》和《江北区国有可移动文物收藏单位名录》；

②建立重庆市江北区可移动文物编码及可移动文物收藏单位编码系统；

③编制可移动文物普查档案；

④编制《江北区第一次全国可移动文物普查总结报告》。

3.落实普查工作经费

江北区第一次全国可移动文物普查工作落实经费共计31.80万元，经费主要用于普查组织、人员培训、文物认定和数据处理工作的开展。

江北区2013—2016年可移动文物普查经费落实情况表（单位：万元）

	合计	2013年	2014年	2015年	2016年
市级拨款	1.00	0	0	1.00	0
区级拨款	30.80	8.40	6.60	0.80	15.00
金额	31.80	8.40	6.60	1.80	15.00

4.组建普查队伍

普查工作启动以来，全区共计11人参与具体的普查工作，其中包含区普查办3人，国有单位专职普查工作人员8人。此外，全区组织了13名文物专家参与文物的认定、鉴定和数据审核工作，为普查工作的顺利开展奠定了基础。

江北区可移动文物普查队伍统计表（单位：人）

合计	区普查办	收藏单位	普查专家
24	3	8	13

（二）调查、认定、采集、登录、审核，分阶段实施

1.国有可移动文物收藏单位调查阶段

从2013年8月起，江北区向区内1121家国有单位发放《重庆市可移动文物普查国有单位信息调查表》。经过摸底调查，最终确认收藏有文物藏品的国有单位2家，反馈率为100%。

2.国有可移动文物认定工作阶段

江北区在重庆市普查办的指导下开展了本片区范围内的可移动文物认定及普查工作。邀请市级专家组专家新认定文物284件/套，实际数量691件。新认定文物中，重庆市中医院新认定的177册古籍图书是本次普查的重大发现，弥补了江北区在古籍图书类文物中的空白。

3.国有可移动文物信息采集登录阶段

截至2015年12月31日，全区注册收藏单位2家，登录藏品总数266件/套，实际数量573件。随着

普查工作的逐级深入,藏品采集登录的进度也逐渐加快,2016年8月31日,全区共计登录藏品329件/套,实际数量750件。至此,本区的普查采集登录工作全面完成,普查工作完成阶段性任务目标。

4.国有可移动文物信息审核阶段

江北区普查办专门设立由3名专业人员组成的第一次全国可移动文物普查审核小组,实行三级审核制度,以确保数据准确无误。

在数据审核中发现部分藏品参数不完整,藏品照片像素质量与要求有差距。针对这些问题,普查人员及时对数据有问题的藏品进行了重新测量,完善了各指标项内容。聘请了重庆中国三峡博物馆专业文物摄影人员对江北区普查人员进行藏品摄影的培训和指导,普查人员重新采集了照片资料,保证了藏品照片质量达到登录要求。同时邀请相关专家进行数据的复查复审,按专家意见对数据进行修改。2016年8月,江北区普查数据通过了重庆市市级审核专家组的审核。

(三)宣传动员

向普查范围内的国有单位、社区、街道发放宣传手册3000余册、宣传单20000余张、宣传海报300张。

2015年,江北区在国际博物馆日、重庆文化遗产宣传月系列活动中将普查成果以图片展的形式展出,参观人数3000余人。

2016年,江北区在国际博物馆日、重庆文化遗产宣传月系列活动中将普查成果以图片展的形式展出,参观人数4000余人。

这种形式的宣传,进一步增强了广大市民对文化遗产的认知和保护意识,增进了广大市民爱区情感,丰富了广大市民精神生活。

(四)质量控制

第一次全国可移动文物普查开展以来,江北区高度重视普查工作中全流程的质量控制,建立文物普查领导小组,成立普查办公室,全面协调督导普查工作,组织各级领导和普查工作人员参与普查培训共10次,总计124人次。

江北区参与普查培训的情况一览表

合计		2013年		2014年		2015年		2016年	
次数(次)	人数(人次)	次数(次)	人数(人次)	次数(次)	人数(人次)	次数(次)	人数(人次)	次数(次)	人数(人次)
10	124	2	47	4	36	2	18	2	23

江北区根据《重庆市可移动文物普查质量控制管理制度》要求严把普查数据质量关。从文物收藏的调查、文物认定、数据采集登录、数据审核等各方面严格控制,层层把关。江北区在开展普查工作的同时注重文

物及数据的安全。严格遵守文物保护法及相关法律法规,加强普查工作人员的安全意识。对于文物的提取、出库入库、数据采集保存等各重要环节都严格把控,防止在工作中造成文物损坏及数据丢失等情况。

根据《验收合格评定标准》和重庆市文物局《关于做好第一次全国可移动文物普查验收和总结工作的通知》的要求,本区开展了可移动文物普查的资料档案整理和自查验收工作,编制并填报了《江北区第一次全国可移动文物普查验收报告》和《江北区第一次全国可移动文物普查验收表》。2016年9月,江北区接受了重庆市可移动文物普查市级验收组的验收,结论为合格。

三、普查工作成果

(一)本行政区域可移动文物资源情况及价值

通过此次可移动文物普查,江北区已基本掌握辖区内可移动文物的数量、分布、特征、保存现状等基本情况。江北区范围内国有收藏单位有2家,藏品保存状况较好,暂未有亟须修复的藏品登记。目前部分藏品陈列在江北区艺术中心文物展厅内,供市民免费参观,既向市民进行了展示,也宣传了可移动文物普查成果,从而提高市民文物认知力和鉴赏力。同时,2016年10月12日《重庆日报》第六版登载了《发现蒲伯英行书轴》的报道,2016年10月20日《江北报》对可移动文物普查工作也进行了相应报道。本此普查工作提高了各有关单位的文物保护意识,尤其是提高了文博系统工作人员的科学知识、专业技能和管理水平,为进一步建立具有现代化科学素养的专业队伍创造了条件;协调了文物管理部门和政府各相关部门的关系,形成共同保护文物的工作合力;充分发挥文物在建设社会主义先进文化、促进经济社会全面协调可持续发展中的重要作用。

(二)健全文物保护体系

1.江北区文物认定及建档

江北区文物认定及建档情况

文博系统单位					非文博系统单位				
收藏单位数量(家)	新发现/新认定藏品数量(件/套)	新建/重建藏品账目的单位数量(家)	新建/重建藏品账目及档案的文物数量(件/套)	完成藏品账目及档案信息化的单位数量(家)	收藏单位数量(家)	新发现/新认定藏品数量(件/套)	新建/重建藏品账目的单位数量(家)	新建/重建藏品账目及档案的文物数量(件/套)	完成藏品账目及档案信息化的单位数量(家)
1	222	1	222	1	1	62	1	62	1

2.完善制度和规范

本行政区域有国有收藏单位2家,其中江北区文物管理所已建立专门的藏品管理机制,大部分文物保护状态为完整与基本完整,目前暂无亟须修复藏品。江北区严格遵守《馆藏文物登录规范》,建立、完善《江北区文化委第一次全国可移动文物普查工作办公室办公制度》《江北区第一次全国可移动文物普查质量控制管理制度》等制度。

3.明确保护需求

本区将明确下一步藏品保护工作措施及重点。

(1)加强库房基础设施建设,提高硬件保护水平。

(2)加强人力资源建设,提高藏品保护科学技术水平。

(3)明确责任,提高保护意识。

(4)健全规章制度,实行科学管理。

(5)开展可移动文物普查成果展览。

(三)有效发挥文物在本行政区域经济社会发展中的重要作用

(1)区内共有2家国有可移动文物收藏单位,共有文物329件/套,实际数量750件。公开文物资源实际数量33件。

(2)利用每年国际博物馆日、重庆文化遗产宣传月活动,开展"三进"普查成果图片展。

(3)《江北区第一次全国可移动文物普查成果集》目前处于筹备阶段。

四、建议

(1)定时对行政区域内的可移动文物进行调查,加强普查员的专业素养与沟通能力,做到更准确、更全面地了解行政区域内的可移动文物具体情况。

(2)积极培养、吸引人才,建立区级可移动文物认定专家库。

(3)不断完善制度和规范,加强对本行政区域内可移动文物的管理。

(4)多举办相关展览展示、宣传活动,向大众普及相关知识,加大对本行政区域可移动文物的利用。

(5)积极开展可移动文物相关培训,培养专业人才。

报告执笔人:张明、刘晓梅、白新怡

报告审阅人:张殊

06 沙坪坝区第一次全国可移动文物普查总结报告

沙坪坝区位于重庆市西南部,东滨嘉陵江,西抵缙云山,是重庆市科教文化区,区内抗战文物资源丰富,是红岩精神的重要发祥地。

2012年10月,国务院启动了第一次全国可移动文物普查工作,这是继第三次全国不可移动文物普查之后,在文化遗产领域开展的又一次重大国情国力资源调查,是一项旨在全面掌握我国文化遗产资源、建设文化遗产强国的战略工程,也是加强文物保护管理,推进公共文化服务体系建设的基础性工作。

2013年8月9日,经沙坪坝区政府第十七届三十六次常务会议研究决定,成立沙坪坝区第一次全国可移动文物普查领导小组。2013年11月28日,沙坪坝区普查办印发了《沙坪坝区第一次全国可移动文物普查实施方案》,明确了沙坪坝区文物普查工作的目标、范围、内容和组织实施要求。普查分为工作准备、普查实施和验收汇总三个阶段,其中,第二阶段工作任务于2015年12月结束,第三阶段工作任务于2016年9月结束。

2014年,在自身人员紧、任务重的情况下,沙坪坝区普查办主动承担重庆市档案馆馆藏非纸质文物的数据采集、登录工作,并通过市级专家验收。同时,为市档案馆编制完成符合文物收藏规范的藏品登记目录。

2016年,受重庆市文物局委托,沙坪坝区普查办参与普查数据市级审核工作,承担合川区4家文物收藏单位共2282件文物数据的审核、修改。合川区普查数据顺利通过市级专家验收。

在沙坪坝区人民政府的有力组织和领导下,沙坪坝区普查办积极动员各有关单位扎实推进工作,如期实现普查目标。据统计,在整个普查期间,全区共投入人员71人,举办各类培训班6次,落实普查经费60万元,共发放调查表1786份,回收1786份,排查出全区共有7家国有收藏单位,实现了全区国有单位摸底调查100%全覆盖。截至2016年10月31日,全区7家国有收藏单位共采集登录文物39744件,收录文物图片3320张(部分古籍无附图),数据容量9.12 G。

沙坪坝区国有文物收藏单位的可移动文物主要具有以下几个特点:一是分布相对集中。全区98%以上的文物集中收藏于教育系统,重庆大学教育基金会、重庆大学图书馆、重庆师范大学、重庆八中等4家国有单位的藏品占全区可移动文物总量的98.41%。二是文物年代以清代为主,占全部文物的95.10%。三是文物类型以古籍图书类文物为主,其所占比重达95.95%。四是文物来源以旧藏为主,占96.11%。

通过此次可移动文物普查,全面掌握了辖区内国有可移动文物的数量、分布、特征、保存现状等基本情况。此次普查提高了各有关单位的文物保护意识,尤其是提高了文博系统工作人员的科学知识、专业技能和管理水平,为进一步建立具有现代化科学素养的专业队伍创造了条件;协调了文物管理部门和政府各相关部门的关系,形成共同保护文物的工作合力;为准确判断文物保护形势,科学制定文物保护政策和拟订保护规划提供了依据;同时加强了沙坪坝区在文化遗产领域的国有资产管理和资源整合能力,充分发挥文物在建设社会主义先进文化、促进经济社会全面协调可持续发展中的重要作用。

一、沙坪坝区普查数据

截至2016年10月31日,沙坪坝区在全国可移动文物信息登录平台登录可移动文物3896件/套,实际数量为39744件。在全国可移动文物信息登录平台上注册的收藏单位有7家。

(一)沙坪坝区可移动文物基本情况

1. 类别

可移动文物类别

可移动文物类别	可移动文物实际数量(件)	实际数量占比(%)
合计	39744	100.00
玉石器、宝石	2	0.01
陶器	45	0.11
瓷器	112	0.28
铜器	49	0.12
金银器	2	0.01
铁器、其他金属器	3	0.01
雕塑、造像	42	0.11
石器、石刻、砖瓦	40	0.10
书法、绘画	3	0.01
文具	10	0.03
钱币	613	1.54
竹木雕	91	0.23
家具	276	0.69
古籍图书	38135	95.95
武器	52	0.13
文件、宣传品	125	0.31
档案文书	61	0.15

续表

可移动文物类别	可移动文物实际数量(件)	实际数量占比(%)
名人遗物	61	0.15
度量衡器	3	0.01
标本、化石	1	<0.01
其他	18	0.05

2.年代

(1)可移动文物年代类型。

可移动文物年代类型

可移动文物年代类型	可移动文物实际数量(件)	实际数量占比(%)
合计	39744	100.00
地质年代	0	0
考古学年代	3	0.01
中国历史学年代	39698	99.88
公历纪年	24	0.06
其他	0	0
年代不详	19	0.05

(2)可移动文物中国历史学年代分布。

可移动文物中国历史学年代分布

可移动文物中国历史学年代分布	可移动文物实际数量(件)	实际数量占比(%)
合计	39698	100.00
夏	0	0
商	0	0
周	11	0.03
秦	2	0.01
汉	216	0.54
三国	1	<0.01
西晋	0	0
东晋十六国	0	0
南北朝	2	0.01
隋	0	0
唐	35	0.09
五代十国	5	0.01

续表

可移动文物中国历史学年代分布	可移动文物实际数量（件）	实际数量占比（%）
宋	251	0.63
辽	0	0
西夏	0	0
金	1	<0.01
元	3	0.01
明	870	2.19
清	37753	95.10
中华民国	482	1.21
中华人民共和国	66	0.17

3. 级别

可移动文物级别

可移动文物级别	可移动文物实际数量（件）	实际数量占比（%）
合计	39744	100.00
一级	0	0
二级	0	0
三级	0	0
一般	0	0
未定级	39744	100.00

4. 来源

可移动文物来源

可移动文物来源	可移动文物实际数量（件）	实际数量占比（%）
合计	39744	100.00
征集购买	1060	2.67
接受捐赠	144	0.36
依法交换	0	0
拨交	0	0
移交	177	0.45
旧藏	38199	96.11
发掘	157	0.40
采集	7	0.02
拣选	0	0
其他	0	0

5.入藏时间

可移动文物入藏时间范围

可移动文物入藏时间范围	可移动文物实际数量(件)	实际数量占比(%)
合计	39744	100.00
1949年10月1日前	12248	30.82
1949年10月1日—1965年	26068	65.59
1966—1976年	0	0
1977—2000年	131	0.33
2001年至今	1297	3.26

6.完残程度

可移动文物完残程度

可移动文物完残程度	可移动文物实际数量(件)	实际数量占比(%)
合计	39744	100.00
完整	427	1.07
基本完整	39105	98.39
残缺	197	0.50
严重残缺(含缺失部件)	15	0.04

(二)沙坪坝区可移动文物分布情况

1.按收藏单位隶属关系统计可移动文物数量

可移动文物数量分布(按收藏单位隶属关系)

收藏单位隶属关系	可移动文物实际数量(件)	实际数量占比(%)
合计	39744	100.00
中央属	12064	30.35
省属	27167	68.35
地市属	0	0
县区属	513	1.29
乡镇街道属	0	0
其他	0	0

2.按收藏单位性质统计可移动文物数量

可移动文物数量分布(按收藏单位性质)

收藏单位性质	可移动文物实际数量(件)	实际数量占比(%)
合计	39744	100.00
国家机关	0	0
事业单位	39744	100.00
国有企业	0	0
其他	0	0

3. 按收藏单位类型统计可移动文物数量

可移动文物数量分布（按收藏单位类型）

收藏单位类型	可移动文物实际数量（件）	实际数量占比（%）
合计	39744	100.00
博物馆、纪念馆	464	1.17
图书馆	11998	30.19
美术馆	0	0
档案馆	166	0.42
其他	27116	68.23

4. 按收藏单位所属行业统计可移动文物数量

可移动文物数量分布（按收藏单位所属行业）

收藏单位所属行业	可移动文物实际数量（件）	实际数量占比（%）
合计	39744	100.00
教育	39114	98.41
文化、体育和娱乐业	464	1.17
公共管理、社会保障和社会组织	166	0.42

二、普查工作组织实施

（一）加强组织，健全机构

1. 设立普查领导小组，成立普查机构

沙坪坝区高度重视第一次全国可移动文物普查工作，为顺利推进沙坪坝区相关工作，本着全区统一领导、部门分工协作、各方共同参与的原则，成立了以区政府分管文化工作的副区长为组长、区政府办副主任和区文化委主任为副组长、16个区属职能部门分管领导为组员的沙坪坝区第一次全国可移动文物普查领导小组。领导小组下设办公室，办公室设在区文化委，区文物管理所负责普查工作的具体实施，为普查工作顺利开展做好了强有力的组织保证。

2. 制订普查实施方案和确定工作制度

普查领导小组结合沙坪坝区可移动文物实际情况，编制《沙坪坝区第一次全国可移动文物普查实施方案》，明确普查目标、普查范围和内容、普查的技术路线、普查的组织、普查的时间与实施步骤、普查数据管理及成果应用、普查的经费、普查的宣传等内容，使全区普查工作科学、规范、有序地推进。

根据《重庆市人民政府关于开展第一次全国可移动文物普查的通知》文件要求，普查领导小组办公室向沙坪坝辖区内各级国家机关、事业单位、国有企业和国有控股企业，以及列入各级文物保护单位范围的宗教寺庙等收藏保管有可移动文物的各类法人单位发出普查通知1786份；根据调查反馈情况，印发普查实施方案47份，明确普查内容和重点，敦促相关单位积极配合普查工作。

为加强与相关单位的协调和联系，沙坪坝区建立了相应的普查工作联系协调机制，包括确定各收藏单位联系人、建立普查工作QQ群、定期召开普查工作例会、不定期组织普查培训等。联系协调机制的建立，为沙坪坝区普查工作的顺利进行提供了有力保证。

为提高普查质量和工作效率，完整记录沙坪坝区第一次全国可移动文物普查工作情况，沙坪坝区对文物信息采集登记表、文物照片实行"每天记录，每日制档"的管理制度；派专人负责记录、保存和管理普查工作各环节的档案留存工作，并建立可移动文物普查工作专档，为后期文物信息的整理、汇总工作奠定基础。

3.落实普查工作经费

为了保证普查工作的顺利开展，按照国家文物局的普查标准，沙坪坝区共投入普查经费60万。在经费使用上，沙坪坝区普查办严格按照国家财务制度规定，加强经费管理，专款专用，厉行节约，反对浪费，确保资金使用的规范、安全、有效；同时，加强普查设备的登记、使用与管理，防止国有资产流失。

沙坪坝区2013—2016年可移动文物普查经费落实情况表（单位：万元）

合计	2013年	2014年	2015年	2016年
60	10	20	20	10

4.组建普查队伍

建立完备的普查人员队伍是普查工作的基础保证。沙坪坝区普查办实行统一登记、统一培训、持证上岗机制。以普查员为主体、普查专家为资源、普查志愿者为补充的队伍全面建立并发挥作用。沙坪坝区在各部门的支持配合下，共有71名工作人员参与普查工作。

沙坪坝区可移动文物普查队伍统计表（单位：人）

合计	区级普查办	收藏单位	普查专家	普查志愿者
71	27	17	12	15

招募重庆师范大学文博、历史等专业的优秀学生参与文物普查工作。这些青年学生学习态度认真、求知欲望强烈，经过培训后，很快适应普查基础性工作，成为普查工作中的生力军。学生志愿者的加入一方面缓解了普查人员不足的现实问题，保证了普查工作的进度；另一方面通过参与普查工作，学生把学到的理论知识应用到实践中，开拓了文物视野，增强了实践能力，是一次非常有意义的实践经历。

（二）调查、认定、采集、登录、审核，分阶段实施

1.国有可移动文物收藏单位调查阶段

按照重庆市文物局有关要求，沙坪坝区普查办向全区1786家各级国有单位发放了《国有单位文

物收藏情况调查登记表》《沙坪坝区关于开展第一次全国可移动文物普查的通知》等宣传调查材料,反馈率为100%。根据调查情况,经专家组认定,最终确定沙坪坝区共有7家国有单位收藏文物。在规定时间内,沙坪坝区完成国有可移动文物收藏单位登录注册工作。

2.国有可移动文物认定工作阶段

根据《重庆市可移动文物普查文物认定规范》,沙坪坝区普查办邀请市文物专家组,对重庆大学、重庆八中、沙坪坝区档案馆等单位的188件/套文物开展文物认定,共认定文物185件/套。

在普查期间,一批新发现、新认定的文物成为亮点。重庆大学教育基金会收藏的66件青铜兵器和工具被认定为西汉时期滇文化青铜器,具有较高的历史和研究价值。

3.国有可移动文物信息采集登录阶段

按照市普查办统一部署,为确保完成目标任务,同时保证数据质量,沙坪坝区普查办与市普查办签订普查工作目标责任书。沙坪坝区7家文物收藏单位,均明确录入员、审核员、用户管理员,并明确责任到人,保证普查数据质量。截至2016年10月31日,沙坪坝区7家国有可移动文物收藏单位在全国可移动文物信息登录平台登录可移动文物3896件/套,实际数量为39744件。

4.国有可移动文物信息审核阶段

为有序推进普查数据审核工作,区普查办从各有关单位抽调专业技术人员负责沙坪坝区文物数据审核工作。为保证审核质量,区普查办对审核人员进行分组,分别审核;对审核中发现的问题,采取先记录、再讨论、最后形成统一意见的方式予以解决。2016年8月,沙坪坝区可移动文物数据通过市级专家抽审和终审。

(三)宣传动员,营造氛围

为提高全社会的文物保护意识,形成"人人知晓、人人支持"的良好局面,沙坪坝区积极开展第一次全国可移动文物普查宣传工作。在市普查办的监督和指导下,沙坪坝区充分利用报纸、杂志、广播、电视、网络移动传媒各类媒体和载体,对普查的目标意义、对象范围、内容方法、程序步骤,以及有关的法律法规,普查标准规范,普查工作进展,普查成果,普查先进事迹等进行宣传,并把文物普查宣传与重庆文化遗产宣传月、国际博物馆日、中国文化遗产日的宣传活动结合起来,有效发挥博客、微博、微信等新兴媒体的宣传作用,为此次普查营造了良好的社会氛围。

(四)质量控制,确保进度

为保证普查工作符合国家文物普查规范和标准,2013—2016年度,区普查办派员参加市文物局普查办举办的各类相关专业培训6次,参加人数138人次。按照《重庆市可移动文物普查质量控制管理制度》等有关规定,区普查办严格贯彻落实普查质量控制管理责任制,每家普查单位均确定至少一名联系人,负责普查数据的报送和内部协调等工作;普查单位负责人和填报人员负责对本单位填报数据的审核把关;普查员负责对普查数据填报格式、项目等的现场审核,确保填报信息齐全准确。在普查数据处理过程中,严格执行市普查办关于第一次全国可移动文物普查有关数据处理的统一规定,分组录入、相互校对、逐一检查等措施,努力减少技术性差错。此外,为保障普查期间的文物安全,区普查办要求普查人员在文物测量、摄像等环节要严格遵守相关文物安全守则,在普查工作中没有发生一起安全责任事故。

沙坪坝区组织普查培训班情况一览表

	合计	2013年	2014年	2015年	2016年
次数(次)	6	1	2	2	1
人数(人次)	138	44	36	37	21

(五)展示成果,做好总结

为有效利用第一次全国可移动文物普查成果,加强沙坪坝区国有可移动文物收藏单位之间的联系,准确掌握各国有收藏单位文物的具体状况,逐步实现数字化文物资源共享,区普查办依托统一平台,组织编制了《沙坪坝区国有可移动文物收藏单位名录》,名录包括区文物管理所、区档案馆、市档案馆、重庆大学教育基金会秘书处、重庆大学图书馆、重庆师范大学、重庆八中等在内的7家国有可移动文物收藏单位,并对各单位收藏的文物数量、等级、品类、保存状况等进行了详细记录,为下一步文物保护和利用打下坚实基础。通过文物普查,我们对沙坪坝区文物资源的数量、分布等都有全面了解,这为本区域文物资源的再分配和利用提供了依据。深入挖掘文物信息及价值也将是一项重点工作,拓展文物利用途径,让文化遗产保护成果更好地惠及人民群众。

三、沙坪坝区普查工作成果

(一)掌握沙坪坝区可移动文物资源情况及价值

沙坪坝区7家国有收藏单位共采集登录39744件藏品。

从文物收藏单位的性质来看,全部文物均收藏在事业单位;从文物收藏单位的类型来看,30.19%的文物集中收藏在文博系统外的图书馆,博物馆、纪念馆收藏量为1.17%,档案馆收藏量为0.42%,其他单位收藏量为68.23%。

沙坪坝区国有收藏单位文物分布表

序号	沙坪坝区国有可移动文物收藏单位名称	文物数量(件)	所占比例(%)
	合计	39744	100.00
1	重庆师范大学	26800	67.43

续表

序号	沙坪坝区国有可移动文物收藏单位名称	文物数量(件)	所占比例(%)
2	重庆大学图书馆	11998	30.19
3	沙坪坝区文物管理所	464	1.17
4	重庆市第八中学	250	0.63
5	重庆市档案馆	117	0.29
6	重庆大学教育基金会	66	0.17
7	沙坪坝区档案馆	49	0.12

(二)健全文物保护体系

在第一次全国可移动文物普查工作中,沙坪坝区始终坚持"抢救第一、保护为主、加强管理、合理利用"的工作方针,高度重视文物保护工作。以此次普查为契机,沙坪坝区共保护修复文物52件/套,文物保存状况和保存环境得到有效改善,可移动文物档案和管理体系也在逐步健全。

同时,普查工作为解决沙坪坝区国有文物资源底数不清、残损情况不明、登记建档不全等历史遗留问题提供了宝贵时机。在区普查办的积极组织和引导下,重庆师范大学、重庆市第八中学、重庆市档案馆、沙坪坝区档案馆等国有非文博系统国有可移动文物收藏单位均建立了专门的藏品管理机制;制定完善了文物藏品总账管理、登记编目、保管员岗位职责、藏品使用细则等相关制度,对沙坪坝区文物保护管理等基础工作具有较大的推动作用。

普查认定给予行业外符合条件的藏品资源法定的"文物"身份,使得行业外藏品资源的管理和保护工作变得有法可依。区普查办积极组织和协调,邀请市文物认定专家组,对重庆大学、重庆八中、重庆市档案馆、沙坪坝区档案馆等单位收藏的藏品进行文物认定,最终认定185件/套文物。其中,以重庆大学教育基金会收藏的66件西汉时期具有典型滇文化特征的青铜兵器和工具最为珍贵。

(三)发挥文物在经济社会发展中的重要作用

习近平总书记说过,"让收藏在禁宫里的文物、陈列在广阔大地上的遗产、书写在古籍里的文字都活起来"。让文物活起来,要落在实际的行动上。为展示沙坪坝区第一次全国可移动文物普查成果,向大众普及文物知识,区普查办以重庆文化遗产宣传月为契机,在郭沫若纪念馆、张治中纪念馆、冯玉祥纪念馆、重庆大学城各大高校等地举办了"细数家珍——沙坪坝区第一次全国可移动文物普查成果图片展",参观人次达20000以上。另外还通过《中国文物报》等宣传材料分发、现场讲解、知识问答等方式,向观众宣传国家关于文物工作的方针政策,提高人们的文物保护意识和参与度,为文物工作的开展奠定了良好的群众基础。

四、建议

沙坪坝区高校众多,科研力量雄厚,且文物收藏数量较多。为有效利用沙坪坝区文物资源,深挖文物内涵,同时也为提高沙坪坝区文物科研学术水平,以便为沙坪坝区文物事业提供智力支持,区文物部门应和各高校建立并强化长效合作机制,在文物研究、文物保护、文物展览策划、博物馆教育、文创产品研发等方面开展深入合作,形成互利共赢的良好局面。

报告执笔人:郭小智、杨瑞、田贵香

报告审阅人:甘玲

07　九龙坡区第一次全国可移动文物普查总结报告

第一次全国可移动文物普查是继第三次全国文物普查之后在文化遗产领域开展的又一重大国情国力调查，是一项旨在全面掌握我国文物资源、加强文物保护、建设文化遗产强国的国家工程。2012年10月，国务院下发了《关于开展第一次全国可移动文物普查的通知》，启动第一次全国可移动文物普查工作。2013年3月，重庆市人民政府下发了《重庆市人民政府关于开展第一次全国可移动文物普查的通知》，全面部署了重庆市第一次全国可移动文物普查工作。普查分为工作准备、普查实施和验收汇总三个阶段。2012年10月至2013年2月为准备阶段，主要任务是制订实施方案，发布规范和标准。2013年3月至2015年12月为普查实施阶段，以区县为基础，开展文物普查认定和信息数据登录，采取建档、采集、登录、报送、审核同时进行的方式整理普查数据资料。2016年1月至12月为验收总结阶段，主要任务是进行普查资料的整理、汇总、数据库建设和普查成果发布。重庆市普查办印发了《重庆市第一次全国可移动文物普查实施方案》，进一步明确了普查工作的内容、范围和目标，强调了各阶段的工作任务和技术要求。

九龙坡区高度重视第一次全国可移动文物普查工作，科学组织，认真实施，在人力、物力、财力等方面给予了全力支持和保证。在区普查办的组织协调下，由区文物管理所牵头，全力推进普查准备、国有收藏单位摸底调查、文物认定、文物信息采集登录和普查数据审核等各阶段任务的实施，圆满完成了全区国有可移动文物普查工作。据统计，在整个普查期间，全区共投入普查人员92人，落实普查经费83.73万元，共发放调查表1073份，收回1073份，实现了全区国有单位摸底调查100%全覆盖。

九龙坡区位于重庆市主城区西南部，被中梁山分隔为东西两大部分，全区所辖面积432平方千米，辖8个街道、11个镇。九龙坡区历史悠久，文化积淀厚重，其广泛分布的文物遗存诠释了悠久的历史和丰富的文化资源。区内建有各类博物馆、陈列馆、纪念馆6个。通过第一次全国可移动文物普查，核定区内国有收藏单位7家，登录可移动文物3519件/套，实际数量为7706件。全区国有可移动文物呈现出数量分布集中、有机质地文物多、反映区域历史文化和社会变迁的特色文物多等特点。

通过实施第一次全国可移动文物普查，九龙坡区已基本掌握辖区内可移动文物的数量、分布、特征、保存现状等基本情况。普查提高了各有关单位的文物保护意识，尤其是提高了文博系统工作人员的科学知识、专业技能和管理水平，为进一步建立具有现代化科学素养的专业队伍创造了条件；协调了文物管理部门和政府各职能部门的关系，形成共同保护文物的工作合力；为准确判断文物保护形势、科学制定文物保护政策和拟订保护规划提供了依据;同时加强了九龙坡区在文化遗产领域的国有资产管理和资源整合能力,充分发挥文物在建设社会主义先进文化、促进经济社会全面协调可持续发展中的重要作用。

一、普查数据

截至2016年10月31日,九龙坡区在全国可移动文物信息登录平台和全国美术馆藏品普查信息系统登录可移动文物3519件/套,实际数量为7706件。其中,珍贵文物81件/套,实际数量为98件。在全国可移动文物信息登录平台上注册的收藏单位7家。

(一)九龙坡区可移动文物基本情况

1. 类别

可移动文物类别

可移动文物类别	可移动文物实际数量(件)	实际数量占比(%)
合计	7706	100.00
玉石器、宝石	358	4.64
陶器	17	0.22
瓷器	28	0.36
铜器	10	0.13
金银器	1	0.01
铁器、其他金属器	17	0.22
雕塑、造像	154	2.00
石器、石刻、砖瓦	166	2.15
书法、绘画	2544	33.01
文具	4	0.05
玺印符牌	3	0.04
钱币	18	0.23
牙骨角器	32	0.42
竹木雕	461	5.98
织绣	2	0.03
古籍图书	2734	35.48
碑帖拓本	1	0.01
武器	2	0.03
邮品	0	0
文件、宣传品	13	0.17
档案文书	19	0.25

续表

可移动文物类别	可移动文物实际数量(件)	实际数量占比(%)
名人遗物	44	0.57
玻璃器	771	10.01
乐器、法器	8	0.10
皮革	1	0.01
音像制品	17	0.22
交通、运输工具	1	0.01
度量衡器	0	0
标本、化石	37	0.48
其他	243	3.15

2. 年代

(1)可移动文物年代类型。

可移动文物年代类型

可移动文物年代类型	可移动文物实际数量(件)	实际数量占比(%)
合计	7706	100
地质年代	37	0.48
考古学年代	161	2.09
中国历史学年代	6790	88.11
公历纪年	0	0
其他	712	9.24
年代不详	6	0.08

(2)可移动文物中国历史学年代分布。

可移动文物中国历史学年代分布

可移动文物中国历史学年代	可移动文物实际数量(件)	实际数量占比(%)
合计	6790	100.00
夏	0	0
商	0	0
周	0	0
秦	0	0
汉	10	0.15
三国	0	0
西晋	0	0
东晋十六国	0	0
南北朝	0	0

续表

可移动文物中国历史学年代	可移动文物实际数量（件）	实际数量占比（%）
隋	0	0
唐	0	0
五代十国	0	0
宋	13	0.19
辽	0	0
西夏	0	0
金	0	0
元	0	0
明	1924	28.34
清	1851	27.26
中华民国	1050	15.46
中华人民共和国	1942	28.60

3. 级别

可移动文物级别

可移动文物级别	可移动文物实际数量（件）	实际数量占比（%）
合计	7706	100.00
一级	3	0.04
二级	36	0.47
三级	59	0.77
一般	2288	29.69
未定级	5320	69.04

4. 来源

可移动文物来源

可移动文物来源	可移动文物实际数量（件）	实际数量占比（%）
合计	7706	100.00
征集购买	105	1.36
接受捐赠	153	1.99
依法交换	0	0
拨交	0	0
移交	1335	17.32
旧藏	5632	73.09
发掘	287	3.72

续表

可移动文物来源	可移动文物实际数量(件)	实际数量占比(%)
采集	194	2.52
拣选	0	0
其他	0	0

5.入藏时间

可移动文物入藏时间范围

可移动文物入藏时间范围	可移动文物实际数量(件)	实际数量占比(%)
合计	7706	100.00
1949年10月1日之前	3	0.04
1949年10月1日—1965年	424	5.50
1966—1976年	0	0
1977—2000年	1874	24.32
2001年至今	5405	70.14

6.完残程度

可移动文物完残程度

可移动文物完残程度	可移动文物实际数量(件)	实际数量占比(%)
合计	7706	100.00
完整	2458	31.90
基本完整	3417	44.34
残缺	1816	23.57
严重残缺(含缺失部件)	15	0.19

(二)九龙坡区可移动文物分布情况

1.按收藏单位隶属关系统计可移动文物数量

可移动文物数量分布(按收藏单位隶属关系)

收藏单位隶属关系	可移动文物实际数量(件)	实际数量占比(%)
合计	7706	100.00
中央属	0	0
省属	5801	75.28
地市属	0	0
县区属	1905	24.72
乡镇街道属	0	0
其他	0	0

2. 按收藏单位性质统计可移动文物数量

可移动文物数量分布（按收藏单位性质）

收藏单位性质	可移动文物实际数量（件）	实际数量占比（%）
合计	7706	100.00
国家机关	0	0
事业单位	4901	63.60
国有企业	0	0
其他	2805	36.40

3. 按收藏单位类型统计可移动文物数量

可移动文物数量分布（按收藏单位类型）

收藏单位类型	可移动文物实际数量（件）	实际数量占比（%）
合计	7706	100.00
博物馆、纪念馆	1900	24.66
图书馆	74	0.96
美术馆	0	0
档案馆	0	0
其他	5732	74.38

4. 按收藏单位所属行业统计可移动文物数量

可移动文物数量分布（按收藏单位所属行业）

收藏单位所属行业	可移动文物实际数量（件）	实际数量占比（%）
合计	7706	100.00
制造业	2	0.03
教育	2927	37.98
文化、体育和娱乐业	1974	25.62
公共管理、社会保障和社会组织	2803	36.37

二、普查工作组织实施情况

（一）属地管理、分级负责

1. 设立普查领导小组，成立普查机构

2013年5月16日，九龙坡区政府印发了《关于成立九龙坡区第一次全国可移动文物普查领导小组的通知》，由普查领导小组负责全区可移动文物普查工作的组织、领导和协调，区政府分管文化工作的副区长担任普查领导小组组长，区政府办副主任、区文化委主任担任副组长，区委党史研究室、区发改委、区教委、区民政局、区财政局、区经信委、区房管局、区文化委、区民宗局、区统计局、区机关事务局、区人社局、区档案局、区科协14家区级单位相关领导为成员。领导小组办公室设在区文化委,负责具体实施全区可移动文物普查工作。2013年6月5日,区普查领导小组办公室印发了《关于认真做好第一次全国可移动文物普查的通知》,全面启动九龙坡区第一次全国可移动文物普查工作。

在国有单位文物收藏情况摸底调查的基础上,区普查办确定了文物、图书、教育、国企和宗教寺庙等为普查重点行业、系统,统筹建立起普查工作协调机制。在区普查办指导下,各收藏单位成立了普查工作小组,由分管领导担任本单位普查工作责任人,设立信息登录员、管理员和审核员。各收藏单位设立普查工作联络人,配合区普查办协调推进开展各阶段工作。

2.制订普查实施方案和确定工作制度

2013年6月6日,九龙坡区政府印发了《关于印发第一次全国可移动文物普查工作实施方案的通知》,方案阐明了普查的意义,明确了普查的目标、范围和内容,确定了普查的组织、时间、实施步骤、普查的技术路线、普查数据和资料管理、普查的经费、普查的宣传与总结等各方面内容,对全区第一次全国可移动文物普查的开展进行了具体部署。区内重点行业、系统如教育机构、图书馆、国企、档案馆、宗教寺庙等都转发了区政府《关于印发第一次全国可移动文物普查工作实施方案的通知》,要求本行业、系统各成员单位根据文物普查要求,认真遵照执行。

为加强普查期间藏品安全管理,规范普查工作秩序,区内各国有收藏单位建立健全了库房管理各项制度,根据区政府文物普查工作方案,制订了本单位的普查工作计划,严格依照普查工作程序,规范实施文物普查各环节工作。

3.落实普查工作经费

2013年至2016年间,九龙坡区财政共落实普查经费69.73万元,市级专项拨款14万元,落实普查经费总计83.73万元。每年度普查经费均按时全额拨付到位,确保了各阶段可移动文物普查工作的顺利实施。普查经费的使用,严格执行了财务管理制度,经费实行专账和专人管理。严格按照相关会计制度、单位内部财务管理办法、内部控制制度及财务审批权限管理,严格资金使用审计,保证了经费的科学、合理使用。

九龙坡区2013—2016年可移动文物普查经费落实情况表(单位:万元)

	合计	2013年	2014年	2015年	2016年
市级拨款	14	0	10	4	0
区级拨款	69.73	19.79	17.01	16.01	16.92
全区总计	83.73	19.79	27.01	20.01	16.92

4.组建普查队伍

九龙坡区可移动文物普查总投入人员合计92人,其中区普查办25名,普查专家8名,普查志愿者

30名,国有收藏单位普查人员29名。普查专家主要为书画、陶瓷、金银玉器、工业机器、杂项等领域具有副高以上职称者,参与各收藏单位文物认定、普查人员培训等工作,指导普查工作的开展。普查志愿者主要是四川美术学院、重庆师范大学历史与社会学院在校学生,主要参加了普查第二阶段工作,在文物信息采集和登录、文物藏品清理等方面发挥了重要作用。

九龙坡区可移动文物普查队伍统计表(单位:人)

合计	区普查办	收藏单位	普查专家	普查志愿者
92	25	29	8	30

国有收藏单位可移动文物普查人员配备情况

收藏单位	普查人员数量(人)	数量占比(%)
合计	29	100.00
巴人博物馆	5	17.24
重庆市育才中学校	5	17.24
四川美术学院	2	6.90
九龙坡区图书馆	4	13.79
重庆警察博物馆	3	10.34
重庆赛力盟电机有限责任公司	5	17.24
九龙坡区华岩寺	5	17.24

为提高普查工作人员业务水平,区普查办根据普查各阶段工作需要,认真组织开展人员培训。各国有收藏单位参加市普查办、区普查办组织的业务培训后,也在本单位内部召集普查工作人员进行培训学习。自2013年起,全区累计培训次数32次,702人次参训。在区普查办统筹安排下,普查工作由区文物管理所牵头,各收藏单位配合实施,按照"分工合作、流水作业"的工作模式,既保证了普查数据的质量,又提高了普查工作效率。

九龙坡区可移动文物普查培训情况

时间	培训场次(场)	参训人数(人次)	主要培训内容
合计	32	702	
2013年	9	266	普查工作部署、国有单位摸底调查
2014年	7	246	文物认定、登记、建档
2015年	9	110	普查流程、文物信息采集技术指导
2016年	7	80	文物审核流程、文物审核技术指导

(二)调查、认定、采集、登录、审核,分阶段实施

1.国有可移动文物收藏单位调查阶段

2013年6月5日,九龙坡区普查领导小组办公室印发了《关于认真做好第一次全国可移动文物普查的通知》,启动全区国有收藏单位可移动文物收藏情况摸底调查。向本行政区域内各级国家机关、事业单位、国有企业和国有控股企业,以及列入各级文物保护单位的宗教寺庙等共1073家单位发放了《重庆市可移动文物普查国有单位信息调查表》及填写样本。7月30日,区普查办召开全区第一次全国可移动文物普查工作会,重申了普查工作的目标、任务与意义,并现场指导填写调查登记表。区普查办通过发放调查表、召开工作会、电话访问和实地调查相结合的方式,认真组织开展国有单位文物收藏情况摸底调查工作,最终回收调查表1073张,调查覆盖率100%。经认定,全区7家国有单位收藏有可移动文物。

2.国有可移动文物认定工作阶段

根据《重庆市可移动文物普查文物认定规范》的通知要求,九龙坡区普查办制订了《九龙坡区第一次全国可移动文物普查文物认定工作计划》,对文物认定工作程序、各收藏单位委派专家、认定时间做出具体部署。2014年12月,区普查办相继邀请8位具有副高以上职称的文物专家先后对巴人博物馆、华岩寺、四川美术学院、重庆赛力盟电机有限责任公司、重庆市育才中学校等申请文物认定的单位开展认定工作6次,新认定文物275件/套,实际数量为1870件。文物类别主要包括陶器,瓷器,玉石器、宝石,铁器、其他金属器,铜器、书法、绘画,竹木雕,名人遗物,雕塑、造像等。其中华岩寺新认定的清贝叶经为保存完整的一整套佛教经籍,重庆赛力盟电机有限责任公司旧藏的"1945年日本赔偿三菱制造车床"为九龙坡区抗战文物典型代表。

九龙坡区可移动文物普查新认定文物情况

收藏单位	新认定实际数量(件)	实际数量占比(%)
合计	1870	100.00
巴人博物馆	1352	72.30
重庆市育才中学校	11	0.59
四川美术学院	32	1.71
九龙坡区图书馆	0	0
重庆警察博物馆	0	0
重庆赛力盟电机有限责任公司	2	0.11
九龙坡区华岩寺	473	25.29

3.国有可移动文物信息采集登录阶段

九龙坡区政府印发了《关于印发第一次全国可移动文物普查工作实施方案的通知》,区普查办根据实施方案要求,对文物信息采集阶段工作做了详细部署,并印发了《馆藏文物登录规范》《藏品登录工作手册》等规范性文件,完善了《文物出入库管理制度》等相关管理制度,确保了文物信息采集登录工作的高质量、高效率落实。

2013年8月,九龙坡区完成国有单位调查摸底工作,反馈有文物的收藏单位7家。在采集登录阶段,7家国有收藏单位都完成了全国可移动文物信息登录平台注册,注册率为100%。有6家国有单位在全国可移动文物信息登录平台登录了文物信息。另外1家国有单位——四川美术学院,根据《文化部关于开展全国美术馆藏品普查工作的通知》的要求,在全国美术馆藏品普查信息系统登录了文物信息。

根据全区可移动文物主要集中在巴人博物馆(九龙坡区文物管理所)、四川美术学院、华岩寺,且其他各收藏单位专业人员缺乏的实际情况,区普查办确定了"区文物管理所牵头、各单位配合实施"的信息采集登录总体工作方针。区文物管理所在做好本单位馆藏可移动文物信息采集登录的同时,在人员、设备、技术指导等方面全力帮扶支持区内其他各收藏单位的文物信息采集登录工作。

九龙坡区可移动文物普查信息采集登录工作,采取"分工合作、流水作业"的模式,将该阶段工作分解成测量、拍照、登记、录入、核对等多个模块,划分职责,落实岗位,有序实施各项工作。各岗位严格按照信息采集登录工作要求,完善文物名称、尺寸、类型、质地、保存状况、照片等各项指标,确保数据不遗漏、质量合标准。

由于信息采集登录数据量大、任务重,区普查办实施了"时间上总体把控、数量上定额推进"的工作推进方法,确保了在2015年8月前全面完成信息采集登录任务。九龙坡区在全国可移动文物信息登录平台采集文物数量554件/套,导入古籍125件/套,已登录文物数量合计679件/套。四川美术学院在全国美术馆藏品普查信息系统录入藏品2840件/套。合计登录可移动文物3519件/套,实际数量为7706件。文物信息采集登录工作做到了进度、质量两手抓,为后续的数据审核工作打下了良好基础。

4.国有可移动文物信息审核阶段

九龙坡区普查办高度重视普查信息登录审核工作,及时转发了市文物局《关于发布〈第一次全国可移动文物普查数据审核工作管理办法〉的通知》,印发并组织学习了《第一次全国可移动文物普查数据质量评定标准》等规范文件,要求各收藏单位根据审核工作要求,加强文物信息数据审核工作。

九龙坡区文物信息审核时间集中安排在2015年8月3日至12月31日。审核工作采取离线审核的方式,由区文物管理所具体负责实施。区普查办以区文物管理所专业技术人员为班底,邀请文物认定、审核专家库成员进行指导,成立了文物普查数据审核小组,承担全区文物普查数据区级集中审核与管理工作。审核严格实施藏品总登记账、文物信息采集登记表和文物信息登录离线软件三方信息核对制度,实行分级管理、责任到人、全面审核的原则,严格遵循各收藏单位初审、区普查办文物普查数据审核小组复审、区普查办领导终审的审核流程。审核小组工作人员分工合作,反复审定,对于存疑的数据及时进行现场复核,重新采集核对信息,做到有错必改、有疑必核,发现问题举一反三,减少数据误差,确保数据质量。

(三)宣传动员

九龙坡区根据国家普查办《关于协助做好普查宣传工作的通知》要求,积极开展普查宣传,制订宣传工作方案。区普查办充分利用报刊、互联网、海报、宣传册等对普查的目标意义、内容方法、程序步骤以及相关的法律法规、普查工作进展、普查成果等进行宣传报道,取得了良好效果。在可移动文物普查期间,区普查办在微信平台、政府网站等发布10篇报道,报刊刊登5篇报道,及时通报普查工作进展情况。

根据区普查办安排,巴人博物馆(区文物管理所)充分发挥博物馆的平台优势,将文物普查宣传纳入博物馆年度宣传计划,牵头做好普查宣传工作。其间,在巴人博物馆外公园广场等区域,布置国家普查办统一制作的宣传海报,宣传普查工作的内容、范围和重大意义。博物馆利用每年的重庆文化遗产宣传月、国际博物馆日、送展览下乡镇等重要节假日和活动,在博物馆、广场、公园、学校、社区、村镇等重要区域举办集中宣传活动,以图文并茂的形式依托流动展板进行巡回展览,免费向市民发放普查海报100份、宣传册页900余份,有效宣传了文物普查工作,使人民群众更多地了解了九龙坡区的精品文物资源,更加深入地认识了九龙坡区的历史文化,取得了良好的社会反响。

(四)质量控制

在普查期间,区普查办始终把数据质量和文物安全、数据安全放在重要位置,对文物数据质量和信息安全问题实施全程管理。

一是加强业务培训学习。区普查办根据普查各阶段工作要求,印发学习《普查藏品登录操作手册》《馆藏文物登录规范》等规范性文件,做好业务人员实作训练,强化对信息采集登录、数据管理、数据审核等内容的理解和运用,提升普查操作能力。

二是开展普查试点工作。根据九龙坡区文物资源和文博专业人才资源现状,区普查办选定巴人博物馆(区文物管理所)作为全区可移动文物普查工作的试点单位。区普查办多次对试点单位的普查人员进行现场操作培训,及时解决普查信息采集登录中的疑难问题,完善操作流程,规范测量、登记、拍照等各环节技术标准和工作要求。

三是强化普查过程管理。严格实施文物存放区域安全管理,安排专人负责文物藏品安全工作,做到采集一件、提取一件、退还一件,确保普查期间文物安全。严格实施普查数据安全管理,配置普查数据处理专用电脑和移动硬盘,设立普查专用登录账户密码,专人负责普查数据库管理和数据修改。严格实施普查数据质量管理,随时检查、及时修改完善数据信息,将数据的质量控制贯穿到文物信息采集、登录、审核等各个环节,不断提高数据质量。

四是做好普查验收。根据市普查办验收工作要求,区普查办组织完成全区普查验收工作。普查验收采取各收藏单位自验和区普查办校验的方式,由各收藏单位根据普查验收的相关文件要求完善资料并报区普查办后,区普查办对各项工作集中校验后形成验收报告。验收内容包括普查的组织、普查保障措施、国有单位文物收藏情况摸底调查、文物认定、文物信息采集登录、普查的总结、普查中的藏品管理、普查成果开发利用等方面。经过逐项验收,全区普查工作合格。

(五)普查工作总结情况

在普查期间,区普查办认真做好总结工作,建立健全普查档案资料。各国有收藏单位以普查数据为基础,完善《文物登记卡》,健全文物藏品登记账本。区普查办组织编制了九龙坡区国有可移动文物收藏单位名录1份、国有可移动文物名录7份,并逐步规范完善全区第一次可移动文物普查工作专项档案。普查工作完成后,将以文物普查数据为基础,建立全区国有可移动文物信息资源库,为深入了解区内各类可移动文物分布特征、保存状况、主要病害等情况,开展针对性的调查分析,加强可移动文物保护和利用研究提供了便利条件。

三、普查工作成果

通过实施第一次全国可移动文物普查,九龙坡区基本掌握了国有可移动文物的数量分布、保存状况、保管权属和使用管理等情况,为科学实施保护修复举措提供了依据;逐步建立起九龙坡区国有可移动文物认定体系、名录、档案和信息管理系统,为文物的标准化和动态管理奠定了基础;建立起文物资源档案,为实现文物信息资源的整合与合理利用创造了有利条件;加大了文化遗产保护宣传力度,丰富了宣传教育方法和内容,提高了全社会的文物保护意识和能力。

(一)掌握本行政区域可移动文物资源情况及价值

一是摸清了全区国有可移动文物资源情况。从收藏情况来看,九龙坡区可移动文物分布呈现出分类集中的特点。巴人博物馆(区文物管理所)收藏有丰富的石器石刻、玉石器、玻璃器,四川美术学院收藏了大量的绘画作品,华岩寺和区图书馆保存了清代、中华民国时期的古籍图书,重庆市育才中学校收藏了一些陶行知的书札信函,重庆警察博物馆收藏了一批重庆公安烈士的遗物。文物总量繁多,类别丰富,具有较高的历史文化价值。

二是基本掌握了全区国有可移动文物保存状况。全区国有可移动文物总体保存状况较好。巴人博物馆(区文物管理所)和重庆警察博物馆设有专门的文物库房,实施了文物库房和展厅白蚁灭杀防治,进一步优化了文物保护条件。区图书馆设立特藏书库保存古籍图书和其他纸质文物,重庆市育才中学校在档案库内设立藏品专柜。但是,由于经费不足、技术条件限制等原因,文物保护条件和保存环境仍然不能满足文物保护的需要。如华岩寺虽设有古籍善本保存库,但由于纸和纤维等有机质地文物受环境因素影响较大,部分藏品腐朽虫蛀严重,亟须修复。

三是全面了解国有可移动文物的使用管理情况。目前,九龙坡区各收藏单位馆藏文物的使用主要在展示和研究两个方面。巴人博物馆(区文物管理所)设有巴人巴国巴文化基本陈列专柜,并适时举办临展、巡展,展示馆藏文物资源。区图书馆将藏品设置于特藏书库,面向市民开放,市民可使用其馆藏古籍图书开展学术研究。重庆警察博物馆、华岩寺、四川美术学院美术馆由于近几年迁建新馆、重新布展等原因,馆藏资源暂时封存,未公开开放。

(二)健全文物保护体系

1.完善文物档案

在普查工作的基础上,区普查办指导各收藏单位建立藏品账目,健全文物藏品档案。巴人博物馆(区文物管理所)实施了馆藏文物藏品的全面清理,启动了文物藏品账目及档案信息化建设,实现藏品管理的数字化、制度化、规范化,并指导区内非文博系统国有收藏单位填写《文物登记卡》,完成清库建档工作和账目核对工作,建立文物信息电子档案库,推进馆藏资源信息化建设。

2.完善制度和规范

此项普查工作,进一步完善了藏品管理制度,理顺了藏品征集、使用、提退等管理流程,逐步形成了稳定的管理机制。各收藏单位基本实现了专人管理、专柜保存,促进了过去文物藏品档案不全、管理标准不一等问题的解决,推动了文物管理的制度化、规范化。

3.明确保护需求

当前,国有可移动文物的保存和管理情况虽然得到了很大改善,但文物的保护还存在许多需要改善之处。各收藏单位文物保存环境中温湿度、光照、防治污染物系数等因素不达标,专业保护人员缺乏,针对小规模收藏单位的实用性较强的保护技术和设备难以引进并使用,文物保护经费不足等,都是当前保护工作所面临的难点。从普查情况看,九龙坡区木质(含竹木雕、雕塑造像等)、纸质(含古籍图书、档案文书、书法绘画等)等有机质地文物(含有机与无机复合质地)较多,如何做好这类文物的保护,是今后较长时期内需要解决的课题。

各国有单位收藏规模不一,收藏文物类型不同。巴人博物馆(区文物管理所)收藏的石器石刻、玉石器、金属器,华岩寺所藏的古籍图书、木质雕塑造像,重庆警察博物馆所藏烈士的衣物,重庆赛力盟电机有限责任公司收藏的近现代工业机器,四川美术学院所藏的书画作品等各具特点,保护需求也不相同,需要有针对性地采取措施予以保护。特别是收藏量最多、种类最多的单位,对文物保护各项技术的需求也最复杂,需要逐步完善。今后,应当从各收藏单位所藏文物特性出发,从保存环境入手,根据文物保存状况,分步骤、有重点地优化文物保存条件,推进可移动文物的预防性保护和修复工作。

4. 扩大保护范围

通过可移动文物普查,全区共注册收藏单位7家,其中新备案的收藏单位2家,分别为重庆赛力盟电机有限责任公司和重庆市育才中学校。普查中各收藏单位对所藏文物建立了编号,按照统一标准健全了藏品档案,完善了藏品管理机制,实现了藏品规范化管理,如华岩寺、重庆赛力盟电机有限责任公司和重庆市育才中学校之前均没有文物总账和档案编号,此次借可移动文物普查对单位藏品进行集中清理,对没有编号的重新编号,制作了文物账目,填写了《文物登记卡》,藏品管理更加规范。

(三)有效发挥文物在本行政区域经济社会发展中的重要作用

1. 普查成果利用计划

九龙坡区将以普查成果为基础,进一步加强国有可移动文物的研究,发掘文物内涵,加强文物的保护与合理利用。一是要以多种形式公开普查成果,在法律规定的范围内实现文物信息资源的共享。二是要将普查成果与博物馆展览结合起来,以普查数据为基础,设计制作更多精品展览。三是要把普查成果的利用与公共文化服务结合起来,创新形式,服务于民。

2. 普查成果展览

文物信息采集登录阶段完成后,区普查办委托巴人博物馆(区文物管理所)组织九龙坡区第一次全国可移动文物普查阶段性成果展,深入乡镇街道、学校、社区等进行巡展,群众对普查工作开展情况反响良好。普查结束后,区普查办举办九龙坡区第一次全国可移动文物普查成果展,全面展示九龙坡区文物普查工作开展情况和全区可移动文物资源情况。

3. 普查成果出版物

九龙坡区加大对辖区内各国有收藏单位文物影像信息采集、账目档案编制整理工作,精选区内各收藏单位馆藏的精品珍贵文物,为将来出版九龙坡区第一次全国可移动文物普查成果汇编和展览陈列普查成果做足准备。

4. 普查成果资源开发和利用

九龙坡区充分利用可移动文物普查成果举办各类展览,取得了良好的社会反响。2014年5月,巴人博物馆(区文物管理所)以展板展览形式,在巴国城公园广场举办"九龙坡区文管所第一次全国可移动文物普查成果展",图文展览馆藏48件/套精美文物,参观人次达2000余人次。2015年5月,巴人博物馆(区文物管理所)以接收区财政局移交文物为契机,在博物馆临时展厅举办"九龙坡区财政局移交文物展",实物展览区财政局移交的文物104件/套,参观人次近3000人次。

四、建议

可移动文物普查是一项摸清家底、规范管理的文物资源大调查,对于今后的文物工作具有重要的指导意义。根据本次普查工作情况,结合文物保护利用的实际需求,仍应长期性地做好以下几项工作:

一是推动普查后续工作的实施。第一次全国可移动文物普查时间短、人手少、任务重,在普查工作中难免存在疏漏和不足。今后长时期内,应在现有基础上继续完善登录平台建设,不断完善文物数据信息。

二是建立文物资源信息库。充分发挥文物管理所的作用,建立起全区文物资源信息库,并实行统一的、动态的管理,新增国有可移动文物要按照普查标准录入信息库,实现对国有文物资源的标准化、数字化、动态化管理。

三是要加强对文物资源的研究、保护与合理利用。深入挖掘文物内涵,推进文物利用与公共文化服务的结合,推进文物研究与文创产品开发的结合。

四是强化工作人才的培养。基层文物保护管理单位和文物收藏单位在面对文物保护工作越来越复杂、任务越来越繁重的情况下需要有针对性地加强业务培训,提高文物工作专业技术人员的业务能力,不断提升行业管理水平、研究水平,不断提高文物保护工作水平。

五是加大文物保护工作的投入力度。可移动文物的保护、修复需要持续不断的经费投入,应根据文物保护工作的实际情况,适当向基层单位倾斜,补助文物保护经费,优化文物保存环境和保护设备,推进可移动文物的预防性保护和修复工作,守护好文物资源。

报告执笔人:刘光霞、唐斌

报告审阅人:张殊

08　南岸区第一次全国可移动文物普查总结报告

南岸区,是重庆主城老行政辖区,因地处长江南岸而得名。从东汉陶土到涂山窑文化,从近代开埠通商到抗战岁月,有丰富的文化历史遗存。

通过此次普查,南岸区掌握了区域内可移动文物的数量、分布、特征、保存现状等基本情况。普查提高了南岸区的文物保护意识尤其是文物管理部门工作人员的科学知识、专业技能和管理水平,为未来南岸博物馆建设打下了一定的基础。2012年10月,根据《重庆市人民政府关于开展第一次全国可移动文物普查的通知》和《重庆市第一次全国可移动文物普查实施方案》相关要求,南岸区普查办制订出台了《南岸区第一次全国可移动文物普查实施方案》,普查分为工作准备、普查实施和验收汇总三个阶段,依次进行以街道为基本单元的调查、信息采集、文物认定和审核工作,完成普查成果整理和汇总工作。第一次全国可移动文物普查从2012年底开始准备,2013年初进行统一宣传,启动动员,摸底辖区内可移动文物单位数量,并成立可移动文物普查领导小组,于当年底完成摸底调查采集工作。第二阶段为2013年7月至2015年10月,完成可移动文物普查工作。第三阶段为可移动文物审核等工作任务,于2016年10月结束。

据统计,在整个普查期间,全区共投入人员34人,举办各类培训班5次,落实普查经费80万元,共发放调查表967份,回收967份,排查出全区共有818家国有单位,实现了全区国有单位摸底调查100%全覆盖。此次普查涵盖了国民经济20个行业中的4个行业,新认定文物2190件/套(其中文博系统国有收藏单位收藏文物1907件/套,文博系统外国有收藏单位收藏文物283件/套)。截至2016年10月31日,全区8个国有收藏单位共采集登录文物5019件,其中珍贵文物697件。

南岸区国有文物收藏单位的可移动文物主要具有以下两个特点:一是收藏分布相对集中。全区共8家收藏单位,南山街道占6家,所收藏文物约占全区文物的36.5%。2家文博系统收藏单位的藏品占95%以上。二是以瓷器、古籍图书、文件、宣传品等类别占比最大。通过第一次全国可移动文物普查,南岸区清晰了解了可移动文物资源状况,建立起了档案资料,提高了可移动文物的标准化、规范化管理,为更好地发挥文物的价值作用和提升社会服务管理水平奠定了良好的基础。

一、普查数据

截至2016年10月31日,南岸区在全国可移动文物信息登录平台登录可移动文物2190件/套,实际数量为5019件。其中,珍贵文物505件/套,实际数量为697件。在全国可移动文物信息登录平台上注册的收藏单位有8家。

（一）重庆市南岸区可移动文物基本情况

1. 类别

可移动文物类别

可移动文物类别	可移动文物实际数量（件）	实际数量占比（%）
合计	5019	100.00
玉石器、宝石	42	0.84
陶器	102	2.03
瓷器	2057	40.98
铜器	54	1.08
金银器	8	0.16
铁器、其他金属器	8	0.16
雕塑、造像	41	0.82
石器、石刻、砖瓦	122	2.43
书法、绘画	5	0.10
文具	4	0.08
玺印符牌	1	0.02
钱币	645	12.85
牙骨角器	1	0.02
竹木雕	3	0.06
家具	38	0.76
织绣	4	0.08
古籍图书	948	18.89
武器	63	1.26
邮品	44	0.88
文件、宣传品	403	8.03
档案文书	139	2.77
名人遗物	6	0.12
乐器、法器	2	0.04
皮革	4	0.08
音像制品	79	1.57
票据	33	0.66
度量衡器	1	0.02
标本、化石	88	1.75
其他	74	1.47

2. 年代

(1)可移动文物年代类型。

可移动文物年代类型

可移动文物年代类型	可移动文物实际数量(件)	实际数量占比(%)
合计	5019	100.00
地质年代	87	1.73
考古学年代	113	2.25
中国历史学年代	4802	95.68
公历纪年	16	0.32
其他	0	0
年代不详	1	0.02

(2)可移动文物中国历史学年代分布。

可移动文物中国历史学年代分布

可移动文物中国历史学年代	可移动文物实际数量(件)	实际数量占比(%)
合计	4802	100.00
夏	0	0
商	0	0
周	2	0.04
秦	0	0
汉	759	15.81
三国	0	0
西晋	0	0
东晋十六国	0	0
南北朝	25	0.52
隋	0	0
唐	1	0.02
五代十国	0	0
宋	1987	41.38
辽	0	0
西夏	0	0
金	0	0
元	2	0.04
明	7	0.15
清	892	18.58
中华民国	1126	23.45
中华人民共和国	1	0.02

3. 级别

可移动文物级别

可移动文物级别	可移动文物实际数量（件）	实际数量占比（%）
合计	5019	100.00
一级	15	0.30
二级	51	1.02
三级	631	12.57
一般	742	14.78
未定级	3580	71.33

4. 来源

可移动文物来源

可移动文物来源	可移动文物实际数量（件）	实际数量占比（%）
合计	5019	100.00
征集购买	619	12.33
接受捐赠	1116	22.24
依法交换	0	0
拨交	55	1.10
移交	67	1.33
旧藏	873	17.39
发掘	2287	45.57
采集	1	0.02
拣选	0	0
其他	1	0.02

5. 入藏时间

可移动文物入藏时间范围

可移动文物入藏时间范围	可移动文物实际数量（件）	实际数量占比（%）
合计	5019	100.00
1949年10月1日前	658	13.11
1949年10月1日—1965年	6	0.12
1966—1976年	19	0.38
1977—2000年	896	17.85
2001年至今	3440	68.54

6.完残程度

可移动文物完残程度

可移动文物完残程度	可移动文物实际数量（件）	实际数量占比（%）
合计	4932	100.00
完整	107	2.17
基本完整	2554	51.78
残缺	2254	45.70
严重残缺（含缺失部件）	17	0.34

注：根据国家文物局《关于做好馆藏自然类藏品登录工作有关要求的通知》的要求，登录的自然类藏品87件/套，不填写"完残程度"指标项。

（二）重庆市南岸区可移动文物分布情况

1.按收藏单位隶属关系统计可移动文物数量

可移动文物数量分布（按收藏单位隶属关系）

收藏单位隶属关系	可移动文物实际数量（件）	实际数量占比（%）
合计	5019	100.00
中央属	0	0
省属	743	14.80
地市属	0	0
县区属	4208	83.84
乡镇街道属	0	0
其他	68	1.35

2.按收藏单位性质统计可移动文物数量

可移动文物数量分布（按收藏单位性质）

收藏单位性质	可移动文物实际数量（件）	实际数量占比（%）
合计	5019	100.00
国家机关	0	0
事业单位	4950	98.63
国有企业	0	0
其他	69	1.37

3.按收藏单位类型统计可移动文物数量

可移动文物数量分布（按收藏单位类型）

收藏单位类型	可移动文物实际数量（件）	实际数量占比（%）
合计	5019	100.00
博物馆、纪念馆	4107	81.83

续表

收藏单位类型	可移动文物实际数量（件）	实际数量占比（%）
图书馆	93	1.85
美术馆	0	0
档案馆	0	0
其他	819	16.32

4.按收藏单位所属行业统计可移动文物数量

可移动文物数量分布（按收藏单位所属行业）

收藏单位所属行业	可移动文物实际数量（件）	实际数量占比（%）
合计	5019	100.00
农、林、牧、渔业	87	1.73
科学研究和技术服务业	656	13.07
教育	7	0.14
文化、体育和娱乐业	4269	85.06

二、普查工作组织实施

（一）加强组织，健全机构

1.设立普查领导小组，成立普查机构

根据国务院、重庆市人民政府《关于开展第一次全国可移动文物普查的通知》精神，结合南岸区普查工作实际，2013年9月，南岸区成立了第一次全国可移动文物普查领导小组，负责普查工作的组织和领导。区文化委副主任任组长，区文管所所长任副组长，领导小组办公室设在区文化委，负责普查工作的日常事务。

在区普查办的统一指导、协调下，各成员各司其职，与收藏单位协作共同做好文物普查各项工作。

2.制订普查实施方案和确定工作制度

为贯彻落实《国务院关于开展第一次全国可移动文物普查的通知》和《重庆市人民政府关于开展第一次全国可移动文物普查的通知》，根据市普查办拟订的实施方案，南岸区普查办制订出台了《南岸区第一次全国可移动文物普查实施方案》，就普查的意义、目的，普查的范围和内容，普查的技术路线、方法与质量管理，普查组织机构职责和工作方式，普查的时间、步骤与流程，普查工作制度，普查培训，普查数据管理等进行了具体的规定和说明。区普查办实施方案出台后立即下发南岸区内有关工作单位，按要求开展工作。

根据实际工作的需要，南岸区还成立了第一次全国可移动文物普查工作队，由区文物管理所所长任队长，文物管理所全体人员及乡镇文化站站长为队员，负责全区可移动文物普查登记工作，对各单位、各乡镇文物普查工作进行业务指导、检查，完成普查领导小组办公室安排的相关工作。

3.落实普查工作经费

根据《财政部、国家文物局关于加强第一次全国可移动文物普查经费保障与管理的通知》精神,区县普查办编制普查经费预算,确保普查经费保障到位。截至2016年10月31日,南岸区投入普查经费共80万元。

南岸区2013—2016年可移动文物普查经费落实情况表(单位:万元)

合计	2013年	2014年	2015年	2016年
80	20	20	20	20

在经费使用上,区普查办严格按照国家财务制度规定,加强经费管理,专款专用,同时,加强普查设备的登记、使用与管理,防止国有资产流失。

4.组建普查队伍

2013年普查工作启动以来,全区先后有34人参与普查工作。从人员构成来看,普查专家3人,本级普查办6人,国有文物收藏单位20人,招募培训志愿者5名。为扩大普查队伍,充分调动社会力量,把在校大学生纳入了普查志愿者队伍中,他们的勤恳工作是在普查人员不充裕的情况下对区普查办工作的很大支持。

南岸区可移动文物普查队伍统计表(单位:人)

合计	普查办	收藏单位	普查专家	普查志愿者
34	6	20	3	5

(二)划分阶段,有序实施

1.国有可移动文物收藏单位调查阶段

南岸区摸底调查工作历时半年,共调查全区7个街道、8个镇国有企事业单位,发放了《国有单位可移动文物调查表》,共普查国有单位967家,发放的普查调查表100%收回。经过最终认定,确认收藏有文物资料的单位8家。

2.国有可移动文物认定工作阶段

区普查办邀请三名专家成立专家库,对收藏单位开展文物认定工作。新认定文物2190件/套,其中文博系统国有收藏单位1907件/套,文博系统外国有收藏单位283件/套,并现场指导工作人员对这些文物进行了拍照和相关数据采集,为文物信息录入数据库做好准备工作。其间,发现南岸区老君洞、中药研究院等单位收藏的古籍图书资源较为丰富。

3.国有可移动文物信息采集登录阶段

为加快普查工作进度,同时保证数据质量,区普查办多次组织人员培训,并在南岸区可移动文物数量庞大、普查办人员少的情况下,对非文博系统单位,普查办工作组到现场采集数据,邀专家一并前往做认定工作。完成了文物照片拍摄、数据整理录入等工作,将2190件/套数据全部录入在线平台和离线平台,在2015年10月全部采集完成了可移动文物数据。

4.国有可移动文物信息审核阶段

为有序推进普查数据审核工作,各小组在区普查办的领导下开展本片区的普查数据审核工作,对所有上报区普查办的数据进行逐条审核。积极配合专家,交流讨论,对专家提出的问题进行了修改,提交区普查办复审,确保抽审覆盖率达100%,差错率控制在0.5%以内。在2016年8月中旬以前全部完成审核工作。

(三)宣传动员,营造氛围

区普查办充分利用区文化委组织开展的世界读书日、国际博物馆日等活动,采用展板展览,发放海报宣传单、小册子等形式宣传可移动文物普查的目的和意义,宣传南岸区普查工作情况,宣传部分普查成果,并通过新闻媒体、互联网进一步扩大宣传效应,为可移动文物普查营造了良好的社会环境与舆论氛围。

(四)质量控制,确保进度

在普查工作中,南岸区严格按照《重庆市可移动文物普查质量控制管理制度》,将质量控制管理贯穿到普查组织、国有单位文物收藏情况调查、文物认定、信息采集登录报送、数据整合汇总等环节的全过程,普查质量控制取得了良好的效果。

1.构建培训体系

为推进文物普查工作,提高普查人员的业务素质,2013年至2016年南岸区普查办共举办培训班5次,累计培训18人次。通过各类培训,南岸区文物工作者对可移动文物的保护意识有了显著提高。这些培训活动不仅为文物普查培养了业务力量,而且为区文博事业发展积蓄了人才。

2.普查中的人员、文物、数据安全管理

文物历经岁月,本身就较为脆弱。损坏、毁坏的文物都是不能恢复的。南岸区在采集数据时,制订专门的操作方案,人员分工明确,责任明确。普查得到的综合数据和基础资料由专人负责,妥善保管。纸质媒介的数据及时整理、归档并指定专人专柜妥善保存。电子媒介的数据及时更新和备份保存。

南岸区在可移动文物普查工作中,始终重视普查人员的文物安全教育。南岸区通过岗前培训,加强了普查人员的职业道德教育,增强了他们的荣誉感和责任感。

3.普查验收

根据国家文物局《关于做好第一次全国可移动文物普查验收工作的通知》,2016年10月南岸区接受第一次全国可移动文物普查工作检查验收,提交总结报告和验收材料,南岸区验收结论为"合格"。

(五)展示成果,做好总结

建立可移动文物普查档案是科学规范文物档案管理工作的必要措施,是对第一次全国可移动文物普查各类数据进行全面保存、保管并发挥其作用的基础。

入档的资料包括可移动文物普查登记表,普查的报告、请示、通知、工作计划、总结、简报、会议记录、方案、规章制度,各有关机构工作人员名册,各种培训资料教材、宣传材料,以及在普查工作中形成的其他重要相关资料。

三、南岸区普查工作成果

(一)南岸区可移动文物资源情况及价值

1.文物数量及分布

南岸区8个国有收藏单位共采集登录文物5019件。

从文物收藏单位的性质来看,98.63%的文物集中收藏在事业单位,国家机关、国有企业和其他单位的文物数量为1.37%。从文物收藏单位的类型来看,81.83%的文物集中收藏在博物馆、纪念馆,文博系统外图书馆为1.85%;档案馆为0;其他单位为16.32%。

从文物分布的地域来看,南岸区约36.5%的文物收藏在南山街道。重庆抗战遗址博物馆、重庆市中药研究院、南山植物园、广益中学、黄桷垭基督教堂、道教老君洞6家单位文物数量共计1918件,占总量的38.21%。

2.文物保存状况

南岸区非文博系统单位保存条件有限,保护技术落后。在重庆高温高湿的自然环境下,文物长期在库房积压容易造成腐蚀。此次文物普查,对这部分可移动文物进行了整理,建立了档案。

3.文物价值

此次普查登录的5019件文物,具有历史、科学、艺术价值。

(二)建立健全管理机制

1.建立文物档案

此次文物普查提高了文物工作者对可移动文物的管理水平。南岸区在普查中及时发现文物总账上存在的不规范情况,已通过清库工作和账目核对工作重新建账建档。

2.健全制度规范

通过此次普查,南岸区进一步完善了可移动文物调查、认定、登记、管理及利用制度。南岸区通过清库建档工作和账目核对工作建立了藏品登记档案,健全了文物管理保护相关制度,包括部门负责人岗位职责、藏品库房管理员岗位职责、文物编目总账管理员工作制度及职责、文物库房管理制度、藏品征集制度等。

3.加强文物保护

一是加强文物保护的宣传,普及文物保护的意识。二是注重专业人员的素质培养。积极鼓励他们参加与文物保管或研究相关的各类专业培训,提高自身专业素养和业务研究能力。三是确定相应的保护措施。对于部分收藏单位条件有限,政府相关部门提供必要的保护方法或措施,提供适当的支持经费。

(三)发挥文物在经济社会发展中的重要作用

一是深化成果利用。结合实际采取灵活多样的形式开展普查宣传,认真筛选精品文物,做好图录编印。二是建立名录。收集整理普查工作相关资料,落实专人,建立南岸区可移动文物名录。

四、建议

(1)确定相应保护措施。对普查登记的可移动文物,确定必要的保护措施,根据所有权单位(个人)的意愿,可移交委托,统一代管,可自行保管,视其重要程度,政府相关部门提供必要的保护方法或措施,以奖代补,适当地给予经费支持,让脆弱的可移动文物免遭损毁。

(2)提升区内可移动文物保护水平。推进区级博物馆的建设,提高可移动文物保护管理水平。树立和推广文物保护意识,为培养文物保护人才早做准备,努力提升基层文保人员整体专业素质。

报告执笔人:陈洋、张亚

报告审阅人:罗霞

09　北碚区第一次全国可移动文物普查总结报告

北碚区位于缙云山麓、嘉陵江畔,面积755平方千米,常住人口77万,辖5个街道、12个镇。[①]北碚生态环境优良,历史底蕴深厚,宗教文化、山水文化、抗战文化、教育文化、艺术文化和本土民间文化等多种文化形态的水乳交融构成了北碚多彩的地域文明,也促生了大量文化遗存,除近两百余处文物保护单位外,大量精美的可移动文物同样是北碚灿烂文化的物质实证。

第一次全国可移动文物普查(以下可简称"一普")是继第三次全国文物普查(不可移动文物部分)之后在文化遗产领域开展的又一重大国情国力调查,是一项旨在全面掌握我国文物资源、加强文物保护、建设文化遗产强国的国家工程。

按照《重庆市人民政府关于开展第一次全国可移动文物普查的通知》精神,北碚区根据实际情况,成立了可移动文物普查工作领导小组,于2013年6月启动对区内可移动文物的普查工作。北碚区普查工作分为工作准备阶段、普查实施阶段、验收汇总阶段。

2013年4月至6月,北碚区完成国有单位摸底调查工作。2013年7月至2014年6月,区普查办收集整理各国有单位收藏的文物情况,组织各级专家逐一对辖区内国有单位申报的可移动文物进行鉴别、认定。2013年11月,完成辖区内抗战可移动文物专项调查工作。2014年7月至2015年3月底,完成区文管所可移动文物数据采集和登录。2015年4月至7月初,完成区图书馆可移动文物数据采集和登录。至此,北碚区在全市率先完成可移动文物普查信息采集登录工作。2016年8月,北碚区可移动文物普查数据通过市级审核。2016年10月24日,北碚区"一普"工作顺利通过验收。

分析普查数据,北碚区文物资源具有以下特点:

北碚区文物资源收藏机构类型相对单一,均为文化或教育行业的事业单位,宋代、清代、中华民国时段的文物重点突出。

北碚区文物在年代上具有较好的连续性,数量偏重于清代至中华民国时期。旧石器时期文物较为缺乏,少数民族政权时期的文物相对比较薄弱。

北碚区文物种类较为齐全,涵盖了33个种类。

由于库房保管条件相对欠完善,北碚区文物藏品完残程度不一,其中残缺为3322件,占文物总量比例为1.85%,严重残缺(包括缺失部件)为161件,占文物总量比例0.09%。

[①]相关数据统计截至2016年底。2018年1月,经重庆市人民政府批准,撤销歇马镇、水土镇、复兴镇,建立歇马街道、水土街道、复兴街道。调整后,北碚区下辖9个街道、8个镇。

一、普查数据

截至2016年10月31日,北碚区在全国可移动文物信息登录平台登录可移动文物16578件/套,实际数量为179692件。其中,珍贵文物58件/套,实际数量为75件。在全国可移动文物信息登录平台上注册的收藏单位4家。

(一)北碚区可移动文物基本情况

1. 类别

可移动文物类别

可移动文物类别	可移动文物实际数量(件)	实际数量占比(%)
合计	179692	100.00
玉石器、宝石	30	0.02
陶器	632	0.35
瓷器	646	0.36
铜器	270	0.15
金银器	3	<0.01
铁器、其他金属器	46	0.03
漆器	63	0.04
雕塑、造像	272	0.15
石器、石刻、砖瓦	152	0.08
书法、绘画	645	0.36
文具	51	0.03
甲骨	10	0.01
玺印符牌	79	0.04
钱币	710	0.40
牙骨角器	8	<0.01
竹木雕	25	0.01
家具	5	<0.01
珐琅器	3	<0.01
织绣	323	0.18
古籍图书	171217	95.28
碑帖拓本	3143	1.75
武器	119	0.07
邮品	153	0.09
文件、宣传品	42	0.02
档案文书	793	0.44

续表

可移动文物类别	可移动文物实际数量(件)	实际数量占比(%)
名人遗物	4	<0.01
乐器、法器	53	0.03
皮革	4	<0.01
票据	44	0.02
交通、运输工具	8	<0.01
度量衡器	10	0.01
标本、化石	13	0.01
其他	116	0.06

2. 年代

(1)可移动文物年代类型。

可移动文物年代类型

可移动文物年代类型	可移动文物实际数量(件)	实际数量占比(%)
合计	179692	100
地质年代	13	0.01
考古学年代	83	0.05
中国历史学年代	178280	99.21
公历纪年	62	0.03
其他	6	<0.01
年代不详	1248	0.69

(2)可移动文物中国历史学年代分布。

可移动文物中国历史学年代分布

可移动文物中国历史学年代	可移动文物实际数量(件)	实际数量占比(%)
合计	178280	100.00
夏	0	0
商	13	0.01
周	73	0.04
秦	8	<0.01
汉	639	0.36
三国	3	<0.01
西晋	5	<0.01
东晋十六国	5	<0.01
南北朝	13	0.01
隋	6	<0.01

续表

可移动文物中国历史学年代	可移动文物实际数量（件）	实际数量占比（%）
唐	159	0.09
五代十国	11	0.01
宋	608	0.34
辽	6	<0.01
西夏	3	<0.01
金	1	<0.01
元	92	0.05
明	15760	8.84
清	157836	88.53
中华民国	2914	1.63
中华人民共和国	125	0.07

3. 级别

可移动文物级别

可移动文物级别	可移动文物实际数量（件）	实际数量占比（%）
合计	179692	100.00
一级	2	<0.01
二级	5	<0.01
三级	68	0.04
一般	0	0
未定级	179617	99.96

4. 来源

可移动文物来源

可移动文物来源	可移动文物实际数量（件）	实际数量占比（%）
合计	179692	100.00
征集购买	3635	2.02
接受捐赠	231	0.13
依法交换	2	<0.01
拨交	480	0.27
移交	409	0.23
旧藏	173017	96.29
发掘	194	0.11
采集	12	0.01
拣选	17	0.01
其他	1695	0.94

5.入藏时间

可移动文物入藏时间范围

可移动文物入藏时间范围	可移动文物实际数量(件)	实际数量占比(%)
合计	179692	100.00
1949年10月1日前	102910	57.27
1949年10月1日—1965年	73651	40.99
1966—1976年	509	0.28
1977—2000年	1207	0.67
2001年至今	1415	0.79

6.完残程度

可移动文物完残程度

可移动文物完残程度	可移动文物实际数量(件)	实际数量占比(%)
合计	179692	100.00
完整	159	0.09
基本完整	176050	97.97
残缺	3322	1.85
严重残缺(含缺失部件)	161	0.09

(二)北碚区可移动文物分布情况

1.按收藏单位隶属关系统计可移动文物数量

可移动文物数量分布(按收藏单位隶属关系)

收藏单位隶属关系	可移动文物实际数量(件)	实际数量占比(%)
合计	179692	100.00
中央属	75288	41.90
省属	0	0
地市属	0	0
县区属	104404	58.10
乡镇街道属	0	0
其他	0	0

2.按收藏单位性质统计可移动文物数量

可移动文物数量分布(按收藏单位性质)

收藏单位性质	可移动文物实际数量(件)	实际数量占比(%)
合计	179692	100.00
国家机关	0	0
事业单位	179692	100.00
国有企业	0	0
其他	0	0

3. 按收藏单位类型统计可移动文物数量

可移动文物数量分布（按收藏单位类型）

收藏单位类型	可移动文物实际数量（件）	实际数量占比（%）
合计	179692	100.00
博物馆、纪念馆	1436	0.80
图书馆	102968	57.30
美术馆	0	0
档案馆	0	0
其他	75288	41.90

4. 按收藏单位所属行业统计可移动文物数量

可移动文物数量分布（按收藏单位所属行业）

收藏单位所属行业	可移动文物实际数量（件）	实际数量占比（%）
合计	179692	100.00
教育	75288	41.90
文化、体育和娱乐业	104404	58.10

二、普查工作组织实施

（一）加强组织，健全机构

1. 设立普查领导小组，成立普查机构

按照市政府的统一部署，为加强普查工作的组织领导，北碚区政府于2013年6月成立了第一次全国可移动文物普查领导小组，负责普查工作的组织和领导，协调解决重大问题。领导小组由区政府副区长任组长，区政府办副主任、区财政局局长、区文化委主任任副组长。

普查领导小组成员单位由区发改委、区教委、区民政局、区财政局、区经信委、区房管局、区民宗局、区统计局、区机关事务局、区档案局、区党史研究室、区科协、区志办组成。

领导小组办公室设在区文化委，由区文化委主任任办公室主任，领导小组负责普查工作的日常组织和具体协调。

2. 制订普查实施方案和确定工作制度

北碚区第一次全国可移动文物普查领导小组办公室根据北碚区实际情况，制订并公布了《北碚区第一次全国可移动文物普查实施方案》，并印发给了相关部门，同时制定了文物普查制度，申明了普查纪律，落实了工作责任，做好了文物普查前期相关工作。

3.落实普查工作经费

《北碚区政府关于开展第一次全国可移动文物普查的通知》明确将区财政局纳入普查领导小组，要求区财政将普查经费列入相应年度的财政预算，做好经费保障。区财政从2013年至2015年实际总共拨付普查经费50万元（对西南大学拨付专项经费10万元），主要用于人员培训，设备购置，支付外聘人员工资、差旅费，可移动文物认定，普查数据处理等方面的工作。北碚区在经费使用上严格按照国家财务制度规定，加强经费管理，专款专用，确保资金使用的规范、安全、有效。

北碚区2013—2016年可移动文物普查经费落实情况表（单位：万元）

合计	2013年	2014年	2015年	2016年
50	20	10	10	10

4.组建普查队伍

北碚区第一次全国可移动文物普查总投入人员328人，包括普查办工作人员18人，收藏单位44人，专家组成员5人，普查志愿者261人。

北碚区可移动文物普查队伍统计表（单位：人）

合计	本级普查办	收藏单位	普查专家	普查志愿者
328	18	44	5	261

（二）调查、认定、采集、登录、审核，分阶段实施

1.国有可移动文物收藏单位调查

依据《北碚区人民政府关于开展第一次全国可移动文物普查的通知》《北碚区人民政府办公室关于开展第一次全国可移动文物普查摸底工作的通知》等文件对普查摸底工作做出时间安排和工作部署，2013年6月，北碚区正式开展国有文物收藏单位调查摸底工作。一是以市文物局下发的北碚区国有单位名录为基础，结合区统计局、区编办提供的相关数据核定普查对象。通过核对，区普查办初步确定了北碚区应普查国有单位。随后，区普查办再以部门、镇街为基本单元，将应普查的国有单位分类细化，明确普查人员的责任和任务，在区普查办人员有限的情况下，全面动员基层力量参与入户调查。二是扎实开展普查摸底，由区普查办指定专人负责督促各部门、各镇街的工作进度，通过党政网、行业QQ群、上门指导服务等途径及时解决在普查中遇到的问题，并不断提醒普查人员一定做到调查入户，回收的调查表必须加盖被调查单位鲜章等，在保证入户调查不重复、不漏查、全覆盖的同时做好核对的工作。

2013年6月，北碚区国有单位摸底调查工作全面完成。全区共投入人力328人，入户调查1043个国有单位。其中因机构调整、改制重组、合并、撤销等原因未及时注销的原国有单位307个，实有符合

调查范围的国有单位736个,调查表回收率100%。调查到收藏有文物的国有单位8个,经过摸排、调整、市级单位介入协调后,由北碚区督促普查的国有文物收藏单位有3个,为北碚区博物馆、北碚区图书馆、西南大学,摸底预估其文物总数量16578件/套,实际数量179692件。

2.国有可移动文物认定

北碚区国有收藏单位中,西南大学、北碚区图书馆均为上账旧藏,已经鉴定定级。北碚区博物馆因为成立时间较短,藏品来源渠道多样(含馆内旧藏、移交、捐赠等),其中旧藏部分多已登记上账,而捐赠文物多属中华人民共和国成立以后的当代作品,因时间较近,未予归入本次工作,故主要认定部分集中于新近移交文物。

2015年3月6日,重庆市文物局组织重庆市文博专家对北碚区博物馆新近入藏的570件/套原北碚区川剧团戏服、道具进行了认定,490件/套藏品被认定为文物,其中,257件/套清末及民国时期戏服道具被确认在此次普查范围内。

文物认定工作的成功完成为北碚区下一步普查数据电子信息化登录和上报工作奠定了良好基础。

3.国有可移动文物信息采集登录阶段

北碚区于2014年8月进入可移动文物数据采集、登录阶段。2014年8月至2015年8月底,区博物馆基本完成可移动文物数据采集、登录;2015年6月至8月初,区图书馆完成文物类藏品数据采集、登录;2015年8月至2016年12月中旬,西南大学完成文物类藏品数据采集、登录。截至2016年8月31日,北碚区第一次全国可移动文物普查除由图书系统自行转换登录至全国古籍图书系统的部分,已登录文物数量为16578件/套,已采集文物数量为16578件/套。

本阶段工作伊始,普查小组根据对北碚区可移动文物总量的分析,采取同步进行文物数据采集和在线登录的工作方法。小组设计了文物数据采集表指标共24项,除全国可移动文物信息登录平台要求必须填报的14个指标外,重点对文物来源信息、形态特征、流传经历、修复装裱、复制记录等指标都进行了特别设置与记录,为制订完备的藏品档案奠定了基础。对部分佐证资料欠缺的文物,区普查办以文物藏品档案以及业务档案、发掘报告为基础,同时结合对老同志的走访予以核实,力求弄清每件文物来源,补足文物信息。最终采集的数据则通过在线平台录入后,分五级呈报审核,完成最后登录。

在系列工作中,区普查办严格按照《第一次全国可移动文物普查工作手册》规定的可移动文物认定依据和原则、认定范围对普查登录内容进行总体把关。在普查过程中,区普查办遇到本级专家不能解决的疑难问题,立即提请市普查办专家或通过QQ、电话等方式咨询行业专家予以指导解答。

4.国有可移动文物信息审核阶段

根据《关于发布第一次全国可移动文物普查数据审核工作管理办法的通知》,为严控普查数据质量,确保登录藏品信息完整、规范、准确、有效,区普查办决定将现场审核和网上审核相结合,以北碚区现已认定核实、由区普查办督促的三家国有收藏单位为工作对象,按照分级审核、层层把关的原则报送数据。具体运作模式为:基层数据由基层普查小组把好第一道关后上报,再由区级普查机构负责审核隶属本区域各单位登录的普查数据,最后报送市普查办进行终审。

2015年4月,2名区普查办数据审核人员参加了市普查办举办的重庆市可移动文物普查数据审核与管理培训班,针对普查古籍数据审核问题及注意事项、普查数据审核工作流程及发现的问题、普查数据审核内容与质量评定标准等进行了重点学习。2015年5月,区普查办组织属地管辖的西南大学、北碚区博物馆、北碚区图书馆三家单位为其讲授了审核工作流程和工作疑难点的解决方法。

在基层普查小组审核过程中,各收藏单位还邀请在本地文博系统中具有相关专业副高级职称以上的专家现场初审,并针对填报中各种错误做了纠正。

在区普查办复审期间,普查工作人员严格确保数据质量:一是对普查质量建立分级管理、责任到人、全面审核的原则,确保源头数据先由普查人员自身审核,再由普查单位审核,最后由区普办专业人员全面审核;二是避免数据积压,选择录入工作与审核工作同步推进,在录入中发现问题则及时与普查人员联系,核实更正;三是在核查中对全部登录内容再次逐一核对,尤其针对藏品性质、归类、定名、年代等易出错项目进行了重点把关;四是对文物照片质量也进行了抽检,要求相关收藏单位对不符合标准的照片进行重拍更替,确保每件文物登录数据信息能高标准、高质量通过;最后是采取每周定期回头看,对上个工作周的数据进行回看抽检,发现问题及时改正,确保普查数据的准确性。

截至2016年6月,北碚区第一次全国可移动文物普查市级审核工作全部完成。

(三)宣传动员

1.宣传主体

北碚区文物普查领导小组是进行普查工作宣传的主体,小组办公室依据市普查领导小组办公室制订的宣传方案进行细化,制订了北碚区宣传方案并组织实施,同时积极接受市普查领导小组办公室对北碚区普查宣传工作的监督和指导。

2.宣传内容

根据普查的不同阶段,普查宣传分别确定了相应的重点内容:第一阶段重点宣传开展普查的目标、意义、对象范围、内容方法、程序步骤等;第二阶段集中宣传与普查有关的法律法规、普查标准规范、普查工作进展、普查先进事迹等;第三阶段着重宣传普查进展情况,发布普查成果,宣传《全国国有可移动文物名录》、国有可移动文物数据库管理系统和本区可移动文物普查工作成果,以实际事例深入、生动地报道文物保护事业在增强文化软实力、构建和谐社会、推动社会经济发展方面的积极作用。

3.宣传形式和效果

区普查办充分利用报纸、网络等各类媒体跟踪报道普查工作情况,其中北碚电视台报道1次、《北碚报》报道1次,另外在各镇街的重要场所及交通要道张贴海报530份。区普查办把文物普查宣传与重庆文化遗产宣传月、国际博物馆日、中国文化遗产日的宣传活动结合起来,对普查的目标意义、对象范围、内容方法、程序步骤等进行宣传,提高了社会大众的文物保护意识。

(四)质量控制

1.统一标准、规范

在普查工作中,区普查办根据《第一次全国可移动文物普查工作守则(修订版)》《第一次全国可移动文物普查工作报告编制规范(参考)》《博物馆藏品管理办法》等规章制定相关工作办法,确保了普查信息的整齐、准确,有效提升了工作效率。

2.使用现代信息技术平台

为了实现分析普查国情国力、登录机制建设、公众服务三大目标,国家文物局按照"统一平台、联网直报、一次入库、分级审核、动态管理"的技术路线,开发建设全国可移动文物信息登录平台。平台包括文物信息登录、工作管理、数据交换、社会服务和综合管理五个子系统,为文物收藏单位实现文物信息数字化和各级文物行政部门加强本地区文物管理提供了途径。区普查办认真学习了登录平台的使用技巧,在普查工作中充分运用登录平台各项功能,保证了工作的有效开展。

3.踏实做好基础资料的收集、整理

区普查办以文物藏品档案以及业务档案、发掘报告为基础,又走访老同志,对部分佐证资料欠缺的文物进行核实,力求弄清每件文物来源,切实做好了基础资料的收集整理工作。

4.聘请专家把好技术关

区普查办严格按照《第一次全国可移动文物普查工作手册》规定的可移动文物认定依据和原则、认定范围对普查登录内容进行总体把关。在普查中遇到本级专家不能解决的疑难问题,通过邀请市普查办提供的专家库成员到区或以QQ、电话等方式进行解答,确保登录质量。

5.积极进行普查培训,深入掌握工作技能

2013年6月,区文物管理所负责人参加了第三期全国可移动文物普查骨干培训班,针对文物普查实施方案、普查教材、可移动文物普查信息登录平台和采集软件、文物认定程序、经费管理等工作接受专题培训。

2013年7月,3名一线普查人员参加了重庆市第一次全国可移动文物普查信息采集技术培训班,针对文物信息采集,接受了藏品管理、文物定名、影像采集、软件登录等方面的培训,保证了普查工作的顺利开展。

2015年4月,2名区普查办数据审核人员参加了市普查办举办的重庆市可移动文物普查数据审核与管理培训班,针对古籍普查数据审核问题及注意事项、普查数据审核工作流程及发现的问题、普查数据审核内容与质量评定标准等接受了重点培训。

为加强普查队伍建设,保障普查质量,北碚区在普查期间举办了9次培训,共计培训90人次。2013年,通过以会代训的方式,区普查办在区"一普"动员工作会上,对各镇街、各部门人员,重点针对《可移动文物普查国有单位信息调查表》的填写进行了培训。2015年3月,区普查办又对区文管所、西南大学博物馆等的一线普查人员进行了可移动文物普查信息采集技术培训。另外,针对区文管所、区图书馆等各自存在的普查实际问题和技术困难,区普查办还于2014年、2016年派遣专人到各收藏单位进行具体指导。

北碚区组织的普查培训班情况一览表

合计		2013年		2014年		2015年		2016年	
次数（次）	人数（人次）	次数（次）	人数（人次）	次数（次）	人数（人次）	次数（次）	人数（人次）	次数（次）	人数（人次）
9	90	2	31	2	17	4	38	1	4

(五)普查工作创新

(1)为了使文物信息更加科学、翔实,每件文物除必须登录的14个指标外,区普查办还自行设计了修复、装裱、复制记录、展出记录、著录信息、流传经历、铭记题跋及其他信息(包括移动、损坏记录等记录)等指标,对文物做出了进一步的描述,使藏品档案更趋完备。

(2)在影像采集上,普查员制作了一些辅助工具,如用回形针制作小支架来支撑钱币以获得较好拍摄视角,用橡皮泥在器物背后隐藏支撑稳定徽章类器物,针对戏服质地较软不易展示的情况,赶制榫卯十字架进行撑展等,使拍摄获得了最佳效果。

(3)在普查过程中,区普查办不断提高技能,攻克难点,在工作实践中,针对纹样不明、器型难定等文物的数据填报问题,及时查阅相关鉴定书籍,补充知识,最大限度地保证了数据的准确性。对于在普查中遇到本级专家不能解决的疑问,区普查办还根据市普查办提供的专家库,聘请行业专家到区指导解决或及时通过QQ、电话咨询专家库成员解决。

三、普查工作成果

本次普查使北碚区建立起全国可移动文物信息登录平台和数据库,实现了文物的规范化、信息化管理,并与全国联网,达到全国文物信息资源的整合利用和动态管理。同时,通过普查摸清家底,北碚区结束了普查前基层文物收藏单位管理相对混乱的局面,便利了后期对相关收藏单位进行规范管理。根据普查成果所明确的可移动文物保护状态信息,为北碚区科学制定相关保护政策和拟订保护规划,实现对文物的更好统筹利用提供了依据。借普查契机,各单位还了解到了自己馆藏体系的不足,明确了馆藏特色,在后期可以更好地充实馆藏数量和填补一些器型空白,在机构建设上加强针对性。

(一)健全了文物保护体系

1.完善文物档案

在"一普"期间,北碚区通过对文物完残状况的登记、统计和分析,筛选出亟须修复的文物,列出清单,补充原有档案所缺失与不详尽的项目,整理了文物档案,健全完善了文物数据。

2.掌握文物信息的现代化采集技术

可移动文物普查通过国家统一组织,专业部门以现代信息手段集中调查统计的方式对可移动文物进行信息采集。2014年7月,全国可移动文物信息登录平台的正式上线启用标志着可移动文物保护体系的完善。

通过平台所提供的数据结构,在熟练运用相应采集手段的基础上,区普查办为每件文物建立起"身份证",运用信息管理体系与现代化技术维护了文物信息的完备与安全。

3.合理编码,准确登录

区博物馆对藏品的编号采用藏品总登记号,采用"北碚博物馆"英文首拼"BBM"后接5位阿拉伯数字编码。区图书馆依文物类型采用2种编号登录:一是拓片类文物用阿拉伯数字自然序列编号;二是字画类文物与古籍图书类(主要是民国图书部分)采用"珍贵文物"首字首拼"Z"后接阿拉伯数字自然序列号编码。西南大学博物馆采用分类账编码,大致有两类:其一以4位单位代码(如:1001)加4位类别代码(如:0101)加3位阿拉伯数字;其二以4位单位代码(如:1001)加字母(如:A)加细类代码(如:10)加3位阿拉伯数字。

完成清库建档工作和账目核对工作后,北碚区陆续完成可移动文物普查信息采集登录工作,初步实现了本行政区域国有可移动文物资源标准化、动态化管理。

4.完善相关制度和规范

2013年5月31日,北碚区第一次全国可移动文物普查领导小组办公室印发了《北碚区政府关于开展第一次全国可移动文物普查的通知》,指导全区科学、规范、有序完成普查工作。

为端正工作态度,强化责任意识,区普查办相继制定了《经费管理制度》《普查人员操作规定》等相关规定,北碚区所辖的各收藏单位亦按照普查工作需要分别成立相应普查小组予以贯彻。严格的规章制度规范了普查工作程序,保证了文物的提取出库、采集登录、归藏入库等操作的规范进行。在普查中,相关部门和普查员自觉遵守各自岗位职责和各项规章制度,严格约束自己,以整个普查工作为重,按照预期,保质保量完成了北碚区"一普"各方面的工作,普查各阶段均未发生操作失误和危及文物安全的事故。

(二)启发了后续工作

此次普查基本掌握了区内可移动文物的数量、分布、特征、保存现状等基本情况,同时提高了各有关单位的文物保护意识,文博系统工作人员的科学知识、专业技能和管理水平也在此次普查中得到了一定提升。通过对本次普查数据的分析,北碚区在后续文物保护工作中将着力从以下几方面进行改进。

1.改善保护条件

目前,北碚区国有收藏单位的保护条件优劣不一。除区图书馆保存条件良好,恒温恒湿设备齐全,人防、技防条件到位外,区文管所、西南大学博物馆保存环境都相对较差,在后续工作中应注重改善,以确保文物得到更好保护。

2.调整收藏体系

北碚区文物年代保持有较好的连续性,宋代、清代、中华民国时期的文物数量较多,但考古学年代,尤其是旧石器时期的文物较为缺乏。因此,北碚区在后续文物保护工作中还需根据个体收藏单位的实际情况调整其收藏体系。

3.持续关注各收藏单位入藏情况

在普查期间,北碚区普查办对可能入藏的重点单位(如区档案馆、区美术馆等)积极跟进,到2016年9月北碚区普查数据通过市级验收为止,暂无新备案收藏单位。后续,北碚区还将依托区文化委定期追踪跟进现有和可能新增收藏单位的藏品情况,形成制度规范和长效机制,切实保证国有文物资源得到有效记录。

(三)发挥了文物服务社会的效用

1.收藏单位藏品资源公开

目前北碚区内三家收藏单位藏品资源公开情况大致如下:

北碚图书馆的藏品因修复而未进行公开;

西南大学博物馆藏品主要面向专业教学进行展示,展馆开放程度有限,公开展示数量为380件/套;

北碚区博物馆现目前已公开116件/套馆藏文物,公开形式主要为区博物馆网络平台、各纪念馆实物展示等,其余馆藏资源还有待后续展陈利用。

2.利用普查成果举办展览

首先,北碚区计划出版本次可移动文物普查成果图集,通过书籍的流通,在更大层面提升文物的文化影响;其次,北碚区收藏单位将在本次普查的藏品信息数字化和后续文物普查成果出版的基础上,选精取优,紧扣区域历史特点、亮点,结合北碚区历史文化内涵挖掘等多项工作进行外展,将普查成果进一步对外宣传展示,扩大在群众中的影响。

四、建议

北碚区普查工作成果丰硕,收获巨大,但也存在一些问题需要加以改进,对普查工作的经验教训也进行了深入总结。

(一)财政专项支付制度化

地方文物管理机构普遍缺乏专门馆址,库房保管条件差,保护措施落后,欠缺相关技术手段的支持。由于场地狭窄,许多不可移动文物处于堆放、叠放状态,仅仅靠定期通风、更换干燥剂、防霉防虫药剂等进行保护是远远不够的。随着"让文物活起来"思想的实际推进,对藏品资源的盘活利用更要求管理机构在基础性的文物保护工作上下足功夫,在这一点上,充足的资金投入是必要的。然而,由于地方财政专项资金的缺乏,现目前的藏品保护与产品开发,仅能靠机构自身通过活用运行资金、社会捐赠资金来操作,不仅缺乏固定的资金来源,每年开发经费更存在一定的不稳定性,这对于相关工作的开展是不利的。鉴于以上情况,建议国家在这方面形成一定的财政帮扶和支出制度,或将款项固定化地计入地方财政每年预算,以此保证文保工作与文化事业的持续发展。

(二)持续开发利用普查系统

文物普查是长效的、系统性的工作,相应地,普查系统的后续功能也应该得到不断开发与开放。随着博物馆事业发展,文物资源在日渐积累和更新,这对记录文物数据的信息系统的发展完善在包容性与精确度上提出了多重挑战。普查所依靠的全国可移动文物信息登录平台是承载全国收藏单位数据的平台,如何打破现在因使用区域性账号而形成的地域隔绝,针对以上挑战做到自我完善,并在今后实现大数据共享、公开、便捷阅览、提用等功能上尚需持续开发。

(三)传播宣传力度的加大

本次普查,虽然对大众产生了一定的影响,树立了基本的文物保护观念,但其宣传渠道主要由博物馆网站与传统纸媒两部分组成,且时效性有限,作用范围亦不够大,未能广泛借助社会公共宣传资源打造浓厚教育氛围。在加大宣传力度上,还可以由政府或相关部门牵头,以新闻媒体为抓手,通过在新闻媒体上开辟专栏专版等形式来推广。同时,博物馆在深化线上、纸质传播途径的同时,也可利用志愿者和镇街文化宣传站,将传播面深入基层,构建起立体宣传网络,增强传播效果。

(四)使文物保护事业与经济社会协调发展

以文物为物质体现的优秀传统文化能够有力地促进社会的文明与和谐,保护文物即是以推动文化事业的发展来辅助社会发展。为发挥文物资源的社会效用,要将可移动文物的保护充分融入到文化建设中去,使文物展示、休闲旅游、文化交流、教育培训集为一体。根据可移动文物普查成果提炼区域文化元素,开发文创产品,编辑出版对文物内涵进行挖掘研究的出版物等,都可达到宣扬文化、以文化民,促进和谐社会的良好效果。

报告执笔人:陈晨、廖林曼

报告审阅人:罗霞

10　綦江区第一次全国可移动文物普查总结报告

第一次全国可移动文物普查是一项旨在全面掌握我国文化遗产资源、建设文化遗产强国的战略工程,也是加强文物保护管理,推进公共文化服务体系建设的基础性工作。在重庆市普查办的指导下,綦江区委、区政府领导高度重视普查工作的进展情况,区普查办切实贯彻落实相关精神要求,确保普查工作顺利完成。

第一,綦江区普查工作部署。綦江区高度重视第一次全国可移动文物普查工作,2013年5月2日,綦江区人民政府发出《重庆市綦江区人民政府关于开展第一次全国可移动文物普查的通知》《重庆市綦江区人民政府关于成立綦江区第一次全国可移动文物普查领导小组的通知》,要求辖区内保管国有可移动文物的单位,配合普查工作组顺利开展普查工作。辖区可移动文物普查工作以2013年3月至2013年5月为第一阶段,主要任务是学习贯彻通知精神,成立普查机构,制订实施方案,编制经费预算等;以2013年6月至2015年12月为第二阶段,主要任务是组织区内普查业务骨干进行培训;开展国有单位文物普查、文物认定、信息采集和审核;以2016年1月至12月为第三阶段,主要任务是汇总、整理调查资料,建设数据库和公布普查成果。

第二,綦江区资源总体情况、特点。綦江区登录可移动文物藏品707件/套,8758件。其中,綦江博物馆612件/套,8129件;綦江区图书馆95件/套,629件。文物资源虽然数量不多,但是类别比较丰富且囊括了各个年代类型;主要以钱币、古籍图书为主,其他类型文物为辅;与綦江地方历史文化密切相关。

第三,綦江区普查主要成绩、意义。自启动第一次全国可移动文物普查以来,綦江区普查办有序推进国有单位调查、文物认定和信息采集登录工作,未整理上档的藏品逐步登录到全国可移动文物信息登录平台,普查成效逐步显现。本次普查,拓展了文物管理的范围和对象,基本实现了馆藏文物资源摸底。

一、綦江区普查数据

截至2016年10月31日,綦江区在全国可移动文物信息登录平台登录可移动文物707件/套,实际数量为8758件。其中,珍贵文物144件/套,实际数量为200件。登录了可移动文物信息的收藏单位有2家。

（一）綦江区可移动文物基本情况

1. 类别

可移动文物类别

可移动文物类别	可移动文物实际数量（件）	实际数量占比（%）
合计	8758	100.00
玉石器、宝石	34	0.39
陶器	51	0.58
瓷器	117	1.34
铜器	53	0.61
金银器	13	0.15
雕塑、造像	77	0.88
石器、石刻、砖瓦	73	0.83
书法、绘画	27	0.31
文具	6	0.07
玺印符牌	4	0.05
钱币	7323	83.61
竹木雕	48	0.55
家具	3	0.03
珐琅器	6	0.07
织绣	18	0.21
古籍图书	651	7.43
碑帖拓本	1	0.01
武器	19	0.22
文件、宣传品	11	0.13
档案文书	123	1.40
名人遗物	2	0.02
玻璃器	0	0
乐器、法器	6	0.07
音像制品	7	0.08
票据	23	0.26
度量衡器	2	0.02
标本、化石	60	0.69

2.年代

(1)可移动文物年代类型。

可移动文物年代类型

可移动文物年代类型	可移动文物实际数量(件)	实际数量占比(%)
合计	8758	100
地质年代	49	0.56
考古学年代	2	0.02
中国历史学年代	8283	94.58
公历纪年	18	0.21
其他	266	3.04
年代不详	140	1.60

(2)可移动文物中国历史学年代分布。

可移动文物中国历史学年代分布

可移动文物中国历史学年代	可移动文物实际数量(件)	实际数量占比(%)
合计	8283	100.00
夏	0	0
商	0	0
周	2	0.02
秦	2	0.02
汉	88	1.06
三国	0	0
西晋	0	0
东晋十六国	0	0
南北朝	18	0.22
隋	0	0
唐	27	0.33
五代十国	0	0
宋	132	1.59
辽	0	0
西夏	0	0
金	0	0
元	1	0.01
明	89	1.07
清	6793	82.01
中华民国	1087	13.12
中华人民共和国	44	0.53

3. 级别

可移动文物级别

可移动文物级别	可移动文物实际数量（件）	实际数量占比（%）
合计	8758	100.00
一级	0	0
二级	37	0.42
三级	163	1.86
一般	798	9.11
未定级	7760	88.60

4. 来源

可移动文物来源

可移动文物来源	可移动文物实际数量（件）	实际数量占比（%）
合计	8758	100.00
征集购买	6991	79.82
接受捐赠	206	2.35
依法交换	1	0.01
拨交	165	1.88
移交	100	1.14
旧藏	654	7.47
发掘	569	6.50
采集	4	0.05
拣选	15	0.17
其他	53	0.61

5. 入藏时间

可移动文物入藏时间范围

可移动文物入藏时间范围	可移动文物实际数量（件）	实际数量占比（%）
合计	8758	100.00
1949年10月1日前	0	0
1949年10月1日—1965年	0	0
1966—1976年	0	0
1977—2000年	8051	91.93
2001年至今	707	8.07

6.完残程度

可移动文物完残程度

可移动文物完残程度	可移动文物实际数量(件)	实际数量占比(%)
合计	8758	100.00
完整	7554	86.25
基本完整	943	10.77
残缺	251	2.87
严重残缺(含缺失部件)	10	0.11

(二)重庆市可移动文物分布情况

1.按收藏单位隶属关系统计可移动文物数量

可移动文物数量分布(按收藏单位隶属关系)

收藏单位隶属关系	可移动文物实际数量(件)	实际数量占比(%)
合计	8758	100.00
中央属	0	0
省属	0	0
地市属	0	0
县区属	8758	100.00
乡镇街道属	0	0
其他	0	0

2.按收藏单位性质统计可移动文物数量

可移动文物数量分布(按收藏单位性质)

收藏单位性质	可移动文物实际数量(件)	实际数量占比(%)
合计	8758	100.00
国家机关	0	0
事业单位	8758	100.00
国有企业	0	0
其他	0	0

3.按收藏单位类型统计可移动文物数量

可移动文物数量分布(按收藏单位类型)

收藏单位类型	可移动文物实际数量(件)	实际数量占比(%)
合计	8758	100.00
博物馆、纪念馆	8129	92.82
图书馆	629	7.18
美术馆	0	0
档案馆	0	0
其他	0	0

4. 按收藏单位所属行业统计可移动文物数量

可移动文物数量分布（按收藏单位所属行业）

收藏单位所属行业	可移动文物实际数量（件）	实际数量占比（%）
合计	8758	100.00
文化、体育和娱乐业	8758	100.00

二、綦江区普查工作组织实施

（一）加强组织，健全机构

1. 设立普查领导小组，成立普查机构

根据《国务院关于开展第一次全国可移动文物普查的通知》和《重庆市人民政府关于开展第一次全国可移动文物普查的通知》精神，为切实加强普查工作的组织领导，认真做好我区文物普查工作，2013年5月2日，綦江区成立了第一次全国可移动文物普查领导小组，负责普查工作的组织和领导。綦江区成立了以区委常委（现副区长）为组长，綦江区文化委（原綦江区文广新局）、綦江区党史研究室、綦江区发改委、綦江区教委、綦江区经信委、綦江区民政局、綦江区财政局、綦江区人力社保局、綦江区国土房管局、綦江区统计局、綦江区民宗局、綦江区机关事务局、綦江区档案局、綦江区金融办、綦江区科协15家单位为成员单位的文物普查领导小组，负责普查工作的组织、领导和协调。在綦江区文广新局（现文化委）设领导小组办公室，綦江区文广新局局长（区文化委主任）兼任办公室主任，具体负责綦江区第一次全国可移动文物普查领导小组的日常工作。

2. 制订普查实施方案和确定工作制度

綦江区参照2013年重庆市普查办印发的《重庆市第一次全国可移动文物普查实施方案》施行。

3. 落实普查经费

经费保障：2013—2016年，每年财政投入10万元，共40万元。

綦江区2013—2016年可移动文物普查经费落实情况表（单位：万元）

合计	2013年	2014年	2015年	2016年
40	10	10	10	10

经费使用：主要是用于购买设备，如照相机、背景纸及防尘服、口罩等。

4. 组建普查队伍

总投入42人，其中：普查办工作成员5人，收藏单位工作成员10人，普查志愿者27人。普查志愿者中：重庆三峡学院2人、四川美术学院1人、重庆师范大学4人、各街镇文化站20人。

綦江区可移动文物普查队伍统计表(单位:人)

合计	本级普查办	收藏单位	普查专家	普查志愿者
42	5	10	0	27

志愿者发挥作用情况:主要是高校学生和街镇文化站工作人员,主要开展针对国有收藏单位的前期调查。

(二)划分阶段,有序实施

1.国有可移动文物收藏单位调查阶段

綦江区普查办向全区438家国有单位发放了《重庆市可移动文物普查国有单位信息调查表》,其中机关88家、事业单位257家、国有企业84家、其他9家,反馈有疑似文物收藏的国有单位8家,反馈率约为1.8%。经认定,最终确定2家国有单位收藏有文物。

2.国有可移动文物认定工作阶段

根据重庆市普查办要求,綦江区文管所于2014年11月安排3名工作人员对系统外收藏单位的藏品进行认定,认定非收藏单位6家,非藏品108件。2014年11月7日完成认定。

3.国有可移动文物信息采集登录阶段

綦江区普查办管理员、审核员通过博物馆在线平台对各收藏单位提交数据进行审核;綦江区图书馆藏品由古籍中心导入。截至2016年10月31日,綦江区已采集并登录文物707件/套,8758件,全部已通过市文物局抽样审核。

4.国有可移动文物信息审核阶段

綦江博物馆藏品由綦江区普查办审核,綦江区图书馆藏品由古籍中心导入。

(三)宣传动员,营造氛围

节庆宣传情况:在2014年、2015年、2016年的国际博物馆日,制作了普查图片展。

材料宣传:发表内部简报三期、在《綦江文化》发表文章两期。

(四)质量控制,确保进度

1.构建培训体系

文物普查具有技术要求高、工作难度大的特点。为切实推进文物普查工作,提高普查人员的业务素质,使其严格掌握文物普查的相关规范标准与普查技术,綦江区从2013年至2016年组织普查培训班4次,累计培训11人次。2013年组织培训2次:第一次培训内容是学习信息采集软件的操作方法;第二次培训内容是统一可移动文物普查登录内容——定名、类别、质量、数量等内容的填报方式。2014年组织培训1次,主要培训内容是学习可移动文物的拍照、登录等具体技术要求。2015年组织培训1次,主要培训内容是针对已经登录的可移动文物的审核标准的细化。通过各类培训,綦江区文物工作者业务水平有了显著提高,不仅为文物普查培养了大批业务力量,同时也为綦江区文博事业发展积蓄了人才。

綦江区普查培训班情况一览表

合计		2013年		2014年		2015年		2016年	
次数（次）	人数（人次）	次数（次）	人数（人次）	次数（次）	人数（人次）	次数（次）	人数（人次）	次数（次）	人数（人次）
4	11	2	4	1	4	1	3	0	0

2.普查工作督查

綦江博物馆采取普查员自我检查、相互检查,审核员督查的方式对登录进度和登录错误率进行管理。按照重庆市普查办验收工作要求,经对照要求挨项检查,经验收,结论为合格。

3.普查中人员、文物、数据安全管理

普查人员进入库房必须穿防尘服,戴帽子、口罩。库房钥匙存放在保险箱,保险箱钥匙与密码分属2人管理;必须3人及以上才能进库房,且需经过领导同意。数据登录平台仅普查人员知悉账号、密码。

4.普查验收

根据国家文物局《关于做好第一次全国可移动文物普查验收工作的通知》,重庆市于2016年10月13日至10月28日组织工作组对各区县及市直属文博重点收藏单位第一次全国可移动文物普查工作进行检查验收。验收人员听取綦江区普查办工作人员汇报文物普查工作,查阅綦江区可移动文物普查验收报告、总结报告和其他普查档案材料,认定綦江区可移动文物普查工作合格,通过验收。

（五）展示成果,做好总结

编制普查档案1个,包括下发的文件、收藏单位认定情况（图片、文字说明）、各普查阶段工作总结、文物普查工作宣传简报等。同时,向綦江区政府上报普查表彰方案。

三、綦江区普查工作成果

基本实现本地区可移动文物资源摸底。

（一）掌握本行政区域可移动文物资源情况及价值

綦江区收藏可移动文物707件/套,綦江博物馆612件/套,綦江图书馆95件/套。全面掌握綦江区可移动文物的数量分布、保存状况、保管权属和使用管理等情况,有利于为科学制定保护政策和拟订规划提供依据;有利于建立可移动文物管理体系,为标准化、动态化管理创造基础条件;有利于保护可移动文物信息的知识产权,实现文物信息资源的整合与合理利用;有利于摸清家底,提供可供分析的、完整的和准确的基础数据,促进文物保护修复工作,夯实文物事业发展基础,提升文物管理和决策水平。

(二)健全文物保护体系

1. 完善文物档案

在普查中,收藏单位文物藏品的管理更加规范。綦江博物馆针对馆藏石质文物存在的问题,拟开展修复,现已委托重庆市奉节县白帝城博物馆制订出方案——《綦江博物馆珍贵石质文物抢救性保护方案》。

2. 完善制度和规范

制度和规范的建立,对做好普查组织、实施和管理,并以此为基础,建立可移动文物保护管理的长效机制,具有重要的指导意义。

3. 加强文物保护

总体保护需求:从保存环境看,库房面积小、库房设备简陋,导致文物保存环境较差,需要建立标准化库房,购买符合技术要求的库房设备,使文物保存环境达标,尽量减缓文物的自然损毁速度。从保管人员来看,一方面需要严格进出库的制度,做好记录、管理,另一方面要做好文物的分门别类。从保护技术来看,技术人员的专业水平有限,对文物的保护、研究与利用不到位,需要加强专业学习,提升专业技术水平。

不同类型文物的保护需求:从级别、完残程度来看,二级文物中18件石质文物风化、盐化严重,三级文物有2件破损特别严重,需要立即展开修复工作。从类别来看,一是要针对不同的文物类型分门别类收藏,二是文物类型较少,需要广泛开展文物征集工作。

今后保护工作的重点:一是要对库房文物进行更加规范的管理;二是要在博物馆的陈列展览中合理利用文物藏品,丰富展陈;三是加强对文物的研究,特别是结合文物藏品,加强对本土文化的研究;四是对受损文物进行修复。

4. 扩大保护范围

普查中新备案的收藏单位:1个,綦江图书馆。

藏品规范化管理:綦江图书馆古籍全部纳入了古籍中心。

下一步保护措施及规划:一是根据保护方案,修复馆藏石质文物;二是购买库房设备,使库房保护环境达标。

(三)有效发挥文物在经济社会发展中的重要作用

1. 普查成果利用计划

一是利用馆藏南平僚文字碑展开南平僚文化的研究,收集更多相关资料,开展南平僚文化展览;二是利用馆藏资源丰富博物馆展陈。

2.普查成果展览

綦江博物馆在2014—2016年的国际博物馆日,在博物馆和区内部分学校开展了可移动文物图片展。2015年在永新梨花山开展了可移动文物图片展,作为博物馆展览进景区的展览之一。

展览时间	展览地点	展览场次	展览形式	参观人次	社会反响
2014年5月18日	綦江博物馆	1	图片展览	1000	好
2015年5月18日	綦江博物馆	1	图片展览	1000	好
2015年3月14日—3月22日	永新梨花山	1	图片展览	20000	好
2016年5月18日	桥河小学	1	图片展览	1500	好

四、建议

文物管理工作的建议:完善文物藏品的保存环境;规范文物藏品的保管手段。

文物利用的建议:一是要充分发掘文物隐藏的历史,进而挖掘相关的文化;二是要利用现有文物藏品资源,丰富展陈。

基层人才培养的建议:基层人员一方面要加强自我学习,特别是专业技术方面知识的提升;另一方面需要单位建立可行的学习机制,多给一线人员学习机会。

文物登录工作的建议:首先,普查人员要读懂文件、读懂要求,避免急于求成导致的事倍功半;其次,在普查工作中要更加细致、仔细。

报告执笔人:陈香梅

报告审阅人:江洁

11　大足区第一次全国可移动文物普查总结报告

第一次全国可移动文物普查是国务院继第三次全国文物普查(不可移动文物部分)之后在文化遗产领域开展的又一次重大国情国力资源调查,是一项旨在全面掌握我国文化遗产资源、建设文化遗产强国的战略工程,也是加强文物保护管理,推进公共文化服务体系建设的基础性工作。根据《中华人民共和国文物保护法》《中华人民共和国物权法》《国家"十二五"时期文化改革发展规划纲要》《国务院关于开展第一次全国可移动文物普查的通知》《重庆市人民政府关于开展第一次全国可移动文物普查的通知》文件精神和《重庆市第一次全国可移动文物普查实施方案》要求,为切实做好全区可移动文物普查工作,大足区人民政府高度重视普查工作,精心组织,保障充分。2013年5月中旬,成立了大足区第一次全国可移动文物普查领导小组,及时下发了《重庆市大足区人民政府办公室关于成立大足区第一次全国可移动文物普查领导小组的通知》,并召开全区可移动文物普查工作会议。2013年7月,大足区人民政府印发了《大足区第一次全国可移动文物普查实施方案》,明确了大足区可移动文物普查工作的目标、范围、内容和组织实施要求。普查分为工作准备、普查实施和验收汇总三个阶段,完成培训组织工作,本行政区域内以区域为基本单元的调查、文物认定、信息采集和审核工作,普查成果整理和汇总工作。其中,第二阶段工作任务于2015年12月结束,第三阶段工作任务于2016年12月结束。

大足历史悠久、人杰地灵、山川毓秀,始建于唐朝乾元元年(公元758年),以"大丰大足"之意而得名。大足是著名的石刻之乡,辖区内有各级文物保护单位109处。2011年经国务院批准撤销原双桥区、大足县,设立大足区。本行政区域文物普查登记不可移动文物925处。

通过第一次全国可移动文物普查工作的开展,大足区现已基本掌握可移动文物的数量、分布、特征、保存现状等基本情况。普查提高了相关单位的文物保护意识,尤其提高了文博系统工作人员的科学知识、专业技能和管理水平,为进一步建立具有现代化科学素养的专业队伍创造了条件,形成了共同保护文物的工作合力;为准确判断文物保护形势、科学制定文物保护政策和拟订规划提供了依据;同时加强了大足区在文化遗产领域的国有资产管理和资源整合能力,充分发挥文物在建设社会主义先进文化、促进经济社会全面协调可持续发展中的重要作用。

一、大足区普查数据

截至2016年10月31日,大足区第一次全国可移动文物普查统计的可移动文物共计781件/套,实际数量8024件。

在全国可移动文物信息登录平台登录可移动文物781件/套,实际数量8024件。其中,珍贵文物76件。登录了可移动文物信息的收藏单位有2家。

(一)大足区可移动文物基本情况

1. 类别

可移动文物类别

可移动文物类别	可移动文物实际数量(件)	实际数量占比(%)
合计	8024	100.00
陶器	112	1.40
瓷器	323	4.03
铜器	9	0.11
铁器、其他金属器	18	0.22
雕塑、造像	238	2.97
石器、石刻、砖瓦	34	0.42
书法、绘画	11	0.14
文具	3	0.04
玺印符牌	2	0.02
钱币	5644	70.34
牙骨角器	2	0.02
竹木雕	29	0.36
古籍图书	1577	19.65
武器	7	0.09
档案文书	1	0.01
玻璃器	2	0.02
乐器、法器	2	0.02
标本、化石	9	0.11
其他	1	0.01

2. 年代

(1)可移动文物年代类型。

可移动文物年代类型

可移动文物年代类型	可移动文物实际数量(件)	实际数量占比(%)
合计	8024	100
地质年代	0	0
考古学年代	0	0
中国历史学年代	7873	98.12
公历纪年	0	0
其他	9	0.11
年代不详	142	1.77

(2)可移动文物中国历史学年代分布。

可移动文物中国历史学年代分布

可移动文物中国历史学年代	可移动文物实际数量(件)	实际数量占比(%)
合计	7873	100.00
夏	0	0
商	0	0
周	1	0.01
秦	1	0.01
汉	40	0.51
三国	0	0
西晋	0	0
东晋十六国	0	0
南北朝	5	0.06
隋	0	0
唐	2902	36.86
五代十国	0	0
宋	134	1.70
辽	1	0.01
西夏	0	0
金	0	0
元	0	0
明	1114	14.15
清	3095	39.31
中华民国	578	7.34
中华人民共和国	2	0.03

3. 级别

可移动文物级别

可移动文物级别	可移动文物实际数量(件)	实际数量占比(%)
合计	8024	100.00
一级	3	0.04
二级	8	0.10
三级	65	0.81
一般	4	0.05
未定级	7944	99.00

4. 来源

可移动文物来源

可移动文物来源	可移动文物实际数量(件)	实际数量占比(%)
合计	8024	100.00
征集购买	628	7.83
接受捐赠	23	0.29
依法交换	0	0
拨交	48	0.60
移交	261	3.25
旧藏	6880	85.74
发掘	95	1.18
采集	77	0.96
拣选	0	0
其他	12	0.15

5. 入藏时间

可移动文物入藏时间范围

可移动文物入藏时间范围	可移动文物实际数量(件)	实际数量占比(%)
合计	8024	100.00
1949年10月1日前	0	0
1949年10月1日—1965年	13	0.16
1966—1976年	0	0
1977—2000年	7665	95.53
2001年至今	346	4.31

6.完残程度

可移动文物完残程度

可移动文物完残程度	可移动文物实际数量(件)	实际数量占比(%)
合计	8024	100.00
完整	6	0.07
基本完整	2080	25.92
残缺	5827	72.62
严重残缺(含缺失部件)	111	1.38

(二)大足区可移动文物分布情况

1.按收藏单位隶属关系统计可移动文物数量

可移动文物数量分布(按收藏单位隶属关系)

收藏单位隶属关系	可移动文物实际数量(件)	实际数量占比(%)
合计	8024	100.00
中央属	0	0
省属	0	0
地市属	0	0
县区属	8024	100.00
乡镇街道属	0	0
其他	0	0

2.按收藏单位性质统计可移动文物数量

可移动文物数量分布(按收藏单位性质)

收藏单位性质	可移动文物实际数量(件)	实际数量占比(%)
合计	8024	100.00
国家机关	0	0
事业单位	8024	100.00
国有企业	0	0
其他	0	0

3.按收藏单位类型统计可移动文物数量

可移动文物数量分布(按收藏单位类型)

收藏单位类型	可移动文物实际数量(件)	实际数量占比(%)
合计	8024	100.00
博物馆、纪念馆	8017	99.91
图书馆	0	0
美术馆	0	0
档案馆	0	0
其他	7	0.09

4. 按收藏单位所属行业统计可移动文物数量

可移动文物数量分布（按收藏单位所属行业）

收藏单位所属行业	可移动文物实际数量（件）	实际数量占比（%）
合计	8024	100.00
文化、体育和娱乐业	8017	99.91
公共管理、社会保障和社会组织	7	0.09

二、大足区普查工作组织实施

（一）加强组织，健全机构

1. 设立普查领导小组，成立普查机构

根据《重庆市人民政府办公厅关于成立重庆市第一次全国可移动文物普查领导小组的通知》文件精神，为切实加强大足区可移动文物普查工作的组织领导，2013年5月成立了大足区第一次全国可移动文物普查领导小组，及时下发了《重庆市大足区人民政府办公室关于成立大足区第一次全国可移动文物普查领导小组的通知》，负责普查工作的组织和领导，协调解决重大问题。普查领导小组组长由大足区人民政府分管副区长担任，副组长由大足区人民政府办公室副主任、大足石刻研究院院长担任。普查领导小组成员单位由大足区委统战部、大足区委党史研究室、大足区发改委、大足区财政局、大足区经信委、大足区教委、大足区民政局、大足区人力社保局、大足区国土房管局、大足区文广新局、大足区统计局、大足区档案局、大足区志办、大足区科协、大足区金融办、大足区机关事务局、大足区国资中心17个相关部门和单位组成。

大足区第一次全国可移动文物普查领导小组办公室设在大足石刻研究院，办公室主任由大足石刻研究院院长兼任。办公室下设普查组、宣传报道组。办公室负责普查工作的日常组织和具体协调。同时，相关的大足石刻研究院、大足区党史研究室2家收藏单位分别成立普查领导小组，具体负责本单位的普查工作。

2. 制订普查实施方案和确定工作制度

为确保可移动文物普查工作科学、规范、有序开展，大足区第一次全国可移动文物普查领导小组办公室高度重视，按照《重庆市文物局关于落实重庆市政府通知认真做好第一次全国可移动文物普查的通知》文件精神，为切实推进全区可移动文物普查工作，先下发了《重庆市大足区人民政府办公室关于开展大足区第一次全国可移动文物普查的通知》，使全区相关部门认识到做好此次普查工作的重要意义。同时，按照《重庆市第一次全国可移动文物普查领导小组办公室关于印发〈重庆市第一次全国可移动文物普查实施方案〉的通知》文件的要求，结合大足区实际，区普查办制订了《大足区第一次全国可移动文物普查实施方案(征求意见稿)》下发到大足区内相关部门广泛收集意见和建议,及时将《大足区第一次全国可移动文物普查实施方案》下发到了全区各镇街人民政府(办事处)、政府各部门及其他有关单位。同时,为将普查工作落到实处,制定了相关的普查工作制度(普查工作会议制度、文物信息反馈制度、登录信息核查制度、普查经费管理制度等),以制度来提高普查工作质量。

3. 落实普查工作经费

大足区将每年普查经费列入了区财政预算,大足区第一次全国可移动文物普查领导小组办公室按照国家财政制度规定,加强经费管理,专款专用,厉行节约,确保资金使用的规范、安全、有效。同时,加强普查设备的登记、使用与管理,防止国有资产流失。截至2016年10月31日,此次普查落实相关普查经费共计约84万元,一是参加和组织相关培训的经费;二是配置台式电脑、笔记本电脑、打印机、相机、脚架、电子台秤等器材费;三是抽调的普查员所用普查经费。

4. 组建普查队伍

为了高标准、高质量地完成我区的可移动文物普查工作,在相关单位抽调了专业技术人员组建了一支专业性强的普查队伍,全区普查工作的人员构成情况是大足石刻研究院、大足区党史研究室等2家收藏单位抽调了11名同志负责全区的可移动文物普查及宣传工作。

(二)划分阶段,有序实施

1. 国有可移动文物收藏单位调查阶段

根据市普查办和《大足区第一次全国可移动文物普查实施方案》的相关要求,在普查工作全面启动前,开展国有单位收藏、保管文物情况摸底调查,大足区第一次全国可移动文物普查办公室及时下发了《重庆市大足区人民政府办公室关于认真做好全区国有单位可移动文物摸底调查的通知》,按系统、部门、镇和街道办事处为单位对全区506个国家机关、事业单位、国有企业和国有控股企业,以及列入各级文物保护单位范围的宗教寺庙等各类法人单位进行了摸底调查,共发放《重庆市可移动文物普查国有单位信息调查表》506份,回收率达到100%,并对全区国有单位文物收藏情况进行了汇总,编制了本行政区域国有单位可移动文物收藏名录。

2. 国有可移动文物认定工作阶段

按照《重庆市文物局关于加快推进可移动文物普查文物认定和数据报送等有关工作的通知》文件、《重庆市可移动文物普查文物认定规范》和重庆市普查办的相关要求,大足区第一次可移动文博普查办公室对文博系统外国有单位收藏单位新认定的文物填写了《文物登记卡》,对待认定的文物藏品拍摄照片,采集必要的文物信息,组织文博系统相关专业人员进行了认定工作,新认定大足区党史研究室藏品数量2件(中华民国铝质饭盒和中华民国重修大足县志)。

3.国有可移动文物信息采集登录阶段

按照市普查办的要求,大足区第一次全国可移动文物普查办公室在摸底调查结束后,对有文物收藏的2家单位(大足石刻研究院、大足区党史研究室)全部进行了注册登记,并认真按照要求对收藏单位做好了藏品档案的清理和核对工作,严格按照本次普查规定的指标项开展了文物采集和信息登录工作。截至2016年10月31日,区普查办已经全面完成大足石刻研究院8017件、大足区党史研究室7件馆藏文物基本信息采集工作。全区采集登录进度达到100%。

4.国有可移动文物信息审核阶段

根据《重庆市关于进一步做好全市第一次全国可移动文物普查信息登录审核工作的通知》的要求,大足区第一次全国可移动文物普查办公室高度重视普查数据质量,严格按照普查登录标准、操作规程对采集的文物信息进行数据审核,对大足石刻研究院登录上传的8017件文物信息和党史研究室登录上传的7件文物信息进行了全面审核,并上传给市普查办,上传率达到100%。在审核过程中,大足石刻研究院发现有小部分文物的名称未加年代,之后及时进行了修改。对几件20世纪90年代初期在四川省博物馆调拨的文物年代有争议的,及时请市专家组进行了重新断代,确保了单位信息和文物信息填报的准确性。对普查平台上文物的命名进行完善,补拍照片质量差的文物的照片,并通过自我检查、巡回检查等多种方式充分保障普查质量,确保可移动文物普查质量通过审核。

(三)宣传动员,营造氛围

大足区第一次全国可移动文物普查办公室高度重视可移动文物普查宣传工作,制订了《大足区第一次全国可移动文物普查宣传方案》,并召开大足区第一次全国可移动文物普查工作动员会,除利用互联网、《大足日报》等进行文物普查宣传外,还充分利用每年的文物保护法颁布日、中国文化遗产日和国际博物馆日等纪念日在大足城区和镇街进行广泛宣传,制作、发放可移动文物普查的宣传单和文物知识宣传单等1万余份,共编制简报12期。

通过在全区开展可移动文物普查宣传工作,加上全区各级党政领导高度重视,全面部署落实目标任务,相关部门积极支持,共同做好了文物普查工作;区文物普查办依法开展文物普查,严格执行了普查规定程序和标准;全区普查对象如实申报、填报普查材料,配合搞好普查工作,形成了有利于开展文物普查工作的有效机制和良好氛围。

(四)质量控制,确保进度

为保证全区可移动文物的普查质量,大足区第一次全国可移动文物普查办公室严格执行市普查办质量控制审核标准要求,切实做好全区可移动文物普查工作的质量控制,对全区文物收藏单位实行全流程的质量控制,认真按照普查要求在大足石刻研究院开展了试点、普查员培训工作。开始试点工作时,在大足石刻研究院藏品中选择了5件,由普查人员进行现场采集信息,并在离线软件上进行登录,使试点工作达到了预期效果。在选派人员参加市级培训的同时,大足区积极组织抽调相关专业技术人员进行培训,使其掌握可移动文物普查工作的相关内容,熟悉普查工作流程,先后13次对11名普查队员开展了培训。培训内容为《第一次全国可移动文物普查工作手册》,文物认定标准,文物分类标准,普查数据采集、建档、整理、登录,数据审核、报送等。

根据《重庆市文物局关于做好第一次全国可移动文物普查验收和总结工作的通知》(渝文物〔2016〕264号)要求,大足区第一次全国可移动文物普查办公室认真组织大足石刻研究院、大足区党史研究室、大足区档案局等单位相关专业技术人员,分别对全区2家收藏单位进行了验收,经验收,大足区第一次全国可移动文物普查验收结论为合格。

为确保此次普查工作人员、文物、数据安全,大足区第一次全国可移动文物普查办公室制定了相关的普查安全制度,对参加普查工作的11名普查员开展了相关的安全知识培训,并严格要求普查现场操作要符合规范,按照规定开展普查工作,避免普查人员在普查工作中因搬运文物受伤或人为造成文物损坏等情况发生;同时,为了确保普查数据安全,制定了普查数据管理制度和档案管理规定,指定专人负责数据的录入、登录、上传和保管工作,保障了数据日常有人管理、更新、维护和统计。区普查办定期对2家收藏单位督促检查,确保普查人员、文物、数据的安全,无任何安全责任事故发生。

(五)展示成果,做好总结

按照重庆市普查办的要求,大足区第一次全国可移动文物普查办公室对全区的2家文物收藏单位进行了普查组织、前期摸底调查、业务培训、文物调查与认定、数据登录、成果整合等工作全面验收,验收合格。同时编制大足区国有文物收藏单位名录,正在建立普查档案,并充分利用普查成果开展专题研究,撰写有《带你去看大足石刻博物馆的那些珍宝——明代香炉》《带你去看一尊20多年前被盗的大足石刻释迦佛头像》《这件毗卢佛头像有着特殊的经历》《细节之美!凝视大足石刻博物馆的那些造像》等文章。

下一步,大足区第一次全国可移动文物普查办公室将请示大足区人民政府,对全区可移动文物普查工作中涌现出的优秀集体和工作人员进行表彰。

三、大足区普查工作成果

通过第一次全国可移动文物普查工作的开展,全区按系统、部门、镇和街道办事处为单位,对全区506个国家机关、事业单位、国有企业和国有控股企业,以及列入各级文物保护单位范围的宗教寺庙等各类法人单位进行了摸底调查,基本实现了对全区全覆盖的普查工作目标,基本掌握了大足区可移动文物资源数量及分布情况。

为促进文物资源的整合利用,进一步掌握和科学评价我区文物资源情况和价值,健全文物藏品的登录备案和管理机制,大足区2家文物收藏单位都按照相关的要求完成了档案建设工作,藏品账目清楚,并对相关的藏品进行研究。同时,对我区部分藏品以展览的方式进行藏品资源公开,在大足石刻博物馆将普查成果中的164件藏品向游客展示,有部分藏品已纳入世界巡展,在英国、意大利、中国台湾等地进行了展示。

在此次可移动文物普查成果的基础上,做好可移动文物保护工作,进一步完善可移动文物档案,按照藏品分类,对文物库房的可移动文物进行分类存放,并登记到相应的文物账册中,建立符合藏品管理账卡册健全的管理机制。

进一步利用普查成果开展展览,在大足区开展第一次全国可移动文物成果图片展;将部分精美的藏品在大足石刻博物馆进行实物展示,同时纳入世界巡展。

充分利用普查成果开展专题研究,深入挖掘藏品的文化内涵,进一步提高大足石刻的知名度。

四、建议

(1)强化可移动文物的保护。建议强化可移动文物的保护措施和管理办法,通过及时公布可移动文物保护名录、加强可移动文物的保护宣传、不定期进行检查等多种形式,切实深化可移动文物的保护。

(2)高度重视可移动文物保护的宣传。建议在每年文物保护法颁布日、国际博物馆日、中国文化遗产日进一步加强可移动文物保护的宣传,形成人人参与的社会保护格局。

(3)加强可移动文物征集和研究。利用可移动文物普查成果,进行成果图片展示,让广大群众了解保护可移动文物的意义,提供文物线索,使可移动文物得到更好的保护。

(4)加强藏品的研究工作。由于可移动文物普查工作仅是文物信息的搜集,对于其自身文物的价值还有待于进一步地认识和了解。在做好可移动文物数据库建设的同时,建议进一步加强藏品的研究工作,力争尽快形成专题研究论文。

(5)加强文物管理部门和基层政府各部门的工作协调,进一步增强共同保护文物的工作合力。

报告执笔人:杨光宇

报告审阅人:江洁

12　渝北区第一次全国可移动文物普查总结报告

第一次全国可移动文物普查是继第三次全国文物普查(不可移动文物部分)之后在文化遗产领域开展的又一重大国情国力调查,是一项旨在全面掌握我国文物资源、加强文物保护、建设文化遗产强国的国家工程。2012年10月,国务院下发了《国务院关于开展第一次全国可移动文物普查的通知》,决定从2012年开始开展第一次全国可移动文物普查。此次普查从2012年10月开始,到2016年12月结束。普查标准时点为2013年12月31日。2013年3月1日,重庆市人民政府下发了《重庆市人民政府关于开展第一次全国可移动文物普查的通知》,全面部署了重庆市第一次全国可移动文物普查工作。普查分为工作准备、普查实施和验收汇总3个阶段。2012年10月至2013年2月为准备阶段,主要任务是制订实施方案,发布规范和标准。2013年3月至2015年12月为普查实施阶段,以区县为基础,开展文物普查认定和信息数据登录,采取建档、采集、登录、报送、审核同时进行的方式整理普查数据资料。2016年1月至12月为验收总结阶段,主要任务是进行普查资料的整理、汇总、数据库建设和发布普查成果。市普查办印发了《重庆市第一次全国可移动文物普查实施方案》,进一步明确了普查工作的内容、范围和目标,强调了各阶段的工作任务和技术要求。

渝北区人民政府高度重视第一次全国可移动文物普查工作,科学组织,认真实施,在人力、物力、财力等方面给予了全力支持和保障。2013年5月22日,渝北区人民政府印发了《关于开展第一次全国可移动文物普查的通知》,5月24日召开第一次全国可移动文物普查工作动员会,全面启动渝北区第一次全国可移动文物普查工作。区普查办制订了普查工作方案,从渝北区实际出发,对各阶段工作做出了部署和要求。在区普查办的组织协调下,由渝北区文化遗产保护中心(重庆巴渝民俗博物馆)牵头,全力推进普查准备、国有收藏单位摸底调查、文物认定、文物信息采集登录和普查数据审核等各阶段任务的实施,圆满完成了全区国有可移动文物普查工作。

通过实施第一次全国可移动文物普查,全区摸清了国有可移动文物资源情况,完善了国有可移动文物资源档案,建立起国有可移动文物资源信息库,形成国有可移动文物资源制度化、数字化、标准化、动态化管理机制。第一次全国可移动文物普查工作的完成,为进一步研究发掘渝北区历史文化提供了一手资料,为实施可移动文物的预防性保护和修复明确了方向,为盘活文物资源、促进文化事业发展奠定了基础。

一、渝北区普查数据

截至2016年10月31日,渝北区在全国可移动文物信息登录平台登录可移动文物4430件/套,实际数量为17650件。其中,珍贵文物为263件/套,实际数量为298件。登录可移动文物信息的收藏单位5家。

(一)渝北区可移动文物基本情况

1. 类别

可移动文物类别

可移动文物类别	可移动文物实际数量(件)	实际数量占比(%)
合计	17650	100.00
玉石器、宝石	38	0.22
陶器	523	2.96
瓷器	547	3.10
铜器	79	0.45
金银器	45	0.25
铁器、其他金属器	25	0.14
雕塑、造像	345	1.95
石器、石刻、砖瓦	200	1.13
书法、绘画	300	1.70
文具	10	0.06
玺印符牌	9	0.05
钱币	6549	37.10
牙骨角器	7	0.04
竹木雕	142	0.80
家具	262	1.48
珐琅器	2	0.01
织绣	165	0.93
古籍图书	7902	44.77
碑帖拓本	37	0.21
武器	36	0.20
文件、宣传品	58	0.33
档案文书	33	0.19
名人遗物	3	0.02
玻璃器	54	0.31
乐器、法器	41	0.23

续表

可移动文物类别	可移动文物实际数量(件)	实际数量占比(%)
音像制品	41	0.23
票据	14	0.08
交通、运输工具	2	0.01
度量衡器	9	0.05
标本、化石	40	0.23
其他	132	0.75

2. 年代

(1)可移动文物年代类型。

可移动文物年代类型

可移动文物年代类型	可移动文物实际数量(件)	实际数量占比(%)
合计	17650	100
地质年代	40	0.23
考古学年代	150	0.85
中国历史学年代	17056	96.63
公历纪年	6	0.03
其他	2	0.01
年代不详	396	2.24

(2)可移动文物中国历史学年代分布。

可移动文物中国历史学年代分布

可移动文物中国历史学年代	可移动文物实际数量(件)	实际数量占比(%)
合计	17056	100.00
夏	0	0
商	0	0
周	6	0.04
秦	0	0
汉	2550	14.95
三国	3433	20.13
西晋	0	0
东晋十六国	0	0
南北朝	41	0.24
隋	0	0
唐	723	4.24

续表

可移动文物中国历史学年代	可移动文物实际数量（件）	实际数量占比（%）
五代十国	2	0.01
宋	137	0.80
辽	5	0.03
西夏	0	0
金	4	0.02
元	3	0.02
明	254	1.49
清	8260	48.43
中华民国	963	5.65
中华人民共和国	675	3.96

3. 级别

可移动文物级别

可移动文物级别	可移动文物实际数量（件）	实际数量占比（%）
合计	17650	100.00
一级	0	0
二级	15	0.08
三级	283	1.60
一般	918	5.20
未定级	16434	93.11

4. 来源

可移动文物来源

可移动文物来源	可移动文物实际数量（件）	实际数量占比（%）
合计	17650	100.00
征集购买	2147	12.16
接受捐赠	408	2.31
依法交换	63	0.36
拨交	11	0.06
移交	5206	29.50
旧藏	7785	44.11
发掘	1868	10.58
采集	162	0.92
拣选	0	0
其他	0	0

5.入藏时间

可移动文物入藏时间范围

可移动文物入藏时间范围	可移动文物实际数量(件)	实际数量占比(%)
合计	17650	100.00
1949年10月1日前	0	0
1949年10月1日—1965年	0	0
1966—1976年	0	0
1977—2000年	15581	88.28
2001年至今	2069	11.72

6.完残程度

可移动文物完残程度

可移动文物完残程度	可移动文物实际数量(件)	实际数量占比(%)
合计	17610	100.00
完整	111	0.63
基本完整	16195	91.96
残缺	1298	7.37
严重残缺(含缺失部件)	6	0.03

注：根据国家文物局《关于做好馆藏自然类藏品登记工作有关要求的通知》的要求，登录的自然类藏品40件(组)，不填写"完残程度"指标项。

(二)渝北区可移动文物分布情况

1.按收藏单位隶属关系统计可移动文物数量

可移动文物数量分布(按收藏单位隶属关系)

收藏单位隶属关系	可移动文物实际数量(件)	实际数量占比(%)
合计	17650	100.00
中央属	0	0
省属	7835	44.39
地市属	0	0
县区属	9815	55.61
乡镇街道属	0	0
其他	0	0

2. 按收藏单位性质统计可移动文物数量

可移动文物数量分布（按收藏单位性质）

收藏单位性质	可移动文物实际数量（件）	实际数量占比（%）
合计	17650	100.00
国家机关	0	0
事业单位	17650	100.00
国有企业	0	0
其他	0	0

3. 按收藏单位类型统计可移动文物数量

可移动文物数量分布（按收藏单位类型）

收藏单位类型	可移动文物实际数量（件）	实际数量占比（%）
合计	17650	100.00
博物馆、纪念馆	9999	56.65
图书馆	7628	43.22
美术馆	0	0
档案馆	2	0.01
其他	21	0.12

4. 按收藏单位所属行业统计可移动文物数量

可移动文物数量分布（按收藏单位所属行业）

收藏单位所属行业	可移动文物实际数量（件）	实际数量占比（%）
合计	17650	100.00
教育	7649	43.34
文化、体育和娱乐业	9999	56.65
公共管理、社会保障和社会组织	2	0.01

二、渝北区普查工作组织实施

（一）加强组织，健全机构

1. 设立普查领导小组，成立普查机构

渝北区人民政府于2013年5月22日印发了《关于开展第一次全国可移动文物普查的通知》，5月24日召开第一次全国可移动文物普查工作动员会，全面启动渝北区第一次全国可移动文物普查工作。为加强普查工作的组织领导，推动各项工作的有序开展，渝北区成立了由区政府分管文化工作的副区长担任组长，区政府办公室副主任、区文广新局局长任副组长，区发改委、区财政局、区统计局、区

档案局、区教委、区民宗局、区民政局、区委党史研究室等部门和单位主要负责人为成员的渝北区第一次全国可移动文物普查领导小组,负责普查工作的组织、领导和协调,以解决重大问题。

领导小组办公室设在区文广新局,由区文广新局局长任办公室主任,文广新局分管文物工作的副局长任办公室副主任,负责普查工作的日常组织和具体协调。

在国有单位文物收藏情况摸底调查的基础上,区普查办确定了文物、图书、教育和档案等为普查重点行业、系统,统筹建立起普查工作协调机制。在区普查办指导下,各收藏单位成立了普查工作小组,由分管领导担任本单位普查工作责任人,设立信息登录员、管理员和审核员。各收藏单位设立普查工作联络人,配合区普查办协调推进各阶段工作。

2.制订普查实施方案和确定工作制度

2013年5月22日,渝北区第一次全国可移动文物普查领导小组办公室印发《重庆市渝北区第一次全国可移动文物普查实施方案》。方案阐明了普查的意义,明确了普查的目标、范围和内容,确定了普查的组织、时间、实施步骤、技术路线、数据和资料管理、经费、宣传与总结等各方面内容,对全区第一次全国可移动文物普查的开展做出了具体部署。为加强普查期间藏品安全管理,规范普查工作秩序,建立健全了库房管理各项制度,印发了国家普查办、重庆市普查办印发的普查工作相关规范和制度。各收藏单位在区普查办的统筹协调下,根据文物普查工作方案的安排,严格依照普查工作程序、规范实施文物普查各环节工作。

3. 落实普查工作经费

2013年至2016年间,渝北区财政共落实普查经费50万元。重庆川剧博物馆自行预算普查经费5.3万元,根据工作需要逐年落实。每年度普查经费均按时全额拨付到位,确保了各阶段可移动文物普查工作的顺利实施。

普查经费主要用于购置普查电脑、相机、打印机、扫描仪、摄影灯具、测量工具等设施设备,开展普查业务培训和学习,制作普查相关展览,印制可移动文物普查宣传资料,大件文物信息采集临时用工等普查相关事项。

渝北区第一次全国可移动文物普查经费落实情况表(单位:万元)

	2013年	2014年	2015年	2016年	合计
预算经费	15.8	17.3	11.6	10.6	55.3
落实经费	15.8	17.3	11.6	10.6	55.3

普查经费的使用,严格执行了财务管理制度,实行专账和专人管理。严格按照相关会计制度、单位内部财务管理办法、内部控制制度及财务审批权限管理,严格资金使用审计,保证了经费的科学、合理使用。

4.组建普查队伍

区普查办配备工作人员6名,其中主任1名,全面负责普查办工作;副主任1名,负责普查工作的日常组织和具体协调;工作人员4名,由区文广新局文化科和渝北区文化遗产保护中心(重庆巴渝民俗博物馆)相关专业技术人员组成,负责普查的各项具体业务工作。

渝北区有国有收藏单位5家,共配备普查工作人员13名,其中渝北区文化遗产保护中心(重庆巴渝民俗博物馆)7名,渝北区中华职业教育社2名,渝北区档案局2名,西南政法大学1名,重庆川剧博物馆1名。根据工作需要,渝北区普查办先后组织5名考古文博专业大学生志愿者和10名协助藏品信息采集工作的社会志愿者参与普查工作。志愿者主要参加了普查第二阶段工作,在文物信息采集、登录、文物藏品清理等方面发挥了重要作用。

区普查办根据辖区内各国有收藏单位藏品性质,从文博、图书、档案等相关行业,邀请7名具有副高以上职称的专家,参与各收藏单位文物认定、普查人员培训等工作,指导普查工作的开展。

渝北区可移动文物普查队伍统计表(单位:人)

合计	区普查办	收藏单位	普查专家	普查志愿者
41	6	13	7	15

(二)划分阶段,有序实施

1.国有可移动文物收藏单位调查阶段

根据市普查办统一安排,渝北区普查办于2013年5月22日印发《关于开展国有单位可移动文物收藏管理情况调查摸底工作的通知》,启动渝北区国有收藏单位可移动文物收藏情况摸底调查。在2013年5月24日召开的第一次全国可移动文物普查工作动员大会上,区普查办主任对开展国有单位可移动文物收藏情况调查摸底工作做了安排部署。

渝北区普查办根据普查工作实际情况,创新摸底调查方法,采取发放调查表、电话访问和实地调查相结合的方式,认真组织开展国有单位文物收藏情况摸底调查工作。

根据普查要求,渝北区普查办将区内各级部门、区属所有国有企事业单位,驻区市级机关、国有企事业单位全部纳入摸底调查范围,发放了《国有单位文物收藏情况调查登记表》和《国有单位文物收藏情况调查汇总表》。区级各部门负责统计并提供本部门及行业所有国有企事业单位的基本情况,各镇街负责辖区内各级机关、国有企事业单位文物收藏情况的摸底调查统计工作,调查情况由各部门、镇街收集后报区第一次全国可移动文物普查领导小组办公室审核、汇总。区普查办在汇总的基础上,对未回复有效调查登记表的单位和疑似收藏有可移动文物的单位以电话访问和实地调查的方式进行补充调查,实现摸底调查的全覆盖。在摸底调查期间,全区发放并回收调查登记表1179份,回复有效调查登记表的单位465家,电话访问复核未回复有效调查登记表的单位714家,实地调查疑似收藏可移动文物的单位6家,实现了调查覆盖率100%。经区普查办核实,全区有5家国有单位收藏有可移动文物,分别为渝北区文化遗产保护中心(重庆巴渝民俗博物馆)、渝北区档案局、渝北区中华职业教育社、西南政法大学和重庆川剧博物馆。截至2016年10月31日,渝北区在全国可移动文物信息登录平台申报藏品17650件,已完成注册国有单位5家,正式开展登录工作的国有单位5家,完成登录工作的国有单位5家。其中,西南政法大学收藏的古籍图书数据通过古籍普查采集,由国家普查办统一转入全国可移动文物信息登录平台。

2. 国有可移动文物认定工作阶段

为做好文物认定工作,区普查办从全区文物普查工作实际出发,建立了渝北区第一次全国可移动文物普查文物认定、审核专家组。专家组由文博、图书、档案等相关行业的4名具有副高以上职称的专家组成,参与区内各国有收藏单位文物认定工作。

根据文物认定工作要求,国有可移动文物收藏情况摸底调查完成后,渝北区文化遗产保护中心(重庆巴渝民俗博物馆)组织工作人员带上文物信息采集设备,指导和帮助各收藏单位采集藏品信息,填写《文物登记卡》和《可移动文物信息认定登记表》,向区普查办提交了请求开展文物认定工作的函。区普查办制订了《渝北区第一次全国可移动文物普查文物认定工作计划》,对文物认定工作程序、各收藏单位委派专家、认定时间做出具体部署。按照文物认定工作计划,专家组采取现场认定的方式,先后对渝北区档案局、渝北区中华职业教育社和西南政法大学等申请文物认定的单位开展认定工作3次,新认定文物33件/套。根据重庆川剧博物馆藏品情况,由重庆川剧博物馆申请,市普查办委托3名专家进行文物认定,新认定文物38件/套。

3. 国有可移动文物信息采集登录阶段

渝北区普查办在《重庆市渝北区第一次全国可移动文物普查实施方案》中对文物信息采集阶段工作做了详细部署,并印发了《馆藏文物登录规范》《藏品登录工作手册》等规范性文件,完善了《文物出入库管理制度》等相关管理制度,确保了文物信息采集登录工作的高质量、高效率实施。

根据全区可移动文物主要集中在渝北区文化遗产保护中心(重庆巴渝民俗博物馆),且其他各收藏单位缺乏专业人员的实际情况,区普查办确定了"渝北区文化遗产保护中心(重庆巴渝民俗博物馆)牵头、各单位配合实施"的信息采集登录总体工作方针。渝北区文化遗产保护中心(重庆巴渝民俗博物馆)在做好本单位馆藏可移动文物信息采集登录的同时,在人员、设备等方面全力帮扶支持区内其他各收藏单位的文物信息采集登录工作。

渝北区可移动文物普查信息采集登录工作,采取"分工合作、流水作业"的模式,将该阶段工作分解成测量、拍照、登记、录入、核对等多个模块,划分职责,落实岗位,有序实施各项工作。各岗位严格按照信息采集登录工作要求,完善文物名称、尺寸、类型、质地、保存状况、照片等各项指标,确保数据不遗漏、质量合标准。

由于信息采集登录数据量大,任务重,区普查办实施了"时间上总体把控、数量上定额推进"的工作推进方法,确保了在2015年10月前全面完成信息采集登录任务。在保证工作推进的同时,做到进度、质量两手抓,为后续的数据审核工作打下了良好基础。

4. 国有可移动文物信息审核阶段

文物信息审核阶段,区普查办专门印发并组织学习了《第一次全国可移动文物普查数据质量评定标准》等规范文件,明确数据审核要求。

可移动文物信息审核,采取离线审核的方式,由渝北区文化遗产保护中心(重庆巴渝民俗博物馆)具体负责实施。区普查办以渝北区文化遗产保护中心(重庆巴渝民俗博物馆)专业技术人员为班底,邀请市级文物专家库成员进行指导,成立了文物普查数据审核小组,承担全区文物普查数据区级集中审核与管理工作。审核严格实施藏品总登记账、文物信息采集登记表和文物信息登录离线软件三方信息核对制度和审核员分散审核、交叉审核、指导专家审核、小组集中审核统一终审的四审制度。审核小组工作人员分工合作,反复审定,对于存疑的数据及时进行现场复核,重新采集核对信息,做到有错必改、有疑必核,发现问题举一反三,减少数据误差,确保数据质量。

(三)宣传动员,营造氛围

渝北区高度重视文物普查宣传动员工作,强调运用多种有效方法,在不同时段、不同区域,面向不同人群进行宣传,取得了良好的效果。

1. 媒体宣传

一方面,渝北区通过电视、报纸等传统媒体的多种形式的报道,宣传特色可移动文物。《重庆日报》、渝北电视台的《渝北新闻》栏目、《渝北时报》、《临空都市宝》等媒体多次对渝北区可移动文物资源及相关展览进行报道。《重庆日报》"走进可移动文物普查"专栏先后刊载《"巴渝第一床"是啥模样?》《解密清代金木雕家神龛:机关重重雕刻有众多民间传说》,报道重庆巴渝民俗博物馆特色文物。

另一方面,渝北区积极利用网络、微博等新媒体进行广泛宣传。自普查工作开展以来,渝北区普查办通过渝北文化委官方微信、重庆巴渝民俗博物馆网站、重庆巴渝民俗博物馆官方微博等媒体,适时发布普查工作信息和重要文物信息。中国新闻网对重庆巴渝民俗博物馆的金木雕家神龛和满金漆花鸟纹拔步床进行了专题报道,多家网站进行了转载。

2.活动宣传

为做好可移动文物普查工作,渝北区普查办积极举办集中宣传活动,与人民群众面对面宣传文物普查工作。区普查办利用每年的重庆文化遗产宣传月、"三下乡四进社区"活动等,在重庆巴渝民俗博物馆、渝北广场、碧津公园、西南政法大学、渝北中学、暨华中学、武警双龙湖中队等重要场所、单位举办集中宣传活动。在活动中,普查办工作人员为市民现场解答渝北区可移动文物普查工作、渝北区文物资源等问题,制作并发放第一次全国可移动文物普查宣传资料1000余份,第一次全国可移动文物普查宣传笔记本2000本。通过举办宣传活动,人民群众充分了解了普查工作,了解了渝北区的文物资源。

3.其他宣传

一方面是海报宣传。普查工作启动后,区普查办组织在渝北区文化遗产保护中心(重庆巴渝民俗博物馆)等文物收藏单位,布置国家普查办统一制作的宣传海报,宣传普查工作的内容、范围和重大意义。另一方面是展览宣传。全区可移动文物普查文物信息采集登录工作结束后,区普查办设计制作了"渝北区第一次全国可移动文物普查阶段性成果展",在渝北区文化遗产保护中心(重庆巴渝民俗博物馆)外墙展出。重庆巴渝民俗博物馆设计制作设有普查专栏的"渝北记忆 历史根脉"流动展览,走进学校、广场、公园、军营展出,有效宣传了文物普查工作。

(四)质量控制,确保进度

在普查过程中,渝北区普查办严格按照国家文物局发布的《第一次全国可移动文物普查质量控制管理办法》,落实《重庆市可移动文物普查质量控制管理制度》,对普查组织、国有单位文物收藏情况调查、文物认定、信息采集登录报送、数据整理等各环节严把质量关,实施全程质量管理。按照市普查办的统一部署,各收藏单位实施普查清单制管理,量化工作目标,明确时间节点,落实质量要求,确保高质量完成普查任务。

1.构建培训体系

为提高普查工作人员业务水平,区普查办根据普查各阶段工作需要,组织开展普查业务培训12次,参训人员95人次。为做好培训工作,区普查办为各收藏单位印发了《馆藏文物登录规范》等规范性文件,邀请文博、图书、档案系统具有副高及以上职称的专家授课或现场指导。通过培训,普查人员详细了解了普查时间节点、范围、流程等总体要求,熟知了国有单位文物收藏情况摸底调查、文物认定、文物信息采集与登录、普查数据审核与管理等各环节技术要求,切实提高了普查操作能力。

2.普查工作督查

区普查办采取多项举措,加强督查督办,确保普查工作质量。一是印发并组织学习普查工作各项制度规范。根据普查工作需要,区普查办先后发放《第一次全国可移动文物普查工作守则(修订版)》《馆藏文物登录规范》《国家珍贵古籍名录申报中的古籍书影拍摄相关规范与样例》和《第一次全国可移动文物普查藏品登录操作手册》等各类规范文件,对信息采集、登录等各环节工作实施标准化管理。二是开展普查工作试点。结合博物馆改陈布展,区普查办选定重庆巴渝民俗博物馆展厅作为文物信息采集登录试点区域。通过试点,区普查办对普查人员进行了现场操作培训,及时解决了普查信息采集登录中的疑难问题,完善操作流程,规范测量、登记、拍照等各环节技术标准和工作要求。三是做好质量监管。区普查办全程对各收藏单位的普查各阶段工作实施指导和管理,有错误及时纠正,有问题及时解决,切实做到保质量、保进度。

3.普查中的人员、文物、数据安全管理

渝北区在普查工作中,把安全摆在首要位置,完善库房、展厅安全制度,加强普查人员安全培训和管理,明确普查工作安全要求,确保了人员、文物和数据的安全。

严格实施普查工作现场管理,特别加强对古床、神龛等大件文物测量、摄影等工作的安全防护,完善安全保护措施,确保人员安全。

严格实施文物存放区域安全管理,安排专人负责文物藏品安全工作,做到采集一件、提取一件、退还一件,当天工作完成后及时检查藏品提退情况,确保普查期间文物安全。

严格实施普查数据安全管理,配置普查数据处理专用电脑和移动硬盘,设立普查专用登录账户、密码,专人负责普查数据库管理,未经上级普查办的同意,不得修改普查数据,不得随意公布数据,确保数据安全。

截至普查验收,渝北区可移动文物普查的综合数据和基础资料均严格保密,专人负责,妥善保管,未发生人员、文物、数据安全方面的事故。

4.普查验收

根据市普查办验收工作要求,渝北区普查办组织完成普查验收工作。普查验收采取各收藏单位自验和区普查办校验的方式,由各收藏单位根据普查验收的相关文件要求完善资料并报区普查办,区普查办对各项工作集中校验后形成验收报告。2016年10月,渝北区普查工作通过重庆市第一次全国可移动文物普查实地验收,验收结论为合格。

(五)展示成果,做好总结

1.编制普查档案

建立可移动文物普查档案是科学规范文物档案管理工作的必要措施,是对第一次全国可移动文物普查各类数据进行全面保存、保管并发挥其作用的基础。2015年6月,重庆市启动普查资料建档和数据库的筹备工作,渝北区普查办严格按照《国有可移动文物普查建档备案工作规范(试行)》的要求,积极开展普查资料建档和数据库建设工作。普查档案实行分类建档,专柜管理,入档资料包括普查工作各类文件、文物认定表格、文物信息现场采集登记表格、工作照片、宣传材料、普查人员名册、培训教材、规章制度及在普查工作中形成的其他各类重要的相关资料。普查数据实行多级备份,区普查办建立全区文物信息数据库,各收藏单位分别保留一套电子数据。

2. 普查专题研究

在普查期间,根据重庆市普查办的统一部署,渝北区先后开展了可移动文物中的抗战文物、革命文物调查。2015年,结合可移动文物普查,在区科委的支持下,渝北区文化遗产保护中心(重庆巴渝民俗博物馆)联合重庆师范大学等单位实施了"渝北区馆藏木质文物病害调查与分析"项目,开展馆藏木质文物保护专题调查研究。渝北区通过项目的实施,全面清理了馆藏木质文物情况,梳理了馆藏木质文物主要存在病害,有针对性地提出了系列保护举措。

3. 普查表彰情况

渝北区的普查工作,在领导小组相关成员单位和各收藏单位的大力支持下,在全体普查工作人员、志愿者的艰苦奋斗、不懈努力下,得以顺利完成。在普查期间,各收藏单位普查人员和参与普查的志愿者,克服重重困难,坚持高质量采集登录文物信息,展现了良好的精神风貌。普查结束后,区普查办和相关收藏单位对在全区文物普查信息采集登录阶段做出重要贡献的志愿者给予了表彰和奖励。

三、渝北区普查工作成果

渝北区通过实施第一次全国可移动文物普查,基本掌握了国有可移动文物的数量分布、保存状况、保管权属和使用管理等情况,为科学实施保护修复举措提供了依据;逐步建立起国有可移动文物认定体系、名录、档案和信息管理系统,为文物的标准化和动态管理奠定了基础;建立起文物资源档案,为实现文物信息资源的整合与合理利用创造了有利条件;加大了文化遗产保护宣传力度,丰富了宣传教育方法和内容,提高了全社会的文物保护意识和能力。

(一)渝北区可移动文物资源情况及价值

1. 文物数量及分布

渝北区5个国有收藏单位共采集登录17650件。从文物收藏单位的性质来看,文物全部收藏在事业单位。从文物收藏单位的类型来看,56.65%的文物集中收藏在博物馆、纪念馆,高校图书馆为43.22%;档案馆为0.01%;其他单位为0.12%。从具体收藏单位来看,全区文物主要收藏于渝北区文化遗产保护中心(重庆巴渝民俗博物馆),占总量的55.48%,其次为西南政法大学,占总量的43.22%。

2.文物保存状况

从普查情况看,渝北区国有可移动文物的保存状况逐步改善。各收藏单位均设有专门的藏品存放区域,并结合所藏文物的特点,充分利用本单位优势资源不断改善保存条件。在普查期间,渝北区文化遗产保护中心(重庆巴渝民俗博物馆)为文物库房和博物馆展厅配置了感烟报警器、灭火器等消防设施设备,进一步完善了消防系统;配置了监控探头、红外感应报警器、门磁感应报警器、安全门锁等安防设备,进一步完善了安防系统;配置了温湿度监测仪器、除湿机、空调等温湿度监控设备,进一步改善了文物保存条件。

但是,由于经费不足、技术条件限制等原因,文物保护条件和保存环境仍然不能满足文物保护的需要。文物藏品受环境因素影响较大,特别是部分木、纸和纤维等有机质地文物,遭受病虫害影响较为严重,保存状况相对较差。

3.文物价值

全区共注册国有收藏单位5家,登录可移动文物17650件。从收藏情况来看,渝北区可移动文物分布呈现出分类集中的特点。渝北区文化遗产保护中心(重庆巴渝民俗博物馆)收藏丰富的木质古家具,西南政法大学保存有大量古籍图书,渝北区中华职业教育社收藏了大量反映中华职业学校在重庆办学历史的徽章,渝北区档案局收藏了反映特定时期禁烟历史的铜印,重庆川剧博物馆收藏了丰富的剧本、戏服和唱片等与川剧相关的文物。各类文物极具区域文化特色和历史特色,是研究区域历史文化的重要资料,具有较高的历史文化价值。

(二)建立健全管理机制

1.完善文物档案

渝北区通过可移动文物普查,全面掌握了全区国有可移动文物收藏、保存情况,建立起了全区国有可移动文物收藏单位名录和全区国有可移动文物名录。在区文化委指导下,由渝北区文化遗产保护中心(重庆巴渝民俗博物馆)以第一次全国可移动文物普查各收藏单位登录文物信息为基础,建立起全区国有可移动文物信息资源库,实现对全区国有可移动文物资源的宏观管理。

2.健全制度规范

渝北区通过普查工作,进一步完善了藏品管理制度,理顺了藏品征集、使用、提退等管理流程,逐步形成了稳定的管理机制。各收藏单位基本实现了专人管理、专柜保存,促进了过去文物藏品档案不全、管理标准不一等问题的解决,推动了文物管理的制度化、规范化。

3.加强文物保护

此次普查,促进了各收藏单位强化文物管理,积极开展文物保护工作。一方面,完善了可移动文物的管理体系。各收藏单位按照统一标准健全了藏品档案,建立了可移动文物资源信息库,完善了管理机制,实现了规范化管理。另一方面,在调查清理文物资源的基础上,各收藏单位结合实际需要,落实了一系列文物保护举措。在普查期间,西南政法大学为保存古籍图书和有机质地文物的特藏书库配置了恒温空调,有效加强了文物保护。渝北区文化遗产保护中心(重庆巴渝民俗博物馆)配置了文物保护专用的高性能空气阻隔袋、脱氧保护剂等虫害防治设备,积极开展木质文物虫害防治工作,实施了文物库房和展厅白蚁灭杀防治,进一步优化了文物保护条件

当前,渝北区国有可移动文物保护工作虽然取得了一定进步,但仍然存在较多需要改善之处。各收藏单位文物保存环境中温湿度、光照等因素不达标,专业保护人员缺乏,针对小规模收藏单位的实用性较强的保护技术和设备难以引进并实施,文物保护经费不足等,都是当前保护工作所面临的难点。

从普查情况看,渝北区木质、纸质(含古籍图书)、丝绸质等有机质地文物(含有机与无机复合质地)较多,占文物总量的比例达40.5%,如何做好这类文物的保护,是今后较长时期内需要解决的课题。

今后,应当从各收藏单位所藏文物特性出发,从保存环境入手,根据文物保存状况,分步骤、有重点地优化文物保存环境,推进可移动文物的预防性保护和修复工作。

4.引进培养人才

在普查期间,渝北区文化遗产保护中心(重庆巴渝民俗博物馆)先后招聘引进考古学及博物馆学、博物馆学和历史学等专业人才3名,并根据渝北区普查办的安排,对全区各收藏单位相关工作人员进行了培训,有效提高了业务工作水平。但是,从全区文物工作实际需求来看,专业人才仍然严重匮乏,各收藏单位普遍存在人手少、任务重的情况,制约着文物保护工作的开展。对此,应进一步加大人才引进力度,加强对现有人员的培养,努力提升其专业素养,以满足一线文物工作的需要。

(三)发挥文物在经济社会发展中的重要作用

1.普查成果利用计划

今后,渝北区将以普查成果为基础,进一步加强国有可移动文物的研究,发掘文物内涵,加强文物的保护与合理利用。一是要以多种形式公开普查成果,在法律规定的范围内实现文物信息资源的共享。二是要将普查成果与博物馆展览结合起来,以普查数据为基础,设计制作更多精品展览。三是要把普查成果的利用与公共文化服务结合起来,创新形式,服务于民。

2.利用普查成果举办展览情况

文物信息采集登录阶段完成后,渝北区普查办委托渝北区文化遗产保护中心(重庆巴渝民俗博物馆)制作"渝北区第一次全国可移动文物普查阶段性成果展",详细展示普查工作开展情况,社会反响

良好。普查结束后,重庆巴渝民俗博物馆将继续举办各类展览,全面展示渝北区第一次全国可移动文物普查成果。

3.普查成果公开出版发行情况

渝北区文化遗产保护中心(重庆巴渝民俗博物馆)以文物普查数据为基础,选取精品可移动文物,委托重庆大学出版社出版《渝北古韵》,公布普查成果。在普查清理木质文物的基础上,渝北区文化遗产保护中心(重庆巴渝民俗博物馆)选取反映馆藏特色的古床加以研究,编印《巴渝古床鉴赏》向观众发放,赢得广泛好评。

四、建议

可移动文物普查是一项摸清家底、规范管理的文物资源大调查,对于今后的工作具有重要的指导意义。根据本次普查工作情况,结合文物保护利用的实际需求,仍应长期性地做好以下几项工作。一是推动普查后续工作的实施。第一次全国可移动文物普查时间短、人手少、任务重,普查工作中难免存在疏漏和不足。今后长时期内,应在现有基础上继续完善可移动文物信息登录平台建设,不断完善文物数据信息。二是建立文物资源信息库。充分发挥渝北区文化遗产保护中心(重庆巴渝民俗博物馆)的作用,建立起全区文物资源信息库,并实行统一的、动态的管理,新增国有可移动文物要按照普查标准录入信息库,实现对国有文物资源的标准化、数字化、动态化管理。三是要加强对文物资源的研究、保护与合理利用。深入挖掘文物内涵,推进文物利用与公共文化服务的结合,推进文物研究与文创产品开发的结合。四是强化工作人才的培养。基层文物保护管理单位和文物收藏单位,面对的文物保护工作越来越复杂,任务越来越繁重,需要针对性地加强业务培训,提高文物专业技术人员的业务能力,不断提升行业管理水平、研究水平,不断提高文物工作水平。五是加大文物保护工作的投入力度。可移动文物的保护、修复需要持续不断的经费投入,应根据文物保护工作实际情况,适当向基层单位倾斜,补助文物保护经费,优化文物保存环境和保护设备,推进可移动文物的预防性保护和修复工作,守护好文物资源。

报告执笔人:刘蒋

报告审阅人:甘玲

13　巴南区第一次全国可移动文物普查总结报告

巴南区历史悠久,前身为历史名邑巴县。巴南区作为巴文化传承地之一,自古就有"800年重庆,3000年巴县"之说,在漫漫历史长河的发展演变中,巴南人民及其涌现出的杰出人物,创造了悠久璀璨的历史文化。经第三次全国文物普查(不可移动文物部分),辖区内登记不可移动文物1485处,数量位列重庆市前列。已公布全国重点文物保护单位1个(5处)、重庆市文物保护单位5个(7处)、巴南区文物保护单位63个,中国历史文化名镇1个、传统风貌区2个。非物质文化遗产现尚存110余种地方特色文化资源,有国家级非物质文化遗产代表性项目2项、市级11项、区级52项、"中国民间艺术之乡"3个、"重庆民间文化艺术之乡"7个,居重庆前列。

第一次全国可移动文物普查是继第三次全国文物普查(不可移动文物部分)之后在文化遗产领域开展的又一重大国情国力调查,是一项旨在全面掌握我国文物资源、加强文物保护、建设文化遗产强国的国家工程。根据《国务院关于开展第一次全国可移动文物普查的通知》,此次普查从2012年10月开始,到2016年12月结束。普查标准时点为2013年12月31日。

2013年3月1日,重庆市人民政府下发《重庆市人民政府关于开展第一次全国可移动文物普查的通知》,要求各区县文广新局、市属各文博单位积极配合好各级政府,着手启动各地的文物普查工作;4月8日,重庆市人民政府办公厅发文成立了重庆市第一次全国可移动文物普查领导小组(简称"市普查领导小组"),切实加强普查工作的组织领导;5月2日,重庆市第一次全国可移动文物普查领导小组办公室制订了《重庆市第一次全国可移动文物普查实施方案》,统一部署和组织实施重庆市"一普"工作。

按照国务院、重庆市人民政府的统一安排部署,根据实际情况,巴南区普查工作分为工作准备阶段、普查实施阶段、验收汇总阶段。2013年4月19日成立了巴南区第一次全国可移动文物普查领导小组,正式启动"一普"工作。

在各部门、各镇街和全社会的支持配合下,巴南区"一普"工作已圆满完成各阶段任务。完成了培训组织工作;完成了以各镇街、各部门为基本单元的调查、文物认定、信息采集和审核工作;完成了普查成果整理和汇总工作,全面摸清了国有可移动文物家底。国有可移动文物分布在2家区县属事业单位,登录全国可移动文物信息登录平台的国有可移动文物共27类2989件/套,实际数量12550件,其中珍贵文物294件。拍摄照片8570张,数据容量约22 G。文物主要以明清青花瓷器、清代书画为亮点,书画藏品又以本土书画家龚有融(晴皋)及荣县赵熙的为代表。另有一批具有较高价值的晚清中国舆图及古籍图书。

2013年4月—6月,巴南区完成国有单位摸底调查工作。2013年7月—2014年6月,收集整理各国有单位收藏的文物情况,组织各级专家逐一对辖区内国有单位申报的可移动文物进行鉴选、认定。2013年11月,完成辖区内抗战可移动文物专项调查工作。2014年7月—2015年3月底,完成区文物保护管理所(以下简称"区文管所")可移动文物数据采集和登录。2015年4月—7月初,完成区图书馆可移动文物数据采集和登录。巴南区在全市率先完成可移动文物普查信息采集登录工作。2016年8月,区可移动文物普查数据通过市级审核;10月,区普查工作通过重庆市第一次全国可移动文物普查实地验收,验收结论为合格。

通过此次开展的可移动文物普查,巴南区已基本掌握辖区内可移动文物的数量、分布、特征、保存现状等基本情况。普查提高了各有关单位的文物保护意识,尤其是提高了文博系统工作人员的科学知识、专业技能和管理水平,为进一步建立具有现代化科学素养的专业队伍创造了条件;协调了文物管理部门和政府各职能部门的关系,形成共同保护文物的工作合力;为准确判断文物保护形势、科学制定文物保护政策和拟订规划提供了依据;同时加强了巴南区在文化遗产领域的国有资产管理和资源整合能力,充分发挥文物在建设社会主义先进文化、促进经济社会全面协调可持续发展中的重要作用。

一、巴南区普查数据

截至2016年10月31日,巴南区在全国可移动文物信息登录平台登录可移动文物2989件/套,实际数量12550件。其中,珍贵文物211件/套,实际数量294件。登录了可移动文物信息的收藏单位有2家。

(一)巴南区可移动文物基本情况

1.类别

可移动文物类别

可移动文物类别	可移动文物实际数量(件)	实际数量占比(%)
合计	12550	100.00
玉石器、宝石	137	1.09
陶器	166	1.32
瓷器	724	5.77
铜器	19	0.15
金银器	7	0.06
雕塑、造像	97	0.77
石器、石刻、砖瓦	135	1.08
书法、绘画	134	1.07

续表

可移动文物类别	可移动文物实际数量(件)	实际数量占比(%)
文具	10	0.08
玺印符牌	8	0.06
钱币	2203	17.55
牙骨角器	5	0.04
竹木雕	98	0.78
家具	73	0.58
织绣	63	0.50
古籍图书	7995	63.71
碑帖拓本	2	0.02
武器	16	0.13
文件、宣传品	21	0.17
档案文书	410	3.27
玻璃器	28	0.22
乐器、法器	63	0.50
票据	89	0.71
交通、运输工具	1	0.01
度量衡器	16	0.13
标本、化石	14	0.11
其他	16	0.13

2. 年代

(1)可移动文物年代类型。

可移动文物年代类型

可移动文物年代类型	可移动文物实际数量(件)	实际数量占比(%)
合计	12550	100.00
地质年代	14	0.11
考古学年代	60	0.48
中国历史学年代	12446	99.17
公历纪年	0	0
其他	30	0.24
年代不详	0	0

(2)可移动文物中国历史学年代分布。

可移动文物中国历史学年代分布

可移动文物中国历史学年代	可移动文物实际数量（件）	实际数量占比（%）
合计	12446	100.00
夏	0	0
商	0	0
周	16	0.13
秦	0	0
汉	97	0.78
三国	73	0.59
西晋	0	0
东晋十六国	0	0
南北朝	2	0.02
隋	0	0
唐	1	0.01
五代十国	0	0
宋	220	1.77
辽	0	0
西夏	0	0
金	0	0
元	1	0.01
明	381	3.06
清	3388	27.22
中华民国	8252	66.30
中华人民共和国	15	0.12

3. 级别

可移动文物级别

可移动文物级别	可移动文物实际数量（件）	实际数量占比（%）
合计	12550	100.00
一级	2	0.02
二级	105	0.84
三级	187	1.49
一般	338	2.69
未定级	11918	94.96

4. 来源

可移动文物来源

可移动文物来源	可移动文物实际数量(件)	实际数量占比(%)
合计	12550	100.00
征集购买	351	2.80
接受捐赠	360	2.87
依法交换	0	0
拨交	104	0.83
移交	384	3.06
旧藏	10737	85.55
发掘	503	4.01
采集	111	0.88
拣选	0	0
其他	0	0

5. 入藏时间

可移动文物入藏时间范围

可移动文物入藏时间范围	可移动文物实际数量(件)	实际数量占比(%)
合计	12550	100.00
1949年10月1日前	2	0.02
1949年10月1日—1965年	494	3.94
1966—1976年	0	0
1977—2000年	11485	91.51
2001年至今	569	4.53

6. 完残程度

可移动文物完残程度

可移动文物完残程度	可移动文物实际数量(件)	实际数量占比(%)
合计	12550	100.00
完整	281	2.24
基本完整	6497	51.77
残缺	4021	32.04
严重残缺(含缺失部件)	1751	13.95

（二）巴南区可移动文物分布情况

1. 按收藏单位隶属关系统计可移动文物数量

可移动文物数量分布（按收藏单位隶属关系）

收藏单位隶属关系	可移动文物实际数量（件）	实际数量占比（%）
合计	12550	100.00
中央属	0	0
省属	0	0
地市属	0	0
县区属	12550	100.00
乡镇街道属	0	0
其他	0	0

2. 按收藏单位性质统计可移动文物数量

可移动文物数量分布（按收藏单位性质）

收藏单位性质	可移动文物实际数量（件）	实际数量占比（%）
合计	12550	100.00
国家机关	0	0
事业单位	12550	100.00
国有企业	0	0
其他	0	0

3. 按收藏单位类型统计可移动文物数量

可移动文物数量分布（按收藏单位类型）

收藏单位类型	可移动文物实际数量（件）	实际数量占比（%）
合计	12550	100.00
博物馆、纪念馆	4504	35.89
图书馆	8046	64.11
美术馆	0	0
档案馆	0	0
其他	0	0

4. 按收藏单位所属行业统计可移动文物数量

可移动文物数量分布（按收藏单位所属行业）

收藏单位所属行业	可移动文物实际数量（件）	实际数量占比（%）
合计	12550	100.00
文化、体育和娱乐业	12550	100.00

二、巴南区普查工作组织实施

(一)加强组织,健全机构

1.设立普查领导小组,成立普查机构

按照市政府的统一部署,为加强普查工作的组织领导,巴南区人民政府于2013年4月成立了巴南区第一次全国可移动文物普查领导小组,负责普查工作的组织和领导,协调解决重大问题。2013年4月召开了全区可移动文物普查部署及动员大会,2013年12月召开了全区可移动文物普查推进会。

普查领导小组由副区长任组长,区政府办副主任、区政府法制办主任、区文广新局局长任副组长,由区党史研究室、区发改委、区教委、经信委、区民政局、区财政局、区国资委、区人力社保局、区房管局、区文广新局、区统计局、区民宗侨办、区档案局、区人民武装部、区科协、区公安分局、区国土分局、人行巴南中心支行、区图书馆、区文管所、大江公司21个成员单位组成。

普查领导小组办公室设在区文广新局,负责普查工作的日常组织和具体协调。

2.制订普查实施方案和确定工作制度

按照国务院和市普查办的安排部署,区第一次全国可移动文物普查领导小组办公室根据巴南区实际情况,制订并公布了《巴南区第一次全国可移动文物普查实施方案》,对巴南区的普查工作提出了具体的目标和任务,对"一普"的总体要求、内容、范围、原则、实施步骤、数据和资料管理、宣传等进行了明确规定。各镇街、各部门也根据自身实际情况及时制订了各自的普查工作方案,明确各自的工作任务和总体要求。

巴南区为了规范普查办和普查小组的工作、强化责任意识,相继制定了区"一普"经费管理制度、普查人员操作规定以及有关工作岗位制度及规定,以细致、严格的规章制度规范普查工作程序,力求在操作过程中做到零失误。在普查中,相关部门和普查员自觉遵守各自的岗位职责和各项规章制度,严格约束自己,以整个普查工作为重,提前半年保质保量完成了巴南区"一普"各方面的工作,没有发生操作失误和危及文物安全的事故。

3.落实普查工作经费

本次可移动文物普查所需经费由市、区两级人民政府共同承担。《重庆市巴南区人民政府关于开展第一次全国可移动文物普查的通知》明确将区财政局纳入普查领导小组,要求区财政将普查经费列入相应年度的财政预算,做好经费保障。

经费使用情况。区财政2013—2015年按年度实际拨付普查经费70万元,主要用于人员培训、设备购置、外聘人员工资、差旅费、可移动文物认定、普查数据处理等方面等工作。

巴南区2013—2016年可移动文物普查经费落实情况表（单位：万元）

合计	2013年	2014年	2015年	2016年
70	20	30	20	0

在经费使用上，巴南区普查办严格按照国家财务制度规定，加强经费管理，专款专用，厉行节约，反对浪费，确保资金使用的规范、安全、有效；同时，加强普查设备的登记、使用与管理，防止国有资产流失。

4.组建普查队伍

建立完备的普查人员队伍。实行统一登记，统一培训，持证上岗。巴南区普查队伍采取以区文管所专业技术人员为基础，引进行业高级专业技术人才把关，招募重庆师范大学等高校文博专业学生志愿者参与普查工作，建立了一支技术过关、恪尽职守且相对固定的普查队伍。广泛的参与人群和高素质的专业力量构成，为普查工作的顺利开展奠定了坚实的基础。在各部门、各镇街的支持配合下，巴南区共有662名工作人员参与普查工作。

巴南区可移动文物普查队伍统计表（单位：人）

合计	区级普查办	收藏单位	普查专家	普查志愿者
662	6	8	2	646

（二）划分阶段，有序实施

1.国有可移动文物收藏单位调查阶段

2013年4月，巴南区正式开展国有文物收藏单位调查摸底工作。一是核定普查对象。以市文物局下发的巴南区国有单位名录为基础，通过核对区统计局、区编办提供的相关数据，初步确定了巴南区应普查国有单位名录。细分任务，以部门、镇街为基本单元，将应普查的国有单位分类细化，明确普查人员的责任和任务，在区普查办人员有限的情况下，全面动员基层力量参与入户调查。二是扎实开展普查摸底，工作节奏紧张有序。由区普查办指定专人负责督促各部门、各镇街的工作进度，通过党政网、行业QQ群、上门指导服务等途径及时解决在普查中遇到的问题。不断提醒普查人员一定做到入户调查，回收的调查表必须加盖被调查单位公章，确保普查工作的严肃性。同时做好核对工作，做到辖区内国有单位全覆盖，不漏查。

2013年6月，巴南区国有单位摸底调查工作全面完成。全区共投入662名工作人员，入户调查1180个国有单位。排除已调查的村、居委会254个，社团55个，因机构调整，如改制重组、合并、撤销等未及时注销的原国有单位121个，实有符合调查范围的国有单位750个。回收调查表达100%，做到被调查单位有完整的反馈信息并加盖公章，以保证调查信息的真实性。其中，调查到收藏有文物的国有单位5个，经过摸排、调整，最终，巴南区登录到全国可移动文物信息登录平台的国有可移动文物收藏单位有3家:区文管所、区图书馆、天心寺。天心寺产权单位为区文管所,暂由佛教部门使用,其收藏的文物纳入区文管所普查范围。

巴南区普查办反复进行核查,做到了调查结果翔实、准确,无虚假、瞒报、漏报情况。切实做好了"回头看"工作,保证了入户调查不重复、不漏查、全覆盖,确保了普查工作的严肃性和专业性。该阶段工作得到市普查办充分肯定,上报的国有单位清单及国有单位文物收藏情况调查汇总表填写规范,汇总表分类科学、合理,被市普查办作为示范模板向全市推广。

2.国有可移动文物认定工作阶段

在普查期间,巴南区聘请一名具有丰富工作经验的具有文博副高职称的专业技术人员,严格按照《第一次全国可移动文物普查工作手册》规定的可移动文物认定依据和原则、认定范围及普查登录内容进行总体把关。

巴南区在普查中遇到本级专家不能解决的疑难问题,邀请市普查办提供的专家库成员到区指导工作,或通过QQ、电话等方式咨询行业专家,确保普查质量。2013年4月28日,邀请行业专家申世放等一行对区文管所馆藏陶器、瓷器类进行鉴选、分类、定名。2014年9月18日,邀请行业专家王川平、杨成茂、柳春鸣对区文管所书法绘画类藏品进行鉴选、分类、定名。2014年10月29日,邀请中国科学院古脊椎动物与古人类所研究员、重庆龙骨坡巫山古人类研究所所长黄万波教授,重庆中国三峡博物馆三峡古人类研究所所长魏光飚等一行对区文管所石器、化石类藏品进行鉴选、分类、定名。2015年4月27日,邀请重庆中国三峡博物馆刘兴亮博士一行到区图书馆对中华民国图书进行认定,并现场指导定名、拍摄。

此次普查,巴南区新认定文物899件/套(实际数量7646件)。其中,区文管所新认定文物数量65件/套(实际数量85件),区图书馆新认定文物数量834件/套(实际数量7561件)。

普查认定给予行业外(如区图书馆)符合条件的藏品资源法定的"文物"身份,使得行业外藏品资源的管理和保护工作变得有法可依。下一步,区普查办组织行业专家对新认定文物进行鉴定,并就普查相关课题开展研究。

3.国有可移动文物信息采集登录阶段

2013年7月—2014年6月,收集整理国有单位文物收藏情况,根据调查摸底情况,组织区级专家逐一对国有单位收藏的文物进行鉴选、认定,并根据市普查办要求进行了合并、调整。

根据巴南区可移动文物总量情况,普查小组同步进行文物数据采集和在线登录工作。自行设计的文物数据采集表指标共24项,除全国可移动文物信息登录平台要求必须填报的14个指标,重点对文物来源信息、形态特征、流传经历、修复装裱复制记录等进行了详细调查,为制定藏品档案奠定基础。采集的数据通过在线平台录入后分五级呈报审核,完成国家登录。

2014年7月进入可移动文物数据采集、登录阶段。2014年7月—2015年3月底,完成区文管所可移动文物数据采集和登录;2015年4月—7月初完成区图书馆可移动文物数据采集和登录;2015年7月,巴南区全面完成可移动文物数据采集、登录,所有数据汇总上报至全国可移动文物信息登录平台,全区采集登录达到100%。

4.国有可移动文物信息审核阶段

数据审核是可移动文物普查收官工作的关键环节。巴南区严格按照《第一次全国可移动文物普查数据审核工作管理办法》的要求,以属地管理、分级负责的原则开展数据审核工作。

根据登录进度,同期逐级对文物数据进行审核、报送。根据市普查办统一部署,巴南区可移动文物数据于2016年6月由市级审核员修改完善,8月通过市级专家抽审和终审。

(三)宣传动员

巴南区第一次全国可移动文物普查领导小组办公室根据普查的不同阶段分别确定相应的重点内容。第一阶段,重点宣传开展普查的目标意义、对象范围、内容方法、程序步骤等。第二阶段,集中宣传与普查有关的法律法规、普查标准规范、普查工作进展、普查先进事迹等。第三阶段,追踪宣传普查进展情况,发布普查成果,宣传国有可移动文物、国有可移动文物数据库管理系统和本区可移动文物普查工作成果,以实际事例,深入、生动地报道文物保护事业在增强文化软实力、构建和谐社会、推动社会经济发展方面的积极作用。

在宣传形式上,充分利用现代媒体优势,将普查宣传覆盖报纸、杂志、广播、电视、网络、移动传媒、宣传品和纪念品等各类媒体和载体,并把文物普查宣传与文化遗产宣传月、国际博物馆日、中国文化遗产日活动等结合起来,重视引导和发挥博客、微博等新兴媒体形式的宣传作用,使得"保护文物、人人有责"的理念更加深入人心,为以后的文物工作创造更好的社会环境和舆论环境。

在普查期间,巴南区电视台专题报道10次,互联网平台报道30次,通过《巴南日报》及区文化委简报等适时发布"一普"工作相关信息20次。借助每年初"送文化下乡"及"文化遗产宣传月"等全区大型群众文化活动平台,由区领导(普查领导小组组长)带头深入基层宣传。在各镇街的重要场所及交通要道张贴海报100余份,印发宣传册页10000份,举办图片展巡展22场(前期与重庆中国三峡博物馆联展关于可移动文物宣传内容的图片展巡展13场,2016年到镇街举办区可移动文物普查成果汇报展巡展9场)。

通过丰富多样的广泛宣传,巴南区第一次全国可移动文物普查得到了社会大众的广泛理解和积极支持,扩大了普查工作的社会影响,同时也对普查工作形成了巨大的推动力。

（四）质量控制

1.构建培训体系

巴南区为强化普查队员的专业素养,提升普查工作质量,先后派员参加了市普查办举办的相关培训3次,合计5人次,具体如下:2013年6月,参加了第三期全国可移动文物普查骨干培训班,针对文物普查实施方案、普查教材、全国可移动文物信息登录平台和采集软件、国有单位调查、统计部门的普查工作、文物认定程序、经费管理等工作进行专题培训。2013年8月,参加了重庆市第一次全国可移动文物普查信息采集技术培训班,针对文物信息采集,开展了藏品管理、文物定名、影像采集、软件登录等系统培训,以保证普查工作顺利开展。2015年4月,参加了重庆市可移动文物普查数据审核与管理培训班,针对普查古籍数据审核问题及注意事项、普查数据审核工作流程及发现的问题、普查数据审核内容与质量评定标准解读等进行了重点培训。

巴南区普查办共举办业务培训4次,共计120人次参加培训。2013年,在区"一普"动员工作会上对各镇街、各部门人员通过以会代训的方式,重点针对《重庆市可移动文物普查国有单位信息调查表》的填写进行了培训。根据普查进度,区普查办分别于2014年6月、2015年6月对区文管所、区图书馆的一线普查人员进行了可移动文物普查信息采集技术培训。2016年9月初又针对编制《国有可移动文物名录》及普查报告进行了培训。

2.做好基础资料的收集、整理

依据1993年整理的珍贵文物藏品档案以及业务档案、发掘报告为基础,同时走访老同志,对部分佐证资料欠缺的文物进行核实,力求弄清每件文物来源,便于文物认定。在普查中,巴南区共邀请各级专家12人对普查工作进行了总体把关。

3.普查工作督查

在普查过程中,巴南区普查办按照市普查办要求,结合普查实际情况,采取自我检查、接受市里专项督查、向市普查领导小组和市普查办定期报告等多种方式进行普查进度和质量管理。

4.普查中的人员、文物、数据安全管理

巴南区可移动文物普查数据和资料,由区普查办统一调查、采集,在全国可移动文物信息登录平台上登录;按照权限对已登录信息数据逐级进行审核;区"一普"领导小组办公室负责区级普查数据库建设和管理。凡在辖区内收藏保管有可移动文物的国有单位,必须按照《中华人民共和国文物保护法》《中华人民共和国统计法》的规定和此次普查的具体要求,如实、准确地配合普查队开展工作。任何部门、单位和个人都不得虚报、瞒报、拒报、迟报,不得伪造、篡改普查资料和数据。普查资料和数据涉及国家秘密的,应履行保密义务。

截至普查验收,巴南区可移动文物普查得到的综合数据和基础资料均严格保密,做到专人负责,妥善保管,未发生人员、文物、数据安全方面的事故。

5.普查验收

2016年8月,巴南区可移动文物普查数据通过市级审核;同年10月,区普查工作通过重庆市第一次全国可移动文物普查实地验收,验收结论为合格。

(五)普查工作总结情况

1.编制普查档案

严格按照《第一次全国可移动文物普查建档备案工作规范(参考)》的要求,实行专库、专柜、专人保管档案资料。对普查的各种资料分类建档。入档的资料包括可移动文物普查登记表,普查报告,普查机构的请示、报告、通知、工作计划、总结、简报、会议记录、方案、规章制度,工作人员名册,各种培训资料教材、宣传材料、工作照片、声像资料等,以及在普查工作中形成的其他重要相关资料。

针对辖区内国有可移动文物2989件/套,建立了藏品总账、藏品档案及藏品登记卡,同时备份电子文档,并按照统一规范完成了已认定文物信息国家登录。

2.普查表彰情况

普查期间涌现出一批以姜家镇卫生院、热心市民彭官文为代表的先进集体和个人,积极向国家捐赠文物。区普查办分别给予了奖励和表彰。

2013年12月,在巴南区"一普"国有单位信息调查摸底工作期间,姜家镇卫生院通过姜家镇文化服务中心捐赠了23件文物给区文管所收藏,主要为清中晚期和中华民国时期不同形制的瓷罐、瓷臼、中药柜等。12月18日,在召开的全区普查工作推进会上,为表彰模范,进一步调动全社会参与可移动文物普查的积极性,区"一普"领导小组办公室授予姜家镇卫生院"文物捐赠模范单位"的荣誉称号,给予姜家镇文化服务中心通报表彰。

2014年11月,区文管所接受鱼洞街道天明村十四社村民万先成、彭官文夫妇捐赠1件纸质文物,内容为1942年尹国芳捐钱物后由时任巴县界石乡中心小学校长张思化出具的乐捐寒衣费收据。这件文物是当时抗战宣传深入民间、深得人心的实物见证。区文管所颁给捐赠者收藏证书及适量奖金以资鼓励。

三、普查工作成果

巴南区通过此次普查,基本实现了普查国情国力分析、登录机制建设、公众服务三大目标,基本掌握了全区可移动文物资源情况及价值,健全了文物保护体系,为全区今后利用文物促进经济社会发展奠定了基础。

(一)巴南区可移动文物资源情况及价值

1.文物资源基本情况

巴南区国有文物收藏单位共2家:区文管所、区图书馆。其中文博系统单位1家,非文博系统单位1家。

2015年7月初,巴南区率先在全市范围内完成可移动文物普查信息采集登录工作。在全国可移动文物信息登录平台登录文物27类,共2989件/套,实际数量12550件。

2.文物保存状况

巴南区2家国有可移动文物收藏单位的文物保护基础工作薄弱,文物保护手段相对落后,缺乏先进的保护措施,保护现状堪忧。

一是保管条件差,保护措施落后。由于库房狭小,许多可移动文物处于堆放、叠放状态。缺乏恒温恒湿设备和先进的防霉防蛀措施,仅仅靠定期通风、更换干燥剂、防霉防虫药剂等手段对可移动文物实施保护是远远不够的。文物陈列室外墙为铝塑墙板,临街玻璃窗缺乏防护措施,存在极大的安全隐患。二是文物保护经费的短缺制约文物资源发挥社会效益。2家收藏单位均为全额拨款事业单位,捉襟见肘的文物经费严重制约了文物征集和库房改善等工作的开展,导致藏量少,且无法对收藏的可移动文物实施有效保护。区文物陈列室自2008年6月免费开放以来,一直缺乏经费进行展品复制、修复等工作,以致展陈内容长期一成不变,对广大爱好者失去吸引力,难以继续发挥历史文物的社会教育功能。

3.普查的价值意义

(1)建立巴南区全国可移动文物信息登录平台和数据库,实现规范化、信息化管理,与全国联网,从而实现全国文物信息资源的整合利用和动态管理。

(2)通过普查摸清家底,结束普查前基层文物收藏单位管理相对混乱局面,利于规范管理和更好地保护文物。

(3)根据普查成果了解可移动文物的保护状态,方便巴南区科学制定保护政策和拟订规划。

(4)借普查契机修复和征集了一批文物,丰富了馆藏内容,为区博物馆建成开放充实了藏品,推动巴南区文物保护事业向前发展,从而向文化强区迈出历史性的一步。

(二)建立健全文物管理体系

1.完善文物档案

建立可移动文物普查档案是科学规范文物档案管理工作的必要措施,是对第一次全国可移动文物普查各类数据进行全面保存、保管并发挥其作用的基础,有效地提高了藏品管理水平和工作效率。

巴南区通过调查、清库、文物建档、重建藏品总账及档案信息化工作,所有2989件/套藏品已全部登录全国可移动文物信息登录平台,实现藏品规范化管理的第一步。

2.完善制度规范

通过此次普查,巴南区进一步完善了可移动文物调查、认定、登记、管理及利用制度。2家国有可移动文物收藏单位均建立了专门的藏品管理机制。巴南区制定完善了《馆藏文物藏品使用细则》《文物藏品保管员岗位职责》《文物藏品登记编目登记员岗位职责》《总账管理人员岗位职责》等相关制度,对全区文物保护管理等基础工作具有较大的推动作用。

3.加强文物保护工作

在普查过程中,巴南区坚持"抢救第一、保护为主、加强管理、合理利用"的工作方针,高度重视文物保护工作,以普查促保护,其间共修复文物150件/套,剥离界石碗樽墓出土处于粘接状瓷碗248件,清洗铜币2088枚,用硫酸纸自制了410件纸质文物保护装具。

当前,巴南区可移动文物总体保护需求的首要问题是尽快改善可移动文物保存条件。以建设博物馆为契机,建立现代化文物库房,新购一批符合文物保存环境标准的储存设备及囊、匣、盒、套,建立文物库房环境监控系统,并对现有藏品进行消毒、杀菌、灭虫等无害化处理,做好可移动文物预防性保护工作。文物保护工作的开展,需要各级财政加大对文物保护的经费投入。巴南区文物事业起步较晚,长期以来,积压问题较多,亟须财政资金支持来改善保存条件,强化保护措施。同时,文物藏品得到有效保护后,又可以进行进一步利用,开发文创产品,策划展览陈列,推动社会教育,带来更加广泛的经济和社会效益。

(三)有效发挥文物在巴南区经济社会发展中的重要作用

1.普查成果利用计划

提炼普查成果精华,开发文化创意产品,策划专题展览陈列,推动社会文化教育。

2.普查成果展览情况

在普查期间,巴南区结合每年开展的国际博物馆日、中国文化遗产日和重庆文化遗产宣传月等活动,通过图片展板流动展出的方式,举办普查成果展览;2016年在双河口、东泉、李家沱、天星寺、一品、跳石等镇街举办"巴南区可移动文物普查成果汇报展"巡展9场,参观量达6050人次;通过深入镇街、村社巡展,进一步宣传可移动文物普查的意义,提升了普查的社会影响力,营造全民参与保护文物的良好氛围。

四、建议

回顾四年来的工作,巴南区提前圆满地完成了第一次全国可移动文物普查任务。在总结工作的同时,我们对存在的一些问题进行分析并提出建议,以利在今后工作中加以改进。

一是强化基础工作,持续推进可移动文物普查。继续完善巴南区数据库建设,做好普查工作的相关后续工作,努力使普查成果更好地服务社会。

二是希望相关上级主管部门,充分认识可移动文物管理工作的重要性,继续加大支持力度,尤其是资金支持。建立经费投入长效机制,保证馆藏可移动文物保护及管理工作的长期稳定开展;加大基础设施建设,配备符合要求的文物库房及相关设施设备,更新现有的软硬件设施,大力引进先进的管理理念和设备。

三是结合正在建设的区博物馆项目,多举措提高对文物的管理、展示和研究水平。特别要加强队伍建设,加大培育力度,选送现有技术力量进行专业进修,成立一支技术过硬、业务拔尖的专业队伍。同时,争取市级层面技术支持,双管齐下,提高文物保护管理和研究水平,使巴南区文物工作更上一个台阶。

报告执笔人:邹毅

报告审阅人:甘玲

14 黔江区第一次全国可移动文物普查总结报告

第一次全国可移动文物普查是继第三次全国文物普查（不可移动文物部分）之后，在文化遗产领域开展的又一重大国情国力调查，是一项旨在全面掌握我国文物资源、加强文物保护、建设文化遗产强国的国家工程。2012年10月8日，国务院印发了《国务院关于开展第一次全国可移动文物普查的通知》，决定从2012年10月到2016年12月，对我国境内全部国有单位收藏保管的文物进行全面普查登记，普查标准时点为2013年12月31日。2013年3月1日，重庆市人民政府印发了《重庆市人民政府关于开展第一次全国可移动文物普查的通知》。2013年4月18日，第一次全国可移动文物普查电视电话会议召开，对普查工作进行了全面部署。

黔江区政府高度重视普查工作，组织有力，保障充分。2013年5月，黔江区人民政府办公室发出了《关于印发黔江区第一次全国可移动文物普查实施方案的通知》，明确了黔江区文物普查工作的目标、范围、内容和组织实施要求。普查分为工作准备、普查实施和验收汇总三个阶段，完成了培训组织工作，完成了黔江区内以区域为基本单元的调查、文物认定、信息采集和审核工作，完成了普查成果整理和汇总工作。其中，第一阶段工作任务于2013年5月结束，第二阶段工作任务于2015年11月结束，第三阶段工作任务于2016年10月结束。黔江区通过普查工作，实现了以下目标：一是在不改变文物权属现状的前提下，全面掌握了黔江区国有可移动文物的数量分布、保存状况、保管权属和使用管理等情况，为科学制定保护政策和拟订规划提供依据；二是建立了黔江区国有可移动文物认定体系、名录、档案和信息管理系统，为文物的标准化和动态管理创造基础条件；三是建立了可移动文物信息的知识产权保护制度，实现文物信息资源的整合与合理利用；四是建立了社会参与、部门联动、权责共享的文物保护机制，形成文化遗产共建、共管、共享的保护格局，提高全社会的文物保护意识和能力。

黔江区是武陵山腹地，历史文化遗存丰厚。黔江区通过此次可移动文物普查，一是基本掌握了可移动文物的数量、分布、特征、保存现状等基本情况；二是提高了各有关单位的文物保护意识，尤其是提高了文博系统工作人员的科学知识、专业技能和管理水平，为进一步建立具有现代化科学素养的专业队伍创造了条件；三是协调了文物管理部门和政府各相关部门的关系，形成共同保护文物的工作合力；四是为准确判断文物保护形势、科学制定文物保护政策和拟订规划提供了依据；五是充分发挥文物在建设社会主义先进文化、促进经济社会全面协调可持续发展中的重要作用。

一、黔江区普查数据

截至2016年10月31日,黔江区在全国可移动文物信息登录平台登录可移动文物1229件/套,实际数量为6357件。其中,珍贵文物46件/套,实际数量为64件。登录了可移动文物信息的收藏单位有5家。

(一)黔江区可移动文物基本情况

1. 类别

可移动文物类别

可移动文物类别	可移动文物实际数量(件)	实际数量占比(%)
合计	6357	100.00
玉石器、宝石	21	0.33
陶器	41	0.64
瓷器	44	0.69
铜器	27	0.42
金银器	81	1.27
铁器、其他金属器	13	0.20
雕塑、造像	51	0.80
石器、石刻、砖瓦	57	0.90
书法、绘画	36	0.57
文具	15	0.24
玺印符牌	2	0.03
钱币	2438	38.35
牙骨角器	2	0.03
竹木雕	57	0.90
家具	67	1.05
织绣	155	2.44
古籍图书	2908	45.75
碑帖拓本	2	0.03
武器	16	0.25
文件、宣传品	2	0.03
档案文书	2	0.03
名人遗物	6	0.09
乐器、法器	24	0.38
音像制品	1	0.02
票据	34	0.53
度量衡器	5	0.08
标本、化石	220	3.46
其他	30	0.47

2. 年代

（1）可移动文物年代类型。

可移动文物年代类型

可移动文物年代类型	可移动文物实际数量（件）	实际数量占比（%）
合计	6357	100.00
地质年代	220	3.46
考古学年代	6	0.09
中国历史学年代	6102	95.99
公历纪年	14	0.22
其他	13	0.20
年代不详	2	0.03

（2）可移动文物中国历史学年代分布。

可移动文物中国历史学年代分布

可移动文物中国历史学年代	可移动文物实际数量（件）	实际数量占比（%）
合计	6102	100.00
夏	0	0
商	0	0
周	5	0.08
秦	0	0
汉	69	1.13
三国	0	0
西晋	0	0
东晋十六国	0	0
南北朝	0	0
隋	0	0
唐	2	0.03
五代十国	0	0
宋	24	0.39
辽	0	0
西夏	0	0
金	0	0
元	0	0
明	130	2.13
清	5279	86.51
中华民国	591	9.69
中华人民共和国	2	0.03

3. 级别

可移动文物级别

可移动文物级别	可移动文物实际数量(件)	实际数量占比(%)
合计	6357	100.00
一级	3	0.05
二级	19	0.30
三级	42	0.66
一般	3375	53.09
未定级	2918	45.90

4. 来源

可移动文物来源

可移动文物来源	可移动文物实际数量(件)	实际数量占比(%)
合计	6357	100.00
征集购买	1752	27.56
接受捐赠	43	0.68
依法交换	0	0
拨交	0	0
移交	160	2.52
旧藏	2897	45.57
发掘	125	1.97
采集	1376	21.65
拣选	0	0
其他	4	0.06

5. 入藏时间

可移动文物入藏时间范围

可移动文物入藏时间范围	可移动文物实际数量(件)	实际数量占比(%)
合计	6357	100.00
1949年10月1日前	0	0
1949年10月1日—1965年	221	3.48
1966—1976年	4	0.06
1977—2000年	4768	75.00
2001年至今	1364	21.46

6.完残程度

可移动文物完残程度

可移动文物完残程度	可移动文物实际数量(件)	实际数量占比(%)
合计	6357	100.00
完整	2483	39.06
基本完整	3398	53.45
残缺	467	7.35
严重残缺(含缺失部件)	9	0.14

(二)黔江区可移动文物分布情况

1.按收藏单位隶属关系统计可移动文物数量

可移动文物数量分布(按收藏单位隶属关系)

收藏单位隶属关系	可移动文物实际数量(件)	实际数量占比(%)
合计	6357	100.00
中央属	0	0
省属	0	0
县区属	6353	99.94
乡镇街道属	4	0.06
其他	0	0

2.按收藏单位性质统计可移动文物数量

可移动文物数量分布(按收藏单位性质)

收藏单位性质	可移动文物实际数量(件)	实际数量占比(%)
合计	6357	100.00
国家机关	4	0.06
事业单位	6302	99.13
国有企业	51	0.80
其他	0	0

3.按收藏单位类型统计可移动文物数量

可移动文物数量分布(按收藏单位类型)

收藏单位类型	可移动文物实际数量(件)	实际数量占比(%)
合计	6357	100.00
博物馆、纪念馆	3406	53.58
图书馆	2896	45.56
美术馆	0	0
档案馆	0	0
其他	55	0.87

4. 按收藏单位所属行业统计可移动文物数量

可移动文物数量分布(按收藏单位所属行业)

收藏单位所属行业	可移动文物实际数量(件)	实际数量占比(%)
合计	6357	100.00
文化、体育和娱乐业	6353	99.94
公共管理、社会保障和社会组织	4	0.06

二、黔江区普查工作组织实施

(一)属地管理,分级负责

1. 设立普查领导小组,成立普查机构

(1)黔江区普查领导机构建立情况。

2013年5月,黔江区人民政府办公室发出了《关于印发黔江区第一次全国可移动文物普查实施方案的通知》,成立了黔江区第一次全国可移动文物普查领导小组,组长为区分管领导,成员单位有区发改委、区教委、区民政局、区财政局、区经委、区国土房管局、区文广新局、区民宗委、区国资委、区统计局、区机关事务局、区档案局、区史志办、区科协、人行黔江中心支行15家,负责普查工作的组织和领导,协调解决重大问题。

(2)黔江区普查办公室建立情况。

普查领导小组下设领导小组办公室(以下简称"区普查办"),负责黔江区普查工作的日常组织、协调和实施,是普查工作的具体办事机构。区普查办根据上级发布的普查实施方案、普查规范和技术标准,以及其他相关规定,负责具体组织实施本行政区的文物普查工作,以保证对普查工作具有较强的指导性和专业性。

区普查办于2014年4月25日举办了黔江区第一次全国可移动文物普查协调工作会,会上对黔江区2014年度可移动文物普查工作做了组织协调和总体部署,解析了普查工作方案,明确了各收藏单位的任务职责,确定了信息员名单及联系方式,并建立了普查工作专家库。

2. 制订普查实施方案和确定工作制度

黔江区各级普查机构制订的普查实施方案情况:区普查办委托区文物管理所专业人员,结合黔江区整体情况和自身特点,制订了具有较强实际操作性的《黔江区第一次全国可移动文物普查实施方案》,使区内各单位,尤其是非文博系统单位,能按照实施方案的指导和要求,顺利开展实地普查工作。普查实施方案重点明确了黔江区的普查范围和内容,普查人员队伍的组建和构成,区内国有单位的排查,文物鉴选和认定工作的组织,文物信息登录和审核工作的组织,普查实施过程中的具体要求和注意事项等,突出国有单位调查以及向上级报告的内容,同时设立普查员,确保区内普查工作不漏单位、不漏文物,按时按要求顺利完成普查任务。

3.落实普查工作经费

(1)黔江区各级经费落实和经费使用等相关文件制定情况。

本次普查是黔江区重要的区情调查,也是对区域内的历史文化资源进行全面调查登记的政府行为。此次普查所需经费全部由区财政负担,并列入了地方相应年度的财政专项资金。经费支出包括人员费(如外聘人员工资及保险、专家咨询费、专家认定费等)、设备费(如购置数据存储设备、网络设备、带宽租用、办公设施设备等的费用)、办公经费(如交通费、会议费、差旅费、专用材料费、宣传费等)、出版印刷费等类型,按照国家和重庆市有关预算编制规定的要求和标准,分别做出了测算并做说明,科学编制了普查经费预算,积极落实普查专项经费,并在使用中加强管理,确保实效。

(2)黔江区2013—2016年度工作经费及四年工作经费汇总情况。

区财政局及时划拨经费,2013年至2016年共划拨普查经费47万元,为普查工作顺利开展提供了物资保障。2013年,区财政划拨了普查设备购置费12万元;2014年划拨普查经费5万元;2015年划拨普查经费15万元;2016年划拨普查经费15万元。2016年,重庆市民族博物馆自筹经费4万元。

4. 组建普查队伍

(1)总投入人员数量:23人,其中区普查办工作组成员6人、专家组成员6人、收藏单位人员11人。

(2)人员培训、管理及工作模式。

一是2014年4月25日,区普查办举办了"黔江区第一次全国可移动文物普查协调工作会暨普查培训会"。培训对象为黔江区文物管理所、重庆市民族博物馆、黔江区图书馆、黔江区旅游天地有限公司等文物收藏主要单位人员。区文物管理所组织专人对各收藏单位信息员进行了文物普查培训,展开标准化教学。此次培训印发了标准化培训教材,培训对象为黔江区从事一线普查工作的普查员、辖区内重要文物收藏单位的联络员、业务骨干等。培训内容主要包括可移动文物的认定范围、定名标准、《国有单位文物收藏情况调查登记表》及《文物登记卡》的填写、文物影像采集标准等。针对普查的组织实施、文物认定、数据管理等不同专题,将实物操作和现场演练相结合,使培训工作更加实用、有效,充分达到预期效果。此次会议,不仅增强了各行业信息采集人员的专业技术能力,还形成了文博、图书、档案、宗教等多领域各行业齐抓共管的良好工作格局。

二是2015年4月27日,区普查办组织区文物管理所、重庆市民族博物馆、区图书馆、区旅游天地有限公司和冯家街道办事处文物收藏单位人员,开展可移动文物普查信息采集登录培训,针对信息采集和登录工作进行了详细的标准化教学。特别针对有工作人员发生变动的收藏单位,发放第一次培训的培训教材。

三是2016年3月22日,区普查办组织各文物收藏单位人员开展可移动文物普查数据校对会,针对普查数据的问题进行讲解和校对,完善了普查数据。

(二)调查、认定、采集、登录、审核,分阶段实施

1.国有可移动文物收藏单位调查阶段

(1)各级普查机构印发通知、方案、调查表、规范性文件等。

黔江区政府办于2013年5月9日发布了《关于填报全区可移动文物普查国有单位信息调查表的通知》,要求各国有单位对照《黔江区可移动文物普查国有单位信息调查表》,认真清理本单位可移动文物情况,将表格纸质件加盖公章后报区普查办。

(2)国有单位名单编制和汇总。

根据调查统计,黔江区共有国有单位525家,包括机关116家、事业单位376家、国有企业33家。为保障实地调查工作的顺利开展,在确定辖区内国有单位名录的同时,还与各单位普查联络办公室及普查联络员建立联系,获得了联系地址及联系方式,并于2014年4月向重庆市普查办填报了《黔江区可移动文物普查国有单位清单》。

(3)国有可移动文物收藏单位走访情况。

2013年,通过摸底调查,黔江区收藏有可移动文物的国有单位共有8家,包括黔江区文物管理所、重庆市民族博物馆、冯家街道办事处、黔江区旅游天地有限公司、黔江区图书馆、黔江区档案馆、石会镇政府、黄溪镇政府。

(4)调查表发放及反馈情况。

黔江区共有525家国有单位,全部发放并反馈了《黔江区可移动文物普查国有单位信息调查表》。其中,反馈收藏有可移动文物的国有单位有8家:黔江区文物管理所、重庆市民族博物馆、冯家街道办事处、黔江区旅游天地有限公司、黔江区图书馆、黔江区档案馆、石会镇政府、黄溪镇政府。2014年区普查办通过实地调查,石会镇、黄溪镇政府无可移动文物。另外,根据重庆市文物局转发国家文物局《关于积极做好档案系统第一次全国可移动文物普查工作的通知》精神,档案系统纳入此次普查范围的是各级档案馆收藏的非纸质实物档案,而之前黔江区档案馆反馈的可移动文物均为纸质,没有非纸质实物档案,因此不纳入此次普查范围。因此,黔江区共有5家国有可移动文物收藏单位属于此次普查范围。

2.国有可移动文物认定工作阶段

(1)文物认定工作组织实施情况。

根据重庆市文物局《关于做好2014年可移动文物普查工作的通知》要求,2014年4月,区普查办成立了普查专家组。2014年6月,冯家街道办事处、重庆市民族博物馆、黔江区旅游天地有限公司、黔江区

档案馆分别向区普查办提交了《国有单位文物收藏情况调查登记表》《申请认定文物清单》《认定申请书》，说明待认定文物藏品的大致种类、数量以及其他需要说明的事项。

（2）文物认定工作次数及开展情况与非文博系统收藏单位现场认定工作情况。

2014年8月，黔江区普查办组织专家组成员，先后对4家非文博单位自查申报认定的文物藏品进行初步筛选及认定工作。排除明显不符合本次普查文物认定范围的藏品，初步认定黔江区旅游天地有限公司收藏藏品51件、冯家街道办事处收藏藏品4件；由于重庆市民族博物馆以前未建立正式的"藏品总登记账"，此次也对其馆藏文物进行了认定，初步认定43件/套（实际数量84件）；黔江区图书馆已登录到图书系统的数据直接转换，不再进行认定。

新发现、新认定单位均为非文博系统单位2家（即黔江区冯家街道办事处及黔江区旅游天地有限公司），藏品总数55件/套；新发现、新认定藏品类别为家具35件/套、织绣20件/套。

3.国有可移动文物信息采集登录阶段

（1）采集登录工作组织情况。

采集分文字采集及影像采集，各收藏单位根据《文物登记卡》，对文物的名称、年代、类别、数量、质量、尺寸、来源、完残程度、保存状态、入藏年代等基本信息进行了文字采集并填写到纸质登记表。区文物管理所同时还采集了生产制造、文字、造型及图案、具体来源、考古发掘、流传经历、鉴定、保管、修复、移动、展出等附属信息。在采集每一件文物文字信息的同时，再采集该件文物的正面图、俯视图、侧视图、全景图、局部图及底部图等影像资料。根据重庆市第一次全国可移动文物普查领导小组办公室《关于开展抗战可移动文物专项调查的通知》文件要求，率先开展了黔江区11套20件抗战可移动文物的数据采集工作。

（2）采集登录阶段对非文博系统单位的帮扶和组织工作。

区普查办组织区文物管理所人员帮助冯家街道办事处完成信息采集工作。

（3）采集登录工作及推进方式。

由于国家文物局统一数据平台数据庞大，导致网络运行速度太慢，登录不进去的情况时有发生，因此，黔江区各国有文物收藏单位采用先在离线软件登录文字及照片信息，再以自己的登录账号上传到国家文物局统一数据平台的方式录入普查数据。黔江区旅游天地有限公司的人员及设备等录入力量不够，区普查办聘请重庆市九龙坡区文物管理所专业技术人员，对其统一进行文物信息录入工作。进行文物信息录入时，参照了文物调查登记表和已有文物档案，按照文物信息采集系统要求，逐条进行录入，并保存。录入过程中，保证了数据的准确性，不缺项，不漏项。

4.国有可移动文物信息审核阶段

(1)各国有文物收藏单位初审。

为确保普查成果数据的准确性,各国有单位普查员在对采集的文物信息进行自我复核的基础上,交由单位领导签字审核后,于2015年11月提交给区普查办公室。

(2)区普查办审核。

2015年12月,黔江区普查办组织2名专家,对黔江区各国有单位提交的数据信息从专业角度逐项进行审核和修改,重点审核文物的定名、年代、类别、质地、数量等因素。审核通过后,再提交上级普查办公室。

(3)市普查办审核。

2016年,重庆市普查办组织专家,对数据库中的所有文物信息的离线数据进行了抽审。

经过以上3轮审核确定无误的信息,正式上报国务院普查领导小组办公室。

(三)宣传动员

1.宣传方案、宣传方法和宣传手段

宣传工作正式展开前,黔江区普查办制订了黔江区普查宣传工作方案,确定了宣传工作的指导思想、目标任务、组织实施、重点内容、宣传方式、宣传时段等。为了使此次文物普查得到各部门的支持,特别是广大群众的积极参与,我们运用多种形式,采取多种手段在全区范围内开展了第一次全国可移动文物普查的宣传活动,让广大群众了解文物普查的目的、意义和内容,进一步增强文化遗产保护的意识,从而为普查工作的开展创造了良好的舆论氛围。从2013年5月起,认真策划普查宣传,充分利用广播电视、标语、宣传栏进行文物普查、文物知识和《中华人民共和国文物保护法》的宣传。发表工作简报共3期。

2.重大节庆宣传情况

利用国际博物馆日、重庆文化遗产宣传月等活动,开展可移动文物普查宣传工作。

3.重点地区宣传情况

先后利用武陵文化广场、石城广场,在城区开展了5次"文物普查宣传活动",发放文物普查宣传资料万余份。

4.普查宣传动员工作成效及社会公众对普查的认知与反响

这些宣传活动,让广大群众了解了保护文物的重要性,提高了广大群众保护文化遗产的意识,为黔江区实地开展文物普查工作奠定了基础。

(四)质量控制

1.全流程质量控制

普查工作中全流程的质量控制,包括:试点、人员培训、督查、文物安全、数据安全等工作开展的次数和情况。

为了保证普查资料、信息及普查成果的真实、完整和科学,普查实行严格的质量控制。质量控制应贯穿于普查全过程,其范围应包括普查国有单位到达率和调查文物覆盖率,以及普查资料、信息登录,数据整合、汇总等各项技术环节。

在文物信息数据登录和审核过程中,发现一些信息不全或存在争议的数据,黔江区文物管理所又实地对文物进行3次信息采集,并对已有信息进行复查和补充。

各收藏单位将在历次审核中需要补充和修改的信息反馈给黔江区普查办,并对普查资料和档案进行修改,确保了普查档案的完整、规范和准确,为下一阶段《文物名录》《文物收藏单位名录》的编制做数据准备。

黔江区普查办将历次审核中补充和修改的信息,及时反馈给相关文物收藏单位,便于各单位对留存档案资料进行修改,确保档案的完整和准确。

2.普查员、专家、志愿者及普查单位录入员等人员培训

2014年,区普查办开展了普查培训。总期数1次,总次数1次,总人次21人次。

3.培训重点内容

培训内容主要包括可移动文物的认定范围、定名标准、《国有单位文物收藏情况调查登记表》及《文物登记卡》的填写、文物影像采集标准等。针对普查的组织实施、文物认定、数据管理等不同专题,将实物操作和现场演练相结合,使培训工作更加实用、有效,充分达到预期效果。

4.验收

根据市文物局验收工作要求,完成本区县验收工作情况。黔江区普查办先让各收藏单位填写《第一次全国可移动文物普查验收表》,然后根据此表完成对各收藏单位的普查验收工作。

(五)普查工作总结情况

编制普查档案:黔江区文物管理所计划完成569套文物及相关普查文件资料等普查档案编制,包括市级及区级各类文件、相关普查数据、可移动文物照片及基本信息、附属信息等文字资料。

三、普查工作成果

(一)掌握黔江区可移动文物资源情况及价值

1.摸清数量及分布

利用普查成果,综合分析。经第一次全国可移动文物普查,黔江区国有可移动文物收藏量为1229件/套。其中黔江区文物管理所569件/套、黔江区图书馆562件/套、黔江区旅游天地有限公司51件/套、黔江区冯家街道办事处4件/套、重庆市民族博物馆43件/套。文博系统收藏可移动文物612件/套、非文博系统收藏可移动文物617件/套。

2.掌握使用管理情况

黔江区共有5家国有单位收藏有可移动文物,共1229件/套。黔江区文物管理所收藏的569件/套可移动文物未对外开放;黔江区图书馆、重庆市民族博物馆、黔江区旅游天地有限公司、冯家街道办事处收藏的660件/套可移动文物均对外开放。

通过此次开展的可移动文物普查,黔江区已基本掌握可移动文物的数量、分布、特征、保存现状等基本情况。这次普查提高了各有关单位的文物保护意识,尤其是提高了文博系统工作人员的科学知识、专业技能和管理水平,为进一步建立具有现代化科学素养的专业队伍创造了条件;协调了文物管理部门和政府各相关部门的关系,形成共同保护文物的工作合力;为准确判断文物保护形势、科学制定文物保护政策和拟订规划提供了依据;同时加强了黔江区在文化遗产领域的国有资产管理能力和资源整合能力,充分发挥文物在建设社会主义先进文化、促进经济社会全面协调可持续发展中的重要作用。通过此次普查,黔江区基本实现了摸清家底、建立登录制度、服务社会的三大目标。

(二)健全文物保护体系

1.完善文物档案

完成藏品账目及档案信息化的收藏单位数量:2家文博系统单位和3家非文博系统单位完成了档案信息化工作。

文博系统内主要收藏单位即黔江区文物管理所完成了清库建档工作和账目核对工作。

2.完善制度和规范

建立专门的藏品管理机制单位数量及情况:文博系统内收藏单位建立专门的藏品管理机制的仅1家——黔江区文物管理所,重庆市民族博物馆及另外3家非文博系统收藏单位均未建立藏品管理机制。

3.明确保护需求

一是明确黔江区文物总体保护需求。从保存环境看,除了黔江区文物管理所文物库房面积较小、库房因修建多年保存环境较差以外,其余几个收藏单位的保存环境较好;从保管人员看,之前每个收藏单位只有1名保管人员,建议重点收藏单位如黔江区文物管理所、黔江区图书馆及重庆市民族博物馆各增加1名保管人员。

二是明确不同类型文物保护需求。珍贵文物均存放于保险柜,不同类型的文物按类别存放,保管较为规范。但黔江区可移动文物残损的较多,有很多可移动文物需要修复。

今后保护工作的重点,应着重加强文博系统、图书系统可移动文物的保护工作。

4.扩大保护范围

普查中新备案的收藏单位为黔江区旅游天地有限公司及冯家街道办事处2家。普查拓展了文物资源领域;除了文博事业单位以外,国家机关、企业各有1家收藏有可移动文物。

(三)有效发挥文物在黔江区经济社会发展中的重要作用

1.普查成果利用计划

一是在重大节日——世界博物馆日、中国文化遗产日等开展普查成果展览,利用电视、网络等宣传黔江区可移动文物普查成果,提高群众保护文物意识。二是针对普查成果,开展专项文物保护工作,确保文物安全。

2.普查成果展览

习主席说过,"让收藏在禁宫里的文物、陈列在广阔大地上的遗产、书写在古籍里的文字都活起来"。让文物活起来,要落在实际的行动上。为总结、宣传、展示重庆市第一次全国可移动文物普查成果,2016年黔江区文物管理所联合重庆市民族博物馆举办了"武陵藏珍——黔江区第一次全国可移动文物普查成果展",展示珍贵及特色文物实物100件,展示文物图片100多张,参观人数10000人次;黔江区旅游天地有限公司在小南海十三寨黔江民俗馆举办了"民俗馆可移动文物普查成果展",展出实物藏品51件套,参观人数5000人次;冯家街道办事处在万涛故居举办了"万涛故居陈列展",展出实物4件/套,图片20张,参观人数2000人次;黔江区图书馆联合国家古籍保护中心在国家古籍保护中心举办"第四届国家珍贵古籍特展",展出藏品1件,参观人数30000人次。这些展览,公布了黔江区普查成果,为民众提供了公共文化服务,增强了人们对文化遗产的保护意识。

3.普查成果出版物

黔江区图书馆、黔江区古籍保护中心启动了地方古籍再版工程,编辑出版了《双冷斋文集校注》《笏珊年谱校注》和《叠岫楼诗草校注》,《黔江区可移动文物普查成果专辑》的图片及文字资料也正在整理中。

4.普查成果资源开发和利用

黔江区积极推动普查成果的转化利用。重庆市第一次全国可移动文物普查验收结束后,积极推动普查成果对外开放,推动普查成果与旅游发展相结合,促进文旅融合。

四、建议

一是进一步加大宣传力度。广泛宣传可移动文物普查的目的、意义、方式、方法、认定、登记、保管权、所有权等相关内容,消除误解,让文物所有权单位积极配合参与。二是增加经费投入。市财政增加对区县文物保护经费的投入,确保文物工作真正落到实处。三是各收藏单位应根据《博物馆藏品管理办法》建立健全可移动文物的保护及管理机制。

报告执笔人:马春

报告审阅人:梁冠男

15　长寿区第一次全国可移动文物普查总结报告

根据《重庆市人民政府关于开展第一次全国可移动文物普查的通知》，此次普查从2012年10月开始，到2016年12月结束。普查标准时间节点为2013年12月31日。长寿区政府高度重视普查工作，组织有力，保障充分。2013年5月，为全面贯彻相关文件要求，长寿区政府正式印发《关于开展第一次全国可移动文物普查的通知》，要求各单位积极配合文物行政部门，着手启动文物普查工作。2013年5月底，区政府办公室印发了《长寿区第一次全国可移动文物普查实施方案》，明确了长寿区文物普查工作的目标、范围、内容和组织实施要求。普查分为工作准备、普查实施和验收总结三个阶段，完成培训组织工作，完成本行政区域内以镇街为基本单元的调查、文物认定、信息采集和审核工作，完成普查成果整理和汇总工作。第一阶段工作任务于2013年2月结束，第二阶段工作任务于2015年12月结束，第三阶段工作任务于2016年12月结束。

通过此次可移动文物普查，长寿区全面掌握了可移动文物的数量、分布、特征、保存现状等基本情况。普查提高了各单位乃至全社会的文物保护意识，同时有效提高了文博系统工作人员的科学知识、专业技能和管理水平，为进一步建立具有现代化科学素养的专业队伍创造了条件；协调了文物管理部门和政府各相关部门的关系，形成共同保护文物的工作合力；为准确判断文物保护形势、科学制定文物保护政策和拟订规划提供了依据；同时加强了长寿区在文化遗产领域的国有资产管理能力和资源整合能力，充分发挥文物在建设社会主义先进文化、促进经济社会全面协调可持续发展中的重要作用。

一、长寿区普查数据

（一）长寿区可移动文物基本情况

截至2016年10月31日，长寿区在全国可移动文物信息登录平台登录可移动文物514件/套，实际数量为23380件。其中，珍贵文物21件/套，实际数量为30件。登录了可移动文物信息的收藏单位有3家。

1.类别

可移动文物类别

可移动文物类别	可移动文物实际数量（件）	实际数量占比（%）
合计	23380	100.00
瓷器	113	0.48
陶器	110	0.47
钱币	22589	96.62
石器、石刻、砖瓦	107	0.46

续表

可移动文物类别	可移动文物实际数量（件）	实际数量占比（%）
雕塑、造像	70	0.30
竹木雕	21	0.09
铜器	31	0.13
玉石器、宝石	9	0.04
铁器、其他金属器	7	0.03
玻璃器	9	0.04
金银器	3	0.01
书法、绘画	1	<0.01
文具	3	0.01
玺印符牌	6	0.03
牙骨角器	1	<0.01
珐琅器	1	<0.01
武器	3	0.01
档案文书	4	0.02
度量衡器	3	0.01
家具	4	0.02
古籍图书	285	1.22

2.年代

（1）可移动文物年代类型。

可移动文物年代类型

可移动文物年代类型	可移动文物实际数量（件）	实际数量占比（%）
合计	23380	100.00
考古学年代	29	0.12
中国历史学年代	22959	98.20
公历纪年	57	0.24
其他	296	1.27
年代不详	39	0.17

（2）可移动文物中国历史学年代分布。

可移动文物中国历史学年代分布

可移动文物中国历史学年代	可移动文物实际数量（件）	实际数量占比（%）
合计	22959	100.00
商	2	0.01
周	56	0.24

续表

可移动文物中国历史学年代	可移动文物实际数量(件)	实际数量占比(%)
秦	9	0.04
汉	73	0.32
南北朝	47	0.20
唐	14	0.06
五代十国	1	<0.01
宋	152	0.66
金	1	<0.01
元	7	0.03
明	63	0.27
清	22482	97.92
中华民国	49	0.21
中华人民共和国	3	0.01

3. 级别

可移动文物级别

可移动文物级别	可移动文物实际数量(件)	实际数量占比(%)
合计	23380	100.00
三级	30	0.13
未定级	23350	99.87

4. 来源

可移动文物来源

可移动文物来源	可移动文物实际数量(件)	实际数量占比(%)
合计	23380	100.00
征集购买	3	0.01
接受捐赠	5	0.02
发掘	319	1.36
旧藏	481	2.06
采集	22572	96.54

5. 入藏时间

可移动文物入藏时间范围

可移动文物入藏时间范围	可移动文物实际数量(件)	实际数量占比(%)
合计	23380	100.00
1949年10月1日—1965年	8	0.03
1966—1976年	4	0.02
1977—2000年	23008	98.41
2001年至今	360	1.54

6.完残程度

可移动文物完残程度

可移动文物完残程度	可移动文物实际数量（件）	实际数量占比（%）
合计	23380	100.00
完整	236	1.01
基本完整	23030	98.50
残缺	76	0.33
严重残缺（含缺失部件）	38	0.16

（二）长寿区可移动文物分布情况

1.按收藏单位隶属关系统计可移动文物数量

可移动文物数量分布（按收藏单位隶属关系）

收藏单位隶属关系	可移动文物实际数量（件）	实际数量占比（%）
合计	23380	100.00
县区属	23380	100

2.按收藏单位性质统计可移动文物数量

可移动文物数量分布（按收藏单位性质）

收藏单位性质	可移动文物实际数量（件）	实际数量占比（%）
合计	23380	100.00
事业单位	23380	100

3.按收藏单位类型统计可移动文物数量

可移动文物数量分布（按收藏单位类型）

收藏单位类型	可移动文物实际数量（件）	实际数量占比（%）
合计	23095	100.00
博物馆、纪念馆	23090	98.76
图书馆	285	1.22
其他	5	0.02

4.按收藏单位所属行业统计可移动文物数量

可移动文物数量分布（按收藏单位所属行业）

收藏单位所属行业	可移动文物实际数量（件）	实际数量占比（%）
合计	23380	100.00
卫生和社会工作	5	0.02
文化、体育和娱乐业	23375	99.98

二、长寿区普查工作组织实施

(一)加强组织,健全机构

1. 设立普查领导小组,成立普查机构

为切实加强可移动文物普查工作的组织与领导,长寿区成立了第一次全国可移动文物普查领导小组,负责普查工作的组织、领导和协调。领导小组下设办公室,办公地点在区文化委,负责领导普查日常工作;普查办公室下设工作组,以区文化委工作人员牵头,区文物管理所人员为骨干,吸纳各乡镇文化服务中心的文物保护专干,组建长寿区第一次全国可移动文物普查工作队伍,具体负责各地普查工作的开展。

2. 制订普查实施方案和确定工作制度

区普查办于2013年5月根据市级普查办下发的《第一次全国可移动文物普查实施方案》,结合长寿区实际情况,制订了长寿区可移动文物普查实施方案。

3. 落实普查工作经费

普查期间,长寿区实际到位可移动文物普查经费为50万元。经费主要用于购买普查设备、支付普查志愿者补助和办公费用等。在经费使用上,长寿区严格按照国家财务制度相关规定,加强对普查经费的管理,专款专用。

长寿区2013—2016年可移动文物普查经费落实情况表(单位:万元)

合计	2013年	2014年	2015年	2016年
50	10	12.5	12.5	15

4. 组建普查队伍

长寿普查总投入人员:普查办工作组成员2人,收藏单位人员7人,专家组成员2人,志愿者4人。

长寿区可移动文物普查队伍统计表(单位:人)

合计	各级普查办	收藏单位	普查专家	普查志愿者
15	2	7	2	4

(二)划分阶段,有序实施

普查工作开展以来,长寿区严格按照普查工作步骤开展文物摸底调查、文物认定、文物信息采集登记、文物审核、文物管理等工作。经过文物摸底调查后发现长寿区共有3家单位反馈有可移动文物,长寿区普查办组织本级普查专家到收藏单位进行文物认定,认定工作结束后,工作人员结合原来的文物登记账册,在库房内全部重新采集资料,形成文物信息登记表,制作成电子表格,录入全国可移动文物信息登录平台,根据文物审核标准组织工作人员开展文物审核验收工作。

1.国有可移动文物收藏单位调查阶段

从2013年5月起,区文化委向全区985家国有单位发放了《国有单位文物收藏情况调查表》,回收调查表985份,实现了100%全覆盖。

2.国有可移动文物认定工作阶段

根据摸底调查结果,长寿区普查办组织专家对4家收藏单位进行了文物认定,其中长寿区文物管理所、长寿区图书馆及长寿区龙河镇合兴卫生院的文物经认定,符合普查范围要求。长寿区龙河镇教育管理中心在摸底调查中反映的藏品不属于《重庆市第一次全国可移动文物普查的通知》要求的普查范围。经过文物认定,长寿区共有长寿区文物管理所、长寿区龙河镇合兴卫生院、长寿区图书馆3家单位满足普查范围和要求,参与文物信息采集登录工作。

3.国有可移动文物信息采集登录阶段

长寿区文物普查工作主要由区文物管理所实施,单位工作人员按照文物普查信息采集要求,在文物库房设立临时办公室,采集文物基本信息,填写文物信息登记卡。按照普查照片要求,购置专业拍摄设备,在相应的灯光下拍摄清晰全面的文物照片。长寿区共有可移动文物514件/套,其中区文物管理所477件/套,长寿区龙河镇合兴卫生院2件/套,长寿区图书馆35件/套,为提高普查信息登录效率和信息的准确性,均采用先录入离线软件,检查无误后再上传至信息登录平台的模式。

4.国有可移动文物信息审核阶段

2016年5月,长寿区完成了普查数据的本级审核,6月将审核后的数据上交至市文物局。2016年7月21日,顺利通过市级审核。

(三)宣传动员,营造氛围

长寿区文物普查工作组一直与媒体紧密联系,在普查工作启动、珍贵文物登录、古钱币专项清理、中国文化遗产日及国际博物馆日等工作中均由《长寿日报》《长寿文化报》、长寿电视台等媒体进行了宣传报道,受到了社会各界的广泛关注与支持。

(四)质量控制,确保进度

在普查工作的各个阶段,长寿区采取收藏单位自查和普查办抽查的方式提高工作质量。在文物信息采集和登录阶段,邀请高校文博专业学生参与,收藏单位专人负责采集、录入信息,多人检查核对,确保采集到的文物数据的准确性;区普查办安排人员不定期抽查各收藏单位工作进展情况,定期对各单位提交的普查资料进行标准化审核。

长寿区普查办在2013年至2016年间,根据市普查办的培训内容和工作要求,多次组织全区文物普查参与单位的工作骨干开展文物普查专业培训,3年来合计培训92人次。

长寿区组织的普查培训班情况一览表

合计		2013年		2014年		2015年		2016年	
次数（次）	人数（人次）	次数（次）	人数（人次）	次数（次）	人数（人次）	次数（次）	人数（人次）	次数（次）	人数（人次）
12	92	3	43	3	27	3	11	3	11

长寿区可移动文物普查工作始终坚持"安全第一"和"安全工作做在前，隐患解决在事故前"的原则，将普查人员的文物安全教育放在首位。长寿区通过岗前培训，加强了普查人员的职业道德教育，增强了他们的荣誉感和责任感。长寿区在普查设备设施的使用上，均以保证文物和人员的安全为前提。

文物不可再生，损坏或损毁文物都将造成无法弥补的损失。长寿区在可移动文物普查工作中，要求普查员在进行相关操作时必须合乎安全规范，坚持制度化管理，分工合理，责任分明，准确掌握普查操作规程和技术标准。注意文物的防火、防盗、防震等，同时要求有预防性保护意识，注意文物掉落、磕碰、挤压、震裂等安全威胁，尽可能减少搬运文物次数，以减小文物损坏的概率。此外，还制订应对突发情况的预防措施及处理方法。

对普查得到的综合数据和基础资料均严格保密，做到专人负责，妥善保管。对纸质媒介的数据及时整理、归档并指定专人专柜妥善保存。对电子媒介的数据及时更新和备份保存。普查数据未经上一级可移动文物普查办公室批准，不得随意公布。

（五）展示成果，做好总结

普查审核验收工作结束后，长寿区普查办编写了"一普"验收报告和"一普"工作总结报告，在中国文化遗产日宣传活动中，对积极参与全区普查工作的志愿者以及各收藏单位参与此次普查工作的优秀普查人员颁发了荣誉证书。

三、长寿区普查工作成果

（一）长寿区可移动文物资源情况及价值

1. 文物数量及分布

经过调查、认定、采集、登录、审核、汇总等工作，基本摸清了本区域的文物数量和文物分布情况，数量为514件/套，实际数量为23380件，主要收藏于区文物管理所。

从文物收藏单位的性质来看，100%的文物集中收藏在事业单位。从文物收藏单位的类型来看，98.76%的文物集中收藏在博物馆、纪念馆，卫生行业为0.02%，图书馆为1.22%。

2.文物保存状况

经过此次普查,长寿区摸清了国有单位收藏的大部分文物的保存状况,为接下来全区制订可移动文物预防性保护措施以及开展受损文物修复工作提供了数据参考。

3.文物价值

普查汇总工作结束后,长寿区利用《长寿日报》与《长寿文化报》公布了长寿区普查工作概况。经过第一次全国可移动文物普查,掌握了长寿区文物资源数量、分布情况、文物价值,为正在兴建中的长寿博物馆今后的藏品征集、陈列布展等工作提供了资源支持。同时,此次文物普查对推动长寿区文物工作开展、加强文物保护有着极大的促进作用。

(二)建立健全管理机制

经过此次普查,长寿区内收藏文物的国有单位均完善了文物藏品登记账册、抗战文物名录、革命文物名录等。

1.建立文物档案

一是建立"文物身份证",实现动态化管理。在可移动文物普查工作中,长寿区坚持"抢救第一、保护为主、加强管理、合理利用"的工作方针,高度重视文物保护工作,以普查促保护,完善文物信息,上传至文物网络平台,形成数字化文物资源,便于文物展出和各单位之间的文物信息交流等,初步形成网络平台文物身份证管理系统,实现长寿区国有可移动文物资源标准化、动态化管理。本次普查工作旨在促进解决国有文物资源底数不清、残损情况不明、登记建档不全等历史遗留问题,防止国有资产流失。长寿区文物收藏单位共同开展文物认定、文物定名、文物拍摄及Excel模板填写等相关工作,现已经完成清库建档、账目核对、文物信息审核验收等工作,建立了馆藏文物登记账册和文物信息表。

二是建立文物信息资源库和文物名录。经过文物调查、文物认定、信息采集、信息录入等工作,借助全国可移动文物信息登录平台,长寿区基本形成了文物信息资源库,实现文物信息网络数字化管理,实现多元化的文物信息保管方式,延长了文物信息保存寿命和实现了使用的多样性。在普查审核工作结束后,长寿区制作了本辖区内国有可移动文物收藏单位名录和各收藏单位的藏品登记账册。

2.健全制度规范

长寿区在第一次全国可移动文物普查工作中,遇到的第一个难点是部门协调机制不完善,为此,区政府专门召开会议统筹全区各部门,成立了普查领导小组,为文物普查的顺利开展提供了组织保障;第二个难点是普查经费的来源问题,经过多次协调以及部分人大、政协委员的提案呼吁,将文物普查经费纳入了每年财政预算内,由此解决了普查的经费问题;第三个难点是普查队伍人员短缺以及其专业知识不足的问题,为保质保量地完成普查任务,长寿区针对人员短缺与专业问题,与重庆师范大学文博专业合作,先后聘请了4名志愿者参与长寿区普查资料的采集、拍照和录入工作,其中1人为在读研究生,3人为在读本科学生,为普查工作提供了人员和专业支持。最后,在普查过程中,长寿区普查办发现长寿区龙河镇合兴卫生院收藏的2件/套文物保存条件较差,管理人员专业知识匮乏,通过多方协调,最终经双方同意,于2016年9月,龙河镇合兴卫生院将收藏的2件/套文物,全部移交给区文物管理所保存管理,区文物管理所为文物建档入库,给文物提供了一个更完善、更安全的保存条件,确保了文物安全。

（三）发挥文物在经济社会发展中的重要作用

1.普查成果利用计划

为更好地将本区域第一次全国可移动文物普查成果展示、宣传、服务于民,长寿区文物管理所在近几年的中国文化遗产日、重庆文化遗产宣传月活动中,都会举办第一次全国可移动文物普查成果展,将普查成果公布于众,更好地服务社会。同时,此次普查的成果将为正在建设的长寿博物馆的陈列布展提供最为翔实的数据,为博物馆建设提供重要参考。

2.普查成果资源的开发利用

长寿区将坚持文化与旅游深度融合的路线,利用普查成果,为文化创意产品的开发及制作提供参考依据,为长寿区文化创意产业孵化园增添亮点产品,推动文创产业的发展,助力长寿区文化旅游产业的进步。

3.普查成果公开出版发行情况

长寿区普查办将选取辖区内精品文物和普查大事记,编制第一次全国可移动文物成果相关书籍。

四、建议

一是上级文物主管部门出台支持基层文物管理部门开展文物保护工作的相关政策,为基层文物管理部门和其他相关政府部门的协调提供政策支持。二是进一步优化可移动文物信息登录平台,提高平台承载力,便于今后在线查阅文物信息。

报告执笔人：张七昌

报告审阅人：罗霞

16 江津区第一次全国可移动文物普查总结报告

第一次全国可移动文物普查是继第三次全国文物普查（不可移动文物部分）之后在文化遗产领域开展的又一重大国情国力调查，是一项旨在全面掌握文物资源、加强文物保护、建设文化遗产强国的国家工程。根据《国务院关于开展第一次全国可移动文物普查的通知》，此次普查从2012年10月开始，到2016年12月结束。

2013年3月1日，重庆市人民政府下发《重庆市人民政府关于开展第一次全国可移动文物普查的通知》，要求各区县文广新局、市属各文博单位积极配合好各级政府，着手启动各地的文物普查工作。2013年5月20日，江津区成立了第一次全国可移动文物普查领导小组，正式启动"一普"工作。

2013年5月至6月，江津区完成国有单位摸底调查工作；2013年7月至2014年12月，收集整理各国有单位收藏的文物情况，组织各级专家逐一对辖区内国有单位申报的可移动文物进行鉴选、认定；2013年11月，完成辖区内抗战可移动文物专项调查工作；2014年7月至2015年3月底，完成区文物管理所可移动文物数据采集和登录；2015年4月至8月初，完成区图书馆可移动文物数据采集和登录，在全市率先完成可移动文物普查信息采集登录工作；2016年8月，江津区可移动文物普查数据通过市级审核。在各部门、各镇街和全社会的支持配合下，江津区"一普"工作圆满完成各阶段任务。

一、江津区普查数据

（一）江津区可移动文物基本情况

截至2016年10月31日，江津区在全国可移动文物信息登录平台登录可移动文物3856件/套，实际数量为32586件。其中，珍贵文物307件/套，实际数量为496件。登录了可移动文物信息的收藏单位有9家。

1. 类别

可移动文物类别

可移动文物类别	可移动文物实际数量（件）	实际数量占比（%）
合计	32586	100.00
玉石器、宝石	128	0.39
陶器	94	0.29
瓷器	335	1.03
铜器	122	0.37
金银器	4	0.01

续表

可移动文物类别	可移动文物实际数量(件)	实际数量占比(%)
铁器、其他金属器	22	0.07
漆器	20	0.06
雕塑、造像	69	0.21
石器、石刻、砖瓦	178	0.55
书法、绘画	74	0.23
文具	58	0.18
玺印符牌	28	0.09
钱币	939	2.88
牙骨角器	7	0.02
竹木雕	32	0.10
家具	126	0.39
珐琅器	2	0.01
织绣	52	0.16
古籍图书	28804	88.39
碑帖拓本	1	<0.01
武器	7	0.02
邮品	2	0.01
文件、宣传品	909	2.79
档案文书	84	0.26
名人遗物	342	1.05
玻璃器	11	0.03
乐器、法器	4	0.01
皮革	1	<0.01
音像制品	14	0.04
票据	57	0.17
交通、运输工具	2	0.01
度量衡器	6	0.02
标本、化石	2	0.01
其他	50	0.15

2. 年代

(1)可移动文物年代类型。

可移动文物年代类型

可移动文物年代类型	可移动文物实际数量(件)	实际数量占比(%)
合计	32586	100
地质年代	0	0
考古学年代	101	0.31
中国历史学年代	31045	95.27
公历纪年	1437	4.41
其他	0	0
年代不详	3	0.01

(2)可移动文物中国历史学年代分布。

可移动文物中国历史学年代分布

可移动文物中国历史学年代	可移动文物实际数量(件)	实际数量占比(%)
合计	31045	100.00
夏	0	0
商	0	0
周	5	0.02
秦	1	<0.01
汉	48	0.15
三国	0	0
西晋	1	<0.01
东晋十六国	0	0
南北朝	2	0.01
隋	0	0
唐	5	0.02
五代十国	1	<0.01
宋	121	0.39
辽	0	0
西夏	0	0
金	1	<0.01
元	1	<0.01
明	1002	3.23
清	6701	21.58
中华民国	23101	74.41
中华人民共和国	55	0.18

3. 级别

可移动文物级别

可移动文物级别	可移动文物实际数量（件）	实际数量占比（%）
合计	32586	100.00
一级	0	0
二级	42	0.13
三级	454	1.39
一般	2321	7.12
未定级	29769	91.36

4. 来源

可移动文物来源

可移动文物来源	可移动文物实际数量（件）	实际数量占比（%）
合计	32586	100.00
征集购买	520	1.60
接受捐赠	1635	5.02
依法交换	0	0
拨交	214	0.66
移交	130	0.40
旧藏	28906	88.71
发掘	1088	3.34
采集	68	0.21
拣选	0	0
其他	25	0.08

5. 入藏时间

可移动文物入藏时间范围

可移动文物入藏时间范围	可移动文物实际数量（件）	实际数量占比（%）
合计	32586	100.00
1949年10月1日前	28761	88.26
1949年10月1日—1965年	19	0.06
1966—1976年	1	<0.01
1977—2000年	2995	9.19
2001年至今	810	2.49

6. 完残程度

可移动文物完残程度

可移动文物完残程度	可移动文物实际数量(件)	实际数量占比(%)
合计	32586	100.00
完整	12836	39.39
基本完整	13669	41.95
残缺	5484	16.83
严重残缺(含缺失部件)	597	1.83

(二)江津区可移动文物分布情况

1. 按收藏单位隶属关系统计可移动文物数量

可移动文物数量分布(按收藏单位隶属关系)

收藏单位隶属关系	可移动文物实际数量(件)	实际数量占比(%)
合计	32586	100.00
中央属	0	0
省属	0	0
地市属	0	0
县区属	32578	99.98
乡镇街道属	8	0.02
其他	0	0

2. 按收藏单位性质统计可移动文物数量

可移动文物数量分布(按收藏单位性质)

收藏单位性质	可移动文物实际数量(件)	实际数量占比(%)
合计	32586	100.00
国家机关	0	0
事业单位	32586	100.00
国有企业	0	0
其他	0	0

3. 按收藏单位类型统计可移动文物数量

可移动文物数量分布(按收藏单位类型)

收藏单位类型	可移动文物实际数量(件)	实际数量占比(%)
合计	32586	100.00
博物馆、纪念馆	3715	11.40
图书馆	18640	57.20
美术馆	0	0
档案馆	0	0
其他	10231	31.40

4. 按收藏单位所属行业统计可移动文物数量

可移动文物数量分布（按收藏单位所属行业）

收藏单位所属行业	可移动文物实际数量（件）	实际数量占比（%）
合计	32586	100.00
教育	10223	31.37
文化、体育和娱乐业	22363	68.63

二、江津区普查工作组织实施

（一）加强组织，健全机构

1. 设立普查领导小组，成立普查机构

江津区于2013年5月全面启动第一次全国可移动文物普查工作，成立了江津区第一次全国可移动文物普查领导小组。

江津区第一次全国可移动文物普查领导小组负责普查工作的组织和领导，协调解决重大问题。普查领导小组组长由区政府分管领导担任，副组长由区政府办公室副主任以及区委宣传部副部长（区文化委主任）担任。普查领导小组成员单位由区教委、区民政局、区财政局、区国资中心、区经信委、区国土房管局、区文化委、区民宗局、区统计局、区机关事务局、区档案局、区党史研究室、区科委组成。

在江津区第一次全国可移动文物普查领导小组办公室指导下，领导小组各成员单位、有关部门各司其职、各负其责、通力协作、密切配合，负责会同有关部门开展全区国有可移动文物普查工作，组织全区各级国有文博单位开展可移动文物普查登记工作；区财政部门负责普查经费的安排、使用与管理和监督审计工作；区统计部门指导做好普查数据的统计和分析，与普查办共同组织普查数据统计的审定和发布；其他部门协助区文物部门研究解决普查中涉及本系统的重要问题；积极提供本系统管辖范围内的文物线索，配合普查机构进行调查登记和登录工作。

2. 制订普查实施方案和确定工作制度

在第一次全国可移动文物普查总体要求下，结合江津的实际情况，江津区普查办印发了《江津区第一次全国可移动文物普查工作实施方案》。方案明确了普查的意义、目标、对象及内容，普查重点单位，普查的组织，普查时间与实施步骤，普查技术路线，普查经费预算，普查宣传安排等内容。

江津区第一次全国可移动文物普查领导小组下设办公室，负责日常事务工作。其主要职责是：制订《江津区第一次全国可移动文物普查实施方案》，制订和组织实施普查年度工作计划；编制普查经费预算，管理并执行市级、区级财政预算；组建江津区国有可移动文物普查项目办公室和江津区国有可移动文物普查工作组,负责对全区国有可移动文物普查工作进行指导、检查和验收;在市普查办统一培训的基础上,组织江津区普查人员的再培训,包括普查领导小组各成员单位的联络人员、有关国有单位联络员、普查队专业技术人员、信息登录人员、各镇街文化专干,全面提升业务能力,准确掌握普查操作规章和技术标准;组织普查档案的建档备案工作,建立江津区可移动文物信息管理平台和管理普查文物数据库;编制《江津区第一次全国可移动文物普查工作报告》和《江津区第一次全国可移动文物普查文物名录》;制订普查宣传方案,举办各种宣传活动,充分利用各类媒体,集中宣传普查意义。

3. 落实普查工作经费

为保障江津区第一次全国可移动文物普查工作顺利开展,江津区财政局安排了23.35万元专项经费用于2013年的普查工作。此后每年的普查经费预算均为23万元整。在经费使用上,江津区严格按照国家财务制度相关规定,加强对普查经费的管理,专款专用,厉行节约,资金使用做到了规范、安全、有效。

江津区2013—2016年可移动文物普查经费落实情况表(单位:万元)

合计	2013年	2014年	2015年	2016年
92.35	23.35	23	23	23

4. 组建普查队伍

2013年普查工作启动以来,全区先后有887人参与普查工作。从人员构成来看,普查办23人,国有文物收藏单位人员16人,普查专家7人,招募志愿者841人。全市普查员实行统一登记,持证上岗,分级管理。良好的队伍建设为普查工作的顺利开展奠定了坚实的基础。

江津区可移动文物普查队伍统计表(单位:人)

合计	本级普查办	收藏单位	普查专家	普查志愿者
887	23	16	7	841

(二)划分阶段,有序实施

1. 国有可移动文物收藏单位调查阶段

2013年3月至2013年5月为江津区可移动文物普查工作第一阶段,主要任务是学习国务院和重庆市政府通知精神,成立普查机构,制订实施方案,编制经费预算等。

2013年4月18日,区有关负责人参加了在市委召开的重庆市第一次全国可移动文物普查全国电视会议。2013年5月20日,江津区第一次全国可移动文物普查领导小组办公室印发了《江津区第一次全国可移动文物普查工作实施方案》,指导全区科学、规范、有序完成普查工作。随即召开全区普查工作动员大会,充分调动各部门、各镇街相关单位的积极性,共同配合完成此次国情国力调查工作。

2013年5月至6月,为营造良好的普查工作氛围,区普查办利用"文化遗产宣传月",通过多种媒体多渠道发布第一次全国可移动文物普查相关信息,广泛宣传第一次全国可移动文物普查的目的、意义、重要性。

2013年6月,江津区国有单位摸底调查工作全面完成。全区共投入工作人员887人。江津区共计有1243个单位或社会团体,排除不属于普查范围的村委会、居民委员会221个,不属于国有的社会团体83个,因机构调整、改制重组、合并撤销等原因未及时注销的原国有单位130个,实有符合调查范围的国有单位809个。针对符合调查范围的国有单位,发放调查表809份,回收有完整的反馈信息并加盖被调查单位鲜章的调查表809份,回收率及覆盖率均为100%。摸底拥有文物的国有单位11个,分别为重庆市江津区文物管理所、聂荣臻元帅陈列馆(含聂荣臻元帅故居)、重庆市江津区陈独秀旧居陈列馆、重庆市江津区图书馆、重庆市江津中学校、重庆市聚奎中学校、重庆市江津区继侨小学校、重庆市江津区塘河镇文化站、重庆市江津区白沙镇综合文化站、重庆港九股份有限公司猫儿沱港埠分公司、重庆江增船舶重工有限公司。

2.国有可移动文物认定工作阶段

2014年11月26日,江津区普查办委托重庆市文物局组织5位文博专家对江津区国有可移动文物收藏单位的藏品进行现场认定。5位专家分成两组先后对重庆市江津区文物管理所,重庆市江津中学校、重庆市江津区继侨小学校、重庆市江津区陈独秀旧居陈列馆、重庆江增船舶重工有限公司、重庆市江津区白沙文化站6个国有单位收藏的包括石器、陶器、瓷器等7类共287件藏品进行了现场认定。

其中,重庆江增船舶重工有限公司所收藏的"1979CZ系列355涡轮增压器解剖样机",其生产制造年代为1979年,不在此次普查的年代范围之内。该公司已无认定的可移动文物。

未纳入此次文物认定工作范围内的有5家,其中:

聂荣臻元帅陈列馆在藏品入藏时已做过文物鉴定工作。

重庆市江津区图书馆已由重庆市图书馆做过图书系统的古籍图书登记工作。

重庆市江津区塘河镇文化站所收藏的藏品为涉案移交文物,在案件办理时已由重庆市文物鉴定组做过文物鉴定工作。

重庆港九股份有限公司猫儿沱港埠分公司:该公司收藏的"1973年产0043#蒸汽机车"在2013年6月国有收藏单位摸底调查工作结束,至2014年11月文物认定工作开展之前,该藏品已移交由重庆市江津区白沙镇综合文化站收藏保管,故该公司已无可移动文物收藏。

重庆市聚奎中学校:该校所收藏的藏品均为古籍图书类,故决定另行邀请古籍图书类专家进行验收。

2015年6月17日,重庆市文物局再次组织2位古籍图书类专家对重庆市聚奎中学校图书馆馆藏清代古籍、中华民国时期图书进行现场认定,新认定文物10138件。

经过文物认定工作,江津区原有的11家收藏有可移动文物的国有单位,最终确定为9家单位。

江津区可移动文物国有收藏单位名录表

序号	单位名称	藏品数量(件)	所占比例(%)
1	重庆市聚奎中学校	10138	31.11
2	重庆市江津中学校	54	0.17
3	重庆市江津区继侨小学校	31	0.10
4	重庆市江津区文物管理所	2079	6.38
5	重庆市聂荣臻元帅陈列馆	1592	4.89
6	重庆市江津区陈独秀旧居陈列馆	44	0.14
7	重庆市江津区塘河镇文化站	6	0.02
8	重庆市江津区白沙镇综合文化站	2	0.01
9	重庆市江津区图书馆	18640	57.20
	总计	32586	100%

在进行文物认定的同时,专家组还对江津区文物管理所馆藏部分文物进行了现场鉴定,此次文物认定工作为江津区普查数据电子信息化登录和上报工作奠定了良好基础,为江津区博物馆建设和文物保护研究工作打下了坚实基础。

3.国有可移动文物信息采集登录阶段

根据江津区可移动文物总量情况,江津区普查工作采取了采集、登录两步走的工作思路,首先对全区的可移动文物进行了信息采集工作,制作文物登记卡片,形成普查登录数据,汇总审核后再上传。

在信息采集工作中,江津区在全国可移动文物信息登录平台要求必须填报的14个指标之外,重点对文物来源信息、形态特征、流传经历、修复装裱复制记录等进行了详细调查,同时还对江津区文物管理所馆藏的700余件藏品进行了器物绘图,对47件汉代石棺、宋代石刻、明清碑刻等石刻类藏品进行了拓片制作工作。

2015年7月,江津区全面完成可移动文物数据采集、登录,所有数据汇总上报至市普查办等待审核。

4.国有可移动文物信息审核阶段

根据市普查办统一部署,江津区可移动文物数据于2016年8月通过市级专家抽审和终审。

由于江津区文物管理所库房藏品总登记账为1994年建立,历年来未经过文物鉴定,总登记账所登记藏品的年代、命名多有错讹,导致该单位的初次审核未能通过。为此,2016年8月8日,江津区文物管理所委托重庆市文物局组织专家对藏品总登记账所载藏品进行了鉴定,共鉴定馆藏文物268件/套,并为藏品重新定名、断代。根据鉴定结果,再次修改了可移动文物普查数据,终审通过。

(三)宣传动员,营造氛围

江津区第一次全国可移动文物普查领导小组办公室依据市普查领导小组办公室制订的宣传方案制订江津区宣传方案并组织实施,同时接受市普查领导小组办公室对江津区普查宣传工作的监督和指导。普查宣传根据普查的不同阶段分别确定相应的重点内容。第一阶段,重点宣传开展普查的目标、意义、对象范围、内容方法、程序步骤等。第二阶段,集中宣传与普查有关的法律法规、标准规范、工作进展、普查先进事迹等。第三阶段,追踪宣传普查进展情况,发布普查成果,宣传《第一次全国可移动文物普查文物名录》、国有可移动文物数据库管理系统和本区可移动文物普查工作成果,以实际事例,深入、生动地报道文物保护事业在增强文化软实力、构建和谐社会、推动社会经济发展方面的积极作用。

1. 媒体宣传

充分利用现代媒体优势,将普查宣传覆盖报纸、杂志、广播、电视、网络、移动传媒、宣传品和纪念品等各类媒体和载体,并把文物普查宣传与重庆文化遗产宣传月、国际博物馆日、中国文化遗产日宣传等活动结合起来,重视引导和发挥博客、微博等新兴媒体的宣传作用。

通过国家文物局"一普"网站、江津区电视台、江津报、江津网等媒体适时发布"一普"工作相关信息。

2. 活动宣传

制作了宣传展板、横幅、宣传资料,借助每年年初"送文化下乡"及"重庆文化遗产宣传月"等全区大型群众文化活动平台,由区领导(普查领导小组组长)带头深入基层宣传,扎实做好铺垫,使普查工作深入人心。将可移动文物普查宣传展板纳入区公共文化物联网资源库管理体系,深入镇街、村社巡展,以扩大社会影响面。

3. 其他宣传

跟踪报道普查工作情况:江津电视台宣传报道10次,互联网宣传报道30次,江津日报及文化委发表简报等20次,在各镇街的重要场所及交通要道张贴海报100余份,印发宣传册页10000份,举办图片展巡展3场。

(四)质量控制,确保进度

1. 构建培训体系

本级普查办共举办培训4次,累计培训124人次。2013年,在区"一普"动员工作会上对各镇街、各部门人员通过以会代训的方式,重点针对《重庆市可移动文物普查国有单位信息调查表》的填写进行了培训。根据普查进度,区普查办分别于2014年6月、2015年6月对江津区文物管理所、江津区图书馆的一线普查人员进行了可移动文物普查信息采集技术培训。2016年9月初,又针对编制《江津区国有可移动文物名录》及普查报告组织了培训。

江津区组织普查培训班情况一览表

合计		2013年		2014年		2015年		2016年	
次数（次）	人数（人次）	次数（次）	人数（人次）	次数（次）	人数（人次）	次数（次）	人数（人次）	次数（次）	人数（人次）
4	124	1	85	1	16	1	16	1	7

2.普查中的人员、文物、数据安全管理

江津区可移动文物普查数据和资料,由区普查队统一调查、采集,在全国可移动文物信息登录平台上登录;按照权限对已登录信息数据逐级进行审核;区第一次全国可移动文物普查领导小组办公室负责区级普查数据库建设和管理。凡在江津区辖区内收藏保管有可移动文物的国有单位,都必须按照《中华人民共和国文物保护法》《中华人民共和国统计法》的规定和此次普查的具体要求,如实、准确地配合普查队开展工作。任何部门、单位和个人都不得虚报、瞒报、拒报、迟报,不得伪造、篡改普查资料和数据。普查资料和数据涉及国家秘密的,应履行保密义务。

截至普查验收,江津区可移动文物普查工作未发生人员安全、文物安全、数据安全方面的事故。

3.普查验收

根据市文物局验收工作要求,此次纳入本级行政区域普查的国有收藏单位有江津区文物管理所、江津区图书馆、聂荣臻元帅陈列馆、陈独秀旧居陈列馆、塘河镇文化站、白沙镇综合文化站、江津中学校、聚奎中学校、继侨小学校9家。经区普查办组织专家按照《验收合格评定标准》进行验收,本区第一次全国可移动文物普查验收结论为合格。

（五）展示成果,做好总结

1.编制普查档案

根据市普查办审定的普查数据对江津区"一普"中各类可移动文物的总量、分类、定级、年代的分类、建档及保护,文物编码系统的建立,收藏单位性质及所属系统的分类,文物信息管理系统建立,普查队伍建设,普查仪器设备配置等情况进行详细的统计、分析,编制《江津区国有可移动文物名录》《江津区国有可移动文物收藏单位名录》,提出可移动文物保护、文物保护事业发展与国家经济社会协调发展的建议。最终形成普查报告,公布江津区普查成果。

2.普查专题研究

在普查期间,江津区普查办结合第一次全国可移动文物普查工作,开展了江津区抗战可移动文物的调查、三线建设可移动文物调查等专题研究工作。

三、江津区普查工作成果

通过此次可移动文物普查,江津区已基本掌握辖区内可移动文物的数量、分布、特征、保存现状等基本情况。普查提高了各有关单位的文物保护意识,尤其是提高了文博系统工作人员的科学知识、专业技能和管理水平,为进一步建立具有现代化科学素养的专业队伍创造了条件;协调了文物管理部门和政府各职能部门的关系,形成共同保护文物的工作合力;为准确判断文物保护形势、科学制定文物保护政策和拟订规划提供了依据;同时加强了江津区在文化遗产领域的国有资产管理能力和资源整合能力,充分发挥文物在建设社会主义先进文化、促进经济社会全面协调可持续发展中的重要作用。

(一)江津区可移动文物资源情况及价值

1. 文物数量及分布

通过此次可移动文物普查,江津区摸清了国有可移动文物的数量及分布情况。江津区国有可移动文物数量为32586件,主要收藏于区县级事业单位。文物类别主要以古籍图书为主。

2. 文物保存状况

江津区共有9家国有可移动文物收藏单位,文物保管人员7人,库房面积650平方米。可移动文物保存条件较差,均无恒温恒湿调控设备,且部分单位没有专职保管人员。

以重庆市聚奎中学校为例,该校图书馆馆藏中华民国及清代古籍图书915件/套,实际数量为10138件。在可移动文物普查前,该校图书馆无专职保管人员,图书馆建筑比较老旧,中华民国图书藏放于顶楼,室外周边植被茂盛,环境潮湿,且室内窗户为木质,老旧且不能完全闭合,导致室内室外空气流通,湿度与室外几无差别,逢大风大雨时雨水淋入室内,更无恒温恒湿、消防安全、联网报警等设施设备。在进行文物普查工作之后,虽对图书馆室内进行了改造,并由重庆市江津区文物管理所赠送了2台除湿机,但不能从根本上改变古籍图书的保存环境。

3. 文物价值

重庆市聚奎中学校收藏的古籍图书和重庆市江津区继侨小学校收藏的抗战时期国立华侨中学的藏品,拓展了江津区文物资源的领域。

(二)建立健全管理机制

1. 完善文物档案

在普查登录结束后,江津区普查办对各收藏单位提出了建立文物藏品档案的建议,并委托重庆市江津区文物管理所对其他收藏单位的藏品账目和藏品档案的建立进行指导。9家收藏单位均已建立自己的藏品档案及账目,并反馈给区普查办,交由重庆市江津区文物管理所存档保留。

2. 健全制度规范

在文物普查启动阶段，江津区普查办为统一标准、规范，实现资源标准化管理，可持续利用，已对国务院、国家文物局及行业规范进行梳理并对各收藏单位保管人员进行了培训，并专门向各收藏单位印发了《文物藏品档案规范》《馆藏文物登录规范》《第一次全国可移动文物普查建档备案工作规范（参考）》等行业规范和制度，要求各收藏单位严格执行。

3. 加强文物保护

通过此次可移动文物普查，江津区明确了自身的文物资源，同时也明确了自身文物保护工作的欠缺。

首先，可移动文物保护基础工作薄弱。江津区各可移动文物收藏单位文物藏品库房均无预防性保护措施和设施设备，藏品保管条件差，保护措施落后，缺乏技术条件支持。由于库房狭小，许多不可移动文物处于堆放、叠放状态；缺乏恒温恒湿设备和先进的防霉防蛀措施，仅仅靠定期通风、更换干燥剂、防霉防虫药剂等手段对可移动文物实施保护是远远不够的。尤其是重庆市聚奎中学校馆藏古籍图书，亟待修复并改善保存环境。

其次，文物保护经费的缺乏制约文物资源发挥社会效益，捉襟见肘的可移动文物保护经费严重制约了文物征集和库房改善等工作的开展。江津区文物管理所作为江津区国有可移动文物的主要收藏单位，近年来入藏的藏品来源主要是区域内开展的考古发掘项目，征集的藏品绝大部分局限在中华民国乃至现代的民俗类文物，对于具有江津特色的历史名人作品等文物精品却无资金予以收藏。同时，因经费匮乏，陈独秀旧居陈列馆、聂荣臻元帅陈列馆等单位的展陈内容长期一成不变，难以继续发挥历史文物的社会教育功能。研究条件的滞后，也制约了文物资源的进一步开发利用。

4. 引进培养人才

在此次普查中，江津区国有可移动文物收藏单位已由普查前已知的5家上升为9家。但是，专业人才队伍的缺失是江津区文物保护事业发展的瓶颈。从调查情况来看，江津区可移动文物的保护与管理人员严重不足，许多收藏单位缺乏专业的保管人员，部分单位即使能够做到配备一名保管人员，但在实际工作中往往是身兼多职，并且缺乏文物保管方面的专业知识。针对这一问题，一是需要引进高水平的专业人才，二是要注重加大对现有员工的培养力度，积极鼓励他们参与文物保管或研究相关的各类专业培训，提高自身专业素养和业务研究能力。

（三）发挥文物在经济社会发展中的重要作用

1. 普查成果利用计划

首先，江津区2016年底出版《第一次全国可移动文物普查成果图录》；其次，江津区可移动文物收藏单位将在本次普查藏品信息数字化和后续文物普查成果出版的基础上,选精取优,紧扣区域历史特点、亮点,结合江津区博物馆展览筹建、历史文化内涵挖掘等多项工作,将普查成果对外宣传展示,扩大在群众中的影响。

2.利用普查成果举办展览情况

江津区9家可移动文物收藏单位均对外公开展示可移动文物。

其中,江津区图书馆、重庆市聚奎中学校两家古籍图书收藏单位均在一定群体范围内,允许借阅使用古籍图书。

江津区白沙镇综合文化站、塘河镇文化站两家收藏单位,均有专门的展示平台对外展示所收藏的可移动文物。

江津区继侨小学校收藏有抗日战争时期国立华侨中学的校徽、毕业证等藏品,在校内有专门的校史陈列室开放展览其藏品。

聂荣臻元帅陈列馆的馆藏藏品,在其陈列馆及聂荣臻元帅故居内,均有常设展览对外免费开放展示。

江津区陈独秀旧居陈列馆的馆藏藏品,在陈独秀旧居内有常设展览对外免费开放展示。

江津区文物管理所的馆藏藏品,仅有一个展示厅免费对外展示极少部分藏品。江津博物馆已进入陈列展览设计阶段,于2017年布展完成并对外开放,江津区文物管理所馆藏藏品届时将在江津区博物馆内对外免费开放展示。

江津中学校收藏有54件/套中华民国时期的毕业证书、成绩表,在校内陈列馆进行展示。

3.普查成果公开出版发行情况

江津区文物管理所结合江津区博物馆陈列展览的筹建工作,利用普查成果出版《江津馆藏文物图册》。

四、建议

(1)财政保障"让文物活起来"。

在藏品利用上,缺乏一个固定的资金来源,且存在每年开发经费不稳定的问题,这对于文化产品的开发层次和类型拓展是不利的,建议国家方面形成一定的财政帮扶或者固定化地计入地方财政预算。

(2)全国可移动文物信息登录平台的持续开放更新。

文物普查是个长期的系统工作,博物馆的文物资源也是在日渐积累和不断更新的,因此需要全国可移动文物信息登录平台的长期开放更新。

(3)构建普查宣传的长效机制。

此次普查的宣传渠道主要是由基于博物馆自身构建起来的综合网站线上宣传和传统报业的线下

宣传两部分组成。此种方式时效性有限,作用范围不够广泛。因此要广泛借助社会公共宣传资源,如在新闻媒体上开辟专栏专版,或是通过地方志愿者团队和镇街文化宣传服务人员相结合的形式深入基层,从而真正构建起普查宣传的长效机制。

报告执笔人:张廷良

报告审阅人:罗霞

17　合川区第一次全国可移动文物普查总结报告

第一次全国可移动文物普查是继第三次全国文物普查（不可移动文物部分）之后在文化遗产领域开展的又一重大国情国力调查，是一项旨在全面掌握我国文物资源、加强文物保护、建设文化遗产强国的国家工程。根据《国务院关于开展第一次全国可移动文物普查的通知》精神，此次普查从2012年10月开始，到2016年12月结束，以县域为单位，普查标准时点为2013年12月31日。

2013年4月，重庆市第一次全国可移动文物普查工作正式启动。重庆市政府召开了全市第一次全国可移动文物普查电视电话会议，下发了《重庆市人民政府关于开展第一次全国可移动文物普查的通知》。

2013年5月，重庆市合川区第一次全国可移动文物普查工作正式启动。合川区政府成立了合川区第一次全国可移动文物普查领导小组，印发了《重庆市合川区人民政府关于开展第一次全国可移动文物普查的通知》，召开了全区第一次全国可移动文物普查动员大会；合川区普查领导小组办公室印发了《合川区第一次全国可移动文物普查实施方案》《关于开展第一次全国可移动文物普查摸底工作的通知》。普查分为3个阶段：工作准备阶段（2012年10月至2013年6月），主要任务是学习贯彻通知的精神，成立普查机构，制订普查方案，编制经费预算等；普查实施阶段（2013年7月至2015年12月），主要任务是组织普查业务骨干培训，开展国有可移动文物普查、文物认定、信息采集及审核；验收汇总阶段（2016年1月至2016年12月），主要任务是汇总、整理普查资料，建立数据库及公布普查成果。普查实现了四个目标：一是全面掌握了全区国有文物的数量分布、保存、管属和使用等情况；二是建立了国有可移动文物认定体系、名录、档案和信息管理系统；三是建立了可移动文物信息的知识产权保护制度，实现了文物资源整合和合理利用；四是建立了社会参与、部门联运、权责共享的文物保护机制。

合川，重庆的北大门，地处重庆三环，毗邻两江新区，因嘉陵江、渠江、涪江三江汇流而得名，因钓鱼城影响世界历史进程而闻名。合川是通向四川北部、陕西、甘肃等省区的交通要道和"经济走廊"，是"一带一路"倡议和长江经济带国家战略重庆支撑的关键节点，是渝新欧铁路大通道重庆第一站，区位优势明显。

合川，三江汇流，水资源得天独厚。已探明的资源达20多种，煤炭、天然气储量丰富。气候温和，雨量充沛，年平均气温17.8℃。

合川，辖区面积2343平方千米，辖23个镇、7个街道，总人口156万，是全国科普示范区、国家卫生区、全国文明城区提名城区、重庆市级文明城区和市级森林城市，中国西部最具投资潜力100强区县、中国商品市场最佳投资城市、中国最具海外影响力城市、全国首批创建生态文明典范城市。

悠久的历史,丰富的物产,梦幻的三江,宜居的城市,为合川留下了丰富的文化遗存,如繁星点缀三江。第三次全国文物普查登录不可移动文物948处,为重庆文物大区(县)。第一次全国可移动文物普查,核定国有可移动文物收藏单位5家,登录可移动文物2667件/套,计28026件(含标本、化石)。普查工作锻炼了文博队伍,普查宣传增强了保护意识,普查成果实现家底清楚、藏品增量、种类丰富的成效,推进了国有藏品管理体系化、保护科学化、利用合理化的建设,充分发挥文物在建设社会主义先进文化,促进经济社会全面协调可持续发展中的重要作用。

一、合川区普查数据

截至2016年10月31日,合川区在全国可移动文物信息登录平台登录可移动文物2667件/套,实际数量为28026件。其中,珍贵文物144件/套,实际数量为163件。登录了可移动文物信息的收藏单位有5家。

(一)合川区可移动文物基本情况

1. 类别

可移动文物类别

可移动文物类别	可移动文物实际数量	实际数量占比(%)
合计	28026	100.00
玉石器、宝石	156	0.56
陶器	441	1.57
瓷器	350	1.25
铜器	109	0.39
金银器	23	0.08
铁器、其他金属器	23	0.08
漆器	2	0.01
雕塑、造像	410	1.46
石器、石刻、砖瓦	223	0.80
书法、绘画	9	0.03
文具	40	0.14
玺印符牌	29	0.10
钱币	25444	90.79
牙骨角器	87	0.31
竹木雕	150	0.54

续表

可移动文物类别	可移动文物实际数量	实际数量占比(%)
家具	10	0.04
珐琅器	3	0.01
织绣	2	0.01
古籍图书	458	1.63
武器	28	0.10
文件、宣传品	1	<0.01
档案文书	4	0.01
乐器、法器	2	0.01
度量衡器	1	0.01
标本、化石	18	0.06
其他	3	0.01

2.年代

(1)可移动文物年代类型。

可移动文物年代类型

可移动文物年代类型	可移动文物实际数量(件)	实际数量占比(%)
合计	28026	100.00
考古学年代	15	0.05
中国历史学年代	27909	99.58
公历纪年	9	0.03
地质年代	18	0.06
其他	8	0.03
年代不详	67	0.24

(2)可移动文物中国历史学年代分布。

可移动文物中国历史学年代分布

可移动文物中国历史学年代	可移动文物实际数量(件)	实际数量占比(%)
合计	27909	100.00
周	1	<0.01
汉	853	3.06
三国	43	0.15
南北朝	1	<0.01
隋	10	0.04

续表

可移动文物中国历史学年代	可移动文物实际数量（件）	实际数量占比（%）
唐	1197	4.29
五代十国	185	0.66
宋	23275	83.40
辽	7	0.03
西夏	104	0.37
金	301	1.08
元	9	0.03
明	380	1.36
清	955	3.42
中华民国	577	2.07
中华人民共和国	11	0.04

3. 级别

可移动文物级别

可移动文物级别	可移动文物实际数量（件）	实际数量占比（%）
合计	28026	100.00
一级	1	<0.01
二级	29	0.10
三级	133	0.47
一般	173	0.62
未定级	27690	98.80

4. 来源

可移动文物来源

可移动文物来源	可移动文物实际数量（件）	实际数量占比（%）
合计	28026	100.00
征集购买	316	1.13
接受捐赠	141	0.50
依法交换	3	0.01
拨交	22	0.08
移交	799	2.85
旧藏	375	1.34
发掘	26062	92.99
采集	307	1.10
拣选	0	0
其他	1	<0.01

5. 入藏时间

可移动文物入藏时间范围

可移动文物入藏时间	可移动文物实际数量(件)	实际数量占比(%)
合计	28026	100.00
1977—2000年	2378	8.48
2001年至今	25648	91.52

6. 完残程度

可移动文物完残程度

可移动文物完残程度	可移动文物实际数量(件)	实际数量占比(%)
合计	28008	100.00
完整	26061	93.05
基本完整	1553	5.54
残缺	363	1.30
严重残缺(含缺失部件)	31	0.11

注：根据国家文物局《关于做好馆藏自然类藏品登录工作有关要求的通知》的要求，登录的自然类藏品18件/套，不填写"完残程度"指标项。

(二)合川区可移动文物分布情况

1. 按收藏单位隶属关系统计可移动文物数量

可移动文物数量分布(按收藏单位隶属关系)

收藏单位隶属关系	可移动文物实际数量(件)	实际数量占比(%)
合计	28026	100.00
县区属	28026	100.00

2. 按收藏单位性质统计可移动文物数量

可移动文物数量分布(按收藏单位性质)

收藏单位性质	可移动文物实际数量(件)	实际数量占比(%)
合计	28026	100.00
事业单位	28026	100.00

3. 按收藏单位类型统计可移动文物数量

可移动文物数量分布(按收藏单位类型)

收藏单位类型	可移动文物实际数量(件)	实际数量占比(%)
合计	28026	100.00
博物馆、纪念馆	27603	98.49

续表

收藏单位类型	可移动文物实际数量(件)	实际数量占比(%)
档案馆	2	0.01
图书馆	367	1.31
其他	54	0.19

4.按收藏单位所属行业统计可移动文物数量

可移动文物数量分布(按收藏单位所属行业)

收藏单位所属行业	可移动文物实际数量(件)	实际数量占比(%)
合计	28026	100.00
文化、体育和娱乐业	27970	99.80
公共管理、社会保障和社会组织	56	0.20

二、普查工作组织实施

(一)加强组织,健全机构

1.设立普查领导小组,成立普查机构

合川区政府高度重视普查工作,加强领导,全面部署。2013年5月下旬,合川区政府印发《关于开展第一次全国可移动文物普查的通知》,印发《关于成立合川区第一次全国可移动文物普查领导小组的通知》,成立了合川区第一次全国可移动文物普查领导小组,负责全区普查工作的组织和领导,协调解决重大问题。普查领导小组由合川区政府副区长任组长,合川区政府办公室副主任、合川区委宣传部副部长、合川区文广新局局长任副组长,合川党史地方志办公室、合川区科协、合川区发改委、合川区财政局、合川区教委、合川区国土房管局、合川区民政局、合川区人力社保局、合川区文广新局、合川区民宗局、合川区统计局、合川区机关事务局、合川区档案局、合川钓鱼城古战场遗址博物馆、人行合川中心支行等单位相关负责人为成员。普查领导小组办公室设在合川区文广新局,办公室主任由合川区委宣传部副部长、合川区文广新局局长兼任。2013年6月5日,合川区政府召开第一次全国可移动文物普查动员会。有关区级领导,区委各部委、区级各部门、各人民团体分管负责人,各镇街分管负责人、文化服务中心主任,重庆在合川直属机构及金融证券保险单位分管负责人,部分高校、有关事业单位分管负责人,区属国有企业及国有控股企业负责人参加会议。

合川区普查领导小组全力落实普查工作,组织有力,保障充分。领导小组及时召开工作部署会议,学习文件精神,明确部门职责,建立工作机制,确保普查质量。合川区普查办印发《合川区第一次全国可移动文物普查办公室工作职责》。合川区普查办下设普查组、宣传组、专家组,分别负责普查、宣传和文物鉴定工作。

全区摸底调查结束,合川区有合川党史地方志办公室、合川区档案局、合川钓鱼城古战场遗址博物馆、合川区图书馆、合川文物管理所5家国有收藏单位,根据单位藏品实际,分别建立收藏单位普查(领导)小组和工作机制。

2.制订普查实施方案和确定工作制度

2013年5月,合川区普查办印发《合川区第一次全国可移动文物普查实施方案》,明确了全区普查工作的目标、范围、内容、步骤等组织实施要求。

按照普查方案要求,全区于2013年12月完成对国有企事业单位可移动文物进行调查摸底的工作,核准文物收藏单位5家(合川党史地方志办公室、合川区档案局、合川钓鱼城古战场遗址博物馆、合川区图书馆、合川文物管理所);于2016年6月完成可移动文物的数据采集、登录及上报工作,上传文物2667件/套,于2016年8月完成数据审核工作。

按照普查方案要求,合川区普查办完善了《馆藏文物安全管理制度》《文物库房管理制度》《藏品出入库管理制度》《可移动文物普查设施设备安全检查制度》《可移动文物普查操作员安全防护措施》《可移动文物普查数据保密工作要求》等工作制度,各收藏单位结合实际,确定了相应的工作制度。在普查工作中,特别是在文物安全方面,坚持文物安全第一的原则,严格遵守操作规范,没有出现重大文物安全事故。

3.落实普查工作经费

根据财政部、国家文物局《关于加强第一次全国可移动文物普查经费保障与管理的通知》。2013年9月,合川区普查办上报《关于请求安排"第一次全国可移动文物普查"专项经费的请示》。合川区财政局认真审核普查经费需求,按照财经管理规定,根据普查工作内容,分年度预算经费,做到资金到位及时、专款专用规范。

普查经费主要用于设备购置、人员培训、人员补助、书稿编印等,藏品量少的收藏单位未向财政申请资金,积极自筹资金开展普查工作。

合川区2013—2016年可移动文物普查经费落实情况表(单位:万元)

合计	2013年	2014年	2015年	2016年
35	0	10	15	10

4.组建普查队伍

按照普查方案要求,合川区普查办分别召开了相关普查、宣传、专家等方面工作例会和推进会,及时组建了"普查组""宣传组""专家组"。

全区总投入工作人员45人,其中:合川区普查办工作组6人,专家组8人,5家收藏单位普查工作人员15人,志愿者16人。

普查组：主要负责文物调查、建档、登录、初审、汇总和数据上报等工作，由合川区文化（文物）部门专业技术骨干、文化（文物）执法人员、收藏单位技术人员组成，下设5个普查工作队（各收藏单位1个普查队）。

宣传组：制订宣传方案并组织实施，宣传的主要内容是普查的目标意义、内容方法、程序步骤、法律法规、普查标准规范、普查成果，充分利用媒体优势，并结合中国文化遗产日等活动进行宣传。

专家组：合川区普查办成立了合川区第一次全国可移动文物普查专家组，共有专家成员8名，其中非文博系统专家4名，负责全区普查工作中文物的认定和数据审核工作。在合川区第一次全国可移动文物普查工作中，合川区普查办阶段性安排和组织了部分镇街文化中心干部、部分大专院校大学生为志愿者，参与普查工作。志愿者奉献个人时间和精力，以实际行动参与到普查一线工作中，协助完成普查中摸底调查工作。

合川区通过加强普查人员培训和管理，提高了普查质量和效率，形成了普查办抓汇总、抓初审、抓宣传，收藏单位抓调查、抓建档、抓登录，年初有计划、每月有量表、年终有小结的工作模式。

根据重庆市普查办安排，合川区普查办积极组织普查人员参加重庆市组织的培训。结合普查实际，合川区普查办采取以会代训、会训结合的方式组织召开了普查工作推进会和培训会。2013年12月，合川区普查办组织合川区相关部门、文物收藏单位、各镇街文化中心等负责人及普查队员参加了培训会议，此次会议为期一天，主要培训第一次全国可移动文物普查的实施方案、标准规范和工作流程，如何填写国有单位文物收藏情况调查登记表，学习文物保护法规和《博物馆藏品管理办法》，以及信息采集软件的使用及登录。

合川区可移动文物普查队伍统计表（单位：人）

合计	本级普查办	收藏单位	普查专家	普查志愿者
45	6	15	8	16

（二）划分阶段，有序实施

1. 国有可移动文物收藏单位调查

2013年5月，合川区普查办印发了《关于开展第一次全国可移动文物普查摸底工作的通知》，明确了摸底对象、文物范围、摸底方式和时间安排，发放了《重庆市可移动文物普查国有单位信息调查表》《重庆市可移动文物普查国有单位清单》700余份。各镇人民政府、街道办事处负责所属各国有法人单位的普查摸底，汇总上报；区级各部门负责本系统所属各国有单位的普查摸底，汇总上报；中央驻合企业及市属企业，区属国有企业和国有控股企业，按行业归口原则，由管理机构进行普查摸底的方式进行普查摸底，汇总上报。

普查摸底共调查国有单位676家,包括全区辖区内各级国家机关、事业单位、国有企业和国有控股企业,以及列入各级文物保护单位范围的宗教寺庙等各类法人单位。回收调查表676份,调查覆盖率达100%。反馈有疑似文物收藏的国有单位5家,经全部走访调查,最终核定合川党史地方志办公室、合川区档案局、合川钓鱼城古战场遗址博物馆、合川区图书馆、合川文物管理所5家单位收藏有国有可移动文物。2014年5月,按规定完成国有收藏单位注册登录。

2.国有可移动文物认定工作阶段

2014年3月,合川区普查办印发了《关于转发〈重庆市文物局关于开展做好2014年可移动文物普查工作的通知〉的通知》,普查工作进入文物认定阶段。

合川区普查办组织8名本区专家(其中文博专家4名、非文博专家4名)组成专家组,作为本区认定文物的主要技术力量。根据《重庆市可移动文物普查文物认定规范》,开展认定工作4次:一是通报合川钓鱼城古战场遗址博物馆、合川文物管理所已登录不新认定的文物1798件/套;二是认定合川文物管理所馆藏文物496件/套,其中认定2012年7月板桥寺保护工程设计方案编制现状调查、勘察中新发现的佛教圆雕石刻佛头17件为文物;三是现场认定合川区档案局收藏文物2件/套、合川党史地方志办公室收藏文物4件/套;四是现场调查核实合川区图书馆纸质档案367件/套,按图书系统登录、管理,不做本次文物普查。

3.国有可移动文物信息采集登录阶段

2014年5月,合川区普查办印发了《关于开展第一次全国可移动文物普查数据采集登录工作的通知》,明确合川文物管理所为登录试点单位和合川区登录工作站。普查工作进入文物信息采集登录阶段。

文物信息采集登录工作,以合川区普查办为中心,文物部门为枢纽,收藏单位为单元组织实施。藏品较多的收藏单位合川钓鱼城古战场遗址博物馆、合川区文物管理所、合川区图书馆分别组建由采集员、登录员、拍摄员等3~4人组成的采集登录小组;藏品较少的收藏单位合川党史地方志办公室、合川区档案局,由合川区普查办安排工作人员现场协助其完成数据采集登录工作。

按照可移动文物普查的标准规范,开展文物测量、拍摄、信息数据采集、信息登录等各项工作,为达到文物信息填报的准确性,普查数据资料采用了边采集、边建档、边报送、边审核、边登录的工作方法,运用采集好的文物数据先录入电子表格,然后导入离线软件,最后上传到系统平台的方式登录文物信息。截至2016年12月,登录藏品总数2667件/套,实际数量28026件。

4.国有可移动文物信息审核阶段

2014年8月,合川区普查办印发了《关于开展第一次全国可移动文物普查数据审核工作的通知》,为严格按照本次普查规定的指标项开展信息采集,确保登录信息的真实性、准确性和规范性,合川区普查办采取分阶段、分单位定期对普查工作进行指导、审核。在第二阶段普查工作中,检查了收藏单位藏品档案的清理和核对工作,制订了工作计划和工作进度表,对单位信息填报的准确性进行审核。在第三阶段普查工作中,合川区普查办组织专家对文物名称、类别、级别等14项基本指标和照片、影像资料逐一进行审核,确保信息报送进度和完成率达标。在审核中,发现部分藏品的名称不规范、尺寸数据录入不规范等情况,主要是对藏品类别划分把握不准确和部分藏品尺寸数据单位不统一,专家现场进行了修改和指正。

(三)宣传动员,营造氛围

1. 宣传方案、宣传方法和宣传手段

第一次全国可移动文物普查工作开展以来,合川区采取多种形式开展文物普查宣传活动,在社会上营造一个大家关心支持和参与文物普查工作的良好氛围。一是借助广播电视媒体,在合川区电视台黄金时段播放宣传;二是在全区主要街道、社区、镇街张贴宣传标语和宣传海报50张;三是发放文物普查工作手册30份,编印宣传单2000份发至各个单位和社区;四是利用网络宣传平台,发布文物普查最新动态,让大家能在网上浏览最新的文物普查信息。

2. 重大节庆宣传情况

2016年在中国文化遗产日,承办了"重庆市第一次全国可移动文物普查成果图片展",制作展板30张,分别在合川财富广场和人民广场进行了展示。

3. 普查宣传动员工作成效及社会公众对普查的认知与反响

此次普查,提高了全民文物保护意识。开展好可移动文物的普查,才能保护好珍贵的文物。它既是传承文明的需要,也是社会进步的必需,既是责任,也是义务。这次开展第一次全国可移动文物普查是一项利国利民的大好事,"保护文物,人人有责"的观念逐步深入人心。

(四)质量控制,确保进度

合川区普查办转发了《重庆市文物局关于做好第一次全国可移动文物普查进度的质量控制的通知》,普查进度管理的质量控制严格按照"属地管理、分级负责、统一标准、分类填报、严格把关"的原则,包括普查组织、国有单位文物收藏情况调查、文物认定、信息采集登录报送、数据整合、汇总等环节,贯穿普查工作全过程,根据各阶段工作目标,确定考核内容,着重加强普查各环节的检查、总结,保证普查成效。采取自我检查、巡回检查、专项督查、定期报告等多种方式进行进度和质量管理。

一是严格要求。合川区普查办要求收藏单位高度重视,认真负责。组织普查员和信息录入员进行信息采集、数据导入、数据审核与管理的培训,按照普查工作的具体要求,统一标准,确保每条藏品录入信息的真实、完整和规范。

合川区组织的普查培训班情况一览表

合计		2013年		2014年		2015年		2016年	
次数（次）	人数（人次）	次数（次）	人数（人次）	次数（次）	人数（人次）	次数（次）	人数（人次）	次数（次）	人数（人次）
3	56	1	40	1	8	1	8	0	0

二是严格审核。认真负责把好收藏单位审核关口，采取在线审核和离线审核相结合的方式，重点对文物的命名、断代、尺寸、质量等数据进行认真审核，对文物照片质量不高的要求重新拍摄。

三是加强指导。合川区普查办对工作基础较为薄弱的单位加强业务指导，要求提升和完善基础工作。对审核中发现的错误，及时通知收藏单位进行复核和修改，要求专家进一步认定和确定存有疑问的文物。

四是加强文物和数据安全。首先要将普查人员的文物安全教育放在首位，坚持"安全第一"的原则，文物不可再生，损坏或损毁文物都是无法弥补的损失。在普查中的文物操作要符合安全规范，坚持制度化管理，分工合理，责任分明，准确掌握普查操作规程和技术标准。注意文物的防火、防盗、防震等，要有预防性保护意识，注意文物掉落、磕碰、挤压、震裂等安全威胁，尽可能减少搬运文物的次数，以减小文物损坏的概率。普查得到的综合数据和基础资料由专人负责保管，及时备份数据，不得损毁和遗失。

根据国家文物局《关于做好第一次全国可移动文物普查验收工作的通知》，重庆市于2016年10月13日至10月28日组织工作组对各区县及市直属文博重点收藏单位的第一次全国可移动文物普查工作进行检查验收。合川区通过验收，合格。

（五）展示成果，做好总结

1. 编制普查档案

文物普查档案是第一次全国可移动文物普查重要的成果记录和基础信息资源。做好合川区第一次全国可移动文物普查的资料收集、整理、建档和备案工作，是对各类普查数据和信息资料的有效保存。合川区档案汇编主要分为调查资料、行政资料、汇总资料等内容，包括国有单位信息调查表、国有单位清单、可移动文物认定信息登记表、文物登记卡、上级通知及文件、培训材料和阶段性工作总结。

2. 普查专题研究

根据重庆市文物局统一部署，全区开展了抗战可移动文物专项调查、出土（水）文物专项调查2个专题调查。

3. 普查表彰情况

普查工作结束，合川区政府将对普查工作进行全面总结，同时拟表彰先进集体2个、先进个人10人次。

三、合川区普查工作成果

合川区第一次全国可移动文物普查,基本实现了藏品数量品种、保存现状、使用管理清楚的目标,初步建立健全了文物档案信息全面准确、制度规范、科学保护的文物保护体系。

(一)合川区可移动文物资源情况及价值

1. 摸清数量及分布

经第一次全国可移动文物普查,合川区国有可移动文物收藏单位5家,国有可移动文物收藏量为2667件/套,其中钓鱼城古战场遗址博物馆99件/套、合川区文物管理所2195件/套、合川党史地方志办公室4件/套、合川区档案局2件/套,合川区图书馆367件/套。

2. 掌握保存状况

合川区现有馆藏文物2667件/套,一级文物1件/套、二级文物23件/套、三级文物120件/套,一般文物73件/套,未定级文物2432件/套;保存完整为1018件/套、基本完整为1260件/套、残缺为343件/套、严重残缺为28件/套。(自然类藏品18件/套,不填写"完残程度"指标项)此次普查文物主要是汉朝至明清时期古墓葬发掘出土和历年来征集的各个历史时期的文物,为研究、展览当地乃至合川地区经济、社会、生活等发展情况提供了丰厚的文化遗产。大部分陶质文物藏品均存在不同程度的表面污染、变色、剥落、裂纹等,受损率高达60%;铜质文物95件,均存在锈蚀、污垢等现象,受损率竟高达80%;金属质地武器类,均存在锈蚀现象,受损率达90%。主要原因是保管条件差,保护措施落后,缺乏技术、人员、经费支持,文物保存现状不容乐观。

3. 掌握使用管理情况

为达到藏品的有效管理,通过此次第一次全国可移动文物普查,合川区按照普查分类、命名方法重新进行了分类和命名,编制了馆藏文物总登记账,完善了藏品信息。

(二)建立健全管理机制

1. 完善文物档案

普查工作促进解决国有文物资源底数不清、残损情况不明、登记建档不全等历史遗留问题,防止国有资产流失。合川区收藏单位已经完成清库建档工作和账目核对工作,完成了藏品账目,5家收藏单位中已有5家单位完善了藏品登记档案,已有5家单位有专门的藏品管理机制,所占比例都为100%。逐一核对账号、藏品及藏品信息,填写了《可移动文物认定信息登记表》和《文物登记卡》。

2. 健全制度规范

通过普查,合川区普查办会同收藏单位完善了可移动文物调查、认定、登记、管理和利用制度,形成长效机制。合川区博物馆建设列入区政府议事日程,全区可移动文物将统一得到有效管理和利用。

3.加强文物保护

在可移动文物普查工作中，合川区坚持"抢救第一、保护为主、加强管理、合理利用"的工作方针，高度重视文物保护工作，以普查促保护。根据普查，本次调查单位中有1家单位开展了修复工作，单位所占比例为20%，修复数量为160件，修复的文物种类为陶器、瓷器、铜器。

通过此次调查，从入藏时间看，可移动文物入藏主要集中于1977年至2000年、2001年至今两个时间段，近年来可移动文物保护范围得以不断扩大，对文物资源的了解和认识在不断加深，藏品越来越丰富。从残缺、严重残缺来看，藏品数为371件/套，雕塑造像占36%、陶器占30%、瓷器占10.7%、铜器占6%，其中等级文物占17.5%，待修复的数量近300件。

4.扩大保护范围

合川区非文博系统收藏单位藏品数量相对较少，藏品规范化管理建设困难，如合川党史地方志办公室登录藏品4件/套、合川区档案局登录藏品2件/套。拟合川区建成博物馆后移交文博单位管理。

(三)发挥文物在经济社会发展中的重要作用

1.普查成果利用计划

在今日合川网站开辟网上"合川博物馆"，设"可移动文物""不可移动文物""非物质文化遗产"三个展厅。

全力推进合川区博物馆建设，开展编写"合川区博物馆陈列大纲"，本次普查登记的大部分可移动文物将被挑选为陈列藏品。

2.普查成果展览

在普查期间，结合每年开展的国际博物馆日、中国文化遗产日等活动，通过图片展板流动展出的方式开展普查成果展览。

3.普查成果出版

拟编印《合川区第一次全国可移动文物普查成果图集》(1~2册)。

四、建议

建议市级考古部门加快区(县)基本建设考古发掘出土文物的整理，出版考古报告，及时归还各区县出土文物，支持区(县)博物馆建设和地方历史文化研究。

报告执笔人：曹建军

报告审阅人：江洁

18　永川区第一次全国可移动文物普查总结报告

永川区隶属重庆市,位于重庆西部,地处长江上游地区,因"城区三河汇碧、形如篆文'永'字"而得名。永川区东连江津区、璧山区,西接荣昌区、大足区,北界铜梁区,南临四川泸州市合江县、泸县,是成渝经济区的节点城市。

永川历史源远流长、文化底蕴深厚,自唐大历十一年(776年)置县以来,距今已有1200多年的历史。永川恐龙化石、石松化石闻名世界,茶文化、石文化、竹文化源远流长,汉东古城、百年古镇古韵悠悠,历史名人更是各领风骚,是渝西地区的文化大区。

为准确掌握和科学评价我国文物资源情况及价值,切实提高我国文化遗产保护管理水平,积极发挥文物资源在国民经济和社会发展总体布局中的重要作用,国务院决定自2012年开始开展第一次全国可移动文物普查。根据《国务院关于开展第一次全国可移动文物普查的通知》和《重庆市人民政府关于开展第一次全国可移动文物普查的通知》精神,自2013年5月起,永川区开展了第一次全国可移动文物普查。经过前期调查、文物认定、数据采集、文物信息登录、文物数据审核等环节,普查工作于2016年12月全部结束。经普查,永川区共有3家国有单位收藏有可移动文物,文物或藏品数量为1692件/套,类别达25个,全面反映了永川区现存国有可移动文物的数量分布、保存状况、保管权属和使用管理等情况,为科学拟订保护规划和制定保护政策提供了依据,建立并完善了可移动文物管理体系。

为了全面总结第一次全国可移动文物普查工作,永川区普查办组织编制了《永川区第一次全国可移动文物普查总结报告》。报告从普查组织、普查具体实施、普查成果、普查验收等多方面对普查工作进行了总结,并对下一阶段文物工作提出了建设性意见,是永川区第一次全国可移动文物普查的重要成果,也是科学制定文物保护政策措施的重要依据。

一、永川区普查数据

截至2016年10月31日,永川区在全国可移动文物信息登录平台登录可移动文物1692件/套,实际数量为4344件。其中,珍贵文物69件/套,实际数量为69件。登录了可移动文物信息的收藏单位有3家。

（一）永川区可移动文物基本情况

1. 类别

可移动文物类别

可移动文物类别	可移动文物实际数量（件）	实际数量占比（%）
合计	4344	100.00
玉石器、宝石	10	0.23
陶器	164	3.78
瓷器	427	9.83
铜器	68	1.57
金银器	8	0.18
铁器、其他金属器	13	0.30
雕塑、造像	108	2.49
石器、石刻、砖瓦	88	2.03
书法、绘画	599	13.79
文具	29	0.67
玺印符牌	115	2.65
钱币	2507	57.71
牙骨角器	2	0.05
竹木雕	102	2.35
家具	32	0.74
织绣	1	0.02
碑帖拓本	6	0.14
武器	3	0.07
文件、宣传品	2	0.05
名人遗物	1	0.02
玻璃器	1	0.02
交通、运输工具	1	0.02
度量衡器	13	0.30
标本、化石	31	0.71
其他	13	0.30

2.年代

(1)可移动文物年代类型。

可移动文物年代类型

可移动文物年代类型	可移动文物实际数量(件)	实际数量占比(%)
合计	4344	100.00
地质年代	31	0.71
考古学年代	4	0.09
中国历史学年代	4165	95.88
公历纪年	134	3.08
其他	4	0.09
年代不详	6	0.14

(2)可移动文物中国历史学年代分布。

可移动文物中国历史学年代分布

可移动文物中国历史学年代	可移动文物实际数量(件)	实际数量占比(%)
合计	4165	100.00
夏	0	0
商	0	0
周	0	0
秦	0	0
汉	103	2.47
三国	0	0
西晋	1	0.02
东晋十六国	0	0
南北朝	8	0.19
隋	5	0.12
唐	6	0.14
五代十国	0	0
宋	90	2.16
辽	0	0
西夏	0	0
金	0	0
元	10	0.24
明	289	6.94
清	2591	62.21
中华民国	463	11.12
中华人民共和国	599	14.38

3.级别

可移动文物级别

可移动文物级别	可移动文物实际数量（件）	实际数量占比（%）
合计	4344	100.00
一级	0	0
二级	9	0.21
三级	60	1.38
一般	3837	88.33
未定级	438	10.08

4.来源

可移动文物来源

可移动文物来源	可移动文物实际数量（件）	实际数量占比（%）
合计	4344	100.00
征集购买	3597	82.80
接受捐赠	36	0.83
依法交换	1	0.02
拨交	0	0
移交	20	0.46
旧藏	0	0
发掘	222	5.11
采集	24	0.55
拣选	16	0.37
其他	428	9.85

5.入藏时间

可移动文物入藏时间范围

可移动文物入藏时间范围	可移动文物实际数量（件）	实际数量占比（%）
合计	4344	100.00
1949年10月1日前	0	0
1949年10月1日—1965年	0	0
1966—1976年	1	0.02
1977—2000年	3657	84.19
2001年至今	686	15.79

6.完残程度

可移动文物完残程度

可移动文物完残程度	可移动文物实际数量（件）	实际数量占比（%）
合计	4344	100.00
完整	452	10.41
基本完整	3755	86.44
残缺	127	2.92
严重残缺（含缺失部件）	10	0.23

（二）永川区可移动文物分布情况

1.按收藏单位隶属关系统计可移动文物数量

可移动文物数量分布（按收藏单位隶属关系）

收藏单位隶属关系	可移动文物实际数量（件）	实际数量占比（%）
合计	4344	100.00
中央属	0	0
省属	0	0
地市属	0	0
县区属	4344	100.00
乡镇街道属	0	0
其他	0	0

2.按收藏单位性质统计可移动文物数量

可移动文物数量分布（按收藏单位性质）

收藏单位性质	可移动文物实际数量（件）	实际数量占比（%）
合计	4344	100.00
国家机关	0	0
事业单位	4343	99.98
国有企业	0	0
其他	1	0.02

3.按收藏单位类型统计可移动文物数量

可移动文物数量分布（按收藏单位类型）

收藏单位类型	可移动文物实际数量（件）	实际数量占比（%）
合计	4344	100.00
博物馆、纪念馆	4343	99.98
图书馆	0	0
美术馆	0	0
档案馆	0	0
其他	1	0.02

4.按收藏单位所属行业统计可移动文物数量

可移动文物数量分布(按收藏单位所属行业)

收藏单位所属行业	可移动文物实际数量(件)	实际数量占比(%)
合计	4344	100.00
文化、体育和娱乐业	4344	100.00

二、永川区普查工作组织实施

(一)加强组织,健全机构

1.设立普查领导小组,成立普查机构

为切实做好全区可移动文物普查工作,经永川区政府同意,成立了以永川区分管副区长为组长,永川区政府研究室副主任、永川区文化委主任为副组长,永川区发改委、永川区教委、永川区民政局、永川区财政局、永川区经信委、永川区文化委、永川区民宗局、永川区国资局、永川区统计局、永川区档案局、永川区科协、永川区国房局、人行永川支行、永川区文物保护管理所主要负责同志为成员的永川区第一次全国可移动文物普查领导小组,负责全区普查工作的组织领导。

普查领导小组办公室设在永川区文物保护管理所,办公室主任由永川区文化委主任兼任,负责普查工作的日常组织协调以及专业指导。

永川区文物保护管理所作为主要收藏单位,成立了以所长为组长、主要业务人员为成员的普查工作小组,负责永川区文物保护管理所普查工作的具体实施,以及协助区普查办做好全区的文物普查工作。

2.制订普查实施方案和确定工作制度

为科学、规范、有序、高质量完成普查工作,永川区第一次全国可移动文物普查领导小组办公室结合辖区文物工作实际,制订了《永川区第一次全国可移动文物普查实施方案》,将方案下发至各镇街并组织学习。方案从普查的意义、目标、范围和内容、组织、时间安排、技术路线、数据与资料管理等方面做出全面部署和科学解释,为普查工作的顺利开展提供了权威指导。

永川区普查办创新工作模式,结合本地区文物工作实际情况,制定了一系列普查工作制度,积极指导各收藏单位按照标准工作流程开展普查工作,确保文物普查科学化、规范化。为做好文物认定工作,确定了《永川区可移动文物认定规范》,将文物认定工作制度化;为做好文物信息采集工作,确定了《文物信息采集工作流程》《文物信息采集技术要求》,保证了文物信息采集工作质量;为做好文物普查宣传工作,制订了《永川区第一次全国可移动文物普查宣传方案》,将宣传重点、形式、时间、内容等要素落到实处,确保宣传工作收到实效。

3.落实普查工作经费

为保障普查工作顺利开展,永川区普查办根据实际工作需要,科学编制了普查经费预算,并向永川区政府报送了《关于申请永川区第一次全国可移动文物普查经费的请示》。永川区政府大力支持本次普查工作,永川区财政局将普查经费列入了辖区普查工作主要实施单位永川区文物保护管理所相应年度的财政预算,2013年至2016年计划每年安排普查专项资金15万元。其中,2013年实际拨付资金10万元,2014年实际拨付资金10万元,2015年实际拨付资金10万元,2016年实际拨付资金5.03万元。详见下表:

永川区2013—2016年可移动文物普查经费落实情况表(单位:万元)

合计	2013年	2014年	2015年	2016年
35.03	10	10	10	5.03

根据国家财政制度规定,永川区普查办、永川区文物保护管理所严格按照专项资金管理制度,专款专用,厉行节约,将普查专项经费主要用于设备购置、普查培训、普查志愿者补助等方面。同时,切实加强普查设备的登记与管理,防止了国有资产的流失。

4.组建普查队伍

永川区在本次文物普查中共投入普查人员200余人(含前期调查摸底阶段),组建了以永川区文物保护管理所主要工作人员为核心的永川区普查办及专家组。其中,区普查办工作组共有工作人员11人,包括5名正式人员(含专家组3人),6名普查志愿者。

自2013年5月以来,区普查办共开展普查业务培训4次,参训人员达80余人次,培训内容包括文物的认定、文物信息采集、文物数据登录、文物数据审核四个方面。

(二)划分阶段,有序实施

1.国有可移动文物收藏单位调查阶段

2013年5月,永川区文广新局印发《关于开展第一次全国可移动文物普查国有单位调查摸底工作的通知》,永川区国有可移动文物收藏单位调查摸底工作正式开始。根据重庆市统计局、永川区统计局提供的永川区国有单位名录,经调查,辖区内共有990家各级国家机关、事业单位、国有企业和国有控股企业等国有单位(除村委、居委)。因此,永川区普查办发放了990份《重庆市可移动文物普查国有单位信息调查表》至各镇街文体服务中心,通过各镇街召集辖区内相关国有单位进行集中填报的方式,将国有单位文物收藏情况进行了初步调查。

《重庆市可移动文物普查国有单位信息调查表》共发放990份,回收990份,回收率为100%。至此,永川区普查办基本摸清了永川区内各国有单位文物收藏情况,并根据调查成果编制了《重庆市永川区可移动文物普查国有单位清单》,为下一步文物认定工作打下了坚实基础。据初步统计,收藏有文物或藏品的国有单位共5个,藏品数量约3263件。

2.国有可移动文物认定工作阶段

根据前期国有单位文物收藏情况调查摸底,我区收藏有文物或藏品的国有单位共5个。区普查办根据《2014年永川区普查工作计划》《永川区可移动文物认定规范》以及《文物认定工作流程》,组织文物认定专家到3家非文博单位开展了3次文物认定工作。

根据专家认定,何埂镇玉宝山寺(文博系统外)共有文物1件,何埂镇联盟村大佛寺、永川区松溉古镇旅游开发有限公司两家单位在摸底调查阶段反馈有文物的国有单位均无符合本次普查条件的文物或藏品。永川区普查办按文物认定标准流程对认定的文物拍摄了影像资料,并填写了《可移动文物认定信息登记表》以及《文物登记卡》,将相关认定材料及时报送了市普查办。

3.国有可移动文物信息采集登录阶段

从2013年8月开始,永川区普查办督促各文物收藏单位开始了文物信息采集工作。为保证文物信息采集科学性、规范性,区普查办根据《第一次全国可移动文物普查工作手册》要求,确定了《文物信息采集工作流程》《文物信息采集技术要求》,并组织文物收藏单位普查工作人员进行集中学习。为保证普查质量,永川区文物保护管理所对陈子庄艺术陈列馆、何埂镇玉宝山寺文物信息采集工作进行了对口帮扶,协助2家单位在规定时间内完成了信息采集阶段性任务。

2015年1月,永川区各文物收藏单位完成了全部文物信息采集工作,共采集文物信息1692条,主要内容包括:文物名称、类别、级别、年代、质地、外形尺寸、质量、完残程度等14项基本指标项,11类附录信息以及照片影像资料、收藏单位基本情况等。

文物信息离线采集工作结束以后,永川区普查办立即组织各收藏单位开展了文物信息登录工作。截至2016年底,永川区在全国可移动文物信息登录平台登录文物数量1692件/套(永川区文物保护管理所共登录1287件/套,何埂镇玉宝山寺共登录1件/套,陈子庄艺术陈列馆404件/套)。

4.国有可移动文物信息审核阶段

为有序推进永川区普查数据审核工作,永川区普查办成立了由3名专家组成的普查审核专家小组,对各收藏单位文物信息在报送至重庆市普查办之前进行了多轮次数据审核,确保每一条文物数据必须经过至少2名专家的审核才能上报。

经过2次年度审核、1次最终审核,作为永川区主要收藏单位的永川区文物保护管理所,普查文物信息存在以下主要问题:第一,文物照片数量较少、质量不高;第二,文物定名不够准确;第三,文物完残状况描述不够准确。经过分析研究,主要原因是文物信息采集工作人员业务水平不高,经验不足。

为此,永川区普查办组织文物专家对发现的问题进行集中研讨,对存在错误的文字信息进行现场纠正,同时安排专人对文物影像资料进行补拍,确保文物信息在报送至重庆市普查办之前没有明显错误。

截至2016年底,永川区全部文物信息经过市级终审,数据差错率控制在0.5%以内,圆满完成普查阶段性任务。

(三)宣传动员,营造氛围

为做好普查宣传工作,永川区普查办制订了《永川区第一次全国可移动文物普查宣传方案》,全方位、多角度、连续性地对文物普查进行宣传报道。在普查的不同阶段,永川区普查办分别进行了不同侧重点的宣传报道:在工作准备阶段,重点宣传普查的意义、目标、内容、对象和范围、技术路线;在普查实施阶段,重点宣传法律法规、标准规范、工作进展、先进事迹等;在成果总结阶段,重点宣传普查最新成果等内容。

据统计,2013年至2016年,永川区普查办张贴宣传海报14份,发表普查简报7篇;永川区文物保护管理所举办普查专题陈列1场,专题展览23场;辖区普查工作被永川电视台采访报道1次,《永川日报》采访报道2次,永川网、新华网重庆频道等互联网转载报道5次。

(四)质量控制,确保进度

为保证普查质量,永川区普查办采取集中培训、检查督查、评估审核、验收等多种措施,加强普查质量控制。

1.构建培训体系

为做好本次普查工作,永川区普查办组织开展了普查业务培训4次,参训人员达80人次,培训内容包括文物的认定、文物信息采集、文物数据登录、文物数据审核4个方面,确保了能够高质量完成各阶段普查工作。

永川区组织的普查培训班情况一览表

合计		2014年		2015年		2016年	
次数(次)	人数(人次)	次数(次)	人数(人次)	次数(次)	人数(人次)	次数(次)	人数(人次)
4	80	2	60	1	10	1	10

2.普查工作督查

永川区普查办要求各收藏单位定期进行自我检查,同时对各单位普查工作开展情况进行定期与不定期检查、抽查,确保普查经费、人员安排、场地保障、制度制定、工作规范等事关普查质量的关键因素不出差错。对在检查过程中发现的问题,区普查办要求各收藏单位进行积极整改,并对整改情况进行督查。

3.普查中的人员、文物、数据安全管理

永川区普查办要求各收藏单位在普查过程中确保可移动文物安全。一方面是确保文物本体安全,在文物信息采集、摄影等需要接触文物本体的工作环节,提高安全意识,规范操作流程,不对文物本体造成任何伤害;另一方面是确保文物信息安全,对采集登录的文物信息进行加密保存,在未经市级普查部门的许可下,严禁将文物信息以任何形式转交给任何组织或个人。

永川区普查办单独设立了普查档案保管室,购置了一批档案保存设备,并安排专人在国有单位摸底调查、文物认定、数据登录、数据审核等阶段进行档案留存工作,保证了普查数据的安全,也为后期普查宣传及总结留存了充足资料。

4.普查验收

永川区普查办根据年度工作计划,对各收藏单位普查工作逐项进行年度考核,对不能按时完成年度工作任务的收藏单位予以通报并要求限时整改。此外,永川区普查办根据工作目标,动态确定考核内容,重点针对文物数据采集登录进行多轮次专家审核,确保上传报送的文物数据达到市级终审要求。

为做好普查总结和成果发布相关事宜,永川区普查办根据市普查办统一安排,组织辖区内各收藏单位填写《第一次全国可移动文物普查验收表》,对各单位普查组织、普查覆盖率、普查实施进度和质量进行了验收,并形成验收报告。2016年10月,永川区文物普查工作通过重庆市验收,合格。

(五)展示成果,做好总结

1.普查档案编制情况

经过本次普查,永川区可移动文物信息已全部报送至全国可移动文物信息登录平台,实现了文物资源的标准化、动态化、信息化管理。截至2016年10月,永川区已基本建成国有可移动文物信息资源库,编制了《永川区国有可移动文物收藏单位名录》和《永川区国有可移动文物名录》,科学直观地反映了辖区可移动文物收藏情况。作为永川区主要收藏单位的永川区文物保护管理所,依托本次文物普查,完成了清库建档和账目核对工作,建立了永川区文物保护管理所文物信息资源库,编制完成《永川区文物保护管理所藏品总登记账》,进一步丰富完善了馆藏文物藏品账目,为永川博物馆的建设打下坚实基础。

2.普查表彰情况

普查工作结束以后,永川区人民政府召开了第一次全国可移动文物普查工作总结表彰大会,对普查工作的组织、业务培训、调查认定、数据审核等工作进行全面总结,同时对普查先进集体及个人进行表彰。

三、永川区普查工作成果

经过为期四年的第一次全国可移动文物普查,永川区基本实现了普查目标,取得了较为丰硕的普查成果。

(一)永川区可移动文物资源情况及价值

1. 文物数量及分布

经过本次文物普查,永川区基本摸清了辖区内可移动文物的数量及分布。永川区共有3家国有单位收藏有可移动文物,收藏数量为1692件/套(实际数量4344件)。其中,永川区文物保护管理所共1287件/套(实际数量3905件),何埂镇玉宝山寺1件/套(实际数量1件),陈子庄艺术陈列馆共404件/套(实际数量438件)。从分布来看,绝大多数可移动文物集中收藏于文博系统内的事业单位,小部分收藏于文博系统外其他单位。

永川区国有收藏单位文物分布表

序号	国有单位名称	文物数量(件)	所占比例(%)
1	重庆市永川区文物保护管理所	3905	89.89
2	重庆市永川区何埂镇玉宝山寺	1	0.02
3	重庆市永川区陈子庄艺术陈列馆	438	10.08
	合计	4344	100.00

2. 文物保存状况

经过本次文物普查,永川区进一步掌握了辖区内可移动文物保存状况。从文物本体来讲,永川区可移动文物保存状况良好,少部分文物亟须进行修复。具体而言,保存完整的452件,基本完整的3755件,残缺127件,严重残缺10件,所占比例分别为:10.41%、86.44%、2.92%、0.23%。从保存条件来讲,各文物收藏单位都有专门的场地进行文物存放,也都配备了保管人员,但缺乏现代化的保管设施,需在下一步工作中改进完善。

3. 文物价值

此次普查登录的4344件文物,具有一定的历史、艺术、科学价值。永川区文物保护管理所收藏了本区绝大部分可移动文物,包括石器、陶器、瓷器、玉器、铜器、铁器、木器等十几个类别,文物年代横跨新石器时代至近现代。其中,国家二级文物9件,三级文物60件(以上珍贵文物数量统计截至1988年,目前我区符合国家三级文物标准以上但未经重庆市专家委员会定级的可移动文物可达200余件)。在所有馆藏可移动文物里,古生物化石、新石器时代磨制石器、东汉画像石棺、明代铜鎏金千佛宝塔、明代錾银凤冠、清代苏家祠堂石雕建筑构件等文物做工精美,保存完好,生动表现了永川灿烂悠久的古代文化,具有十分重要的历史、艺术、科学价值。

(二)建立健全管理机制

1.建立文物档案

在本次普查之前,永川区国有可移动文物存在着资源底数不清、残损情况不明、登记建档不全等历史遗留问题。经过本次文物普查,永川区可移动文物档案更加完善,各国有文物收藏单位建立健全可移动文物收藏档案,可移动文物有了自己的"身份证"。

根据本次文物普查所取得的成果,永川区普查办编制了《永川区国有可移动文物收藏单位名录》和《永川区国有可移动文物名录》,科学直观地反映了永川区可移动文物收藏情况。《永川区国有可移动文物收藏单位名录》内容包括:收藏单位名称、地址、所属行业、负责人、主管单位、藏品数量、联系方式等信息。《永川区国有可移动文物名录》内容包括:收藏单位、藏品编号、文物名称、年代、类别、质地、尺寸等信息。

永川区文物保护管理所作为辖区主要文物收藏单位,依托本次文物普查所取得的成果,完成了清库建档和账目核对工作,编制完成《永川区文物保护管理所藏品总登记账》,进一步丰富完善了馆藏文物藏品账目,为馆藏文物科学管理奠定了坚实基础。陈子庄艺术陈列馆也根据自身情况,建立了藏品登记档案。针对文博系统外收藏单位,通过文物管理部门对口帮扶等措施,经过摸底调查、文物认定等工作,已经开始了清库和文物建档、建账工作,实现了藏品规范化管理的第一步。

至此,永川区初步实现国有可移动文物资源标准化、动态化管理。以本次文物普查为契机,永川区文物保护管理所将文物普查离线采集软件作为馆藏文物电子化管理系统使用,并与入库、认定、登记、建档等可移动文物管理措施相结合,实现了馆藏文物管理标准化、动态化、信息化。

2.健全制度规范

经过本次文物普查,永川区文物主管部门及文博系统主要收藏单位在文物保护与管理业务方面得到巨大提升,同时建立起完善的可移动文物调查、认定、登记、建档等工作机制,使文物保护与管理更加规范化、科学化。

作为全区主要文物收藏单位的永川区文物保护管理所,为规范文物认定工作流程,提高普查工作效率,制定了《永川区可移动文物认定规范》,从文物认定范围、程序、责任要求等方面予以了明确。为规范馆藏文物管理,永川区文物保护管理所还制定了《永川区文物保护管理所可移动文物登记建档工作规范》,在文物入库、建档、建账等方面予以了明文规范,使文物管理更加标准化、科学化。

3.加强文物保护

经过本次文物普查,永川区进一步明确了本行政区域文物总体保护需求。从文物本体来讲,残缺或严重残缺的文物共135件/套。其中,占比最大的文物类型分别为:瓷器41件/套,雕塑、造像40件/套,陶器22件/套。由此可见,永川区陶瓷器和雕塑、造像类文物保存情况较为一般,具有较强的文物保护需求,亟须开展保护性修复工作。从收藏单位来讲,永川区文物保护管理所为辖区内最大的文物收藏单位,文物种类全、数量多,文物保存情况较为复杂。因此,永川区文物保护管理所文物保护需求较为强烈,一方面亟须对残缺文物进行保护性修复,另一方面亟须改善文物保存条件。

经过本次文物普查,永川区可移动文物保护范围扩大至各镇街,保护措施得以进一步下探。除传统的文化、体育和娱乐业收藏有可移动文物以外,玉宝山寺等公共管理和社会组织可移动文物收藏情况也得到充分掌握,这就扩大了可移动文物保护范围,有利于在下一步文物保护工作中将有关政策方案、保护资金、保护措施扩大到最基层文物收藏单位,为更好地保护可移动文物创造条件。

4.引进培养人才

专业人才队伍的缺失是永川区文物保护事业发展的瓶颈。从调查情况来看,永川区可移动文物的保护与管理人员严重不足,包括永川区文物保护管理所等文博系统单位均缺乏专业的文物保管人员,这对馆藏文物的保护与管理极为不利。针对这一问题,一是需要引进高水平的专业人才,二是要注重加大对现有员工的培养力度,积极鼓励他们参加文物保管或研究相关的各类专业培训,提高自身专业素养和业务研究能力。

(三)发挥文物在经济社会发展中的重要作用

1.普查成果利用计划

本次文物普查基本摸清了永川区可移动文物保存及管理状况,不仅为建设中的永川博物馆提供了充足的上展文物,更为永川区公共文化服务建设提供了特色文化资源。今后,永川区将灵活运用现有可移动文物,一方面通过博物馆展览、文物巡展、知识讲座等传统形式宣扬传统优秀文化,另一方面将为文物保护与管理相关学术研究等理论建设提供资源。

2.利用普查成果举办展览情况

2016年5月,永川区文物保护管理所将永川区文物陈列室重新展陈并免费开放,共展出可移动文物291件/套(实际数量326件),包括7件/套二级文物,59件/套三级文物,225件/套一般文物。2016年5月至8月,永川区文物保护管理所策划实施了"永川文物下乡"巡回展系列活动。活动采取架设宣传展板的形式,共举办展览23场,展览地点涵盖全区所有镇街,参观人次达4000余人次。

3.普查成果公开出版发行情况

永川区普查办将在普查工作结束以后,组织人员编撰永川区第一次全国可移动文物普查成果系列书籍,对普查经过、普查成果进行集中展示,对永川区在可移动文物保护工作中所做出的努力进行宣传。

四、建议

永川区圆满地完成了第一次全国可移动文物普查任务,成果丰硕,收获巨大。但也存在一些问题需要加以改进,普查工作经验教训需要深入总结。

(1)加大文物保护资金投入力度。文物保护工作投资大、见效慢,区县财政投入资金十分有限,致使我区文物保护工作存在一定困难。建议国家、重庆市加大对区县文物保护工作资金支持力度,在馆藏文物保护修复、文物保护设施设备购置等项目予以适当倾斜。

(2)加强文物保护人才队伍建设。根据文物工作实际情况,切实加强文物保护人才队伍建设,实行"走出去,请进来"战略,在加强现有人才培养的同时,引进一批文物保护新生力量,弥补文物鉴定、修复等薄弱环节,提升文物保护与管理综合水平。同时,加强对镇街文化干部业务培训,使其初步掌握法律法规、文物鉴别、文物抢救性保护等基本业务。

(3)加快文物普查成果综合利用。为丰富群众精神文明生活,实现普查成果全民共享,永川区应加快文物普查成果的综合利用。首先要大力推动永川博物馆建设,为展示历史文化搭建高规格平台;其次要继续做好文物数据库建设,以互联网为载体将文物资源推广开来;最后要借助本次普查成果,加强相关学术研究,在理论建设方面为文物保护创造更多可能。

报告执笔人:廖茂羽

报告审阅人:江洁

19　南川区第一次全国可移动文物普查总结报告

重庆市南川区位于重庆市南部与黔北相连的大娄山脉西侧。南川古为"南僚"故地，今为渝黔通衢。2006年10月撤市设区，属重庆市"一小时经济圈"。区内辖3街道、31乡镇，总人口70万人。在2602平方千米丰饶神秘的南川大地上，分布着大量的古文化遗址、古建筑、古墓葬、革命旧址等文物资源。近年来，南川区各级党委、政府都非常重视文物工作，南川区文物工作出现了较好局面，南川区现有登录在档的不可移动文物共474处，其中重庆市级文物保护单位7处，区级文物保护单位24处，馆藏文物有425件/套，其中一级文物2件/套（已被重庆中国三峡博物馆调拨），二级文物10件/套，三级文物51件/套，未定等级文物364件/套。

第一次全国可移动文物普查是继第三次全国文物普查（不可移动文物部分）之后在文化遗产领域开展的又一重大国情国力调查，是一项旨在全面掌握我国文物资源、加强文物保护、建设文化遗产强国的国家工程。根据《国务院关于开展第一次全国可移动文物普查的通知》，此次普查从2012年10月开始，到2016年12月结束。普查标准时点为2013年12月31日。

2013年3月1日，重庆市人民政府下发《重庆市人民政府关于开展第一次全国可移动文物普查的通知》，要求各区县文广新局、市属各文博单位积极配合好各级政府，着手启动各地的文物普查工作；4月8日，重庆市人民政府办公厅发文成立了重庆市第一次全国可移动文物普查领导小组，切实加强普查工作的组织领导；5月2日，重庆市第一次全国可移动文物普查领导小组办公室制订《重庆市第一次全国可移动文物普查实施方案》，统一部署和组织实施重庆市"一普"工作。

2013年5月20日，南川区普查办印发了《南川区第一次全国可移动文物普查实施方案》，明确了南川区文物普查工作的目标、范围、内容和组织实施要求。2013年7月，南川区人民政府发出《关于开展第一次全国可移动文物普查的通知》，要求各乡、镇人民政府，区政府各部门，有关单位，着手启动各区域内的文物普查工作。普查分为工作准备、普查实施和验收汇总3个阶段，完成培训组织工作，完成本行政区域内以乡镇为基本单元的调查、文物认定、信息采集和审核工作，完成普查成果整理和汇总工作。

通过此次开展的可移动文物普查，南川区已基本掌握辖区内可移动文物的数量、分布、特征、保存现状等基本情况。普查提高了各有关单位的文物保护意识，尤其是提高了文博系统工作人员的科学知识、专业技能和管理水平，为进一步建立具有现代化科学素养的专业队伍创造了条件；增强了文物征集意识，进一步掌握了区域内可移动文物的基本情况，为后期开展文物征集工作奠定了基础；协调了文物管理部门和政府各职能部门的关系，形成共同保护文物的工作合力；为准确判断文物保护形势,科学制定文物保护政策和拟订规划提供了依据;同时加强了南川区在文化遗产领域的国有资产管理和资源整合能力,充分发挥文物在建设社会主义先进文化,促进经济社会全面协调可持续发展中的重要作用。

一、南川区普查数据

截至2016年10月31日,南川区在全国可移动文物信息登录平台登录可移动文物486件/套,实际数量为1744件。其中,珍贵文物61件/套,实际数量为135件。登录了可移动文物信息的收藏单位有3家。

(一)南川区可移动文物基本情况

1. 类别

可移动文物类别

可移动文物类别	可移动文物实际数量(件)	实际数量占比(%)
合计	1744	100.00
玉石器、宝石	120	6.88
陶器	65	3.73
瓷器	111	6.36
铜器	23	1.32
金银器	38	2.18
铁器、其他金属器	5	0.29
漆器	1	0.06
雕塑、造像	57	3.27
石器、石刻、砖瓦	5	0.29
书法、绘画	51	2.92
文具	12	0.69
玺印符牌	6	0.34
钱币	129	7.40
牙骨角器	1	0.06
竹木雕	15	0.86
珐琅器	1	0.06
古籍图书	1023	58.66
碑帖拓本	1	0.06
武器	2	0.11
文件、宣传品	1	0.06
档案文书	6	0.34
名人遗物	1	0.06

续表

可移动文物类别	可移动文物实际数量（件）	实际数量占比（%）
玻璃器	59	3.38
乐器、法器	8	0.46
标本、化石	2	0.11
其他	1	0.06

2.年代

(1)可移动文物年代类型。

可移动文物年代类型

可移动文物年代类型	可移动文物实际数量（件）	实际数量占比（%）
合计	1744	100.00
地质年代	2	0.11
考古学年代	1	0.06
中国历史学年代	1729	99.14
公历纪年	0	0
其他	0	0
年代不详	12	0.69

(2)可移动文物中国历史学年代分布。

可移动文物中国历史学年代分布

可移动文物中国历史学年代	可移动文物实际数量（件）	实际数量占比（%）
合计	1729	100.00
夏	0	0
商	0	0
周	0	0
秦	0	0
汉	36	2.08
三国	0	0
西晋	0	0
东晋十六国	1	0.06
南北朝	0	0
隋	0	0
唐	21	1.21
五代十国	0	0
宋	246	14.23

续表

可移动文物中国历史学年代	可移动文物实际数量(件)	实际数量占比(%)
辽	0	0
西夏	0	0
金	0	0
元	6	0.35
明	52	3.01
清	1062	61.42
中华民国	270	15.62
中华人民共和国	35	2.02

3. 级别

可移动文物级别

可移动文物级别	可移动文物实际数量(件)	实际数量占比(%)
合计	1744	100.00
一级	0	0
二级	23	1.32
三级	112	6.42
一般	828	47.48
未定级	781	44.78

4. 来源

可移动文物来源

可移动文物来源	可移动文物实际数量(件)	实际数量占比(%)
合计	1744	100.00
征集购买	4	0.23
接受捐赠	5	0.29
依法交换	0	0
拨交	1	0.06
移交	621	35.61
旧藏	1092	62.61
发掘	21	1.20
采集	0	0
拣选	0	0
其他	0	0

5.入藏时间

可移动文物入藏时间范围

可移动文物入藏时间范围	可移动文物实际数量(件)	实际数量占比(%)
合计	1744	100.00
1949年10月1日前	1004	57.57
1949年10月1日—1965年	0	0
1966—1976年	0	0
1977—2000年	722	41.40
2001年至今	18	1.03

6.完残程度

可移动文物完残程度

可移动文物完残程度	可移动文物实际数量(件)	实际数量占比(%)
合计	1744	100.00
完整	14	0.80
基本完整	1306	74.89
残缺	404	23.17
严重残缺(含缺失部件)	20	1.15

(二)南川区可移动文物分布情况

1.按收藏单位隶属关系统计可移动文物数量

可移动文物数量分布(按收藏单位隶属关系)

收藏单位隶属关系	可移动文物实际数量(件)	实际数量占比(%)
合计	1744	100.00
中央属	0	0
省属	0	0
地市属	0	0
县区属	1744	100.00
乡镇街道属	0	0
其他	0	0

2.按收藏单位性质统计可移动文物数量

可移动文物数量分布(按收藏单位性质)

收藏单位性质	可移动文物实际数量(件)	实际数量占比(%)
合计	1744	100.00
国家机关	0	0
事业单位	1744	100.00
国有企业	0	0
其他	0	0

3. 按收藏单位类型统计可移动文物数量

可移动文物数量分布(按收藏单位类型)

收藏单位类型	可移动文物实际数量(件)	实际数量占比(%)
合计	1744	100.00
博物馆、纪念馆	727	41.69
图书馆	1004	57.57
美术馆	0	0
档案馆	0	0
其他	13	0.75

4. 按收藏单位所属行业统计可移动文物数量

可移动文物数量分布(按收藏单位所属行业)

收藏单位所属行业	可移动文物实际数量(件)	实际数量占比(%)
合计	1744	100.00
文化、体育和娱乐业	1731	99.25
公共管理、社会保障和社会组织	13	0.75

二、南川区普查工作组织实施

(一)加强组织,健全机构

1. 设立普查领导小组,成立普查机构

建立南川区第一次全国可移动文物普查领导小组,普查领导小组组长由南川区政府分管领导担任,副组长由南川区文化委主任担任,南川区党史办、南川区发改委、南川区教委、南川区民政局、南川区财政局、南川区国土资源局、南川区统计局、南川区档案局、南川区科协9家单位为成员单位。领导小组下设办公室,南川区文化委副主任兼任办公室主任,具体指导文物普查的日常工作。

组织机构:南川区组建普查领导小组1个,成立普查工作室1个,印发普查通知80份。

人力投入:普查办工作成员5人,收藏单位工作成员16人,普查志愿者18人。

2. 制订普查实施方案和确定工作制度

为规范普查工作,南川区普查办制定了《南川区第一次全国可移动文物普查工作办公室办公制度》,明确了普查办人员职责、工作分工、经费管理、办公设备管理、车辆管理和会议制度等。为规定文物认定工作流程,提高普查工作效率,制订了《南川区可移动文物认定工作方案》。

3. 落实普查经费

根据财政部、国家文物局《关于加强第一次全国可移动文物普查经费保障与管理的通知》精神,南川区普查办编制了普查经费预算,并纳入同级财政预算,确保普查经费保障到位。截至2016年10月31日,南川区可移动文物普查共到位经费8万元,详见下表。

南川区2013—2016年可移动文物普查经费落实情况表(单位:万元)

合计	2013年	2014年	2015年	2016年
8	2	2	2	2

在经费使用上,各级普查办严格按照国家财务制度规定,加强经费管理,专款专用,厉行节约,反对浪费,确保资金使用的规范、安全、有效;同时,加强普查设备的登记、使用与管理,防止国有资产流失。

4.组建普查队伍

队伍建设是普查工作的基础保障。2013年普查工作启动以来,南川区先后有39人参与普查工作。从人员构成来看,本级普查办5人,收藏单位16人,招募培训普查志愿者18人。

南川区可移动文物普查队伍统计表(单位:人)

合计	本级普查办	收藏单位	普查专家	普查志愿者
39	5	16	0	18

(二)划分阶段,有序实施

1.国有可移动文物收藏单位调查阶段

南川区普查办向全区730家国有单位发放了《重庆市可移动文物普查国有单位信息调查表》,收回730张。其中,机关95家、事业单位434家、国有企业115家、其他86家,反馈有疑似文物收藏的单位3家,反馈率为100%。经认定,最终确定3家单位收藏有可移动文物。

2.国有可移动文物认定工作阶段

南川区有开展文物认定工作的单位3个:南川区文物管理所、南川区图书馆、南川区党史与地方志办公室。根据重庆市文物局要求,南川区于2014年11月安排3名文物专家先后对南川区党史与地方志办公室、南川区图书馆收藏的8件/套藏品进行鉴选、认定。11月5日完成认定。

3.国有可移动文物信息采集登录阶段

根据南川区可移动文物总量情况,普查小组采取离线采集工具录入数据的方法,对全国可移动文物信息登录平台要求必须填报的14个指标,进行了详细调查,为制订藏品档案奠定基础。加快了数据录入进度,错开平台使用高峰期,一次性导入。2015年5月,南川区全面完成可移动文物数据采集、登录,所有数据汇总上报至市普查办,等待审核。

4.国有可移动文物信息审核阶段

按照国家统一制定的普查工作规范和技术标准,开展普查质量控制工作,适时抽查普查信息,组织普查质量检查。审核每件文物在命名、年代、质地、图片等方面的信息,并上报给市普查办。2015年

12月,南川区已全部完成区级数据审核工作,等待市级审核。按照重庆市普查办统一安排,南川区可移动文物数据于2016年6月由市级审核员修改完善完毕,8月通过市级专家抽审和终审。

(三)宣传动员,营造氛围

普查宣传是确保各项普查工作顺利开展的有力保障。南川区高度重视普查宣传工作。普查工作开展之初,南川区普查办就将对外宣传列入普查工作的重要内容,制订了《南川区可移动文物普查宣传方案》,发放、张贴宣传海报20000份,通过报刊、互联网平台宣传6次。

(四)质量控制,确保进度

南川区可移动文物普查数据资料采取采集、建档、整理、登录、报送的方式进行,在各个过程中严格把控普查质量。

排查:开展国有单位收藏、保管文物情况摸底排查,国有文物收藏单位开展文物清库,完善相关档案记录。

认定:在市文物普查机构指导下对各单位文物排查摸底信息进行核查认定,将认定收藏有文物的单位列入登记范围,建立国有单位清单。

注册:由区普查办协助收藏有文物的国有单位在网上进行信息注册。

采集:根据国家统一规范和技术标准,由区可移动文物普查队统一对进入文物普查登记范围的国有单位收藏文物开展文物测量、拍摄、信息数据资料采集,建立文物档案,并将文物信息通过全国可移动文物信息登录平台联网上报。

报送:对本行政区内录入的文物信息进行网上初审后上报,统一汇总至市文物普查领导小组办公室。

报告:按季度向上级普查机构报送普查进展情况报告。

(五)展示成果,做好总结

建立了全区1744件可移动文物的档案,并设立专库、专柜、专人管理。入档资料涵盖有可移动文物普查登记表、下发的通知、摸底调查通知、实施方案、阶段工作总结、会议纪要、工作宣传简报及其他的相关文件、内容。

三、南川区普查工作成果

(一)南川区可移动文物资源情况及价值

1.文物数量及分布

依据普查结果,南川区共有730家国有单位(其中:95家机关单位、434家事业单位、115家国有企业及86家其他单位),涉及收藏有文物的单位有3家,国有可移动文物收藏数量为486件/套。其中南川区文物管理所藏品425件/套、南川区图书馆藏品60件/套、南川区党史与地方志办公室1件/套。

2.文物保存状况

南川区共有3家国有可移动文物收藏单位,专职文物保管人员8人,库房面积1616.26平方米。大部分收藏单位无专门的文物库房,可移动文物保存条件较差,均无恒温恒湿调控设备。

3.使用管理情况

可移动文物使用管理情况:根据普查情况,基本全面地掌握了南川区国有可移动文物的分布情况及管理情况。南川区通过此次调查,基本上实现了国有可移动文物的藏品与数据的管理统一性,更加深刻地清楚可移动文物管理当中的一些不足,例如:部分馆藏文物在普查前属于错登、漏登(登记文物账目),经过该次普查,加强了可移动文物的管理规范化、信息化和数据化。

综上,该项工作的开展,保障了可移动文物的文物管理、文物保护工作等的可持续发展。

(二)健全文物保护体系

1.完善文物档案

在普查登录结束后,南川区普查办对各收藏单位提出了建立文物藏品档案的建议,并委托南川区文物管理所对其他收藏单位的藏品账目和藏品档案的建立进行指导。3家收藏单位均已建立自己的藏品档案及账目,并反馈给南川区普查办,交由南川区文物管理所存档保留。

2.完善制度和规范

在文物普查启动阶段,南川区普查办为统一标准、规范,实现资源标准化管理,可持续利用,已对国务院、国家文物局及行业规范进行梳理,并对各收藏单位保管人员进行了培训,专门向各收藏单位印发了《文物藏品档案规范》《馆藏文物登录规范》《第一次全国可移动文物普查建档备案工作规范(参考)》等行业规范和制度,要求各收藏单位严格执行。

3.明确保护需求

南川区通过此次可移动文物普查,明确了自身的文物资源,同时也明确了自身文物保护工作的欠缺。

一是可移动文物保护基础工作薄弱。各可移动文物收藏单位的文物藏品库房均无预防性保护措施和设施设备,藏品保管条件差,保护措施落后,缺乏技术条件支持。多数单位由于缺乏库房,许多不可移动文物处于堆放、叠放状态;缺乏恒温恒湿设备和先进的防霉防蛀措施,仅仅靠定期通风、更换干燥剂和防霉防虫药剂等手段对可移动文物实施保护是远远不够的。

二是文物保护经费的缺乏制约文物资源发挥社会效益,捉襟见肘的可移动文物保护经费严重制约了文物征集和库房改善等工作的开展。南川区文物管理所作为辖区国有可移动文物的主要收藏单位,近年来入藏的藏品来源主要是区域内开展的考古发掘项目或是采集而来,文物征集工作也因为资金匮乏而难以开展,严重制约了南川区文物资源的进一步开发利用和研究工作成果带来的社会效益。

(三)发挥文物在经济社会发展中的重要作用

现阶段,南川区已全面完成馆藏国有文物的线上登录,基本实现普查目标,后期将启动成果利用平台的开发,通过建立数字博物馆、开展网上展示、与公共图书馆资料库相连等方式,有效拓展文物资源,为重大学术课题提供完整资料库,促进中华传统文化要素的挖掘利用和文化产品开发,加强博物馆资源共享和文化传播,为社会提供更多优质和个性化服务,让普查成果服务于公众。

四、建议

通过本次普查工作,南川区摸清了辖区内国有单位可移动文物的基本情况,但其中存在的问题也是显而易见的。较为突出的如收藏单位在文物管理上资金投入不足、规章制度不健全、专业知识人才匮乏等问题,都在很大程度上制约了文物保护与管理,现结合本次普查南川区遇到的一些问题,提出相应建议。

(1)加大资金投入。

着力加大馆藏可移动文物管理工作的资金投入是扭转上述问题最为直接有效的方法。政府相关部门应树立起正确的观念意识,充分认识到馆藏可移动文物管理工作的重要性,加大支持力度,尤其是资金支持。建立经费投入长效机制,保证馆藏可移动文物保护及管理工作的长期稳定开展。加大基础设施建设,配备符合要求的文物库房及相关设施设备,更新现有的软硬件设施,大力引进先进的管理理念和设备。

(2)大力培育、引进专业知识人才。

可移动文物管理工作本身作为一项专业性较强的工作,对工作人员的专业知识及理念要求较高。本次普查工作,我们看到有部分工作人员专业能力有限,文物保护意识较为淡薄,对文物日常保护工作力度不够,造成文物得不到较为良好的保存。为此,各可移动文物国有收藏单位应着力加大培育、引进相关专业人才,并通过培训、学习等方式,增强从业人员的专业知识及技能,努力提升现有人员的专业水平。

报告执笔人:李昆懋

报告审阅人:江洁

20　万盛经开区第一次全国可移动文物普查总结报告

万盛经开区位于重庆南部，地处渝黔边界，距重庆主城70千米，辖区面积566平方千米，辖8镇2街，总人口27万。万盛历史悠久，文化底蕴丰富，巴文化、南平僚文化、夜郎文化、红苗文化、汉文化在这里交融并滋养着这片"化外之地"，尤其是明清时期的外省移民更为这方土地的开发做出了重大贡献。万盛经开区现有区域是1955年由贵州省桐梓县，四川省南川县、綦江县（现属重庆市）各划定一定区域组建而成，可移动文物分布较为零散，文物征集工作基础较为薄弱，因此全区内已登记的可移动文物数据较少。

2012年10月，国务院启动了第一次全国可移动文物普查工作，这是继第三次全国不可移动文物普查之后，在文化遗产领域开展的又一次重大国情国力资源调查，是一项旨在全面掌握我国文物资源、加强文物保护、建设文化遗产强国的国家工程。本次普查自2012年10月启动至2016年底结束，分为工作准备、普查实施和验收汇总3个阶段。历时4年多，持续周期长，涉及多个行业和领域，全区各镇街人民政府认真贯彻国务院、国家文物局和重庆市文物局的通知精神，精心组织，积极动员，扎实推进工作，如期实现普查目标。据统计，在整个普查期间，全区共举办各类培训班4次，落实普查经费59万元，共发放调查表220份，回收220份，实现了全市国有单位摸底调查100%全覆盖。此次普查涵盖了国民经济20个行业中的2个行业，新认定文物55件/套（其中文博系统国有收藏单位29件/套，文博系统外国有收藏单位26件/套）。截至2016年10月31日，全区3个国有收藏单位共采集登录文物125件，其中珍贵文物7件，共收录文物图片358张。

通过此次开展的可移动文物普查，万盛经开区已基本掌握辖区内可移动文物的数量、分布、特征、保存现状等基本情况。普查提高了各有关单位的文物保护意识，尤其是提高了文博系统工作人员的科学知识、专业技能和管理水平，为进一步建立具有现代化科学素养的专业队伍创造了条件；增强了文物征集意识，进一步掌握了区域内可移动文物的基本情况，为后期开展文物征集工作奠定了基础；协调了文物管理部门和政府各职能部门的关系，形成共同保护文物的工作合力；为准确判断文物保护形势、科学制定文物保护政策和拟订规划提供了依据；同时加强了我区在文化遗产领域的国有资产管理和资源整合能力，充分发挥文物在建设社会主义先进文化、促进经济社会全面协调可持续发展中的重要作用。

一、万盛经开区普查数据

截至2016年10月31日,万盛经开区在全国可移动文物信息登录平台登录可移动文物119件/套,实际数量为125件。其中,珍贵文物7件/套,实际数量为7件。登录了可移动文物信息的收藏单位有3家。

(一)万盛经开区可移动文物基本情况

1.类别

可移动文物类别

可移动文物类别	可移动文物实际数量(件)	实际数量占比(%)
合计	125	100.00
陶器	2	1.60
瓷器	7	5.60
铜器	48	38.40
石器、石刻、砖瓦	15	12.00
名人遗物	26	20.80
乐器、法器	2	1.60
标本、化石	25	20.00

2.年代

(1)可移动文物年代类型。

可移动文物年代类型

可移动文物年代类型	可移动文物实际数量(件)	实际数量占比(%)
合计	125	100
地质年代	25	20.00
考古学年代	0	0
中国历史学年代	99	79.20
公历纪年	0	0
其他	0	0
年代不详	1	0.80

(2)可移动文物中国历史学年代分布。

可移动文物中国历史学年代分布

可移动文物中国历史学年代	可移动文物实际数量(件)	实际数量占比(%)
合计	99	100.00
夏	0	0

续表

可移动文物中国历史学年代	可移动文物实际数量（件）	实际数量占比（%）
商	0	0
周	0	0
秦	0	0
汉	0	0
三国	0	0
西晋	0	0
东晋十六国	0	0
南北朝	0	0
隋	0	0
唐	0	0
五代十国	0	0
宋	56	56.57
辽	0	0
西夏	0	0
金	0	0
元	0	0
明	1	1.01
清	17	17.17
中华民国	25	25.25
中华人民共和国	0	0

3.级别

可移动文物级别

可移动文物级别	可移动文物实际数量（件）	实际数量占比（%）
合计	125	100.00
一级	0	0
二级	0	0
三级	7	5.60
一般	91	18.40
未定级	27	76.00

4. 来源

可移动文物来源

可移动文物来源	可移动文物实际数量(件)	实际数量占比(%)
合计	125	100.00
征集购买	4	3.20
接受捐赠	22	17.60
依法交换	0	0
拨交	0	0
移交	0	0
旧藏	0	0
发掘	5	4.00
采集	93	74.40
拣选	1	0.80
其他	0	0

5. 入藏时间

可移动文物入藏时间范围

可移动文物入藏时间范围	可移动文物实际数量(件)	实际数量占比(%)
合计	125	100.00
1949年10月1日前	0	0
1949年10月1日—1965年	0	0
1966—1976年	0	0
1977—2000年	73	58.40
2001年至今	52	41.60

6. 完残程度

可移动文物完残程度

可移动文物完残程度	可移动文物实际数量(件)	实际数量占比(%)
合计	100	100.00
完整	7	7.00
基本完整	52	52.00
残缺	38	38.00
严重残缺(含缺失部件)	3	3.00

注：根据国家文物局《关于做好馆藏自然类藏品登录工作有关要求的通知》的要求，登录的自然类藏品25件/套，不填写"完残程度"指标项。

(二)万盛经开区可移动文物分布情况

1. 按收藏单位隶属关系统计可移动文物数量

可移动文物数量分布(按收藏单位隶属关系)

收藏单位隶属关系	可移动文物实际数量(件)	实际数量占比(%)
合计	125	100.00
中央属	0	0
省属	0	0
地市属	0	0
县区属	125	100.00
乡镇街道属	0	0
其他	0	0

2. 按收藏单位性质统计可移动文物数量

可移动文物数量分布(按收藏单位性质)

收藏单位性质	可移动文物实际数量(件)	实际数量占比(%)
合计	125	100.00
国家机关	26	20.80
事业单位	99	79.20
国有企业	0	0
其他	0	0

3. 按收藏单位类型统计可移动文物数量

可移动文物数量分布(按收藏单位类型)

收藏单位类型	可移动文物实际数量(件)	实际数量占比(%)
合计	125	100.00
博物馆、纪念馆	99	79.20
图书馆	0	0
美术馆	0	0
档案馆	0	0
其他	26	20.80

4. 按收藏单位所属行业统计可移动文物数量

可移动文物数量分布(按收藏单位所属行业)

收藏单位所属行业	可移动文物实际数量(件)	实际数量占比(%)
合计	125	100.00
文化、体育和娱乐业	99	79.20
公共管理、社会保障和社会组织	26	20.80

二、万盛经开区普查工作组织实施

(一)加强组织,健全机构

1.设立普查领导小组,成立普查机构

按照市政府的统一部署,为加强普查工作的组织领导,区管委会于2013年5月成立了万盛经开区第一次全国可移动文物普查领导小组,负责普查工作的组织和领导,协调解决重大问题。

普查领导小组由区管委会副主任朱川任组长,区行政办副主任、机关事务局局长(兼)刘明烽、区文广新局局长张果安任副组长,由区发展改革局局长唐应良、区财政局局长幸敏、区教育局局长覃政权、区国土房管局局长罗宗敏、区民宗侨台办主任詹建海、区农林局局长卢建华、区统计局局长刘川陵、区科技局局长梁正恒、区档案局局长令狐荣芬、区文广新局副局长杨东、南桐矿业公司党政办主任张曙光任小组成员。

领导小组下设办公室在区文广新局,负责普查工作的组织和领导,协调解决重大问题。办公室主任由区文广新局局长张果安同志兼任。其主要职责是:制订和组织实施普查年度工作计划;编制普查经费预算,管理并执行市级、区级财政预算;组建区国有可移动文物普查项目办公室和区国有可移动文物普查工作组,负责对全区国有可移动文物普查工作进行指导、检查和验收;在市普查办统一培训的基础上,组织普查人员的再培训,对普查领导小组各成员单位的联络人员、有关国有单位联络员、普查队专业技术人员、信息登录人员、各镇街文化专干的培训,全面提升业务能力,准确掌握普查操作规章和技术标准;组织普查档案的建档备案工作,建立万盛经开区可移动文物信息管理平台和管理普查文物数据库;编制《万盛经开区第一次全国可移动文物普查工作报告》和《万盛经开区第一次全国可移动文物普查文物名录》;制订普查宣传方案,举办各种宣传活动,充分利用各类媒体,集中宣传普查意义。

在万盛经开区第一次全国可移动文物普查领导小组办公室指导下,有关部门和各国有单位按照属地管理原则,各司其职、通力协作完成本单位可移动文物的普查登记,配合区文管所做好普查相关工作。在区可移动文物普查领导小组的统一领导下,领导小组各成员单位、有关部门各司其职、各负其责、通力协作、密切配合,区文广新局作为牵头单位,负责会同有关部门开展全区国有可移动文物普查工作,组织全区各级国有文博单位开展可移动文物普查登记工作;区财政部门负责普查经费的安排、使用与管理和监督审计工作;区统计部门指导做好普查数据的统计和分析,与普查办共同组织普查数据统计的审定和发布;其他部门协助区文物部门研究解决普查中涉及本系统的重要问题;积极提供本系统管辖范围内的文物线索,配合普查机构进行调查登记和登录工作。

2013年5月,召开万盛经开区第一次全国可移动文物普查动员工作会,通过以会代训的方式,对各镇街、各部门人员,对本次普查的意义与目的、范围与内容、原则、时间与步骤及普查要求等进行了介绍与强调,明确了责任与任务,为后期有序开展普查工作奠定了基础。

2.制订普查实施方案和确定工作制度

区行政办公室于2013年5月22日印发了《关于印发〈万盛经开区开展第一次全国可移动文物普查实施方案〉的通知》。《万盛经开区开展第一次全国可移动文物普查实施方案》明确了普查的目的、意义、工作要求、组织保障等,并对普查的范围内容、人员组织、时间安排、技术路线、数据资料管理、经费预算、宣传工作等内容进行了任务分解和细化。

3.落实普查工作经费

根据《财政部 国家文物局关于加强第一次全国可移动文物普查经费保障与管理的通知》精神,万盛经开区普查办编制了普查经费预算,并纳入同级财政预算,确保普查经费保障到位。截至2016年,我区可移动文物普查共到位经费59万元,详见下表。

万盛经开区2013—2016年可移动文物普查经费落实情况表(单位:万元)

合计	2013年	2014年	2015年	2016年
59	15	0	44	0

为了规范普查办和普查小组的工作态度、强化责任意识,制定了相关工作岗位制度及规定,以细致、严格的规章制度规范普查工作程序,力求在操作过程中做到零失误。在普查过程中,相关部门和普查员自觉遵守各自的岗位职责和各项规章制度,严格约束自己,以整个普查工作为重,提前半年保质保量完成了"一普"各方面的工作,没有发生操作失误和危及文物安全的事故。

4.组建普查队伍

普查领导小组下设办公室,负责全区第一次全国可移动文物普查具体工作。办公室设在区文广新局,张果安同志任办公室主任,杨东任办公室副主任,令狐克强、张华、吴密、黄李杉为办公室成员。国有单位调查摸底阶段,全区共有180名工作人员参与普查工作。国有收藏单位区文管所、区党工委宣传部、金桥镇、区文化馆共有15名工作人员参与本单位数据采集、登录工作。

区文管所、区党工委宣传部、金桥镇、区文化馆各有1名行业专家负责本单位普查工作。

2013年9月至2014年9月,共有1名志愿者参与普查工作。

(二)划分阶段,有序实施

1.国有可移动文物收藏单位调查阶段

摸底调查工作历时半年,共调查全区220家国有单位,涵盖了文博系统(文管所、博物馆、纪念馆、陈列馆)、文化系统(图书馆、美术馆)、档案系统、民政系统、教育系统、企业系统等领域,实现了全市国有单位摸底调查全覆盖。

《国有单位文物收藏情况调查登记表》的发放与回收是普查前期的基本工作,也是重点工作,重庆市普查办专门制定了《重庆市〈国有文物收藏情况调查登记表〉发放、回收工作制度》,并对普查员进行了培训,要求"发得出去,收得回来",确保两个100%开展工作。全区共发放调查表220份,回收220份,做到了全覆盖、全回收。在摸底调查中,各级普查机构克服了国有单位数量多、性质及隶属关系复杂、基础数据与实际情况不符、部分单位不配合等困难,通过召开工作会、与相关部门建立协调机制、实地走访等方式,最终圆满完成此项任务。

根据调查结果显示,反馈可能收藏有文物的单位共4家,其中1家经认定没有文物,故未在平台注册单位信息,其余3家全部完成注册,注册率达到100%。经过最终认定,确认收藏有文物资料的单位有3家,万盛经开区文化馆所藏美术藏品不属于此次文物普查范围。

2.国有可移动文物认定工作阶段

我区有开展文物认定工作的单位3个:区文管所、区党工委宣传部、金桥镇。区文管所新认定文物数量29件/套,区党工委宣传部新认定文物数量4件/套,金桥镇新认定文物数量22件/套。

2014年12月,组织区级专家先后对金桥镇、区党工委宣传部收藏的40余件的名人遗物进行鉴选、认定。

2015年7月,邀请行业专家方刚、白九江、武仙竹等一行对区文管所馆藏青铜器、陶器、瓷器、化石类藏品进行认定、分类并指导定名。同时,邀请上述三位专家对区文管所的馆藏的93件/套文物进行鉴定,通过此次鉴定,共有三级文物7件,一般文物60件/套,珍贵古生物化石1件/套,一般化石标本24件。

3.国有可移动文物信息采集登录阶段

根据我区可移动文物总量情况,普查小组采取同步进行文物数据采集和在线登录工作。对全国可移动文物信息登录平台要求必须填报的14个指标,进行了详细调查,为制定藏品档案奠定基础。采集的数据通过在线平台录入后分五级呈报审核,完成国家登录。2015年5月,我区全面完成可移动文物数据采集、登录,所有数据汇总上报至市普查办等待审核。

在采集登录阶段,针对2家非文博单位金桥镇和区党工委宣传部存在专业人才不足、专业知识匮乏、普查设备落后的突出问题,区普查办专门落实普查骨干人员2名,建立定期上门指导制度,对出现的问题能够及时、有效地跟进和解决,确保普查数据质量好、普查工作效率高。同时推广了普查技术,并为2家非文博单位培养了普查专业人员各1名。全区国有收藏单位采集登录125件,全区采集登录进度达到100%。

4.国有可移动文物信息审核阶段

2015年12月,我区已全部完成区级数据审核工作,等待市级审核。按照市普查办统一安排,我区可移动文物数据于2016年6月由市级审核员修改完善完毕,8月通过市级专家抽审和终审。

(三)宣传动员,营造氛围

普查宣传是确保普查各项工作顺利开展的有力保障。重庆市高度重视普查宣传工作,普查工作开展之初,重庆市普查办就将对外宣传列入普查工作的重要内容,制订了《重庆市可移动文物普查宣传方案》,同时要求各区县普查办制订符合辖区实际的普查宣传方案,为文物普查营造了良好的社会环境与舆论氛围。

1.媒体宣传

一是通过万盛经开区电视台、《万盛日报》对普查工作进行跟踪报道,自2013年5月普查开始至今,共计在万盛电视台宣传6次、《万盛日报》宣传8次;二是通过《华龙两江论坛》(人文万盛)、《万盛论坛》等媒体适时发布"一普"工作相关信息,累计宣传25次;三是由万盛电视台开展的人物专访,通过对我区文物普查骨干人员——文管所所长令狐克强同志的采访,引出文物普查工作的进程及相关流程,进而对普查工作起到了更为生动的宣传。

2.活动宣传

虽然我区博物馆正在修建中,但借助国际博物馆日、重庆文化遗产宣传月等文博系统重大节庆,在区天梯广场、子如广场、文化馆广场及文体中心附近通过活动、展板、宣传资料等方式,开展普查宣传、营造全民关注成果展等活动,深入基层宣传,扎实做好铺垫,使普查工作深入人心。

3.其他宣传

在节庆期间,区普查办联合文化馆"送演出下乡"及图书馆"送图书下乡"活动,制作了宣传展板、横幅、宣传资料,将可移动文物普查宣传展板纳入区公共文化物联网资源库管理体系,深入到镇街、村社巡展以扩大社会影响面。同时,区普查办通过制作宣传展板、横幅、宣传资料,借助"万盛民间收藏展暨万盛博物馆藏品现场征集活动"等全区大型群众文化活动平台,深入基层宣传,扎实做好铺垫,使普查工作深入人心。

通过丰富多样的广泛宣传,受众明确的目标宣传,我区第一次全国可移动文物普查工作得到了各级领导、社会大众的广泛理解和积极支持,扩大了普查工作的社会影响,同时对普查工作也形成了巨大的推动力。

(四)质量控制,确保进度

在普查工作中,万盛经开区严格按照国家文物局发布的《第一次全国可移动文物普查质量控制管理办法》,强化检查指导、质量抽查和数据审核机制,加大对普查质量的控制管理。制定《重庆市可移动文物普查质量控制管理制度》,将普查组织、国有单位文物收藏情况调查、文物认定、信息采集登录报送、数据整合汇总等环节贯穿到质量控制管理的全过程。加强普查质量的控制管理,量化工作目标,督促各收藏单位按照统一部署推进普查工作,重培训、定标准、明责任、强督查,普查质量控制取得了良好的效果。

1.构建培训体系

文物普查具有技术要求高、工作难度大的特点。为切实推进文物普查工作,提高普查人员的业务素质,严格掌握文物普查的相关规范标准与普查技术,万盛经开区在完成国家规定普查任务的同时,将培训工作作为一个体系工程,长期坚持开展下去。2013年至2016年共参加重庆市文物局举办的全国文物普查培训班6次,累计培训8人次。区普查办先后举办4次可移动文物普查业务培训班,累计培训普查骨干60人次。通过各类培训,我区文物工作者业务水平有了显著提高,不仅为文物普查培养了大批业务力量,同时也为我区文博事业发展积蓄了人才。

万盛经开区组织的普查培训班情况一览表

合计		2013年		2014年		2015年		2016年	
次数(次)	人数(人次)	次数(次)	人数(人次)	次数(次)	人数(人次)	次数(次)	人数(人次)	次数(次)	人数(人次)
4	60	1	24	1	16	1	13	1	7

2.普查中的人员、文物、数据安全管理

万盛经开区可移动文物普查工作始终坚持"安全第一"和"安全工作做在前,隐患解决在事故前"的原则,将普查人员的文物安全教育放在首位。万盛经开区通过岗前培训,加强了普查人员的职业道德教育,增强了他们的荣誉感和责任感。全区在普查设备设施的使用上,均以保证文物和人员的安全为前提。

文物不可再生,损坏或损毁文物都是无法弥补的损失。万盛经开区在可移动文物普查工作中,要求普查员在进行相关操作时必须合乎安全规范,坚持制度化管理,分工合理,责任分明,准确掌握普查操作规程和技术标准。注意文物的防火、防盗、防震等,同时要求有预防性保护意识,注意文物掉落、磕碰、挤压、震裂等安全问题,尽可能减少搬运文物次数,以避免文物损坏的概率。此外,还制订了应对突发情况的预防措施及处理方法。

普查得到的综合数据和基础资料均严格保密,做到专人负责,妥善保管。纸质媒介的数据及时整理、归档并指定专人专柜妥善保存。电子媒介的数据及时更新和备份保存。普查数据未经上一级可移动文物普查办公室批准,不得随意公布。

截至普查验收,万盛经开区可移动文物普查工作未发生人员安全、文物安全、数据安全方面的事故。

3.普查验收

通过汇报和实地检查验收,万盛经开区第一次全国可移动文物普查工作顺利通过验收,结论为合格。

(五)展示成果,做好总结

1.编制普查档案

根据市普查办审定的普查数据对"一普"中各类可移动文物的总量、分类、定级、年代的分类、建档及保护、文物编码系统的建立、收藏单位性质及所属系统的分类、文物信息管理系统建立、普查队伍建设、普查仪器设备配置等情况进行详细的统计、分析,编制《万盛经开区国有可移动文物名录》《万盛经开区国有可移动文物收藏单位名录》,提出可移动文物保护、文物保护事业发展与国家经济社会协调发展的建议。最终形成普查报告,公布我区普查成果。

2.普查专题研究

在普查期间,区普查办结合第一次全国可移动文物普查工作,与万盛文联、万盛地方历史文化研究会、丛林镇同时开展了万盛经开区"溱州文化"可移动文物调查、万盛明清移民可移动文物调查、三线建设可移动文物调查等专项工作。

三、万盛经开区普查工作成果

(一)万盛经开区可移动文物资源情况及价值

1.文物数量及分布

通过此次文物普查,万盛经开区摸清了国有可移动文物的数量及分布情况。万盛经开区国有可移动文物数量为125件,其中文物古籍类藏品100件,标本化石类藏品25件,文物类别主要为陶器、瓷器、铜器、石器/石刻/砖瓦、名人遗物、乐器/法器和化石标本共计7类。

2.文物保存状况

我区共有3家国有可移动文物收藏单位,专职文物保管人员9人,库房面积不足50平方米。大部分收藏单位无专门文物库房,可移动文物保存条件较差,均无恒温恒湿调控设备,文物日常安全检查缺乏管理制度。

3.文物价值

此次普查登录的125件文物,具有历史、科学、艺术价值。在万盛境内发现的距今数千万年前的硅化木、蟒蛇、兽类、贝类等化石,见证了万盛远古时代的繁荣;万东镇出土的一批青铜瓶、勺、筷、铜镜等器物,是研究宋代历史和荣懿发展的珍贵实物资料;万东镇新民村宋墓出土的"宋太夫人陈氏墓铭",证实了宋代以来荣懿寨的治所在万盛(今观景湾一带),纠正了某些史志的谬误,同时,也为研究古僚人居万盛提供了佐证;万盛老街的禁煤"示碑",详细记载了万盛清代后期的产煤情况和"炭花官司",是研究我区煤炭历史的重要文字资料,而且是全国极少数有关煤炭生产销售的专业石碑。

(二)建立健全管理机制

1.建立文物档案

在普查登录结束后,我区普查办即已对各收藏单位提出了建立文物藏品档案的建议,并委托区文物保护管理所对其他收藏单位的藏品账目和藏品档案的建立进行指导。我区所有收藏单位均已建立自己的藏品档案及账目,并反馈区普查办,交由万盛经开区文物保护管理所存档保留。

2.健全制度规范

在文物普查启动阶段,我区普查办为统一标准、规范,实现资源标准化管理,可持续利用,已对国务院、国家文物局及行业规范进行梳理并对各收藏单位保管人员进行了培训,并专门向各收藏单位印发了《文物藏品档案规范》、馆藏文物登录规范、《第一次全国可移动文物普查建档备案工作规范(参考)》等行业规范和制度,要求各收藏单位严格执行。

3.加强文物保护

万盛经开区通过此次可移动文物普查,明确了自身的文物资源,同时也明确了自身文物保护工作的欠缺。

一是可移动文物保护基础工作薄弱。各可移动文物收藏单位文物藏品库房均无预防性保护措施和设施设备,藏品保管条件差,保护措施落后,缺乏技术条件支持。多数单位由于缺乏库房,许多可移动文物处于堆放、叠放状态;缺乏恒温恒湿设备和先进的防霉防蛀措施,仅仅靠定期通风、更换干燥剂、防霉防虫药剂等手段对可移动文物实施保护是远远不够的。

二是文物保护经费的缺乏制约文物资源发挥社会效益,捉襟见肘的可移动文物保护经费严重制约了文物征集和库房改善等工作的开展。区文物保护管理所作为我区国有可移动文物的主要收藏单位,近年来入藏的藏品来源主要是区域内开展的考古发掘项目或是采集而来,文物征集工作也因为资金匮乏的原因难以开展,严重制约了我区文物资源的进一步开发利用和研究工作成果带来的社会效益。

4.引进培养人才

专业人才队伍的缺失是我区文物保护事业发展的瓶颈。从调查情况来看,万盛经开区可移动文物的保护与管理人员严重不足,各收藏单位缺乏专业的保管人员,部分单位即使能够做到配备一名保管人员,但在实际工作中往往是身兼多职,并且缺乏文物保管方面的专门培训。针对这一问题,一是需要引进高水平的专业人才,二是要注重加大对现有员工的培养力度,积极鼓励他们参加与文物保管或研究相关的各类专业培训,提高自身专业素养和业务研究能力。

(三)发挥文物在经济社会发展中的重要作用

1.普查成果利用计划

首先,出版本次可移动文物普查成果精美图集;其次,本区收藏单位将在本次普查藏品信息数字化和后续文物普查成果出版的基础上,选精取优,紧扣区域历史特点、亮点,结合本区博物馆展览筹建、历史文化内涵挖掘等多项工作,将普查成果进一步对外宣传展示出来,扩大在群众范围中的影响和社会认知度。

2.利用普查成果举办展览情况

2016年4月,"万盛民间收藏展暨万盛博物馆藏品现场征集活动"在万盛天梯广场举行,本次活动对万盛经开区文物保护管理所所藏藏品进行了实物与图片相结合的展示与宣传。

3.普查成果公开出版发行情况

万盛经开区文物保护管理所已结合万盛博物馆的建设工作,预计在开馆时利用普查成果出版万盛博物馆馆藏文物图册。

四、建议

通过本次普查工作,我们摸清了万盛经开区内国有收藏单位可移动文物的基本情况,但其中存在的问题也是显而易见的。其中较为突出的如收藏单位在文物管理上资金投入不足、规章制度不健全、专业知识人才匮乏等问题,都在很大程度上制约了文物保护与管理,现结合本次普查本区遇到的一些问题,提出相应建议。

(1)加大资金投入。

着力加大馆藏可移动文物管理工作的资金投入是扭转上述问题最为直接有效的方法。首先政府相关部门应树立起正确的观念意识,充分认识到馆藏可移动文物管理工作的重要性,加大支持力度,尤其是资金支持。建立经费投入长效机制,保证馆藏可移动文物保护及管理工作的长期稳定开展;加大基础设施建设,配备符合要求的文物库房及相关设施设备,更新现有的软硬件设施,大力引进先进的管理理念和设备。

(2)大力培育、引进专业知识人才。

可移动文物管理工作本身作为一项专业性较强的工作,对工作人员的专业知识及理念要求较高。在本次普查工作中,我们看到有部分工作人员专业能力有限,文物保护意识较为淡薄,对日常文物保护工作力度不够,造成文物得不到较为良好的保存环境。为此,各国有可移动文物收藏单位应着力加大培育、引进相关专业人才,并通过培训、学习等方式,增强从业人员的专业知识及技能,努力提升现有人员的专业水平。

报告执笔人:沈玥

报告审阅人:刘兴亮

21　潼南区[①]第一次全国可移动文物普查总结报告

潼南位于重庆市西北部,东邻合川、西靠安岳、南连铜梁、北接遂宁,是川渝两地的结合部,辖区面积1594平方千米。潼南历史悠久,文化底蕴深厚,是古巴蜀分水岭。辖区先后9次建县,现有国家重点文物保护单位4家,市级文物保护单位10家,区级文物保护单位85家,为文物大区。潼南区可移动文物收藏单位集中、单一,主要分布在文化/文博系统,藏品类型主要以历史文物和革命文物为主,来源多为旧藏、捐赠和购买。

第一次全国可移动文物普查是继第三次全国文物(不可移动文物部分)普查之后在文化遗产领域开展的又一重大国情国力调查,是一项旨在全面掌握我国文物资源、加强文物保护、建设文化遗产强国的国家工程。根据《国务院关于开展第一次全国可移动文物普查的通知》和《重庆市人民政府关于开展第一次全国可移动文物普查的通知》文件精神,潼南区人民政府高度重视普查工作,组织有力,保障充分,先后下发了《潼南县人民政府关于开展第一次全国可移动文物普查的通知》和《潼南县人民政府办公室关于成立潼南县第一次全国可移动文物普查领导小组的通知》,区政府和各镇政府、街道办相应成立了普查领导机构和工作队伍,全区上下迅速形成齐抓共管、层层推进的态势,为可移动文物普查提供了强大合力。

在各部门、各镇街的支持配合下,潼南区已圆满完成了第一次全国可移动文物普查各阶段任务。全面摸清了可移动文物家底,各国有收藏保管单位建立健全了文物藏品档案和文物管理制度,实现了可移动文物的标准化管理,为更好地发挥文物的作用打下了良好的基础。

一、潼南区普查数据

截至2016年10月31日,潼南区在全国可移动文物信息登录平台登录可移动文物397件/套,实际数量为444件。其中,珍贵文物57件/套,实际数量为61件。登录了可移动文物信息的收藏单位有3家。

[①]2015年6月,撤销潼南县,设立潼南区,其名称与相应时间对应,不做统一。

(一)潼南区可移动文物基本情况

1. 类别

可移动文物类别

可移动文物类别	可移动文物实际数量(件)	实际数量占比(%)
合计	444	100.00
玉石器、宝石	7	1.58
陶器	15	3.38
瓷器	91	20.50
铜器	11	2.48
金银器	16	3.60
铁器、其他金属器	3	0.68
雕塑、造像	74	16.67
石器、石刻、砖瓦	24	5.41
书法、绘画	44	9.91
文具	5	1.13
玺印符牌	3	0.68
钱币	5	1.13
牙骨角器	0	0
竹木雕	4	0.90
家具	58	13.06
古籍图书	17	3.83
武器	1	0.23
文件、宣传品	4	0.90
名人遗物	40	9.01
音像制品	1	0.23
度量衡器	5	1.13
标本、化石	4	0.90
其他	12	2.70

2. 年代

(1)可移动文物年代类型。

可移动文物年代类型

可移动文物年代类型	可移动文物实际数量(件)	实际数量占比(%)
合计	444	100.00
地质年代	3	0.68
考古学年代	0	0

续表

可移动文物年代类型	可移动文物实际数量（件）	实际数量占比（%）
中国历史学年代	436	98.20
公历纪年	0	0
其他	0	0
年代不详	5	1.13

(2)可移动文物中国历史学年代分布。

可移动文物中国历史学年代分布

可移动文物中国历史学年代	可移动文物实际数量（件）	实际数量占比（%）
合计	436	100.00
夏	0	0
商	0	0
周	1	0.23
秦	0	0
汉	36	8.26
三国	0	0
西晋	0	0
东晋十六国	0	0
南北朝	0	0
隋	0	0
唐	4	0.92
五代十国	0	0
宋	28	6.42
辽	0	0
西夏	0	0
金	2	0.46
元	1	0.23
明	78	17.89
清	86	19.72
中华民国	104	23.85
中华人民共和国	96	22.02

3.级别

可移动文物级别

可移动文物级别	可移动文物实际数量（件）	实际数量占比（%）
合计	444	100.00
一级	0	0

续表

可移动文物级别	可移动文物实际数量（件）	实际数量占比（%）
二级	0	0
三级	61	13.74
一般	54	12.16
未定级	329	74.10

4.来源

可移动文物来源

可移动文物来源	可移动文物实际数量（件）	实际数量占比（%）
合计	444	100.00
征集购买	106	23.87
接受捐赠	98	22.07
依法交换	0	0
拨交	0	0
移交	11	2.48
旧藏	117	26.35
发掘	74	16.67
采集	33	7.43
拣选	5	1.13
其他	0	0

5.入藏时间

可移动文物入藏时间范围

可移动文物入藏时间范围	可移动文物实际数量（件）	实际数量占比（%）
合计	444	100.00
1949年10月1日前	1	0.23
1949年10月1日—1965年	0	0
1966—1976年	0	0
1977—2000年	205	46.17
2001年至今	238	53.60

6.完残程度

可移动文物完残程度

可移动文物完残程度	可移动文物实际数量（件）	实际数量占比（%）
合计	441	100.00
完整	25	5.67
基本完整	291	65.99

续表

可移动文物完残程度	可移动文物实际数量(件)	实际数量占比(%)
残缺	90	20.41
严重残缺(含缺失部件)	35	7.94

注:根据国家文物局《关于做好馆藏自然类藏品登录工作有关要求的通知》的要求,登录的自然类藏品3件,不填写"完残程度"指标项。

(二)潼南区可移动文物分布情况

1. 按收藏单位隶属关系统计可移动文物数量

可移动文物数量分布(按收藏单位隶属关系)

收藏单位隶属关系	可移动文物实际数量(件)	实际数量占比(%)
合计	444	100.00
中央属	0	0
省属	0	0
地市属	0	0
县区属	444	100.00
乡镇街道属	0	0
其他	0	0

2. 按收藏单位性质统计可移动文物数量

可移动文物数量分布(按收藏单位性质)

收藏单位性质	可移动文物实际数量(件)	实际数量占比(%)
合计	444	100.00
国家机关	0	0
事业单位	444	100.00
国有企业	0	0
其他	0	0

3. 按收藏单位类型统计可移动文物数量

可移动文物数量分布(按收藏单位类型)

收藏单位类型	可移动文物实际数量(件)	实际数量占比(%)
合计	444	100.00
博物馆、纪念馆	427	96.17
图书馆	17	3.83
美术馆	0	0
档案馆	0	0
其他	0	0

4.按收藏单位所属行业统计可移动文物数量

可移动文物数量分布(按收藏单位所属行业)

收藏单位所属行业	可移动文物实际数量(件)	实际数量占比(％)
合计	444	100.00
文化、体育和娱乐业	306	68.92
公共管理、社会保障和社会组织	138	31.08

二、潼南区普查工作组织实施

(一)属地管理,分级负责

1.设立普查领导小组,成立普查机构

按照《重庆市第一次全国可移动文物普查实施方案》的要求,及时组建了以分管副区长为组长,区宣传部、区财政局、区文化委等14家单位为成员的潼南区可移动文物普查领导小组,负责普查工作的组织、领导和协调。各镇街也相应成立了普查领导机构和工作队伍,全区上下迅速形成齐抓共管、层层推进的态势,为可移动文物普查凝聚了强大的合力。共组建普查领导小组26个:其中区级1个,各镇街和相关单位25个;成立普查工作办公室26个。

2.制订普查实施方案和确定工作制度

为贯彻落实《国务院关于开展第一次全国可移动文物普查的通知》和《重庆市人民政府关于开展第一次全国可移动文物普查的通知》以及《潼南县人民政府关于开展第一次全国可移动文物普查的通知》的精神,区普查办在广泛征求相关单位和专家意见的基础上,借鉴第三次全国不可移动文物普查经验,发布了《潼南区第一次全国可移动文物普查实施方案》,以此指导各相关单位开展普查工作。

3.落实普查工作经费

为了保障可移动文物普查工作有序推进,潼南区政府从有限的财政预算中安排普查专项经费共70万元,分年度全部拨付到位。各镇街也将普查经费纳入本级年度财政预算,支持辖区可移动文物普查工作。经费落实情况见下表:

潼南区2013—2016年可移动文物普查经费落实情况表(单位:万元)

合计	2013年	2014年	2015年	2016年
70	20	15	15	20

4.组建普查队伍

队伍建设是普查工作的基础保障。潼南区在普查队伍的组建上充分考虑了科学性、合理性、专业性以及公共性等特点。普查工作启动以来,全区先后有59人参与普查工作。从人员构成来看,各级普查办49人,国有文物收藏单位10人。

潼南区可移动文物普查队伍统计表(单位:人)

合计	普查办	收藏单位	普查专家	普查志愿者
59	49	10	0	0

(二)统筹安排,分步实施

1.国有可移动文物收藏单位调查阶段

从2013年6月起,潼南区开展了国有单位名录编制工作。区普查办向全区504家国有单位发放了《国有单位文物收藏情况调查登记表》《国有单位文物收藏情况调查汇总表》《可移动文物信息认定登记表》和《文物登记卡》,发放504份,回收504份,调查覆盖率达100%,反馈率为100%。调查结果显示,反馈有疑似文物收藏的国有单位11家,全部完成注册,注册率达到100%。经过最终认定,确认收藏有可移动文物的单位3家,为潼南区文物保护管理所、杨尚昆纪念馆和潼南区图书馆。档案馆、崇龛万佛岩摩崖造像、五硐岩摩崖造像、崇龛千佛寺摩崖造像、东岳庙摩崖造像、五桂新观音摩崖造像、南龛寺摩崖造像不属于可移动文物普查范畴,出于安全考虑,将潼南大佛摩崖造像的构件收回文管所保管。

2.国有可移动文物认定工作阶段

潼南区严格按照《文物认定管理暂行办法》和《重庆市可移动文物普查文物认定规范》,规范了文物认定程序和工作细则。同时,委托市文物局组织专家组对杨尚昆纪念馆的122件/套文物进行了重新认定。新认定文物收藏单位1家(潼南区图书馆),新认定文物17件/套,均为古籍图书。

3.国有可移动文物信息采集登录阶段

根据实际情况,潼南区普查办采取数据采集和在线登录同步进行、集中审核的方式,截至2015年11月,全面完成可移动文物数据采集、登录,所有数据汇总上报至市普查办等待审核。

针对杨尚昆纪念馆和潼南区图书馆2家单位专业人才不足、工作人员专业知识匮乏的问题,区普查办落实专人上门指导,确保了普查数据质量,提高了普查工作效率。

4.国有可移动文物信息审核阶段

2015年11月,潼南区已全部完成区级数据审核工作,等待市级普查办审核。按照市普查办统一安排,潼南区可移动文物数据于2016年9月通过市级专家终审。

(三)宣传动员

利用国际博物馆日、重庆文化遗产宣传月、送演出下乡及送图书下乡等进行普查工作宣传,制作了宣传展板、横幅、宣传资料,将可移动文物普查宣传展板纳入区公共文化物联网资源库管理体系,并深入镇街、村社巡展以扩大社会影响面。充分利用现代媒体优势,将普查宣传与报纸、杂志、广播、电视、网络、移动传媒、宣传品和纪念品等各类媒体和载体相结合,把文物普查宣传与中国文化遗产日宣传等活动结合起来,引导和发挥手机报、博客、微博、微信等媒体的宣传作用,为普查工作奠定了坚实的群众基础。在普查期间,潼南区可移动文物普查通过电视报道2次,通过互联网宣传1次,发放宣传资料10000份。

(四)质量控制

1. 构建培训体系

为切实推进文物普查工作,提高普查人员的业务素质,严格掌握文物普查的相关规范标准与普查技术,潼南区普查办将培训工作作为一项重要工作来抓。通过各类培训,文物工作者的业务水平有了显著提高。培训工作不仅为文物普查工作培养了大批业务力量,同时也为重庆市文博事业发展积蓄了人才。

潼南区组织的普查培训班情况一览表

合计		2013年		2014年		2015年		2016年	
次数（次）	人数（人次）	次数（次）	人数（人次）	次数（次）	人数（人次）	次数（次）	人数（人次）	次数（次）	人数（人次）
10	161	2	60	3	28	4	63	1	10

2. 普查工作督查

为保证普查质量,加强对国有收藏单位普查工作的指导力度,督促各项工作顺利开展,潼南区建立了普查工作月报制度,掌握各单位工作进度及质量,区普查办多次深入基层督促各项工作落实,召开普查工作推进会。业务专家通过检查发现问题,针对发现的问题进行研究,及时提出具体的整改意见,指导收藏单位逐一解决,有力地确保了潼南区普查工作的进度。

3. 普查中的人员、文物、数据安全管理

在可移动文物普查工作中,潼南区要求普查员相关操作必须合乎安全规范,坚持制度化管理,分工合理,责任分明,准确掌握普查操作规程和技术标准,注意文物的防火、防盗、防震等。同时要求普查员有预防性保护意识,注意文物掉落、磕碰、挤压、震裂等安全威胁,尽可能减少文物搬运次数,以降低文物损坏的概率。此外,还明确了应对突发情况的预案及处理方法。普查得到的综合数据和基础资料均予以严格保密,做到专人负责,妥善保管。纸质媒介的数据予以及时整理、归档并指定专人专柜妥善保存。电子媒介的数据予以及时更新和备份保存。普查数据未经上一级普查办批准,不得随意公布。

4. 普查验收

根据国家文物局《关于做好第一次全国可移动文物普查验收工作的通知》,潼南区普查办先自行验收后,于2016年10月20日接受了重庆市普查办的全面验收,验收的主要内容有文物收藏摸底调查、文物认定、文物信息采集登录和数据审核等各项任务的完成进度。专家组按照验收的重点内容和标准进行逐一验收,最后顺利通过。

(五)展示成果,做好总结

1. 编制普查档案

潼南区普查办严格按照国家文物局《国有可移动文物普查建档备案工作规范(试行)》的要求,实行专库、专柜、专人保管档案资料。普查数据实行两级备份,区普查办和收藏单位分别保留一套电子数据,同时,区普查办负责对各单位的建档备案工作进行指导、督促和检查。普查档案包括可移动文物普查登记表,普查报告,各普查机构的请示、报告、通知、工作计划、总结、简报、会议记录、方案、规章制度,各有关机构工作人员名册,各种培训资料教材、宣传材料、工作照片、声像资料、展览文本等,以及在普查工作中形成的其他重要相关资料。

2. 普查专题研究

根据市普查办印发的《关于开展抗战可移动文物专项调查的通知》,先后对全区抗战文物、革命文物、长征文物(可移动文物部分)进行调查统计,摸清了现状,为下一步开展文物保护工作奠定了良好的基础。

三、普查工作成果

经过第一次全国可移动文物普查,全面摸清了潼南区可移动文物家底,这是在国家经济社会快速发展情况下,社会公众对文物工作的必然要求和期待,也是文物工作及管理水平发展到一定阶段的重要标志和具体体现。依照《中华人民共和国文物保护法》及《中华人民共和国文物保护法实施条例》的规定,国有收藏单位应当建立文物藏品档案,并报文物部门备案,建立、健全管理制度,确保文物安全。本次普查,国家文物局建立了统一的可移动文物信息资源库和操作平台,收藏单位对文物藏品按照标准逐一登录,并实行动态管理,每件文物都有一个唯一的22位全国可移动文物登录编号,建立起覆盖全国的"文物身份证号"和信息管理体系,文物登记备案体系的建立和安全监管得到有效加强。

(一)潼南可移动文物资源情况

1. 文物数量及分布

经过这次可移动文物普查清理,潼南区收藏有文物的国有单位共3家,登录藏品总数397件/套,其中,三级文物57件/套;一般文物48件/套;未定级文物292件/套。从文物收藏单位性质看,所有可移动文物均收藏于事业单位。从文物收藏单位的类型看,96.17%的文物收藏在博物馆、纪念馆,3.83%的收藏在图书馆。

2.文物保存状况

潼南区所藏文物中残缺及严重残缺的有125件,占总量的28.35%(不含3件标本化石),亟须进行修复。全区共有3家国有可移动文物收藏单位,大部分收藏单位无专门的文物库房,有库房的无恒温恒湿调控设备,文物保存条件较差,保护措施落后,缺乏技术、人员、经费支持,文物保存现状不容乐观。

3.文物使用管理情况

本次可移动文物普查,促使潼南区全面掌握了本区域内可移动文物数量、保存现状等基本信息,有利于科学评价本区域内文物资源情况和价值,健全文物登录备案机制和文物保护体系,加大文物保护力度,扩大保护范围,保障文物安全。此次普查为潼南区进一步促进文物资源整合利用,丰富公共文化服务内容,有效发挥文物在国民经济和社会发展总体布局中的积极作用,增强潼南区的文化软实力和竞争力,促进潼南文化大发展、大繁荣,加快建设文化强区做出积极贡献。

(二)健全文物保护体系

1.文物档案建立情况

规范登记账本。重庆市潼南区全面规范了《博物馆藏品总登记账本》,替换原有账本,加强了藏品管理,规范了藏品档案和各收藏单位的文物总账。

建立文物数据库。潼南区通过普查,建立了可移动文物的电子账目,为文物的查询及使用提供了便利。

2.文物收藏制度、规范建设情况

通过此次普查,潼南区进一步完善了可移动文物调查、认定、登记、管理及利用制度。在普查期间,各文物收藏单位陆续制订或完善了馆藏文物藏品使用细则、文物藏品保管员岗位职责、文物藏品登记编目登记员岗位职责、总账管理人员岗位职责等相关制度,对文物保护环境、保管、检查、出入库、安全等做出了明确规定,并加大执行力度,确保各项文物保护管理制度落到实处。

3.加强文物保护

着力改善可移动文物保存条件。各单位由于库房狭小,许多文物处于堆放、叠放状态,需要扩建文物库房。现有库房技术设备落后,不能满足文物保护的需要,必须进行技术升级和设备的更新换代,如防盗、防火设施以及必要的空气调节和控制设备等。

(三)普查成果在社会经济发展中的重要作用

1.普查成果利用计划

潼南区准备出版《潼南区第一次全国可移动文物普查图集》,并在潼南区文化网站上公开此次"潼南区第一次全国可移动文物普查名录",为文博系统和社会公众提供科研和教育服务。

2. 普查成果举办展览情况

潼南区在普查期间,利用国际博物馆日、中国文化遗产日和重庆文化遗产宣传月等活动,通过图片展板流动展出的方式,在各镇街社区人员密集地进行展出。巡展向社会各界展示了潼南区可移动文物普查的阶段性成果,进一步宣传了可移动文物普查的重要意义,提升了社会公众的认知度和普查的社会影响力,动员了社会力量参与文物保护,营造了全民参与保护文化遗产的良好氛围。

3. 普查成果公开出版发行情况

潼南区暂无成果公开出版发行。

四、建议

通过可移动文物普查工作,潼南区圆满地完成了普查任务,摸清了家底,收获巨大。但在普查中也发现一些问题,结合潼南区实际,提出相应建议:

(1)帮助基层文物部门人员提高专业技能。在普查工作中发现,普查人员业务技能不强、专家队伍匮乏,导致普查工作进展缓慢。因此,在后续工作中需要进一步加强基层专业人员的培养工作,努力提升基层文保人员的整体专业素质。

(2)加大资金支持。建立经费投入长效机制,保证文物保护工作长期稳定开展。

报告执笔人:李浩鹏、徐林

报告审阅人:王纯婧

22　铜梁区[1]第一次全国可移动文物普查总结报告

铜梁区位于长江上游、重庆西部,历史悠久,资源丰富。辖区内发现的旧石器时代文化——铜梁文化;钢梁是重庆市内重要的史前遗址之一,区域内还出土了商周铜鼎、明代仪仗俑等珍贵文物。铜梁区人文资源也十分丰富,抗战时期蒋介石、白崇禧、林森等都曾在此留下许多珍贵的人文遗迹,铜梁龙更是历史悠久,明清时已享誉西南。铜梁区可移动文物数量较大,类型丰富,涵盖了30个种类,其中以钱币、陶瓷类文物数量为多,时代序列较为完整,翔实地反映了铜梁区自旧石器时代起各时期的文化面貌。

第一次全国可移动文物普查是继第三次全国不可移动文物普查之后在文化遗产领域开展的又一重大国情国力调查,是一项旨在全面掌握我国文物资源、加强文物保护、建设文化遗产强国的国家工程。根据《重庆市人民政府关于开展第一次全国可移动文物普查的通知》,此次普查工作从2012年10月启动,至2016年12月结束。普查标准时点为2013年12月31日。铜梁政府高度重视普查工作,组织有力,保障充分。2013年5月,为全面贯彻《重庆市人民政府关于开展第一次全国可移动文物普查的通知》精神,铜梁县政府正式发出《关于开展第一次全国可移动文物普查的通知》,要求各单位积极配合文物行政部门,着手启动文物普查工作。2013年6月,县政府办公室印发了《铜梁县第一次全国可移动文物普查实施方案》,明确了铜梁文物普查工作的目标、范围、内容和组织实施要求。普查分为工作准备(包括组织培训,国有可移动文物收藏单位调查、认定)、普查实施(可移动文物信息采集)和验收总结(数据审核、成果整理汇总)3个阶段。第一阶段工作任务于2013年2月结束,第二阶段工作任务于2015年12月结束,第三阶段工作任务于2016年12月结束。

通过第一次可移动文物普查,铜梁区全面掌握了本区域内可移动文物的数量、分布、特征和保存现状等基本情况。提高了各有关单位的文物保护意识,尤其是提高了文博系统工作人员的科学知识、专业技能和管理水平,为进一步建立具有现代化科学素养的专业队伍创造了条件;协调了文物管理部门和政府各相关部门的关系,形成共同保护文物的工作合力;为准确判断文物保护形势、科学制定文物保护政策和拟订规划提供了依据;加强了铜梁区在文化遗产领域的国有资产管理和资源整合能力,充分发挥了文物在建设社会主义先进文化、促进经济社会全面协调可持续发展中的重要作用。

---

[1] 2014年5月,国务院批复重庆市撤销铜梁县,设立铜梁区,其名称与相应时间对应,不做统一。

一、铜梁区普查数据

截至2016年10月31日,铜梁区在全国可移动文物信息登录平台登录可移动文物4851件/套,实际数量为11156件。其中,珍贵文物612件/套,实际数量为789件。登录了可移动文物信息的收藏单位有2家。

(一)铜梁区可移动文物基本情况

1. 类别

可移动文物类别

可移动文物类别	可移动文物实际数量(件)	实际数量占比(%)
合计	11156	100.00
玉石器、宝石	150	1.34
陶器	139	1.25
瓷器	1669	14.96
铜器	39	0.35
金银器	48	0.43
铁器、其他金属器	6	0.05
漆器	81	0.73
雕塑、造像	463	4.15
石器、石刻、砖瓦	232	2.08
书法、绘画	726	6.51
文具	60	0.54
玺印符牌	11	0.10
钱币	6828	61.20
牙骨角器	1	0.01
竹木雕	137	1.23
家具	5	0.04
珐琅器	0	0
织绣	24	0.22
古籍图书	8	0.07
碑帖拓本	2	0.02
武器	4	0.04
文件、宣传品	229	2.05
档案文书	1	0.01
名人遗物	5	0.04

续表

可移动文物类别	可移动文物实际数量(件)	实际数量占比(%)
玻璃器	59	0.53
乐器、法器	14	0.13
皮革	2	0.02
音像制品	10	0.09
度量衡器	1	0.01
标本、化石	125	1.12
其他	77	0.69

2.年代

(1)可移动文物年代类型。

可移动文物年代类型

可移动文物年代类型	可移动文物实际数量(件)	实际数量占比(%)
合计	11156	100
地质年代	1	0.01
考古学年代	138	1.24
中国历史学年代	10900	97.71
公历纪年	60	0.54
其他	43	0.39
年代不详	14	0.13

(2)可移动文物中国历史学年代分布。

可移动文物中国历史学年代分布

可移动文物中国历史学年代	可移动文物实际数量(件)	实际数量占比(%)
合计	10900	100.00
夏	0	0
商	1	0.01
周	4	0.04
秦	3	0.03
汉	258	2.37
三国	3	0.03
西晋	0	0
东晋十六国	0	0
南北朝	3	0.03
隋	0	0
唐	36	0.33

续表

可移动文物中国历史学年代	可移动文物实际数量（件）	实际数量占比（%）
五代十国	6	0.06
宋	260	2.39
辽	0	0
西夏	1	0.01
金	0	0
元	11	0.10
明	849	7.79
清	6470	59.36
中华民国	2034	18.66
中华人民共和国	961	8.82

3. 级别

可移动文物级别

可移动文物级别	可移动文物实际数量（件）	实际数量占比（%）
合计	11156	100.00
一级	173	1.55
二级	28	0.25
三级	588	5.27
一般	223	2.00
未定级	10144	90.93

4. 来源

可移动文物来源

可移动文物来源	可移动文物实际数量（件）	实际数量占比（%）
合计	11156	100.00
征集购买	7402	66.35
接受捐赠	1379	12.36
依法交换	0	0
拨交	73	0.65
移交	266	2.38
旧藏	0	0
发掘	2024	18.14
采集	12	0.11
拣选	0	0
其他	0	0

5.入藏时间

可移动文物入藏时间范围

可移动文物入藏时间范围	可移动文物实际数量(件)	实际数量占比(%)
合计	11156	100.00
1949年10月1日前	0	0
1949年10月1日—1965年	29	0.26
1966—1976年	84	0.75
1977—2000年	8533	76.49
2001年至今	2510	22.50

6.完残程度

可移动文物完残程度

可移动文物完残程度	可移动文物实际数量(件)	实际数量占比(%)
合计	11156	100.00
完整	6875	61.63
基本完整	3417	30.63
残缺	832	7.46
严重残缺(含缺失部件)	32	0.29

(二)铜梁区可移动文物分布情况

1.按收藏单位隶属关系统计可移动文物数量

可移动文物数量分布(按收藏单位隶属关系)

收藏单位隶属关系	可移动文物实际数量(件)	实际数量占比(%)
合计	11156	100.00
中央属	0	0
省属	0	0
地市属	0	0
县区属	11156	100.00
乡镇街道属	0	0
其他	0	0

2.按收藏单位性质统计可移动文物数量

可移动文物数量分布(按收藏单位性质)

收藏单位性质	可移动文物实际数量(件)	实际数量占比(%)
合计	11156	100.00
国家机关	0	0

续表

收藏单位性质	可移动文物实际数量（件）	实际数量占比（%）
事业单位	11156	100.00
国有企业	0	0
其他	0	0

3.按收藏单位类型统计可移动文物数量

可移动文物数量分布（按收藏单位类型）

收藏单位类型	可移动文物实际数量（件）	实际数量占比（%）
合计	11156	100.00
博物馆、纪念馆	11156	100.00
图书馆	0	0
美术馆	0	0
档案馆	0	0
其他	0	0

4.按收藏单位所属行业统计可移动文物数量

可移动文物数量分布（按收藏单位所属行业）

收藏单位所属行业	可移动文物实际数量（件）	实际数量占比（%）
合计	11156	100.00
文化、体育和娱乐业	11156	100.00

二、铜梁区普查工作组织实施

（一）加强组织，健全机构

1.设立普查领导小组，成立普查机构

根据《重庆市人民政府关于开展第一次全国可移动文物普查的通知》精神和市普查办的工作部署，铜梁区加强普查工作的组织领导，成立了铜梁第一次全国可移动文物普查领导小组，负责普查工作的组织、领导和协调。区政府分管文化工作的副区长担任文物普查领导小组组长，成员由区文化委、区机关事务局、区督查室、区党政信息中心、区党史县志办、区电视台、区科协、区发改委、区教委、区经信委、区民政局、区财政局、区人力社保局、区国土房管局、区统计局、区民宗局、区档案局17家单位组成。区政府以区文化委工作人员为班底，吸收各乡镇文化中心的文物保护骨干，组建了铜梁第一次全国可移动文物普查工作办公室，办公地点在区文化委，负责日常工作，普查办公室下设工作组，具体负责各地普查工作的开展。

2.制订普查实施方案和确定工作制度

铜梁区政府根据市级普查办下发的《重庆市第一次全国可移动文物普查实施方案》制订了《铜梁县第一次全国可移动文物普查实施方案》，方案对普查的范围、时间安排、工作方法、数据审核等内容进行了任务分解和细化，并送发相关单位。

3.落实普查工作经费

铜梁区发放普查经费合计10.5万元。各收藏单位的普查经费较少，主要用于购买普查设备，如摄影灯光设备、相机、卷尺、登记表等。

铜梁区2013—2016年可移动文物普查经费落实情况表（单位：万元）

合计	2013年	2014年	2015年	2016年
10.5	1	1	7.5	1

经费使用上，严格按照国家财务制度规定，加强经费管理，专款专用，厉行节约，反对浪费，确保资金使用的规范、安全、有效。

4.组建普查队伍

铜梁区普查工作投入人员共计23人，其中专家组成员共3人，普查办工作组成员4人，收藏单位人员11人，志愿者5人。

铜梁区可移动文物普查队伍统计表（单位：人）

合计	普查办	收藏单位	普查专家	普查志愿者
23	4	11	3	5

（二）划分阶段，有序实施

普查工作开展以来，铜梁区严格按照实施方案的工作步骤开展文物摸底调查、文物认定、文物信息采集登记、文物审核、文物管理等工作。

1.国有可移动文物收藏单位调查阶段

从2013年5月起，铜梁区文化委向全区586家国有单位（国家机关108家，事业单位437家，国有企业12家，其他单位29家）发放了《国有单位文物收藏情况调查登记表》，共发放586份，回收586份，反馈率为100%，疑似有文物收藏的国有单位4家。经认定，最终确定2家国有单位收藏有文物。截至2016年9月，铜梁区已完成注册国有单位2家，正式开展登录工作的国有单位2家。

2.国有可移动文物认定工作阶段

根据摸底调查结果，铜梁区普查办组织专家对4家申报收藏有文物的国有单位的文物进行了认定。其中铜梁区双山仙隐寺、铜梁区庆隆崆峒观摸底调查反映的藏品不属于《重庆市人民政府关于开展第一次全国可移动文物普查的通知》要求的普查范围。经过文物认定,铜梁区共有文物管理所[①]和邱少云烈士纪念馆2家单位满足普查范围和要求,参与文物信息采集登录工作,在全国可移动文物信息登录平台申报藏品数4851件/套(文物管理所4622件/套,邱少云烈士纪念馆229件/套)。除此之外,全区无新认定文物收藏单位和新认定文物。

3.国有可移动文物信息采集登录阶段

铜梁区文物收藏单位组织工作人员按照文物普查信息采集指标要求,结合原有文物登记账册信息深入库房,采集补充文物原始资料,形成文物信息登记表,在此基础上将其制作成电子表,录入全国可移动文物信息登录平台。按照文物普查照片质量要求,在相应的灯光下拍摄清晰全面的文物照片。为提高普查信息登录效率和及时修改错误信息,对全区的4851件/套文物均采用先将信息录入离线软件,检查无误后再上传至信息登录平台的模式,数据登录量达100%。

4.国有可移动文物信息审核阶段

铜梁区数据审核工作严格按照国家文物局制定的《第一次全国可移动文物普查数据审核工作管理办法》和《第一次全国可移动文物普查数据质量评定标准》的要求,对抽查的藏品性质、照片、定名、年代、类别、质地、数量、质量、尺寸、完残状况等信息进行严格审核,提出审核意见。截至2016年1月20日,已经完成本辖区2家收藏单位的审核验收,并撰写了工作报告。2月将审核后的资料上交至市文物局;3月配合市普查办安排的丰都文管所审核员再次审核本区文物资料,并做相应修改;6月30日参加了市普查办组织的抽查会,抽查错误率高于0.5%,故未通过市级审核,审核会后铜梁区安排普查员根据审核会专家组提出的要求,对文物信息做了相应完善;8月12日参加了市普查办组织的第二次文物审核会议,此次文物信息抽查错误率低于0.5%,顺利通过市级文物信息审核。

(三)宣传动员,营造氛围

为推进普查工作的顺利开展,铜梁区积极开展普查宣传活动,具体活动有:第一,不定时在《铜梁日报》刊登普查工作进展和取得的普查成果,并在《重庆日报》上刊登了《17件"小兵马俑"再现明代礼制》一文,宣传了本区文物精品和历史文化;第二,通过铜梁电视台播放普查工作最新动态,共计4次;第三,积极派发普查工作宣传册,共发放5000份,并招募普查志愿者;第四,通过铜梁博物馆的网站,展示普查成果和精美藏品;第五,利用LED显示屏向广大民众宣传普查标语和普查动态。

(四)质量控制,确保进度

1.加强普查知识培训

铜梁区普查办在2013—2016年间,根据市级普查办的培训内容和工作要求,组织文物收藏单位

---

①铜梁区文物管理所和铜梁博物馆是同一单位,文中因叙述语境不同,未做统一。

的工作骨干参加了第一次全国可移动文物普查培训,各收藏单位也根据文物收藏情况开展了普查方法的培训。区普查办、区文物管理所、邱少云烈士纪念馆在2013—2016年间,每年各组织一次培训,培训合计92人次,详见下表:

铜梁区普查培训班情况一览表

	合计 次数（次）	合计 人数（人次）	2013年 次数（次）	2013年 人数（人次）	2014年 次数（次）	2014年 人数（人次）	2015年 次数（次）	2015年 人数（人次）	2016年 次数（次）	2016年 人数（人次）
本级普查办	4	48	1	12	1	12	1	12	1	12
铜梁文管所	4	28	1	7	1	7	1	7	1	7
邱少云烈士纪念馆	4	16	1	4	1	4	1	4	1	4
总计	12	92	3	23	3	23	3	23	3	23

通过培训,铜梁区文物工作者的业务水平得到了较大提升,保证了可移动文物普查工作的高质量完成,也为铜梁区文博事业的发展储备了人才资源。

2.普查验收

在普查工作各阶段,为提高工作质量,铜梁区采取收藏单位自查和普查办巡查的方式共同保障工作质量。在文物信息采集和登录阶段,收藏单位采取专人采集录入、多人检查核对的自查方式,发现问题、解决问题;普查办则安排人员不定期巡查各收藏单位工作进展情况,定期对各单位提交的普查资料进行标准化审核。自查和巡查,自审和他审共同把好普查质量关。2016年1月完成了本区域文物信息的审核验收。

3.人员、文物、数据安全管理

在普查工作中,为保障人员、文物、数据的安全,铜梁区普查办做出了各项安排:一是人员上岗必须经过岗前培训,熟悉了工作流程和所接触文物的取放规定后,方能上岗;二是严格落实文物拍摄时的安全管理,做到文物运送、拍摄、回库各个节点均无安全威胁;三是汇总普查数据,由专人负责保管,当天数据及时归档、备份,明令未经许可不得随意传播数据信息。

(五)展示成果,做好总结

1.编制普查档案

普查审核验收工作结束后,严格按照《国有可移动文物普查建档备案工作规范(试行)》的要求,对编制好的普查档案、验收报告、工作总结等文件归档,建立专卷,由专人管理。

2.普查专题研究

借由第一次全国可移动文物普查的契机,铜梁区对区域内的抗战文物、革命文物进行了统计调查,摸清了文物资源的分布、数量及保存情况,并编制了抗战文物名录、革命文物名录。

3.普查表彰情况

普查工作圆满结束后对各收藏单位参与此次普查工作的普查人员给予了口头表扬。

三、铜梁区普查工作成果

(一)铜梁区可移动文物资源情况及价值

1.文物数量及分布

经过调查、认定、采集、登录、审核、汇总等工作,基本实现了普查目标,摸清了本区域的文物数量和文物分布情况——区域内2家国有收藏单位,登录藏品4851件/套。从文物收藏单位的性质看,100%可移动文物收藏在事业单位;从文物收藏单位的类型来看,100%可移动文物收藏在博物馆、纪念馆。

2.文物保存状况

经过此次普查,摸清了全区国有单位可移动文物的保存状况。铜梁博物馆和邱少云烈士纪念馆都设有专门的文物库房,安装有消防、监控设施,配备有除湿机和空调,购置了文物储存柜和囊匣盒套。文物等级账册齐全,文物库房管理制度健全。保安24小时巡逻执勤,保证文物安全,做到零事故发生。库房管理员各司其职,相互协调,确保文物安全。但随着文物保护要求的不断更新,以前的设施设备皆有待更新,需增添文物库房保护设施,如完善恒温恒湿设备、智能防盗门等。

3.文物使用管理情况

铜梁区经过第一次全国可移动文物普查,全面掌握了文物资源数量、分布情况、文物价值,这对促进本区域文物工作的开展,加强文物保护有着重大的积极意义。铜梁区此次普查藏品总量为4851件/套,其中,铜梁区文物管理所4622件/套,邱少云烈士纪念馆229件/套。普查汇总工作结束后,利用铜梁区文物管理所的官方网站公布了普查成果情况,并于2016年底组织开展了普查成果展示。为提高文物利用率,铜梁区加快陈列展览的更新速度,提高展陈质量,将本区域的精品文物和具有较强地方历史代表性的文物通过博物馆和纪念馆文物陈列展览的形式向大众展示。

(二)健全管理机制

1.建立文物档案

建立"文物身份证",实现动态化管理。在可移动文物普查工作中,我们坚持"抢救第一、保护为主、加强管理、合理利用"的工作方针,高度重视文物保护工作,以普查促保护,完善文物信息,上传至文物信息网络平台,形成数字化文物资源,便于文物出入境展出和各单位之间的文物信息交流等,初步形成网络平台文物身份证管理系统,实现本区域国有可移动文物资源标准化、动态化管理。本次普查工作旨在促进解决国有文物资源底数不清、残损情况不明、登记建档不全等历史遗留问题。本辖区收藏单位相互帮助,共同开展文物认定、文物定名、文物拍摄及Excel模板填写等相关工作。现已经完成清库建档工作、账目核对工作、文物信息审核验收工作,建立了馆藏文物登记账册和文物信息表,基本形成了文物信息资源库,实现了文物信息网络数字化管理和多元化的文物信息保管方式。

2.健全制度规范

通过此次普查,铜梁区陆续制定或完善了《馆藏文物藏品使用细则》《文物藏品保管员岗位职责》《文物藏品登记编目登记员岗位职责》《总账管理人员岗位职责》等相关制度,加强了文物管理、使用的规范性,切实保障文物安全。

3.普查中解决的问题

铜梁区普查办将保证普查资料的高质量作为工作重点,在信息采集、登录、审核等阶段严格按照普查标准收集文物信息,拍摄文物照片,多次核对文物基本信息等。在第一次全国可移动文物普查工作中,最大的难点是普查队伍人员不足,且多为中老年人。铜梁区收藏有文物的单位只有文博系统的2家单位,即铜梁博物馆和邱少云烈士纪念馆,但这两家单位的工作人员合计只有11人,且多为五十岁左右,进行文物信息网络登录和采集照片等工作有一定的难度。为按时完成普查任务,他们针对人员不足问题与大学文博专业老师联系,请其安排几名文博专业知识扎实的学生参与本区普查资料的采集、拍照和录入工作,提高了工作效率。

(三)发挥文物在经济社会发展中的重要作用

1.普查成果利用计划

经过第一次全国可移动文物普查工作的开展,铜梁区查明国有单位收藏有可移动文物4851件/套,由铜梁区文物管理所(铜梁博物馆)和邱少云烈士纪念馆的藏品组成。在普查审核工作结束后,铜梁博物馆通过单位网站(www.cqtlbwg.com)新闻动态栏目公布了本次普查成果,在馆藏精品板块展示了相关藏品的照片。

2.利用普查成果举办展览

为更好地将本区域第一次全国可移动文物普查成果展示、宣传、服务于民,铜梁博物馆将在明月广场、雪庵公园等地举办第一次全国可移动文物普查成果展,让普查成果公布于众,更好地服务社会。

3.普查成果公开出版发行

铜梁区在普查工作结束后,安排相关人员,选取辖区内精品文物和普查大事记,编制第一次全国可移动文物普查成果相关书籍。

4.普查成果资源的开发和利用

在普查工作结束后,铜梁区结合旅游城市的定位,利用普查成果,研发制作了各种材质的文物纪念品,如石俑、龙灯、木匾等。

四、建议

(1)优化文物信息登录平台,提高平台的访问承载力,便于今后随时查阅平台上的文物信息。

(2)普查工作结束后继续加强文物的安全督查工作,提高文物资源的利用率。

(3)进一步协调文物管理部门和政府各相关部门的关系,形成共同保护文物的工作合力。

报告执笔人:张泽春、刘莲

报告审阅人:王纯婧

23 荣昌区第一次全国可移动文物普查总结报告

荣昌区隶属重庆市，介于东经105°17′～105°44′，北纬29°15′～29°41′之间，位于重庆市西部，地处四川、重庆两省（市）接壤处，东靠重庆市大足区、永川区，西接四川省隆昌市，南邻四川省泸州市泸县，北与四川省内江市东兴区、四川省资阳市安岳县接壤。

2015年，荣昌区辖区面积1079平方千米；辖15个镇、6个街道；常住人口70.10万（户籍人口84.48万）；2015年，荣昌区实现地区生产总值3298733万元，比2014年增长11.7%。境内以浅丘地形为主，地势平缓，平均海拔380米；年平均气温17.8℃。

荣昌区历史悠久，素有"海棠香国"和"渝西明珠"之美誉。早在春秋时期，荣昌便是巴国的属地。辖区内存有在宋代就以兴盛佛教活动而闻名全川的螺罐山云峰寺，万灵古镇（国家4A级景区）、清流民俗风情小镇（国家3A级景区）、渝西植物园、荣昌安陶博物馆等景点；辖区内有折扇、陶器、夏布3个国家级非物质文化遗产，加上荣昌猪构成荣昌四宝。文物资源丰富，有不可移动文物点712处（第三次全国不可移动文物普查资料提供），可移动文物资源数量相对较少，但是每件都是精品。

第一次全国可移动文物普查是国务院继第三次全国文物普查（不可移动文物部分）之后在文化遗产领域开展的又一重大国情国力资源调查，是一项旨在全面掌握我国文化遗产资源、建设文化遗产强国的战略工程，也是加强文物保护管理，推进公共文化服务体系建设的基础性工作。在市普查办和区委、区政府的领导下，在区人大、区政协的支持下，区普查办根据《中华人民共和国文物保护法》《中华人民共和国物权法》《国家"十二五"时期文化改革发展规划纲要》《国务院关于开展第一次全国可移动文物普查的通知》及《重庆市第一次全国可移动文物普查领导小组办公室关于印发〈重庆市第一次全国可移动文物普查实施方案〉的通知》等文件精神，对荣昌区第一次全国可移动文物普查工作进行了安排部署，全区可移动文物普查工作组织得力、进展有序，在区普查办及普查队员的努力下，于2016年底圆满完成了普查工作。

开展可移动文物普查，有利于全面掌握和科学评价文物资源情况和价值，健全国有文物登录备案机制和文物保护体系，加强保护力度和范围，维护文物安全，促进文物资源整合利用，丰富公共文化服务内容，保障人民群众基本文化权益，有效发挥文物在国民经济和社会发展总体布局中的积极作用。荣昌区通过这次文物普查，能更加深入了解区域内现有国有可移动文物的保存现状和保护情况，并可据此做出科学抉择，开展相应保护工作。荣昌区通过文物普查，可对区域内国有文物资源类别做到心中有数，并依据现有文物资源情况，有针对性地开展文物征集工作，以便更好开展区域历史文化的研究工作。此次文物普查，有效促进了国有文物资源底数不清、残损情况不明、登记建档不全等历史遗留问题的解决，防止国有资产流失。

一、荣昌区普查数据

截至2016年10月31日,荣昌区在全国可移动文物信息登录平台登录可移动文物128件/套,实际数量为2339件。其中,珍贵文物23件/套,实际数量为23件。登录了可移动文物信息的收藏单位有3家。

(一)荣昌区可移动文物基本情况

1. 类别

可移动文物类别

可移动文物类别	可移动文物实际数量(件)	实际数量占比(%)
合计	2339	100.00
陶器	10	0.43
瓷器	118	5.04
古籍图书	2211	94.53

2. 年代

(1)可移动文物年代类型。

可移动文物年代类型

可移动文物年代类型	可移动文物实际数量(件)	实际数量占比(%)
合计	2339	100.00
地质年代	0	0
考古学年代	0	0
中国历史学年代	2339	100.00
公历纪年	0	0
其他	0	0
年代不详	0	0

(2)可移动文物中国历史学年代分布。

可移动文物中国历史学年代分布

可移动文物中国历史学年代	可移动文物实际数量(件)	实际数量占比(%)
合计	2339	100.00
夏	0	0
商	0	0
周	0	0
秦	0	0
汉	0	0
三国	0	0
西晋	0	0

续表

可移动文物中国历史学年代	可移动文物实际数量（件）	实际数量占比（%）
东晋十六国	0	0
南北朝	0	0
隋	0	0
唐	0	0
五代十国	0	0
宋	116	4.96
辽	0	0
西夏	0	0
金	0	0
元	0	0
明	1	0.04
清	2217	94.78
中华民国	5	0.21
中华人民共和国	0	0

3. 级别

可移动文物级别

可移动文物级别	可移动文物实际数量（件）	实际数量占比（%）
合计	2339	100.00
一级	0	0
二级	21	0.90
三级	2	0.09
一般	15	0.64
未定级	2301	98.38

4. 来源

可移动文物来源

可移动文物来源	可移动文物实际数量（件）	实际数量占比（%）
合计	2339	100.00
征集购买	105	4.49
接受捐赠	6	0.26
依法交换	0	0
拨交	0	0
移交	0	0
旧藏	2227	95.21

续表

可移动文物来源	可移动文物实际数量（件）	实际数量占比（%）
发掘	1	0.04
采集	0	0
拣选	0	0
其他	0	0

5.入藏时间

可移动文物入藏时间范围

可移动文物入藏时间范围	可移动文物实际数量（件）	实际数量占比（%）
合计	2339	100.00
1949年10月1日前	0	0
1949年10月1日—1965年	0	0
1966—1976年	0	0
1977—2000年	2322	99.27
2001年至今	17	0.73

6.完残程度

可移动文物完残程度

可移动文物完残程度	可移动文物实际数量（件）	实际数量占比（%）
合计	2339	100.00
完整	75	3.21
基本完整	2263	96.75
残缺	1	0.04
严重残缺（含缺失部件）	0	0

（二）重庆市可移动文物分布情况

1.按收藏单位隶属关系统计可移动文物数量

可移动文物数量分布（按收藏单位隶属关系）

收藏单位隶属关系	可移动文物实际数量（件）	实际数量占比（%）
合计	2339	100.00
中央属	0	0
省属	0	0
地市属	0	0
县区属	2322	99.27
乡镇街道属	17	0.73
其他	0	0

2. 按收藏单位性质统计可移动文物数量

可移动文物数量分布（按收藏单位性质）

收藏单位性质	可移动文物实际数量（件）	实际数量占比（%）
合计	2339	100.00
国家机关	0	0
事业单位	2339	100.00
国有企业	0	0
其他	0	0

3. 按收藏单位类型统计可移动文物数量

可移动文物数量分布（按收藏单位类型）

收藏单位类型	可移动文物实际数量（件）	实际数量占比（%）
合计	2339	100.00
博物馆、纪念馆	111	4.75
图书馆	2211	94.53
美术馆	0	0
档案馆	0	0
其他	17	0.73

4. 按收藏单位所属行业统计可移动文物数量

可移动文物数量分布（按收藏单位所属行业）

收藏单位所属行业	可移动文物实际数量（件）	实际数量占比（%）
合计	2339	100.00
文化、体育和娱乐业	2339	100.00

二、荣昌区普查工作组织实施

（一）属地管理，分级负责

1. 设立普查领导小组，成立普查机构

为积极贯彻落实《重庆市人民政府关于开展第一次全国可移动文物普查的通知》，荣昌区政府第一时间组建了荣昌区第一次全国可移动文物普查领导小组，负责普查工作的组织和领导，协调解决重大问题。普查领导小组组长由区政府分管领导担任，副组长由文广新局局长担任。普查领导小组成员单位由区发改委、区教委、区经信委、区民政局、区财政局、区国土房管局、区档案史志局等16个相关部门和单位组成。区普查领导小组办公室设在区文广新局,由文广新局局长兼任办公室主任。办公室下设综合协调组、技术服务组、专家审核组、区级普查组、宣传报道组等。办公室负责普查工作的日常组织和具体协调。普查办主要职责有:制订《荣昌区第一次全国可移动文物普查实施方案》,制订和组织实施普查年度工作计划,编制普查经费预算,管理并执行财政预算;组建综合协调组、技术服务组、宣传报道组、专家审核组、区级普查组并开展工作,对乡镇街道的普查工作进行业务指导、督促检查和质量抽查;协调区级相关部门做好普查工作;举办全区普查业务骨干培训班,指导乡镇街道普查培训;汇总、审核、验收、上报各乡镇街道普查数据,核定全区普查信息并及时发布;组织普查档案的建档备案工作;建立荣昌区可移动文物信息管理平台和管理普查文物数据库;编制《荣昌区第一次全国可移动文物普查工作报告》和《荣昌区第一次全国可移动文物普查文物名录》;组织开展普查宣传报道等工作。

荣昌区可移动文物普查机构按照层层分级、属地管理的模式设置。在工作中,普查领导小组把握方向,普查办具体实施,普查领导小组负责普查工作的组织和领导,协调重大问题。领导小组下设普查办公室,办公室设立于区文广新局内,负责普查工作的日常组织、具体协调。基本发挥了各类机构的作用,完成了市普查办交接的各项普查工作任务,处理好了区域内普查中的各种问题。

荣昌区及时组织召开了第一次全国可移动文物普查工作部署会,部署了国有单位的文物收藏情况的摸底调查、可移动文物普查的相关文物认定、可移动文物线上平台登录、可移动文物普查线上审核及可移动文物普查的相关宣传等工作。针对普查工作,荣昌区组织相关人员进行会议研讨,动员有关人员组建并加入可移动文物普查领导小组、普查办、工作小组、专家认定组、普查宣传组。根据普查各项工作的启动及推动工作实时进度,定期组织专项普查工作会议对相关事宜进行阶段性工作汇总,并就工作开展情况实时通报,先后组织开展各阶段培训工作会(如信息平台登录培训会)等。

2.制订普查实施方案和确定工作制度

在广泛征集各单位及专家意见的基础上,荣昌区依据《重庆市第一次全国可移动文物普查实施方案》,结合本区域实际情况制订了《荣昌区第一次全国可移动文物普查实施方案》《普查数据审核工作方案》等文件。各级普查机构根据分工不同据此分别制定了《荣昌区关于第一次全国可移动文物普查工作办公室制度》《荣昌区关于第一次全国可移动文物普查信息登录操作准则》《荣昌区全国可移动文物普查建档备案工作规范》等。通过以上方案及工作制度的制订,保障了普查工作开展的可持续性、准确性和规范性,为进一步做好普查工作夯实了根基。

3.落实普查工作经费

依据市普查办关于划拨普查经费的相关要求,荣昌区人民政府在综合考量本区域国有可移动文物收藏量的总体情况及工作开展量等后,划拨专项经费26.62万元。落实情况详见下表:

荣昌区可移动文物普查经费落实情况表（单位：万元）

合计	2013年	2014年	2015年	2016年
26.62	3	18	5.62	0

荣昌区普查经费严格遵循分阶段分工作量划拨原则，做到时段经费严格管控，不乱花一分钱，坚持把每一分钱都花在刀刃上。

4.组建普查队伍

为确保可移动文物普查工作的顺利完成，本区普查办合理安排工作人员，邀请专家对普查中的疑难问题进行指导，招募志愿者共同参与普查工作，总投入人员数量21名。人员分布详见下表：

荣昌区可移动文物普查队伍统计表（单位：人）

合计	本级普查办	收藏单位	普查专家	普查志愿者
21	7	7	5	2

人员管理情况：荣昌区普查办及区属普查单位采取的是单位（机构）人员负责制，即所在单位（机构）负责其普查人员的管理和培训工作，各机构设立有专门的普查分管责任人，普查办责任人为文化委主任，区县文管所责任人为其法人代表。

工作模式：先培训后上岗及岗上普查工作培训相结合。岗上普查工作培训方式包括：业务培训、普查问题交流商讨会、普查心得交流会等。

（二）调查、认定、采集、登录、审核，分阶段实施

1.国有可移动文物收藏单位调查阶段

根据市普查办的要求，按照《重庆市〈国有单位文物收藏情况调查登记表〉发放、回收工作制度》，荣昌区在2013年4月1日—2013年5月31日期间，以文件下发通知及实地走访相结合的方式，对本区域内国有单位文物收藏情况进行了摸底调查。走访区域内涉及采矿业、建筑业、电力燃气等19个行业的1044家国有单位。发放《国有单位文物收藏情况调查登记表》共计1044份，调查表回收率为100%。基本翔实地反映了荣昌区国有可移动文物的分布情况。调查的本区域国有单位包括，国家机关270家，事业单位548家，国有企业72家，其他单位154家。最终确定收藏文物的单位共3家：荣昌区文物保护管理所、荣昌区安富街道广电文化中心和荣昌区图书馆。

2.国有可移动文物认定工作阶段

为做好文物认定工作，荣昌区严格按照《重庆市可移动文物普查文物认定规范》规定的文物认定程序和工作细则做好了以下4项工作：一是落实专家组人员，使其分工协作，各司其职，主抓个人专业侧重点和熟悉的领域，做到人尽其能；二是抓好会议的组织动员及普查相关情况、相关事项的传达、商

议;三是紧密依托市局关于普查文物认定的标准组织开展认定工作;四是拟订好开展任务的时间节点,分批次、分时段组织开展文物认定工作,争取在有效时间内圆满完成认定工作。

在此基础上,荣昌区先后组织专家组对涉及文物收藏的单位的文物进行了认定,荣昌区安富街道广电文化中心(荣昌安陶博物馆)申报文物1760件,经过市级专家认定的文物16件/套,其余为二十世纪七八十年代的作品;荣昌区档案馆申报的7326件,经过认定不属于文物;认定的荣昌区图书馆的63件/套为古籍图书;认定的荣昌区文物保护管理所的文物49件/套。

经认定,荣昌区共有3家单位收藏有可移动文物128件/套,分别为荣昌区文物保护管理所49件/套、荣昌区图书馆63件/套、荣昌区安富街道广电文化中心16件/套。新认定文物收藏单位1家(荣昌区安富街道广电文化中心),新认定文物16件/套。

3.国有可移动文物信息采集登录阶段

按照市普查办的要求,安排人员参加可移动文物信息采集技术培训班,定期组织采集登录人员的业务培训,做到专事专人专干,积极推进信息采集工作,圆满地完成了本区域的文物信息采集登录工作,全区共登录文物藏品128件/套。

具体工作方式:(1)专人到库房进行信息采集(包括照片拍摄,尺寸、质量等的信息采集);(2)专人对已采集的信息进行与原账本信息的数据核对,确定无误,重新建档(方便信息上传的Excel电子表格);(3)基层操作人员进行数据的平台在线、离线上传;(4)单位审核人员进行线上数据审核,有误则修改上传至区普查办,无误直接上传至信息登录平台。

4.国有可移动文物信息审核阶段

根据《重庆市可移动文物普查数据市级审核实施方案》荣昌区发布了《荣昌区关于做好全国可移动文物普查审核工作开展的通知》,并针对普查审核工作的开展拟订了专门的实施方案。

为确保普查数据质量,荣昌区采用了分层级分段的审核方式,即普查基层收藏单位负责本层级的数据审核,区普查办负责所有收藏单位上报的数据审核,且定期每月对线上数据进行集中审核。截至2016年8月,基层审核次数达5次,区普查办审核共计10次(因荣昌区可移动文物数量较少,按照时间推算达不到预计审核次数,但其相应的普查工作均在各时间节点内完成)。

按照市文物局、市普查办对普查审核的相关要求,荣昌区可移动文物普查审核工作达到了预期效果。在数据审核中发现了部分文物的名称命名不规范,部分文物的实际数量与照片实际数量有偏差,部分文物的信息采集存在照片漏填、拍摄不全等现象,区普查办就发现的相关问题及时进行修改,若不能解决则联系市文化局的相关部门进行技术咨询,然后再进行修改。保证了数据上传的高质量,差错率控制在0.5%以内,确保了荣昌区可移动文物普查数据顺利通过审核。

(三)宣传动员

荣昌区普查办下设普查宣传组,拟订了《荣昌区关于第一次全国可移动文物普查宣传计划及宣传工作实施方案》,落实专门的普查人员对普查工作进行专门的宣传。

普查工作注重传统媒体与新媒体结合,先后依托区电视台、区报社、单位门户网站开展宣传报道10余次。利用国际博物馆日、重庆文化遗产宣传月向公众公布荣昌区普查工作进度及工作情况等。加强重点宣传,一是涉及文物收藏的国有单位的政策宣导和市里相关要求的传达;二是重点在人流量大、宣传效果佳的地方开展多次普查宣传活动,例如在荣昌体育馆开展荣昌陶斗陶大赛,为可移动文物普查进行宣传。从总的宣传情况来看,基本达到了普查宣传的预期效果。

荣昌区在普查宣传工作中基本做到了宣传到位、政策传递到位、工作指导到位等,做到了在不同时间、不同普查阶段,面向不同对象采取不同的宣传方法,安排不同的宣传内容,确保了宣传动员工作应具有的及时性和针对性。通过宣传后的反馈,民众表达了对第一次全国可移动文物普查工作的高度认可,收藏单位也对普查宣传工作给予了较好的评价。

(四)质量控制

1.培训工作

荣昌区普查办组织区域内国有收藏单位及时参加了关于质量控制的专项会议,并按照市局关于数据审核的相关要求或参照相关制度方案,做出了相应的工作要求即工作部署,同时,要求各国有收藏单位将制度、方案切实落地,对质量进行严格把关。一是要求抓好普查工作的人员岗前培训工作,重点培训了可移动文物普查范围、内容、信息登录平台操作、普查审核与管理工作等内容。2013—2016年度,共组织自主培训和外出培训8次,培训人员共计64人次。二是要求抓好数据审核的准确性工作,坚决落实层层审核的程序,做到基层单位审核、普查办审核的层级审核工作。三是要求抓好文物与数据的安全工作,在普查工作尚未结束前,确保文物数据不外泄;普查工作中确保文物安全,避免因普查工作不当造成文物的不必要的损失或破坏。

荣昌区普查培训班情况一览表

合计		2013年		2014年		2015年		2016年	
次数(次)	人数(人次)	次数(次)	人数(人次)	次数(次)	人数(人次)	次数(次)	人数(人次)	次数(次)	人数(人次)
8	64	2	53	3	6	2	3	1	2

2.试点工作情况

严格遵循《第一次全国可移动文物普查工作操作手册》的相关流程进行试点,并就试点工作情况及工作心得向各普查机构进行了实地交流及技术操作指导。

3.验收

根据市文物局验收工作要求,荣昌区普查办随即开展了区域内第一次全国可移动文物普查的验收工作,按照文件内容对所涉及的国有文物收藏单位藏品进行了相应验收。参照《验收合格评定标准》,从实地验收情况来看,普查工作验收合格。

4.人员安全、文物安全、数据安全管理

一是人员安全方面,在信息采集过程当中基本做到了相应的人员防护和环境防护,即确保在工作场景中无任何涉及人员安全的易燃易爆物品,同时在采集文物信息过程中,采取采集人员戴手套、戴口罩等避免与文物直接接触的安全措施,保护了文物的安全。二是文物信息采集尽量保证在原保存条件下的同一室内或相同温湿度的环境下进行,防止因环境骤变造成文物病理化损坏。三是采集的数据实施专人管理,在普查成果尚未公布前,做到数据不外泄。

(五)普查工作总结情况

1.编制普查档案

严格按照《国有可移动文物普查建档备案工作规范(试行)》的要求,编制普查档案一个,进行专卷管理,卷内涵盖文物普查下发的通知、文物普查摸底调查通知、文物普查实施方案等。

2.普查专题研究

经过多方面的人才筛选、技能考核,结合个人意向、工作开展情况等进行考量,组成专题研究工作专家组。结合荣昌区实际,普查工作组与重庆市文化遗产研究院一起针对荣昌陶的历史进行了分析研究,并且于2015年与2016年分别在部分区域进行了发掘,取得了荣昌陶阶段性研究成果。

三、普查工作成果

(一)荣昌区可移动文物资源情况及价值

1.文物数量及分布

依据普查结果,荣昌区国有单位中收藏文物的单位共3家。按照行业分,3家单位均属于文化、体育和娱乐业;按单位性质分,3家均为事业单位;按单位类型分,博物馆、纪念馆1家,图书馆1家,其他1家。共认定文物藏品128件/套,其中二级文物21件/套、三级文物2件/套、一般文物14件/套及未定级文物91件/套。

2.保存状况

荣昌区文物保护管理所没有文物库房,其111件文物都借放在荣昌区档案局档案室内,保存情况较差。荣昌区安富街道广电文化中心的17件文物收藏在荣昌安陶博物馆内,长期对外展出。

3.使用管理情况

根据普查情况,荣昌区基本掌握了国有可移动文物的分布情况及管理情况,基本上保证了辖区内国有可移动文物藏品与数据的统一。荣昌区经过此次普查,加强了可移动文物的管理规范化、信息化和数据化。此次普查的可移动文物中属区文管所的有49件/套,因为荣昌区没有区博物馆,故放置于库房;属安富街道广电文化中心的16件/套文物在荣昌安陶博物馆进行长期的展出;属图书馆的63件/套古籍图书则存放于图书馆供查阅。

(二)健全文物保护体系

1.完善文物档案

通过此次普查,荣昌区对原登记在册的可移动文物进行了清库建档工作和账目核对工作,改善了以前登录不规范的情况。文物档案的相继完善,更加便于相关资料的查阅和文物数量清档的管理。

2.完善制度和规范

通过此次普查,荣昌区新建立或完善了《馆藏文物藏品使用细则》《文物藏品保管员岗位职责》《文物藏品登记编目登记员岗位职责》《总账管理人员岗位职责》等相关制度,进一步完善了文物调查、认定、登记、管理及利用制度,确保了各项工作的有序开展。

3.明确保护需求

长期以来荣昌区的可移动文物保护基础薄弱,保存环境不能达到要求,文物库房设施设备相对落后,有的单位文物长期展出或堆放,不利于文物的长期保护,亟须完善相应设施,建设标准库房。另外文物保管人员缺乏,专职保管人员专业保护意识不够,亟须加强文物保护知识的学习。

今后文物保护工作的重点:一是加大人员的业务培训;二是加大保护设施设备的更新;三是加快文物的保护性修复。

(三)有效发挥文物在本行政区域经济社会发展中的重要作用

普查成果利用计划:现阶段,荣昌区已全面完成馆藏国有文物的线上登录,基本实现普查目标,后期将启动成果利用平台的开发,通过建立数字博物馆、开展网上展示、与公共图书馆资料库建立链接等方式,有效拓展文物资源,为重大学术课题提供完整资料库,促进中华传统文化的挖掘利用和文化产品开发,加强博物馆资源共享和文化传播,为社会提供更多优质和个性化服务,让普查成果服务于公众。

四、建议

(1)后期在开展其他相应的普查工作当中应加大经费投入。

(2)后期在开展其他相应的普查工作当中应加大专业人才储备。

(3)后期在开展其他相应的普查工作当中应加大业务人员的业务培训工作。

报告执笔人:李晓杰

报告审阅人:王纯婧

24 璧山区第一次全国可移动文物普查总结报告

第一次全国可移动文物普查是一项旨在全面掌握我国文物资源、加强文物保护、建设文化遗产强国的国家工程,也是加强文物保护管理,推进公共文化服务体系建设的基础性工作。根据《重庆市人民政府关于开展第一次全国可移动文物普查的通知》精神,此次普查从2012年10月开始,到2016年12月结束。普查标准时点为2013年12月31日。璧山区政府高度重视普查工作,组织有力,保障充分。2013年5月,璧山区人民政府发布《关于开展第一次全国可移动文物普查的通知》,要求各级文化文物行政部门积极配合好各级政府,着手启动各地的文物普查工作。

通过普查,璧山区基本掌握了国有可移动文物的数量、分布、保存状况、保管权属和使用管理等基本情况,普查人员的专业技能和管理水平得到了明显提高,文物收藏单位尤其是非文博系统收藏单位的文物保护意识进一步增强,文物管理部门与各文物收藏单位的关系也更加密切,为下一步更好地开展文物工作打下了基础。

一、璧山区普查数据

截至2016年10月31日,璧山区在全国可移动文物信息登录平台登录可移动文物801件/套,实际数量为1044件。其中,珍贵文物62件/套,实际数量为62件。登录可移动文物信息的收藏单位2家。

(一)璧山区可移动文物基本情况

1. 类别

可移动文物类别

可移动文物类别	可移动文物实际数量(件)	实际数量占比(%)
合计	1044	100.00
玉石器、宝石	12	1.15
陶器	86	8.24
瓷器	93	8.91
铜器	16	1.53
金银器	7	0.67
铁器、其他金属器	18	1.72
雕塑、造像	216	20.69
石器、石刻、砖瓦	70	6.70
书法、绘画	1	0.10

续表

可移动文物类别	可移动文物实际数量（件）	实际数量占比（%）
文具	6	0.57
玺印符牌	5	0.48
钱币	232	22.22
竹木雕	4	0.38
家具	1	0.10
文件、宣传品	1	0.10
档案文书	2	0.19
玻璃器	7	0.67
标本	42	4.02
其他	225	21.55

2.年代

(1)可移动文物年代类型。

可移动文物年代类型

可移动文物年代类型	可移动文物实际数量（件）	实际数量占比（%）
合计	1044	100.00
地质年代	42	4.02
考古学年代	4	0.38
中国历史学年代	988	94.64
公历纪年	1	0.10
其他	9	0.86
年代不详	0	0

(2)可移动文物中国历史学年代分布。

可移动文物中国历史学年代分布

可移动文物中国历史学年代	可移动文物实际数量（件）	实际数量占比（%）
合计	988	100.00
汉	187	18.93
唐	3	0.30
宋	126	12.75
明	67	6.78
清	564	57.09
中华民国	41	4.15

3.级别

可移动文物级别

可移动文物级别	可移动文物实际数量（件）	实际数量占比（%）
合计	1044	100.00
一级	0	0
二级	13	1.25
三级	49	4.69
一般	0	0
未定级	982	94.06

4.来源

可移动文物来源

可移动文物来源	可移动文物实际数量（件）	实际数量占比（%）
合计	1044	100.00
征集购买	36	3.45
接受捐赠	68	6.51
依法交换	0	0
拨交	364	34.87
移交	15	1.44
旧藏	0	0
发掘	509	48.75
采集	48	4.60
拣选	4	0.38
其他	0	0

5.入藏时间

可移动文物入藏时间范围

可移动文物入藏时间范围	可移动文物实际数量（件）	实际数量占比（%）
合计	1044	100.00
1949年10月1日前	1	0.10
1949年10月1日—1965年	0	0
1966—1976年	0	0
1977—2000年	744	71.26
2001年至今	299	28.64

6.完残程度

可移动文物完残程度

可移动文物完残程度	可移动文物实际数量(件)	实际数量占比(%)
合计	1002	100.00
完整	187	18.66
基本完整	458	45.71
残缺	236	23.55
严重残缺(含缺失部件)	121	12.08

注:根据国家文物局《关于做好馆藏自然类藏品登录工作有关要求的通知》的要求,登录的自然类藏品42件/套,不填写"完残程度"指标项。

(二)璧山区可移动文物分布情况

1.按收藏单位隶属关系统计可移动文物数量

可移动文物数量分布(按收藏单位隶属关系)

收藏单位隶属关系	可移动文物实际数量(件)	实际数量占比(%)
合计	1044	100.00
中央属	0	0
省属	0	0
地市属	0	0
县区属	1044	100
乡镇街道属	0	0
其他	0	0

2.按收藏单位性质统计可移动文物数量

可移动文物数量分布(按收藏单位性质)

收藏单位性质	可移动文物实际数量(件)	实际数量占比(%)
合计	1044	100.00
国家机关	0	0
事业单位	1044	100
国有企业	0	0
其他	0	0

3.按收藏单位类型统计可移动文物数量

可移动文物数量分布(按收藏单位类型)

收藏单位类型	可移动文物实际数量(件)	实际数量占比(%)
合计	1044	100.00
博物馆、纪念馆	1043	99.90

续表

收藏单位类型	可移动文物实际数量(件)	实际数量占比(%)
图书馆	0	0
美术馆	0	0
档案馆	0	0
其他	1	0.10

4.按收藏单位所属行业统计可移动文物数量

可移动文物数量分布(按收藏单位所属行业)

收藏单位所属行业	可移动文物实际数量(件)	实际数量占比(%)
合计	1044	100.00
教育	1	0.10
文化、体育和娱乐业	1043	99.90

二、璧山区普查工作组织实施

(一)加强组织,健全机构

1.设立普查领导小组,成立普查机构

根据《重庆市人民政府关于开展第一次全国可移动文物普查的通知》精神,为切实加强对普查工作的组织领导,璧山区成立了第一次全国可移动文物普查工作领导小组,负责普查工作的组织和领导。普查领导小组组长由区政府分管领导担任,政府办公室分管副主任和文广新局负责人任副组长,普查领导小组单位成员由文广新局、教委、财政局、发改委、档案局等18个相关部门和单位的负责人组成。普查领导小组办公室设在区文广新局,负责普查工作的日常组织和具体协调。在第一次全国可移动文物普查领导小组的统一指导、协调下,各成员单位各司其职,通力协作,共同做好文物普查各项工作。

2.制订普查实施方案和确定工作制度

为贯彻落实《重庆市人民政府关于开展第一次全国可移动文物普查的通知》精神,科学、规范、有序完成普查工作,区普查办印发了《第一次全国可移动文物普查实施方案》,方案明确了普查工作的组织管理、时间步骤、技术路线、经费保障等内容。

为确保璧山区文物普查工作规范化、制度化,区普查办及时制定了《普查工作人员守则》《文物普查信息报送制度》《数据管理员职责》等一系列规章制度来加强对文物普查各阶段、各项工作的管理。

3.落实普查工作经费

为了确保普查工作的顺利开展,根据《财政部国家文物局关于加强第一次全国可移动文物普查经费保障与管理的通知》精神,璧山区每年投入16万元经费,保障普查工作的顺利进行。在经费使用上,璧山区严格按照国家财务制度规定,加强经费管理,专款专用,确保资金使用的规范、安全、有效。

璧山区2013—2016年可移动文物普查经费落实情况表(单位:万元)

合计	2013年	2014年	2015年	2016年
64	16	16	16	16

4.组建普查队伍

在第一次全国可移动文物普查期间,为了保证普查工作按时保质完成,璧山区共投入65人开展普查工作,其中普查办30人,收藏单位2人,普查专家5人,普查志愿者28人。

璧山区可移动文物普查队伍统计表(单位:人)

合计	本级普查办	收藏单位	普查专家	普查志愿者
65	30	2	5	28

(二)划分阶段,有序实施

1.国有可移动文物收藏单位调查阶段

璧山区普查办于2013年6月向全区725家国家机关、事业单位、国有企业和国有控股企业发放了《重庆市可移动文物普查国有单位信息调查表》,要求单位负责人签字并加盖公章。725家单位都将登记表交回了普查办,实现了地区内国有单位摸底调查全覆盖。经过最终认定,确认收藏有文物资料的单位2家,分别为璧山区文物管理所、璧山区来凤小学。

2.国有可移动文物认定工作阶段

璧山区严格按照《重庆市可移动文物普查文物认定规范》的要求对本区文物进行认定。2015年6月邀市普查办文物认定专家进行现场培训,为可移动文物认定工作的顺利开展奠定了基础。

3.国有可移动文物信息采集登录阶段

2014年,按照市普查办统一部署,璧山区文物管理所、璧山区来凤小学2家文物收藏单位完成了信息初始化工作,对全国可移动文物信息登录平台要求必须填报的14个指标进行了详细调查。两家单位均明确了录入员、审核员、用户管理员,落实责任到人,保证普查数据质量。2015年底,完成2家国有文物收藏单位的文物数据采集工作,并全部上传到平台。

4.国有可移动文物信息审核阶段

璧山区严格按照《第一次全国可移动文物普查数据审核工作管理办法》的要求开展数据审核工

作。初审、复审分别由不同的工作人员负责,对在审核中发现的问题,采取先记录,再讨论,最后形成统一意见的方式予以解决,做到一审一检,以保证信息的准确性。璧山区可移动文物数据于2016年8月通过市级专家抽审和终审。

(三)普查宣传,营造氛围

普查工作开展之初,璧山区普查办就将对外宣传列入普查工作的重要内容,制订了可移动文物普查宣传方案。区普查办充分利用区文化委组织开展的世界读书日、世界博物馆日等活动,采用展板、海报、宣传单、小册子等形式宣传可移动文物普查的目的和意义,宣传区普查工作情况,宣传部分普查成果,并通过新闻媒体、互联网进一步扩大宣传效应,为可移动文物普查营造了良好的社会环境与舆论氛围。

(四)质量控制,确保进度

在普查工作中,璧山区严格按照《重庆市可移动文物普查质量控制管理制度》,将普查组织、国有单位文物收藏情况调查、文物认定、信息采集登录报送、数据整合汇总等工作贯穿到质量控制管理的全过程,普查质量控制取得了良好的效果。

1.构建培训体系

为切实推进文物普查工作,提高普查人员的业务素质,严格掌握文物普查的相关规范标准与普查技术,区普查办组织普查业务培训共8次,累计培训76人次。

璧山区组织的普查培训班情况一览表

合计		2013年		2014年		2015年		2016年	
次数(次)	人数(人次)	次数(次)	人数(人次)	次数(次)	人数(人次)	次数(次)	人数(人次)	次数(次)	人数(人次)
8	76	3	30	2	21	2	22	1	3

2.普查中的人员、文物、数据安全管理

璧山区在可移动文物普查的各个阶段中实行分岗制,分别由专人进行文物的认定、文物照片的拍摄、文物尺寸的测量、文物数据的录入以及文物数据的审核,在普查工作中,严格执行国务院普查领导小组办公室制定的标准规范,利用现代信息技术,采用"统一平台、联网直报、分级审核、动态管理"的方式进行普查登记。在普查过程中,工作人员认真负责,反复审核,以确保文物、数据的安全、准确。

3.普查验收

根据《重庆市文物局关于做好第一次全国可移动文物普查验收和总结工作的通知》精神,璧山区普查办积极开展验收工作,组织2家国有收藏单位认真填写《第一次全国可移动文物普查验收表》,并根据全区普查工作情况,参考《验收合格评定标准》,形成《璧山区第一次全国可移动文物普查验收报告》,验收结论为合格。

三、璧山区普查工作成果

(一)可移动文物资源情况及价值

1. 文物保存状况

经第一次全国可移动文物普查,璧山区共有可移动文物收藏单位2家,分别是璧山区文物管理所、璧山区来凤小学。其中文物管理所保管人员2人,库房面积200平方米。来凤小学未建立专门的库房。

2. 文物价值

璧山区共有可移动文物801件/套,其中璧山画像石棺是汉代文化的独特代表。

(二)建立健全管理机制

1. 建立文物档案

通过第一次全国可移动文物普查,璧山区初步实现了全区国有可移动文物资源标准化、动态化管理,适应了新时期文物保护、管理和文物藏品建档备案工作的需要。

2. 健全制度规范

通过第一次全国可移动文物普查,璧山区进一步完善了可移动文物调查、认定、登记、管理及利用制度。制订可移动文物认定工作方案,方案确定了文物认定标准、工作内容、工作方式等。制订普查数据审核工作方案,方案明确了数据审核责任、审核评定标准和抽审程序。

3. 加强文物保护

为加强文物保护,璧山区一方面做好馆藏文物保管,并积极推进璧山区博物馆建设,按照国家标准建立完善文物档案和数据库,实现藏品保管规范化建设;另一方面,利用电视、媒体和报纸加强对文物保护法的宣传普及,增强市民的文物保护意识。

4. 引进培养人才

在普查工作中,璧山区结合实际,对涉及可移动文物普查的单位进行多次普查培训,增加普查人员的业务能力,同时招聘专业人才协助普查工作,确保普查顺利有序进行。

(三)发挥文物在经济社会发展中的重要作用

璧山区结合国际博物馆日、重庆文化遗产宣传月活动,大力宣传可移动文物普查,并公布一部分第一次全国可移动文物普查成果。制作展板共32块,放置于文庙广场供广大市民阅览。并与乡镇举行联合巡展,让市民更加了解文物保护及文物普查工作,发放宣传小册子累计10000余册,海报累计

100份。同时邀请璧山电视台及璧山报社在重庆文化遗产宣传月期间对文物普查工作进行宣传,累计电视报道10次,通过璧山报社宣传累计8次,微信、QQ等宣传20次。

四、建议

为发挥文物资源的社会教育作用,扩大文物资源对公众的影响,增强社会力量对文物的保护和利用,让文物活起来,建议加强对璧山区可移动文物的保护和利用,利用璧山区文物资源,深挖文物内涵,激发广大市民对璧山文化乃至中华传统文化的了解、认同和热爱,丰富璧山的城市精神,激发正能量,增强璧山文化软实力。

报告执笔人:李佳岭

报告审阅人:金维贤

25 梁平区[①]第一次全国可移动文物普查总结报告

梁平史称梁山,西魏元钦二年(公元553年)置县。因与山东省梁山县同名,1952年经中央政务院批准,更名为梁平县。梁平区地处渝东北,属典型的高台平坝地区,区域内呈"三山五岭、两槽一坝、丘陵起伏、六水外流"的地貌特征,气候温和,四季分明。全区辖区面积约1890平方千米,总人口约93万人。梁平有河、有山、有平坝,可渔、可猎、可耕种,多元的生产方式,不但为生命的生存提供了充足的物质保障,也为文明的薪传和文化的多形态发展提供了充分的先决条件,无论是游猎文明,还是农耕文明在梁平辖区皆有发现,使梁平成为巴渝文化的重要发祥地之一。

2012年10月,国务院启动了第一次全国可移动文物普查工作,这是继第三次全国不可移动文物普查之后,在文化遗产领域开展的又一次重大国情国力资源调查,是一项旨在全面掌握我国文物资源、加强文物保护、建设文化遗产强国的国家工程。根据《国务院关于开展第一次全国可移动文物普查的通知》和《重庆市人民政府关于开展第一次全国可移动文物普查的通知》精神,梁平区人民政府精心组织,积极动员,扎实推进工作,已顺利完成普查任务。普查分为工作准备、普查实施和验收汇总三个阶段。自2013年到2016年,历时四年,涉及多个行业和领域。据统计,在整个普查期间,梁平区共投入人员652人(包含各国有文物收藏单位参与调查人员),落实普查经费21万元,共发放调查表626份,回收626份,排查出全区33个乡镇、街道共有626家国有文物收藏单位,实现了全区国有文物收藏单位摸底调查100%全覆盖。此次普查共采集登录文物978件/套(其中文博系统国有文物收藏单位有763件/套,文博系统外国有文物收藏单位有215件/套),共计3185件,其中珍贵文物395件。共收录文物图片1.274万张。

此次普查的国有文物收藏单位的可移动文物涵盖35个文物类别中的27类,主要具有以下四个特点。一是分布相对集中。全区约78%的文物集中收藏在文博系统(区文物管理所和双桂堂)。二是文物特色鲜明。此次普查采集的文物中梁平木版年画、竹禅字画充分体现了本地区文化发展脉络,揭示了本地区悠久灿烂的历史文化在我国古代文化中的重要地位和作用,也充分展现了梁平地域文物资源的独特性。

通过第一次全国可移动文物普查,梁平区全面摸清了可移动文物的家底,掌握了可移动文物资源状况,建立起了完备的登录备案机制,实现了可移动文物的标准化、动态化、规范化管理,为更好地发挥文物的价值作用和提升社会服务管理水平奠定了良好的基础。现将梁平第一次全国可移动文物普查工作情况报告如下:

[①]2016年11月,撤销梁平县,设立梁平区,其名称与相应时间对应,不做统一。

一、梁平区普查数据

截至2016年10月31日,梁平区在全国可移动文物信息登录平台登录可移动文物978件/套,实际数量为3185件。其中,珍贵文物339件/套,实际数量为395件。登录了可移动文物信息的收藏单位有4家。

(一)梁平区可移动文物基本情况

1. 类别

可移动文物类别

可移动文物类别	可移动文物实际数量(件)	实际数量占比(%)
合计	3185	100.00
玉石器、宝石	25	0.78
陶器	22	0.69
瓷器	149	4.68
铜器	21	0.66
金银器	18	0.57
铁器、其他金属器	1	0.03
雕塑、造像	48	1.51
石器、石刻、砖瓦	98	3.08
书法、绘画	351	11.02
文具	17	0.53
玺印符牌	18	0.57
钱币	297	9.32
牙骨角器	119	3.74
竹木雕	12	0.38
家具	4	0.13
珐琅器	2	0.06
织绣	47	1.48
古籍图书	1856	58.27
碑帖拓本	2	0.06
文件、宣传品	5	0.16
档案文书	3	0.09
名人遗物	1	0.03
乐器、法器	19	0.60
皮革	38	1.19
票据	9	0.28
标本、化石	1	0.03
其他	2	0.06

2. 年代

(1) 可移动文物年代类型。

可移动文物年代类型

可移动文物年代类型	可移动文物实际数量(件)	实际数量占比(%)
合计	3185	100.00
地质年代	0	0
考古学年代	1	0.03
中国历史学年代	3153	99.00
公历纪年	20	0.63
其他	0	0
年代不详	11	0.35

(2) 可移动文物中国历史学年代分布。

可移动文物中国历史学年代分布

可移动文物中国历史学年代	可移动文物实际数量(件)	实际数量占比(%)
合计	3153	100.00
夏	0	0
商	0	0
周	0	0
秦	0	0
汉	49	1.55
三国	0	0
西晋	0	0
东晋十六国	0	0
南北朝	0	0
隋	0	0
唐	2	0.06
五代十国	0	0
宋	4	0.13
辽	0	0
西夏	0	0
金	0	0
元	1	0.03
明	32	1.01
清	2194	69.58
中华民国	869	27.56
中华人民共和国	2	0.06

3.级别

可移动文物级别

可移动文物级别	可移动文物实际数量（件）	实际数量占比（%）
合计	3185	100.00
一级	1	0.03
二级	103	3.23
三级	291	9.14
一般	73	2.29
未定级	2717	85.31

4.来源

可移动文物来源

可移动文物来源	可移动文物实际数量（件）	实际数量占比（%）
合计	3185	100.00
征集购买	12	0.38
接受捐赠	5	0.16
依法交换	0	0
拨交	0	0
移交	1	0.03
旧藏	3162	99.28
发掘	4	0.13
采集	1	0.03
拣选	0	0
其他	0	0

5.入藏时间

可移动文物入藏时间范围

可移动文物入藏时间范围	可移动文物实际数量（件）	实际数量占比（%）
合计	3185	100.00
1949年10月1日前	347	10.89
1949年10月1日—1965年	19	0.60
1966—1976年	0	0
1977—2000年	2799	87.88
2001年至今	20	0.63

6.完残程度

可移动文物完残程度

可移动文物完残程度	可移动文物实际数量(件)	实际数量占比(%)
合计	3185	100.00
完整	0	0
基本完整	778	24.43
残缺	2396	75.23
严重残缺(含缺失部件)	11	0.35

(二)梁平区可移动文物分布情况

1.按收藏单位隶属关系统计可移动文物数量

可移动文物数量分布(按收藏单位隶属关系)

收藏单位隶属关系	可移动文物实际数量(件)	实际数量占比(%)
合计	3185	100.00
中央属	0	0
省属	0	0
地市属	0	0
区县属	3185	100.00
乡镇街道属	0	0
其他	0	0

2.按收藏单位性质统计可移动文物数量

可移动文物数量分布(按收藏单位性质)

收藏单位性质	可移动文物实际数量(件)	实际数量占比(%)
合计	3185	100.00
国家机关	0	0
事业单位	2816	88.41
国有企业	0	0
其他	369	11.59

3.按收藏单位类型统计可移动文物数量

可移动文物数量分布(按收藏单位类型)

收藏单位类型	可移动文物实际数量(件)	实际数量占比(%)
合计	3185	100.00
博物馆、纪念馆	1155	36.26
图书馆	1649	51.77
美术馆	0	0

续表

收藏单位类型	可移动文物实际数量(件)	实际数量占比(%)
档案馆	12	0.38
其他	369	11.59

4.按收藏单位所属行业统计可移动文物数量

可移动文物数量分布(按收藏单位所属行业)

收藏单位所属行业	可移动文物实际数量(件)	实际数量占比(%)
合计	3185	100.00
文化、体育和娱乐业	2804	88.04
公共管理、社会保障和社会组织	381	11.96

二、梁平区普查工作组织实施

(一)加强组织,健全机构

1.设立普查领导小组,成立普查机构

根据全区统一领导、部门分工协作、分级负责、各方共同参与的原则确定普查的组织方式。2013年5月15日梁平县人民政府印发了《梁平县人民政府办公室关于成立梁平县第一次全国可移动文物普查领导小组的通知》,5月27日成立了梁平县第一次全国可移动文物普查领导小组,负责普查工作的组织和领导,协调解决重大问题。领导小组组长由区政府分管领导担任,副组长由区政府办公室分管副主任、区文化委员会主任担任。领导小组成员由区委各部委、区政府各部门及有关单位、社会团体和各乡镇人民政府主要领导组成,区普查领导小组办公室设在区文物管理所,由区文化委员会主任兼任办公室主任,区文化委员会分管副主任兼任办公室副主任,负责处理普查工作的日常事务。办公室下设综合协调组、技术服务组、登录审核组、区级普查组、宣传报道组等,负责普查工作的日常组织、指导、协调和具体实施汇总等工作。办公室所需人员由文博系统内相关的专业人员与临时聘用人员组成,运行经费由区财政拨付。整个普查工作历时4年,自2013年起至2016年底圆满完成。

2.制订普查实施方案和确定工作制度

梁平县结合实际、科学谋划、主动作为,努力做到普查工作稳步推进,于2013年5月27日,梁平县人民政府召开了梁平县第一次全国可移动文物普查工作动员大会暨工作部署,全区上下高度重视,县委、县人大、县政府、县政协领导出席会议,参加会议的有县级各部门、各乡镇人民政府和各国有企业负责人等142个单位160余人。印发了《梁平县第一次全国可移动文物普查实施方案》,确定了梁平县文物普查的内容、时间、范围和目标,并就梁平县第一次全国可移动文物普查工作做了部署。

3.落实普查工作经费

为保证各项工作顺利推进,区财政局根据普查要求,拨付普查专项工作经费20万元,另市级普查办下拨经费1万元。详见下表:

梁平区2013—2016年可移动文物普查经费落实情况表(单位:万元)

	合计	2013年	2014年	2015年	2016年
市级	1	0	0	1	0
区县级	20	0	20	0	0
全区总计	21	0	20	1	0

为确保普查专项经费的合理高效使用,梁平区在"一普"工作中严格执行专项经费管理制度,倡导节约,专款专用,专款专账,合理合据,记录明细。

4.组建普查队伍

此次普查梁平区总投入人员数量652人(包含各国有文物收藏单位参与调查人员)。为确保可移动文物普查工作高质高效顺利推进,普查领导小组办公室迅速抽调7名专业人员组建调查队伍,即时到位开展普查工作;区级各单位、部门和行业系统也抽调本行业、本系统的1~2名骨干人员组成了普查专职队伍;另外区普查办还长期聘请了1名具有文博专业知识和丰富工作经验的文物收藏爱好者,对藏品数据信息采集进行指导,并先后接收了重庆师范大学共11名文博专业学生到普查办实习,协助开展普查工作,切实保障了普查工作的顺利开展。

梁平区可移动文物普查队伍统计表(单位:人)

合计	普查办	收藏单位	普查专家	普查志愿者
652	7	633	1	11

(二)划分阶段,有序实施

1.国有可移动文物收藏单位调查阶段

2013年5月27日,梁平县第一次全国可移动文物普查工作动员大会暨工作部署会召开。会议成立了梁平县第一次全国可移动文物普查领导小组办公室,制订了普查技术路线,落实了普查经费,印发了《梁平县第一次全国可移动文物普查实施方案》。以此次动员大会暨工作部署会为标志,全区文物普查进入第二阶段,即普查实施阶段。同时全区形成群策群力、多部门共同参与的工作格局,全方位、多角度确保普查工作顺利进行。

初步调查采用"三步法"收集信息:各单位填表上报(领导签字盖章)—普查办汇总(信息整理)—普查办实地抽样(核对确认),形成区普查办、主管机关、所属部门归口管理、分类汇总的三级普查立体架构。快速高效地完成区域内626个国有文物收藏单位的全面统计调查,完成率100%。收回统计表

626份,收回率100%。反馈调查表均有单位主要负责人签字盖章,保证了反馈信息的真实有效。

经调查,梁平区确认收藏有文物的国有文物收藏单位4家,共收藏可移动文物978件/套。

2.国有可移动文物认定工作阶段

为确保普查数据真实有效,梁平区普查办先后开展了3次文物实地认定工作,邀请重庆市文物认定专家组专家现场指导认定2次,梁平区普查办组织本级专家认定1次,通过上报数据经市普查办认定1次。经认定,梁平区文博系统单位新认定文物15件/套,非文博系统单位新认定文物300件/套。

3.国有可移动文物信息采集登录阶段

为安全、高效、高质推进普查工作,梁平区普查办组织了业务素质高、专业技术强的3名专业人员和5名文博专业实习学生共同开展信息登录工作。采用集中时间、集中人员、逐件登记的方式采集、核对、上传信息,并在工作中不断学习,总结经验,理顺普查方法,确保普查进度。信息采集坚持"时间为质量让步"的原则,边照边测、即测即录,确保记录正确有效,一次到位,避免了反复测量拍照给文物带来的人为损坏。同时,为确保普查工作的安全性和录入数据的统一性,区普查办采用专人专岗的方式逐一开展了4家国有文物收藏单位的馆藏文物数据登录工作。

4.国有可移动文物信息审核阶段

梁平区普查办实施统一平台、分单位离线登录数据信息、统一审核、联网上报、一次入库的方式开展审核报送工作,信息审核上报和管理在区普查办平台统一集中进行。按照普查工作规范、技术标准和普查方案要求,于2014年4月至2016年7月在平台上对登录信息逐级审核并上报市普查办。

审核流程主要包括:(1)收藏单位审核;(2)区普查办审核;(3)重庆市终审。普查机构在进行数据审核时,对于需要征求专家意见的,积极组织专家进行了预审。

(三)宣传动员,营造氛围

1.媒体宣传

梁平区自2013年普查工作全面启动以来,高度重视普查宣传工作,充分利用现代媒体优势,将普查宣传对接到报纸、网络、移动传媒、宣传品等各类媒介载体,特别邀请区电视台、梁平报社等主流媒体进行跟踪报道,切实增强了广大群众的爱国情怀和文物保护的思想意识。在普查期间,梁平区总计通过电视媒体宣传3次,互联网宣传2次,报刊报道2次。

2.活动宣传

为使普查工作和文物保护工作深入人心,梁平区普查办把文物普查宣传与重庆文化遗产宣传月、国际博物馆日、中国文化遗产日等活动结合起来,制作了宣传展板、横幅、宣传资料,深入到乡镇街道、军队、学校等重要场所开展巡展和发放宣传资料。

制作图片展板14块,展示普查中呈现出的优秀的馆藏文物。分别在梁平区屏锦镇、礼让镇、梁山街道、区人民广场、仁贤初中、梁山小学、消防队举办了文物图片展览活动,共计发放宣传资料10000余份,接待参观者8000余人。宣传资料图文并茂,内容主要为可移动文物普查相关知识,文物保护常识,普查精美文物图片,普查工作照等。累计悬挂宣传横幅10余条。

(四)质量控制,确保进度

1.构建培训体系

为保证普查质量、提高普查效率,梁平区普查办通过"送出去和请进来"的方式及时对普查工作人员进行培训,普及了可移动文物普查的相关政策制度、可移动文物认定的基本规范、可移动文物数据采集基本流程等,以及文物的定名标准、测量标准、记录标准等,既加快了普查工作人员的角色适应,又减少了人为原因造成的文物损害,还提高了工作效率。

梁平区普查培训班情况一览表

合计		2013年		2014年		2015年		2016年	
次数（次）	人数（人次）	次数（次）	人数（人次）	次数（次）	人数（人次）	次数（次）	人数（人次）	次数（次）	人数（人次）
30	44	10	11	10	11	5	11	5	11

2.普查工作督查

梁平区普查办在普查工作中高度重视文物安全和普查数据质量,为确保普查质量和进度,普查办定期开展抽查,了解工作情况,及时通报进度和解决工作中遇到的困难,确保了普查工作高效、高质推进。

3.普查中的人员、文物、数据安全管理

在普查工作中,始终将人员安全放在首位,一是普查人员上岗前必须进行岗前培训,加强自身安全意识和文物保护意识;二是保证工作环境的安全,需要进行危险操作的,必须做好安全措施。

为保证文物安全,在对普查人员进行文物保护知识培训的同时,通过合理的安排,尽量缩短文物运送的路程。数据采集做到详尽准确,减少文物搬运次数,避免文物损坏。

普查基础数据严格保密,每日采集后专人负责统计,妥善保管。未经上一级可移动文物普查办批准,不得随意公布数据信息。

4.普查验收

根据国家文物局《关于做好第一次全国可移动文物普查验收工作的通知》,梁平县于2016年8月13日组织专人对辖区内4家国有文物收藏单位的第一次全国可移动文物普查工作进行检查验收。2016年9月21日,重庆市第一次全国可移动文物普查工作第五验收工作组对梁平县的第一次全国可移动文物普查工作进行检查验收。通过听取汇报和查阅资料,梁平区第一次全国可移动文物普查工作顺利通过验收,被评为合格。

(五)展示成果,做好总结

1. 编制普查档案

根据市普查办审定的普查数据对梁平区"一普"中各类可移动文物收藏单位的信息编制《梁平区国有可移动文物名录》《梁平区国有可移动文物收藏单位名录》,根据此次可移动文物普查工作反映的情况提出可移动文物保护、文物保护事业发展与国家经济社会协调发展的建议,编制《梁平区第一次可移动文物普查报告》。将此三份档案连同普查过程中所形成的请示、报告、通知、工作计划、总结、简报、会议记录、方案、规章制度,各有关机构工作人员名册,各种培训资料教材、宣传材料、工作照片、声像资料、展览文本等,以及在普查工作中形成的其他重要相关资料,全部收入可移动文物普查档案内。严格按照《国有可移动文物普查建档备案工作规范(试行)》的要求,对可移动文物档案实行专卷专人保管。

2. 普查专题研究

在普查期间,梁平区普查办还结合第一次全国可移动文物普查工作,同时开展了梁平区抗战可移动文物的调查。

3. 普查表彰情况

梁平区普查表彰工作待市级普查验收结束后组织实施。

三、梁平区普查工作成果

(一)梁平区可移动文物资源情况及价值

1. 文物数量及分布

通过此次文物普查,梁平区摸清了辖区内国有可移动文物的数量及分布情况。梁平区国有可移动文物978件/套,实际数量3185件。主要集中分布在区级机关事业单位内,文物类别共计27类。

梁平区国有收藏单位可移动文物分布表

序号	国有单位名称	文物数量(件)	所占比例
1	梁平区文物管理所	1155	36.26%
2	梁平区档案局	12	0.38%
3	梁平区图书馆	1649	51.77%
4	梁平区双桂堂	369	11.59%

2. 文物保存状况

梁平区共有4家国有可移动文物收藏单位,专职文物保管人员7人,库房面积约350平方米。可移动文物保存条件较差,均无恒温恒湿调控设备,部分单位没有专职保管人员。以双桂堂为例,该寺庙庙藏文物213件/套,其中珍贵文物95件/套。由于该收藏单位没有配置合格的保管库房,无恒温恒湿设备,文物保存环境潮湿,纸质文物霉变严重,库房结构为木质结构,安全隐患较大。普查工作之后,督促其进行了及时整改,指导采购了恒温恒湿保存柜,订购了数字画专用囊匣。但文物保存的大环境仍未改变,库房设施的落后和文物保护专业人员的缺乏,是梁平区各收藏单位面临的共同问题。

3.掌握使用管理情况

梁平区4家可移动文物收藏单位目前均未对外公开展示、使用可移动文物。为使文物保护成果全民共享,充分发挥文物服务于经济社会发展和民生改善的社会功能,梁平区已经开始筹建博物馆,并计划实施文物保护规划编制、文物合理适度开发利用等重要工作。

(二)建立健全管理机制

1.建立文物档案

在普查登录结束后,梁平区普查办已对各收藏单位提出了建立文物藏品档案的要求,并委托重庆市梁平区文物管理所对其他收藏单位的藏品进行建档指导。4家收藏单位均已建立自己的藏品档案,并反馈区普查办进行备份。

2.健全制度规范

在文物普查启动阶段,区普查办为统一标准、规范,实现资源标准化管理和可持续利用,已对国务院、国家文物局及行业规范进行梳理,并对各收藏单位保管人员进行了培训,并专门向各收藏单位印发了《文物藏品档案规范》《馆藏文物登录规范》《第一次全国可移动文物普查建档备案工作规范(参考)》等行业规范和制度,要求各收藏单位严格执行。

3.加强文物保护

通过此次可移动文物普查,梁平区摸清了文物资源现状:

首先,可移动文物保护基础工作薄弱。梁平区各国有可移动文物收藏单位文物藏品库房均无预防性保护措施和设施设备,藏品保管条件差,保护措施落后,缺乏技术条件支持。由于库房狭小,许多不可移动文物处于堆放、叠放状态;缺乏恒温恒湿设备和先进的防霉防蛀措施,仅仅靠定期通风、更换干燥剂、放置防霉防虫药剂等手段对可移动文物实施保护。尤其是区图书馆馆藏古籍图书和双桂堂庙藏的文物,亟待修复并改善保存环境。

其次,文物保护经费的缺乏制约文物资源发挥社会效益,捉襟见肘的可移动文物保护经费严重制约了文物征集和库房条件改善等工作的开展。梁平区文物管理所作为梁平区国有可移动文物的主要收藏单位,馆藏文物主要是1990年之前的旧藏,几乎没有增加,对于具有梁平文化特色的精品文物却无资金予以收藏。

4.引进培养人才

为做好文物保护工作，2015年，梁平县及时为文物管理所增加编制，采用限定专业的方式公开招聘文物与博物馆学专业人才1名，定岗开展文物保护工作。

（三）发挥文物在经济社会发展中的重要作用

1.普查成果利用计划

首先，梁平区开始筹备出版本次可移动文物普查成果集；其次，将利用此次普查的机会，完善国有文物收藏单位藏品保管制度，改善藏品保存条件；最后，要结合梁平区博物馆筹建，深入挖掘研究古籍图书和重要地域文物中所蕴含的历史文化内涵，为博物馆建设打好基础。

2.利用普查成果举办展览情况

将再次在本辖区范围内进行巡展，做到普查成果全民共享，进一步提高市民自觉保护文物的思想意识。

3.普查成果公开出版发行情况

区文物管理所已在筹备普查成果出版的相关工作。

4.普查成果资源开发和利用

梁平区针对梁平木版年画和梁平竹帘开展了衍生品开发工作，设计制作了年画衫、卫浴用具、个性邮票、明信片、贺卡、钥匙扣、抱枕、竹帘灯罩、屏风等产品。

四、建议

梁平区圆满地完成了第一次全国可移动文物普查任务，成果丰硕，收获巨大，但也存在一些问题需要加以改进，需要深入总结。

（1）建议进一步加强基层专业人员配置和培养工作，切实提升基层文保人员整体专业素质。通过普查工作的深入展开，基层普查人员数量不足、专业不强、专家队伍匮乏等问题逐渐暴露出来，导致普查工作特别是采集审核工作进度迟缓。

（2）建议加强文物数字化保护工作和为全部珍贵文物配备柜架囊匣。开展基层标准化文物库房建设，切实提高可移动文物保护管理水平。

（3）建议加强文物的合理利用。保护的目的是充分发挥文物教育民众、推动发展等社会化功能。合理利用馆藏文物，用文物说话，讲中国历史故事，使大众更好地了解历史，文化需求得到满足。

报告执笔人：王克利

报告审阅人：王纯婧

26　城口县第一次全国可移动文物普查总结报告

城口因据三省市之门户(川、陕、渝),故名城,扼四方之咽喉,因称口。地处大巴山腹地、重庆市东北边缘,全县辖区面积约2389平方千米,辖2个街道23个乡镇,人口约25万。辖区内最高海拔约2686米,最低海拔约482米。城口历史文化源远流长,早在新石器时代,就有人类在这里活动,进入春秋战国时代,城口就成了巴人的天地,自秦以后,历代均在这里设官治民(注:一是依据单位收藏可移动文物判别,二是清代刘绍文编纂的城口厅志也有文字记载),同时,城口也是川陕革命根据地的重要组成部分。老一辈无产阶级革命家李先念、徐向前、王维舟等曾在这里留下过战斗足迹。现辖区有不可移动文物171余处(第三次不可移动文物普查资料提供),可移动文物更是种类丰富、数量众多,涉及类别多达21个,文物年代分布主要是商、汉、宋、明、清、中华民国及现代文物,清代文物占总数的80%左右,珍贵文物主要为革命文物。

文物普查是科学保护和合理利用文化遗产的基础工作。近年来,我国相继开展了三次不可移动文物普查和"文物调查和数据库建设"等工作,但由于组织、技术等多方面的条件限制,一直尚未开展针对社会各国有单位的全面的可移动文物普查,我国可移动文物总体资源不清、保管状况不明等问题也一直没有得到妥善的解决。2011年7月—2012年7月,国家文物局发布了《关于启动国有可移动文物普查试点工作的通知》,国务院随即下发了《国务院关于开展第一次全国可移动文物普查的通知》。根据通知要求,重庆市人民政府、重庆市文物局就普查的目的、范围、内容及时间安排等对全市所属的区县做出了相应工作部署。依据通知要求,城口县确立了关于该次普查工作的目标、范围等内容,并拟订了关于城口县普查工作的阶段任务安排,即普查工作准备、普查实施和验收汇总三个阶段,做好了普查工作的时间安排。2013年12月前做好各项普查工作实施前的工作准备,2014年1月—2016年6月做好各项普查工作的实施,2016年7—9月做好各项普查工作的扫尾及验收总结工作。

开展可移动文物普查,有利于全面掌握和科学评价文物资源情况和价值,健全国有文物登录备案机制和文物保护体系,加强保护力度和范围,维护文物安全,促进文物资源整合利用,丰富公共文化服务内容,保障人民群众基本文化权益,有效发挥文物在国民经济和社会发展总体布局中的积极作用。通过文物普查,能够更加深入认识现有国有馆藏文物的保护现状和保护需求,并依据现有情况做出科学抉择,开展相应保护工作;通过文物普查,能够对国有馆藏文物资源类别做到心中有数,并依据现有文物资源情况,做好文物征集工作,确保文物种类的丰富化、特色化,有利于更好地开展区域历史文化的研究工作;通过文物普查,促进解决国有文物资源底数不清、残损情况不明、登记建档不全等历史遗留问题,防止国有资产流失。

一、城口县普查数据

截至2016年10月31日,城口县在全国可移动文物信息登录平台登录可移动文物865件/套,实际数量为1554件。其中,珍贵文物92件/套,实际数量为105件。登录了可移动文物信息的收藏单位有1家。

(一)城口县可移动文物基本情况

1. 类别

可移动文物类别

可移动文物类别	可移动文物实际数量(件)	实际数量占比(%)
合计	1554	100.00
玉石器、宝石	16	1.03
陶器	24	1.54
瓷器	129	8.30
铜器	26	1.67
铁器、其他金属器	21	1.35
雕塑、造像	7	0.45
石器、石刻、砖瓦	62	3.99
文具	6	0.39
玺印符牌	2	0.13
钱币	1118	71.94
牙骨角器	1	0.06
竹木雕	4	0.26
织绣	1	0.06
武器	97	6.24
文件、宣传品	11	0.71
名人遗物	1	0.06
乐器、法器	6	0.39
皮革	1	0.06
票据	5	0.32
度量衡器	9	0.58
其他	7	0.45

2. 年代

(1)可移动文物年代类型。

可移动文物年代类型

可移动文物年代类型	可移动文物实际数量(件)	实际数量占比(%)
合计	1554	100.00
地质年代	0	0
考古学年代	3	0.19
中国历史学年代	1520	97.81
公历纪年	0	0
其他	26	1.67
年代不详	5	0.32

(2)可移动文物中国历史学年代分布。

可移动文物中国历史学年代分布

可移动文物中国历史学年代	可移动文物实际数量(件)	实际数量占比(%)
合计	1520	100.00
商	4	0.26
周	2	0.13
汉	36	2.37
唐	3	0.20
宋	10	0.66
明	6	0.39
清	1224	80.53
中华民国	230	15.13
中华人民共和国	5	0.33

3. 级别

可移动文物级别

可移动文物级别	可移动文物实际数量(件)	实际数量占比(%)
合计	1554	100.00
一级	0	0
二级	2	0.13
三级	103	6.63
一般	0	0
未定级	1449	93.24

4. 来源

可移动文物来源

可移动文物来源	可移动文物实际数量（件）	实际数量占比（%）
合计	1554	100.00
征集购买	71	4.57
接受捐赠	116	7.46
依法交换	0	0
拨交	0	0
移交	0	0
旧藏	1367	87.97
发掘	0	0
采集	0	0
拣选	0	0
其他	0	0

5. 入藏时间

可移动文物入藏时间范围

可移动文物入藏时间范围	可移动文物实际数量（件）	实际数量占比（%）
合计	1554	100.00
1949年10月1日前	0	0
1949年10月1日—1965年	0	0
1966—1976年	0	0
1977—2000年	1554	100.00
2001年至今	0	0

6. 完残程度

可移动文物完残程度

可移动文物完残程度	可移动文物实际数量（件）	实际数量占比（%）
合计	1554	100.00
完整	1249	80.37
基本完整	138	8.88
残缺	154	9.91
严重残缺（含缺失部件）	13	0.84

(二)城口县可移动文物分布情况

1. 按收藏单位隶属关系统计可移动文物数量

可移动文物数量分布(按收藏单位隶属关系)

收藏单位隶属关系	可移动文物实际数量(件)	实际数量占比(%)
合计	1554	100.00
中央属	0	0
省属	0	0
地市属	0	0
县区属	1554	100.00
乡镇街道属	0	0
其他	0	0

2. 按收藏单位性质统计可移动文物数量

可移动文物数量分布(按收藏单位性质)

收藏单位性质	可移动文物实际数量(件)	实际数量占比(%)
合计	1554	100.00
国家机关	0	0
事业单位	1554	100.00
国有企业	0	0
其他	0	0

3. 按收藏单位类型统计可移动文物数量

可移动文物数量分布(按收藏单位类型)

收藏单位类型	可移动文物实际数量(件)	实际数量占比(%)
合计	1554	100.00
博物馆、纪念馆	1554	100.00
图书馆	0	0
美术馆	0	0
档案馆	0	0
其他	0	0

4. 按收藏单位所属行业统计可移动文物数量

可移动文物数量分布(按收藏单位所属行业)

收藏单位所属行业	可移动文物实际数量(件)	实际数量占比(%)
合计	1554	100.00
文化、体育和娱乐业	1554	100.00

二、城口县普查工作组织实施

(一)属地管理,分级负责

1. 设立普查领导小组,成立普查机构

根据《重庆市人民政府关于开展第一次全国可移动文物普查的通知》精神,城口县成立了第一次全国可移动文物普查领导小组,负责普查工作的组织和领导,协调解决重大问题。普查领导小组组长由县政府分管领导担任,副组长由县文广新局局长担任。普查领导小组成员单位由县发改委、县教委、县经信委、县民政局、县财政局、县国土房管局、县档案史志局等13个相关部门和单位组成。县普查领导小组办公室设在县文广新局,由县文广新局局长兼任办公室主任。办公室下设综合协调组、技术服务组、专家审核组、县级普查组、宣传报道组等。办公室负责普查工作的日常组织和具体协调。其主要职责:制订《城口县第一次全国可移动文物普查实施方案》,制订和组织实施普查年度工作计划,编制普查经费预算,管理并执行财政预算,组建综合协调组、技术服务组、宣传报道组、专家审核组、县级普查组并开展相关工作,对乡镇街道的普查工作进行业务指导、督促检查和质量抽查,协调县级相关部门做好普查工作,举办全县普查业务骨干培训,指导乡镇街道普查培训,汇总、审核、验收、上报各乡镇街道普查数据,核定全县普查信息并发布,组织普查档案的建档备案工作,建立城口县可移动文物信息管理平台和管理普查文物数据库,编制《城口县第一次全国可移动文物普查工作报告》和《城口县第一次全国可移动文物普查文物名录》,组织开展普查宣传报道等工作。在普查期间,普查领导小组和普查办公室较好地发挥了领导带头作用,圆满完成了市文物局交办的各项普查工作任务,处理好了区域内的普查相关问题。

城口县可移动文物普查领导小组第一时间召开了工作部署会,就可移动文物普查的通知事宜、国有单位文物收藏情况的摸底调查、文物认定工作、普查宣传工作、文物数据登录、审核工作做了全面的安排。针对普查工作,组织了相关人员召开工作动员会,动员有关人员组建并加入可移动文物普查的领导小组、普查办、工作小组、专家认定组、普查宣传组等队伍中。

根据普查各项工作的启动及进行情况,定期组织召开专项普查工作推进会,对相关普查工作事宜进行阶段性工作汇总,并就工作开展情况进行通报。

2. 制订普查实施方案和确定工作制度

根据《重庆市第一次全国可移动文物普查实施方案》,制订了《城口县第一次全国可移动文物普查实施方案》《普查数据审核工作方案》等。为切实推进可移动文物普查工作,制定了《城口县关于第一次全国可移动文物普查工作办公室制度》《城口县关于第一次全国可移动文物普查信息登录操作准则》《城口县全国可移动文物普查建档备案工作规范》等。以上方案及工作制度,保障了普查工作开展的规范性、准确性和可持续性,为进一步做好普查工作夯实了根基。

3. 落实普查工作经费

依据重庆市普查办关于划拨普查经费的相关要求,城口县人民政府结合本县国有可移动文物收藏量的总体情况及工作开展量等进行综合考量,划拨专项经费24.5万元。

城口县2013—2016年可移动文物普查经费汇总情况表(单位:万元)

	合计	2013年	2014年	2015年	2016年
城口县普查办	10	1	4	4	1
城口县文物管理所(川陕苏区城口纪念馆)	14.5	1	6	6	1.5
城口县(合计)	24.5	2	10	10	2.5

普查经费使用严格遵循分阶段分工作量划拨,做到经费严格管控,力争不乱花一分钱,坚持把每一分钱都花在刀刃上。

4. 组建普查队伍

为保证可移动文物普查工作科学合理的开展,发动能参与的人员全力参与普查工作,并通过招募志愿者和联系系统外专家的方式解决人力不足的问题。对普查队伍的管理,普查办及区县属普查单位采取的是单位(机构)人员负责制,即所在单位(机构)负责其普查人员的管理和培训工作,各机构设立专门的分管普查责任人。

城口县先后投入31名人员参与可移动文物普查工作。其中非文博系统专家7人,志愿者7人。专家主要参与普查中文物认定、数据审核、验收。志愿者也是普查工作的重要辅助力量,城口县普查办对志愿者采取先培训后上岗与岗位普查工作培训相结合的管理方式,通过业务培训、普查问题交流商讨会、普查心得交流等,短时间内组建了素质较好的普查志愿者队伍。以上人员的加入极大地推进了普查工作的进度。其中非系统专家人员协助审核、认定馆藏文物共865件/套,志愿者协助开展信息采集、信息录入等共计200余件/套,其在普查工作中发挥了良好的作用。

城口县可移动文物普查队伍统计表(单位:人)

合计	本级普查办	收藏单位	普查专家	普查志愿者
31	4	9	11	7

(二)调查、认定、采集、登录、审核,分阶段实施

1. 国有可移动文物收藏单位调查阶段

2013年4月14日—2013年5月10日,城口县对区域内的国有单位可移动文物收藏情况进行了摸底调查。向各单位发放了《关于开展可移动文物普查的摸底调查的通知》和《国有单位文物收藏情况

调查登记表》,并实地走访,全面摸清城口县国有可移动文物的分布情况,力求做到本次调查的零误差。

走访所涉及的采矿业、建筑业、电力燃气、建筑等19个行业的414家国有单位。其中政府机关110家、事业单位276家、国有企业27家、其他单位1家。发放调查表共计414份,调查表回收率为100%,反馈收藏有文物的单位1家,即城口县文物管理所。

2. 国有可移动文物认定工作阶段

严格按照重庆市印发的《重庆市可移动文物普查文物认定规范》对辖区内可移动文物进行了文物认定。先后组织专家组对涉及的文物收藏单位进行了4次的文物认定,共计认定865件/套文物。另在城口县修齐镇明代地下古墓葬发掘期间,借助重庆市文化遗产研究院的专家力量对城口县已认定文物及未认定文物给予部分工作意见和工作指导。城口县通过此次普查,摸清了区域内可移动文物的情况,并聘请重庆市专家组对城口县文物进行重新定级,包括已认定文物的重新定级。

文物认定工作组织实施情况:一是落实专家组人员分工协作,各司其职,主抓个人专业侧重点和熟悉的领域,做到人尽其能;二是抓好会议的组织动员及普查相关情况、相关事项的传达、商议;三是严格依托重庆市关于普查文物认定的标准组织开展认定工作;四是拟订好开展任务的时间节点,分批次、分时段组织开展文物认定工作,争取在有效时间内圆满完成认定任务。

创新和亮点:敢于启用行业外人士配合专家组工作,虽然在一定程度上,工作开展不甚流畅,但通过开展认定工作,充实了城口县专家人员队伍,夯实了普查工作的基础,保障了普查工作的顺利完成,也为以后城口县开展此类工作打下了坚实的基础。

3. 国有可移动文物信息采集登录阶段

城口县根据本区域实际情况积极开展文物信息登录工作:一是完善组织架构,做到专事专人专干;二是定期组织采集登录人员的业务培训,实施自我培训和外出培训。

具体工作方式:(1)专人进行库房中文物信息采集(包括照片拍摄、尺寸、质量等信息的采集);(2)专人对已采集的信息进行与原账本信息的数据核对,确定无误,重新建档(方便信息上传的Excel电子表格);(3)基层操作人员进行数据的平台在线、离线上传;(4)单位审核人员进行线上数据审核,有误则修改后上传至县普查办,无误则直接上传。

截至2016年8月,全面完成城口县文物信息采集登录,共登录文物信息865件/套。

4. 国有可移动文物信息审核阶段

及时印发《城口县关于做好全国可移动文物普查审核工作开展的通知》,并就开展普查审核工作拟订了专门的实施方案。采用分层级分段式的审核方式,即普查基层收藏单位负责本层级本阶段的数据审核,普查办负责所有收藏单位上报的数据审核。

各级单位均严格按照审核时间安排审核数据,截至2016年8月,基层审核次数达20余次,普查办审核共计19余次(中途存在因工耽误,基层收藏单位未能及时做出数据上传,故按照时间推算达不到预计审核次数,但其相应的普查工作均在各时间节点内完成)。

数据审核中发现部分文物存在命名不规范、实际数量与照片实际数量有偏差、部分信息采集漏填的现象。县普查办及时与基层收藏单位联系沟通,及时修改。有问题未能解决的,县普查办联系市级部门或专家咨询解决。

各项保障措施基本使普查审核达到了预期效果,保证了上传数据的高质量,顺利通过了市级普查办的审核。

(三)宣传动员

制订了《城口县关于第一次全国可移动文物普查宣传计划及宣传工作实施方案》,落实专门普查人员对普查工作进行宣传,力求做到在不同时间、不同普查阶段,面向不同对象采取不同的宣传方法,安排不同的宣传内容,确保了宣传动员工作具有及时性和针对性,为普查营造了良好的舆论氛围,让民众也参与到普查工作中。

1.媒体宣传

注重传统媒体与新媒体结合,先后依托县电视台、县新闻中心、单位门户网站开展宣传报道10余次,发表普查培训,普查登录培训,普查文物认定、审核与管理培训等相关简报多篇。

2.重大节庆宣传

利用国际博物馆日、重庆文化遗产宣传月向公众宣传当时的普查工作进度及工作情况等。

3.重点地区宣传

在人流量大、宣传效果佳的地方开展多次普查宣传活动,例如在红军广场组织开展普查宣传活动。从总的宣传情况来看,基本达到了普查宣传的预期效果。

4."普查之星"和"我是普查员"评选情况

定期就县域内普查工作开展情况对普查机构的工作人员实施工作动态跟踪,同时依据普查员工作开展的质量和工作开展的进度进行评选,基本做到每季度评选一次。

5.普查宣传动员工作成效及社会公众对普查的认知与反响

通过普查宣传工作的开展,民众对第一次全国可移动文物普查工作表示了高度认可。收藏单位对县普查办在普查期间的工作也表示了肯定,基本做到了宣传到位、政策传递到位、工作指导到位等。

(四)质量控制

1.普查工作中全流程的质量控制

一是抓好普查工作的人员培训工作,重点培训了文物藏品普查范围与内容、信息登录平台操作、普查审核与管理工作等内容。二是抓好数据审核的准确性工作,坚决落实层层审核的程序,做到基层单位审核、普查办审核的层级审核。三是在普查工作尚未结束前,做好收藏单位的数据保密工作。四是做好普查收藏单位的安全工作,避免因操作不当造成文物不必要的损失或破坏。

城口县组织的普查培训班情况一览表

	合计		2013年		2014年		2015年		2016年	
	次数（次）	人数（人次）	次数（次）	人数（人次）	次数（次）	人数（人次）	次数（次）	人数（人次）	次数（次）	人数（人次）
合计	16	20	4	5	4	6	5	6	3	3
本级普查办	7	8	2	2	2	3	2	2	1	1
城口县文物管理所（川陕苏区城口纪念馆）	9	12	2	3	2	3	3	4	2	2

2.本级普查机构印发的相关通知、方案、制度

组织县内国有收藏单位召开关于质量控制的专项会议,并按照市普查办关于数据审核的相关要求或相关制度方案,做出了相应的工作要求和工作部署,同时,强调各国有收藏单位针对质量控制严格把关,并确保制度、方案切实落地。

3.试点工作情况

前期主要开展了数据试报,即前期采集了11条无偏差问题的数据进行线上试点上传,以便熟悉工作操作程序及操作方式等,同时严格遵循《第一次全国可移动文物普查工作操作手册》的相关流程进行试点,并就试点工作情况向各普查机构进行了实地交流及技术操作指导。

4.普查验收

根据市文物局验收工作要求,城口县普查办随即开展了普查的验收工作,参照《验收合格评定标准》。经对城口县国有收藏单位进行实地验收,县域内涉及的收藏单位均为合格,并顺利通过了市普查办组织的数据验收。

5.人员安全、文物安全、数据安全管理

一是人员安全方面,在信息采集过程中都做好相应的防护处理和环境防护,确保在安全的工作场景下无任何威胁人员安全的易燃易爆物品。二是人员在采集文物信息过程中,采取戴手套、戴口罩等措施,避免与文物直接接触。文物信息采集尽量保证在原存放温湿度下进行,防止因环境骤变造成文物状态变化。三是对采集数据实施专人管理,在普查成果尚未公布前做到数据不外泄。

(五)普查工作总结情况

1.编制普查档案

按照《国有可移动文物普查建档备案工作规范(试行)》的要求编制普查档案,进行专卷管理,卷内包含在文物普查期间下发的通知、文物普查摸底调查通知、文物普查实施方案、文物普查阶段工作总结、文物普查会议纪要、文物普查工作宣传简报及其他的相关文件。

2.普查专题研究

经过多方面人才筛选、技能考核,并结合个人意向、是否方便工作开展等因素,组建了文物专家组,便于后期开展各项专题研究。

3.普查表彰情况

表彰主要针对在普查过程当中有卓越成绩的单位和个人,经县普查办研究商议,并报领导小组决定。表彰先进集体1个:城口县文物管理所;表彰先进个人3人:谭东、秦宝付、刘官洪。

三、普查工作成果

(一)掌握本行政区域可移动文物资源情况及价值

1.数量及分布

城口县内采矿业、建筑业、电力燃气、建筑等19个行业的414家国有单位(其中110家机关单位、276家事业单位、27家国有企业及1家其他单位),涉及收藏文物的单位有1家。按照行业分布分:涉及文化文物、体育和娱乐产业的有1家;按收藏单位性质分:涉及事业单位的有1家(城口县文物管理所)。认定文物藏品数量865件/套,实际数量1554件,其中二级文物2件/套、三级文物90件/套、一般文物及未定级文物773件/套。

2.保存状况

通过普查,城口县对所有可移动文物保存环境和现状有了深入的了解,所藏155.4件文物中,残缺、严重残缺类文物167件,占总量的10.75%,这部分文物亟须修复。铜、铁类质地文物,因重庆环境潮湿,不利于这类文物的保护,而城口县文物管理所文物库房条件有限,难以满足这类文物对温湿度的要求。

3.文物使用管理情况

(1)可移动文物使用情况。

馆藏2件标语木板(文物)2016年被借于重庆中国三峡博物馆筹办"革命理想高于天"展览;对馆藏部分从双河征集的红色文物(马刀、部分生活用具)进行研究,完善和丰富了《川东游击军史——斗争历程》一书的编纂。

(2)可移动文物管理情况。

一是通过该次调查,保障了县域国有可移动文物与县普查办掌握可移动文物数据的统一性。二是完善了部分文物的基本信息(例如:弄清了部分文物的来源、入藏年代、捐赠人、年代断代等),做到了账目规范、清楚,有利于可移动文物的科学管理、科学保护及合理利用。三是完成了县域已认定国有可移动文物的数据采集及信息化录入、管理工作,实现了县域可移动文物的电子化办公,即电子查阅、电子管理、电子利用。四是通过该次普查,明确了文物的保护需求。

综上,通过该项工作的开展,保障了可移动文物的文物管理、文物保护等工作的可持续开展。

(二)健全文物保护体系

1.完善文物档案

城口县此次可移动文物普查仅城口县文物管理所1家单位符合要求,对其所藏865件/套文物进行了清库建档和账目核对。在普查数据审核过程中再次将本地普查中存在的部分错误数据进行了修改,建立了信息完整、准确的文物档案,极大地方便了文物的管理和利用。

2.完善制度和规范

通过普查完善了可移动文物调查、认定、登记、管理及利用制度,制定或进一步完善了馆藏文物藏品使用细则、文物藏品保管员岗位职责、文物藏品登记编目登记员岗位职责、总账管理人员岗位职责等相关制度和职责,协助基层收藏单位完善文物信息采集规范、信息登录程序规范。

3.明确保护需求

从此次普查结果来看,城口县文物保存环境总体一般,文物库房设备设施落后,文物储存柜防震效果差,库房安全设施仅为简易防盗窗、防护门。按照文物保护的库房设备建设标准,亟须完善相应设施,库房也亟待修建。城口县文物管理所现有专职保管人员2人,专业知识不够,对文物的保护意识也稍有欠缺,需加强对文物保护知识的学习。

今后保护工作的重点:一是加大人员的业务培训;二是加大保护设施设备的采购;三是加强文物的保护修复工作。

（三）有效发挥文物在本行政区域经济社会发展中的重要作用

普查成果利用计划：城口县已全面完成馆藏国有可移动文物的线上登录，基本实现普查目标，后期城口县将启动成果利用平台的开发，通过建立数字博物馆、开展网上展示、与公共图书馆资料库相连等方式，有效拓展文物资源利用，为重大学术课题提供完整资料库，促进对中华传统文化的挖掘利用和文化产品开发，加强博物馆资源共享和文化传播，为社会提供更多优质和个性化服务，让普查成果服务于公众。

四、建议

(1)后期在开展其他相应的普查工作当中应加大经费投入。

(2)后期在开展其他相应的普查工作当中应加大专业人才储备。

(3)后期在开展其他相应的普查工作当中应加大业务人员的培训工作。

(4)后期在开展其他相应的普查工作当中应加大工作衔接度。

报告执笔人：刘官洪、谭东

报告审阅人：王纯婧

27　丰都县第一次全国可移动文物普查总结报告

丰都县地处三峡库区腹地和重庆版图中心,面积约2904平方千米,辖28个乡镇、2个街道办事处,总人口82万,以"鬼城"名扬海内外,被誉为东方的"神曲之乡"。丰都是全国生态示范区建设试点县、国家扶贫开发工作重点县和三峡移民工作重点县,同时也是全国旅游名城和三峡库区的文物大县。

第一次全国可移动文物普查是继第三次全国文物普查(不可移动文物部分)之后在文化遗产领域开展的又一重大国情国力调查,是一项旨在全面掌握我国文物资源、加强文物保护、建设文化遗产强国的国家工程。

丰都县第一次全国可移动文物普查自2013年4月正式启动,至2016年12月结束,历时3年多,分为工作准备、普查实施和验收汇总3个阶段,持续时间长,涉及多个行业和领域。丰都县认真贯彻执行国务院和重庆市人民政府的有关通知精神,精心组织,积极动员,扎实推进工作,如期实现普查目标。普查期间,丰都县共计1198人参与普查工作。普查人员参加国家、市级培训5次,县级内部培训3次。本次普查落实普查经费48万元(含市级下拨经费8万元),对全县1145家单位(817家国有单位和328家村居委会)进行文物摸底调查,调查覆盖率100%,确认7家国有单位收藏有可移动文物,新认定可移动文物170件/套,其中非文博系统国有收藏单位2家169件/套,文博系统收藏单位1家1件/套。截至2015年8月,经过近2年的文物信息采集,全县7家国有收藏单位在全国可移动文物信息登录平台上的注册全部完成,登录文物16223件/套,实际数量53389件,其中珍贵文物680件/套,共收录文物图片93853张,数据容量240G。

丰都县可移动文物具有种类丰富、时代跨度长,特色突出、收藏较为集中等特点。一是文物种类丰富,囊括了29个文物类别,包含陶、瓷、铜、金、铁、木等质地,但文物分布不均,以陶器、雕塑造像、石器、瓷器及铜器为主,约占88.87%。二是时代跨度长,早至数十万年前的旧石器时代,晚至中华民国及现代。各个时代文物分布不均,以旧石器时代、汉至六朝时期、宋代文物居多,约占99.1%,其中旧石器时代文物以高家镇遗址、烟墩堡遗址和冉家路口遗址出土文物为代表,汉至六朝时期以汇南墓群、大湾墓群和冉家路口墓群等出土文物为代表,宋代文物以九倒拐冶炼遗址、庙背后遗址和铺子河遗址出土文物为代表。三是文物独具特色,全县以三峡出土文物为主,汉代人物俑造型独特,明清冶锌类文物在冶锌史研究中具有重要价值。四是分布集中,主要收藏于县城内,约占99.97%,其中尤以县文物管理所收藏文物数量最多,约占98.42%。

通过此次可移动文物普查,丰都县基本摸清了可移动文物家底,掌握了可移动文物资源保护和管理状况,初步建立可移动文物信息资源库和档案体系,实现了可移动文物的标准化、动态化、规范化管理,为更好地发挥文物的价值、作用和提升社会服务管理水平奠定了良好的基础。

一、丰都县普查数据

截至2016年10月31日，丰都县在全国可移动文物信息登录平台登录可移动文物16223件/套，实际数量53389件。其中珍贵文物680件/套，实际数量692件。登录了可移动文物信息的收藏单位有7家。

（一）丰都县可移动文物基本情况

1. 类别

可移动文物类别

可移动文物类别	可移动文物实际数量（件）	实际数量占比（%）
合计	53389	100.00
玉石器、宝石	92	0.17
陶器	7631	14.29
瓷器	1981	3.71
铜器	917	1.72
金银器	136	0.25
铁器、其他金属器	236	0.44
漆器	3	0.01
雕塑、造像	2691	5.04
石器、石刻、砖瓦	5476	10.26
书法、绘画	105	0.20
文具	9	0.02
甲骨	30	0.06
玺印符牌	14	0.03
钱币	22596	42.32
牙骨角器	29	0.05
竹木雕	1	<0.01
织绣	1	<0.01
古籍图书	581	1.09
碑帖拓本	33	0.06
武器	149	0.28
文件、宣传品	232	0.43
档案文书	6	0.01
玻璃器	5764	10.80
乐器、法器	2	<0.01
票据	1	<0.01

续表

可移动文物类别	可移动文物实际数量（件）	实际数量占比（%）
交通、运输工具	204	0.38
度量衡器	1	<0.01
标本、化石	62	0.12
其他	4406	8.25

2.年代

（1）可移动文物年代类型。

可移动文物年代类型

可移动文物年代类型	可移动文物实际数量（件）	实际数量占比（%）
合计	53389	100.00
地质年代	59	0.11
考古学年代	5037	9.43
中国历史学年代	45739	85.67
公历纪年	10	0.02
其他	2146	4.02
年代不详	398	0.75

（2）可移动文物中国历史学年代分布。

可移动文物中国历史学年代分布

可移动文物中国历史学年代	可移动文物实际数量（件）	实际数量占比（%）
合计	45739	100.00
周	177	0.39
汉	25325	55.37
三国	505	1.10
西晋	3	0.01
东晋十六国	193	0.42
南北朝	10836	23.69
唐	129	0.28
宋	1931	4.22
元	3	0.01
明	468	1.02
清	5464	11.95
中华民国	661	1.45
中华人民共和国	44	0.10

3. 级别

可移动文物级别

可移动文物级别	可移动文物实际数量(件)	实际数量占比(%)
合计	53389	100.00
一级	1	<0.01
二级	18	0.03
三级	673	1.26
一般	0	0
未定级	52697	98.70

4. 来源

可移动文物来源

可移动文物来源	可移动文物实际数量(件)	实际数量占比(%)
合计	53389	100.00
征集购买	4849	9.08
接受捐赠	114	0.21
移交	147	0.28
旧藏	1388	2.60
发掘	46845	87.74
采集	44	0.08
其他	2	<0.01

5. 入藏时间

可移动文物入藏时间范围

可移动文物入藏时间范围	可移动文物实际数量(件)	实际数量占比(%)
合计	53389	100.00
1949年10月1日之前	2	<0.01
1949年10月1日—1965年	258	0.48
1966—1976年	131	0.25
1977—2000年	8686	16.27
2001年至今	44312	83.00

6. 完残程度

可移动文物完残程度

可移动文物完残程度	可移动文物实际数量(件)	实际数量占比(%)
合计	53388	100.00
完整	2971	5.56

续表

可移动文物完残程度	可移动文物实际数量(件)	实际数量占比(%)
基本完整	19521	36.56
残缺	28149	52.73
严重残缺(含缺失部件)	2747	5.15

注：根据国家文物局《关于做好馆藏自然类藏品登录工作有关要求的通知》精神，登录的自然类藏品1件/套，不填写"完残程度"指标项。

(二)丰都县可移动文物分布情况

1.按收藏单位隶属关系统计可移动文物数量

可移动文物数量分布(按收藏单位隶属关系)

收藏单位隶属关系	可移动文物实际数量(件)	实际数量占比(%)
合计	53389	100.00
中央属	0	0
省属	0	0
地市属	0	0
县区属	53388	100.00
乡镇街道属	0	0
其他	1	<0.01

2.按收藏单位性质统计可移动文物数量

可移动文物数量分布(按收藏单位性质)

收藏单位性质	可移动文物实际数量(件)	实际数量占比(%)
合计	53389	100.00
国家机关	1	<0.01
事业单位	53385	100.00
国有企业	0	0
其他	3	<0.01

3.按收藏单位类型统计可移动文物数量

可移动文物数量分布(按收藏单位类型)

收藏单位类型	可移动文物实际数量(件)	实际数量占比(%)
合计	53389	100.00
博物馆、纪念馆	52544	98.42
图书馆	580	1.09
档案馆	260	0.49
其他	5	0.01

4.按收藏单位所属行业统计可移动文物数量

可移动文物数量分布（按收藏单位所属行业）

收藏单位所属行业	可移动文物实际数量（件）	实际数量占比（%）
合计	53389	100.00
文化、体育和娱乐业	53125	99.51
公共管理、社会保障和社会组织	264	0.49

二、丰都县普查工作组织实施

（一）加强组织，健全机构

1.设立普查领导小组，成立普查机构

2013年4月27日，丰都县成立了第一次全国可移动文物普查领导小组，负责普查工作的组织和领导，协调解决重大问题。组长由分管副县长担任，副组长由县政府办公室主任和县文广新局局长担任，县文广新局、发改委、财政局、国土局、人社局、统计局、档案局、教委、党史办及文物管理所等19个部门主要负责人为小组成员。丰都县普查领导小组办公室设在县文广新局，由分管副局长任主任，负责普查工作的日常组织和具体协调工作，县文物管理所负责普查工作的具体实施。

在市、县两级普查领导小组的领导下，丰都县普查办协调各部门做好普查工作动员、宣传、配合、衔接、协调等工作，为摸底调查、文物认定、信息采集、数据审核等各阶段工作提供了有力保障。国有单位摸底调查时，县编委、县统计局、国资委等统计单位提供了全县不同系统的国有单位名单，确保无遗漏；在文物认定过程中，丰都县文物管理所、档案馆、图书馆积极参与、配合；普查信息采集中，县文化馆提供专业摄影支持；在整个普查期间，县财政局在本县财力薄弱等不利条件下，克服困难，坚持按年度划拨普查经费，确保普查工作顺利开展。

2.制订普查实施方案和确定工作制度

为确保可移动文物普查工作顺利推进，丰都县严格按照上级文件精神，结合实际情况，制订了《丰都县第一次全国可移动文物普查工作实施方案》，明确了普查工作的目标任务、范围内容、组织实施、时间计划、技术路线及经费保障等内容，下发《关于报送第一次全国可移动文物自查情况的通知》等文件。与此同时，先后制定并完善了《县普查领导小组办公室职责》《普查队队长职责》《普查队工作人员职责》《普查设备管理制度》《财务管理制度》《资料管理制度》等规章制度。

3.落实普查工作经费

2013年，丰都县普查办在全县普查工作启动后不久就迅速拟订了2013年至2016年的普查工作经费预算，积极争取县财政局统筹安排普查工作专项经费40万元，此外，重庆市文物局还下拨普查专项经费8万元。丰都县累计落实普查经费48万元,详见下表。经费的落实为丰都县可移动文物普查工作的开展提供了重要保障。

丰都县2013—2016年可移动文物普查经费落实情况表(单位:万元)

年度	合计	2013年	2014年	2015年	2016年
市级	8	0	0	8	0
区县级	40	0	30	10	0
全县总计	48	0	30	18	0

丰都县严格按照财政部、国家文物局《关于加强第一次全国可移动文物普查专项经费保障和管理的通知》要求使用普查经费,主要用于普查动员和人员培训、国有单位文物调查、信息采集和数据审核处理、宣传、办公、普查设备购置等。丰都县普查工作实行单位法人负责制,合理安排经费支出,保证普查资金专款专用,未发生挪用专项资金的情况。

4. 组建普查队伍

在上级部门的领导和支持下,丰都县各国有单位抽调专人组成普查队伍,分为普查组、技术组、宣传组,建立QQ工作群和通讯录等工作技术联络机制,各小组分工合作,由县普查办直接领导,共同开展此次普查工作。通过对普查工作的动员与宣传,全县共有1145个国有单位参与普查,社会力量也加入普查工作中来,普查队伍不断壮大,人数多达1198人,其中包括各行业国有单位工作人员、文物工作爱好者、在校文博专业学生等。

丰都县可移动文物普查队伍统计表(单位:人)

合计	类别	普查办	收藏单位	普查专家	普查志愿者
1198	人数	7	23	7	1161

(二)划分阶段,有序实施

1. 国有可移动文物收藏单位调查阶段

根据《重庆市文物局关于落实重庆市政府通知精神认真做好第一次全国可移动文物普查的通知》文件精神,丰都县普查办立即理清思路,落实任务,有计划、有步骤地开展全县国有单位摸底调查工作。

(1)摸底调查时间:2014年5月2日至5月20日。

(2)工作方式:多渠道收集核实国有单位名单、下发政府电子公文、电话、QQ确认、现场走访核实等。

首先,联系县编办、统计局、技术监督局、行政服务中心及国资委要求提供全县国有单位(包括各级国家机关、事业单位、国有企业和国有控股企业以及列入各级文物保护单位范围的宗教寺庙等各类法人单位)名称、组织机构代码、地址、联系电话等信息,同时与重庆市文物局下发的、重庆市统计局提供的国有单位名单进行对比核实,确定初步名单;再通过实地调查和电话联系对初步名单逐一核实,以确保本县国有单位名单的有效性、真实性、全面性。

其次,以丰都县政府名义下发《关于报送第一次全国可移动文物自查情况的通知》,通过县政府党政内网发布电子公文的方式通知全县国有单位进行自查摸底,要求各国有单位落实专人开展此次摸底工作,按要求如实填写《重庆市可移动文物普查国有单位信息调查表》和《重庆市可移动文物普查国有单位清单》。

最后,普查办工作人员再以电话、QQ等方式对此次摸底工作进行跟踪落实,同时对有疑问的单位进行现场走访核实,以确保本县第一次全国可移动文物普查摸底调查工作按时保质保量地完成。

经过近一个月的紧张工作,丰都县普查办共调查817家国有单位(含或撤销、合并或不为独立法人)和328个村、居委会,其中现场走访核实重点单位10家,以确保全县国有单位摸底调查覆盖率100%。同时,对摸底调查开展"回头看"工作:一看对普查认识是否到位;二看调查的内容是否符合本次调查的规范;三看摸底调查工作是否扎实;四看整改措施是否有力;五看档案资料是否完善,确保调查不重、不漏,普查数据准确有效。

(3)摸底调查成果。

丰都县经过摸底调查确认7家国有单位收藏有可移动文物,将数据汇总并编制《重庆市丰都县可移动文物普查国有单位清单》和《国有单位文物收藏情况调查汇总表》,为下一步开展文物信息采集登录工作奠定了坚实的基础。

2.国有可移动文物认定工作阶段

根据《重庆市文物局关于加快推进可移动文物普查工作认定和数据报送等有关工作的通知》精神,2014年10月,丰都县普查办下发了《关于加快推进我县第一次全国可移动文物普查工作的通知》,要求全县文博系统以外的国有收藏单位必须在2014年内完成文物认定工作,同时以《重庆市可移动文物普查文物认定规范》作为认定规范和程序,迅速开展有关认定工作。2014年12月10日,丰都县普查办委托重庆市普查办组织历史类、近现代史类及古生物化石类市级专家分组对丰都县非文博系统国有收藏单位的藏品进行了现场认定,共确认文物170件/套。通过认定,发现县档案局(馆)收藏的中华民国时期徽章等文物数量多、种类丰富,其中陈芳祺的各级军衔胸标、手牒独具特色;悟惑寺收藏的清代"游悟惑寺即景"碑刻书法精美;丰都县都督乡人民政府采集的巴氏大熊猫头骨尤为珍贵。

3.国有可移动文物信息采集登录阶段

根据丰都县普查领导小组制定印发的《丰都县全国可移动文物普查工作实施方案》相关文件,

2013年9月,县文物管理所启动文物信息采集工作,标志着全县普查工作进入实施阶段。作为丰都县重点收藏单位的县文物管理所收藏的文物数量多、种类丰富,普查任务繁重。县文物管理所自制了《丰都县第一次全国可移动文物普查数据采集表》(馆藏文物数据采集表),采集表内容不仅囊括了普查的14项基本指标,还涵盖了本县文物管理和保护相关数据。县文物管理所经过近两年的信息采集登录,不但保质保量完成本单位15967件/套文物的信息采集、在线登录、审核等工作,而且完成了丰都县都督乡人民政府、风景名胜管理局、悟惑寺和延生堂等收藏单位的文物信息采集、在线注册、登录及审核工作。同时,还配合县档案局(馆)做好文物认定、信息采集和文物拍摄现场技术指导、在线登录及数据审核工作。

为确保普查信息采集登录顺利完成,根据不同收藏单位的文物数量及前期工作等实际情况,全县7家国有收藏单位采取了不同方式进行信息上传填报:丰都县文物管理所采取离线填报方式,县图书馆古籍图书采用数据转换方式,其余5家单位采用在线填报方式。

截至2015年8月31日,全县7家国有收藏单位共采集登录文物53389件,采集登录工作顺利完成。

4. 国有可移动文物信息审核阶段

为确保国有可移动文物信息采集准确,丰都县以《关于发布〈第一次全国可移动文物普查数据审核工作管理办法〉的通知》《普查数据审核内容和质量评定标准解读》《普查数据审核工作流程和发现问题》等相关文件、标准、管理办法等为审核依据,结合本县普查工作实际情况,通过在线审核和离线审核两种方式开展审核工作,重点评定藏品性质、普查数据的指标项和图像以及收藏单位信息是否准确、完善。

通过审核,发现部分文物存在定名不准、断代有误、类别选择不当、数量不一致等问题,为解决以上问题,县国有收藏单位派专人核对原始资料和文物现状,重新拍摄文物照片,将数据查准、补齐。按照重庆市普查办安排,本县国有单位普查数据内部审核和普查办审核时间为2015年9月至12月底,2016年1月至8月为市级审核阶段,2016年8月,本县普查数据顺利通过重庆市普查办组织的专家抽审,误差率低于0.5%。

(三)宣传动员,营造氛围

为提高广大群众及社会各界的文物保护意识,充分认识到第一次全国可移动文物普查的重要性和必要性,共同关心和支持文化遗产保护,丰都县普查办在认真做好文物普查工作的同时,还制定了《丰都县第一次全国可移动文物普查工作宣传方案》,注重通过新闻媒体、活动、展览等方式开展宣传活动,及时报送本县普查进度和成果等,不断加强文物普查的目的、意义、重要性的宣传,为普查工作营造良好的氛围。2013至2016年期间,多次召开乡镇、县级普查会议,利用简报、电视、网络等方式使全县各系统、各行业认识了解文物普查;2013年免费发放文物保护知识手册到乡镇,张贴可移动文物普查宣传海报;2014年还在国际博物馆日和重庆文化遗产宣传月活动期间,印发普查资料,宣传普查知识、进度以及新发现。

据统计,全县开展可移动文物普查工作以来,共编写可移动文物普查简报10篇,电视互联网报刊等媒体宣传10次(电视宣传1次,互联网宣传5次,报刊宣传4次),印发普查宣传资料6万份,张贴普查宣传画500张,制作展示宣传文物保护知识的展板100余幅,还利用普查成果举办了4次展览。通过上述各种方式的大力宣传,丰都县普查工作引起了各级政府和部门的高度重视以及广大干部群众的普遍关注,营造了良好的社会氛围,达到了树立形象、鼓舞士气、推动工作、宣传成果的目的。

(四)质量控制,确保进度

丰都县在普查中始终坚持质量第一的工作原则,妥善处理进度与质量的关系,避免出现因追求进度而降低质量的现象。在摸底调查、文物认定、信息采集、在线登录、审核等工作环节严格把控质量关,每个阶段都做到不虚报、不瞒报。

1.普查培训

2013年至2016年,丰都县普查办共组织县内普查培训班3次,累计培训人数86人,详见下表。通过培训,普查人员增强了业务工作能力,大大提高了普查的进度与效率。

丰都县组织的普查培训班情况一览表

合计		2013年		2014年		2015年		2016年	
次数(次)	人数(人次)	次数(次)	人数(人次)	次数(次)	人数(人次)	次数(次)	人数(人次)	次数(次)	人数(人次)
3	86	1	27	1	28	1	31	0	0

在加强业务培训的同时,丰都县普查办还通过文博单位带动非文博单位、专业人员带动非专业人员、熟手带动新人等方式来提高普查工作效率,取得了很好的效果。

2.普查工作督查

为保证普查质量,在重庆市普查办的指导督查下,丰都县普查办制定下发了《丰都县第一次全国可移动文物普查工作实施方案》《关于加快推进我县第一次全国可移动文物普查工作的通知》,召开普查工作推进会,加强对本县收藏单位普查工作的指导力度,把总体把控与数据质量把关相结合,督促各项工作有序推进。

3.普查中的人员、文物、数据安全管理

可移动文物是国家宝贵的物质文化财富,不能损坏和丢失。丰都县在普查工作中始终注意强调文物本体、信息数据及上报资料等安全,做好文物保护和数据保密的安全防范措施,做到文物和普查数据安全零事故。

(1)人员安全。

在普查期间,丰都县配备防尘防毒等设备,确保了普查人员的人身安全。

(2)文物安全。

文物放置于"三铁一器"的标准化文物库房内,外用铁门、铁窗、铁柜与外界隔离,内配备恒温恒湿、防火设施设备和防虫防腐材料,并实现全天二十四小时红外监控监视和专人值守库房,把技防与人防结合起来。

库房保管员有2名,各保管不同门钥匙,必须同时开启才能进入库房。工作人员出入库房均需登记,库房内文物出库时需经领导同意,并完善相关手续。

普查搬取文物进行测量和拍摄时,双手拿取,轻拿轻放,完成后及时归位。在普查期间,普查人员发现部分文物出现垮塌、残破、原简易修复脱胶等情况,库管人员及时进行了简易修复处理。为确保文物安全及普查工作的顺利开展,县文物管理所于2015年委托奉节县博物馆对收藏的100件/套陶器进行了专业修复。

(3)数据安全保密。

丰都县配备专人负责普查材料的收集整理,用专用档案柜架存放,专用的加密电脑进行电子数据存放,相关数据不得带出办公区或网络传送。

同时,在线登录时,利用县普查办、收藏单位各级审核人、录入员的相关权限层层把关,保证普查数据安全。在市级数据审核期间,重庆市文物局与审核人员签订审核责任书,强调普查数据安全,严格执行保密纪律,不得随意使用和发布相关数据。

4.普查验收

根据国家文物局《关于做好第一次全国可移动文物普查验收工作的通知》、重庆市文物局《关于做好第一次全国可移动文物普查验收和总结工作的通知》及《丰都县第一次全国可移动文物普查验收工作方案》的要求,2016年8月,丰都县启动了全县普查验收工作,工作流程如下图所示。

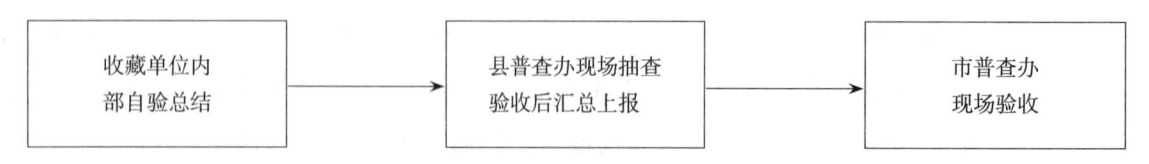

收藏单位内部自验总结 → 县普查办现场抽查验收后汇总上报 → 市普查办现场验收

丰都县可移动文物普查验收流程图

在各收藏单位内部自验总结的基础上,县普查办现场抽查验收了丰都县文物管理所的普查情况,主要依据《验收合格评定标准》查看摸底调查、文物认定、信息采集及数据审核各阶段的档案资料、在线平台登录情况。最后,县普查办形成《丰都县第一次全国可移动文物普查验收报告》和《丰都县第一次全国可移动文物普查工作总结报告》和验收表等材料并上报重庆市普查办,并于2016年10月顺利通过市普查办组织的专家现场验收,验收结论为"合格"。

(五)展示成果,做好总结

1.编制普查档案

档案是以前工作的真实记录,为以后工作提供了参考数据。截至2016年底,丰都县普查办留存档案共计100余卷,其中文书档案4卷,文物认定档案1卷170份,摸底调查档案12卷,含调查汇总表1145份;文物信息采集档案82卷,含馆藏文物数据采集表16000余份;普查成果档案1卷,含7家国有单位名录和16223件/套国有可移动文物名录;书籍209册,《第一次全国可移动文物普查工作手册》4册,《普查藏品登录操作手册》5册,拟出版普查成果集1500套,留存200套。另外,电子数据留存1.8TB,包括文物信息电子数据16000余条和数码照片21万张,详见下表。

丰都县可移动文物普查档案统计表

序号	形式	名称	数量	内容	备注
1	纸质档案	文书档案	4卷	实施文件、方案、总结、简报、报表	
2		文物认定档案	1卷	170份文物认定表	复印件
3		摸底调查档案	12卷	调查汇总表1111份和国有单位文物收藏情况调查汇总表1份	
4		文物信息采集档案	82卷	16000余份馆藏文物数据采集表	
5		普查成果档案	1卷	7家国有单位名录和16223件/套国有可移动文物名录	
6	书籍	第一次全国可移动文物普查工作手册	4册		
7		普查藏品登录操作手册	5册		
8		普查成果集	200套	全县代表性国有可移动文物	拟出版1500套
9	电子档案	公文电子档案	20 G	文件、方案、标准、培训教材、摸底调查资料、各单位文物认定资料、文物信息采集资料、总结、报表等	
10		数码照片	约1.8 TB	文物各方位照片21万张	
11		在线平台登录电子数据	约350 G	16223件/套文物信息、照片	

2.普查表彰情况

在普查期间,全体普查队员工作任劳任怨、积极主动、吃苦耐劳,高质量、高标准地完成了普查摸底、认定、信息采集登录及数据审核工作。为鼓励先进、总结经验,丰都县第一次全国可移动文物普查领导小组办公室汇总各单位、各部分情况,在普查成果公布之时由县政府召开全县第一次全国可移动文物普查工作总结会,表彰在普查中做出突出贡献的先进集体2个和先进个人6名。

三、丰都县普查工作成果

通过此次普查,丰都县全面掌握了现存国有可移动文物的数量分布、保存状况、保管权属和使用管理等情况,总体评价了可移动文物保护现状,为科学制定保护政策和拟订规划提供了依据。建立并完善了可移动文物认定体系、可移动文物档案和可移动文物名录,以及基于现代信息技术的可移动文物信息管理平台,为文物的标准化、动态化管理创造了基础条件。同时,还大大提高了本县文物信息资源的整合与利用效率,为进一步丰富公共文化服务内容,有效发挥文物在国民经济和社会发展总体布局中的作用奠定了坚实的基础。

(一)丰都县可移动文物资源情况及价值

1.文物数量及分布

丰都县7个国有收藏单位共有登录文物53389件。从文物收藏单位的性质来看,99.99%的文物集中收藏在事业单位,国家机关和其他单位的文物数量占0.01%。从收藏单位的类型来看,98.41%的文物收藏在博物馆、纪念馆等文博系统内单位,文博系统外单位图书馆为1.09%,档案馆为0.49%,其他单位为0.01%。

从文物分布的地域来看,丰都县约99.99%的文物收藏在3家重点收藏单位,即丰都县文物管理所、丰都县图书馆和丰都县档案局(馆),其中尤以县文物管理所居多,约为98.41%。

2.文物保存状况

丰都县国有收藏单位共7家,文物库房面积约894.4平方米,保管人员8名。总的来看,普遍存在保管环境、存放条件较差,部分文物无专门库房,库房设施设备较简陋,保管人员严重短缺且专业技术水平较低,甚至部分单位文物无专人保管等问题,文物保存现状不容乐观,残缺或严重残缺的文物所占比例较高,需要修复或亟须修复的文物也不在少数。今后需在文物库房硬件设施设备上加大投入,改善文物保存环境与状况。

3.文物价值

此次普查登录的53389件文物,均具有一定的历史、科学、艺术价值,是丰都悠久历史文化的重要物质体现。丰都作为三峡库区的文物大县,可移动文物种类丰富、时代跨度长,其中尤以出土文物最具特点。从数十万年前的旧石器时代遗址,到两汉时期的墓葬群,再到明清时期的冶锌遗址,每个时期都有重要的发现,出土的文物也极具特色,如旧石器时代的打制石器、汉代造型各异的陶俑、明清的冶炼罐等。

(二)建立健全管理机制

1.建立文物档案

丰都县新建藏品账目及档案的收藏单位共5家,包括县档案局(馆)、县风景名胜管理局、都督乡人民政府、悟惑寺及延生禅院,新建文物档案共计173件/套。其中县档案局(馆)168件/套、延生禅院2件/套,县风景名胜管理局、都督乡人民政府及悟惑寺各1件/套。完善藏品账目及档案的收藏单位共2家,即丰都县文物管理所和丰都县图书馆,完善文物档案数量达16050件/套。其中丰都县文物管理所完善文物档案15967件/套,县图书馆完善文物档案83件/套。通过开展普查工作,全县7家收藏单位均已完成了藏品账目和档案信息化(电子化),其中文博系统单位1家,非文博系统单位6家。

丰都县文物管理所在进行可移动文物普查的同时,也对文物库房进行清库整理。一是根据2015年12月25日库房移交相关馆藏文物原始清单、出土文物暂存清单、藏品总登记账、文物定级鉴定书、上调文物清单及资料清点等收集整理文物原始资料。二是在文物已基本上账和上架的条件下,现场对库房文物和资料进行核实清点,确保器物账号、器形名称、数量、质地、残损等基本情况与账目一致,如有疑问或遗漏则与文物原始资料进行核实查找,最终形成文物与账目一一对应,无重号、漏号,为科学保护管理和利用提供前提条件。

通过此次可移动文物普查工作的开展,丰都县基本摸清了国有收藏单位和收藏文物的数量,掌握了文物名称、质地、类别、级别、数量、来源、残损、入藏时间等状况,建立了纸质与电子档案相结合的国有可移动文物档案,与县人民政府编制的国有可移动文物名录一一对应,为每件文物建立了唯一"文物身份证",初步形成完整统一的国有可移动文物信息资源库和档案体系。

2.健全制度规范

丰都县普查办以《丰都县第一次全国可移动文物普查工作实施方案》《普查工作手册》《普查登录操作手册》《文物认定标准(试行)》《重庆市可移动文物普查文物认定规范》《文物分类标准(试行)》《重庆市文物局转发〈国家文物局办公室关于做好第一次全国可移动文物普查进度管理和质量控制的通知〉的通知》《国家文物局关于第一次全国可移动文物普查数据安全管理工作的通知》《国家文物局关于发布〈第一次全国可移动文物普查数据审核工作管理办法〉的通知》《第一次全国可移动文物普查数据质量评定标准》等文件标准、规范为依据,完善本县国有可移动文物调查、认定、登录、管理和利用工作制度。

全县7家国有收藏单位均建立了藏品管理机制,其中文博系统收藏单位县文物管理所不断完善藏品档案和藏品出入库、库房安全保卫、藏品管理等相关制度,为库房藏品保护管理提供前提。非文博系统收藏单位中,县图书馆设立特藏室专人保管古籍图书,制定相关保管制度并上墙,县档案局(馆)做好了历史类文物的登录及相关档案整理工作,并设专人进行保管。

3.加强文物保护

(1)改善可移动文物保存环境。

各国有收藏单位结合实际情况,完善更新文物库房安防监控系统,并采购文物柜架和囊匣盒套等设施设备,改善文物保护条件、保存环境等。

(2)积极推进可移动文物保护修复工作。

在普查期间发现部分文物有垮塌、残破、锈蚀、原简易修复脱胶等情况,一是组织文物管理人员简易修复近500件/套,二是组织专业修复。

2013年编制三峡出土再修复陶质、青铜质文物修复方案报国务院三建委审批并获得通过;2015年,委托奉节县白帝城博物馆对100件/套陶器进行专业修复保护,向国家文物局成功申报金属文物修复方案;2016年,委托重庆市文化遗产研究院对160件/套青铜、铁器和陶器类文物进行专业修复保护。

(三)发挥文物在经济社会发展中的重要作用

1.普查成果利用计划

丰都县拟通过本次可移动文物普查实现摸清家底、建立登录制度、服务社会三大目标。普查数据通过在线平台登录方式形成国家、市级、县级文物普查办及国有收藏单位有关报送、管理、审核、录入人员的相关登录管理权限,形成了科学合理的管理体系。各级平台均可以分析、统计和利用普查数据,为文物保护、修复、研究及展示提供基础。在此基础上,丰都县拟举办普查成果展览,出版普查成果集,进一步开展相关文物研究,开发与文物相关的文创产品,以更好地实现文物服务社会大众的目标。

2.利用普查成果举办展览情况

目前,丰都博物馆正在筹建中,县文物管理所尚无展出的条件。为了加强普查成果展示,2013年10月至12月,县文物管理所挑选具有代表性的三峡出土文物23件/套参加了重庆中国三峡博物馆承办的"三峡文物保护成果展",参观人次达10万余次,在2014年重庆文化遗产宣传月期间,该展览的图片展还在三峡库区各区县进行了巡展;2016年5—6月,又精选汉砖拓片参加了在日本东京举办的"重庆文化年第一展——汉王朝的世界"展览;县档案局(馆)在办公楼内对外展示50余件/套文物,用档案文物述说丰都历史。

3. 普查成果公开出版发行情况

2017年,丰都县拟挑选部分精品文物编辑出版普查成果图录。

四、建议

1. 夯实普查基础工作,制订科学的文物工作规划

第一次全国可移动文物普查只是开始,在尽快整理并公布丰都县普查成果的同时,继续对普查文物信息完善和对后发现文物进行登录,并利用普查成果,按照全面、科学、合理、可行的原则制订全县文物保护和利用工作总体规划。如委托重庆市文物局组织专家对丰都具有重要价值的文物进行鉴定,增加珍贵文物的数量;改善文物保管条件;加强文物修复保护与研究;等等。

2. 修建丰都博物馆,加强文物展示与利用

丰都县国有单位收藏的文物数量大、种类丰富,包括陶器、瓷器、铜器、铁器、石器、金银器、货币、书画及雕塑造像等近30个类别,文物年代上起旧石器时代,下至晚清、中华民国时期,时代跨度长、特色鲜明。但目前文物保管条件较差,且无固定的陈列展示场所。因此,修建博物馆不仅能极大改善本县文物保管条件,而且还能科学展示、利用文物资源,满足丰都县人民日益增长的物质文化和精神生活需求。

3. 加大文博人员专业技能培训的力度,不断提高文物工作者的业务水平

文博行业专业性极强,工作者在工作中需对文物真伪、形制、名称、年代及文物背后的相关信息都有所掌握,这对基层文物工作者是一个极大的考验。除了在工作实践中不断钻研、积累经验外,还需经常参加各类专业技能培训,不断提高业务水平,为科学合理地管理、保护、研究和利用文物打好基础。

报告执笔人:刘屏、曾启华

报告审阅人:夏伙根

28　垫江县第一次全国可移动文物普查总结报告

第一次全国可移动文物普查是继第三次全国文物普查（不可移动文物部分）之后在文化遗产领域开展的又一重大国情国力调查，是一项旨在全面掌握我国文物资源、加强文物保护、建设文化遗产强国的国家工程。根据《国务院关于开展第一次全国可移动文物普查的通知》，此次普查从2012年10月开始，到2016年12月结束。普查标准时点为2013年12月31日。垫江县政府高度重视普查工作，组织有力，保障充分。2013年5月21日，垫江县人民政府发布《关于开展第一次全国可移动文物普查的通知》，要求各级行政部门积极配合好各级政府，着手启动全县的文物普查工作。

垫江县位于重庆市东北部，距重庆主城区120千米，辖区面积约1518平方千米，人口约100万。垫江县是重庆市统筹城乡综合配套改革示范县、市级山水园林城市、市级卫生城市。垫江县"上接巴渝之雄，下引夔门之胜"，是经联合国地名专家组认定的中国地名文化遗产"千年古县"，辖区内拥有世界最大古城堡鹤游坪、东汉岩墓、摩崖石刻等文物古迹。通过第一次全国可移动文物普查，垫江县全面摸清可移动文物家底，掌握了可移动文物资源状况，为更好地发挥文物的价值作用和服务社会奠定了良好的基础。

一、垫江县普查数据

截至2016年10月31日，垫江县在全国可移动文物信息登录平台登录可移动文物347件/套，实际数量为551件。其中，珍贵文物34件/套，实际数量为64件。登录可移动文物信息的收藏单位2家。

（一）垫江县可移动文物基本情况

1. 类别

可移动文物类别

可移动文物类别	可移动文物实际数量（件）	实际数量占比（%）
合计	551	100.00
玉石器、宝石	31	5.63
陶器	21	3.81
瓷器	52	9.44
铜器	9	1.63
金银器	10	1.81
雕塑、造像	19	3.45
石器、石刻、砖瓦	39	7.08
书法、绘画	11	2.00

续表

可移动文物类别	可移动文物实际数量(件)	实际数量占比(%)
文具	3	0.54
玺印符牌	1	0.18
钱币	144	26.13
竹木雕	8	1.45
家具	3	0.54
织绣	1	0.18
古籍图书	137	24.86
碑帖拓本	14	2.54
武器	4	0.73
档案文书	1	0.18
玻璃器	34	6.17
乐器、法器	1	0.18
票据	4	0.73
度量衡器	1	0.18
标本、化石	1	0.18
其他	2	0.36

2.年代

(1)可移动文物年代类型。

可移动文物年代类型

可移动文物年代类型	可移动文物实际数量(件)	实际数量占比(%)
合计	551	100.00
地质年代	0	0
考古学年代	0	0
中国历史学年代	540	98.00
公历纪年	4	0.73
其他	1	0.18
年代不详	6	1.09

(2)可移动文物中国历史学年代分布。

可移动文物中国历史学年代分布

可移动文物中国历史学年代	可移动文物实际数量(件)	实际数量占比(%)
合计	540	100.00
商	33	6.11
秦	1	0.19

续表

可移动文物中国历史学年代	可移动文物实际数量（件）	实际数量占比（%）
汉	5	0.93
唐	3	0.56
宋	43	7.96
元	2	0.37
明	26	4.81
清	375	69.44
中华民国	38	7.04
中华人民共和国	14	2.59

3. 级别

可移动文物级别

可移动文物级别	可移动文物实际数量（件）	实际数量占比（%）
合计	551	100.00
一级	0	0
二级	3	0.54
三级	61	11.07
一般	0	0
未定级	487	88.38

4. 来源

可移动文物来源

可移动文物来源	可移动文物实际数量（件）	实际数量占比（%）
合计	551	100.00
征集购买	116	21.05
接受捐赠	176	31.94
依法交换	3	0.54
拨交	0	0
移交	10	1.81
旧藏	2	0.36
发掘	74	13.43
采集	27	4.90
拣选	120	21.78
其他	23	4.17

5.入藏时间

可移动文物入藏时间范围

可移动文物入藏时间范围	可移动文物实际数量(件)	实际数量占比(%)
合计	551	100.00
1949年10月1日之前	98	17.79
1949年10月1日—1965年	0	0
1966—1976年	0	0
1977—2000年	408	74.05
2001年至今	45	8.17

6.完残程度

可移动文物完残程度

可移动文物完残程度	可移动文物实际数量(件)	实际数量占比(%)
合计	551	100.00
完整	45	8.17
基本完整	321	58.26
残缺	51	9.26
严重残缺(含缺失部件)	134	24.32

(二)垫江县可移动文物分布情况

1.按收藏单位隶属关系统计可移动文物数量

可移动文物数量分布(按收藏单位隶属关系)

收藏单位隶属关系	可移动文物实际数量(件)	实际数量占比(%)
合计	551	100.00
中央属	0	0
省属	0	0
地市属	0	0
县区属	551	100.00
乡镇街道属	0	0
其他	0	0

2.按收藏单位性质统计可移动文物数量

可移动文物数量分布(按收藏单位性质)

收藏单位性质	可移动文物实际数量(件)	实际数量占比(%)
合计	551	100.00
国家机关	0	0
事业单位	551	100.00
国有企业	0	0
其他	0	0

3.按收藏单位类型统计可移动文物数量

可移动文物数量分布(按收藏单位类型)

收藏单位类型	可移动文物实际数量(件)	实际数量占比(%)
合计	551	100.00
博物馆、纪念馆	453	82.21
图书馆	98	17.79
美术馆	0	0
档案馆	0	0
其他	0	0

4.按收藏单位所属行业统计可移动文物数量

可移动文物数量分布(按收藏单位所属行业)

收藏单位所属行业	可移动文物实际数量(件)	实际数量占比(%)
合计	551	100.00
文化、体育和娱乐业	551	100.00

二、垫江县普查工作组织实施

(一)加强组织,健全机构

1.设立普查领导小组,成立普查机构

根据《重庆市人民政府关于开展第一次全国可移动文物普查的通知》精神,为切实加强垫江县可移动文物普查工作的组织与领导,垫江县成立了第一次全国可移动文物普查领导小组,组长由县政府分管领导担任,副组长由县政府办公室副主任、县文广新局局长担任。普查领导小组成员由县发改委、县教委、县民政局、县财政局、县经信委、县国土房管局、县民宗局、县国资委、县统计局、县机关事务管理局、县人社局、县科委、县档案局、人行垫江支行、县党历办、县志办等16个相关部门和单位负责人组成。县普查领导小组办公室设在县文广新局,由县文广新局副局长担任办公室主任。普查领导小组主要负责可移动文物普查工作的组织和领导,协调解决重大问题。普查办公室负责普查工作的日常组织和具体协调,同时指导全县各文物收藏单位开展工作。

2.制订普查实施方案和确定工作制度

为科学、规范、有序、高质量地完成可移动文物普查工作,县普查办在广泛征求普查领导小组成员单位及有关专家意见的基础上,依据《重庆市第一次全国可移动文物普查实施方案》,结合垫江县县情,制订了《垫江县第一次全国可移动文物普查实施方案》,明确了普查工作的组织管理、时间步骤、技术路线、经费保障等内容。

为确保垫江县文物普查工作规范化、制度化，县普查办制定了《垫江县第一次全国可移动文物普查工作办公室办公制度》《垫江县第一次全国可移动文物普查专项经费使用方案》《垫江县可移动文物认定工作方案》《垫江县普查数据审核工作方案》《普查库房管理制度》《普查登记进度管理制度》等，使普查工作做到有章可循、有据可依。

3.落实普查工作经费

根据《财政部国家文物局关于加强第一次全国可移动文物普查经费保障与管理的通知》精神，垫江县普查办编制了普查经费预算，并纳入垫江县年度财政预算，确保普查经费到位。垫江县在普查期间共计投入普查经费50万元，其中2013年投入20万元、2014年投入10万元、2015年投入10万元、2016年投入10万元。经费使用上，垫江县严格按照国家财务制度相关规定，编制了《垫江县第一次全国可移动文物普查专项经费使用方案》，加强对普查经费的管理，专款专用，厉行节约，资金使用做到了规范、安全、有效。

垫江县2013—2016年可移动文物普查经费落实情况表（单位：万元）

合计	2013年	2014年	2015年	2016年
50	20	10	10	10

4.组建普查队伍

2013年普查工作启动以来，全县先后有45人参与普查工作。从人员构成来看，普查办20人，国有文物收藏单位7人，招募培训志愿者10人。全市普查员实行统一登记，持证上岗，分级管理。此外，有8名专家参与文物认定、鉴定和数据审核、验收等工作。良好的队伍建设为普查工作的顺利开展奠定了坚实的基础。

垫江县可移动文物普查队伍统计表（单位：人）

合计	本级普查办	收藏单位	普查专家	普查志愿者
45	20	7	8	10

（二）调查、认定、采集、登录、审核，分阶段实施普查

1.国有可移动文物收藏单位调查

从2013年8月起，垫江县开展了国有文物收藏单位名录编制工作。垫江县文化委向全县570家国有单位发放并回收了《国有单位文物收藏情况调查登记表》《国有单位文物收藏情况调查汇总表》《可移动文物认定信息登记表》和《文物登记卡》，实现了调查工作的全覆盖。经认定，最终确定2家国有单位收藏有文物。

2.国有可移动文物认定

根据《重庆市可移动文物认定工作方案》,垫江县组建5名专家组成的专家组,开展认定工作2次。协助系统外单位认定文物42件/套,2014年11月—12月完成文物认定工作。

3.国有可移动文物信息采集登录

2013年6月30日,垫江县完成国有单位调查。2014年12月31日,全县注册收藏单位1家,登录藏品总数8件/套,实际数量98件。2015年12月31日—2016年8月30日,全县注册收藏单位1家,登录藏品总数339件/套,实际数量453件。

4.国有可移动文物信息审核

为有序推进普查数据审核工作,县普查办将普查办专家及工作人员按片区分成2个小组,各小组在县普查办的领导下开展本片区范围内的普查数据审核工作。

审核人员严格按照《第一次全国可移动文物普查数据质量评定标准》对文物名称、年代、质地、数量、尺寸、完残程度、来源等重点项目严格把关,对存疑点要求各文物收藏单位做出详细说明。2016年7月,重庆市文物局专家组对垫江县文物普查数据进行了抽审,数据差错率低于0.5%,抽审合格。

(三)宣传动员

垫江县按照各自负责本行政区域普查宣传动员工作的方式,积极开展宣传工作。同时采用新闻深度报道、专访、公益广告、手机自媒体信息发布等多种形式拓宽宣传渠道。垫江县普查办组织制作了《垫江县第一次全国可移动文物普查宣传片》,对馆藏精品和垫江县第一次全国可移动文物普查进行广泛宣传,使普查工作深入人心,形成全民关注和参与的局面。其中深度报道1篇、专访1篇、工作简报4期。

重大节庆宣传情况:2014年、2015年、2016年国际博物馆日,分别策划了普查图片展。

(四)质量控制

垫江县根据各阶段工作目标,动态确定考核内容,着重加强普查各环节的检查、总结和评估,保证普查成效。采取自我检查、巡回检查、专项督查、定期报告等多种方式进行进度和质量管理。

为提高普查队员业务水平,垫江县举办文物普查培训班5期,培训普查人员160人次。

垫江县组织的普查培训班情况一览表

合计		2013年		2014年		2015年		2016年	
次数(次)	人数(人次)	次数(次)	人数(人次)	次数(次)	人数(人次)	次数(次)	人数(人次)	次数(次)	人数(人次)
5	160	2	90	1	30	1	20	1	20

(五)普查工作总结情况

普查工作结束阶段,普查办对普查工作中产生的大量档案资料,包括正式文件、调查表、登记表、相关照片、工作报告、信息简报等,进行了分类归档、备份管理,确保安全。

三、普查工作成果

垫江县在普查期间,制定了《馆藏文物藏品使用细则》《文物藏品保管员岗位职责》《文物藏品登记编目登记员岗位职责》《总账管理人员岗位职责》等相关制度,对垫江县文物保护管理等基础工作具有较大的推动作用。

通过可移动文物普查,垫江县基本掌握了文物资源的数量、分布及价值等相关情况,这些普查成果为进一步加大垫江县文物保护力度、扩大文物保护范围、科学制订保护政策和规划提供了重要依据。

四、建议

(1)加大藏品保护管理力度。选择合适位置建立文物库房,及时开展藏品的建档备案工作,努力完善各项规章制度,积极筹措资金以加快硬件设施建设。

(2)加快文博人才队伍建设。特别是在薄弱地区提高人员配置并积极开展后续培训工作,努力提升基层文保人员整体专业素质。

(3)加强文物合理利用。一方面精心策划各种展览,让文物有更广阔的展示平台,满足人民群众的文化需求;另一方面深入开展普查资料整理,推出一批重要科研成果,让文物真正"活"起来。

报告执笔人:王泽建、王海科

报告审阅人:金维贤

29 武隆区第一次全国可移动文物普查总结报告

2012年10月,国务院正式启动第一次全国可移动文物普查工作。这是中华人民共和国成立以来,我国首次针对可移动文物开展的普查,是继第三次全国文物普查(不可移动文物部分)后在我国文化遗产领域开展的重大国情国力调查项目,是一项旨在全面掌握我国文化遗产资源、建设文化遗产强国的战略工程,也是加强文物保护管理、推进公共文化服务体系建设的基础性工作。武隆区第一次全国可移动文物普查由重庆市普查办统一领导,集中技术和人才力量,对武隆区可移动文物进行全面调查、登记,经审核验收后统一提交到全国可移动文物信息登录平台和数据库,从而实现武隆区文物信息资源的整合利用和动态管理。根据《中华人民共和国文物保护法》《中华人民共和国物权法》《国家"十二五"时期文化改革发展规划纲要》《国务院关于开展第一次全国可移动文物普查的通知》精神,武隆区制订了全区可移动文物普查工作组织实施方案。按照重庆市普查要求,武隆区第一次全国可移动文物普查从2012年10月开始准备,2013年1月1日正式实施,2016年12月31日全面完成。普查分为工作准备、普查实施和验收汇总3个阶段:一是工作准备阶段(2012年10月至2013年2月),主要任务是制订实施方案,发布规范和标准;二是普查实施阶段(2013年3月至2015年12月),各成员单位开展文物普查认定和信息数据登录,普查数据资料采取采集、建档、整理、登录、报送、审核同时进行的方式;三是验收总结阶段(2016年1月至12月),主要任务是进行普查资料的整理、汇总、数据库建设和发布普查成果。

按照重庆市统一部署,武隆区第一次全国可移动文物普查5年(2012—2016年)完成。武隆区通过普查工作,实现了以下目标:

(1)在不改变文物权属现状的前提下,全面掌握武隆区国有可移动文物的数量分布、保存状况、保管权属和使用管理等情况,为科学制定保护政策和规划提供依据。

(2)建立武隆区国有可移动文物认定体系、名录、档案和信息管理系统,为文物的标准化和动态管理创造基础条件。

(3)建立可移动文物信息的知识产权保护制度,实现文物信息资源的整合与合理利用。

(4)建立社会参与、部门联动、权责共享的文物保护机制,形成文化遗产共建、共管、共享的保护格局,提高全社会的文物保护意识和能力。

武隆区第一次全国可移动文物普查全面摸清了武隆区可移动文物的家底,普查的目的不仅仅是调查统计文物数据,而且希望在此基础上更好地发挥文物信息的价值和作用,让藏在"深闺"的文物活起来,更好地服务人民群众。本次普查使武隆区文物资源情况和价值得到了全面掌握和科学评价,健全了文物登录备案机制和文物保护体系,加大了文物保护力度,保障了文物安全,进一步促进了文物资源整合利用,丰富了公共文化服务内容,有效地发挥了文物在武隆区经济和社会发展总体布局的积极作用。

一、武隆区普查数据

截至2016年10月31日,重庆市武隆区在全国可移动文物信息登录平台登录可移动文物1020件/套,实际数量为3285件。其中,珍贵文物61件/套,实际数量为111件。登录可移动文物信息的收藏单位3家。

(一)武隆区可移动文物基本情况

1.类别

可移动文物类别

可移动文物类别	可移动文物实际数量(件)	实际数量占比(%)
合计	3285	100.00
陶器	304	9.25
瓷器	161	4.90
铜器	76	2.31
金银器	19	0.58
铁器、其他金属器	24	0.73
雕塑、造像	96	2.92
石器、石刻、砖瓦	308	9.38
书法、绘画	16	0.49
玺印符牌	2	0.06
钱币	1248	37.99
牙骨角器	1	0.03
竹木雕	32	0.97
家具	19	0.58
织绣	19	0.58
古籍图书	509	15.50
武器	27	0.82
文件、宣传品	346	10.53
档案文书	1	0.03
名人遗物	4	0.12
玻璃器	4	0.12
乐器、法器	7	0.21
度量衡器	5	0.15

续表

可移动文物类别	可移动文物实际数量(件)	实际数量占比(%)
标本、化石	54	1.64
其他	3	0.09

2.年代

(1)可移动文物年代类型。

可移动文物年代类型

可移动文物年代类型	可移动文物实际数量(件)	实际数量占比(%)
合计	3285	100.00
地质年代	53	1.61
考古学年代	3	0.09
中国历史学年代	3185	96.96
公历纪年	0	0
其他	1	0.03
年代不详	43	1.31

(2)可移动文物中国历史学年代分布。

可移动文物中国历史学年代分布

可移动文物中国历史学年代	可移动文物实际数量(件)	实际数量占比(%)
合计	3185	100.00
周	81	2.54
汉	869	27.28
南北朝	3	0.09
唐	1	0.03
宋	294	9.23
元	1	0.03
明	54	1.70
清	561	17.61
中华民国	931	29.23
中华人民共和国	390	12.25

3.级别

可移动文物级别

可移动文物级别	可移动文物实际数量(件)	实际数量占比(%)
合计	3285	100.00
一级	0	0

续表

可移动文物级别	可移动文物实际数量(件)	实际数量占比(%)
二级	7	0.21
三级	104	3.17
一般	4	0.12
未定级	3170	96.50

4.来源

可移动文物来源

可移动文物来源	可移动文物实际数量(件)	实际数量占比(%)
合计	3285	100.00
征集购买	930	28.31
接受捐赠	133	4.05
依法交换	0	0
拨交	3	0.09
移交	494	15.04
旧藏	333	10.14
发掘	1128	34.34
采集	171	5.21
拣选	0	0
其他	93	2.83

5.入藏时间

可移动文物入藏时间范围

可移动文物入藏时间范围	可移动文物实际数量(件)	实际数量占比(%)
合计	3285	100.00
1949年10月1日之前	14	0.43
1949年10月1日—1965年	12	0.37
1966—1976年	8	0.24
1977—2000年	2269	69.07
2001年至今	982	29.89

6.完残程度

可移动文物完残程度

可移动文物完残程度	可移动文物实际数量(件)	实际数量占比(%)
合计	3285	100.00
完整	460	14.00

续表

可移动文物完残程度	可移动文物实际数量（件）	实际数量占比（%）
基本完整	1691	51.48
残缺	1027	31.26
严重残缺（含缺失部件）	107	3.26

（二）武隆区可移动文物分布情况

1. 按收藏单位隶属关系统计可移动文物数量

可移动文物数量分布（按收藏单位隶属关系）

收藏单位隶属关系	可移动文物实际数量（件）	实际数量占比（%）
合计	3285	100.00
中央属	0	0
省属	0	0
地市属	0	0
县区属	3285	100.00
乡镇街道属	0	0
其他	0	0

2. 按收藏单位性质统计可移动文物数量

可移动文物数量分布（按收藏单位性质）

收藏单位性质	可移动文物实际数量（件）	实际数量占比（%）
合计	3285	100.00
国家机关	0	0
事业单位	3285	100.00
国有企业	0	0
其他	0	0

3. 按收藏单位类型统计可移动文物数量

可移动文物数量分布（按收藏单位类型）

收藏单位类型	可移动文物实际数量（件）	实际数量占比（%）
合计	3285	100.00
博物馆、纪念馆	2962	90.17
图书馆	308	9.38
美术馆	0	0
档案馆	15	0.46
其他	0	0

4.按收藏单位所属行业统计可移动文物数量

可移动文物数量分布（按收藏单位所属行业）

收藏单位所属行业	可移动文物实际数量（件）	实际数量占比（%）
合计	3285	100.00
文化、体育和娱乐业	3270	99.54
公共管理、社会保障和社会组织	15	0.46

二、武隆区普查工作组织实施

（一）属地管理，分级负责

1.设立普查领导小组，成立普查机构

根据武隆区统一领导、部门分工协作、分级负责、各方共同参与的原则确定普查的组织方式。

成立武隆区第一次全国可移动文物普查领导小组，负责普查工作的组织和领导，协调解决重大问题。领导小组组长由区政府分管领导担任，副组长由区政府办公室分管副主任、区文化委员会主任担任，领导小组成员由区委各部委、区政府各部门及有关单位、社会团体、上挂部门、各乡镇人民政府主要领导组成。区普查领导小组办公室设在区文物管理所，由区文化委员会主任兼任办公室主任，区文物管理所所长兼任办公室副主任，负责处理普查工作的日常事务。办公室下设综合协调组、技术服务组、登录审核组、区级普查组、宣传报道组等，办公室所需人员由区财政预算经费，临聘与文物相关的专业人员，时间4年（2013年—2016年12月）。办公室负责普查工作的日常组织、指导、协调和具体实施汇总等工作。

2.制订普查实施方案和确定工作制度

武隆区普查办制订并印发了《武隆区第一次全国可移动文物普查实施方案》，制订和组织实施普查年度工作计划；各个普查机构根据自身情况制订本收藏单位的普查实施方案。

随着重庆市第一次全国可移动文物普查工作进入普查实施阶段，武隆区结合实际，科学谋划、主动作为，努力做到"三个到位"，摸底调查工作稳步推进。

一是普查队伍组建到位。武隆区人民政府及时下发了《武隆区人民政府关于开展第一次全国可移动文物普查的通知》（武隆府发〔2013〕34号），并召开全区可移动文物普查工作动员会进行部署，区可移动文物普查领导小组办公室迅速抽调专业技术过硬、业务素质高的7名专业人员组建调查队伍，到位开展普查工作。区级各单位、部门和行业系统也抽调本行业、本系统的1~2名骨干人员组成了普查专职队伍，确保了国有单位调查摸底工作的顺利开展。

二是普查经费统筹到位。为保证各项工作顺利实施，区财政局根据普查工作所需经费由市、区两级人民政府分别承担的要求,为普查经费开辟绿色通道,特事特办,先期拨付摸底调查工作经费5万元,用以购置办公设备等普查硬件,改善普查办公条件,印制资料等,为普查实施提供了资金保障。

三是国有单位调查到位。第一,结合本区实际,采取高效的摸底调查方法。各乡镇人民政府负责本级政府(含内设机构和下属单位)的普查工作;区级各部门和行业系统负责本部门和行业系统以及直属、下属单位的普查工作;国有企业和国有控股企业负责本企业的普查工作,相关资料上交对应的区级行政主管部门统一汇总,由主要领导签字并加盖单位公章后报区普查办。同时建立主管机关普查责任追究机制,层层落实责任,确保摸底调查纵向到底、横向到边。第二,通过电话、邮件、QQ等即时通信手段与各国有单位建立沟通的桥梁,确保联系畅通、信息反馈及时。武隆区100%完成了摸底调查工作,为下一阶段的普查工作奠定了坚实的基础。

3.落实普查工作经费

关于落实普查工作经费的相关文件主要有:武隆区文化委员会《关于2013年开展第一次全国可移动文物普查工作经费的请示》,武隆区文物管理所《关于开展第一次全国可移动文物普查工作经费的请示》,重庆市财政局、重庆市文物局《关于转发财政部办公厅、国家文物局办公室〈关于开展第一次全国可移动文物普查经费保障专项督查工作的通知〉的通知》,武隆区财政局、武隆区文化委员会《关于开展第一次全国可移动文物普查经费落实情况的自查报告》。

区普查办编制区普查领导小组办公室普查经费预算,管理并执行市级和区级财政预算;区财政部门根据武隆区"一普"方案负责区普查领导小组办公室普查经费的安排、使用、管理和监督审计工作。

武隆区2013—2016年可移动文物普查经费落实情况表(单位:万元)

合计	2013年	2014年	2015年	2016年
40	10	10	10	10

武隆区普查经费及时到位,确保了"一普"各项工作顺利实施。普查经费主要用以购置办公设备等普查硬件,改善普查办公条件、印制资料、志愿者工资等。随后在普查办的指导下开展全区文物测量、拍摄、信息数据资料采集,建立文物档案,并将文物信息通过全国可移动文物信息登录平台联网上报。

4.组建普查队伍

武隆区总投入26人,其中普查办工作组成员12人、专家组成员2人、收藏单位人员6人、志愿者6人。

武隆区参与此次普查工作的6名志愿者,自觉遵守博物馆安全制度和文物管理制度。志愿者在普查期间服从单位安排,首先,在开展第一次全国可移动文物普查工作期间积极承担可移动文物信息采集、校验、审核及上传等工作任务,使得武隆区"一普"工作第一阶段获得重庆市文物普查办好评;其次,参与博物馆陈列布展工作,使得武隆区博物馆基本陈列展览项目获2013—2014年度重庆市博物馆十佳优秀展览奖。

为保证普查质量、提高普查效率,武隆区普查办结合实际给出2~3周时间及时对"一普"工作人员进行培训,确保了普查人员及时掌握普查新方法。培训的目的是了解可移动文物普查的政策制度、可移动文物认定的基本规范、可移动文物数据采集等基本流程,熟悉文物的定名标准、测量标准、记录标准等。以便在普查期间加快角色适应、提高效率,减少人为原因造成的文物损害。

(二)调查、认定、采集、登录、审核,分阶段实施

1.国有可移动文物收藏单位调查阶段

普查文件依据:《国务院关于开展第一次全国可移动文物普查的通知》(国发〔2012〕54号),国家文物局、国家档案局《关于积极做好档案系统第一次全国可移动文物普查工作的通知》(文物普查发〔2013〕8号),国家文物局、民政部《关于积极做好民政系统第一次全国可移动文物普查工作的通知》(文物普查发〔2013〕13号),文化部、国家文物局《关于积极做好文化系统第一次全国可移动文物普查工作的通知》(文物普查发〔2013〕15号),重庆市人民政府《重庆市人民政府关于开展第一次全国可移动文物普查的通知》(渝府发〔2013〕18号),重庆市第一次全国可移动文物普查领导小组办公室《关于开展抗战可移动文物专项调查的通知》(渝文物普查办发〔2013〕1号),武隆区人民政府《武隆区人民政府关于开展第一次全国可移动文物普查的通知》(武隆府发〔2013〕34号)。

2013年5月3日,武隆区第一次全国可移动文物普查动员会暨工作部署会召开。全区上下高度重视,区委、区政府、区人大、区政协领导出席,参加会议的有区级各部门、各乡镇人民政府和各国有企业负责人等141个单位150余人。会议成立了武隆区第一次全国可移动文物普查领导小组办公室,制订了普查技术路线,落实了普查经费,印发了《武隆区第一次全国可移动文物普查实施方案》。以此次动员会暨工作部署会为标志,全区文物普查进入第二阶段,即普查实施阶段。同时全区形成群策群力,多部门共同参与的普查格局,全方位、多角度确保普查工作顺利进行。会后立即召开全区普查培训会,进一步确保普查的技术路线。

会后立即在全区开展"一普"培训会,区普查办采用"三步法"收集信息:各单位培训合格的普查员填表上报(领导签字盖章)—普查办汇总(信息整理)—普查办实地抽样(核对确认),形成区普查办、主管机关、所属部门归口管理、分类汇总的三级普查立体架构。快速高效地完成武隆区辖区内494个国有单位的全面统计调查,完成率为100%。收回统计表494份,收回率为100%。反馈调查表必须有单位主要负责人签字盖章后方可提交,保证了反馈信息的真实有效。

2. 国有可移动文物认定阶段

开展了3次文物认定工作,武隆区普查办组织本级专家认定1次,市文物局组织专家现场指导认定1次,市普查办通过上报的数据认定1次。经过认定,区博物馆新发现文物20件/套,实际数量24件。

3. 国有可移动文物信息采集登录阶段

武隆区普查办印发了《武隆区"一普"文物信息采集方案》,同时转发国家文物局、重庆市文物局印发的普查通知及其他文件,主要有重庆市文物局《关于转发国家文物局〈第一次可移动文物普查出土(水)文物登录要求〉的通知》(渝文物〔2014〕45号),重庆市文物局《关于做好2014年可移动文物普查工作的通知》(渝文物〔2014〕99号),重庆市文物局《关于开展第一次全国可移动文物普查专项检查工作的通知》(渝文物〔2014〕305号),重庆市文物局《关于加快推进可移动文物普查文物认定和数据报送等有关工作的通知》(渝文物〔2014〕326号),重庆市文物局转发《国家文物局办公室〈关于做好第一次全国可移动文物普查进度管理和质量控制的通知〉的通知》(渝文物〔2014〕366号)等。

武隆区普查办抽调业务素质高、专业技术过硬的7名专业人员迅速到位开展工作,各参与单位抽调本行业、本系统的1~2名骨干人员组成普查专职队伍,全区自上而下形成了完整普查队伍体系。同时制订"两集中三措施"开展普查,即集中时间、集中人员,由普查员对采集到的信息逐一登记,编造成册,采集上传信息、核对已有信息、对照总结经验,将全部信息采集表进行分类、核对和录入电脑,理顺普查方法,确保普查进度。信息采集按照"211(两测一录一核)"要求开展,"两测"即对同一藏品进行两次测量,"一录"即测量数据由两人分别进行纸质和电子录入,"一核"即当天普查工作结束后,由专人核定采集数据,统一保管。然后将普查信息上传至区普查办管理人员账号。根据"一普"文件要求档案馆纸质档案暂不列入此次登录范畴,同时图书馆古籍图书由图书馆内部系统统一上报,不经过区普查办账号。因此,区普查办抽调4名专业人员到档案馆协助对非纸质档案文物进行信息采集,同时将最新的文件要求转发给档案馆和图书馆。

4. 国有可移动文物信息审核阶段

区普查办普查实施统一平台、联网直报、分级审核、一次入库、动态管理,信息审核上报和管理在区普查办平台账号统一集中进行。按照普查工作规范、技术标准和普查方案要求,于2015年4月—7月在平台上对登录信息逐级审核并上报市普查办。

审核流程主要包括:第一,区收藏单位审核;第二,区普查办审核;第三,重庆市普查办终审。普查机构在进行数据审核时,对于需要征求专家意见的,应当组织专家进行预审,并综合专家的审核意见出具审核结论。在本次普查中新发现和认定的文物,以及审核结论为存疑的藏品,在审核中应征求专家意见,及时联系市普查办审核员对发现的问题和不规范的地方进行整改。

武隆区普查办采用"两段法"上报数据。先期将采集的普查信息全部上传到离线平台,并将上传至离线平台的数据进行反复校对修改,然后上传至在线平台审核。武隆区摸索出"24字"方针,即集中采集、分散核对、单个上传、分类审核、整体把关、个别抽检。同时武隆区普查办邀请重庆中国三峡博物馆刘兴亮博士及副研究员董越到武隆区进行现场指导古籍图书信息采集登录工作。现场对101件/套古籍图书的年代、命名、版本等信息进行校对,重新确定30余件/套古籍图书的年代,纠正20余件/套的版本,解决了普查中遇到的难点,确保了普查质量。当天在专家的指导下将武隆区博物馆所有古籍图书信息修改完毕并全部上传到市普查办。武隆区普查办提前完成普查数据上传任务,在全市名列前茅。

在收藏单位审核阶段共计审核6次,每个收藏单位用户管理员审核1次、收藏单位审核员审核1次,共计审核2040件/套。区普查办审核阶段共计审核2次,普查办用户管理员审核1次、普查办审核员审核1次,共计审核2040件/套。

数据审核中反映的问题主要包括命名不规范、分类错误、错别字等。另外由于2014年4月发布的新版全国可移动文物信息登录平台不能和原达梦数据库导出的数据有效对接,只能手动将数据输入新平台,导致出现一些问题,如错别字、漏项、数据填错,需要再次逐个复核,导致进度缓慢。文物信息需要重新对照实物进行核实的总登记号为10个,全部为砖瓦;文物照片需要重新拍摄的总登记号为26个。

针对武隆区可移动文物信息采集登录中发现的问题,区普查办通过分工合作、逐项检查、反复核查的方式,对录入系统的数据进行查遗补漏,审核并完善每件文物在命名、年代、质地、图片等方面的信息。一是2015年4月24日初步对所有已采集的可移动文物信息复核完毕。二是2015年4月25日—5月10日将复核过程中发现的问题进行集中讨论并着手解决,同时研究已上报但在重新复核过程中发现的问题该如何纠正。三是2015年5月11日—20日,根据2015年4月24日可移动文物信息采集登录的培训内容,再次对武隆区已经采集的信息进行复核。四是2015年5月21日—31日,对复核无误的信息进行上传并审核上报市普查办。武隆区的普查登录工作严格按照普查手册进行,对发现问题及早纠正,不存在侥幸心理,保质保量按时完成了武隆区可移动文物普查工作。

(三)宣传动员

武隆区自2013年普查工作全面启动以来,将普查宣传工作放在重要位置,通过送文化下乡、国际博物馆日、送展览进校园、送讲座进党校等活动,大力宣传普查意义,发放宣传资料40000余份,同时,向上级报送简报5期,全国可移动文物公众网刊发4期。武隆区让社会充分认识和享受到普查成果。

武隆区普查办举办了形式多样、内容丰富的宣传活动。一是制作"一普"图片展板50余块(分陶瓷展区、青铜器展区、石器展区、革命文物展区四大展区)共展示图片近600张,先后在凤来乡、平桥镇、和顺镇等13个乡镇及区人民广场开展文物图片展览活动。仅仅2015年上半年就发放宣传单13000余份,接待观众8000余人。宣传资料内容以"一普"意义、文物保护常识、"一普"新发现、"一普"精美文物图片、"一普"工作照等相关资料为主,累计悬挂宣传"一普"横幅10余条。二是与各乡镇文体中心携手利用宣传栏、标语、海报等形式进行了"一普"成果宣传。三是利用宣传车、公共场所数字屏幕等开展"一普"专题和文物安全宣传活动。同时邀请区电视台、《武隆日报》等主流媒体进行跟踪报道10余次。四是与学校互动,进行"一普"成果宣传。结合文物知识进校园活动,在武隆中学、武隆区实验第二小学等共建单位开展"一普"成果宣传活动。结合国际博物馆日、中国文化遗产日,先后组织学校师生近4000人到博物馆实地参观,提高广大师生的文物保护意识。结合"七一""九·一八"等纪念日活动,将"一普"登录的革命文物进行宣传,培养广大群众的爱国主义情怀。

(四)质量控制

武隆区普查办在普查开始时印发了《武隆区第一次全国可移动文物普查方案》《武隆区第一次全国可移动文物信息提取方案》《武隆区第一次全国可移动文物信息校对方案》等,对普查的步骤、环节进行严格控制,对提取文物、测量文物、传递文物、文物信息录入等制定了严格规范,要求普查中严格遵守《中华人民共和国文物保护法》及其他相关的法律法规和"一普"工作手册的要求,以更好地保护文物为前提,任何部门、单位和个人不得做出有损文物安全的行为。各单位要严格按照相关操作规程进行文物信息的提取,并做好各项安全预防措施,防止在普查登记中造成文物损坏。同时规定普查人员进入库房必须进行签到,对进出时间、采集信息数量、有无损坏等进行严格把控。

武隆区"一普"工作启动后,区普查办根据市文物局的普查要求和规范先后组织了15次系统的培训,主要针对信息采集、信息登录、信息审核以及熟悉操作"一普"软件4个部分进行,培训人数达48人次。要求参加培训的人员在回到本单位后立即对本单位普查人员进行业务培训。

武隆区普查办根据市文物局验收工作要求,全面完成本区验收工作。针对文物数量较少的收藏单位,由区普查办统一现场对照实物进行验收。针对文物数量较多的收藏单位,则采取网上抽查和现场普查资料检查两种方式进行,以保证验收数据的准确性。

三、普查工作成果

按照国务院统一部署,武隆区按时完成了第一次全国可移动文物普查,基本实现普查目标,在不改变文物权属现状的前提下,全面掌握了武隆区国有可移动文物的数量分布、保存状况、保管权属和使用管理等情况,初步建立了武隆区国有可移动文物认定体系、名录、档案和信息管理系统,为文物的标准化和动态管理创造基础条件;建立了可移动文物信息的知识产权保护制度,实现文物信息资源的整合与合理利用;建立了社会参与、部门联动、权责共享的文物保护机制,形成文化遗产共建、共管、共享的保护格局,提高全社会的文物保护意识和能力。

经第一次全国可移动文物普查,武隆区可移动文物收藏量为1020件/套,全区国有可移动文物收藏单位3家,为武隆区国有事业单位,保管人员共计6人,库房面积1750平方米。其中博物馆收藏可移动文物970件/套、图书馆收藏可移动文物35件/套、档案修志馆收藏可移动文物15件/套。博物馆、档案修志馆、图书馆均建设了比较好的保存环境,其中博物馆为创造更好的保存环境特意采购4台大型除湿机。

武隆区在普查中开展了藏品账目及档案建设、馆藏资源信息化、文物定级、文物保护修复等工作。例如,武隆区博物馆和重庆中国三峡博物馆签订32件珍贵青铜器修复合同,同时委托重庆中国三峡博物馆编制了重庆市武隆区文物管理所馆藏青铜器文物保护修复方案。

武隆区已对外公开藏品资源的单位有武隆区博物馆、武隆区图书馆、武隆区档案修志馆。其中博物馆公开方式主要为展厅实物展览和下乡进行"一普"图片展览,展出文物600余件;图书馆主要以网络的方式对外公开,公开35件/套可移动文物;档案修志馆主要在其爱国主义教育展厅进行实物展览,公开15件/套可移动文物。

以博物馆为例,其利用普查成果举办展览情况如下:

博物馆利用普查成果举办展览情况(含网络展览)

序号	展览名称	展览形式	展出地点	展出藏品量	参观人次
1	武隆区第一次全国可移动文物普查成果展	展板	区人民广场	300	2000
2	武隆区第一次全国可移动文物普查成果展	展板	江口镇、白马镇等12个乡镇	300	12000
3	武隆区第一次全国可移动文物普查藏品展示	网络	武隆区博物馆网站	120	3000

四、建议

第一次全国可移动文物普查是对武隆区可移动文物的重大调查工作,在开展此项工作期间,一是要成立普查机构,统筹组织普查工作,解决普查工作中的问题;二是要制订普查技术路线,严格按照技术路线开展普查工作;三是要建立专家数据库,特别是在文物认定阶段,保证普查工作的质量;四是要培训、锻炼出一批文博人才,夯实武隆区文博工作人才;五是摸清家底,激活文物。要把文物的利用工作变成今后工作的重要关注点之一,使之成为社会发展的助推器。

报告执笔人:李智涛

报告审阅人:梁冠男

30 忠县第一次全国可移动文物普查总结报告

忠县位于重庆中部,地处三峡库区腹心地带。在漫长的历史积淀中,忠县蕴藏着丰富的文物资源,尤其是长江沿岸地区,分布更为密集。从古文化的延续时间看,有新石器时代晚期的中坝、哨棚嘴遗址,商周时期的瓦渣地、半边街遗址,秦汉、两晋、南北朝的将军村、翠屏山、老鸹冲遗址,这些遗址大多进行过大面积的科学发掘,出土了大量精美的文物。

2012年10月,国务院启动了第一次全国可移动文物普查工作,这是继第三次全国不可移动文物普查之后,在文化遗产领域开展的又一次重大国情国力资源调查,是一项旨在全面掌握我国文物资源、加强文物保护、建设文化遗产强国的国家工程。此次普查从2012年10月开始,到2016年12月结束。按照国务院、重庆市人民政府的统一安排部署,忠县普查工作分为工作准备、普查实施、验收汇总3个阶段。历时4年多,持续周期长,涉及多个行业和领域,县政府及各相关部门认真贯彻国务院和国家文物局、重庆市文物局的通知精神,精心组织,积极动员,扎实推进工作,如期实现普查目标。据统计,在整个普查期间,全县共投入人员779人,举办各类培训班13次,落实普查经费48万元,共发放调查表753份,回收753份,实现了全市国有单位摸底调查100%全覆盖。此次普查涵盖了国民经济20个行业中的2个行业,新认定文物3件/套(均为文博系统外国有可移动文物收藏单位)。截至2016年10月31日,全县4个国有可移动文物收藏单位共采集登录文物9264件/套,其中珍贵文物316件/套,共收录文物图片14592张,数据容量38.79 G。

忠县的可移动文物分布在23个文物类别中,主要具有以下3个特点:一是文物资源分布相对集中,全县87.7%的文物集中收藏在忠县文物局;二是文物基本不断代,具有较好的延续性,从新石器时代的石斧、石锛、石球、纺轮等一直到近现代的抗美援朝银纪念章;三是文物特色鲜明,出土文物中陶尖底杯、圜底罐的数量之多,埋藏地层之厚,是三峡地区绝无仅有的。

忠县通过第一次全国可移动文物普查,一是全面摸清了可移动文物家底,解决了国有文物资源底数不清、残损情况不明、登记档案不建全等历史遗留问题。二是根据普查成果为忠州博物馆挑选了部分精品展示文物,并根据本县文物的完残程度、类别等,针对破损、腐蚀文物进行统计,按照计划逐批将残缺文物送到重庆中国三峡博物馆和重庆市文化遗产研究院进行修复,为忠州博物馆开馆和文物保护研究工作打下坚实基础。三是掌握了可移动文物资源状况,建立起了完备的登录备案机制,实现了可移动文物的标准化、动态化、规范化管理,为更好地发挥文物的作用和提升社会服务管理水平奠定了良好的基础。

一、忠县普查数据

截至2016年6月,忠县在全国可移动文物信息登录平台登录可移动文物9264件/套,实际数量为19269件。其中,珍贵文物316件/套,实际数量324件。登录可移动文物信息的收藏单位4家。

(一)忠县可移动文物基本情况

1.类别

可移动文物类别

可移动文物类别	可移动文物实际数量(件)	实际数量占比(%)
合计	19269	100.00
玉石器、宝石	58	0.30
陶器	6577	34.13
瓷器	1398	7.26
铜器	180	0.93
金银器	70	0.36
铁器、其他金属器	25	0.13
雕塑、造像	879	4.56
石器、石刻、砖瓦	504	2.62
文具	24	0.12
玺印符牌	28	0.15
钱币	6821	35.40
牙骨角器	69	0.36
竹木雕	5	0.03
家具	1	0.01
织绣	1	0.01
古籍图书	2367	12.28
武器	135	0.70
文件、宣传品	1	0.01
玻璃器	88	0.46
乐器、法器	6	0.03
交通、运输工具	4	0.02
度量衡器	4	0.02
其他	24	0.13

2.年代

(1)可移动文物年代类型。

可移动文物年代类型

可移动文物年代类型	可移动文物实际数量(件)	实际数量占比(%)
合计	19269	100.00
考古学年代	231	1.20
中国历史学年代	18396	95.47
其他	617	3.20
年代不详	25	0.13

(2)可移动文物中国历史学年代分布。

可移动文物中国历史学年代分布

可移动文物中国历史学年代	可移动文物实际数量(件)	实际数量占比(%)
合计	18396	100.00
夏	4	0.02
商	294	1.60
周	788	4.28
秦	1325	7.20
汉	11397	61.95
三国	16	0.09
西晋	35	0.19
东晋十六国	69	0.38
南北朝	610	3.32
唐	855	4.65
宋	237	1.29
金	1	0.01
元	1	0.01
明	254	1.38
清	2490	13.54
中华民国	19	0.10
中华人民共和国	1	0.01

3.级别

可移动文物级别

可移动文物级别	可移动文物实际数量(件)	实际数量占比(%)
合计	19269	100.00
一级	3	0.02

续表

可移动文物级别	可移动文物实际数量（件）	实际数量占比（%）
二级	15	0.08
三级	306	1.59
一般	473	2.45
未定级	18472	95.86

4. 来源

可移动文物来源

可移动文物来源	可移动文物实际数量（件）	实际数量占比（%）
合计	19269	100.00
征集购买	0	0
接受捐赠	14	0.08
依法交换	0	0
拨交	0	0
移交	0	0
旧藏	3152	16.36
发掘	16102	83.56
采集	0	0
拣选	0	0
其他	1	0.01

5. 入藏时间

可移动文物入藏时间范围

可移动文物入藏时间范围	可移动文物实际数量（件）	实际数量占比（%）
合计	19269	100.00
1949年10月1日之前	0	0.00
1949年10月1日—1965年	93	0.48
1966—1976年	264	1.37
1977—2000年	2807	14.57
2001年至今	16105	83.58

6. 完残程度

可移动文物完残程度

可移动文物完残程度	可移动文物实际数量（件）	实际数量占比（%）
合计	19269	100.00
完整	650	3.37
基本完整	4349	22.57
残缺	14055	72.94
严重残缺（含缺失部件）	215	1.12

（二）忠县可移动文物分布情况

1.按收藏单位隶属关系统计可移动文物数量

可移动文物数量分布（按收藏单位隶属关系）

收藏单位隶属关系	可移动文物实际数量（件）	实际数量占比（%）
合计	19269	100.00
中央属	0	0
省属	0	0
地市属	0	0
县区属	19266	99.98
乡镇街道属	3	0.02
其他	0	0

2.按收藏单位性质统计可移动文物数量

可移动文物数量分布（按收藏单位性质）

收藏单位性质	可移动文物实际数量（件）	实际数量占比（%）
合计	19269	100.00
国家机关	0	0
事业单位	19269	100.00
国有企业	0	0
其他	0	0

3.按收藏单位类型统计可移动文物数量

可移动文物数量分布（按收藏单位类型）

收藏单位类型	可移动文物实际数量（件）	实际数量占比（%）
合计	19269	100.00
博物馆、纪念馆	16899	87.70
图书馆	2367	12.28
美术馆	0	0
档案馆	0	0
其他	3	0.02

4.按收藏单位所属行业统计可移动文物数量

可移动文物数量分布（按收藏单位所属行业）

收藏单位所属行业	可移动文物实际数量（件）	实际数量占比（%）
合计	19269	100.00
卫生和社会工作	2	0.01
文化、体育和娱乐业	19267	99.99

二、忠县普查工作组织实施情况

(一)加强组织,健全机构

1.设立普查领导小组,成立普查机构

根据《重庆市人民政府关于开展第一次全国可移动文物普查的通知》精神,为切实加强普查工作的组织领导,忠县于2013年4月成立了第一次可移动文物普查领导小组,负责忠县普查工作的组织和领导,协调解决重大问题。普查领导小组组长由县政府分管领导担任,副组长由县政府办公室副主任、县文化委主任、县文物局局长担任,领导小组成员由县发改委、县教委、县财政局、县民政局、县经信委、县档案局、县史志办、县统计局等16个相关部门和单位的负责人组成。县普查领导小组办公室设在县文物局,主任由县文物局局长担任。办公室下设综合协调组、技术服务组、专家审核组、普查工作组、宣传报道组等。普查领导小组办公室主要负责制订和组织实施普查各阶段的工作计划,编制普查经费预算,组织普查工作培训,开展普查的宣传报道,组织业务人员进行相关资料与信息的报送、登录,组织普查档案的建档备案,编制《忠县第一次全国可移动文物普查总结报告》。在忠县第一次全国可移动文物普查领导小组的统一指导、协调下,各成员单位各司其职、通力协作,共同做好文物普查各项工作。

在第一次全国可移动文物普查电视电话会后,忠县于2013年5月9日召开了全县可移动文物普查工作动员大会,并印发了《忠县人民政府关于开展第一次全国可移动文物普查工作的通知》,要求各国有单位要在县第一次全国可移动文物普查领导小组办公室指导下完成本单位可移动文物普查登记工作,着手启动各相关单位的文物普查工作。同时制定了文物普查制度、普查纪律,落实工作责任,做好了文物普查前期相关工作。

2.制订普查实施方案和确定工作制度

为贯彻落实《国务院关于开展第一次全国可移动文物普查的通知》和《重庆市人民政府关于开展第一次全国可移动文物普查的通知》精神,科学、规范、有序完成普查工作,县普查办在广泛征求普查领导小组成员单位、县文物部门及有关专家意见的基础上,借鉴吸收第三次全国不可移动文物普查数据库建设经验,依据《第一次全国可移动文物普查实施方案》,结合忠县县情,拟订了《忠县第一次全国可移动文物普查实施方案》,并于2013年5月8日下发执行,方案明确了普查工作的组织管理、时间步骤、技术路线、经费保障等内容。以此为指导,各乡镇以及县级重点收藏单位也制订了符合自身实际情况的普查工作执行方案,全县由此形成了完善的方案体系。

文物普查是一项复杂的社会系统工程,需要各有关部门的通力协作与配合,需要各级普查机构的精心组织和实施。忠县将与普查工作相关的行政部门,以及可能与可移动文物普查有关的各行业行政部门,均纳入普查领导小组成员单位,确保普查对象不遗漏,普查工作有保障。2013年普查工作全面展开后,县普查办多次与统计局、档案局、图书馆、史志办、文化馆、财政局等19个重点行业系统沟通联系,建立了联系机制,使各行业系统普查工作顺利推进。为加强普查办工作联系,利用QQ平台搭建了普查工作群,及时传达文件精神、部署工作和通报进展情况。

3.落实普查工作经费

根据财政部、国家文物局《关于加强第一次全国可移动文物普查经费保障与管理的通知》精神,忠县普查办编制了普查经费预算,并纳入县级财政预算,确保普查经费保障到位。按照财政部和国家文物局要求,会同县财政局联合开展普查经费落实情况的督查工作。截至2016年10月31日,忠县可移动文物普查共到位经费48万元,其中县文物局普查工作专项经费48万元。

经费使用上,县普查办严格按照国家财务制度规定,加强经费管理,专款专用,厉行节约,反对浪费,确保资金使用的规范、安全、有效;同时,加强普查设备的登记、使用与管理,防止国有资产流失。

4.组建普查队伍

队伍建设是普查工作的基础保障。忠县在普查队伍的组建上充分考虑了科学性、合理性、专业性及公共性等特点。2013年普查工作启动以来,全县先后有779人参与普查工作。从人员构成来看,县普查办16人,国有可移动文物收藏单位人员20人,招募培训志愿者739人,另有4名专家参与文物认定、鉴定和数据审核、验收等工作,详见下表。广泛的参与人群和高素质的专业力量构成,为普查工作的顺利开展奠定了坚实的基础。

忠县可移动文物普查队伍统计表(单位:人)

合计	普查办	收藏单位	普查专家	普查志愿者
779	16	20	4	739

县普查办积极宣传,充分调动社会资源,培养了一批积极参与可移动文物普查的志愿者。志愿者一方面缓解了普查人员不足的现实问题,保证了普查工作的进度;另一方面通过参与普查工作,学习了文物知识,开拓了文物视野,增强了实践能力,丰富了人生阅历。这是一次非常有意义的实践经历。

(二)划分阶段,有序实施

1.国有可移动文物收藏单位调查阶段

忠县摸底调查工作历时半年,共调查全县28个乡镇共1495家国有单位,排除村委会、互助社、人武部376个,因机构调整、改制重组、合并、撤销、重复等原因未及时注销的原国有单位366个,实有符合调查范围的国有单位共753个,涵盖了文博系统(文物局)、文化系统(图书馆、文化馆)、卫生系统(卫生院)、档案系统、民政系统、教育系统、企业系统等领域,实现了全县国有单位摸底调查全覆盖。

《国有单位文物收藏情况调查登记表》的发放与回收是普查前期的基本工作,也是重点工作。忠县普查办对普查员进行了培训,针对符合调查范围的国有单位,发放调查表753份,回收调查表753份,回收调查表达100%,做到被调查单位有完整的反馈信息并加盖鲜章以保证调查信息的真实性。县普查办反复进行核查,做到了调查结果翔实、准确,无虚报、瞒报、漏报情况。切实做好了"回头看"工作,保证了入户调查不重复、不漏查,确保了普查工作的严肃性和专业性。

调查结果显示,反馈可能收藏有文物的单位共5家,经过最终认定,确认收藏有文物资料的单位有4家,其余1家国有单位登录数量为0,具体原因是:信息调查时反馈有藏品,所以注册为藏品单位,但后经认定不是文物,未登录文物信息,但单位注册信息仍旧保留。

2. 国有可移动文物认定工作阶段

忠县严格按照《文物认定管理暂行办法》,将文物普查与清库建档相结合,推进藏品管理工作。县普查办组建了由4名专家组成的文物认定专家组,于2014年11月至12月先后到各国有可移动文物收藏单位开展认定工作,新认定文物3件/套。

3. 国有可移动文物信息采集登录阶段

为加强普查队伍建设,保障普查质量,针对普查中存在的实际问题和技术困难,县普查办积极选派普查骨干参加上级部门组织的相关培训。2013年6月,县文物局负责人参加了在重庆市大礼堂宾馆举办的第三期全国可移动文物普查骨干培训班;同年7月,3名一线普查人员参加了在万州汉马酒店举办的重庆市第一次全国可移动文物普查信息采集技术培训班;2015年4月,2名县普查办数据审核人员参加了重庆市普查办举办的重庆市可移动文物普查数据审核与管理培训班。

考虑到在实际操作中,非文博系统的国有单位缺乏具有文物背景知识的相关人员,普查工作存有一定的难度,县普查办根据工作需要,选调忠县文物局文物专家1名和相关业务人员6名,组建为专业普查队伍,实地指导非文博收藏单位对所收藏、保管的可移动文物进行相关资料和信息的采集、汇总、整理、审核、登录、建档等工作,提高工作效率,保证采集数据的准确性。2013—2016年,县普查办共举办13次本级普查培训,累计培训107人次,根据普查进度,分别对文物局、图书馆、金声乡卫生院、东溪镇文化站的一线普查人员和志愿者进行了可移动文物普查信息采集技术培训,相关人员熟练掌握了普查的操作规范和流程。

截至2016年6月30日,全县4个国有可移动文物收藏单位采集登录9264件/套可移动文物,其中导入馆藏珍贵文物数据316件/套,依托国家普查办导入古籍数据152册/套,全县采集登录进度达到100%。

4.国有可移动文物信息审核阶段

数据审核是可移动文物普查收官工作的关键环节。忠县严格按照国家文物局《关于做好第一次全国可移动文物普查进度管理和质量控制的通知》,严控普查数据质量管理,确保登录藏品信息完整、规范、准确、有效。县普查办分级审核,层层把关,各文物收藏单位数据由普查小组把好第一道关,负责藏品信息的采集、登录、检查、核对上报,由县普查办负责审核各单位登录的普查数据,确保信息的真实、完整、准确,最后报送给市级普查办进行终审。

普查小组在审核县文物局普查数据的过程中,对硬伤问题进行了纠正,例如:陶瓦在质地的选项中应该为砖瓦,但是实际填报中都勾选为陶;个别文物缺失部件无法修复,完残程度应为严重残缺(含缺失部件),但是实际填报中,完整程度勾选为残缺;还有个别残缺器物的照片不能体现残缺部位等,针对以上问题进行了数据修改和照片更替重拍。

在县普查办复审期间,普查工作人员严格确保数据质量。一是对普查质量建立分级管理、责任到人、全面审核的原则,确保源头数据质量,先由普查人员自己审核,再由普查单位审核,最后由县普查办专业人员全面审核,录入和审核工作同步推进,在录入中发现问题及时核实更正。在数据采集、录入过程中,采取专机专用、专人负责的原则。二是对全部登录内容再次逐一核对,尤其针对藏品性质认定归类、文物定名、年代等易出错选项进行了重点把关,另对文物照片质量进行了抽检,针对有问题的文物照片进行重拍更替,确保每件文物登录数据信息能高标准、高质量通过。三是采取每周定期回头看,对上个工作周的数据进行回看抽检,发现问题及时改正,确保普查数据的准确性,努力降低录入误差。

截至2016年6月,忠县第一次全国可移动文物普查县级审核工作全面完成。

(三)宣传动员,营造氛围

为进一步增强社会各界和广大民众的文物保护意识,使其充分认识第一次全国可移动文物普查的重要性、必要性,共同关心和支持文化遗产保护工作,忠县普查办在认真做好文物普查工作的同时,还注重加强文物普查的宣传工作。

1.媒体宣传

忠县科学运用新旧传播媒介平台宣传报道普查工作:一是充分利用忠县电视台宣传播放县文物局撰写的《忠县第一次全国可移动文物普查工作宣传提纲》,累计滚动播出200余次;二是依托《忠州新闻网》等互联网平台媒体重点宣传开展普查工作的目标、意义、对象范围、内容方法、程序步骤、法律法规、标准规范等60次;三是借助《忠州日报》等本地传统媒介宣传报道普查工作进度和成果12次;四是通过工作简报等形式不断总结、完善普查工作方式,加快推进普查进度,广泛提高文物普查工作在民众中的认识度。县普查办在工作伊始就出了1期忠县可移动文物普查工作简报,增强了普查士气。

2.活动宣传

忠县充分利用重庆文化遗产宣传月及国际博物馆日等重要活动时机,大力举办内容丰富的图片资料展览,宣传第一次全国可移动文物普查,有力推动了文物保护理念的传播和普及。

3.其他宣传

忠县在充分利用媒体宣传和活动宣传的同时,还积极拓展宣传形式,以张贴海报、资料发放等手段扩大宣传范围。据统计,在普查期间,忠县普查办编印了《忠县第一次全国可移动文物普查工作宣传材料集》1500册,宣传活动受众面广,宣传教育效果好。同时积极推进普查宣传下乡、下基层,进社区、进学校、进机关,使得"保护文物,人人有责"的理念更加深入人心,为以后的文物工作创造了更好的社会环境和舆论环境。

普查宣传活动的开展,使全县各级部门和相关单位高度重视、积极参与、大力支持普查工作;使全体普查人员依法开展普查工作,全面摸清我县国有可移动文物的数量和保存状况;使广大国有单位主动配合普查,如实上报普查信息;使社会各界了解普查的内容、成果和意义,推动形成全社会关注、支持和参与普查的工作机制和舆论氛围。

(四)质量控制,确保进度

普查工作中,忠县严格按照国家文物局发布的《第一次全国可移动文物普查质量控制管理办法》和《重庆市可移动文物普查质量控制管理制度》,强化检查指导、质量抽查和数据审核机制,加大对普查质量的控制管理。将普查组织、国有单位文物收藏情况调查、文物认定、信息采集登录报送、数据整合汇总等环节贯穿到质量控制管理的全过程。加强普查质量的控制管理,量化工作目标,督促各收藏单位按照统一部署推进普查工作,重培训、定标准、明责任、强督查,普查质量控制取得了良好的效果。

1.构建培训体系

文物普查具有技术要求高、工作难度大的特点。为切实推进文物普查工作,提高普查人员的业务素质,严格掌握文物普查的相关规范标准与普查技术,忠县在完成国家规定普查任务的同时,将培训工作作为一个系统工程,长期坚持开展下去。2013—2016年,忠县共参加重庆市文物局举办的可移动文物普查培训班3次,累计培训6人次。县普查办先后举办13次可移动文物普查业务培训班,累计培训普查骨干107人次。各类培训使忠县文物工作者的业务水平有了显著提高,不仅为文物普查培养了大批业务力量,同时也为忠县文博事业发展积蓄了人才。

2.普查工作督查

为保证普查质量,县普查办多次到各收藏单位实地督促各项工作落实,及时解难答疑,仔细检查藏品保管状况,询问信息采集的登录进度,认真调阅相关档案资料,确保普查工作顺利开展。

3.普查中的人员、文物、数据安全管理

忠县可移动文物普查工作始终坚持"安全第一"和"安全工作做在前,隐患解决在事故前"的原则,将普查人员的文物安全教育放在首位。通过岗前培训,加强普查人员的职业道德教育,增强其荣誉感和责任感;在普查设备设施的使用上,均以保证文物和人员的安全为前提。

文物不可再生,损坏或损毁文物都是无法弥补的损失。忠县在可移动文物普查工作中,要求普查员在进行文物操作时必须合乎安全规范,坚持制度化管理,分工合理,责任分明,准确掌握普查操作规程和技术标准。注意文物的防火、防盗、防震等,同时要求普查员有预防性保护意识,注意文物掉落、磕碰、挤压、震裂等安全威胁,尽可能减少搬运文物次数,以降低文物损坏的概率。此外,还制订了应对突发情况的预防措施及处理方法。

普查得到的综合数据和基础资料均被严格保密,做到专人负责,妥善保管。纸质媒介的数据及时整理、归档并指定专人专柜妥善保存,电子媒介的数据及时更新和备份保存。普查数据未经上一级普查办批准,不得随意公布。

4.普查验收

截至2016年6月,忠县第一次全国可移动文物普查县级审核工作全部完成;2016年8月,忠县普查数据通过了重庆市普查办组织的专家审核;2016年10月24日,重庆市普查办组织专家对忠县普查工作进行了验收,在听取普查工作汇报并查阅了有关资料后,专家们对忠县的普查工作予以肯定,宣布验收结论为合格。

(五)展示成果,做好总结

1.编制普查档案

建立可移动文物普查档案是科学规范文物档案管理工作的必要措施,是对第一次全国可移动文物普查各类数据进行全面保存、保管并发挥其作用的基础。2015年6月,忠县启动普查资料建档和数据库的筹备工作,严格按照《国有可移动文物普查建档备案工作规范(试行)》的要求,实行专库、专柜、专人保管档案资料。普查数据实行两级备份,县普查办、各收藏单位分别保留一套电子数据,同时县普查办负责对收藏单位的建档备案工作进行指导、督促和检查。

忠县入档的资料包括可移动文物普查登记表,普查报告,普查机构的请示、报告、通知、工作计划、总结、简报、会议记录、方案、规章制度,各有关机构工作人员名册,各种培训资料、宣传材料,以及在普查工作中形成的其他重要相关资料。

2.普查专题研究

2013年11月6日,忠县普查办根据《关于开展抗战可移动文物专项调查的通知》,先后对全县抗战文物进行调查统计,摸清了现状,为下一步开展文物保护利用奠定了良好的基础。

3.普查表彰情况

忠县普查工作的顺利推进离不开相关领导小组成员单位的大力支持,也与广大一线普查队员发扬艰苦奋斗、互帮互助、牺牲奉献的精神密不可分。忠县文物资源以县文物局为主,共计16899件,普查期间也正是该单位进行文物移交工作的时候,普查任务十分艰巨。因为历史原因,县文物局基础工作非常薄弱,文物库房条件简陋且空间有限,霉尘密布,文物存放、摆放较为随意。针对这种情况,县文物局采取有力措施攻坚克难,一是搭建两间临时工作室作为文物数据采集工作室。二是普查工作主要以文物科的同志为主力军,局领导带头亲自参与普查工作,同时阶段性地抽调了几名同志参与此项工作,保证了普查人员力量。三是普查工作人员争分夺秒,不分白天黑夜,周末连续加班,任劳任怨,不计得失搞好普查工作,从而保证了普查工作能高质量按时完成。为发扬成绩、鼓励先进、总结经验,2016年11月,忠县已向重庆市文物局报送了普查先进集体和先进个人。

三、忠县普查工作成果

忠县通过本次普查掌握了普查登录的19269件可移动文物的资源情况及价值,进一步健全了文物保护体系,有效地发挥了文物在忠县经济社会发展中的重要作用。

(一)忠县可移动文物资源情况及价值

1.文物数量及分布

忠县4个国有可移动文物收藏单位共采集登录19269件可移动文物。

从文物收藏单位的性质来看,100%的文物集中收藏在事业单位,国家机关、国有企业和其他单位的文物数量为0。从文物收藏单位的类型来看,87.70%的文物集中收藏在博物馆、纪念馆,图书馆为12.28%,其他单位为0.02%。

从文物分布的单位来看,忠县约87.70%的文物收藏在县文物局,文物数量共计16899件。图书馆、金声乡卫生院、东溪镇文化站、文化馆共收藏2370件,约占总量的12.30%。

2.文物保存状况

忠县国有可移动文物收藏单位的保护状况较为严峻。县图书馆管理体系较完善,清代古籍保存环境恒温恒湿设备齐全,人防、技防条件到位;金声乡卫生院、东溪镇文化站由于文物数量极少,无囊匣盒套存放文物,也无专业文保工作人员进行日常维护,文物保存环境相对较差。县文物局由于负责人的变更,于2014年3月6日正式启动文物交接工作,到2015年5月才完成文物交接工作。由于历史原因,原来文物保存环境极差,导致已移交过来的部分文物(含珍贵文物)有损毁情况,铜器和铁、锡器腐蚀严重,其余陶、瓷和针织品等部分文物均有不同程度残损。县文物局自接收库存文物以来,给库房配备了通风和除湿设备,相对改善了文物的保存条件,又安装了监控设施和报警装置,以保障文物安全。忠州博物馆建成后,文物搬迁至博物馆文物库房,存放、管理条件得到了全面改善。

3.文物价值

此次普查登录的19269件文物,具有历史、科学、艺术价值。从文物年代来看,汉代文物共11397件,基本为墓葬出土文物,体现了汉代厚葬习俗的盛行。从文物器形来看,出土的陶尖底杯、圜底罐数量和质量充分体现了忠县古代制盐技术的发达程度。

(二)建立健全管理机制

1.建立文物档案

一是规范登记账本。忠县各收藏单位在文物总账制度上存在不规范的情况。为加强藏品管理,规范藏品档案,县普查办统一要求用《博物馆藏品总登记账本》作为各收藏单位新建或重建藏品账目及档案的保障措施。二是建立文物信息数据库。忠县正依托重庆中国三峡博物馆文物信息部建立全县可移动文物信息档案和信息检索系统。

2.健全制度规范

通过此次普查,忠县进一步完善了可移动文物调查、认定、登记、管理及利用制度。普查期间,各文物收藏单位陆续制定或完善了《馆藏文物藏品使用细则》《文物藏品保管员岗位职责》《文物藏品登记编目登记员岗位职责》《总账管理人员岗位职责》等相关制度,对忠县文物使用管理等基础工作具有较大的推动作用。忠县图书馆馆藏文物为2367件,在非文博系统收藏单位中文物藏品数量最多。为加强藏品规范化管理,忠县图书馆制定了《忠县图书馆古籍书库管理制度》,对古籍保护环境、保管、检查、出入库、安全等做出了明确规定,并加大执行力度,确保文物保护管理制度落到实处。

3.加强文物保护

首先是改善可移动文物保存条件。县文物局由于库房狭小,许多文物处于堆放、叠放状态,需要加强文物保存环境的硬件设施建设。已建成的忠州博物馆,日常运转经费的缺口大,需要县政府加大财政投入,并将日后的文保经费列入财政预算,每年拿出专项经费用于文物的常态性保护。

其次是可移动文物保护修复工作。由于忠县文物库房保管条件不够完善,藏品的完残程度不一,在此次普查过程中,忠县文物局对文物进行了清扫整理,针对破损腐蚀文物进行统计,按照计划分批进行了文物的修复工作。但是,与此次普查数据中需要修复的文物数量相比,无论是资金投入,还是修复力量,都远远不够,可移动文物保护修复工作任重道远。今后要积极争取国家和县财政资金投入,加大可移动文物保护修复力度,实施各类文物分级保护,实现文物规范化管理。

4.引进培养人才

专业人才队伍的缺失是忠县文物保护事业发展的瓶颈。忠县可移动文物的保护与管理人员严重不足,收藏单位缺乏专业的保管人员,部分单位即使能够做到配备一名保管人员,但在实际工作中往往是身兼多职,并且缺乏文物保管方面的专门培训。针对以上问题,一是需要引进高水平的专业人才。二是要注重加大对现有员工的培养力度,积极鼓励他们参加与文物保管或研究相关的各类专业培训,提高自身专业素养和业务研究能力。

(三)发挥文物在经济社会发展中的重要作用

1.普查成果利用计划

根据《忠县第一次全国可移动文物普查实施方案》的要求,忠县将建立可移动文物信息管理平台和文物数据库,建立可移动文物综合管理系统和公共服务系统,通过网络展示普查成果,为文博系统和社会公众提供科研和教育服务。目前,忠县各国有可移动文物收藏单位均未公开藏品资源。忠县在普查工作中注意搜集博物馆陈列设计展览资料,注重忠县历史文化内涵发掘,同时高标准严要求,在文物库房馆藏文物影像信息采集、藏品信息采集方面加大投入力度,为忠州博物馆陈列展览以及普查成果出版等工作做好了准备。忠县图书馆清代古籍只作为资料保存、查阅,不对外借阅。

2.利用普查成果举办展览情况

忠州博物馆于2017年开馆后,对本县文物进行了全方位展出,供市民和游客参观。

3.普查成果公开出版发行情况

忠县本次普查共拍摄了高品质的照片10000多张,准确地反映了收藏文物的造型、色彩、质地和纹饰,在此基础上,将形制优美、有代表性的馆藏文物照片挑选出来作为季刊《忠州艺苑》的封面出版,以扩大本次普查在忠县人民中的影响力和认知度。

四、建议

回顾五年来的工作,忠县圆满地完成了第一次全国可移动文物普查任务,成果丰硕,收获巨大。但也存在一些问题需要加以改进,普查工作经验教训需要深入总结。

一是加大文博专业技术人才的引进和培养。当前,从中央到地方,各级党委、政府空前重视文物工作,文物事业大发展的机遇也已来临,但事业的发展需要人才来支撑。目前重庆市的文博专业技术人才主要聚集在市级文博单位,区县基层文博人才相对比较匮乏。忠县更是如此,普查工作开始前没有一名文博方面的专业技术人员,面临的人才形势非常严峻。通过普查工作,忠县培养了一批专业人才,并且引进了3名文博专业人员。但从全县文物保护面临的形势来看,专业人才还差得很远,主要表现在文物修复所需专业技术人员欠缺、忠州博物馆展览所需专业技术人员欠缺、文物利用研究所需专业技术人员欠缺等几个方面,文博专业人才的欠缺严重影响了本县文物事业的发展。因此,加大引进和培养文博专业技术人才是忠县文物事业可持续发展的头等大事。

二是可移动文物管理要向规范化、智能化、标准化方向迈进。当前,各级文物保护单位的馆藏条件都有不同程度的改善,从传统管理手段向现代管理手段转变,向规范化、标准化、智能化方向发展。忠县是重庆市文物大县,但由于历史原因,馆藏条件非常差,还停留在20世纪末期的管理水平,客观上给普查工作的开展造成了较大难度,也严重影响了普查进度。普查工作给了我们这样的启示:人才队伍固然重要,但文物的基础和日常管理工作同样重要,基础不牢,地动山摇,基础工作做不好,一切工作都难以开展。通过普查,我们认识到:今后忠县的文物保护工作必须向规范化、标准化、智能化方向发展,通过博物馆新库房新展厅的有利条件,以此为契机,按照标准化的要求对忠州博物馆进行规范、智能化打造,以更好地保护好全县的可移动文物,从而全面提升文物保护和利用水平。

三是加大文物保护经费的投入。忠县悠久的历史给我们留下了类别丰富的历史文物。这些历史文物揭示了本县在漫长的社会发展过程中不同历史时期形成的文化内容,成为彰显忠县历史文化内涵的重要标志,是忠县经济建设和社会发展中不可替代、不能再生的宝贵财富,也是忠县文化产业发展、繁荣和精神文明建设的重要载体。因此,保护和利用好这些文物,对于展示忠县悠久的历史文化,促进经济建设和社会可持续发展有着十分重要的意义。忠州博物馆已经建成与开馆,虽然使忠县的文物保存环境有了质的改善,但在此次普查中,全县残缺和严重残缺文物约占整个普查文物总量的74%,这是一个很不容乐观的数据,因此对文物保存环境进行有效的监测和控制,最大限度地抑制和减缓环境因素对文物的破坏作用,是预防性地从源头上保护文物的关键,是当今世界文物科学保护领域的发展趋势,也是当前我国可移动文物保护的迫切与重要工作,需要投入大量保护资金以启动文物的预防性保护工作。因此,应该加大文物保护经费的投入,使忠县文物能够得到长久有效保护。

四是文物普查系统的持续开放更新。文物普查是个长效的系统工作,后续系统的利用也应该是个开放的过程,不能只停留在2016年普查工作收官时的水平上。随着博物馆事业的长足发展和繁盛,文物资源也在日渐积累和更新,加之普查期间部分文物信息可能存在采集不准确等情况,这些有赖于登录制度来弥补和不断完善。另外,全国可移动文物信息登录平台是承载全国收藏单位的大数据平台,如何打破现在依托区域性账号形成的隔绝,如何解决只有国家文物局和各省市文物局才能查阅辖区内文博单位文物资源基本情况的问题?建议国家文物局科学设置应用软件。现有软件的功能设置,信息系统利用价值不是很高,基本上只是一个区域文物基本信息的情况表。建议按照有关的审批制度,让文博单位可以通过有关审查程序,便捷快速地查阅需要的文物资源信息,让文物资源真正地在线上线下流动,从而达到资源共享的目的,真正让普查系统活起来。

报告执笔人:陈云华、曾艳

报告审阅人:夏伙根

31 开州区第一次全国可移动文物普查总结报告

开州区位于重庆市东北部,大巴山南坡与川东平行岭谷的结合地带。北依巴山,东连长江,南邻万州区,西与四川省接壤。开州区是一个人口大区、资源大区、农业大区,同时也是一个移民大区,三峡工程建成蓄水以后,受淹陆地面积达45平方千米,涉及11个乡镇,搬迁总人口15万人,是库区内最大的淹没区县。而有着1800余年历史的开州古城也永沉水下。

开州区境内文物资源序列完整、数量众多、类型丰富。区委、区政府主要领导对开州区文物保护有高度的认识,并在不同场合表示:文物是国家不可再生的文化资源,是区内文化传承的根脉,是社会发展的动力和源头,是我们赖以生存的精神家园。要保护好我们的精神家园,首先要做好文化遗产保护的基础工作,加大文物普查力度,摸清家底,有的放矢地提出保护措施。

为贯彻落实《国务院关于开展第一次全国可移动文物普查的通知》和《重庆市人民政府关于开展第一次全国可移动文物普查的通知》精神,开州区委、区政府按照重庆市可移动文物普查领导小组的安排部署,结合全区可移动文物保护工作实际情况,认真贯彻落实通知精神,在全区范围内深入开展了可移动文物普查工作。

开州区可移动文物普查工作从2013年1月开始,至2016年12月结束,历时4年。普查共分4个阶段:2013年1月至2013年7月为工作准备阶段,主要任务是成立普查机构、制订实施方案、落实普查启动经费、配置设备、摸底调查、开展培训工作;2013年8月至2015年12月为普查实施阶段,主要任务是文物认定、文物数据信息采集、数据信息登录、数据库建立;2016年1月至2016年6月为普查整改阶段,主要任务是数据信息修改,核对普查规范;2016年7月至2016年12月为验收汇总阶段,主要任务是普查资料整理、汇总、验收和普查成果公布。

历时4年的开州区可移动文物普查,全面摸清了国有可移动文物家底。收藏有文物的国有可移动文物收藏单位3家,分别是开州区文物管理所(开州区非物质文化遗产保护中心、开州博物馆)、刘伯承同志纪念馆管理处、开州区图书馆。可移动文物藏品共29类,实际数量12183件/册(含27件化石)。其中开州区文物管理所藏8157件(含27件化石)、刘伯承同志纪念馆管理处收藏295件、开州区图书馆收藏3731册。国家珍贵文物778件,其中一级文物58件,二级文物89件,三级文物631件。

一、开州区普查数据

截至2016年10月31日,开州区在全国可移动文物信息登录平台登录可移动文物7194件/套,实际数量为12183件。其中,珍贵文物706件/套,实际数量为778件。登录可移动文物信息的收藏单位3家。

(一)开州区可移动文物基本情况

1. 类别

可移动文物类别

可移动文物类别	可移动文物实际数量(件)	实际数量占比(%)
合计	12183	100.00
玉石器、宝石	49	0.40
陶器	2248	18.45
瓷器	906	7.44
铜器	681	5.59
金银器	60	0.49
铁器、其他金属器	136	1.12
漆器	14	0.11
雕塑、造像	53	0.44
石器、石刻、砖瓦	196	1.61
书法、绘画	37	0.30
文具	6	0.05
玺印符牌	4	0.03
钱币	1077	8.84
牙骨角器	23	0.19
竹木雕	1	0.01
家具	16	0.13
织绣	14	0.11
古籍图书	3731	30.62
武器	372	3.05
文件、宣传品	12	0.10
档案文书	4	0.03
名人遗物	218	1.79
玻璃器	354	2.91
乐器、法器	52	0.43
皮革	1797	14.75
音像制品	1	0.01
度量衡器	1	0.01
标本、化石	37	0.30
其他	83	0.68

2.年代

(1)可移动文物年代类型。

可移动文物年代类型

可移动文物年代类型	可移动文物实际数量(件)	实际数量占比(%)
合计	12183	100.00
地质年代	27	0.22
考古学年代	22	0.18
中国历史学年代	11964	98.20
公历纪年	101	0.83
其他	62	0.51
年代不详	7	0.06

(2)可移动文物中国历史学年代分布。

可移动文物中国历史学年代分布

可移动文物中国历史学年代	可移动文物实际数量(件)	实际数量占比(%)
合计	11964	100.00
周	1403	11.73
汉	3259	27.24
西晋	3	0.03
东晋十六国	2	0.02
南北朝	298	2.49
唐	52	0.43
宋	86	0.72
明	76	0.64
清	6365	53.20
中华民国	129	1.08
中华人民共和国	291	2.43

3.级别

可移动文物级别

可移动文物级别	可移动文物实际数量(件)	实际数量占比(%)
合计	12183	100.00
一级	58	0.48
二级	89	0.73
三级	631	5.18
一般	5677	46.60
未定级	5728	47.02

4.来源

可移动文物来源

可移动文物来源	可移动文物实际数量(件)	实际数量占比(%)
合计	12183	100.00
征集购买	206	1.69
接受捐赠	318	2.61
依法交换	0	0
拨交	1	0.01
移交	1858	15.25
旧藏	3997	32.81
发掘	5631	46.22
采集	165	1.35
拣选	7	0.06
其他	0	0

5.入藏时间

可移动文物入藏时间范围

可移动文物入藏时间范围	可移动文物实际数量(件)	实际数量占比(%)
合计	12183	100.00
1949年10月1日之前	0	0
1949年10月1日—1965年	3731	30.62
1966—1976年	0	0
1977—2000年	1434	11.77
2001年至今	7018	57.60

6.完残程度

可移动文物完残程度

可移动文物完残程度	可移动文物实际数量(件)	实际数量占比(%)
合计	12156	100.00
完整	333	2.74
基本完整	5318	43.75
残缺	5566	45.79
严重残缺(含缺失部件)	939	7.72

注：根据国家文物局《关于做好馆藏自然类藏品登录工作有关要求的通知》的要求，登录的自然类藏品27件/套，不填写"完残程度"指标项。

(二)开州区可移动文物分布情况

1. 按收藏单位隶属关系统计可移动文物数量

可移动文物数量分布(按收藏单位隶属关系)

收藏单位隶属关系	可移动文物实际数量(件)	实际数量占比(%)
合计	12183	100.00
中央属	0	0
省属	0	0
地市属	0	0
县区属	12183	100.00
乡镇街道属	0	0
其他	0	0

2. 按收藏单位性质统计可移动文物数量

可移动文物数量分布(按收藏单位性质)

收藏单位性质	可移动文物实际数量(件)	实际数量占比(%)
合计	12183	100.00
国家机关	0	0
事业单位	12183	100.00
国有企业	0	0
其他	0	0

3. 按收藏单位类型统计可移动文物数量

可移动文物数量分布(按收藏单位类型)

收藏单位类型	可移动文物实际数量(件)	实际数量占比(%)
合计	12183	100.00
博物馆、纪念馆	8452	69.38
图书馆	3731	30.62
美术馆	0	0
档案馆	0	0
其他	0	0

4. 按收藏单位所属行业统计可移动文物数量

可移动文物数量分布(按收藏单位所属行业)

收藏单位所属行业	可移动文物实际数量(件)	实际数量占比(%)
合计	12183	100.00
文化、体育和娱乐业	12183	100.00

二、开州区普查工作组织实施

(一)普查准备阶段

1.加强领导,建立组织机构

按照重庆市普查办的统一部署,为加强普查工作的组织领导,2013年4月26日,开州区成立了第一次全国可移动文物普查领导小组,负责普查工作的组织和领导,协调解决重大问题。普查领导小组组长由区政府分管领导担任,副组长由区政府办公室副主任、区文广新局局长担任。普查领导小组成员单位分别为发改委、教委、经信委、民政局、财政局、地震局、国资委、文广新局、民宗局、统计局、机关事务局、档案局、科协、刘伯承同志纪念馆管理处、文物管理所(开州博物馆)、人行开州支行、图书馆17个单位。普查领导小组办公室设在文物管理所,负责普查工作的日常组织和具体协调。

2.有序推进,细化实施方案

此次文物普查,普查时间长,文物数量大,类型丰富,涉及面广。根据《重庆市第一次全国可移动文物普查实施方案》,结合本行政区域实际情况,2013年4月27日,区普查办印发了《开县第一次全国可移动文物普查实施方案》(时为开县,下同),对普查的意义、目标、对象及内容、组织领导、经费预算、资料的填报和管理、时间安排等内容进行了进一步的细化。

3.落实经费,保障工作开展

区政府将普查经费纳入全区年度财政预算,确保普查工作顺利进行。区财政2013—2015年一次性拨付普查经费19万元,2015年12月市文物局拨付普查经费补助6万元,主要用于人员培训、设备购置、外聘人员工资、差旅费、可移动文物认定、普查数据处理、普查成果书籍、普查报告的编制出版等。开州区按照市普查办的工作计划及进度安排正常推进普查工作。

经费使用上,做到普查经费专款专用、不挪用、不挤占,并严格履行相关手续,登记入账,做到资金使用会审制和标准化档案留存制,确保专项资金实施管理各环节责任明确。

开州区2013—2016年可移动文物普查经费落实情况表(单位:万元)

	合计	2013年	2014年	2015年	2016年
重庆市	6	0	0	6	0
开州区	19	19	0	0	0
总计	25	19	0	6	0

4.组建普查队伍

在国有单位调查摸底阶段,普查办在文化系统抽调20名同志,组成10个指导、联络小组,以编制单位为单元精心调查摸底。在普查实施阶段,根据前期调查摸底情况,以及申报的可移动文物总量情况,分别成立区文物管理所、区图书馆、刘伯承同志纪念馆管理处3支普查队,分头实施普查任务。3支普查队,区文物管理所13名、区图书馆2名、刘伯承同志纪念馆管理处3名工作人员参与本单位数据采集、登录工作。

数据采集、登录阶段,开州区普查办共有21人参与普查工作。

开州区可移动文物普查队伍统计表(单位:人)

合计	本级普查办	收藏单位	普查专家	普查志愿者
586	21	5	2	558

(二)普查实施阶段

1.文物收藏单位调查阶段

(1)普查办下发调查通知,明确要求。

为切实加快推进国有单位可移动文物调查摸底工作,2013年5月6日,开州区第一次全国可移动文物普查领导小组办公室印发了《关于认真做好开县国有单位可移动文物调查摸底的通知》,明确了摸底目标、范围和内容,强调了组织领导,提出了工作要求。2013年5月17日印发了《开县第一次全国可移动文物普查实施方案》,规范了普查的范围与内容、技术路线、组织机构、时间与实施步骤、数据管理、成果应用及普查经费等,并提出各阶段普查工作要求。

(2)普查办组建调查队伍,全面调查。

通过区统计局、区编办提供的国有单位名录,全区有563个国有单位。普查办对563个国有单位全部摸底调查,以部门、乡镇街道为基本单元,分类细化,明确职责和任务,组建调查队伍。由区普查办指定专人负责衔接和督促相关部门和乡镇街道的工作进度,通过党政网、行业QQ群、上门指导服务等途径及时解决普查中遇到的问题。依靠各级部门的纵向、横向联动,及时协调解决普查工作中出现的新情况和新问题,确保了开州区可移动文物普查工作协调、有序推进。在国有单位调查摸底期间,区普查办发放、回收《重庆市可移动文物普查国有单位信息调查表》共563份,覆盖率100%,回收率100%。

(3)实施国有单位摸底调查"回头看"。

按照市普查办的要求,区普查办从四个方面做好国有单位调查摸底"回头看"工作。一是科学部署,要求严明。区普查办组织召开了国有单位调查摸底"回头看"专题工作会议。明确了"回头看"内容:一看对普查认识是否到位;二看调查的内容是否符合本次调查的规范;三看调查摸底工作是否扎实;四看整改措施是否有力;五看档案资料是否完善。同时强调:各单位要充分认识此次"回头看"工作的重要性,以求真务实的态度、真抓实干的作风,对国有单位认真核对排查,确保调查不重、不漏。

二是举办培训,自查自纠。为了贯彻落实开州区国有单位调查摸底"回头看"专题会议的精神,区文物管理所组织确定收藏有文物的国有单位以及可能收藏有文物的重点单位进行"可移动文物普查对象认定培训",以确保调查摸底的真实性和准确性。三是专业指导,督促落实。在"回头看"工作的过程中,区普查办选派专业技术人员到各重点文物收藏单位对文物进行清理和核查,确保普查工作的严肃性和专业性。四是注重过程,强化管理。区普查办要求国有可移动文物收藏单位对上报的数据、资料进行认真核实和整理,确保数据的准确性和档案的规范性。此项工作经验,得到了市普查办的认可,在市普查办的文物普查简报中向全市推广。

通过摸底调查,开州区上报收藏有文物的国有单位8个:区文物管理所(开州博物馆)、区图书馆、区文化馆、重庆市开州区中学、刘伯承同志纪念馆管理处、区档案局、区市政园林管理局、区基督教三自爱国会。

2.国有可移动文物认定阶段

普查中,本级专家严格按照《第一次全国可移动文物普查工作手册》规定的可移动文物认定依据和原则、认定范围及普查登录内容进行总体把关。普查中遇到本级专家不能解决的疑难问题,邀请市普查办提供的专家库成员到区指导工作。或通过QQ、电话等方式咨询行业专家,确保登录质量。

经过重庆市普查专家认定:区图书馆新认定文物数量380件/套,均为古籍图书;区文化馆新认定文物10件,均为戏曲服装,并已移交区文物管理所登记。开州区中学、区市政园林管理局、区基督教三自爱国会几家申报的器物经认定不属于文物。

3.文物信息采集登录阶段

(1)制定采集登录阶段相关制度。

为了规范普查办和普查小组的工作态度,强化责任意识,相继制定了区"一普"工作《分行业包干联络责任制》《普查人员操作规定》等有关工作岗位制度及相关规定,以细致、严格的规章制度规范普查工作程序,力求在操作过程中做到零失误。普查中,相关部门和普查员自觉遵守各自的岗位职责和各项规章制度,严格约束自己,以整个普查工作为重,提前半年保质保量完成了开州区"一普"各方面的工作,没有发生操作失误和危及文物安全的事故。

(2)采集登录工作方式。

可移动文物普查通过国家统一组织,由专业部门采用现代信息手段集中调查统计的方式,对可移动文物进行信息采集。2014年7月,全国可移动文物信息登录平台正式上线启用,标志着第一次全国可移动文物普查工作全面转入文物信息采集登录的新阶段,为健全国有可移动文物保护体系搭建了统一的信息平台。

普查数据采用国家登录制,入库藏品在全国可移动文物信息登录平台上进行信息登录、报送。采取五级审核方式,各级普查机构依据权限在平台上对信息数据逐级审核,本级提交后不能更改。

开州区各国有可移动文物收藏单位采用包含必须采集的14个指标的可移动文物数据采集表的统一标准采集文物数据,采集数据后交录入人员录入离线平台,然后集中报送至全国可移动文物信息登录平台。

(3)采集登录推进情况。

2013年7月—2014年6月,收集整理国有单位文物收藏情况。根据摸底调查情况,组织区级专家逐一对国有单位收藏的文物进行鉴选、认定,并根据市普查办要求进行了合并、调整。

2014年7月进入可移动文物数据采集、登录阶段。2014年8月6日,区普查办召开了一次可移动文物普查推进会,通报了前期开州区可移动文物普查情况,提出了下一步工作要求并进一步加强学习了登录规范。

2015年7月,开州区全面完成可移动文物数据采集、登录,所有数据汇总上报至市普查办,等待审核。

4.国有可移动文物信息审核阶段

根据市普查办统一部署,开州区于2016年6月—7月根据市级审核意见修改完善可移动文物数据,对文物实际数量与图片显示不符、年代选项与名称中的年代不符等个别疏漏及时联系收藏单位核实更正。同年8月,经市文物局抽样审核,开州区普查数据的差错率低于0.5%,通过市级审核。

(三)强化宣传,营造良好氛围

文物普查和文物保护是一项社会工程,需要全社会的支持、参与。文物普查是当前最重要的文物保护基础工程,也是将文物保护概念送入千家万户的文化工程、教育工程。为此,区普查办始终把宣传工作放在重要位置,通过各种渠道宣传,营造普查氛围。

1.媒体宣传

区普查办在普查初期,制作了文物普查宣传短片,在开州区电视台、开州区门户网站及其他新媒体上反复播放,营造全民知晓文物普查、全民重视文物普查、全民参与文物普查的良好氛围。在整个普查期间,区普查办在《开州日报》开辟"开州区第一次国有可移动文物普查"专栏,宣传《中华人民共和国文物保护法》、第一次全国可移动文物普查的重要意义、目标任务和主要措施,文物普查中的精彩瞬间,文物背后的故事,等等。在整个普查期间,开州区电视台以专题或新闻形式报道文物普查相关情况12次、互联网等新媒体宣传报道18次、《开州日报》设置专栏24次。

2.活动宣传

在4年的可移动文物普查中,开州区为了有效地宣传文物普查,先后组织了多次大型宣传活动,一是创编节目《我们单位的宝贝——李尚书题写的牌匾》,随着送戏下乡,到各地演出达20余次,举办图片巡展18场次,精品文物专题展览3个。

3.其他宣传

在整个普查过程中,张贴文物普查大型宣传海报、标语150份,印发宣传册页10000份,印制简报12期。截至2016年底,市可移动文物普查工作简报为开州区刊发了3期专门的工作简报,并且在国家文物局网站·重庆专版中的第一则简报刊登开州区普查工作进展情况。

(四)严格标准,确保质量控制

1.明确内容,遵守普查规范

第一次全国可移动文物普查范围包括国家机关、事业单位、国有企业及国有控股企业、人民解放军及武警部队四大类国有单位,涉及19个行业或系统。普查对象为具有重要历史、艺术、科学价值的珍贵艺术品、工艺美术品,重要古籍、文献资料、手稿,反映各民族社会制度、社会生产、社会生活有关的代表性实物及具有科学价值的古生动物化石和古人类化石。普查登录的内容是:文物名称、类别、级别、年代、质地、外形尺寸、质量、完残程度、保存状态、包含数量、来源方式、入藏时间、藏品编号、收藏单位名称14项基本指标项,11类附录信息以及照片影像资料,收藏单位基本情况,涵盖可移动文物的基本信息,包括藏品的客观信息,也包括保存管理状况。

因此,普查质量控制工作成为本次普查工作的重中之重。为了保证普查资料、信息及普查成果的真实、完整和科学。在普查过程中,普查人员始终把国务院普查范围、普查内容和普查规范铭记于心,严格按照规程开展普查工作,确保了全区文物普查的工作质量。

2.专家指导,严控普查质量

为了保证质量,区普查办成立专家指导组,由专家指导组指导全区文物普查数据采集、数据登录、数据修改等普查核心工作。除此之外,区普查办还在文物认定、信息采集等专业性较强的阶段,邀请市级文博专家指导具体的普查工作;在数据审核、数据修改阶段,邀请重庆中国三峡博物馆多名专家指导,确保文物数据信息的准确性,提高普查质量。

在普查信息采集登录阶段,区普查办采用"边采集、边整理、边登录、边审核、边建档"的工作流程,根据国家文物局下达的规范和技术标准对区内文物精心采集登录,具体做好了文物相关信息数据的采集、拍照等工作。根据督促和后期普查资料汇总情况来看,全区数据采集质量可靠、信息全面、内容翔实,做到了标准化、全面化和科学化。

3.强化责任,确保普查进度

为了规范普查办和普查小组的工作态度,强化责任意识,相继制定了区"一普"经费管理制度、普查人员操作规定以及有关工作岗位制度及规定,以细致、严格的规章制度规范普查工作程序,力求在操作过程中做到零失误。普查中,相关部门和普查员自觉遵守各自的岗位职责和各项规章制度,严格约束自己,以整个普查工作为重,提前半年保质保量完成了"一普"各方面的工作,没有发生操作失误和危及文物安全的事故。

开州区组织的普查培训班情况一览表

合计		2013年		2014年		2015年		2016年	
次数（次）	人数（人次）	次数（次）	人数（人次）	次数（次）	人数（人次）	次数（次）	人数（人次）	次数（次）	人数（人次）
10	230	2	132	3	44	3	43	2	11

4.总结完善,开展自查验收

在完成全区数据登录工作后,区普查办要求普查单位完善总结普查相关资料,进一步修改完善登录数据。完善原始数据采集表12183份,分装成15册档案卷;完善《文物登记卡》和藏品档案20卷;对全部7194件/套文物建立了藏品总账目录、藏品档案及藏品登记卡,同时备份电子文档,并按照统一规范将已认定的文物信息完成了国家登录。

根据《重庆市文物局关于做好第一次全国可移动文物普查验收和总结的通知》的要求,严格按照第一次全国可移动文物普查规范和普查验收标准,区普查办组织开展了全区普查验收工作。区内国有可移动文物收藏单位有开州区文物管理所、刘伯承同志纪念馆管理处、开州区图书馆3家。区普查办组织专家按照《验收合格评定标准》进行验收,开州区第一次全国可移动文物普查验收结论为合格。

三、普查成果

开州区第一次全国可移动文物普查,基本实现普查国情国力分析、登录机制建设、公众服务三大目标,基本掌握了开州区可移动文物资源情况及价值,健全了文物保护体系,为今后利用文物促进经济社会发展奠定基础。

(一)内涵丰富的藏品资源

根据国务院、重庆市人民政府第一次全国可移动文物普查通知要求和实施方案,开州区于2015年7月,率先在全市范围内完成全部注册国有可移动文物收藏单位的文物登录工作。共完成全区563家国有机关企事业单位的调查摸底任务,调查摸底覆盖率100%。

从全区调查摸底情况看,收藏有国有可移动文物的单位仅3家,分别是开州区文物管理所、开州区图书馆、刘伯承同志纪念馆管理处。

本次普查在全国可移动文物信息登录平台登录文物7194件/套,实际文物数量12183件,文物类别29类,普查完成率100%。其中,开州区文物管理所共登录文物24类6566件/套,实际文物数量8157件,拍摄藏品照25000余张,三级以上珍贵文物547件/套。开州区图书馆共登录文物1类380件/套,实际文物数量3731件,均为古籍图书,拍摄藏品照5000余张,无三级以上珍贵文物。刘伯承同志纪念馆管理处的文物有248件/套,实际文物数量为295件,三级以上珍贵文物159件/套,拍摄藏品照600余张。

从此次文物普查看,开州区文物藏品总的呈向好趋势发展,近几年文物修复和征集都有较快发展,新增了馆藏数量和填补了一些器型空白,为区博物馆充实了展品内容,从而向文化强区迈出历史性的一小步,推动开州区文物保护事业迈进一大步。

(二)规范科学的文物管理

1. 完善文物档案

在全国可移动文物信息登录平台登录信息时,每件文物自动生成唯一的22位全国可移动文物登录编号,建立起"文物身份证"和信息管理体系。这22位的登录编号按照"行政区域代码"+"单位性质代码"+"行业分类代码"+"单位顺序号"+"藏品的顺序号"生成,一旦确定将不会变更。

开州区文物管理所藏品采用藏品总登记号,开州区图书馆沿用索书号,刘伯承同志纪念馆管理处采用藏品分类号(WS文史资料类、S实物类、W文件资料类、TC题词书画类)+流水号登录全国可移动文物信息登录平台。

辖区内3个收藏单位均完成清库建档和账目核对工作,完善了藏品账目及档案信息化。其中文博系统2家,非文博系统1家。区文物管理所文物数量为6566件/套,区图书馆文物数量为380件/套,刘伯承同志纪念馆管理处文物数量为248件/套。

普查建成了全国可移动文物信息登录平台,支持收藏单位藏品信息报送、图像标准化采集、审核和检索、查询、统计分析等普查工作需要,实现文物信息登录、工作管理、数据交换、综合管理和社会服务等方面功能。通过平台提交的文物数据不能更改,只能通过每件文物22位全国可移动文物登录编号进行查询。建立国有可移动文物统一资源库,有效地提高了藏品管理水平和工作效率。

2. 健全制度规范

通过此次普查,开州区进一步完善了可移动文物调查、认定、登记、管理及利用制度。3个国有可移动文物收藏单位均建立可移动文物管理机制,制定《馆藏文物藏品使用细则》《文物藏品保管员岗位职责》《文物藏品登记编目登记员岗位职责》《总账管理人员岗位职责》等相关制度,对开州区文物保护管理等基础工作具有较大的推动作用。

(三)普查成果的有效利用

1. 策划专题展览

历时4年的国有可移动文物普查,梳理了开州区的文物资源。随着普查的推进,开州博物馆策划了多个专题展览。让近1000件藏品从沉睡的库房中走向展台、展柜,让这些历史文化遗产"活"起来。为配合普查宣传,开州博物馆分别策划了"馆藏精品跨年展""光影流韵——馆藏宫廷皮影展""辉煌开州——开州建制1800年特展"。其展品涵盖了普查的所有文物类别,展现了开州各个历史时期的历史风貌。2015年,利用文物普查成果,制作图文并茂的展板50块,精选藏品480件/套,利用开州博物馆"流动博物馆"平台,走进乡村、学校、社区、军营等地方,宣传普查成果,参观量达50000余人次。

2. 编辑出版文物书籍

2014年3月,开州博物馆利用普查成果,精选普查出的精品文物,出版了《开州古韵·馆藏精粹》一书,分为化石、石器、陶器、画像砖、青铜器、钱币、瓷器、玉器、皮影等部分。以图片为主配以简洁的文字说明,介绍馆藏精品文物,为研究开州历史提供第一手资料。在此基础上,与重庆市文化遗产研究院进行合作,开展馆藏青铜文物保护修复研究,并由科学出版社出版研究成果《重庆市开县馆藏青铜文物保护与研究》一书。

3. 文物资源开发利用

习主席说过:让收藏在禁宫里的文物、陈列在广阔大地上的遗产、书写在古籍里的文字都活起来。让文物活起来,要落在实际的行动上。

自2014年以来,开州区利用文物普查成果,深挖文物资源内涵,陆续开发了一批文创产品:利用开州博物馆部分有代表性的场景图片、馆藏器物图片制作成系列拼图;利用文物精品纹饰创意制作了竹雕笔筒、虎纹镇纸等文具;利用馆藏器物纹饰及博物馆LOGO作为背景开发创意手提袋、雨伞等产品。这些文创产品参加了2016年重庆市文化产业博览会、重庆市首届全国博物馆文化创意产品联展,获业界好评。其"宫廷皮影系列"荣获重庆市首届十大文博创意产品奖。博物馆开发的这些文化文物创意产品,作为文化产业系列产品和旅游经济融合,能助推开州旅游经济发展。

四、建议

一是强化基础工作,持续推进可移动文物普查。文物是不可再生的文化资源,文物普查是国情国力调查的组成部分,是确保国家历史文化遗产安全的重要措施,也是我国文化遗产保护的基础性工作。通过"一普",可全面掌握全区文物的基本信息,建立有利于文物保护、动态管理的文物登录备案机制。可移动文物普查是一项长期的任务,并不是某一次普查就能完成的,即使到2016年末首次普查结束,也不代表可移动文物普查完全完成。一方面对文物本身有一个认识的过程,另一方面也可能存在上报登录不准确等情况,有赖于登录制度来弥补。全国可移动文物信息登录平台是一个开放的平台,在今后的工作中要做到随时发现文物,随时登录。

二是确保经费支持,做好可移动文物保护工作。一方面各国有文物收藏单位将根据登录文物的保存状态,梳理亟须修复的文物,制订修复方案,进行抢救性保护;另一方面做好文物预防性保护措施,防患于未然。积极开展这些工作尚需各级政府一如既往的支持。

三是促进合理利用,让文物真正"活"起来。结合开州博物馆、刘伯承纪念馆对外免费开放,提高对文物的管理、展示和研究水平。博物馆的社会效益主要根据藏品的数量及品位,研究成果的多少及价值,陈列水平、讲解水平的高低,吸引观众的数量及影响进行衡量。一方面改善文物的保管条件,做到充分利用先进的管理措施和设施设备,降低文物在展示、保管过程中自然损毁的风险。另一方面加强队伍建设,选送现有力量加强专业进修,引进专业技术人员充实队伍,建立一支技术过硬、业务拔尖的专业队伍。同时,争取市级层面专业支持,双管齐下,提高文物保护管理和研究水平,使开州区文物保护工作更上一个台阶。

报告执笔人:王永威

报告审阅人:金维贤

32　云阳县第一次全国可移动文物普查总结报告

可移动文物是中华民族文化的实物见证。第一次全国可移动文物普查是继第三次全国文物普查（不可移动文物部分）之后，国家在文化遗产领域开展的又一次重大国情国力调查，是确保国家文化安全、保障人民群众基本文化权益的重要措施，是健全国家、省市、区县文物保护体系的重要基础工作。为加强重庆市可移动文物普查工作的组织实施，根据《国务院关于开展第一次全国可移动文物普查的通知》（国发〔2012〕54号）、《重庆市人民政府关于开展第一次全国可移动文物普查的通知》（渝府发〔2013〕18号）精神，2013年1月，重庆市第一次全国可移动文物普查领导小组办公室印发了《重庆市第一次全国可移动文物普查实施方案》，明确了重庆市可移动文物普查工作的目标、范围、内容和组织实施要求。

按照国务院统一部署，此次普查时间从2012年10月开始，到2016年12月结束，分3个阶段进行。普查标准时点为2013年12月31日。结合云阳县实际，此次文物普查时间具体安排如下：第一阶段，普查开始至2013年3月。主要任务是学习国家制定的标准、规范及软件；根据国家下达的工作方案制订云阳县此次普查的实施方案；参加和开展培训，完成相关试点工作。第二阶段，2013年4月至2015年12月。主要任务是以乡镇、街道为基本单元，开展调查、文物认定、信息采集和审核。其中2015年7月前应完成普查资料、信息的登记和录入，以及数据整合、汇总等各项技术环节，为第三阶段数据整理和汇总提供准确的基础资料。第三阶段，2016年1月至2016年9月。主要任务是进行调查资料的整理、汇总、数据库建设和公布普查成果。

云阳县历史文化遗存丰厚。自新石器时代至近现代，位于长江三峡地区的云阳县，无处不叠印着人们生存、繁衍、奋斗的足迹，孕育了悠久的历史文化。通过此次开展的可移动文物普查，云阳县已全面掌握境内可移动文物的数量、分布、特征、保存现状等基本情况。云阳县可移动文物数量总计为23098件/套，实际数量为42076件，其中一级文物10件/套，实际数量为10件；二级文物39件/套，实际数量为39件；三级文物211件/套，实际数量为231件；一般文物1件；未定级文物41795件。

普查提高了各有关单位的文物保护意识，尤其是提高了文博系统工作人员的科学知识、专业技能和管理水平，为进一步建立具有现代化科学素养的专业队伍创造了条件；协调了文物管理部门和政府各相关部门的关系，形成共同保护文物的工作合力；为准确判断文物保护形势、科学制定文物保护政策和拟订规划提供了依据；有利于健全云阳县文物登录备案机制和文物保护体系，更好地对文物进行科学保护和有效管理；有利于促进文物资源整合利用，有效发挥文物在国民经济和社会发展总体布局中的积极作用；有利于增强云阳文化软实力和竞争力。现将第一次全国可移动文物普查工作情况报告如下：

一、云阳县普查数据

截至2016年10月31日，云阳县在全国可移动文物信息登录平台登录可移动文物23098件/套，实际数量为42076件。其中珍贵文物260件/套，实际数量280件。登录可移动文物信息的收藏单位为3家。

（一）云阳县可移动文物基本情况

1. 类别

可移动文物类别

可移动文物类别	可移动文物实际数量（件）	实际数量占比（%）
合计	42076	100.00
玉石器、宝石	68	0.16
陶器	12653	30.07
瓷器	2476	5.88
铜器	2670	6.35
金银器	137	0.33
铁器、其他金属器	540	1.28
漆器	3	0.01
雕塑、造像	457	1.09
石器、石刻、砖瓦	2724	6.47
书法、绘画	175	0.42
文具	22	0.05
甲骨	4	0.01
玺印符牌	37	0.09
钱币	16836	40.01
牙骨角器	183	0.43
竹木雕	330	0.78
家具	15	0.04
古籍图书	138	0.33
碑帖拓本	224	0.53
武器	1509	3.59
文件、宣传品	18	0.04
档案文书	648	1.54
玻璃器	102	0.24
乐器、法器	19	0.05
票据	8	0.02
交通、运输工具	31	0.07
度量衡器	28	0.07

续表

可移动文物类别	可移动文物实际数量(件)	实际数量占比(%)
标本、化石	3	0.01
其他	18	0.04

2.年代

(1)可移动文物年代类型。

可移动文物年代类型

可移动文物年代类型	可移动文物实际数量(件)	实际数量占比(%)
合计	42076	100.00
地质年代	1	<0.01
考古学年代	740	1.76
中国历史学年代	39612	94.14
公历纪年	426	1.01
其他	111	0.26
年代不详	1186	2.82

(2)可移动文物中国历史学年代分布。

可移动文物中国历史学年代分布

可移动文物中国历史学年代	可移动文物实际数量(件)	实际数量占比(%)
合计	39612	100.00
商	124	0.31
周	2361	5.96
秦	267	0.67
汉	29990	75.71
三国	11	0.03
东晋十六国	37	0.09
南北朝	257	0.65
隋	10	0.03
唐	3219	8.13
宋	360	0.91
金	1	<0.01
元	1	<0.01
明	205	0.52
清	1910	4.82
中华民国	859	2.17

3.级别

可移动文物级别

可移动文物级别	可移动文物实际数量（件）	实际数量占比（%）
合计	42076	100.00
一级	10	0.02
二级	39	0.09
三级	231	0.55
一般	1	<0.01
未定级	41795	99.33

4.来源

可移动文物来源

可移动文物来源	可移动文物实际数量（件）	实际数量占比（%）
合计	42076	100.00
征集购买	1195	2.84
接受捐赠	39	0.09
依法交换	0	0
拨交	0	0
移交	0	0
旧藏	852	2.02
发掘	39036	92.77
采集	227	0.54
拣选	34	0.08
其他	693	1.65

5.入藏时间

可移动文物入藏时间范围

可移动文物入藏时间范围	可移动文物实际数量（件）	实际数量占比（%）
合计	42076	100.00
1949年10月1日之前	147	0.35
1949年10月1日—1965年	671	1.59
1966—1976年	24	0.06
1977—2000年	10468	24.88
2001年至今	30766	73.12

6. 完残程度

可移动文物完残程度

可移动文物完残程度	可移动文物实际数量(件)	实际数量占比(%)
合计	42076	100.00
完整	71	0.17
基本完整	3536	8.40
残缺	37564	89.28
严重残缺(含缺失部件)	905	2.15

(二)云阳县可移动文物分布情况

1. 按收藏单位隶属关系统计可移动文物数量

可移动文物数量分布(按收藏单位隶属关系)

收藏单位隶属关系	可移动文物实际数量(件)	实际数量占比(%)
合计	42076	100.00
中央属	0	0
省属	0	0
地市属	0	0
县区属	42076	100.00
乡镇街道属	0	0
其他	0	0

2. 按收藏单位性质统计可移动文物数量

可移动文物数量分布(按收藏单位性质)

收藏单位性质	可移动文物实际数量(件)	实际数量占比(%)
合计	42076	100.00
国家机关	0	0
事业单位	42076	100.00
国有企业	0	0
其他	0	0

3. 按收藏单位类型统计可移动文物数量

可移动文物数量分布(按收藏单位类型)

收藏单位类型	可移动文物实际数量(件)	实际数量占比(%)
合计	42076	100.00
博物馆、纪念馆	41949	99.70

续表

收藏单位类型	可移动文物实际数量(件)	实际数量占比(%)
图书馆	101	0.24
美术馆	0	0
档案馆	0	0
其他	26	0.06

4.按收藏单位所属行业统计可移动文物数量

可移动文物数量分布(按收藏单位所属行业)

收藏单位所属行业	可移动文物实际数量(件)	实际数量占比(%)
合计	42076	100.00
文化、体育和娱乐业	42050	99.94
公共管理、社会保障和社会组织	26	0.06

二、云阳县普查工作组织实施

(一)属地管理、分级负责

1.设立普查领导小组,成立普查机构

经云阳县人民政府同意,2013年5月,云阳县第一次全国可移动文物普查领导小组成立,组长由县政府副县长担任,副组长由县政府办公室副主任、县文广新局局长担任,领导小组成员由县发改委、县经信委、县财政局、县教委、县民政局、县国土局、县文广新局、县民宗局、县国资局、县统计局、县机关事务局、县公安局、县党史办、县档案局、县科委、县人行云阳支行、县志办、县文管所18家相关部门和单位组成,负责普查工作的组织和领导,协调解决重大问题。领导小组办公室设在县文管所,下设普查工作小组,负责普查工作的日常组织和具体协调,县各有关部门各司其职、通力协作,做好普查相关工作。

2.制订普查实施方案和确定工作制度

为全面掌握云阳县各个历史时期可移动文物资源数量和保存的基本情况,规范、有序、高质量地完成全县第一次全国可移动文物普查工作,根据国家文物局的《第一次全国可移动文物普查实施方案》和《重庆市人民政府关于开展第一次全国可移动文物普查的通知》(渝府发〔2013〕18号)的要求及云阳县可移动文物普查领导小组的部署,结合实际,制订《云阳县第一次全国可移动文物普查实施方案》,明确了普查工作的指导思想和意义、目标、范围、内容和任务、技术路线、时间和实施步骤、数据和资料的整理、经费、组织机构及职责、要求等各个方面。

为进一步严格落实普查工作,保质保量完成普查任务,云阳县制定了相关普查工作制度如下。

基本工作制度:①普查小组每周召开工作例会,总结本周工作,部署下周工作,研究、协调和处理各工作组在实际操作中发现的问题,讨论其他有关事项。②每周例会原则上安排在每周五下午举行,工作会议由普查小组负责人主持,参会人员为各小组成员,各小组每周四将总结和计划报至组长汇总。③数据录入后,须由各小组负责人审核复核数据。审核无误后将数据上报至县普查办,由普查办审核,最后上报至重庆市普查办。④不得使用烤火炉、取暖器等设备。

数据备份及管理制度:①普查档案实行集中统一管理、专人负责。②凡规定应当归档的与"一普"有关的文件材料及数据,必须集中统一管理并备份,及时整编归档。③任何个人不得据为己有或拒绝归档。

考勤制度:①普查办工作人员须集中在普查办公室办公。②遵守作息时间,按时上下班,并在指纹打卡机上打卡。③普查人员不得擅自离岗,因事请假一天以内的,需事先向普查小组领导请假。请假两天以上的,需主要分管领导同意。④各类请假必须办理批准手续,并报办公室备案。⑤考勤情况将作为普查办对工作人员考核和评优的依据。

普查员和普查指导员工作纪律:①严格按照普查计划和日程表,开展普查工作。在普查期间,不得无故脱离岗位,有病有事应请假。②要执行工作日志制度,如实填写工作情况,登记表格、审核数量情况等。③坚持实事求是的原则,做到不漏、不错、不重,及时发现问题,提出意见与建议。④普查员进入文物库房,原则上须两人以上同行,应携带普查员工作证件。⑤普查人员应随身携带普查手册,不断改进和完善工作方法。不得自作主张、随意处理普查中遇到的情况,更不得编造或隐瞒普查中发现的问题。⑥要保持普查表的整洁,不得任意涂改。做好各种普查表的装订及交接工作。⑦遵守保密规则,自觉为普查对象保密,严禁向无关人员扩散或谈论普查对象的具体情况。⑧在普查期间,普查员和普查指导员要高度重视安全问题,做好对自身生命、财产的保护。

3.落实普查工作经费

根据《重庆市人民政府关于开展第一次全国可移动文物普查的通知》、国家文物局《第一次全国可移动文物普查实施方案》要求,此次普查所需经费由市和区县两级人民政府共同承担,普查经费列入相应年度财政预算,确保普查经费保障到位。云阳县普查经费共20万元。详见下表。

云阳县2013—2016年可移动文物普查经费落实情况表(单位:万元)

合计	2013年	2014年	2015年	2016年
20	4	6	5	5

在经费的使用上,云阳县普查办加强经费管理,确保资金使用的规范、安全、有效,专款专用。同时,加强普查设备的登记、使用与管理,防止国有资产流失。

4.组建普查队伍

云阳县普查工作人员共计67人,其中县普查办8人,普查专家2人,国有可移动文物收藏单位21人,招募普查志愿者36人。普查员实行统一登记、持证上岗、分级管理,为普查工作的顺利开展奠定了坚实的基础。

(二)调查、认定、采集、登录、审核,分阶段实施

1.国有可移动文物收藏单位调查阶段

根据云阳县人民政府办公室发布的普查实施方案、标准规范及有关规定,云阳县组织对境内各国有单位进行文物摸底调查。2013年5月,全县各国有单位文物收藏情况摸底调查工作陆续展开,据统计,共发放摸底调查表75份,回收了75份,涵盖了云阳县境内的国家机关、国有企业、事业单位、宗教寺庙等相关单位,覆盖率达100%,回收率达100%。其中,调查到收藏有文物的国有单位4家,经过摸排、调整,最终,云阳县登录到全国可移动文物信息登录平台的国有可移动文物收藏单位有3家:县文管所、县图书馆、县志办。调查显示,云阳县可移动文物藏品总量超过两万件。

2.国有可移动文物认定工作阶段

根据重庆市文物局印发的《重庆市可移动文物普查文物认定规范》通知要求,普查前已经作为文物登记的藏品本次普查不需要重新认定。云阳县在摸底调查中未发现有新发现的文物藏品,因此未开展新文物认定工作。

3.国有可移动文物信息采集登录阶段

2013年5月,云阳县完成辖区内国有可移动文物收藏单位调查。初期摸底调查阶段反馈有文物的4家国有可移动文物收藏单位均在全国可移动文物信息登录平台上进行了注册,完善单位基本情况和信息。2015年上半年,接市文物局通知:档案系统的纸质文物一律不纳入"一普"登记范围。云阳县档案局已采集信息不符合采集要求,故县普查办申请在普查平台上删除云阳县档案局这一单位,但县档案局403件/套文物信息保留至县文管所。截至2015年底,云阳县已全面完成可移动文物数据采集登录工作,初步实现普查工作目标。

4.国有可移动文物信息审核阶段

云阳县高度重视普查信息登录审核工作,及时转发《第一次全国可移动文物普查数据审核工作管理办法》的通知,加强文物信息申报审核工作。2015年下半年开始,县普查办组织审核人员对辖区内上报的文物信息进行了详细的审核,按照市审核标准逐一审查,发现错误及时修改,力图将云阳县文物信息填报容错率控制在0.5%以内。县普查办建立问询机制,随时发挥效应,最大限度保质保量完成文物信息审核工作。

县国有可移动文物收藏单位负责本单位藏品信息的采集、登录、检查、核对、维护,指定专人负责普查数据审核,确保信息真实、完整、准确。经收藏单位审核确认的登录信息,报送至云阳县普查办审核,普查办审核分为两级制,即普查办管理员初审、审核员再审。各级审核工作人员在审核过程中发现信息存疑或调整情况,将调整情况在纸质档案上予以记录说明,如果要对登录信息的主要指标项进行修改,核实情况后,将审核和修改结果告知收藏单位。云阳县数据采集登录情况良好,准确率较高,2016年6月,率先通过重庆市第一次全国可移动文物普查数据市级终审。

(三)宣传动员

云阳县在逐步推进"一普"工作过程中,采取多种形式开展文物普查宣传活动,在社会上营造一个大家关心、支持和参与文物普查工作的良好氛围。一是借助广播电视媒体,在县电视台播放宣传口号;二是在县城主要街道、社区、乡镇悬挂宣传横额,张贴宣传标语和宣传海报;三是编发文物普查工作简报,编印宣传单10000多份发至各个单位和社区;四是利用网络宣传平台,在县公众信息网站,发布文物普查最新动态。通过广泛宣传,为文物普查营造了良好的社会环境和舆论氛围。

在国有可移动文物普查成果大盘点、大汇总基础上,县博物馆联合县图书馆定期进入中学及各乡镇,开展"文化遗产进社区、走校园"系列活动,累计参观人数1.5万人次。通过宣传文物保护法律法规、传播优秀传统文化、展示精美文物来培育和弘扬社会主义核心价值观,鼓励社会参与文物保护,合法收藏文物。随着宣传力度的扩大,民众文物收藏知识提高,县博物馆多次接受民众捐赠文物,民众参与文物保护的热情高涨。

(四)质量控制

为加强普查数据质量控制,云阳县普查办制定了普查数据审核和质量管理的相关制度,派专人认真参与重庆市普查办举办的有关数据登录、审核、管理培训,并传达培训会议精神。县普查办和各收藏单位严格按照《重庆市可移动文物普查质量控制管理制度》要求,熟悉各相关环节的工作,对普查中每个环节实施统一的质量管理、监督检查和验收。云阳县根据各阶段工作目标,动态确定考核内容,着重加强普查各环节的检查、总结和评估,保证普查成效。云阳县采取自我检查、专人检查等多种方式进行进度和质量管理。

1.构建培训体系

云阳县普查办派人参加重庆市第一次全国可移动文物普查信息采集技术培训班,并针对文物信息采集,开展了藏品管理、文物定名、影像采集、软件登录等系统培训,以保证普查工作顺利开展。

云阳县普查办在2013—2016年期间,举办培训37次。107人参加培训,学习重庆市普查相关文件、本县普查工作实施方案细则。培训内容以传达市普查工作会议精神、规范普查工作制度、明确普查标准要求、普查平台信息录入、普查资料审核标准为主。

云阳县2013—2016年可移动文物普查培训一览表

合计		2013年		2014年		2015年		2016年	
次数（次）	人数（人次）	次数（次）	人数（人次）	次数（次）	人数（人次）	次数（次）	人数（人次）	次数（次）	人数（人次）
37	107	8	26	10	26	11	29	8	26

2.普查工作督查

在普查过程中,云阳县普查办按照市普查办要求,结合普查实际情况,采取自我检查、接受市里专项督查、向市普查领导小组和市普查办定期报告等多种方式进行普查进度和质量管理,确保普查工作的质量和进度。

3.普查中的人员、文物、数据安全管理

云阳县可移动文物普查工作始终坚持"安全第一"和"安全工作做在前,隐患解决在事故前"的原则,将普查人员的文物安全教育放在首位。云阳县普查办建立健全普查数据安全管理制度,加强普查数据的安全和保密管理。对普查得到的综合数据和基础资料均严格保密,做到专人负责,妥善保管。

截至普查验收,云阳县可移动文物普查未发生人员、文物、数据安全方面的事故。

4.普查验收

根据国家文物局《关于做好第一次全国可移动文物普查验收工作的通知》,2016年10月,云阳县普查工作通过重庆市第一次全国可移动文物普查实地验收,验收结论为合格。

通过可移动文物普查,云阳县编制了普查档案,严格按照《国有可移动文物普查建档备案工作规范(试行)》的要求,实行专库、专柜、专人保管档案资料。对普查的各种资料分类建档。针对辖区内23098件/套国有可移动文物,完善了藏品总账、藏品档案及藏品登记卡,同时备份电子文档,并按照统一规范完成了已认定文物信息国家登录。

以普查为契机,云阳县文管所(博物馆)参与了重庆市基础与前沿研究计划项目"云阳丝栗包遗址出土青铜器的腐蚀研究",为下一步开展文物保护奠定了良好的基础。

云阳县可移动文物普查工作离不开领导小组成员单位的大力支持,也与广大一线普查员的辛苦工作、无私奉献的精神分不开。云阳县普查办已将这次普查工作的优秀个人报送至云阳县人民政府,予以表彰。

三、普查工作成果

1. 掌握云阳县可移动文物资源情况及价值

(1)文物数量及分布。

云阳县3家国有可移动文物收藏单位：县文管所、县图书馆、县志办。其中文博系统单位1家，非文博系统单位2家，共采集登录42076件可移动文物。

通过普查，云阳县掌握了所藏文物类别、质地、年代、保存状态等基本情况，以钱币、陶器为大宗，分别占总数的40.01%和30.07%，时代主要集中在汉、唐。

(2)保存情况。

云阳县通过普查，基本掌握了区域内可移动文物的完残情况和保存状态，其中残缺或严重残缺的器物占91.43%，文物保存状态不容乐观。部分残缺件已进行了临时修复，但因保存环境等问题，亟须得到进一步的修复保护。这对云阳县的文物保护工作提出了艰巨的挑战，未来亟待解决。

云阳县目前大多数文物深藏在库房内，对外公开藏品资源总量为630件/套，占全县文物总量的2.73%。合理利用馆藏文物，坚持用文物说话，使观众通过展览能够更好地了解文物、了解历史，最大限度地满足人民群众日益增长的文化需求。

2. 健全管理机制

(1)完善文物档案。

作为文博系统内的收藏单位，云阳县文管所目前已建立完善了藏品账目、分类账册，分类上架工作已经提上了日程，其中针对定级文物也进行了重新梳理和保管。另外两家收藏单位即县志办、县图书馆也有相应的档案建设，实现了馆藏文物资源信息化。

(2)健全制度规范。

通过此次普查，云阳县进一步完善了可移动文物调查、认定、登记、管理及利用制度。3家国有可移动文物收藏单位均建立了专门的藏品管理机制，制定完善了文物总账、登记编目、保管、藏品使用等相关制度，对云阳县文物保护管理等基础工作具有较大的推动作用。

(3)加强文物保护。

在可移动文物普查工作中，云阳县坚持"抢救第一、保护为主、加强管理、合理利用"的工作方针，高度重视文物保护工作，以普查促保护。

云阳县文管所(博物馆)多年来与重庆市文化遗产研究院联合对三峡后续项目进行抢救性发掘工作，并针对馆藏珍贵文物制订文物修复计划。2013年初至2015年底，云阳县多次申报了包括馆藏珍贵文物在内的可移动文物修复计划，涉及铜器、陶瓷器等共计363件。云阳县文管所(博物馆)还与重庆中国三峡博物馆合作实施文物预防性保护工程,完善博物馆馆藏文物的检测和调控设施,对博物馆200多件珍贵文物全部配备柜架囊匣,进一步加强对可移动文物的保护。与此同时,县文化委、县文管所针对城乡建设中的文物保护拟建立相关长效保护机制,强调在大型工程和涉及地下文物埋藏区、文物保护范围及建设控制地带工程项目立项、土地利用和开发建设审批时应依法征求文物行政主管部门意见,作为立项、审批依据,并做好基本建设中的考古调查、勘探、发掘和文物保护工作。另外,针对云阳县的文物分布地点广,且多位于长江消落区,属盗墓案件频发地带这一现实情况,县文管所建立了消落区巡查机制,定期对消落区文物点进行巡查,实时掌握消落区文物点详细情况,一经发现异样,可及时处理整改,县文化委与县公安局、县文化稽查大队多次合作打击文物犯罪,仅2015年度就成功破获盗墓案件4起,缴获青铜马等文物数件。

3.有效发挥文物在云阳经济社会发展中的重要作用

祖先给库区留下的丰富文物古迹是一笔宝贵的财富,保护、运用好这一宝贵财富,既是库区人民的历史责任,也是库区发展的一个重要方面。云阳县作为库区文物大县,三峡文物不仅得到了云阳人民的精心保护,而且在保护的前提下得到充分利用,在开展爱国主义教育、提高人民素质和云阳旅游产业发展中发挥着重要的作用。

通过这次普查工作,云阳县对拥有的文物资源有了充分的了解。云阳县文管所(博物馆)已经开始"云阳博物馆改造——云盐历史数字展示厅、4D影院"项目的设计:以云安盐场遗迹为核心,通过盐田桥接,构建盐场数字复原场景,展示宋代"云盐经济";同时与重庆中国三峡博物馆进一步合作,对更多的可移动文物实施保护性修复,为以后的专题展览做好准备。

四、建议

习近平总书记曾在全国文物工作会上提出"保护文物功在当代,利在千秋",这说明文物工作不是一蹴而就,而是一项长远的工作,因此云阳县在发展经济的同时,牢记经济要发展,文物也要保护。只有通过文物工作让优秀的传统文化融入当代社会,厚植道德沃土,让珍贵遗产世代传承、焕发新的光彩,才能更好地为繁荣文化事业、促进经济发展和社会进步做出新的贡献。

伴随着云阳县第一次全国可移动文物普查工作的完成,我们深知虽然云阳县在文物工作上取得了一些成就,但同时也存在一些不足。公众参与度不高,保护文物手段落后,缺乏技术支持,缺乏专业文物保护技术人才。工作人员断层严重,经验丰富的工作人员逐步退休,人才的青黄不接,导致保护工作难上加难。文物保护经费有限,对保护文物工作心有余而力不足,许多问题亟待解决。

通过建立文物保护工作者、志愿者、义务讲解员队伍,来提高公众参与度。建议大力推广政府和社会资本合作模式,提高资金使用效益,拓宽社会资金进入文物保护利用的渠道。引进科学技术,将科学技术进一步应用在文物保护工作中,促进数字化博物馆的发展。同时扩大编制,引进专业人才,加快文博人才培养。

总体而言,云阳县未来的文物工作目标主要归纳为3点:一是进一步拓展文物利用途径,促进云阳经济社会更好更快发展;二是进一步创新文物工作体制机制,不断提升文物保护能力;三是进一步加强文物人才队伍建设,增强文物事业发展后劲。

报告执笔人:温小华、陈昀、孙紫峰

报告审阅人:甘玲

33　奉节县第一次全国可移动文物普查总结报告

第一次全国可移动文物普查是继第三次全国不可移动文物普查之后在文化遗产领域开展的又一重大国情国力调查，是一项旨在全面掌握我国文物资源、加强文物保护、建设文化遗产强国的国家工程。2012年10月1日，国务院印发了《国务院关于开展第一次全国可移动文物普查的通知》，对普查的范围和内容、时间和安排、组织和实施、经费保障、资料填报和管理做了统一部署。奉节县高度重视，积极响应，2013年5月，县政府办公室印发了《关于成立奉节县第一次全国可移动文物普查领导小组办公室的通知》《关于开展第一次全国可移动文物普查的通知》《关于印发奉节县第一次全国可移动文物普查实施方案的通知》，成立了文物普查领导小组，设立了普查办公室，要求凡是奉节县辖区内收藏保管国有可移动文物的国家机关、事业单位、国有企业和国有控股企业等单位，必须按照《中华人民共和国文物保护法》《中华人民共和国统计法》的有关规定和此次普查的具体要求，配合普查机构开展工作。

奉节地处瞿塘峡西口，因其特殊的地理位置，自古以来就是重要的交通枢纽和战略要地，文化交往活动十分频繁，境内文化遗存非常丰富。奉节县白帝城博物馆[①]现有馆藏文物近3000件/套，涵盖玉石器、铁器、铜器、陶器、瓷器等类别，从旧石器时代至明、清、中华民国均有收藏，其中不乏珍品。兴建三峡工程决议通过后，奉节县淹没区及迁建区文物抢救性发掘工作全面铺开，数十家科研单位和高等院校在奉节展开了文物抢救大会战，再次发掘出大量珍贵文化遗存。2003年白帝城博物馆独立发掘出土的宋代三彩陶俑为重庆地区首次发现，更是弥足珍贵。这些文化遗存，对研究三峡地区考古学文化的谱系、类型、分布、特点、发展规律以及三峡地区古代历史的进程等，都具有十分重要的意义。

第一次全国可移动文物普查对奉节县进一步发掘和整合文物资源，提高文物保护管理整体水平，以及促进文物保护机构建设、完善文物档案管理都是一个十分重要的契机。通过普查，奉节县基本掌握了县域内国有可移动文物的数量、分布、保存状况、保管权属和使用管理等基本情况，普查人员的专业技能和管理水平得到了明显提高，文物收藏单位尤其是非文博系统收藏单位的文物保护意识进一步增强，文物管理部门与各文物收藏单位的关系也更加密切，为下一步更好地开展文物工作打下了基础。

一、奉节县普查数据

截至2016年10月31日，奉节县在全国可移动文物信息登录平台登录可移动文物3179件/套，实际数量为6278件。其中，珍贵文物670件/套，实际数量为1323件。登录可移动文物信息的收藏单位7家。

[①] 编辑注：奉节县白帝城文物管理所（白帝城博物馆）已于2018年11月注销，详见重庆市奉节县人民政府网站"注销公示"栏目。现更名为重庆市奉节县夔州博物馆（奉节县文物管理所），由于时间原因，本报告中相关名称不做调整，特此说明。

（一）奉节县可移动文物基本情况

1. 类别

可移动文物类别

可移动文物类别	可移动文物实际数量（件）	实际数量占比（%）
合计	6278	100.00
玉石器、宝石	11	0.18
陶器	918	14.62
瓷器	507	8.08
铜器	337	5.37
金银器	3	0.05
铁器、其他金属器	14	0.22
雕塑、造像	357	5.69
石器、石刻、砖瓦	162	2.58
书法、绘画	375	5.97
文具	9	0.14
玺印符牌	7	0.11
钱币	505	8.04
牙骨角器	1	0.02
竹木雕	1	0.02
家具	51	0.81
古籍图书	2214	35.27
碑帖拓本	5	0.08
武器	123	1.96
玻璃器	651	10.37
乐器、法器	11	0.18
度量衡器	4	0.06
标本、化石	9	0.14
其他	3	0.05

2. 年代

（1）可移动文物年代类型。

可移动文物年代类型

可移动文物年代类型	可移动文物实际数量（件）	实际数量占比（%）
合计	6278	100.00
地质年代	0	0
考古学年代	72	1.15

续表

可移动文物年代类型	可移动文物实际数量(件)	实际数量占比(%)
中国历史学年代	5851	93.20
公历纪年	310	4.94
其他	1	0.02
年代不详	44	0.70

(2)可移动文物中国历史学年代分布。

可移动文物中国历史学年代分布

可移动文物中国历史学年代	可移动文物实际数量(件)	实际数量占比(%)
合计	5851	100.00
商	4	0.07
周	131	2.24
秦	3	0.05
汉	1578	26.97
三国	4	0.07
西晋	13	0.22
东晋十六国	13	0.22
南北朝	140	2.39
隋	3	0.05
唐	85	1.45
五代十国	5	0.09
宋	670	11.45
元	12	0.21
明	336	5.74
清	2801	47.87
中华民国	49	0.84
中华人民共和国	4	0.07

3.级别

可移动文物级别

可移动文物级别	可移动文物实际数量(件)	实际数量占比(%)
合计	6278	100.00
一级	651	10.37
二级	63	1.00
三级	609	9.70
一般	0	0
未定级	4955	78.93

4. 来源

可移动文物来源

可移动文物来源	可移动文物实际数量（件）	实际数量占比（%）
合计	6278	100.00
征集购买	195	3.11
接受捐赠	7	0.11
依法交换	0	0
拨交	1	0.02
移交	53	0.84
旧藏	5993	95.46
发掘	27	0.43
采集	2	0.03
拣选	0	0
其他	0	0

5. 入藏时间

可移动文物入藏时间范围

可移动文物入藏时间范围	可移动文物实际数量（件）	实际数量占比（%）
合计	6278	100.00
1949年10月1日前	2	0.03
1949年10月1日—1965年	0	0
1966—1976年	0	0
1977—2000年	6270	99.87
2001年至今	6	0.10

6. 完残程度

可移动文物完残程度

可移动文物完残程度	可移动文物实际数量（件）	实际数量占比（%）
合计	6278	100.00
完整	0	0
基本完整	3759	59.88
残缺	2166	34.50
严重残缺（含缺失部件）	353	5.62

(二)奉节县可移动文物分布情况

1.按收藏单位隶属关系统计可移动文物数量

可移动文物数量分布(按收藏单位隶属关系)

收藏单位隶属关系	可移动文物实际数量(件)	实际数量占比(%)
合计	6278	100.00
中央属	0	0
省属	0	0
地市属	0	0
县区属	6278	100.00
乡镇街道属	0	0
其他	0	0

2.按收藏单位性质统计可移动文物数量

可移动文物数量分布(按收藏单位性质)

收藏单位性质	可移动文物实际数量(件)	实际数量占比(%)
合计	6278	100.00
国家机关	0	0
事业单位	6251	99.57
国有企业	0	0
其他	27	0.43

3.按收藏单位类型统计可移动文物数量

可移动文物数量分布(按收藏单位类型)

收藏单位类型	可移动文物实际数量(件)	实际数量占比(%)
合计	6278	100.00
博物馆、纪念馆	4046	64.45
图书馆	2187	34.84
美术馆	0	0
档案馆	0	0
其他	45	0.72

4.按收藏单位所属行业统计可移动文物数量

可移动文物数量分布(按收藏单位所属行业)

行业	可移动文物实际数量(件)	实际数量占比(%)
合计	6278	100.00
教育	4	0.06
文化、体育和娱乐业	6233	99.28
公共管理、社会保障和社会组织	41	0.66

二、奉节县普查工作组织实施

(一)属地管理、分级负责

1. 设立普查领导小组,成立普查机构

根据《重庆市人民政府关于开展第一次全国可移动文物普查的通知》精神,为切实加强奉节县可移动文物普查工作的组织与领导,2013年5月,奉节县成立了第一次全国可移动文物普查领导小组,组长由县政府分管领导担任,副组长由县政府办公室副主任、县文广新局局长担任。普查领导小组成员由县发改委、县财政局、县人力社保局、县国土房管局、县民政局、县经信委、县文广新局、县教委、县统计局、县机关事务管理局、县档案局、县民宗局、县志办、县党史研究室、县科协、人行奉节支行等16个相关部门和单位负责人组成。县普查领导小组办公室设在县文广新局,县文广新局局长担任办公室主任。普查领导小组主要负责可移动文物普查工作的组织和领导,协调解决重大问题。普查办公室负责普查工作的日常组织和具体协调,同时指导全县各文物收藏单位开展业务工作。

2. 制订普查实施方案和确定工作制度

为科学、规范、有序、高质量地完成可移动文物普查工作,县普查办在广泛征求普查领导小组成员单位及有关专家意见的基础上,依据《重庆市第一次全国可移动文物普查实施方案》,结合奉节县情,制订了《奉节县第一次全国可移动文物普查实施方案》,明确了普查工作的组织管理、时间步骤、技术路线、经费保障等内容。

为确保奉节县可移动文物普查工作规范化、制度化,县普查办及时制定了《奉节县第一次全国可移动文物普查工作人员守则》《奉节县第一次全国可移动文物普查仪器设备使用管理制度》《文物普查信息报送制度》《奉节县文物普查数据档案查阅审批制度》《数据管理员职责》《数据保密制度》《网络安全制度》等一系列规章制度来加强对文物普查各阶段、各项工作的管理。《奉节县第一次全国可移动文物普查工作人员守则》对普查人员的工作职责、工作态度、工作方法做了明确规定,要求大家要充分发扬团队精神,共同进取,做好第一次全国可移动文物普查各项工作;《奉节县第一次全国可移动文物普查仪器设备使用管理制度》对普查仪器设备的管理、领用、维修等方面做出了规定并明确了责任;《文物普查信息报送制度》对建立信息报送机制、畅通信息报送渠道做出了具体规定;《奉节县文物普查数据档案查阅审批制度》要求查阅人必须履行相应的审批手续,并要求档案管理人员对查阅者的姓名、查阅时间、查阅原因等事项进行详细登记;《数据管理员职责》对数据管理员的责任、义务进行了规范;《数据保密制度》要求对所采集到的可移动文物普查相关数据严格保密,并采用相应的技术措施防止他人随意篡改、盗用;《网络安全制度》要求对计算机进行专人管理,并采取有效措施做好计算机病毒的预防、检测、清除工作,防止各类针对网络的攻击,保证数据传输和存储安全。以上制度的实施,确保了奉节县可移动文物普查各项工作的顺利开展,同时也保障了奉节县可移动文物普查数据的安全。

白帝城博物馆作为全县文物普查工作的主要承担者,坚持将可移动文物普查作为近年来最重要的一项文物工作来抓。普查工作开展之初,便成立了以馆长为组长,分管文物工作的副馆长为副组长,文物保管部业务人员为成员的普查工作组。普查实施阶段,普查人员既有分工又有合作,数据测量、器物拍摄、数据审定各相关人员按照进度安排完成好各自的工作后,哪里需要帮助,他们便出现在哪里,既发扬了良好的团队精神,又提高了工作效率。馆长、副馆长也常常亲临普查工作第一线,协调、解决普查工作中遇到的实际问题与困难。白帝城博物馆还建立了普查奖励制度,对普查工作中表现突出的人员给予适当的精神奖励,从而达到了激发普查队员工作热情的目的。

3. 落实普查工作经费

根据财政部、国家文物局《关于加强第一次全国可移动文物普查经费保障与管理的通知》精神,奉节县普查办编制了普查经费预算,并纳入奉节县年度财政预算,确保普查经费保障到位。在普查期间,奉节县实际到位可移动文物普查经费31万元,其中2013年县财政拨付普查经费30万元,2015年重庆市财政补助1万元,以上经费主要用于设备购置(电脑、硬盘、数码相机、摄影光源等)及支付差旅、交通、文物清洗、网络租用等方面的费用。经费使用上,奉节县严格按照国家财务制度相关规定,加强对普查经费的管理,专款专用,厉行节约,资金使用做到了规范、安全、有效。

4. 组建普查队伍

奉节县第一次全国可移动文物普查总投入人员12人,包括普查办工作人员3人,专家组成员3人(专家组成员和普查办工作人员均来自白帝城博物馆),非文博系统收藏单位共6人。

第一次全国可移动文物普查是一项专业性很强的工作,而奉节县非文博系统收藏单位(县图书馆除外)以前从未从事过相关工作,技术力量尤为薄弱。白帝城博物馆作为专门从事文物保护、管理的机构,同时也是全县文物收藏量最大的单位,其业务人员也就成为全县文物普查各项工作的主要承担者、实施者。他们大多从事了多年的文物保护、管理及考古发掘协作工作,不少同志还参加过第三次不可移动文物普查,具有丰富的工作经验并对文物事业有着特殊的感情,他们在做好本单位可移动文物普查工作的同时,积极指导系统外文物收藏单位(县图书馆除外)进行文物认定、数据测量、器物拍摄、登录、审核等工作,保障了奉节县文物普查数据质量和整体工作进度。

在普查工作期间,白帝城博物馆还邀请高校教师结合奉节县文物分布及收藏实际,采用边授课边答疑的方式对所有参与普查的业务人员进行了培训,普查队员针对可移动文物普查工作中遇到的疑难问题踊跃提问并得到了逐一解答。奉节县通过培训,有效地解决了普查中存在的具体问题,为更好地开展文物普查工作奠定了基础。

(二)调查、认定、采集、登录、审核,分阶段实施

1. 国有可移动文物收藏单位调查

2013年5月,奉节县人民政府办公室印发了《关于开展第一次全国可移动文物普查的通知》《奉节县第一次全国可移动文物普查实施方案》,要求各国有单位必须按时、如实、完整地填报普查信息,配合普查机构开展工作,任何单位、部门和个人都不得拒报、虚报、瞒报、迟报,不得伪造、篡改普查资料。根据通知精神,县普查办着手开展了国有单位收藏保管文物情况的摸底排查工作,向全县705家国有单位发放《国有单位文物收藏情况调查登记表》《国有单位文物收藏情况调查汇总表》《可移动文物信息认定登记表》和《文物登记卡》705份。至2013年8月,奉节县国有可移动文物收藏单位调查工作全面结束,反馈有疑似文物的国有单位共7家,经现场认定,最终确定了7家国有单位收藏有文物。

2. 国有可移动文物认定

2013年8月,县普查办委派白帝城博物馆3名专家依据可移动文物认定范围对辖区内夔门高级中学、草堂初级中学、长龙山天仙观、清净庵、清真寺管理委员会5家非文博系统收藏单位收藏的可移动文物进行了5次现场认定,新认定文物22件/套,以碑刻、木质家具、经书为主。由于白帝城博物馆的藏品均作为文物进行了登记,便直接按程序进行了信息采集和数据报送等工作。

3. 国有可移动文物信息采集登录

国有可移动文物收藏单位调查及文物认定工作结束后,县普查办将白帝城博物馆作为试点单位率先开展藏品信息采集登录工作。针对工作时间段普遍存在登录困难这一问题,普查人员灵活处置,上班时间集中开展文物测量、拍摄及《文物登记卡》的填写工作,利用午休和晚上部分休息时间来登录文物数据,从而有效地避开了登录高峰期。同时,采用配备高配置电脑、增加网络带宽等方法提高数据登录进度。县普查办还为白帝城博物馆配备了数码相机、摄影光源等设备,提高了文物照片的质量。针对非文博系统文物收藏单位业务力量薄弱这一现状,普查办还组织白帝城博物馆业务骨干帮助非文博系统收藏单位(县图书馆除外)开展工作。为保障全县文物普查数据整体登录进度,普查办对各文物收藏单位每月均下达工作任务,要求各文物收藏单位必须按照进度安排保质保量完成文物数据的登录。为加大对普查工作的督促,县普查办还定期对各单位普查情况进行通报,对工作突出、进度靠前的单位给予表彰,对极少数认识不够到位、进度缓慢的单位,要求其整顿作风,转变观念,积极配合普查部门打好这场攻坚战。截至2016年4月,奉节县顺利完成了文物数据采集登录工作,登录进度位居重庆前列。

4. 国有可移动文物信息审核

奉节县文物数据审核工作主要采用网上审核的方式进行,与登录、报送等工作同步。文博单位自

已组织业务人员进行审核,非文博系统收藏单位(县图书馆除外)的文物数据由普查办委派白帝城博物馆专业人员进行审核。对上报至县普查办的文物数据,组织白帝城博物馆具有文博专业副高职称的3名业务骨干进行审核,审核数据共计2887条(县图书馆文物普查数据除外)。审核人员严格按照《第一次全国可移动文物普查数据质量评定标准》对文物名称、年代、质地、数量、尺寸、完残程度、来源等重点项目严格把关,对存疑点要求各文物收藏单位做出详细说明。审核过程中发现部分文物的定名、年代、质地存在较大偏差,普查办及时组织审核人员到现场进行了复核,将错误的文物信息进行了更正。对少量文物的命名、时代、纹饰等存在不同意见时,通过查找历年的考古发掘报告和专业书籍并向行业内专家请教,相关问题得到了逐一解决。2016年7月,重庆市文物局专家组对奉节县文物普查数据进行了抽审,数据差错率低于0.5%,抽审合格。

(三)宣传动员

为充分展示奉节县在第一次全国可移动文物普查工作中取得的阶段性成果,让社会各界更多地关注、支持奉节县的文物保护事业,2015年,县普查办利用国际博物馆日,采用展板形式对奉节县文物发掘、藏品修复及珍贵文物进行了图片展示,参展图片20余幅,参观人数达2000余人次。县普查办还编写了3期简报,适时发布奉节县可移动文物普查新动态。白帝城博物馆十分重视可移动文物普查宣传工作,利用单位网站展示近年来奉节的考古发掘情况和馆藏珍贵文物。奉节县人民政府网、奉节县文化委网站也对第一次全国可移动文物普查的重要性及奉节县文物普查成果进行了宣传。各个层面的宣传收到了很好的效果,广大群众深刻认识到了文物事业在经济社会发展中的重要作用,它与每个人都息息相关,大家都有责任和义务保护好这些不可再生的资源。

(四)质量控制

普查队伍组建后,奉节县积极组织普查队员广泛查阅历年来出版的《重庆库区考古报告集》和《明清瓷器纹饰鉴定》《清代民窑彩瓷》等专业书籍,同时对可移动文物认定依据和原则、可移动文物认定范围、可移动文物普查登录内容、可移动文物普查信息登录平台业务流程、可移动文物普查中的安全管理、可移动文物普查调查登记表及填写说明等进行了集中学习,明确了普查的工作方法、实施步骤,统一了文物普查登录标准。另外,要求登录人员完成数据录入工作后必须对照《文物登记卡》进行复核再行提交,以免数据错漏。对名称、时代及质地存疑的文物,县普查办组织专业人员及时到现场进行核实并向上级业务部门文物专家求证,待得到明确回复后,再由审核人员对数据进行修改、上报。为提高文物照片质量,县普查办按照硬件配置相关要求及时为白帝城博物馆等文物收藏量大的单位配备了高配置的数码相机及脚架、光源、背景纸等专业设备。

为进一步提高普查队员业务水平,2015年,白帝城博物馆举办文物普查培训班1期,培训普查人员39人次。中山大学王宏教授向普查人员重点讲授了汉至六朝时期铜器、陶器、釉陶器、瓷器的时代特征和器形演变,对汉代铜圆壶、铜钫、铜洗的发展演变及重庆地区汉代陶鼎、陶釜、陶壶的演变也进行了阐释。此次培训结合奉节县文物收藏、分布实际,采用边授课边答疑的方式进行,取得了很好的效果。

白帝城博物馆等文物收藏量大的单位采集文物数据均选择在库房内开阔空间进行,保卫科对入库人员实施全面监控。普查人员着装简洁,不佩戴饰物,每次入库都必须对扶梯、照相脚架、灯架及工作台等设施、设备进行认真检查,确保其坚固,防止对文物造成破坏。对书画、古籍善本、织绣、出土文物及金属类文物,要求普查人员戴上口罩、手套方可操作,防止汗液等对文物的腐蚀。文物搬运由库房保管员负责实施,其丰富的经验和规范的动作,对文物安全起到了很好的保障作用。截至2016年4月,奉节县可移动文物普查数据登录工作全面结束,无1例文物损毁现象发生。

奉节县制定了数据保密制度和网络安全制度来加强对普查数据的管理。同时,从普查队员中认真挑选出2名思想素质高、责任心强的同志专门负责普查档案管理,纸质文本放置在文物库房铁皮柜内实行专柜管理,电子文本按编号装入专用档案袋异地存放。要求档案管理人员对涉密档案,必须履行保密义务,确保密不外泄。

2016年9月6日—12日,县普查办按照重庆市文物局制定的《验收合格评定标准》对奉节县普查的组织、普查的覆盖率、普查实施进度和质量等情况进行了综合验收,验收结论为合格。在此基础上,完成了《奉节县第一次全国可移动文物普查验收报告》《奉节县第一次全国可移动文物普查总结报告》和《奉节县第一次全国可移动文物普查验收表》,并于2016年9月20日上报给重庆市文物局。

(五)普查工作总结情况

全面、系统、科学、规范地建立第一次全国可移动文物普查档案,是对第一次全国可移动文物普查各类数据和信息资料保存并发挥其作用的必要措施,是加强文物保护工作和促进文物资料信息化管理的基础。奉节县文物普查数据登录、报送工作结束后,县普查办及时将《国有单位文物收藏情况调查登记表》《国有单位文物收藏情况调查汇总表》《可移动文物信息认定登记表》《文物登记卡》及县政府出台的各类有关可移动文物普查的相关文件和县普查办编写的文物普查简报等,按调查资料卷、行政资料卷完成了建档工作。汇总资料卷中的《国有可移动文物名录》和《国有可移动文物收藏单位名录》,待国务院及重庆市人民政府公布后,报经上级文物主管部门认定再行建档备案。

为发扬成绩、鼓励先进、总结经验,数据验收工作结束后,县政府根据国务院普查领导小组办公室制订的《第一次全国可移动文物普查实施方案》,及时组织召开了奉节县第一次全国可移动文物普查工作总结表彰会,对普查组织、前期调研、业务培训、单位排查、文物调查与认定、数据登记、成果整合等工作进行了深入细致、实事求是的全面总结,对普查工作中成绩突出的1个先进集体、6位先进个人进行了表彰。要求受到表彰的集体和个人珍惜荣誉,再接再厉,为奉节县文物保护工作做出更大的贡献;其他单位和个人要以他们为榜样,增强全局意识、责任意识,同心协力推动奉节县文物事业向前发展。

三、普查工作成果

(一)掌握本行政区域可移动文物资源情况及价值

普查查明,奉节县国有可移动文物收藏总量为3180件/套,实际数量为6278件,主要收藏于白帝城博物馆和图书馆等单位,教育部门、宗教团体收藏量极少。白帝城博物馆设有专门的文物库房,库房内配有恒温、恒湿等设备,防火、防盗系统也十分完善,适宜于文物保护、管理;县图书馆图书管理工作也十分到位。而教育部门、宗教团体在普查工作开展之前,文物保护意识较为淡薄,缺乏必要的防火、防盗意识,如碑刻常年暴露于野外,没有相应的防护措施,经书随意堆放,木制家具随处摆放。

白帝城博物馆建馆之初便配有专职保管员负责藏品的保护管理。为充分发挥对外宣传教育功能,白帝城博物馆精心组织,将最能反映渝东北地区历史、文化的珍贵藏品对外陈展。县图书馆也安排有专人对图书进行保护管理。其他非文博系统收藏单位因文物收藏量十分有限,普查工作开展前,所属藏品未设专人保管。通过此次普查,各单位充分认识到了文物保护工作的重要性,各单位均配有专职保管员加强对文物的管理。

通过可移动文物普查,奉节县基本掌握了辖区内文物资源的数量、分布及价值等相关情况,这些普查成果为进一步加大奉节县文物保护力度、扩大文物保护范围、科学制定保护政策和拟订规划提供了重要依据。

(二)健全文物保护体系

1. 完善文物档案

奉节县白帝城博物馆作为全县文博系统最大的文物收藏单位,早在20世纪90年代便开始建立藏品总账和藏品档案,后来陆续征集、移交的文物入库后也及时登记入总账并建立了藏品档案。此次可移动文物普查登录的2865件/套藏品账目齐全,档案完备。县图书馆在可移动文物普查开展之前,便有了一套独立的登录、申报系统,账目、档案也十分完备。其余5家非文博系统收藏单位因文物数量十分有限,加之文物保护意识不是很强,无账、无卡、无档案情况比较普遍。通过此次普查,非文博系统各收藏单位充分认识到了文物建档、建账工作的重要性和必要性。截至2016年10月,非文博系统收藏单位在业务单位的指导下建档、建账工作已有序开展。

2. 完善制度和规范

白帝城博物馆制定有《文物库房管理制度》《库房保管员职责》《文物保管部科室人员职责》。《文物库房管理制度》对库房保管员的职业素养和业务能力提出了明确要求,规定了藏品出入库需办理的相关手续并要求文物库房必须实行双人双锁制,以保障藏品安全。《库房保管员职责》要求保管人员应对馆藏文物的数量、级别、陈放位置做到心中有数,把好藏品出入库关,做好出入库人员的登记工作,做好库房日志记录。《文物保管部科室人员职责》要求科室人员做好藏品的整理、建档工作,补充完善残缺、错漏的文物档案信息,做好残损文物的文字、绘图、照相、记录工作,为修复工作提供基础资料,做好藏品的清洁、消毒等工作。以上制度在加强和规范馆藏文物管理的同时也保障了馆藏文物的安全,白帝城博物馆自建馆以来无1例文物损毁、被盗现象发生。

3. 明确保护需求

奉节县各文物收藏单位文物保存环境、保管人员及保护技术存在较大差异。白帝城博物馆设有专门的文物库房,配有恒温、恒湿等设备,防盗报警系统也十分完备,但随着近年来藏品的不断增加,库房显得过于狭小,不利于文物的保护、管理。县图书馆设有图书室用于图书管理。白帝城博物馆和图书馆还配备有经验丰富的专职保管员,他们从事了多年的文物保护、管理等工作,熟知不同质地的文物所需的保存环境、保存条件,同时也具备文物修复的能力。而其他文物收藏单位没有专用的文物库房,保管人员在普查工作开展以前从未从事过文物保护、管理等工作,更未参加过相关的专业培训,业务能力十分有限,这些单位的藏品大多散乱地堆放在一起,部分文物则直接暴露于野外,保存环境堪忧。

普查数据显示奉节县等级文物保存状况较好,只有少量武器存在锈蚀、残损等现象。残缺、严重残缺的文物主要集中于未定级文物中的陶器、瓷器、铜器、雕塑造像、书法绘画等类别。残损陶器、铜器、雕塑造像的时代多为汉代,残损瓷器的时代多为明、清,残损书法绘画的时代则以清代、中华民国时期居多。

为此,白帝城博物馆和图书馆应积极向相关部门争取资金,扩大文物库房,尤其是白帝城博物馆应根据各文物的质地、形状、质量等因素,为每一件文物定制囊匣,将文物装入囊匣保管,起到防震、防尘、防风、防潮作用。而其他文物收藏单位应设立专用的文物库房,配置相应的防火防盗设施并加强库房保管员的业务培训,提高其专业技能。同时,今后文物保护工作的重点不应只注重于定级文物,更应加大对未定级文物的保护,在条件具备的情况下,聘请权威专家制订修复方案,由专业机构资深人员对受损文物进行修复,从而控制、消除文物病害,复原残损部件,使文物的历史信息与艺术信息得到充分展示。

4. 扩大保护范围

第一次全国可移动文物普查，奉节县备案的非文博系统文物收藏单位共6家，分别为奉节县图书馆、奉节县夔门高级中学、奉节县草堂初级中学、奉节县长龙山天仙观、奉节县清净庵、奉节县清真寺管理委员会。此次普查将宗教系统保存的经书也纳入普查范围，在对经书的认定过程中既丰富了普查队员的业务知识，同时也为其今后从事类似工作打下了基础。奉节县非文博系统收藏单位收藏的文物数量虽然十分有限，但这部分藏品是文物资源不可或缺的部分。奉节县下一步将重点加大对非文博系统收藏单位藏品的保护，改善其保存条件，制订出修复方案，聘请本行业专家对受损文物进行修复，还其原有历史风貌。

四、建议

第一，各国有单位需进一步提高文物保护意识，明确自身职责，打破传统的"文物普查是文物部门的事"这一定式思维，摒弃"包袱"思想，只有这样，普查机构才能真正搜集到有用的文物线索，确保调查工作取得实效。

第二，尽管坚持"宜宽不宜紧"的原则，但在文物认定过程中还是存在认识不够完善、把握不够准确的现象，在今后的工作中，普查部门和人员应加强与文物科研部门和高校相关领域研究人员的合作，不断提高整体业务水平。

第三，宣传动员工作应贯穿文物普查始终。只有将文物普查的目的、意义及普查成果等内容随时随地向社会各界进行宣传，才能形成文物普查工作的有效机制和良好氛围，才能建立民众与文化遗产之间的情感联络，才能确保普查工作深入人心，取得成功。

第四，专业技能过硬并具有良好职业素养和奉献精神的文物普查队伍是提高普查数据质量的关键。文物普查工作中应加大对普查队员业务能力、职业素养和思想品德等方面的培养，造就一支能打硬仗的队伍。

第五，各文物收藏单位，尤其是非文博系统文物收藏单位应加大藏品的保护管理力度，选择合适位置建立文物库房，及时开展藏品的建档备案工作，努力完善各项规章制度，积极筹措资金加快硬件设施建设。

第六，要在坚持有效保护的前提下，做好文物利用工作。近年来，奉节县虽在文物利用方面做了大量工作，也取得了一些成效，但最能反映奉节乃至渝东北地区历史、文化的碑刻长年堆放在不为人知的角落，目前，亟待恢复这部分碑刻的陈展。

报告执笔人：余卫东

报告审阅人：金维贤

34　巫山县第一次全国可移动文物普查总结报告

第一次全国可移动文物普查是继第三次全国不可移动文物普查之后在文化遗产领域开展的又一重大国情国力调查，是一项旨在全面掌握我国文物资源、加强文物保护、建设文化遗产强国的国家工程。根据《国务院关于开展第一次全国可移动文物普查的通知》（国发〔2012〕54号），及《重庆市第一次全国可移动文物普查实施方案》，此次普查历时5年，从2012年10月开始准备，2013年1月1日正式实施，2016年12月31日结束。

巫山历史悠久，文化底蕴深厚，拥有非常丰富的历史文化文物资源，全国政协原副主席钱伟长曾赞誉"巫山文物，国之瑰宝"。龙骨坡文化、大溪文化、巫文化和巴楚文化衍生交融，这些文化在整个三峡地域中有着举足轻重和不可忽视的精华地位。巫山是重庆文物大县，县内有不可移动文物点1121处，其中全国重点文物保护单位1处、中国传统村落1处、市级文物保护单位6处、市级历史文化名镇2处、三峡库区迁建保护的传统风貌镇1处、县级文物保护单位92处。巫山博物馆馆藏珍贵文物数量1283件/套，位居重庆市第二位。巫山县政府高度重视普查工作，在全市内率先启动全县普查筹备工作。2013年5月，县政府印发了《关于印发全县第一次全国可移动文物普查实施方案的通知》，成立了全县普查领导小组，明确了全县文物普查工作的目标、范围、内容和组织实施要求。普查分为工作准备、普查实施和汇总上报3个阶段。在本次普查工作中，县普查办严格按照国家文物局和重庆市文物局的总体要求和统一部署，克服时间紧、任务重、涉及范围广等困难，在创新普查模式、落实普查任务、确保普查质量等方面，取得了良好的效果。其中，第一阶段工作任务于2013年7月结束，第二阶段工作任务于2015年10月结束，第三阶段工作任务于2016年5月结束。通过此次开展的可移动文物普查，巫山县已基本掌握全县可移动文物的数量、分布、特征、保存现状等基本情况，其中巫山博物馆是巫山县最重要的文物收藏单位，建立了以龙骨坡文化、大溪文化、巫文化等远古人类历史文化及巫山地方历史文化为主的馆藏文物体系，形成了以新石器时代文物、巫文化文物、巫山地区历史类文物为特色的藏品体系。普查提高了全县各有关单位的文物保护意识，尤其是提高了文博系统工作人员的科学知识、专业技能和管理水平，为进一步建立具有现代化科学素养的专业队伍创造了条件；协调了文物管理部门和政府各相关部门的关系，形成了共同保护文物的工作合力；为准确判断文物保护形势、科学制定文物保护政策和拟订规划提供了依据；同时加强了巫山县在文化遗产领域的国有资产管理和资源整合能力，有利于充分发挥文物在建设社会主义先进文化、促进经济社会全面协调可持续发展中的重要作用。

一、巫山县普查数据

截至2016年10月31日,巫山县在全国可移动文物信息登录平台登录可移动文物27084件/套,实际数量为56224件。其中,珍贵文物1283件/套,实际数量为1421件。登录可移动文物信息的收藏单位5家。

(一)巫山县可移动文物基本情况

1.类别

可移动文物类别

可移动文物类别	可移动文物实际数量(件)	实际数量占比(%)
合计	56224	100.00
玉石器、宝石	718	1.28
陶器	13717	24.40
瓷器	1754	3.12
铜器	3003	5.34
金银器	295	0.52
铁器、其他金属器	671	1.19
雕塑、造像	965	1.72
石器、石刻、砖瓦	4622	8.22
书法、绘画	334	0.59
文具	53	0.09
甲骨	7	0.01
玺印符牌	28	0.05
钱币	27137	48.27
牙骨角器	1216	2.16
竹木雕	14	0.02
家具	35	0.06
织绣	1	<0.01
古籍图书	166	0.30
碑帖拓本	141	0.25
武器	684	1.22
玻璃器	402	0.71
乐器、法器	108	0.19
度量衡器	23	0.04
标本、化石	108	0.19
其他	22	0.04

2.年代

(1)可移动文物年代类型。

可移动文物年代类型

可移动文物年代类型	可移动文物实际数量(件)	实际数量占比(%)
合计	56224	100.00
地质年代	76	0.14
考古学年代	3622	6.44
中国历史学年代	52187	92.82
公历纪年	2	0
其他	189	0.34
年代不详	148	0.26

(2)可移动文物中国历史学年代分布。

可移动文物中国历史学年代分布

可移动文物中国历史学年代	可移动文物实际数量(件)	实际数量占比(%)
合计	52187	100.00
商	5	0.01
周	3233	6.20
秦	12	0.02
汉	41539	79.60
三国	107	0.21
西晋	447	0.86
东晋十六国	40	0.08
南北朝	125	0.24
唐	406	0.78
五代十国	13	0.02
宋	2510	4.81
元	7	0.01
明	918	1.76
清	2241	4.29
中华民国	520	1.00
中华人民共和国	64	0.12

3.级别

可移动文物级别

可移动文物级别	可移动文物实际数量（件）	实际数量占比（%）
合计	56224	100.00
一级	12	0.02
二级	91	0.16
三级	1318	2.34
一般	1133	2.02
未定级	53670	95.46

4.来源

可移动文物来源

可移动文物来源	可移动文物实际数量（件）	实际数量占比（%）
合计	56224	100.00
征集购买	364	0.65
接受捐赠	658	1.17
依法交换	0	0
拨交	6	0.01
移交	981	1.74
旧藏	6729	11.97
发掘	46831	83.29
采集	589	1.05
拣选	23	0.04
其他	43	0.08

5.入藏时间

可移动文物入藏时间范围

可移动文物入藏时间范围	可移动文物实际数量（件）	实际数量占比（%）
合计	56224	100.00
1949年10月1日之前	0	0
1949年10月1日—1965年	372	0.66
1966—1976年	104	0.18
1977—2000年	22356	39.76
2001年至今	33392	59.39

6.完残程度

可移动文物完残程度

可移动文物完残程度	可移动文物实际数量(件)	实际数量占比(%)
合计	56224	100.00
完整	3917	6.97
基本完整	28384	50.48
残缺	21684	38.57
严重残缺(含缺失部件)	2239	3.98

(二)巫山县可移动文物分布情况

1.按收藏单位隶属关系统计可移动文物数量

可移动文物数量分布(按收藏单位隶属关系)

收藏单位隶属关系	可移动文物实际数量(件)	实际数量占比(%)
合计	56224	100.00
中央属	0	0
省属	0	0
地市属	0	0
县区属	55917	99.45
乡镇街道属	307	0.55
其他	0	0

2.按收藏单位性质统计可移动文物数量

可移动文物数量分布(按收藏单位性质)

收藏单位性质	可移动文物实际数量(件)	实际数量占比(%)
合计	56224	100.00
国家机关	0	0
事业单位	56224	100.00
国有企业	0	0
其他	0	0

3.按收藏单位类型统计可移动文物数量

可移动文物数量分布(按收藏单位类型)

收藏单位类型	可移动文物实际数量(件)	实际数量占比(%)
合计	56224	100.00
博物馆、纪念馆	55820	99.28
图书馆	97	0.17
美术馆	0	0
档案馆	0	0
其他	307	0.55

4.按收藏单位所属行业统计可移动文物数量

可移动文物数量分布（按收藏单位所属行业）

收藏单位所属行业	可移动文物实际数量（件）	实际数量占比（%）
合计	56224	100.00
文化、体育和娱乐业	56223	>99.99
教育	1	<0.01

二、巫山县普查工作组织实施

（一）属地管理、分级负责

1.设立普查领导小组，成立普查机构

（1）巫山县普查领导机构、办公室建立情况。

2013年，巫山县县委、县政府高度重视，成立可移动文物普查领导小组，由分管县长任组长，县府办副主任、文广新局局长（文化委员会主任）任副组长，县财政、宣传部、发改委等相关单位、部门负责人为成员。县普查办公室设在文广新局（文化委员会），后迁至博物馆，负责全县普查工作的日常组织、协调和实施。

（2）全县普查办公室建立情况。

县普查办根据国家、市级文物普查通知文件要求和具体安排，结合全县实际情况，编制全县开展文物普查工作通知，并印发通知566份。同时巫山县当阳乡人民政府、巫山县邓家土家族乡人民政府、巫山县人民检察院、巫山县招商局、中共巫山县委党校、巫山博物馆等18家国家机关及事业单位各自建立本系统、行业或本单位的普查领导小组及普查办公室，在全县形成普查机构组织网络。

（3）大型收藏单位普查工作机制建立情况。

巫山博物馆是巫山县最重要的文物收藏单位，工作开展具有带头性和示范性。2013年按照县普查办的要求，巫山博物馆建立普查领导小组和办公室，制订本单位的文物藏品普查工作计划，完成本单位馆藏文物信息的录入及上报。同时博物馆积极支持参与全县普查工作，提供人才和技术支援，2013年被委以重任，县普查办转移到巫山博物馆，协助全县全面开展文物普查工作。

（4）全县普查联系协调机制情况。

在县教委、经信委、政法委、国资委及各乡镇政府等部门的高度支持、配合下，县普查办将县内国有单位按权属、级别、分类、性质和区域划分落实到相应的行业和系统主管责任部门，实行分级承担普查工作任务。对重点行业、系统，如教育、图书、档案系统，建立主管机关普查责任追究机制，层层落实责任。同时县普查办在全县建立联系人机制，各单位、部门和行业系统抽调本行业、本系统的1名骨干人员组成普查专职队伍,通过电话、QQ 群、E-mail 等途径,定期或不定期开展经验交流,保持沟通交流,互通有无,相互协作,解决在普查工作中遇到的问题。

(5)全县普查工作部署会、动员会、推进会情况。

2013年5月,县委、县政府召开"巫山县第一次全国可移动文物普查动员会",本次大会汇集了全县各乡镇、各部委、县级各部门、重点国有企业及县级文物保护单位,有效传达了市文物局关于做好第一次全国可移动文物普查工作的精神,为下一步全县全面启动可移动文物普查工作开了好头。

(6)普查领导小组及普查机构工作模式及发挥作用情况。

巫山县普查工作领导小组及普查办公室负责全县普查工作的组织和领导,科学把握普查工作进度,协调解决重大问题和难点问题,保证了普查工作的高效有序推进。作为工作的延伸,全县5家国有可移动文物收藏单位,也相应成立了自己的普查小组,统筹协调各项工作。

2.制订普查实施方案和确定工作制度

(1)巫山县普查机构制订的普查实施方案情况。

县普查办认真学习和参照国务院领导小组审议通过的《第一次全国可移动文物普查实施方案》,并充分考虑实际情况,对普查工作进程中的各项环节进行科学筹划,制订全县开展可移动文物普查的具体实施方案,并印发方案566份。

(2)巫山县普查办及大型收藏单位制定普查相关工作制度情况。

为规范普查工作的开展,县政府和县普查办在国家文物局和重庆市文物局的统一部署下,结合全县工作实际,在文物调查、认定、登记、管理等工作方面制定了一系列的规章制度和拟订了相应的实施方案,如编制了《巫山县第一次全国可移动文物普查工作办公室办公制度》《巫山县第一次全国可移动文物普查专项经费使用方案》《巫山县第一次全国可移动文物认定工作方案》《巫山县普查数据审核工作方案》《巫山博物馆普查小组职能职责》《巫山博物馆普查库房管理制度》《巫山博物馆普查登记进度管理制度》等,使普查做到有章可循、有据可依。

3.落实普查工作经费

(1)建立经费管理及使用制度。

县政府将普查经费纳入全县年度财政预算。县普查办为规范普查经费使用,确保项目资金专款专用,依据普查工作所需要的人力、物力等情况,按照国家文物局和重庆市文物局的普查标准,科学编制普查经费预算,制订并完善《巫山县第一次全国可移动文物普查专项经费使用方案》,做到普查经费专款专用、不挪用、不挤占,并严格履行相关手续,登记入账,做到资金使用会审制和标准化档案留存制,确保专项资金管理各环节责任明确。

(2)经费落实情况。

2013—2016年共投入普查经费80万元。其中2013年落实普查经费20万元,2014年落实普查经费20万元,2015年落实普查经费20万元,2016年落实普查经费20万元。

(3)经费使用情况、基本绩效。

2013—2016年,普查经费用于设备购置、委托业务、会议、差旅、培训、专家咨询、宣传等普查工作的方方面面,有效推动了巫山县文物普查工作的有序开展。如巫山博物馆购置了尼康D800高性能相机、专业背景架及浅灰色、深灰色纯色背景纸,并分别为普查录入员、审核员和管理员使用的电脑搭设了专线,确保普查工作各个环节高质高效向前推进。

4.组建普查队伍

(1)总投入人员数量。

专家组成员共10人,普查办工作组成员11人,国有单位工作人员50人,大学实习生7人,西部志愿者1人,行业外工作人员2人。

(2)非文博系统专家数量。

本次普查中,全县参与专家包括图书系统、档案系统等非文博系统专家7人。

(3)人员培训、管理及工作模式。

一是加强普查人员业务培训工作。2013—2016年县政府、县普查办分阶段组织开展全县普查培训班共8期,培训普查人员累计199人次。普查人员通过培训学习相关专业知识,相互谈心得、讲体会,并针对普查工作中出现的困难和问题进行深入研究,提出切实有效的解决方案,既解决了实际问题,又增强了凝聚力,同时也提高了业务能力。二是采用"走出去"的学习方式。通过轮训或委培等多种方式,普查人员争取外出学习、考察的机会。巫山县2013—2016年组织赴四川省学习1次,培训普查人员6人次;参加市文物局举办的培训班4期,培训普查人员11人次。

(二)调查、认定、采集、登录、审核,分阶段实施

1.国有可移动文物收藏单位调查阶段

从2013年5月起,巫山县启动本县国有单位前期调查摸底工作。根据市统计局印发的本县355家国有单位清单,县普查办为做到调查不重、不漏,对从县统计局、质监局、工商局等单位拷贝的1020家国有单位进行核对、排查,剔除撤销、合并等原因减少的单位460个,最终确认全县有国有单位560个,新增县级单位6个,一共566个。

在调查阶段,县普查办采取条块结合的组织模式,将县内566家国有单位和县级文物保护单位归属到相应的行业主管责任部门和所在镇街属地机构,实行分级承担调查摸底工作任务,并建立完善普

查责任追究机制,确保文物普查对象不重不漏,实现普查全覆盖。县普查办向全县566家国有单位发放了《国有单位文物收藏情况调查登记表》《国有单位文物收藏情况调查汇总表》《可移动文物信息认定登记表》和《文物登记卡》。在短短1个月的时间里,反馈有疑似文物收藏的国有单位8家,反馈率为100%。经认定,最终确定5家国有单位收藏有文物。截至2016年5月,巫山县在全国可移动文物信息登录平台已完成国有单位注册5家,正式开展登录工作的国有单位5家,申报藏品数为27084件/套。巫山县申报藏品数与2013年统计的单位数、藏品数有差异。经核实,兴隆寺所报藏品为私人所有,中共巫山县委党史研究室所报藏品经认定不是文物而是现代书籍,县档案馆3990件/套档案本次未纳入全县普查登记,所以最后只注册5家国有收藏单位,藏品数量为27084件/套。

2.国有可移动文物认定工作阶段

2014年初,县普查办根据《巫山县第一次全国可移动文物认定工作方案》,抽调县内文博、档案、民俗等专业人才组成巫山县文物认定专家小组,对全县国有非文博系统单位的各项工作实施重点辅导,做好文物认定前的准备工作,填写《文物登记卡》,建立需认定的藏品名录。

2014年6月,县普查办委托重庆市第一次全国可移动文物普查领导小组办公室,组织市专家组进驻巫山。专家组通过走访认定和集中认定两种方式,对全县5家国有单位收藏的371件/套藏品进行真伪鉴别、时代核定和名称确认,并详细阐释每件文物的文化内涵。经过认真仔细的甄别和鉴定,专家们确认将其中216件/套藏品纳入可移动文物普查登记范围,文博系统单位认定101件/套,建账101件/套,非文博系统认定115件/套,建账115件/套,同时联名推荐国家二级文物5件,国家三级文物44件。同年6月底,县普查办编制《巫山县认定藏品及认定收藏单位名录》,做好认定档案编制工作。

3.国有可移动文物信息采集登录阶段

2013年7月,在圆满完成巫山县国有单位可移动文物收藏情况摸底任务后,县普查办在全面掌握本县国有单位的分布及国有可移动文物的数量分布、保存状况、保管权属和使用管理等情况下,确定文博系统(巫山博物馆)为本次普查的核心和重点,并率先在巫山博物馆启动文物信息采集登录工作。

一是调整普查人员安排,组建了文物信息采集登录工作组。针对可移动文物普查中涉及的相关专业要求,普查办仅留1名普查专职人员,并与3名专业调查人员一起全面负责本县文物认定、信息采集登录和日常普查工作;成立了巫山文物认定专家小组,专家小组由巫山博物馆、民宗局、档案局、教委等部门抽调专人组成,同时聘请文博知识丰富的专家参与普查工作。

二是吃苦耐劳,艰苦工作。在采集登录工作组仅4名成员的情况下,与西南大学、重庆师范大学合作,引进实习生2名,6人分成2个工作小组。他们从文物基本信息采集到文物摄影"一条龙"操作,常常白天采集数据,晚上加班加点完成影像信息与文字信息的核对和审查。摄影工作强度大,工作人员不惧艰辛,连续工作,用镜头记录下了万余件文物的风采。最后,由组长完成两组录入数据的汇总和初步审核工作,分工明确,配合紧密。

三是强化效率。未避免普查信息采集、录入工作重复,工作组直接利用国家文物局普查办下发的离线文物信息采集软件采集文物信息。在馆藏文物信息采集工作中同步开展文物摄影工作,做到文物数据信息完整、准确,照片多视角、高精度,登录描述专业、完整,极大地提高了普查效率。

四是创新思路,引进社会化用工。为保证摄影质量,将部分文物的影像采集工作采取社会化用工方式外包处理。博物馆外聘专业摄影公司2名专业摄影师,培训上岗后与保管员共同承担部分文物的影像信息采集工作,从2015年4月1日至7月21日,完成了9938件/套文物的影像采集,共拍摄文物照片22405张,有效克服了普查工作时间紧、任务重、要求高、人员少等困难。

四是充分发挥博物馆专业优势,集中组织专业技术人员带动系统外收藏单位的藏品信息采集登录工作。针对南峰小学等文物收藏数量较少的单位,普查办派出业务骨干协助其一次性完成文物信息的采集、登录和上报;针对县图书馆等已进行过行业系统调查的单位,对其藏品进行再次认定后,督促其按照原有数据库开展文物信息化采集工作,并集中统一导入国家普查信息中心;针对大溪乡综合文化服务中心等藏品数量多、范围广的收藏单位,普查办主动上门,安排3名普查骨干,现场对其普查人员进行重点辅导培训,并帮助他们完成基础数据和文物影像的采集、登录、上报工作。至2015年4月,非文博系统采集登录文物信息145件/套,在全市区县内率先完成系统外可移动文物信息采集登录工作。

至2015年10月,巫山县全面完成5家国有可移动文物收藏单位的可移动文物信息采集登录工作。全县共完成文物藏品信息采集27084件/套,占总任务量的100%;登录上报27084件/套,占总任务量的100%,登录上报数量一直稳居全市前两名。

4.国有可移动文物信息审核阶段

按照《第一次全国可移动文物普查数据审核工作管理办法》,重庆市数据审核以县域为基本单元,按照属地管理、分级负责的原则开展。巫山县文物数据审核经历了县普查办集中审核、市普查办终审两个阶段。

第一阶段,2015年11月—2016年2月,县普查办负责本县内各单位登录的普查数据审核。为有序推进普查审核工作,县普查办制订《巫山县第一次全国可移动文物数据审核方案》,依托博物馆专业力量,组织专家组集中开展普查数据审核工作。一是针对系统外藏品数量少于1000件的大溪乡综合文化服务中心、南峰小学、福田镇文化服务中心,县专家组于2015年11月首先对其进行在线集中审核。在审核中发现单位基本信息不全,完残状况不全等问题,在征求收藏单位意见后,专家组在线修改并完善数据;二是针对藏品数量达到1万件以上的巫山博物馆,专家组于2015年11月—2016年2月,在离线状态下分类别进行审核,并将审核修改意见集中反馈给博物馆,由博物馆录入员在线逐条修改。

第二阶段,2016年3月—7月,市普查办负责本区县普查数据的终审。根据全市统一部署,巫山县的27084条数据接受重庆中国三峡博物馆专家组审核。5月5日,市普查办对巫山县的27084条数据进行第一次抽审评审会,因博物馆明清等跨时代文物太多,市局专家组建议先明确文物的具体时代。5月中旬,博物馆根据专家组意见集中修改数据,完成654件/套跨时代文物数据的修改。7月,市普查办对巫山县修改后的数据进行第二次抽审,差错率在0.5%以内,巫山县顺利通过市普查办的审核。

同时,因全市采用各级普查办交叉审核的方式,巫山县普查办承担起重庆市北碚区5803条数据的审核任务。2016年2月—6月,经过加班加点的努力,克服数据填报不规范、收藏单位不配合等困难,修改不合格数据5600条,指标项上万条,完成北碚区所有数据的审核。7月底,北碚数据通过市普查办抽审,巫山县普查办顺利完成市普查办分配的任务。

(三)宣传动员

巫山县普查办积极开展宣传工作,制订宣传工作方案,采用报刊、电视、展览、海报等多种形式拓宽宣传渠道,取得了显著成效。

一是积极在系统内报送普查简报、新闻稿,广泛宣传普查工作。全县可移动文物普查信息报送量高居重庆市前5名,其中专题报道1篇、专访1篇、工作简报5期、简讯6篇。

二是开展普查专项展览宣传活动,2014—2016年,巫山博物馆举办"巫山县第一次全国可移动文物普查工作成果展",相继在巫山博物馆、各乡镇、社区、学校、广场进行巡展,展览场次20场,参观人数近千人。

三是在博物馆外围墙走廊设立普查工作宣传栏,编写普查标语数十条,张贴普查宣传海报,向社会大众公布普查工作的过程和成果。

四是在2015年3月组织策划"巫山县文化遗产保护摄影展",营造出全社会关心支持和参与文化遗产保护事业的良好氛围。

五是组织制作巫山县第一次全国可移动文物普查专题报道,通过电视媒体,介绍了可移动文物普查的意义、工作范围、工作流程和工作成果,使普查工作深入人心,形成全民关注和参与的局面。

六是积极参加全市普查之星活动,展现普查员的工作风采。巫山县普查项目实施负责人丁丹,自普查工作启动以来,秉承着"在平凡中追求卓越,在奉献中收获快乐"的理念,在文物调查认定、采集登录阶段多次创新,带队出色地完成了各项任务,赢得了单位同事的高度评价和各级领导的充分肯定。

（四）质量控制

1. 普查工作中全流程的质量控制

县普查办根据各阶段工作目标，采取自我检查、巡回检查、专项督查、定期报告等多种方式，4次实地访查、督导系统内外国有可移动文物收藏单位，保证普查进度和质量。

2. 巫山县普查机构印发的相关通知、方案、制度等

在调查摸底阶段，县普查办建立主管机关普查责任追究机制。在文物安全工作上，县普查办建立巫山县普查安全制度，明确安全责任。

3. 试点工作情况

巫山博物馆作为全县普查试点单位，率先在全县启动普查采集、登录和审核工作。巫山博物馆从组织措施和细节入手，以文物保护长远发展为重心，创新普查工作模式，设立普查登记进度管理制，每周公布、展示每个信息采集、登录小组的普查进度和质量，在国家文物局全国可移动文物信息登录平台的博物馆普查信息录入量稳居重庆市前两名。

4. 普查员、专家、志愿者及普查单位录入员等人员培训

为及时、有效传达普查文件的精神，落实完成普查任务，县政府、县普查办分阶段组织开展全县普查培训班共8期，培训普查人员累计199人次；组织赴四川省学习1次，培训普查人员6人次；参加市文物局举办的培训班4期，培训普查人员11人次。其中：2013年，全县举办文物普查培训班2期，培训工作人员累计147人次；参加市局培训班1期，培训普查人员3人次；2014年举办培训班4期，培训普查人员38人次；赴四川省博物馆学习1次，培训普查人员6人次；参加市局培训班1期，培训普查人员3人次；2015年举办培训班1期，培训普查人员8人次；参加市局培训班2期，培训普查人员5人次；2016年举办培训班1期，培训普查人员6人次。

5. 培训重点内容

县普查办针对普查的组织实施、文物认定、数据管理等不同专题情况，根据《第一次全国可移动文物普查工作手册》和《普查藏品登录操作手册》，将实务操作和现场演练相结合，着重培训普查工作流程，收藏单位信息、文物命名等藏品信息基本项的规范填写，照片大小、角度、数量等要求，Excel模板数据录入，照片修改工具的使用，文物登录平台的使用等普查知识和技能。

6. 验收

根据《重庆市文物局关于做好第一次全国可移动文物普查验收和总结的通知》要求，县普查办积极开展验收工作，组织5家国有可移动文物收藏单位认真填写《第一次全国可移动文物普查验收表》，并根据全县普查工作情况，参考《验收合格评定标准》，形成《巫山县第一次全国可移动文物普查验收报告》，验收结论为合格。

7.人员安全、文物安全、数据安全管理等情况

文物安全工作上,县普查办建立巫山县普查安全制度,明确安全责任。首先是确保好文物本身的安全,制定藏品出入库管理制度,加强对普查人员的管理,增强其文物保护责任感,切实保证文物在提取、鉴定、测量、拍摄、入库等操作中的安全。同时,做好普查资料和信息的保密工作,未经市、县普查办审核同意,不得随意对外公布普查信息数据。

(五)普查工作总结情况

1.编制普查档案

相继建立《巫山县普查办公室档案》《巫山国有可移动文物收藏单位调查情况档案》《巫山博物馆可移动文物普查档案》《巫山可移动文物普查宣传工作档案》《巫山可移动文物普查认定工作档案》《巫山可移动文物普查人员、培训、经费档案》《巫山可移动文物普查安全及督查档案》《巫山县普查办审查工作档案》等,同时设立专人、专柜对普查档案进行管理,建立档案盒10个、资料袋11个,刻录数据光盘1080张。

2.普查专题研究

2015年,正值中国抗日战争胜利70周年,县普查办积极开展抗日文物的调查、认定工作。2014年11月,县普查办组织重庆文物鉴定专家组前往巫山博物馆,最终认定民国残铁炮弹头、民国庹贡庭陈正文行书横幅、民国庹贡庭行书轴3件文物为抗战文物。

3.普查表彰情况

县普查办于2014年年底表彰普查先进个人4人。

三、普查工作成果

通过本次普查,巫山县基本实现普查目标:一是总体掌握了巫山县国有可移动文物资源的数量、分布和收藏保管情况,为构建科学有效的保护体系提供了依据;二是建立了全县可移动文物信息登记制度,实现对国有可移动文物的标准化和动态化管理;三是逐步建立起面向社会开放的,以国有可移动文物信息为基础的公共服务平台。

(一)掌握巫山县可移动文物资源情况及价值

1.摸清数量及分布

经第一次全国可移动文物普查,全县纳入本次普查范围的国有可移动文物收藏单位有5家——巫山县文物管理所(巫山博物馆)、巫山县图书馆、巫山县福田镇文化服务中心、巫山县大溪乡综合文化服务中心、巫山县南峰小学。5家单位有保管人员7人,库房面积3101平方米,藏品27084件/套,其中巫山博物馆馆藏26939件/套,占99.46%。

2. 掌握保存状况

在普查工作中,巫山县坚持"抢救第一、保护为主、加强管理、合理利用"的工作方针,高度重视文物保护工作,以普查促保护。

一是文物修复工作与普查清理同步进行。巫山博物馆暂存的三峡考古出土文物因长期存放在库房箱子里,或多或少存在灰尘较多或破损的情况。博物馆在进行普查登记的同时,把需要修复的出土文物进行统计,并对这批文物进行基本的清洗、拼对、粘接等修复工作,目前共清洗砖瓦8900件/套,修复破损陶器200件/套。同时与重庆中国三峡博物馆合作,于2016年初建立"文物科技保护工作站",配置文物修复设备,增添专业修复人员,今后博物馆将按计划陆续对这批陶器、瓷器等待修复的文物进行修复。

二是改善全县文物保护条件和保存环境。巫山博物馆馆藏珍贵文物1283件/套,珍贵文物数量位居全市第二,但库房及展厅缺乏相应的环境监测手段、环境监控措施,同时因文物整理、征集工作的不断开展,文物数量日益增加,又缺乏足够的安全、稳定、清洁的保存环境。为此,巫山博物馆率先开展可移动文物预防性保护工作,委托重庆中国三峡博物馆编制预防性保护方案,指导巫山县开展馆藏文物保存环境监测与调控、配置文物柜架囊匣、完善文物养护手段、配置文物保护修复装备、带动巫山地区可移动文物预防性保护拓展工作等。目前项目已经通过国家文物局审批,珍贵文物囊匣盒套数据已采集完毕,2016年下半年正式启动一期工程。

3. 掌握使用管理情况

文博系统外4家国有可移动文物收藏单位共收藏145件/套藏品,其中南峰小学收藏的1件/套清圣泉书院功德碑立于校园,福田镇文化服务中心收藏的1件/套清石柱伫立于门口,巫山县图书馆的30件/套清代古籍存放于库房内,大溪乡综合文化服务中心设立大溪文化展示厅,展示部分大溪文化文物。同时,县普查办委派县博物馆对口帮扶文博系统外4家国有可移动文物收藏单位,指导其开展文物认定、文物定名、文物拍摄及Excel模板填写等相关工作,完成藏品档案信息化管理。

系统内,巫山县文物管理所于1995年9月在琵琶洲修建了"文物展览馆",对外展出巫山历史文物。2012年12月,巫山博物馆对基本陈列改陈后新馆正式对外开放,目前共展出各类文物947件/套,其中珍贵文物174件/套。

普查全面掌握了巫山县文物资源的数量分布、收藏保管情况,一是为全县构建科学有效的文化遗产保护体系提供依据,二是有利于促进文物资源整合利用,丰富公共文化服务内容,发挥文化遗产在城市建设中的积极作用。

(二)健全文物保护体系

1.完善文物档案

通过此次普查,县普查办投入大量人力、物力、财力到藏品档案工作中,严格依照《中华人民共和国文物保护法》,吸收和借鉴其他行业档案工作的经验和成果,根据全县实际,制定文物藏品档案标准,建立起文物身份证和信息化管理体系。

针对文博系统外4家收藏单位对藏品的管理较为松散,无账、无卡、无档案的情况,通过调查阶段的文物申报,各单位开始清库和文物建档、建账工作,实现了藏品规范化管理的第一步。其中:巫山县南峰小学建档,登记1件/套文物;巫山县大溪乡综合文化服务中心建档,登记113件/套文物;巫山县福田镇文化服务中心建档,登记1件/套文物;巫山县图书馆建档,登记30件/套文物。

文博系统内,巫山博物馆对馆藏、旧藏未清理、未登记文物进行了清理、登记工作,最终确定馆藏文物5755件/套。针对三峡考古出土暂存文物的清理、登记,博物馆以三峡考古出土品暂存清单为基本,以实际清理文物数量为准,并结合本次普查标准,分类统计、登记文物。截至2013年12月31日,已建立起考古暂存藏品登记档案,并纳入全县藏品管理机制中,最终登记可录入数据库的三峡考古文物21184件/套。

目前,全县的藏品管理工作已从传统的"账本加钥匙",转变成对藏品信息的数字化研究管理,初步实现了全县国有可移动文物资源的标准化、动态化管理,适应了新时期文物保护、管理和文物藏品档案建档备案工作的需要。一是系统内博物馆打破了原有藏品分类账目的狭隘,可以更好地开发利用文物信息资源,编制出多种主题的藏品目录,如按某种时代精神、历史事件等多种主题,将能够传达主题精神的一类藏品总结归纳,供博物馆研究、展览参考使用。二是给予系统外符合条件的藏品资源法定的文物身份,使得系统外藏品资源的管理和保护工作变得有法可依。

2.完善制度和规范

为规范普查工作的开展,使普查做到有章可循、有据可依,县政府和县普查办在国家文物局和重庆市文物局的统一部署下,结合全县工作实际,在文物调查、认定、登记、管理等工作方面制定了一系列的规章制度和实施方案。

一是为规范县普查办工作,制定了《巫山县第一次全国可移动文物普查工作办公室办公制度》,明确了普查办的职能职责及普查人员职责、工作分工、办公设备管理和会议制度等。

二是为规定文物认定工作流程,县普查办制订了《巫山县可移动文物认定工作方案》,确定了文物认定标准、工作内容、工作方式等。因地制宜的认定方式有效地提高了普查工作效率,使巫山县在全市区县内率先完成文物认定工作。

三是为规范普查数据审核,制订了《巫山县普查数据审核工作方案》,明确了数据审核责任、审核评定标准和抽审程序。方案将普查审核责任落实到部门、个人,并通过交叉审核的方式,确保了数据审核的严谨性。

四是作为全县普查任务最重的文物收藏单位——巫山博物馆,为规范普查工作,制定了《巫山博物馆普查小组职能职责》,明确普查任务由藏品部承担,并从全馆各部门抽调部分业务骨干,共同组成普查小组,并明确了普查人员职责、工作分工、经费管理、办公设备管理等。

3.明确保护需求

(1)明确了巫山县文物总体保护需求。

巫山县5家国有可移动文物收藏单位的绝大部分文物存放于库房内,库房面积3101平方米,保管员7人,现存在库房无恒温恒湿系统,保护技术水平低,没有形成全县预防性风险管理机制等问题。下一步文物管理工作:一是需要扩充文物库房面积,二是需要提高保管员素质,三是需要建立文物预防性保护系统。

(2)明确了不同类型文物的保护需求。

巫山县珍贵文物1283件/套,珍贵文物数量位居重庆市第二;全县残缺和严重残缺(含缺失部件)文物占总文物的42.55%,其中绝大部分为三峡考古出土的陶器、瓷器、铜器、铁器。下一步文物保护工作:一是需要加大对馆藏珍贵文物的修复,二是加大对三峡出土文物的再修复工作。

(3)明确了收藏单位的保护需求。

巫山博物馆文物密集存放于文物库房和展厅内,现有2名保管员负责保管。各库房内均安装摄像监控系统及排风系统,并采用空调、除湿机对温度、湿度进行调控。展厅主要采用中央空调进行温度、湿度调控。库房所使用的藏品柜架均为标准金属柜架及密集柜,文物包装部分配有非定制囊匣,大部分文物无包装,直接放置或者用塑料材料包裹。由于资金不足,博物馆文物修复室的修复设备配置较为匮乏,修复工作人员主要自制和外购一些其他用途的设备器具用于文物修复工作。所以下一步文物保护工作的重点是开展文物预防性保护,建立较为全面的文物保存环境监测系统,运用多种调控手段对文物保存微环境实施"稳定、洁净"调控,为1283件/套对环境因素敏感的珍贵文物配置数量合理的无酸纸囊匣等展存设施,利用仪器设备提高文物修复保护水平和修复保护的工作效率,形成预防性风险管理机制,全面提升对馆藏文物的预防性保护能力。

4.扩大保护范围

(1)普查中新备案的收藏单位数量。

本次普查通过首次对众多非文博单位的普查,将文物管理的范围和对象大为拓展。新备案的收藏单位4家,包括巫山县图书馆、巫山县南峰小学、巫山县大溪乡综合文化服务中心、巫山县福田镇文化服务中心。

(2)普查中非文博系统收藏单位实现藏品规范化管理。

目前,系统外4家单位全部建立起藏品登记档案,实现藏品规范化管理。如大溪乡综合文化服务中心原登记文物13件/套,原有账目中藏品的性质、名称、数量、编号均不规范、合理,通过本次普查,接受巫山博物馆专业性的指导和帮助,重新清库建档,最终登记在册文物113件/套。

(3)普查拓展文物资源领域。

巫山原登记备案文物以巫山博物馆馆藏文物为主,通过本次普查,新登记了一批巫山历史文物及近现代文物,纳入国家文物保护管理总体体系,既扩展了全县的藏品体系,又为研究巫山地方史提供了重要资源。

(4)下一步保护措施及规划。

目前全县国有可移动文物收藏单位的绝大部分藏品还停留在"处在深闺无人知"的状态。下一步文物保护工作中,我们将借助国家文物局普查平台,建立全县可移动文物资源库,打破原有文物信息资源垄断和交流障碍,避免重复建设,为今后新文物信息资源的登记与管理创造条件。

(三)有效发挥文物在巫山县经济社会发展中的重要作用

1.普查成果利用计划

一是公布普查成果,编制文物收藏单位名录、文物名录;二是积极开展专题研究,将普查成果转化为研究成果;三是充分利用普查统一平台,加强对收藏单位和藏品的管理和应用,为数字博物馆建设奠定基础,实现馆藏文物数字化资源共享,使大量文物走出库房,实现文物信息服务于展览和博物馆社会教育。

2.普查成果展览

2014—2016年,巫山博物馆举办"巫山县第一次全国可移动文物普查工作成果展",展览相继在巫山博物馆、各乡镇、社区、学校、广场进行巡展,展览场次20场,参观人数近千人。尤其是在2015年巫山县第五届文化遗产宣传月活动期间,县普查办将流动图片展等宣传活动带进巫山初级中学、巫山县消防支队、章家湾小区、市政广场等地,所有展览项目免费参观,提高了民众的普查参与意识。

3.普查成果出版物

截至2016年底,县普查办正筹备出版巫山县第一次全国可移动文物普查书籍,将普查经验和普查成果以出版书籍的形式向社会大众传播。

4.普查成果的资源开发和利用

通过本次普查,巫山博物馆通过博物馆志愿者协会——"巫博之友"平台,公布105件/套馆藏文物信息资源,逐步实现馆藏文物数字化资源共享,为博物馆志愿者及广大文博爱好者提供馆藏文物信息资源。

四、建议

　　一是建议进一步开展数据库登录管理工作,指导基层继续录入和完善各种指标项;二是建议明确文物归属权限,尤其是巫山县历年累计发掘的三峡考古出土暂存文物,希望上级机关明确文物归属,办理正式的交接手续;三是建议加大对库房管理员的培训和管理,基层文物管理员的配备人数和职能职责均不能满足现代化藏品管理的需求,希望扩大保管员队伍,提高保管员素质;四是建议做好普查成果服务社会的后续工作,统筹规划利用普查成果,积极指导基层利用本地条件开展课题研究,做好文物研究和展览。

报告执笔人:张辉

报告审阅人:梁冠男

35　巫溪县第一次全国可移动文物普查总结报告

第一次全国可移动文物普查是继第三次全国文物普查(不可移动文物部分)之后在文化遗产领域开展的又一重大国情国力调查,是一项旨在全面掌握我国文物资源、加强文物保护、建设文化遗产强国的国家工程,也是加强文物保护管理、推进公共文化服务体系建设的基础性工作。

根据《重庆市人民政府关于开展第一次全国可移动文物普查的通知》,此次普查从2012年10月开始,到2016年12月结束,普查标准时点为2013年12月31日。巫溪县人民政府高度重视此次普查工作,为全面贯彻通知精神,于2013年4月成立了巫溪县第一次全国可移动文物普查领导小组,印发了《关于开展第一次全国可移动文物普查的通知》《巫溪县第一次全国可移动文物普查实施方案》,明确了巫溪县文物普查工作的目标、范围、内容和组织实施要求。普查分为工作准备、普查实施和验收汇总3个阶段,2013年3月至2013年5月为工作准备阶段,主要任务是制订实施方案,成立相关机构,建立普查制度,组织普查前的业务培训;2013年6月至2015年12月为普查实施阶段,主要任务是在本行政区内开展文物普查认定和信息数据登录,普查数据资料采集、建档、整理、登录、报送、审核;2016年1月至12月为验收总结阶段,主要任务是进行普查资料的整理、汇总,数据库建设和发布普查成果。通过普查工作,实现以下目标:一是在不改变文物权属现状的前提下,全面掌握巫溪县国有可移动文物的数量分布、保存状况、保管权属和使用管理等情况,为科学制定保护政策和拟订规划提供依据;二是建立巫溪县国有可移动文物名录、档案和信息管理系统,为文物的标准化和动态管理创造基础条件;三是建立社会参与、部门联动、权责共享的文物保护机制,形成文化遗产共建、共管、共享的保护格局,提高全社会的文物保护意识和能力。

巫溪县地处偏远,加上文物工作起步较晚,历史文物呈现总量少、地方特色浓厚的特点。通过此次开展的可移动文物普查,巫溪县已基本掌握县内可移动文物的数量、特征、保存现状等基本情况。普查提高了各有关单位的文物保护意识,尤其是提高了文博系统工作人员的科学知识、专业技能和管理水平,为进一步建立具有现代化科学素养的专业队伍创造了条件;协调了文物管理部门和政府各相关部门的关系,形成了共同保护文物的工作合力;为准确判断文物保护形势、科学制定文物保护政策和拟订规划提供了依据;同时加强了在文化遗产领域的国有资产管理和资源整合能力,有利于充分发挥文物在建设社会主义先进文化、促进经济社会全面协调可持续发展中的重要作用。

一、巫溪县普查数据

截至2016年10月31日，巫溪县在全国可移动文物信息登录平台登录可移动文物204件/套，实际数量为5540件。其中，珍贵文物41件/套，实际数量为43件。登录可移动文物信息的收藏单位1家。

（一）巫溪县可移动文物基本情况

1. 类别

可移动文物类别

可移动文物类别	可移动文物实际数量（件）	实际数量占比（%）
合计	5540	100.00
玉石器、宝石	2	0.04
陶器	47	0.85
瓷器	55	0.99
铜器	16	0.29
金银器	3	0.05
铁器、其他金属器	15	0.27
雕塑、造像	13	0.23
石器、石刻、砖瓦	117	2.11
钱币	5043	91.03
牙骨角器	1	0.02
古籍图书	76	1.37
武器	9	0.16
玻璃器	1	0.02
乐器、法器	2	0.04
度量衡器	2	0.04
标本、化石	130	2.35
其他	8	0.14

2. 年代

（1）可移动文物年代类型。

可移动文物年代类型

可移动文物年代类型	可移动文物实际数量（件）	实际数量占比（%）
合计	5540	100
地质年代	0	0
考古学年代	6	0.11
中国历史学年代	5394	97.36
公历纪年	0	0

续表

可移动文物年代类型	可移动文物实际数量(件)	实际数量占比(%)
其他	0	0
年代不详	140	2.53

(2)可移动文物中国历史学年代分布。

可移动文物中国历史学年代分布

可移动文物中国历史学年代	可移动文物实际数量(件)	实际数量占比(%)
合计	5394	100.00
夏	0	0
商	0	0
周	19	0.35
秦	0	0
汉	5072	94.03
三国	0	0
西晋	0	0
东晋十六国	0	0
南北朝	125	2.32
隋	0	0
唐	0	0
五代十国	0	0
宋	17	0.32
辽	0	0
西夏	0	0
金	0	0
元	1	0.02
明	26	0.48
清	113	2.09
中华民国	9	0.17
中华人民共和国	12	0.22

3.级别

可移动文物级别

可移动文物级别	可移动文物实际数量(件)	实际数量占比(%)
合计	5540	100.00
一级	1	0.02
二级	2	0.04
三级	40	0.72

续表

可移动文物级别	可移动文物实际数量（件）	实际数量占比（%）
一般	11	0.20
未定级	5486	99.03

4.来源

可移动文物来源

可移动文物来源	可移动文物实际数量（件）	实际数量占比（%）
合计	5540	100.00
征集购买	35	0.63
接受捐赠	5	0.09
依法交换	0	0
拨交	1	0.02
移交	38	0.69
旧藏	103	1.86
发掘	5288	95.45
采集	65	1.17
拣选	0	0
其他	5	0.09

5.入藏时间

可移动文物入藏时间范围

可移动文物入藏时间范围	可移动文物实际数量（件）	实际数量占比（%）
合计	5540	100.00
1949年10月1日之前	1	0.02
1949年10月1日—1965年	0	0
1966—1976年	1	0.02
1977—2000年	363	6.55
2001年至今	5175	93.41

6.完残程度

可移动文物完残程度

可移动文物完残程度	可移动文物实际数量（件）	实际数量占比（%）
合计	5540	100.00
完整	54	0.97
基本完整	5432	98.05
残缺	51	0.92
严重残缺（含缺失部件）	3	0.05

二、巫溪县普查工作组织实施

(一)属地管理、分级负责

1. 设立普查领导小组,成立普查机构

为了保证可移动文物普查工作的顺利实施,巫溪县人民政府按照《重庆市人民政府关于开展第一次全国可移动文物普查的通知》要求,2013年4月召开文物普查工作部署会,会上成立了以副县长为组长、相关部门负责人为成员的巫溪县第一次全国可移动文物普查领导小组。普查领导小组办公室设在巫溪县文物管理所,负责普查具体实施与汇总工作,以及日常组织和协调工作。

2. 制订普查实施方案和确定工作制度

参照市局实施方案,巫溪县制订了《巫溪县第一次全国可移动文物普查实施方案》。另为规范普查办公室工作,制定了《第一次全国可移动文物普查工作办公室工作制度》,明确了人员职责、工作分工、经费管理、办公设备管理、车辆管理和会议制度等。普查实施阶段,工作人员通力协作、密切配合,普查工作有序开展。

3. 落实普查工作经费

为了保证普查工作的顺利开展,按照实施方案,普查所需经费由市局与县财政局共同承担,并分别列入相应年度的财政预算,按时拨付使用。2015年市局拨付专项普查经费5万元,县财政局2015年拨付5万元,2016年2万元,市、县两级财政总拨付普查经费12万元,均专款专用。

4. 组建普查队伍

巫溪县的普查队伍包括普查办工作人员4人,收藏单位工作人员4人,普查志愿者1人。

(二)调查、认定、采集、登录、审核,分阶段实施

1. 国有可移动文物收藏单位调查阶段

2013年4月,巫溪县开展了国有可移动文物收藏单位调查工作。根据市局相关文件要求,普查办印制和发放了《关于开展第一次全国可移动文物普查的通知》《巫溪县第一次全国可移动文物普查实施方案》《重庆市可移动文物普查国有单位信息调查表》,共511份,对巫溪县行政区域内的所有国有单位进行摸底调查,共调查511家,完成率为100%。

2. 国有可移动文物认定工作阶段

根据《巫溪县第一次全国可移动文物普查实施方案》,普查办通过县编委办确定了巫溪县内国有单位的信息,对照回收的表格逐一核对,对全县国有单位的信息和自查藏品情况进行了全面复核,于2014年6月完成了对县内国有单位文物的认定工作。此次普查认定收藏单位1家,即巫溪县文物管理所。

3.国有可移动文物信息采集登录阶段

2013年6月27日,巫溪县完成了对国有单位的调查。2014年6月30日,全县注册收藏单位1家。截至2016年6月底,巫溪县全面完成普查工作任务,实现普查工作目标。

4.国有可移动文物信息审核阶段

巫溪县可移动文物数量较少,普查办5名工作人员分别进行一审、二审、三审,再交由市普查办专家审核。审核时间为2016年4月至7月,审核发现的主要问题是命名与照片不规范。巫溪县经过3个月的多次修改,于2016年7月29日通过市级审核。

(三)宣传动员

根据市局相关文件及要求,普查办制订并实施了《巫溪县第一次全国可移动文物普查宣传方案》。一是借助"巫溪新闻"平台,重点宣传开展普查的目标意义、对象范围、内容方法、程序步骤等。二是利用《巫溪手机报》集中宣传与普查有关的法律法规,以及普查中的新发现、典型事迹和先进人物,营造良好的社会舆论氛围。三是利用文化遗产宣传月散发宣传材料,举办广场宣传活动,提高全社会对文化遗产保护的认识。

(四)质量控制

巫溪县根据各阶段工作目标,动态确定考核内容,着重加强对普查各环节的检查、总结,保证普查成效,采取自我检查、互相监督、定期报告等多种方式进行进度和质量管理。

在普查工作期间,巫溪县参加市文物局培训共3次,参训人数5人次,分别是:2013年6月3日至5日开展的第三期全国可移动文物普查骨干培训班,2014年7月22日至23日开展的全市可移动文物普查信息登录平台骨干培训班,2015年4月24日开展的可移动文物普查数据审核与管理培训班。参训人员利用培训经验,对其他普查人员进行了4次培训,共15人次参训,培训内容有解读第一次全国可移动文物普查,信息登录平台和采集软件操作等,普查信息采集及填报要点解析、登录平台业务流程与操作等,普查数据审核与质量评定标准、普查数据审核工作流程等。

(五)普查工作总结情况

普查工作总结阶段,普查办对普查工作中产生的大量档案资料,包括正式文件、调查表、登记表、相关照片、工作报告、信息简报等,进行了分类归档、备份管理,确保安全。

三、普查工作成果

此次普查,巫溪县基本实现了三大目标:摸清家底、建立登录制度、服务社会。

（一）掌握巫溪县可移动文物资源情况及价值

在普查工作中，巫溪县始终坚持"抢救第一、保护为主、加强管理、合理利用"的工作方针，高度重视文物保护工作，以普查促保护。县文物管理所原库房内文物堆放杂乱无章，无类别摆放，废弃物与化石混杂在一起，库房环境较差。针对这些问题，在普查工作中，县文物管理所组织工作人员清理库房，科学排架，分类摆放，文物保护条件和保存环境得到较好改善。

普查工作促进了本县国有文物资源底数不清、残损情况不明、登记建档不全等历史遗留问题的解决。县文物管理所已经完成清库建档工作和账目核对工作，建立了藏品登记档案与专门的藏品管理机制，初步实现了本县国有可移动文物资源的标准化、信息化和动态化管理。

（二）健全文物保护体系

巫溪县收藏单位1家，即县文物管理所，通过此次普查，已完善藏品账目及相关档案。

巫溪县文物保护存在诸多不足，一是从保存坏境、保管人员、保护技术来看，设备不齐全，人员不专业，技术不到位，库房较小，致使一些较大的石雕像、石碑散放在各处。在今后的文物保护工作中，应改善库房设施设备，加强人员培训。二是从可移动文物类别与完残程度来看，县文物管理所的残缺文物大部分属于陶瓷器，且入藏时间多为1977—2000年。由于当时的保护修复条件有限，仅对征集入库及考古出土的陶瓷器进行了简单的清洗、粘接或是石膏补缺等考古修复，对器物表面的附着物、硬结物等病害并未进行处理。文物入库后，长时间受保存条件的影响，修复材料老化，陶瓷器文物出现不同程度的松动和脱落等现象。文物管理所应在具有可识别性和保证文物完整性的基础上进行修复。

（三）有效发挥文物在巫溪县经济社会发展中的重要作用

习主席说过："让收藏在禁宫里的文物、陈列在广阔大地上的遗产、书写在古籍里的文字都活起来"。让文物活起来，要落在实际的行动上。巫溪县为总结、宣传、展示巫溪县第一次全国可移动文物普查成果，2016年6月11日，借文化遗产宣传月活动之机，在县人民老广场举办"第一次全国可移动文物普查成果展览"。巫溪县采取图片与文字相结合的方式，共展览文物191件/套，参观人数达3000人次，通过此次成果展览，使广大群众更深入地了解了巫溪县的物质文化遗产，提高了他们对文化遗产资源的保护意识。

巫溪县在文物管理与利用上还不够到位，文物管理所将进一步加强文物管理，更好地服务社会。

四、建议

1. 持续推进可移动文物普查

文物普查是我国文化遗产保护的基础性工作,是一项长期的、艰苦细致的工作,我们需要在理论上认真研究探索,在实践中积极推进。

2. 大力夯实人才基础

文物普查工作中应加大对普查队员业务能力、职业素养和思想品德等方面的培养,造就一支能打硬仗的队伍。

3. 加强文物的合理利用

一方面通过展览使观众更好地了解文物,了解历史,最终实现教育目的;另一方面深入开展普查资料整理,推出一批重要科研成果,让文物真正"活"起来。

报告执笔人:杨晓兰

报告审阅人:金维贤

36　石柱县[①]第一次全国可移动文物普查总结报告

石柱县位于重庆市东南长江南岸，属川东褶皱带的东缘。石柱县文物资源丰富，尤以西沱云梯街民居建筑群、明末清初巾帼英雄秦良玉陵园、万寿寨明代古战场遗址等历史文化遗迹、龙河古代巴人崖墓葬、"川东二堂"之一河嘴乡银杏堂、土家族吊脚楼村寨、石柱碉楼、土家族山寨、场镇等盛名于世，它们多角度、多形式地展现了石柱土家族的地方历史、乡土人情、民风民俗。

一、石柱县普查数据

截至2016年10月31日，石柱县在全国可移动文物信息登录平台登录了可移动文物1107件/套，实际数量为7460件。其中，珍贵文物11件/套，实际数量为11件。登录可移动文物信息的收藏单位1家。

（一）石柱县可移动文物基本情况

1. 类别

可移动文物类别

可移动文物类别	可移动文物实际数量（件）	实际数量占比（%）
合计	7460	100.00
玉石器、宝石	57	0.76
陶器	565	7.57
瓷器	112	1.50
铜器	183	2.45
金银器	27	0.36
铁器、其他金属器	67	0.90
雕塑、造像	23	0.31
石器、石刻、砖瓦	118	1.58
书法、绘画	1	0.01
文具	1	0.01
钱币	6108	81.88
牙骨角器	10	0.13
竹木雕	12	0.16
织绣	7	0.09
古籍图书	6	0.08
碑帖拓本	1	0.01
武器	36	0.48
玻璃器	3	0.04

[①] 重庆市石柱土家族自治县，下文除文件名称外可简称"石柱县"。

续表

可移动文物类别	可移动文物实际数量(件)	实际数量占比(%)
乐器、法器	12	0.16
交通、运输工具	104	1.39
标本、化石	2	0.03
其他	5	0.07

2. 年代

(1)可移动文物年代类型。

可移动文物年代类型

可移动文物年代类型	可移动文物实际数量(件)	实际数量占比(%)
合计	7460	100.00
考古学年代	7	0.09
中国历史学年代	7362	98.69
其他	62	0.83
年代不详	29	0.39

(2)可移动文物中国历史学年代分布。

可移动文物中国历史学年代分布

可移动文物中国历史学年代	可移动文物实际数量(件)	实际数量占比(%)
合计	7362	100.00
周	1	0.01
汉	6913	93.90
南北朝	39	0.53
唐	14	0.19
宋	141	1.92
明	8	0.11
清	209	2.84
中华民国	31	0.42
中华人民共和国	6	0.08

3. 级别

可移动文物级别

可移动文物级别	可移动文物实际数量(件)	实际数量占比(%)
合计	7460	100.00
一级	0	0
二级	0	0

续表

可移动文物级别	可移动文物实际数量(件)	实际数量占比(%)
三级	11	0.15
一般	0	0
未定级	7449	99.85

4.来源

可移动文物来源

可移动文物来源	可移动文物实际数量(件)	实际数量占比(%)
合计	7460	100.00
征集购买	27	0.36
接受捐赠	0	0
依法交换	0	0
拨交	0	0
移交	0	0
旧藏	262	3.51
发掘	7171	96.13
采集	0	0
拣选	0	0
其他	0	0

5.入藏时间

可移动文物入藏时间范围

可移动文物入藏时间范围	可移动文物实际数量(件)	实际数量占比(%)
合计	7460	100.00
1949年10月1日之前	0	0
1949年10月1日—1965年	0	0
1966—1976年	0	0
1977—2000年	241	3.23
2001年至今	7219	96.77

6.完残程度

可移动文物完残程度

可移动文物完残程度	可移动文物实际数量(件)	实际数量占比(%)
合计	7460	100.00
完整	19	0.25

续表

可移动文物完残程度	可移动文物实际数量（件）	实际数量占比（%）
基本完整	683	9.16
残缺	6631	88.89
严重残缺（含缺失部件）	127	1.70

（二）石柱土家族自治县可移动文物分布情况

1.按收藏单位隶属关系统计可移动文物数量

可移动文物数量分布（按收藏单位隶属关系）

收藏单位隶属关系	可移动文物实际数量（件）	实际数量占比（%）
合计	7460	100.00
中央属	0	0
省属	0	0
地市属	0	0
县区属	7460	100.00
乡镇街道属	0	0
其他	0	0

2.按收藏单位性质统计可移动文物数量

可移动文物数量分布（按收藏单位性质）

收藏单位性质	可移动文物实际数量（件）	实际数量占比（%）
合计	7460	100.00
国家机关	0	0
事业单位	7460	100.00
国有企业	0	0
其他	0	0

3.按收藏单位类型统计可移动文物数量

可移动文物数量分布（按收藏单位类型）

收藏单位类型	可移动文物实际数量（件）	实际数量占比（%）
合计	7460	100.00
博物馆、纪念馆	7460	100.00
图书馆	0	0
美术馆	0	0
档案馆	0	0
其他	0	0

4.按收藏单位所属行业统计可移动文物数量

可移动文物数量分布（按收藏单位所属行业）

收藏单位所属行业	可移动文物实际数量（件）	实际数量占比（%）
合计	7460	100.00
文化、体育和娱乐业	7460	100.00

二、石柱县普查工作组织实施

（一）加强组织，健全机构

1.设立普查领导小组，成立普查机构

石柱县政府于2013年4月正式成立了以县政府分管副县长为组长，县政府办、县文化委（据石柱委发〔2014〕27号文件，县文广新局改为县文化委，以下称为"县文化委"）、县发改委、县经信委、县人社局、县财政局、县国土房管局、县民政局、县民宗委、县档案局、县志办、县教委、县统计局、县文管所[①]等相关部门和单位负责人为成员的石柱县第一次全国可移动文物普查领导小组（《石柱土家族自治县人民政府办公室关于成立石柱县第一次全国可移动文物普查领导小组的通知》）。

普查领导小组办公室设在县文化委，办公地点在县文管所，县文管所所长兼任办公室副主任，负责普查工作的日常组织和具体协调。县文管所以所内文物工作人员为班底骨干，聘请了临时普查人员，组建了石柱县第一次全国可移动文物普查技术组，具体开展普查工作。

2.制订普查实施方案和确定工作制度

石柱县政府于2013年4月24日召开第一次工作会，会后，下发了《关于开展第一次全国可移动文物普查的通知》。2013年5月8日，普查办制订《石柱县第一次全国可移动文物普查工作实施方案》，并以通知形式印发给县内各级政府、部门及相关单位。方案明确了普查的意义、目标、对象及内容，普查组织领导、普查经费预算、普查资料的填报和管理、普查时间安排等内容。

按照该方案，文物普查的具体工作由普查领导小组办公室负责，坚持全县统一领导、部门分工协作、乡镇分级负责、各方共同参与的原则。领导小组各成员单位、各乡镇、县级各部门各司其职、各负其责、通力协作、密切配合，确保各项工作高效开展。在普查工作中，相关人员严格按照该方案进行了规范化的可移动文物调查、认定、登记、管理工作，效果显著。另据普查实施方案要求和安排，县文管所结合实际情况，又制定了普查管理办法，明确了工作人员职责、工作分工、经费管理、办公设备管理等工作制度和措施。

---

①县文管所，后可称县文物管理所。

3.落实普查工作经费

为保证普查工作的顺利开展和推进,按照石柱县普查办编制的普查工作实施方案,普查工作所需经费由县财政承担,并分别列入相应年度的财政预算,按时拨付使用。2013年普查经费落实15万元、2014年落实10万元、2015年落实10万元、2016年落实10万元,合计45万元。

经费下达之后,文管所工作人员编写可移动文物普查经费预算表,进行规范化管理与使用。经费预算分为文物设施购置经费(普查办公室)与文物普查工作经费(普查办公室、可移动文物普查技术组)两部分,包括购置电脑、打印机、数码照相机、摄影辅助设备和办公用品费,聘请临时普查员工资,野外普查工作经费,电子数据处理费,档案资料费等。

4.组建普查队伍

石柱县的普查队伍为县普查办下设的普查技术组,包括县文管所文物工作人员1人、可移动文物信息管理系统录入人员1人,进行联系协调工作的普查领导小组成员6人,普查专家组专家1人。2015年4月,文管所为了尽快推进工作,增聘了2名普查人员专门从事普查登记工作,共计11人。根据石柱县国有单位文物认定工作的结果,因各乡镇街道、部门无国有可移动文物,故未再设其他下级普查办及普查队伍。

另根据重庆市普查办要求,石柱县文管所多次派普查工作骨干参加重庆市文物局(重庆市普查办)举办的普查培训班,培训内容包括普查实施方案、信息登录平台和采集软件的使用、国有单位调查、文物认定程序、经费管理等。参训人员利用培训经验,又多次在内部为具体工作组进行相关培训。

(二)划分阶段,有序进行

1.国有可移动文物收藏单位调查阶段

根据《石柱县第一次全国可移动文物普查工作实施方案》,2013年4月底至5月初,石柱县开展了国有可移动文物收藏单位调查工作。按市局相关文件要求,县文化委统一印制和发放了《重庆市可移动文物普查国有单位信息调查表》,对石柱县行政区域内的所有国有可移动文物收藏单位进行了摸底调查,通过党政网络系统发送电子档通知的同时寄送纸质件。这次共调查678家单位,反馈678家,其中机关92家、事业单位501家、国有企业78家、其他7家,完成率为100%。

根据反馈情况,调查阶段初步确定石柱县内4家国有单位为可移动文物收藏单位,即石柱县文物管理所(博物馆)、石柱县图书馆、石柱县档案局、银杏堂。调查工作结束后,普查工作组工作人员根据结果编制了《国有可移动文物收藏单位名单》,以便进行下一步工作。

2.国有可移动文物认定工作阶段

根据《石柱县第一次全国可移动文物普查工作实施方案》,县普查办通过县编委办确定了石柱县内国有单位信息,技术组工作人员对照普查办回收表格逐一核对,并对全县国有单位的信息和自查藏品情况进行了全面复核,于2014年7月完成了对县内的国有单位可移动文物的认定工作。

3.国有可移动文物信息采集登录阶段

根据《石柱县第一次全国可移动文物普查工作实施方案》,采集登录工作由县普查办普查技术组开展,设专人负责普查登记工作、文物鉴定工作及可移动文物信息管理系统录入工作。

2014年8月,认定阶段确定的4家收藏单位,在县普查办监督指导下全部完成了国有可移动文物收藏单位平台登记注册工作。截至2015年12月31日,全县注册收藏单位4家,登录藏品总数为1107件/套,实际数量为7460件。其中,县文物管理所(博物馆)全部完成文物信息登录,在采集登录阶段,由于银杏堂的文物已全部被县文管所征集并一并登录,故银杏堂未在平台登录;县图书馆因系统原因无法登录,经咨询市普查办,决定从此次普查中排除,故未在平台登录;县档案局的档案普查在档案系统内部进行,故未在平台内进行登录。2016年8月,全县登录藏品总数为1107件/套,实际数量为7460件,全面完成本次普查工作任务,实现普查工作目标。

4.国有可移动文物信息审核阶段

根据《石柱县第一次全国可移动文物普查工作实施方案》,可移动文物信息审核工作首先由县普查办普查技术组在采集登录结束之后进行自查,由3名以上工作人员协作,逐条核对与修改。自查完成之后,再由市级审核。

2016年7月29日上午,市普查办于重庆中国三峡博物馆举行审核工作会,对石柱县第一次全国可移动文物普查数据进行抽样审查,县普查办派2名普查技术组工作人员参加。审核专家组经两个多小时的认真审查,发现石柱县报送的数据存在部分命名不规范、错误,数量等数据登录有误,部分照片不规范等问题。普查技术组工作人员认真记录问题,听取审核专家意见,会后积极与市普查办联系,对有问题部分的文物进行重新命名、数据修改及照片规范重拍与上报,石柱县普查工作最终在第二次市级审核中顺利通过。

(三)宣传动员,营造氛围

1.媒体宣传

根据重庆市相关文件及要求,石柱县普查办制订并实施了《石柱县第一次全国可移动文物普查宣传方案》。一是制了宣传口号15条,在广播、电视媒体播放,并制作成横幅悬挂于乡镇政府所在地、国有企业所在地。二是利用石柱电视台大力宣传文物普查中的新发现、典型事迹和先进人物,营造良好的社会舆论氛围。三是在节庆日和文化遗产宣传月活动期间散发宣传材料,举办广场宣传活动,邀请媒体报道,提高全社会对文化遗产保护的认识。四是在整个普查期间在县内张贴由市文物局统一印发的宣传海报。

2.活动宣传

在普查期间,石柱县普查办充分利用每年文化遗产宣传月及国际博物日活动,在石柱县南宾街道休闲广场进行"一普"相关宣传。工作人员在广场散发文物保护法宣传资料、张贴石柱普查简报,让公众了解本县可移动文物普查工作信息,以提高社会对文化遗产保护的认识。

3.其他宣传

石柱县在充分利用媒体宣传和活动宣传的同时,还积极拓展宣传形式,利用县博物馆举办"石柱县文物拓片展"开放馆内装裱、拓片工作区的契机,开放普查工作展区,展示普查技术组在普查工作中的工作信息,尽力让县内人民共享普查成果,了解文物保护动态,使"保护文物、人人有责"的理念深入人心,为以后的文物工作创造更好的社会环境和舆论环境。

通过丰富多样的广泛宣传,石柱县第一次全国可移动文物普查工作得到了各级领导、社会大众的广泛理解和积极支持。

(四)质量控制,确保进度

1.构建培训体系

在普查期间,石柱县普查办工作人员参加市级普查培训共4次、6人次。2013年普查办领导小组1人参加市级普查培训1次,2014年技术组2人参加市级普查培训1次,2015年技术组2人参加市级普查培训1次,2016年普查办领导小组1人参加市级普查培训1次。培训人员利用参训经验,多次在内部为工作组其他人员进行相关培训。培训内容包括普查实施方案、信息登录平台和采集软件的使用、国有单位调查、文物认定程序、经费管理、藏品管理、文物定名、影像采集、可移动文物预防性保护等。培训使普查技术组工作人员的业务水平有了明显提高,不仅培养了普查工作的中坚业务力量,也为石柱县的文博事业积蓄了人才。

2.普查工作督查

根据各阶段工作目标,为提升普查质量,保证普查成效,石柱县采取了自我检查、巡回检查、专项检查、定期报告等多种方式进行全程的进度和质量管理。技术组以普查办编制的《石柱县第一次全国可移动文物普查工作实施方案》为指导,在实际工作中,通过电话指导、现场督导等方式,具体问题具体解决。在普查第二阶段末,技术组以信息的逐条逐项核对的方式进行自查,由3名以上工作人员协力进行,对藏品性质、照片、定名、年代、类别、质地、数量、质量、尺寸、完残状况等信息进行认真核对,收集意见,并积极与市普查办专家联系,进行相关修改,有力地保证普查质量。

3.普查中的人员、文物、数据安全管理

石柱县的文物安全、数据安全管理工作由县文物管理所负责。在普查实施过程中,县文物管理所

对文物库房进行了全面清理,定期进行安全检查与文物保存状况记录;另对普查工作产生的档案资料,均按阶段分类排序,实行专人管理;对普查数据库实行多点备份保存,确保安全。

4.普查验收

根据重庆市文物局相关工作要求,石柱县已完成了本区域的普查验收工作。县自行验收的工作由普查办进行,内容严格按照《重庆市文物局关于做好第一次全国可移动文物普查验收和总结的通知》所附的《验收合格评定标准》实施。同时经市普查办工作组的实地检查验收,石柱县第一次全国可移动文物普查验收结论为合格。

(五)展示成果,做好总结

1.编制普查档案

建立可移动文物普查档案是石柱县普查工作的重点之一,也是科学规范文物档案管理工作的必要措施。2015年9月,在普查信息登录的工作基本完成之后,县文物管理所即着手编制石柱县普查档案。石柱县普查档案包括纸质档案与电子数据两部分,纸质档案实行了专柜、专人的保管。电子数据实行多点备份保存,确保安全。

石柱县入档的资料包括可移动文物普查登记表,各阶段的普查简报,普查期间的正式文件,有关工作人员名册,各种培训资料教材、宣传材料、工作照片、声像资料等及其他重要的相关资料。

2.普查专题研究

2015年,以普查为契机,石柱县启动了对市级文物保护单位银杏堂文物的专题研究。县文物管理所先后对银杏堂的碑刻、牌匾等文物进行调查统计与搜集资料,并自筹资金将其全部征集为国有文物,为下一步开展保护利用工作奠定了良好的基础。

3.普查表彰情况

石柱县普查工作的顺利推进离不开一线普查队员所发扬的艰苦奋斗、牺牲奉献精神。县文物管理所的实际文物普查数量为7460件,而当时所内在编工作人员仅两人,除普查工作之外还要负责所内其他工作,任务十分艰巨。为保障可移动文物普查工作快速推进,文管所增聘了专职普查员,并在在编人员的带领下,通过团结协作,形成合力,最终提前完成数据采集登录任务。为发扬精神、鼓励先进,县文物管理所内部对普查工作中业绩突出和有重要贡献的先进集体和个人给予了表彰。

三、石柱县普查工作成果

(一)石柱县可移动文物资源情况及价值

1.文物数量及分布

经第一次全国可移动文物普查,石柱县基本摸清了本县区域内国有可移动文物的数量及分布,解决了过去由于业务水平较低造成的数量统计错误等问题。普查工作人员积累培训经验,并积极向市普查专家咨询,重新确认了数量,排除了363件/套碎片资料,并将文物进行了重新科学排架、入柜,最终确定国有可移动文物为1107件/套,实际数量为7460件,全部集中收藏在县文管所内。

2. 文物保存状况

经第一次全国可移动文物普查,县文管所基本掌握了馆藏文物的保存状况,文物保护条件和保存环境也得到较大改善。原先库房内的文物长期堆放较乱,不少碎片标本与文物混杂在一起,库房环境较差。针对这些问题,在普查工作中,县文管所组织工作人员清理库房,对库房环境进行了整改,制定了定期检查库房环境、清理霉菌和虫害的制度。

3. 文物价值

石柱县此次普查登录的1107件/套文物,具有历史、科学、艺术价值。从古代文物来看,石柱县的国有可移动文物种类包括从陶瓷器到古籍图书等二十余类,时间跨度从新石器时代到清朝,是先人留给我们的宝贵遗产。石柱县还有着丰富的革命文物遗产,这些都是近现代以来,中华民族为争取民族独立,实现伟大复兴而奋斗的重要实物见证。民族文物是石柱县优秀文化遗产的重要组成部分,石柱县极具特色的土家族文物在反映本地民族历史、宗教、习俗等方面有着重要价值。

(二)建立健全管理机制

1. 建立文物档案

经第一次全国可移动文物普查,县文管所已经完成清库建档工作和账目核对工作,建立了藏品登记档案与专门的藏品管理机制,初步实现了本县国有可移动文物资源的标准化、信息化和动态化管理,使国有可移动文物得到了更科学的管理与使用。县文管所利用普查成果编制了藏品总登记账,并按规定新建了库房日记、库房方位索引与藏品方位图。

2. 健全制度规范

经第一次全国可移动文物普查,石柱县按照制度健全、账目清楚、数据确切、编目详明、保管妥善、查用方便的基本要求,初步完善了区域内可移动文物的调查、认定、登记、管理及利用的制度。县文管所建立了文物调查认定表、接收清单、藏品总登记账、藏品分类账、出入库凭证、提用核对记录、库房日记、藏品动态报表等一系列文物藏品管理的操作记录机制,推动了本县文物保护管理等基础工作的规范与程序的完善,在保护好藏品的前提下,充分发挥文物藏品的作用。

3. 加强文物保护

第一次全国可移动文物普查工作促进解决了石柱县国有文物资源底数不清、残损情况不明、登记建档不全等历史遗留问题。经此次普查,县文物工作队伍初步掌握了县内国有可移动文物资源的基本状况,为下一步的文物保护工作及发挥文物藏品的社会作用奠定了基础。石柱县坚持"抢救第一、保护为主、加强管理、合理利用"的文物工作方针,在开展普查工作的同时,也高度重视文物保护工作,以普查促保护。

从可移动文物入藏时间及来源来看,石柱县可移动文物有三大来源,一是旧藏,即1977年到2000年间,县文化馆及文管所在县内民间征集的文物;二是2001年至今,随三峡工程而进行的库区考古发掘出土的文物;三是普查工作开展以来,新征集的原银杏堂的文物。这三部分文物的保存状况和完整性状况特点鲜明,旧藏文物大多保存较好,应坚持保护需求以预防性保护为主,继续创造稳定的保存环境,不改变其文物原状;库区考古发掘出土文物状况较复杂,含不少残缺文物及大量有病害的文物,保护需求是将文物的保护治理与预防相结合,在保护文物的原状的同时,进行最小干预、可识别与可逆的修复、保养;从银杏堂征集的文物仅有石质碑刻和木质匾额两类,可以进行有针对性的集中保护。

总体看来,受主客观条件限制,石柱县的可移动文物保护状况水平仍较低,如旧有文物库房的条件较差,没有专业的温度、湿度及有害气体监控设备;专业的文物工作者数量极少,工作任务重;文物保护技术及观念相对落后,仍以传统方法为主等,需要政府及相关部门重视。今后保护工作的重点应从保存环境、保管人员、保护技术等方面展开。

4.培养引进人才

在普查过程中,县文管所对县内的碑刻铭砖等文物进行了拓片。除登记的馆藏1107件/套文物外,还扩大了保护范围,对这些拓片亦进行妥善保护,并将其作为博物馆展品进行展出,丰富了博物馆(文管所)的展览形式,解决了部分大型石质文物难以在博物馆利用的问题。

以本次普查为契机,石柱县引进人才,壮大了我们的文物工作队伍。县文管所除了加强对在编工作人员的培养力度外,还与部分临聘的普查员签订了长期的聘用合同,同时通过县人社局公招考试,新引进了一名在编工作人员,使得石柱县的文物工作效率有了明显提升。

(三)发挥文物在经济社会发展中的重要作用

1.普查成果利用计划

为充分利用石柱县第一次全国可移动文物普查成果,丰富公共文化服务内容,普查办技术组建议以博物馆展览、图册编辑出版、利用节庆活动宣传等方式开展成果利用工作,具体利用计划待县政府及相关部门的统一部署。

2.利用普查成果举办展览情况

县文管所结合实际情况,精选95件三峡考古出土的文物,于2015年5月到2016年5月,在县博物馆陈列厅公开展览,观众达9万人次。2016年5月到8月,县文管所利用普查时期拓取的文物拓片,在石柱县城玉音广场、石柱县博物馆展厅举办了石柱县文物拓片展。展览分5个单元:传拓技艺的产生,传拓的材料、工具,传拓技法,传拓技艺使用,传拓的传承与保护。展出拓片包括汉画像砖拓片39幅、碑刻拓片41幅、汉砖4块、碑刻1块。在活动期间,博物馆开放了字画装裱现场体验区和字画装裱展示区,为观众演示了传统字画装裱技艺,让观众在感受厚重历史文化的同时,还现场体验了传统传拓技艺,传承传统文化。举办展览展示的同时,县普查办还在县城内悬挂宣传标语10余幅,发放文物保护法、博物馆管理条例等宣传资料5000份,邀请石柱县电视台、《石柱报》进行了宣传报道。在活动期间,石柱县文物拓片展共接待观众约6000人次。

四、建议

由于石柱县文博系统外的国有收藏单位极少,故在此次普查工作中未在其他行业系统建立可移动文物的调查、认定、管理、利用工作机制,建议市文广新局推广典型,以供参考。另外,探索在国有单位之外,对集体、个人的文物收藏状况进行记录的工作机制,如石柱县在普查时发现过一件个人收藏的精品文物——清代土家族神龛,但无相应机制进行科学认定与保护。

石柱县将在此次普查之后继续做好本县的文物数据库建设,做好让普查成果服务社会的后续工作,同时积极推动本县的可移动文物保护工作,进一步协调文物管理部门和政府各相关部门的关系,形成共同保护文物的工作合力。

报告执笔人:谭建琼、张振宇

报告审阅人:刘兴亮

37　秀山县[①]第一次全国可移动文物普查总结报告

秀山县地处武陵山腹地，渝、湘、黔、鄂四省(市)边区交界处，全县辖区面积2462平方千米，是土家族、苗族、汉族聚居、杂居地。长期以来，这里的各族人民团结和睦，艰苦奋斗，共同创造和发展了灿烂的民族民间文化，给后人留下了大量珍贵的历史文化遗产。秀山县被誉为"花灯歌舞之乡"，《黄杨扁担》等花灯歌舞名扬海内外；秀山县是全国文化体育先进县，民间艺术文化丰富多彩；秀山县又是革命根据地，在解放战争期间，刘邓大军入川，留下了大量宝贵的革命历史文物。

根据文物普查统计，全县共有不可移动文物点468处，其中市级文物保护单位4处(清溪苗王墓、客寨桥、天生桥、卷洞门)，县级文物保护单位44处，市级历史文化名镇一处(洪安镇)，亟待抢救的传统风貌古镇一处(石堤镇)。

一、秀山县普查数据

截至2016年10月31日，秀山县在全国可移动文物信息登录平台登录的可移动文物568件/套，实际数量为6075件。其中，珍贵文物52件/套，实际数量为86件。登录可移动文物信息的收藏单位2家。

(一)秀山县可移动文物基本情况

1. 类别

可移动文物类别

可移动文物类别	可移动文物实际数量(件)	实际数量占比(%)
合计	6075	100.00
陶器	8	0.13
瓷器	8	0.13
铜器	1	0.02
铁器、其他金属器	11	0.18
雕塑、造像	4	0.07
石器、石刻、砖瓦	21	0.35
书法、绘画	110	1.81
文具	2	0.03
钱币	2632	43.32
竹木雕	2	0.03
家具	3	0.05

[①] 重庆市秀山土家族苗族自治县，下文除文件名称外简称"秀山县"。

续表

可移动文物类别	可移动文物实际数量(件)	实际数量占比(%)
织绣	17	0.28
古籍图书	2962	48.76
武器	1	0.02
档案文书	33	0.54
玻璃器	1	0.02
乐器、法器	10	0.16
票据	5	0.08
标本、化石	241	3.97
其他	3	0.05

2.年代

(1)可移动文物年代类型。

可移动文物年代类型

可移动文物年代类型	可移动文物实际数量(件)	实际数量占比(%)
合计	6075	100.00
地质年代	241	3.97
考古学年代	0	0
中国历史学年代	5815	95.72
公历纪年	7	0.12
其他	7	0.12
年代不详	5	0.08

(2)可移动文物中国历史学年代分布。

可移动文物中国历史学年代分布

可移动文物中国历史学年代	可移动文物实际数量(件)	实际数量占比(%)
合计	5815	100.00
周	6	0.10
唐	1	0.02
宋	5	0.09
明	28	0.48
清	3633	62.48
中华民国	2115	36.37
中华人民共和国	27	0.46

3.级别

可移动文物级别

可移动文物级别	可移动文物实际数量(件)	实际数量占比(%)
合计	6075	100.00
一级	1	0.02
二级	11	0.18
三级	74	1.22
一般	1	0.02
未定级	5988	98.57

4.来源

可移动文物来源

可移动文物来源	可移动文物实际数量(件)	实际数量占比(%)
合计	6075	100.00
征集购买	2689	44.26
接受捐赠	663	10.91
依法交换	0	0
拨交	0	0
移交	76	1.25
旧藏	2390	39.34
发掘	0	0
采集	257	4.23
拣选	0	0
其他	0	0

5.入藏时间

可移动文物入藏时间范围

可移动文物入藏时间范围	可移动文物实际数量(件)	实际数量占比(%)
合计	6075	100.00
1949年10月1日之前	0	0
1949年10月1日—1965年	0	0
1966—1976年	0	0
1977—2000年	6049	99.57
2001年至今	26	0.43

6.完残程度

可移动文物完残程度

可移动文物完残程度	可移动文物实际数量(件)	实际数量占比(%)
合计	6075	100.00
完整	263	4.33
基本完整	5383	88.61
残缺	363	5.98
严重残缺(含缺失部件)	66	1.09

(二)秀山县可移动文物分布情况

1.按收藏单位隶属关系统计可移动文物数量

可移动文物数量分布(按收藏单位隶属关系)

收藏单位隶属关系	可移动文物实际数量(件)	实际数量占比(%)
合计	6075	100.00
中央属	0	0
省属	0	0
地市属	0	0
县区属	6075	100.00
乡镇街道属	0	0
其他	0	0

2.按收藏单位性质统计可移动文物数量

可移动文物数量分布(按收藏单位性质)

收藏单位性质	可移动文物实际数量(件)	实际数量占比(%)
合计	6075	100.00
国家机关	0	0
事业单位	6075	100.00
国有企业	0	0
其他	0	0

3.按收藏单位类型统计可移动文物数量

可移动文物数量分布(按收藏单位类型)

收藏单位类型	可移动文物实际数量(件)	实际数量占比(%)
合计	6075	100.00
博物馆、纪念馆	3114	51.26
图书馆	2961	48.74
美术馆	0	0
档案馆	0	0
其他	0	0

4.按收藏单位所属行业统计可移动文物数量

可移动文物数量分布(按收藏单位所属行业)

收藏单位所属行业	可移动文物实际数量(件)	实际数量占比(%)
合计	6075	100.00
文化、体育和娱乐业	6075	100.00

二、秀山县普查工作组织实施

(一)加强组织,健全机构

1.设立普查领导小组,成立普查机构

按照市政府的统一部署,为加强普查工作的组织领导,县政府于2013年4月8日成立了秀山土家族苗族自治县第一次全国可移动文物普查领导小组和文物普查办公室(以下简称"县一普办"),并负责普查工作的组织和领导,协调解决重大问题。由县人民政府副县长担任组长,县政府办公室主任和县文广新局局长担任副组长,相关部门负责人为成员。

普查领导小组成员单位分别为:县人武部、县发改委、县经信委、县民宗委、县公安局、县民政局、县财政局、县国土房管局、县城乡建委、县交委、县水务局、县农委、县文广新局、县统计局、县林业局、县市政园林局、县旅游局、县档案局、中国人民银行秀山支行,共19个。

领导小组下设办公室,办公室设在县文广新局,由文化市场行政执法大队大队长任办公室主任,县文管所所长任办公室副主任,相关单位工作人员为办公室成员,负责普查工作的日常组织和具体协调。

领导小组成立后,多次召开文物普查工作会议,及时解决文物普查工作中影响进度的主要问题。文物普查办公室以例会的形式,根据人员和单位其他业务工作开展的情况,及时调整工作侧重点,通报工作进度,督促文物普查工作按照进度稳步推进。

2.制订普查实施方案和确定工作制度

县一普办成立后,及时制订了《秀山土家族苗族自治县第一次全国可移动文物普查实施方案》,秀山县政府于2013年4月8日印发了《秀山土家族苗族自治县人民政府办公室关于印发秀山土家族苗族自治县第一次全国可移动文物普查实施方案的通知》,方案明确了普查的目的意义、工作要求、组织保障,确定了普查工作流程、操作方式、时间安排等,全面部署了可移动文物普查工作。

同时,县一普办建立普查管理机制,把第一次全国可移动文物普查工作纳入相关单位年底综合考核内容,制定了科学、仔细的工作流程、技术规范、质量控制等制度办法,为普查工作全面推开奠定了良好基础。

3.落实普查工作经费

为了保障普查工作的顺利开展,县财政局积极筹集资金并将普查经费列入相应年度的财政预算,2013年至2016年共落实普查经费45万元。根据工作要求,2013年解决了第一次全国可移动文物普查经费15万元,完成了对普查业务骨干人员的培训工作及对可移动文物的摸底调查工作;2014年初预算安排可移动文物普查经费10万元,主要用于可移动文物的认定工作;2015年和2016年将此专项经费纳入年初预算安排,每年各安排10万元,完成了文物信息录入和审核上报工作。

4.组建普查队伍

普查领导机构建立起来后,县一普办按照《秀山土家族苗族自治县第一次全国可移动文物普查实施方案》的工作要求,及时从文化部门系统内外选调业务过硬、经验丰富、作风严谨的人员充实到县一普查办,组成精干、高效的文物普查队伍,确保普查工作按时有效地开展。普查开展以来,普查机构从全县有关单位共选调工作人员14人。

(二)划分阶段,有序实施

1.国有可移动文物收藏单位调查阶段

根据《重庆市文物局关于落实重庆市政府通知精神认真做好第一次全国可移动文物普查的通知》的精神,秀山县第一次全国可移动文物普查领导小组办公室于2013年5月至8月对秀山县行政区域内的所有国有单位进行了摸底调查,根据县编委、统计局提供的数据,通过电话访问、文件通知等形式,在秀山县党政网上公布《国有单位文物收藏情况调查登记表》《国有单位文物收藏情况调查汇总表》,对县行政区域内401个国有单位进行了调查,其中政府机关84个,事业单位294个,国有企业23个,调查覆盖率达100%。经反馈,有文物收藏的国有单位共3家,其中文博系统单位1家,非文博系统单位2家,涉及文物、档案、图书等部门。反馈收藏有文物的3家单位分别是县文管所、县图书馆和县档案局。因县档案局没有非纸质实物档案,摸底调查上报的全部为文献资料、手稿和图书资料,不列入所在地普查办登记上报,最终确定收藏有可移动文物的国有单位为县文管所和县图书馆2家。

2.国有可移动文物认定工作阶段

2015年7月,重庆市文物局组织胡昌健、方刚等3位重庆市文博专家对秀山县国有可移动文物收藏单位的所有未认定藏品进行现场认定,专家组对县文管所收藏的包括书画、石器、陶器、瓷器等14类共104件藏品进行了现场认定,认定为文物的有80件/套,认定为资料的有24件,其中新认定文物27件。

3.国有可移动文物信息采集登录阶段

2013年8月,秀山县完成国有单位调查,注册收藏单位2家。2014年,秀山县第一次全国可移动文物普查工作进入文物信息登录工作阶段。

截至2015年7月,县文管所、县图书馆2家单位共登录文物568件/套,实际数量为6075件,其中,县文管所208件/套,实际数量为3114件,县图书馆360件/套,实际数量为2961件。秀山县全面完成本次普查工作任务,实现普查工作目标。

4.国有可移动文物信息审核阶段

为有序推进普查数据审核工作,县一普办将县可移动文物普查办公室的专家及工作人员根据文物收藏单位数量分为两个小组,各小组在县一普办的领导下开展本单位范围内的普查数据审核工作。先由收藏单位审核员结合文物认定情况对普查数据进行初步审核,然后由县一普办负责人进行终审,终审通过后,将数据上报至市普查办,市普查办验收合格后上报国务院第一次全国可移动文物普查工作办公室。

2016年8月底,秀山县第一次全国可移动文物普查数据通过重庆市普查办数据质量验收,合格率为100%。

(三)宣传动员,营造氛围

1.媒体宣传

秀山县第一次全国可移动文物普查领导小组办公室主动商请新闻单位,充分利用广播、电视、网络、移动传媒、宣传品等各类媒体和载体,结合国际博物馆日、中国文化遗产日、文化下乡等节庆或活动,开展了广泛深入的宣传工作,对普查的目标意义、对象范围及有关的法律法规,普查工作进展,普查成果,普查先进事迹等进行宣传,为各级抓好"一普"工作营造出了良好的社会氛围。

2.活动宣传

全县开展"一普"工作四年来,共出动文物普查宣传车40多车次;印发"一普"宣传资料1万余份;悬挂宣传横幅40余幅;展示"一普"成果图片70余幅,服务干部群众2万余人次,收到良好的效果,为普查工作奠定了坚实的群众基础。

(四)质量控制,确保进度

1.构建培训体系

为更好地掌握文物普查的相关规范标准与普查技术,全县普查工作人员积极参加市文物局组织开展的普查培训工作,参加市文物局举办的普查培训班3次,共计5人次,就文物普查实施方案、全国可移动文物信息登录平台和采集软件操作、文物认定程序、文物信息采集等进行了系统培训,以保证普查工作顺利开展。

同时,为切实推进全县文物普查工作,提高一线普查人员的综合业务素质,确保普查数据质量,县一普办先后共举办普查培训班3期,培训总人数累计达64人次,培训对象包括普查队员和临时抽调人员。由于针对性强,普查培训取得了良好效果,普查一线人员的业务能力和工作水平有了很大提高,为后期的工作打下了坚实的基础。

2.普查工作督查

在实地文物调查工作中,通过自我检查、巡回检查等多种方式充分保障普查质量。秀山县普查人员认真解读普查登记表的各项内容,如实记录调查信息,对普查数据资料采取边采集、边整理、边审核、边建档的方式进行,一旦发现有不符合质量标准要求的,及时返工,重新登记,保证了基础数据真实可靠。

3.普查中的人员、文物、数据安全管理

一是制度明确,责任到人。根据秀山县可移动文物普查的特点,县一普办将普查队员按文物收藏单位分为两个普查小组,明确了普查队队长、副队长,并分工负责,责任到人,使可移动文物提取、文物调查、文物数据采集、摄影、资料整理各有侧重,全面开展秀山县的第一次全国可移动文物普查工作。

二是检查处理数据采集的完整性和可靠性,对部分佐证资料欠缺的文物进行核实,力求弄清每件文物来源。同时,检查处理文字填写的科学性、准确性,做到记录翔实,描述准确,符合规范。

三是县一普办根据实际情况,相应添置了一定数量的专用电脑、服务器等硬件设备,同时根据国家、市里的统一安排,及时更新和调整普查数据处理软件,以构建符合标准的数据处理平台。在数据处理期间,定期利用移动硬盘对处理机上的普查数据进行备份,确保普查数据的安全性。

4.普查验收

2015年7月,秀山县完成县级数据审核工作。2016年8月,秀山县完成市级数据审核工作,确保了可移动文物登录数据差错率不高于0.5%。2016年10月,秀山县第一次全国可移动文物普查工作顺利通过了重庆市普查办专家组的普查验收。

(五)展示成果,做好总结

1.编制普查档案

根据"一普"要求,秀山县于2016年9月完成了第一次全国可移动文物普查档案编制工作。

此次完成的"一普"档案编制工作分行政文件卷、汇总资料卷共2卷,整理录入电子文本568份,保存电子照片1483张。"一普"档案内容涵盖了第一次全国可移动文物普查期间的各级文件、各类报表、工作报告、不可移动文物名录及收集整理的不可移动文物登记表、拍摄的电子照片等汇总资料和其他有关的材料。

2.普查专题研究

秀山县根据《关于开展抗战可移动文物专项调查的通知》(渝文物普查办发〔2013〕1号)的要求,

2013年11月至2014年5月,结合可移动文物摸底调查成果,开展了抗战可移动文物资源专项调查,经调查确认,秀山县没有符合登录条件的抗战可移动文物。

3. 普查表彰情况

秀山县"一普"工作全面完成后,"一普"工作领导小组对在第一次全国可移动文物普查中表现突出的普查队员以及在文物普查工作中提供有力支持的单位,给予了表彰和奖励。

三、秀山县普查工作成果

(一)秀山县可移动文物资源情况及价值

1. 文物数量及分布

截至2015年8月28日,秀山县共登录文物数据568件/套,实际数量为6075件。县文管所208件/套,实际数量3114件;其中三级及以上文物52件/套,实际数量为86件。县图书馆360件/套,实际数量为2961件。

2. 文物保存状况

(1)文物保存环境差。

文物库房面积狭小,全县568件/套(共6075件)文物收藏在46平方米的2个库房内,库房功能简单,设施简陋,缺乏防盗、防火设施以及必要的空气调节和控制设备,缺乏最基本的防尘、除尘设施,不能对库房内温度、湿度、空气质量等因素进行有效调控,致使文物藏品基本处于自然保存状态。目前的库房保存环境与设施,远远达不到文物藏品的保存要求,只处于文物保管的初级阶段。

(2)文物保存缺少辅助保管材料。

文物库房现有的藏品柜为木柜,县文管所的木柜添置于2000年,县图书馆的木柜添置于建馆之初的1979年,藏品柜样式和结构简单、功能单一,既不防尘又不防震,不能降低突发事件带来的文物安全风险,已基本不能满足现代文物收藏要求。同时,县文管所的一、二、三级文物还未配置囊匣等辅助保管材料,而是直接摆放在柜架上,容易造成藏品的物理损伤和空气中有害物侵蚀。

(3)文物保存状况差。

保存条件简陋致使大量文物没能得到全面、科学、有效的保护。文物藏品均存在不同程度的损坏,而且损坏程度正在逐年加剧,有的甚至濒临毁坏的危险。从全县可移动文物保存状况看,状态稳定、不需修复的有391件/套,占文物总量比例为68.8%;部分损腐、需要修复的有145件/套,占文物总量比例为25.5%;腐蚀严重、亟须修复的有31件/套,占文物总量比例为5.5%;已修复的有1件/套,占文物总量比例为0.2%。此次普查表明:秀山县需修复的可移动文物有176件/套,占文物总量比例为31.0%。

3.文物价值

秀山县是一个少数民族聚居地,地处武陵山区,居住有汉族、土家族、苗族为主的17个民族,勤劳淳朴的先民创造了灿烂的民族民间文化,留下了众多的文化遗产。秀山县文化遗产资源的特点是花灯文化、边城文化和民族文化丰富多彩,近现代文物丰厚。

这些文物蕴含着秀山县的民族、地域特色,具有一定的经济、政治、文化、社会和生态价值。通过此次开展的可移动文物普查,秀山县已基本掌握辖区内现有可移动文物的数量、分布、特征、保存现状等基本情况,为进一步充分发挥文物在建设社会主义先进文化、促进经济社会全面协调可持续发展中的重要作用奠定了坚实的基础。

(二)建立健全管理机制

1.建立文物档案

通过本次普查,秀山县可移动文物的档案得以完善。

"一普"前,县文管所在2001年已对馆藏珍贵文物52件/套建档,制作珍贵文物藏品纸质档案2套,市级、区县级分别各存1套。2010年上半年,完成馆藏珍贵文物数据库建设,52件/套珍贵文物藏品登录国家数据库。在"一普"期间,胡昌健、方刚等3位重庆市文博专家对县文管所收藏的包括石器、陶器、瓷器等14类所有未认定藏品进行现场认定,新认定文物80件/套,县文管所馆藏文物数量从128件/套增至208件/套,对全部208件/套(实际数量3114件)文物建立了藏品档案,录入电子档《文物登记卡》208件/套及纸质件存档,保存电子照片662张。

普查前,县图书馆有247件/套古籍图书(实际数量2390件)登录在全国古籍普查平台,建立了电子档案。其余文物没有建立藏品档案。此次普查,县图书馆录入全国可移动文物信息登录平台的古籍图书113件/套(实际数量571件),新建了113件/套电子档《文物登记卡》及纸质件存档,保存电子照片821张,图书馆古籍图书360件/套全部建立了藏品档案。

文物档案的完善,为提高秀山县文化遗产保护工作奠定了坚实的基础,为今后的文物保护和科学利用提供了依据,也为促进文物信息化管理提供了翔实的资料。

2.健全制度规范

县一普办成立后,及时制订了《秀山土家族苗族自治县第一次全国可移动文物普查实施方案》和相关标准规范,建立了普查机构议事交流会议制度,定期召开会议,沟通情况,研究难题和解决办法,对文物调查、认定、登记、管理及利用,制定了科学的工作流程、技术规范、质量控制等制度办法,同时,建立起激励约束机制,把"一普"工作纳入相关单位年度工作目标和年底综合考核评价内容中,增强了相关单位对普查的责任心和主动性。

四年来,参加普查工作的各位工作人员都能自觉遵守工作纪律,克服各种困难,认真投入工作,圆满完成了普查任务。

3.加强文物保护

(1)改善人员结构与保存环境。

秀山县可移动文物的保护与管理人员配备不足,县文管所和县图书馆仅各有保管人员1人,实际工作中他们又身兼多职,且缺乏文物保护方面的专门培训。秀山县亟须充实文物保护工作力量,尽快建立起一支既有专业知识又有实际工作经验、比较稳定的馆藏文物保护的队伍。

秀山县可移动文物保管条件差,保护措施落后,缺乏技术条件支持。由于库房狭小,许多不可移动文物处于堆放、叠放状态;缺乏恒温、恒湿设备和先进的防霉、防蛀措施;安防措施存在漏洞,县文管所仅有简单的"三铁一器",县图书馆古籍图书存放缺乏防护措施。可移动文物保护存在极大的安全隐患。正在建设的县博物馆和县图书馆新馆建设项目,亟须加强文物保存环境的硬件设施建设,建设标准文物库房。

(2)加大投入,提供经费保障。

本次普查结果表明,全县共有31.0%国有可移动文物存在不同程度的腐蚀损坏。其中处于腐蚀严重程度文物31件/套,部分损腐程度文物145件/套,分别占全县国有可移动文物总数的5.5%和25.5%,文物腐蚀损失状况相当严重。由于经费短缺,这些受损文物不能得到有效的保护和修复,只能任其损坏。

经费短缺还制约着秀山县可移动文物收藏的数量和范围。秀山县登录的国有可移动文物年代主要为清代和中华民国,这两个年代的文物数量占秀山县国有可移动文物总量的98.85%。由于无经费开展文物征集工作,秀山县丰富的民俗文物在民间流散,无法收藏保护。

文物保护是公益性事业,亟须县委、县政府加大财政投入力度,根据实际文物保护工作需要,将文保经费列入财政预算,每年预算10万~15万元用于文物的常态性保护,并随着经济发展逐步增加,减少由经费原因引起的损失,更有效地管理和保护可移动文物。

(3)今后保护工作的重点。

坚持"抢救第一、保护为主、加强管理、合理利用"的工作方针,高度重视可移动文物保护工作,以可移动文物普查成果为依据,对全县文物进行梳理、分类,把需要修复的文物进行统计,列出亟须抢救保护的文物,开展保护修复方案编制工作,争取专项资金,陆续进行修复。

4.引进培养人才

进一步健全和完善人才培养、选拔、引进和激励机制,增加秀山县文物管理所人员编制,采取"走出去,请进来"等方式,加大培训力度,发挥主体作用;对现有人才进行整合,采取各种形式对现有人员进行系统培训和再教育,形成一支文物保护的骨干队伍。

(三)发挥文物在经济社会发展中的重要作用

1.普查成果利用计划

按照《秀山土家族苗族自治县第一次全国可移动文物普查实施方案》工作安排,公布国有可移动文物名录和可移动文物收藏单位名录。

根据普查数据,统计亟须抢救保护的文物,开展保护修复方案编制工作,争取专项资金,进行修复。

2.利用普查成果举办展览情况

秀山县,结合2017年国际博物馆日、中国文化遗产日,举办了秀山县第一次全国可移动文物普查成果展,制作图文并茂的展板6块,展出国有可移动文物照片70余张,参观人数达3000多人次。

3.普查成果公开出版发行情况

编写《秀山县第一次全国可移动文物普查总结报告》及《秀山县第一次全国可移动文物普查成果专辑》。

四、建议

一是定期开展可移动文物普查工作。可移动文物普查既是一项基础工作,也是一项长期的任务,随着社会发展和人们认识的提升,一些新的文物类型不断涌现,文物的内涵与范围不断扩大,在今后的工作中定期开展可移动文物普查,以便及时发现文物,做好文物数据的采集,将其纳入保护名册。

二是健全规章制度,提高对可移动文物的管理水平。必须加强可移动文物管理规章制度的改进和完善,使其保护工作实现制度化管理,做好可移动文物的建档工作,做到账目清楚、详明,避免可移动文物的损坏和流失。

三是正确处理收藏和利用之间的关系,合理利用可移动文物。文物保护的最终目的是为了更好地利用、发挥其应有的价值和作用。我们既不能重利用,轻保护,也不能过度保护,一味将其深锁库房。要通过合理的展览和开发,让更多的人了解文物蕴含的历史文化。

报告执笔人:彭燕

报告审阅人:刘兴亮

38 酉阳县[①]第一次全国可移动文物普查总结报告

酉阳县第一次全国可移动文物普查工作于2013年3月正式启动,2013年5月完成了摸底工作,全县反馈有文物的国有可移动文物收藏单位8家。2013年10月,酉阳县文物管理所作为试点单位开展普查数据采集工作。2013年11月,酉阳县举办了本县普查业务培训。2014年4月,县普查办核实认定,有3家收藏单位文物数量为0,确认全县共有国有可移动文物收藏单位5家。自2014年8月起,各收藏单位的普查工作陆续启动;2016年6月,全面完成信息采集和登录;2016年7月,通过市级抽样审核。

通过本次普查,酉阳县基本摸清了全县国有可移动文物收藏情况,为文物资源合理利用及文化遗产保护工作提供了较为科学的数据,打下了良好的基础。

一、酉阳县普查数据

截至2016年10月31日,酉阳县在全国可移动文物信息登录平台登录了可移动文物910件/套,实际数量为3804件。其中,珍贵文物16件/套,实际数量为24件。登录可移动文物信息的收藏单位5家。

(一)酉阳县可移动文物基本情况

1. 类别

可移动文物类别

可移动文物类别	可移动文物实际数量(件)	实际数量占比(%)
合计	3804	100.00
玉石器、宝石	21	0.55
陶器	10	0.26
瓷器	94	2.47
铜器	23	0.60
金银器	39	1.03
铁器、其他金属器	51	1.34
漆器	0	0
雕塑、造像	50	1.31
石器、石刻、砖瓦	12	0.32
书法、绘画	18	0.47
文具	10	0.26
甲骨	0	0
玺印符牌	20	0.53

[①] 重庆市酉阳土家族苗族自治县,下文除文件名称外可简称"酉阳县"。

续表

可移动文物类别	可移动文物实际数量(件)	实际数量占比(%)
钱币	315	8.28
牙骨角器	2	0.05
竹木雕	106	2.79
家具	66	1.74
珐琅器	0	0
织绣	92	2.42
古籍图书	2612	68.66
碑帖拓本	0	0
武器	29	0.76
邮品	0	0
文件、宣传品	7	0.18
档案文书	2	0.05
名人遗物	108	2.84
玻璃器	12	0.32
乐器、法器	47	1.24
皮革	10	0.26
音像制品	0	0
票据	18	0.47
交通、运输工具	0	0
度量衡器	7	0.18
标本、化石	6	0.16
其他	17	0.45

2.年代

(1)可移动文物年代类型。

可移动文物年代类型

可移动文物年代类型	可移动文物实际数量(件)	实际数量占比(%)
合计	3804	100.00
地质年代	6(化石标本)	0.16
考古学年代	0	0
中国历史学年代	3779	99.34
公历纪年	0	0
其他	0	0
年代不详	19	0.50

(2)可移动文物中国历史学年代分布。

可移动文物中国历史学年代分布

可移动文物中国历史学年代	可移动文物实际数量(件)	实际数量占比(%)
合计	3779	100.00
夏	0	0
商	0	0
周	2	0.05
秦	1	0.03
汉	15	0.40
三国	0	0
西晋	0	0
东晋十六国	0	0
南北朝	0	0
隋	0	0
唐	1	0.03
五代十国	0	0
宋	5	0.13
辽	0	0
西夏	0	0
金	0	0
元	1	0.03
明	18	0.48
清	1044	27.63
中华民国	2595	68.67
中华人民共和国	97	2.57

3.级别

可移动文物级别

可移动文物级别	可移动文物实际数量(件)	实际数量占比(%)
合计	3804	100.00
一级	0	0
二级	3	0.08
三级	21	0.55
一般	818	21.50
未定级	2962	77.87

4.来源

可移动文物来源

可移动文物来源	可移动文物实际数量(件)	实际数量占比(%)
合计	3804	100.00
征集购买	651	17.11
接受捐赠	135	3.55
依法交换	0	0.00
拨交	4	0.11
移交	5	0.13
旧藏	2982	78.39
发掘	1	0.03
采集	26	0.68
拣选	0	0
其他	0	0

5.入藏时间

可移动文物入藏时间范围

可移动文物入藏时间范围	可移动文物实际数量(件)	实际数量占比(%)
合计	3804	100.00
1949年10月1日前	1847	48.55
1949年10月1日—1965年	1	0.03
1966—1976年	751	19.74
1977—2000年	627	16.48
2001年至今	578	15.19

6.完残程度

可移动文物完残程度

可移动文物完残程度	可移动文物实际数量(件)	实际数量占比(%)
合计	3798	100.00
完整	2327	61.27
基本完整	1036	27.28
残缺	412	10.85
严重残缺(含缺失部件)	23	0.61

注:根据国家文物局《关于做好馆藏自然类藏品登录工作有关要求的通知》的要求,登录的自然类藏品6件/套,不填写"完残程度"指标项。

（二）酉阳县可移动文物分布情况

1. 按收藏单位隶属关系统计可移动文物数量

可移动文物数量分布（按收藏单位隶属关系）

收藏单位隶属关系	可移动文物实际数量（件）	实际数量占比（%）
合计	3804	100.00
中央属	0	0
省属	0	0
地市属	0	0
县区属	3804	100.00
乡镇街道属	0	0
其他	0	0

2. 按收藏单位性质统计可移动文物数量

可移动文物数量分布（按收藏单位性质）

收藏单位性质	可移动文物实际数量（件）	实际数量占比（%）
合计	3804	100.00
国家机关	0	0
事业单位	3804	100.00
国有企业	0	0
其他	0	0

3. 按收藏单位类型统计可移动文物数量

可移动文物数量分布（按收藏单位类型）

收藏单位类型	可移动文物实际数量（件）	实际数量占比（%）
合计	3804	100.00
博物馆、纪念馆	173	4.55
图书馆	766	20.14
美术馆	0	0
档案馆	0	0
其他	2865	75.32

4. 按收藏单位所属行业统计可移动文物数量

可移动文物数量分布（按收藏单位所属行业）

收藏单位所属行业	可移动文物实际数量（件）	实际数量占比（%）
合计	3804	100.00
教育	1846	48.53
文化、体育和娱乐业	1785	46.92
公共管理、社会保障和社会组织	173	4.55

二、酉阳县普查工作组织实施

（一）加强组织，健全机构

1. 设立普查领导小组，成立普查机构

根据全县统一领导、部门分工协作、各方共同参与的原则确定普查的组织方式，酉阳县成立了酉阳县第一次全国可移动文物普查领导小组，负责普查工作的组织和领导，协调解决重大问题。领导小组组长由县政府分管领导担任，副组长由县政府副秘书长、县文化广播电视局局长担任。领导小组成员单位由县委党史研究室、县发改委、县民政局、县财政局、县国土资源和房屋管理局等17个相关部门和单位组成。

县普查领导小组在县文物管理所设立领导小组办公室，主任由县文化广播电视局局长兼任，副主任由县文化广播电视局书记和文物管理所所长担任。办公室负责普查工作的日常组织、协调和具体工作。

在县普查领导小组的领导下，领导小组各成员单位和有关部门各司其职、各负其责、通力协作、密切配合，共同做好普查工作。

县普查领导小组办公室于2013年11月组织召开了酉阳县第一次全国可移动文物普查动员暨培训会。

2. 制订普查实施方案和确定工作制度

酉阳县第一次全国可移动文物普查领导小组办公室（以下简称"县普查办"）制订了《酉阳自治县第一次全国可移动文物普查工作实施方案》，经县人民政府核准后下发至全县国有单位。

3. 落实普查工作经费

由县普查办编制普查经费预算，管理并执行市级和县里财政预算。2013年县财政局拨款10万元，2014年县财政局拨款10万元，2015年县财政局拨款20万元，市财政局补助1万元，共计41万元。

4. 组建普查队伍

全县共投入普查人员26人，县普查办工作人员7人，县文物管理所普查人员5人，其余反馈有文物的其中7家收藏单位各投入普查人员2名。

县普查办人员共参加市级培训10人次，举办本级培训1次，参训人员26人。各单位普查人员负责本单位的普查工作，县普查办负责全县普查数据汇总、审核以及普查工作的督促和指导。

（二）划分阶段，有序实施

1. 国有可移动文物收藏单位调查阶段

2013年5月，根据《酉阳土家族苗族自治县人民政府关于印发〈酉阳自治县第一次全国可移动文物普查工作实施方案〉的通知》，县普查办向全县562家国有单位发放了《重庆市可移动文物普查国有单位信息调查表》，共回收调查表562份，调查覆盖率达100%，其中8家国有单位反馈收藏有文物。同年6月至7月，县普查办组织人员随即对8家收藏单位进行了走访核实。

2.国有可移动文物认定工作阶段

一是本级认定。接收反馈信息后，县普查办组织专业人员前往8家国有可移动文物收藏单位进行实地调查，经认真核实，确定县委党史研究室所报2件文物为现代名人题词、县档案局所报文物均为纸质档案、县民族事务宗教局所报文物为新制的本地少数民族生产生活用具。以上3家单位的藏品均不符合本次普查的认定标准，文物数量为0。全县国有可移动文物收藏单位被确定为5家，分别是县文物管理所、县文化馆、县图书馆、县第一中学校及赵世炎烈士纪念馆。此次认定为普查工作的有序开展奠定了基础。

二是市级认定。市专家组于2015年7月对酉阳县第一中学校、县图书馆所藏的古籍图书和县文物管理所的部分文物进行了查看和认定，有效支持了本县的文物普查工作。

3.国有可移动文物信息采集登录阶段

本县第一次全国可移动文物普查工作原则上分单位进行，各收藏单位负责本单位的普查工作。酉阳县第一中学校因人员、设备、场地等方面的实际困难，文物信息采集登录工作由县普查办组织人员代为完成，其余4家收藏单位各自完成了本单位的文物信息采集登录工作。

根据《酉阳自治县第一次全国可移动文物普查工作实施方案》，全县文物普查数据采集工作于2014年起逐步开展，2015年底全面完成。全县5家收藏单位共采集文物数据910条，拍摄文物照片3000余张，填写《文物登记卡》近千张。在此期间，县普查办组织力量，深入各收藏单位，对数据采集工作进行了督促和指导，确保文物普查原始数据的科学性、准确性。

按照上级统一要求，各收藏单位普查人员登录全国可移动文物信息登录平台，在线填报文物信息。为避开登录高峰时间，克服平台拥堵造成的困难，普查人员充分发挥"5+2、白加黑"的酉阳精神，利用晚间和休息日开展信息填报工作。信息填报工作于2015年8月全面完成，2016年7月通过市级抽样审核。全县5家收藏单位共填报文物信息910条，上传文物照片3000余张。

4.国有可移动文物信息审核阶段

各收藏单位审核人负责对本单位的数据进行审核，县普查办审核人及管理人员对全县收藏单位上报的文物数据进行逐一审核及上报。2015年8月，酉阳县顺利通过市级抽样审核。同时本县普查办工作人员秦淑芳、冉慧芳作为市级审核人员，对石柱县文物管理所的文物数据进行了审核。

(三)宣传动员,营造氛围

1. 媒体宣传

2013年,在《酉阳文化工作》上对开展第一次全国可移动文物普查工作的意义进行了宣传,之后分期对各阶段普查工作进行了实时报道;在《酉阳报》上开辟文物小知识专栏,向公众传授文物保护基础知识,并对全县可移动文物普查工作进行了新闻报道;在酉阳电视台以公益广告的形式对文物普查的重大意义进行了滚动宣传;酉阳文化网对文物普查相关工作进行了多次报道。

2. 活动宣传

2013年至2016年,在一年一度的文化遗产宣传月宣传活动中,酉阳县利用第一次全国可移动文物普查的相关内容,以制作展板、悬挂横幅、印发传单等形式,面向公众开展文物知识普及和文物保护工作宣传。

3. 其他宣传

召开文物普查工作座谈会,邀请本县文物收藏爱好者参与座谈及为普查工作出谋划策,动员社会力量关注和支持文物普查工作。

(四)质量控制,确保进度

为确保本县第一次全国可移动文物普查工作质量,县普查办从普查培训、普查工作督查、普查安全工作以及普查验收等环节入手,建立了一套较为完整的质量控制体系,保障了全县第一次全国可移动文物普查工作的顺利开展和圆满完成。

1. 构建培训体系

一是积极参加市级培训,从县普查办抽调业务骨干,参加市普查办举办的普查业务培训共10余人次。二是组织本级培训,2013年11月举办了酉阳县第一次全国可移动文物普查动员暨培训会,全县7家收藏单位普查人员及县普查办全体工作人员共26人参加了此次培训,为普查工作提供了技术保障。

2. 普查工作督查

县普查办负责全县第一次全国可移动文物普查督查工作。在普查工作实施的各阶段中,县普查办对各国有可移动文物收藏单位定期进行实地走访,督促和指导普查工作,及时发现并纠正普查中发现的问题,指派专人协助普查力量较为薄弱的酉阳县第一中学校全面完成了普查任务。

3. 普查中的人员、文物、数据安全管理

加强普查人员的安全教育,使其牢固树立"安全第一"的意识,在普查过程中严格遵守各收藏单位的文物安全制度,采取有效措施,加强文物保护,确保文物安全。县普查办统一管理全县普查数据,各

收藏单位制定普查工作制度,加强普查纸质文档和电子数据的管理,普查人员与各自单位签订保密责任书,任何人不得泄露文物数据。

4.普查验收

根据《关于做好第一次全国可移动文物普查验收工作的通知》,县普查办组织成立酉阳县第一次全国可移动文物普查验收小组,按照《验收合格评定标准》,对全县登录有文物信息的5家收藏单位进行了逐一验收,均为合格。2016年7月,普查工作通过市级抽样审核。2016年9月,县普查办编制了《酉阳县第一次全国可移动文物普查验收报告》。

(五)展示成果,做好总结

1.编制普查档案

普查实施方案、普查人员信息,以及调查摸底阶段全县国有单位反馈的《重庆市可移动文物普查国有单位信息调查表》等档案由县普查办统一整理留存;在数据采集过程中填写的《文物登记卡》、拍摄的文物照片等原始资料,以及普查工作的其他相关资料,由各收藏单位分别建档保管;由县普查办编制《酉阳县国有可移动文物收藏单位名录》。

2.普查专题研究

拟在本次普查全面结束后,由县文化委组织,全县各国有可移动文物收藏单位共同参与,对全县可移动文物资源做深入细致的分析和研究。

3.普查表彰情况

2016年底,酉阳县举行酉阳县第一次全国可移动文物普查总结暨表彰会,对本次普查工作取得的成绩和经验进行全面总结,对普查工作中的先进事迹进行了宣扬和对先进人员进行了表彰。

三、酉阳县普查工作成果

通过第一次全国可移动文物普查,酉阳县较为全面地掌握了全县可移动文物资源情况和价值,初步建立了可移动文物保护体系,基本实现普查目标。

(一)酉阳县可移动文物资源情况及价值

1.文物数量及分布

全县共有国有可移动文物收藏单位5家,文物910件/套,具体的分布为:酉阳县文物管理所452件/套,酉阳县文化馆51件/套,酉阳县图书馆236件/套,酉阳县第一中学校58件/套,赵世炎烈士纪念馆113件/套。珍贵文物16件/套,其中二级文物3件/套,三级文物13件/套,此外,县图书馆128件/套古籍图书进入国家古籍保护名录。

2.文物保存状况

通过本次普查,酉阳县基本掌握了全县国有可移动文物的保存状况:完整2327件,占61.27%;基本完整1036件,占27.28%;残缺412件,占10.85%;严重残缺(包含缺失部件)23件,占0.61%。文物保存状况不容乐观,大量文物亟待修复。

3.文物价值

一是充实了全县国有可移动文物收藏单位藏品体系,丰富了全县物质文化内容,使酉阳县优秀的民族文化和悠久的历史文化通过文物得以体现。二是为陈列展览提供物质保障,南腰界红三军司令部旧址的基本陈列、县民族博物馆综合陈列、赵世炎纪念馆专题陈列等,均以大量文物实物为基础,通过一系列展陈,在充分展示文物价值的同时,进一步满足了人民群众的精神文化需求。三是为本地区历史文化、民族文化的研究提供了大量的实物依据。文物作为文化的载体,蕴含了丰富的文化信息,通过对这些信息的解读和研究,能进一步了解本地区文化脉络、社会发展历史以及民族传统习俗等,从而为更深层次地开展历史文化、民族文化研究奠定基础。

(二)健全文物保护体系

1.建立文物档案

县文物管理所、县图书馆、赵世炎烈士纪念馆3家收藏单位建立了藏品总登记账,其余2家收藏单位的藏品账目暂未建立。

2.健全制度和规范

酉阳县通过本次普查,初步建立了全县可移动文物调查、认定、登记、管理及利用制度。县文物管理所、县图书馆、赵世炎烈士纪念馆3家单位建立了专门的藏品管理机制,酉阳县第一中学校有望在图书馆旧址建成之后,全面完善藏品管理制度。

3.加强文物保护

在县普查办的督查和指导下,各收藏单位逐步建立了文物保护制度,落实了文物保护专人;通过对文物保存现状的分析,初步制订了文物修复计划,下一步将有计划有步骤地开展文物修复;文物保管和展陈条件得到或即将得到改善,县文物管理所修建了专门的文物陈列室,酉阳县第一中学校的图书馆即将落成,其他几家单位也在着手添置文物保管设施、设备,全面改善文物保管条件,进一步加强文物保护。

4.引进培养人才

在本次普查工作中,共培养基层普查员26人,其中4人参加过市级培训,2人经培训成为市级审核员。赵世炎烈士纪念馆引进专业人员1名,县文物管理所引进大学生实习生1名、聘请文物爱好者1

名充实到普查队伍中,参与普查工作。专业人才的引进和培养,保障了普查工作的顺利开展和圆满完成。

(三)发挥文物在经济社会发展中的重要作用

酉阳县通过本次普查,在全面摸清全县文物数量及分布,掌握文物保存状况的基础上,为充分展示文物价值,有效发挥文物在本县经济社会发展中的重要作用,县普查办组织制订了全县普查成果利用计划,举办了酉阳县第一次全国可移动文物普查成果图片展,并拟编辑出版《酉阳县可移动文物精品》画册。

1.普查成果利用计划

在全面摸清可移动文物资源家底的前提下,建立全县统一的可移动文物管理机制,建立健全文物保护体系,进一步挖掘文物价值,改善文物保管条件,逐步开展文物修复工作。

2.普查成果展览

根据普查成果,县普查办举办了酉阳县第一次全国可移动文物普查成果图片展,在县城桃花源广场及龙潭、龚滩等重要乡镇进行巡回展出。除此之外,县文物管理所部分文物用于南腰界红三军司令部旧址基本陈列,另有部分文物在县民族博物馆进行陈列展览外,目前正在制订陈列方案,即将对所有文物进行陈列,对外开放;县图书馆已全面对外免费开放;酉阳县第一中学校在图书馆落成之后,有望向全校师生开放;赵世炎烈士纪念馆收藏的文物全部用于陈列展览,并得到有效利用。

3.普查成果出版物

根据普查成果,拟编辑出版《酉阳可移动文物精品》画册,面向社会公开普查成果。

四、建议

1.建立健全全县文物保护机制

由县文物行政主管部门牵头,建立全县统一的文物保护机构,健全文物保护机制,在强化国有可移动文物收藏单位文物保护的同时,引导社会力量加入文物保护的行业中来。

2.加强文物调查及征集工作

文物调查不因普查结束而结束,应保持常态化。相关单位应积极开展文物征集,对征集入库的文物要及时入账、登录、上报。

3.增加文物保护经费投入

文物保护工作离不开经济的支持,希望县委、县政府高度重视文物保护工作,县财政局在年度预算中酌情增加文物保护经费,确保文物保护工作顺利开展。

4.加强专业队伍建设

一是引进人才,充实到文物管理部门,弥补目前专业人员人数的不足和已有专业人员专业知识的欠缺;二是加强业务培训,强化从业人员专业素养,提高其文物管理水平,建设一支能力强、水平高、技术过硬的文物保护专业队伍。

报告执笔人:秦淑芳
报告审阅人:刘兴亮

39 彭水县[①]第一次全国可移动文物普查总结报告

第一次全国可移动文物普查是继第三次全国文物普查(不可移动文物部分)之后在文化遗产领域开展的又一重大国情国力调查,是一项旨在全面掌握我国文物资源、加强文物保护、建设文化遗产强国的国家工程。根据《国务院关于开展第一次全国可移动文物普查的通知》(国发〔2012〕54号)和《重庆市人民政府关于开展第一次全国可移动文物普查的通知》(渝府发〔2013〕18号),此次普查从2012年10月开始,到2016年12月结束。普查标准时点为2013年12月31日。

彭水县人民政府高度重视普查工作,组织有力,保障充分。自2013年来,在重庆市文物行政主管部门的细心指导下,在县政府的高度重视下,彭水县全面完成了本行政区域普查工作。一是摸清家底。全县确认国有可移动文物收藏单位3家,共有可移动文物443件/套,其中县文物管理所381件/套,诸佛乡中心校1件/套,县图书馆61件/套。二是建立健全有关制度。健全本行政区域国有可移动文物保护体系;完善本行政区域国有可移动文物档案,建立"文物身份证"和管理体系;初步实现本行政区域国有可移动文物资源的标准化、动态化管理。建立完善了本行政区域国有可移动文物调查、认定、登记和管理机制;基本建成本行政区域国有可移动文物信息资源库,建立国有可移动文物收藏单位名录和国有可移动文物名录。三是服务社会。此次普查工作后,彭水县人民政府投入15万元为县文物管理所文物库房添置了专业展柜,实现了国有等级文物100%展存,并向社会开放。

一、彭水县普查数据

截至2016年6月,彭水县在全国可移动文物信息登录平台登录可移动文物443件/套,实际数量为1216件,其中珍贵文物38件/套,实际数量为40件。登录可移动文物信息的收藏单位3家。

(一)彭水县可移动文物基本情况

1. 类别

可移动文物类别

可移动文物类别	可移动文物实际数量(件)	实际数量占比(%)
合计	1216	100.00
玉石器、宝石	2	0.16
陶器	66	5.43
瓷器	118	9.70
铜器	46	3.78

[①] 重庆市彭水苗族土家族自治县,下文除文件名称外可简称"彭水县"。

续表

可移动文物类别	可移动文物实际数量(件)	实际数量占比(%)
金银器	1	0.08
铁器、其他金属器	3	0.25
雕塑、造像	19	1.56
石器、石刻、砖瓦	34	2.80
书法、绘画	2	0.16
钱币	653	53.70
竹木雕	4	0.33
织绣	10	0.82
古籍图书	151	12.42
碑帖拓本	55	4.52
武器	5	0.41
文件、宣传品	1	0.08
乐器、法器	15	1.23
度量衡器	2	0.16
标本、化石	27	2.22
其他	2	0.16

2.年代

(1)可移动文物年代类型。

可移动文物年代类型

可移动文物年代类型	可移动文物实际数量(件)	实际数量占比(%)
合计	1216	100.00
考古学年代	1	0.08
中国历史学年代	1173	96.46
其他	11	0.90
年代不详	31	2.55

(2)可移动文物中国历史学年代分布。

可移动文物中国历史学年代分布

可移动文物中国历史学年代	可移动文物实际数量(件)	实际数量占比(%)
合计	1173	100.00
周	5	0.43
秦	1	0.09
汉	583	49.70
唐	9	0.77

续表

可移动文物中国历史学年代	可移动文物实际数量（件）	实际数量占比（%）
宋	7	0.60
明	82	6.99
清	400	34.10
中华民国	30	2.56
中华人民共和国	56	4.77

3.级别

可移动文物级别

可移动文物级别	可移动文物实际数量（件）	实际数量占比（%）
合计	1216	100.00
一级	3	0.25
二级	4	0.33
三级	33	2.71
未定级	1176	96.71

4.来源

可移动文物来源

可移动文物来源	可移动文物实际数量（件）	实际数量占比（%）
合计	1216	100.00
征集购买	602	49.51
接受捐赠	83	6.83
旧藏	151	12.42
发掘	260	21.38
采集	59	4.85
拣选	1	0.08
其他	60	4.93

5.入藏时间

可移动文物入藏时间范围

可移动文物入藏时间范围	可移动文物实际数量（件）	实际数量占比（%）
合计	1216	100.00
1949年10月1日之前	1	0.08
1949年10月1日—1965年	0	0
1966—1976年	0	0
1977—2000年	1205	99.10
2001年至今	10	0.82

6.完残程度

可移动文物完残程度

可移动文物完残程度	可移动文物实际数量(件)	实际数量占比(%)
合计	1216	100.00
完整	247	20.31
基本完整	761	62.58
残缺	196	16.12
严重残缺(含缺失部件)	12	0.99

(二)彭水县可移动文物分布情况

1.按收藏单位隶属关系统计可移动文物数量

可移动文物数量分布(按收藏单位隶属关系)

收藏单位隶属关系	可移动文物实际数量(件)	实际数量占比(%)
合计	1216	100.00
中央属	0	0
省属	0	0
地市属	0	0
县区属	1215	99.92
乡镇街道属	1	0.08
其他	0	0

2.按收藏单位性质统计可移动文物数量

可移动文物数量分布(按收藏单位性质)

收藏单位性质	可移动文物实际数量(件)	实际数量占比(%)
合计	1216	100.00
国家机关	0	0
事业单位	1216	100.00
国有企业	0	0
其他	0	0

3.按收藏单位类型统计可移动文物数量

可移动文物数量分布(按收藏单位类型)

收藏单位类型	可移动文物实际数量(件)	实际数量占比(%)
合计	1216	100.00
博物馆、纪念馆	1064	87.50
图书馆	151	12.42
美术馆	0	0
档案馆	0	0
其他	1	0.08

4.按收藏单位所属行业统计可移动文物数量

可移动文物数量分布（按收藏单位所属行业）

收藏单位所属行业	可移动文物实际数量（件）	实际数量占比（%）
合计	1216	100.00
教育	1	0.08
文化、体育和娱乐业	1215	99.92

二、彭水县普查工作组织实施

（一）加强组织，健全机构

1.设立普查领导小组，成立普查机构

为加强普查工作的组织领导，彭水县人民政府成立了第一次全国可移动文物普查领导小组，负责彭水县普查工作的组织领导，协调解决重大问题。领导小组办公室设在县文化委，负责普查工作日常组织和具体协调。县政府有关部门各司其职、通力协作，做好普查相关工作，广泛动员和组织本系统国有单位积极参加普查工作。各乡镇人民政府、街道办事处按照县人民政府的统一部署，设立了相应的普查工作领导小组及其办公室，认真做好本行政区域内可移动文物普查的组织和实施工作，督促普查进度，确保普查质量。

2.制订普查实施方案和确定工作制度

2013年5月3日，为全面贯彻通知文件精神和要求，彭水县人民政府正式印发了《关于开展第一次全国可移动文物普查的通知》，着手启动可移动文物普查工作，要求各乡镇人民政府、各街道办事处、县政府各部门、各企事业单位积极配合做好相关工作。2013年5月4日，县人民政府办公室印发了《彭水苗族土家族自治县第一次全国可移动文物普查实施方案》，明确了本县文物普查工作的目标、范围、内容和组织实施要求。普查工作分为前期准备、普查实施和验收汇总3个阶段，包括培训组织工作，本行政区域内以县域为基本单元的调查、文物认定、信息采集和审核工作，以及普查成果整理和汇总工作。

3.落实普查工作经费

为了保证普查工作的顺利开展，彭水县财政局将普查经费列入相应年度的财政预算，2013年至2016年累计投入经费32万元（详见下表），有力地保障了普查工作的顺利开展。

彭水县2013—2016年可移动文物普查经费落实情况表（单位：万元）

年度	合计	2013年	2014年	2015年	2016年
金额	32	11	5	6	10

在经费使用上,彭水县普查办严格按照国家财务制度规定,加强经费管理,专款专用,厉行节约,反对浪费,确保资金使用的规范、安全、有效;同时,加强普查设备的登记、使用与管理,防止国有资产流失。

4.组建普查队伍

彭水县组建了一支由普查办工作人员、专家、收藏单位工作人员、志愿者等人员构成的普查队伍,人数多达63人(详见下表),大家共同合作、齐心协力,最终顺利完成普查工作任务。

彭水县可移动文物普查队伍统计表(单位:人)

合计	本级普查办	收藏单位	普查专家	普查志愿者
63	4	4	5	50

(二)划分阶段,有序实施

1.国有可移动文物收藏单位调查阶段

从2013年4月起,彭水县开展了国有可移动文物收藏单位调查工作。县普查办向行政区域内的1048家国有单位发放了《国有单位文物收藏情况调查登记表》《国有单位文物收藏情况调查汇总表》《可移动文物信息认定登记表》和《文物登记卡》,回收文物调查表1048份,回收率为100%,反馈有疑似文物收藏的国有单位7家。后经认定,最终确定3家国有单位收藏有文物。截至2016年6月,彭水县在全国可移动文物信息登录平台上注册国有单位信息为4家,其中1家注册后确认没有文物,最后在平台录入可移动文物信息的国有单位为3家。

2.国有可移动文物认定工作阶段

彭水县普查办在重庆市文物局博物馆处的指导下开展了本行政区域内的可移动文物认定工作,共计开展认定工作1次,认定收藏单位3家,新认定文物2件(其中县文物管理所1件,诸佛乡中心校1件)。

3.国有可移动文物信息采集登录阶段

2013年5月31日,彭水县完成了1048家国有单位调查,并在全国可移动文物信息登录平台上完成国有可移动文物收藏单位信息注册,开始采集登录可移动文物信息。截至2016年6月,彭水县在平台共录入1216件文物数据,采集登录进度达到100%。

4.国有可移动文物信息审核阶段

数据审核是可移动文物普查收官工作的关键环节,彭水县严格按照《第一次全国可移动文物普查数据审核工作管理办法》的要求,在文物数据采集阶段就进行初审,初审通过的数据信息才能上传至平台,县普查办通过平台在线审核全县数据,确认无误后再提交至市普查办,如有疑问的马上核实修改。市普查办组织专家对本县的普查数据进行了离线逐条审核并反馈了一些问题,县普查办组织专人针对这些问题及时进行整改,最后彭水县可移动文物普查数据顺利通过市级专家抽审,差错率控制在0.5%以内。

(三)宣传动员

根据《国务院关于开展第一次全国可移动文物普查的通知》(国发〔2012〕54号)和《重庆市人民政府关于开展第一次全国可移动文物普查的通知》(渝府发〔2013〕18号)文件要求,彭水县普查办按照本行政区域普查宣传动员工作的方式,积极开展宣传工作,制订宣传工作方案,采用新闻深度报道、专访、公益广告、微信等多种形式拓宽宣传渠道。县普查办组织制作了彭水县第一次全国可移动文物普查宣传片和彭水文化遗产系列纪录片,对馆藏文物精品和可移动文物普查工作进行广泛宣传,使普查工作深入人心,形成全民关注和参与的局面。其中深度报道2篇、专访1篇、县电视台报道20余次,《彭水日报》报道30余篇,工作简报8期。彭水县在2013—2016年的国际博物馆日推出了可移动文物普查工作图片展。

(四)质量控制

彭水县严格按照重庆市文物局转发国家文物局的《第一次全国可移动文物普查质量控制管理办法》,强化检查指导、质量抽查和数据审核机制,加大对普查质量的控制管理,具体根据普查各阶段的工作目标,动态确定考核内容,着重加强普查各环节的检查、总结和评估,保证普查成效。彭水县采取自我检查、巡回检查、专项督查、定期报告等多种方式进行进度和质量管理,取得了较好的成交,其中尤为注重对普查人员的培训工作。为提高业务工作能力,2013—2016年全县共组织4次普查培训,累计受训人数达104人。

(五)普查工作总结情况

1.编制普查档案

彭水县完善各阶段普查工作档案编制,2016年年底已经完成了入户调查档案整理。

2.普查专题研究

彭水县充分利用全国可移动文物信息登录平台,使收藏单位加强对文物的管理和利用,为数字博物馆建设奠定基础,实现馆藏文物数字化资源共享。充分利用馆藏资源,开展可移动文物文博创意产品开发工作。在2016年首届重庆文博创意产品评选活动中,彭水县文物管理所利用馆藏青花人物执盘开发的青花台屏获得"十大文博创意产品最佳设计奖"。

三、彭水县普查工作成果

（一）彭水县可移动文物资源情况及价值

1. 文物数量及分布

彭水县3个国有可移动文物收藏单位共采集登录文物1216件。从文物收藏单位的性质来看，100%的文物集中收藏在事业单位；从文物收藏单位的类型来看，87.50%的文物集中收藏在博物馆、纪念馆等文博系统内单位，文博系统外图书馆为12.42%，其他单位为0.08%。

2. 文物保存状况

彭水县可移动文物的保存状况在普查期间得到很大改善，主要体现在：一是县图书馆古籍图书全部放入县文物管理所文物库房保存；二是县文物管理所投入15万元配置专业的文物保管展示柜，实现馆藏珍贵文物全部入柜陈列展示，其他文物全部上架进柜保存；三是诸佛乡中心校对铁钟也进行了有效保护。

3. 文物价值

彭水县此次普查登录的1216件文物，具有较高的历史、科学和艺术价值，但由于目前文物管理所的面积狭小，对外开放的条件还不成熟，影响了对文物的展示与利用。县委、县政府领导高度重视文物的保护利用工作，彭水县于"十三五"时期在新城文化中心修建一个大型的文博展馆，将全县所有文物进行陈列展示，充分发挥彭水可移动文物的社会价值。

（二）建立健全管理机制

1. 建立文物档案

一是建立并完善了文物账目及档案的整理；二是3家收藏单位完成文物及档案信息化工作。

2. 健全制度规范

一是对文物库房进行了规范化管理，出台了《文物库房值班制度》；二是对文物展馆和文物库房制定双钥匙管理制度，由库房保管员和文管所所长双人管理。

3. 加强文物保护

目前，彭水县文物的保存环境还有待提高，专业的文物保管人员紧缺，文物保护技术严重落后。今后将进一步加大硬件投入，建立专业的博物馆，引进文博专业技术人才，不断提高馆藏文物的保护、研究、展示和利用水平。

（三）发挥文物在经济社会发展中的重要作用

一是出版了《第一次全国可移动文物普查成果集》，加大文化遗产保护宣传力度，扩大影响；二是充分利用馆藏资源，开展可移动文物文博创意产品的开发工作。

四、建议

希望重庆市文物局继续加大对贫困区县特别是渝东南地区博物馆建设的投入,尽快推进区县文物管理所的标准化建设,加大对文博专业技术人员的业务培训力度。

报告执笔人:杜继忠、陈秋艳

报告审阅人:夏伙根

重庆市第一次全国可移动文物普查收藏单位名录

<table>
<tr><td rowspan="5">万州区</td><td>单位名称</td><td colspan="4">重庆三峡学院</td></tr>
<tr><td>通信地址</td><td colspan="2">重庆市万州区沙龙路二段780号</td><td>邮政编码</td><td>404000</td></tr>
<tr><td>联系电话及传真</td><td colspan="2">023-58102320</td><td>网址</td><td>www.sanxiau.edu.cn</td></tr>
<tr><td rowspan="2">文物古籍总数</td><td colspan="3">珍贵文物</td><td rowspan="2">一般文物</td><td rowspan="2">未定级文物</td></tr>
<tr><td>一级</td><td>二级</td><td>三级</td></tr>
<tr><td colspan="1"></td><td>8544</td><td>0</td><td>0</td><td>0</td><td>0</td><td>8544</td></tr>
</table>

<table>
<tr><td rowspan="5">万州区</td><td>单位名称</td><td colspan="4">重庆三峡医药高等专科学校</td></tr>
<tr><td>通信地址</td><td colspan="2">重庆市万州区百安坝天星路366号</td><td>邮政编码</td><td>404120</td></tr>
<tr><td>联系电话及传真</td><td colspan="2">023-58556880,58567313（FAX）</td><td>网址</td><td>www.sxyyc.net</td></tr>
<tr><td rowspan="2">文物古籍总数</td><td colspan="3">珍贵文物</td><td rowspan="2">一般文物</td><td rowspan="2">未定级文物</td></tr>
<tr><td>一级</td><td>二级</td><td>三级</td></tr>
<tr><td></td><td>518</td><td>0</td><td>0</td><td>0</td><td>0</td><td>518</td></tr>
</table>

<table>
<tr><td rowspan="5">万州区</td><td>单位名称</td><td colspan="4">重庆三峡中心医院</td></tr>
<tr><td>通信地址</td><td colspan="2">重庆市万州区新城路165号</td><td>邮政编码</td><td>404000</td></tr>
<tr><td>联系电话及传真</td><td colspan="2">023-58103079,58104578（FAX）</td><td>网址</td><td></td></tr>
<tr><td rowspan="2">文物古籍总数</td><td colspan="3">珍贵文物</td><td rowspan="2">一般文物</td><td rowspan="2">未定级文物</td></tr>
<tr><td>一级</td><td>二级</td><td>三级</td></tr>
<tr><td></td><td>223</td><td>0</td><td>0</td><td>0</td><td>0</td><td>223</td></tr>
</table>

<table>
<tr><td rowspan="7">万州区</td><td>单位名称</td><td colspan="4">重庆市万州区博物馆（文物管理所）</td></tr>
<tr><td>通信地址</td><td colspan="2">重庆市万州区南滨大道1561号</td><td>邮政编码</td><td>404000</td></tr>
<tr><td>联系电话</td><td colspan="2">023-61018865</td><td>网址</td><td>www.cqsxymjng.cn</td></tr>
<tr><td rowspan="2">文物古籍总数</td><td colspan="3">珍贵文物</td><td rowspan="2">一般文物</td><td rowspan="2">未定级文物</td></tr>
<tr><td>一级</td><td>二级</td><td>三级</td></tr>
<tr><td></td><td>59358</td><td>13</td><td>24</td><td>573</td><td>2691</td><td>56057</td></tr>
<tr><td>标本化石总数</td><td colspan="2">珍贵</td><td colspan="2">一般</td><td>其他</td></tr>
<tr><td></td><td>22</td><td colspan="2">0</td><td colspan="2">22</td><td>0</td></tr>
</table>

	单位名称	重庆市万州革命烈士陵园管理中心					
万州区	通信地址	重庆市万州区白岩办事处红光村七社		邮政编码		404000	
	联系电话及传真	023-58204331		网址			
	文物古籍总数		珍贵文物			一般文物	未定级文物
			一级	二级	三级		
	12		0	0	0	0	12

	单位名称	重庆三峡京剧团					
万州区	通信地址	重庆市万州区和平广场1号		邮政编码		404000	
	联系电话	13609434861		网址			
	文物古籍总数		珍贵文物			一般文物	未定级文物
			一级	二级	三级		
	16		0	0	0	0	16

	单位名称	重庆市万州区图书馆					
万州区	通信地址	重庆市万州区白岩路159号		邮政编码		404000	
	联系电话及传真	023-58124884		网址			
	文物古籍总数		珍贵文物			一般文物	未定级文物
			一级	二级	三级		
	22745		0	0	0	0	22745

	单位名称	重庆市万州区三峡都市报社					
万州区	通信地址	重庆市万州区新城路128号		邮政编码		404000	
	联系电话及传真	023-58124333		网址		www.sxcm.net	
	文物古籍总数		珍贵文物			一般文物	未定级文物
			一级	二级	三级		
	6		0	0	0	0	6

万州区	单位名称	重庆市万州区天城镇卫生院					
	通信地址	重庆市万州区天城镇德胜路168号			邮政编码	404000	
	联系电话及传真	023-58412386,58412386(FAX)			网址		
	文物古籍总数		珍贵文物			一般文物	未定级文物
		一级	二级	三级			
	1	0	0	0		0	1

万州区	单位名称	重庆市三峡曲艺团					
	通信地址	重庆市万州区天城大道707号			邮政编码	404000	
	联系电话及传真	023-58117944			网址		
	文物古籍总数		珍贵文物			一般文物	未定级文物
		一级	二级	三级			
	3	0	0	0		0	3

万州区	单位名称	重庆市万州区地方志办公室					
	通信地址	重庆市万州区周家坝天城大道756号			邮政编码	404000	
	联系电话及传真	023-58378201,58378202(FAX)			网址		
	文物古籍总数		珍贵文物			一般文物	未定级文物
		一级	二级	三级			
	6	0	0	0		0	6

万州区	单位名称	重庆市万州区新田镇人民政府					
	通信地址	重庆市万州区新田镇五新路888号			邮政编码	404027	
	联系电话及传真	023-58581002,58582605(FAX)			网址		
	文物古籍总数		珍贵文物			一般文物	未定级文物
		一级	二级	三级			
	1	0	0	0		0	1

<table>
<tr><td rowspan="4">万州区</td><td>单位名称</td><td colspan="4">重庆市万州区技术监督局</td></tr>
<tr><td>通信地址</td><td colspan="2">重庆市万州区万丰路41号</td><td>邮政编码</td><td>404000</td></tr>
<tr><td>联系电话及传真</td><td colspan="2">023-87500702</td><td>网址</td><td></td></tr>
<tr><td rowspan="2">文物古籍总数</td><td colspan="3">珍贵文物</td><td rowspan="2">一般文物</td><td rowspan="2">未定级文物</td></tr>
</table>

		一级	二级	三级		
	5	0	0	0	0	5

<table>
<tr><td rowspan="4">万州区</td><td>单位名称</td><td colspan="4">重庆三峡水利电力(集团)股份有限公司</td></tr>
<tr><td>通信地址</td><td colspan="2">重庆市万州区高笋塘85号</td><td>邮政编码</td><td>404000</td></tr>
<tr><td>联系电话及传真</td><td colspan="2">023-87509622,58237588(FAX)</td><td>网址</td><td>www.cqsxsl.com</td></tr>
<tr><td>文物古籍总数</td><td colspan="3">珍贵文物</td><td>一般文物</td><td>未定级文物</td></tr>
</table>

		一级	二级	三级		
	49	0	0	0	0	49

<table>
<tr><td rowspan="4">涪陵区</td><td>单位名称</td><td colspan="4">中共重庆市涪陵区委党史研究室</td></tr>
<tr><td>通信地址</td><td colspan="2">重庆市涪陵区太极大道71号</td><td>邮政编码</td><td>408099</td></tr>
<tr><td>联系电话及传真</td><td colspan="2">023-72813178</td><td>网址</td><td></td></tr>
<tr><td>文物古籍总数</td><td colspan="3">珍贵文物</td><td>一般文物</td><td>未定级文物</td></tr>
</table>

		一级	二级	三级		
	1	0	0	0	0	1

<table>
<tr><td rowspan="4">涪陵区</td><td>单位名称</td><td colspan="4">重庆市涪陵区博物馆(文物管理所)</td></tr>
<tr><td>通信地址</td><td colspan="2">重庆市涪陵区兴华中路72号</td><td>邮政编码</td><td>408099</td></tr>
<tr><td>联系电话及传真</td><td colspan="2">023-72870575</td><td>网址</td><td></td></tr>
<tr><td>文物古籍总数</td><td colspan="3">珍贵文物</td><td>一般文物</td><td>未定级文物</td></tr>
</table>

		一级	二级	三级		
	34067	5	3	301	19236	14522

涪陵区	单位名称	重庆市涪陵区少年儿童图书馆					
	通信地址	重庆市涪陵区中山西路18号			邮政编码	408000	
	联系电话及传真	023-72271523,72271516（FAX）			网址		
	文物古籍总数	珍贵文物			一般文物	未定级文物	
		一级	二级	三级			
	81	0	0	0	0	81	

涪陵区	单位名称	重庆市涪陵区图书馆					
	通信地址	重庆市涪陵区滨江大道二段555号			邮政编码	408000	
	联系电话及传真	023-72237878,72239377（FAX）			网址	www.cqlib.org.cn	
	文物古籍总数	珍贵文物			一般文物	未定级文物	
		一级	二级	三级			
	4557	0	0	0	0	4557	

渝中区	单位名称	史迪威研究中心					
	通信地址	重庆市渝中区嘉陵新路63号			邮政编码	400015	
	联系电话及传真	023-63838273,63852544（FAX）			网址		
	文物古籍总数	珍贵文物			一般文物	未定级文物	
		一级	二级	三级			
	22	0	0	0	0	22	

渝中区	单位名称	重庆市文化遗产研究院					
	通信地址	重庆市渝中区枇杷山正街72号			邮政编码	400013	
	联系电话及传真	023-63526660			网址	www.cqkaogu.com	
	文物古籍总数	珍贵文物			一般文物	未定级文物	
		一级	二级	三级			
	22614	0	2	68	0	22544	
	标本化石总数	珍贵		一般		其他	
	93	0		0		93	

	单位名称	重庆大韩民国临时政府旧址陈列馆					
渝中区	通信地址	重庆市渝中区七星岗莲花池38号		邮政编码	400001		
	联系电话及传真	023-63820753,63736504(FAX)		网址			
	文物古籍总数		珍贵文物			一般文物	未定级文物
		一级	二级	三级			
	31	2	9	8		12	0

	单位名称	重庆中国三峡博物馆					
渝中区	通信地址	重庆市渝中区人民路236号		邮政编码	400015		
	联系电话及传真	023-63679010,63679014(FAX)		网址	www.3gmuseum.cn		
	文物古籍总数		珍贵文物			一般文物	未定级文物
		一级	二级	三级			
	279035	1114	4296	21480		214820	37325

	单位名称	重庆红岩革命历史博物馆					
渝中区	通信地址	重庆市渝中区红岩村52号		邮政编码	400043		
	联系电话及传真	023-63300192,63303075(FAX)		网址	www.hongyan.info		
	文物古籍总数		珍贵文物			一般文物	未定级文物
		一级	二级	三级			
	37189	296	520	3918		3827	28628

	单位名称	重庆市渝中区图书馆					
渝中区	通信地址	重庆市渝中区两路口中山三路32号文图大厦			邮政编码	400014	
	联系电话及传真	023-63928809		网址	www.yzqlib.cn		
	文物古籍总数		珍贵文物			一般文物	未定级文物
		一级	二级	三级			
	1632	0	0	0		0	1632

渝中区	单位名称	重庆历史名人馆				
	通信地址	重庆市渝中区朝东路附1号		邮政编码	400011	
	联系电话及传真	023-63103313,63103328(FAX)		网址	www.cqlsmrw.com	
	文物古籍总数	珍贵文物			一般文物	未定级文物
		一级	二级	三级		
	82	0	0	19	63	0

渝中区	单位名称	重庆市渝中区文物保护管理所				
	通信地址	重庆市渝中区人民公园3号		邮政编码	400012	
	联系电话及传真	023-63915102,63915102(FAX)		网址		
	文物古籍总数	珍贵文物			一般文物	未定级文物
		一级	二级	三级		
	93	0	2	5	10	76

渝中区	单位名称	重庆湖广会馆实业发展有限公司				
	通信地址	重庆市渝中区长滨路芭蕉园1号		邮政编码	400013	
	联系电话及传真	023-63929011		网址		
	文物古籍总数	珍贵文物			一般文物	未定级文物
		一级	二级	三级		
	1523	0	0	13	1461	49

渝中区	单位名称	重庆市设计院				
	通信地址	重庆市渝中区人和街31号		邮政编码	400015	
	联系电话及传真	023-63619826,63856935(FAX)		网址	www.cqadi.com.cn	
	文物古籍总数	珍贵文物			一般文物	未定级文物
		一级	二级	三级		
	34	0	0	0	0	34

大渡口区	单位名称	重庆钢铁(集团)有限责任公司					
	通信地址	重庆市大渡口区钢花路8号钢城大厦5/6楼			邮政编码	400080	
	联系电话及传真	023-68843319,68849988(FAX)			网址	www.cqgtjt.com	
	文物古籍总数		珍贵文物			一般文物	未定级文物
		一级	二级	三级			
	1298	0	34	41		0	1223

大渡口区	单位名称	重庆市大渡口区文物管理所					
	通信地址	重庆市大渡口钢花路1号			邮政编码	400084	
	联系电话及传真	023-68428053,68900253(FAX)			网址		
	文物古籍总数		珍贵文物			一般文物	未定级文物
		一级	二级	三级			
	180	0	1	34		0	145

大渡口区	单位名称	重庆市大渡口区档案局					
	通信地址	重庆市大渡口区松青路98号			邮政编码	400084	
	联系电话及传真	023-68920186			网址		
	文物古籍总数		珍贵文物			一般文物	未定级文物
		一级	二级	三级			
	2	0	0	0		0	2

大渡口区	单位名称	重庆工业博物馆置业有限公司					
	通信地址	重庆市大渡口区跃进村街道李子林红楼			邮政编码	400080	
	联系电话及传真	023-61843550			网址		
	文物古籍总数		珍贵文物			一般文物	未定级文物
		一级	二级	三级			
	602	0	0	0		0	602

	单位名称	重庆市中医院				
江北区	通信地址	重庆市江北区盘溪七支路6号		邮政编码	400021	
	联系电话及传真	023-67063904,67665886（FAX）		网址	www.cqszyy.com	
	文物古籍总数	珍贵文物			一般文物	未定级文物
		一级	二级	三级		
	177	0	0	0	0	177

	单位名称	重庆市江北区文物保护管理所				
江北区	通信地址	重庆市江北区建新东路310号		邮政编码	400000	
	联系电话及传真	023-67015965,67017139（FAX）		网址		
	文物古籍总数	珍贵文物			一般文物	未定级文物
		一级	二级	三级		
	573	1	2	53	517	0

	单位名称	重庆市第八中学校				
沙坪坝区	通信地址	重庆市沙坪坝区小龙坎正街96号		邮政编码	400030	
	联系电话及传真	023-61702909,65313696（FAX）		网址	https://cqbz.cn	
	文物古籍总数	珍贵文物			一般文物	未定级文物
		一级	二级	三级		
	250	0	0	0	0	250

	单位名称	重庆大学教育发展基金会				
沙坪坝区	通信地址	重庆市沙坪坝正街174号重庆大学A区内		邮政编码	400044	
	联系电话及传真	023-65102082		网址	edf.cqu.edu.cn	
	文物古籍总数	珍贵文物			一般文物	未定级文物
		一级	二级	三级		
	66	0	0	0	0	66

沙坪坝区	单位名称	重庆大学图书馆					
	通信地址	重庆市沙坪坝正街174号重庆大学A区内			邮政编码	400044	
	联系电话及传真	023-65112374			网址	lib.cqu.edu.cn	
	文物古籍总数	珍贵文物			一般文物	未定级文物	
		一级	二级	三级			
	11998	0	0	0	0	11998	

沙坪坝区	单位名称	重庆师范大学					
	通信地址	重庆市沙坪坝区虎溪街道大学城中路37号			邮政编码	401331	
	联系电话及传真	023-65362555			网址	www.cqnu.edu.cn	
	文物古籍总数	珍贵文物			一般文物	未定级文物	
		一级	二级	三级			
	26800	0	0	0	0	26800	

沙坪坝区	单位名称	重庆市沙坪坝区文物管理所					
	通信地址	重庆市沙坪坝区西永街道香蕉园村郭沫若旧居			邮政编码	401332	
	联系电话及传真	023-65661936			网址		
	文物古籍总数	珍贵文物			一般文物	未定级文物	
		一级	二级	三级			
	464	0	0	0	0	464	

沙坪坝区	单位名称	重庆市沙坪坝区档案局					
	通信地址	重庆市沙坪坝区天星桥晒光坪56号			邮政编码	400038	
	联系电话及传真	023-65311794			网址		
	文物古籍总数	珍贵文物			一般文物	未定级文物	
		一级	二级	三级			
	49	0	0	0	0	49	

沙坪坝区	单位名称	重庆图书馆					
	通信地址	重庆市沙坪坝区凤天大道106号			邮政编码	400037	
	联系电话及传真	023-65210611			网址	www.cqlib.cn	
	文物古籍总数		珍贵文物			一般文物	未定级文物
		一级	二级	三级			
	299437	0	0	0		0	299437

沙坪坝区	单位名称	重庆市档案馆					
	通信地址	重庆市沙坪坝区天星桥晒光坪56号			邮政编码	400038	
	联系电话及传真	023-63898101,65312840(FAX)			网址	jda.cq.gov.cn	
	文物古籍总数		珍贵文物			一般文物	未定级文物
		一级	二级	三级			
	117	0	0	0		0	117

九龙坡区	单位名称	重庆市育才中学校					
	通信地址	重庆市九龙坡区谢家湾正街92号			邮政编码	400050	
	联系电话及传真	023-86051088,68852884(FAX)			网址	www.cqyc.com	
	文物古籍总数		珍贵文物			一般文物	未定级文物
		一级	二级	三级			
	11	0	0	8		3	0

九龙坡区	单位名称	四川美术学院					
	通信地址	重庆市九龙坡区黄桷坪正街158号			邮政编码	401331	
	联系电话及传真	023-65921111,65922222(FAX)			网址	www.scfai.edu.cn	
	文物古籍总数		珍贵文物			一般文物	未定级文物
		一级	二级	三级			
	2916	0	0	0		0	2916

	单位名称	巴人博物馆（九龙坡区文物管理所）					
九龙坡区	通信地址	重庆市九龙坡区九龙园区红狮大道6号			邮政编码	400080	
	联系电话及传真	023-68159746			网址		
	文物古籍总数		珍贵文物			一般文物	未定级文物
			一级	二级	三级		
	1818		0	0	8	1810	0

	单位名称	重庆市九龙坡区图书馆					
九龙坡区	通信地址	重庆市九龙坡区杨家坪西郊支路19号			邮政编码	400050	
	联系电话及传真	023-68432039			网址	www.cqjlplib.com	
	文物古籍总数		珍贵文物			一般文物	未定级文物
			一级	二级	三级		
	74		0	0	0	0	74

	单位名称	重庆警察博物馆					
九龙坡区	通信地址	重庆市九龙坡区科园六路42号			邮政编码	400041	
	联系电话及传真	023-63757536,63757534(FAX)			网址		
	文物古籍总数		珍贵文物			一般文物	未定级文物
			一级	二级	三级		
	82		3	36	43	0	0

	单位名称	重庆赛力盟电机有限责任公司					
九龙坡区	通信地址	重庆市九龙坡区九龙工业园C区聚业路111号			邮政编码	401329	
	联系电话及传真	023-89093215,65261853(FAX)			网址	www.cemf.com.cn	
	文物古籍总数		珍贵文物			一般文物	未定级文物
			一级	二级	三级		
	2		0	0	0	2	0

九龙坡区	单位名称	重庆市九龙坡区华岩寺（佛教协会佛学院）					
	通信地址	重庆市九龙坡区中梁山街道华岩村152号			邮政编码	400052	
	联系电话及传真	18696594144，023-65255861（FAX）			网址		
	文物古籍总数		珍贵文物			一般文物	未定级文物
			一级	二级	三级		
	2803		0	0	0	473	2330

南岸区	单位名称	重庆市南岸区图书馆					
	通信地址	重庆市南岸区南城大道199号			邮政编码	400060	
	联系电话及传真	023-62988546			网址	www.natsg.org.cn	
	文物古籍总数		珍贵文物			一般文物	未定级文物
			一级	二级	三级		
	93		0	0	0	0	93

南岸区	单位名称	重庆抗战遗址博物馆					
	通信地址	重庆市南岸区南山植物园路1号			邮政编码	400065	
	联系电话及传真	023-62463686，62465242（FAX）			网址	www.cqkangzhan.com	
	文物古籍总数		珍贵文物			一般文物	未定级文物
			一级	二级	三级		
	1099		15	51	586	159	288

南岸区	单位名称	重庆市南岸区文物管理所					
	通信地址	重庆市南岸区下浩社区觉林寺95号			邮政编码	400066	
	联系电话及传真	023-62872463			网址		
	文物古籍总数		珍贵文物			一般文物	未定级文物
			一级	二级	三级		
	3008		0	0	45	583	2380

南岸区	单位名称	重庆市中药研究院					
	通信地址	重庆市南岸区黄桷垭南山路34号			邮政编码	400065	
	联系电话及传真	023-89029169,89029081（FAX）			网址	www.cqacmm.com	
	文物古籍总数		珍贵文物			一般文物	未定级文物
		一级	二级	三级			
	656	0	0	0		0	656

南岸区	单位名称	重庆市广益中学校					
	通信地址	重庆市南岸区黄桷垭文峰段78号			邮政编码	400065	
	联系电话及传真	023-62466701,62627262（FAX）			网址	www.cqgyzx.com	
	文物古籍总数		珍贵文物			一般文物	未定级文物
		一级	二级	三级			
	7	0	0	0		0	7

南岸区	单位名称	重庆市南山植物园管理处			
	通信地址	重庆市南岸区南山植物园路101号		邮政编码	400065
	联系电话及传真	023-62479551		网址	www.cqnsbg.com
	标本化石总数	珍贵		一般	其他
	87	0		85	2

南岸区	单位名称	重庆市南岸区道教老君洞					
	通信地址	重庆市南岸区南山街道老君坡29号附1号			邮政编码	400065	
	联系电话及传真	023-62881055			网址		
	文物古籍总数		珍贵文物			一般文物	未定级文物
		一级	二级	三级			
	68	0	0	0		0	68

	单位名称	重庆市南岸黄桷垭基督教堂				
南岸区	通信地址	重庆市南岸区南山街道文峰段30号		邮政编码	400065	
	联系电话	13996110094		网址		
	文物古籍总数	珍贵文物			一般文物	未定级文物
		一级	二级	三级		
	1	0	0	0	0	1

	单位名称	西南大学				
北碚区	通信地址	重庆市北碚区天生路2号		邮政编码	400715	
	联系电话及传真	023-68254009		网址	www.swu.edu.cn	
	文物古籍总数	珍贵文物			一般文物	未定级文物
		一级	二级	三级		
	75288	2	2	0	0	75284

	单位名称	重庆市北碚区博物馆(文物管理所)				
北碚区	通信地址	重庆市北碚区云清路77号		邮政编码	400700	
	联系电话及传真	023-68325828		网址	www.beibeibwg.com	
	文物古籍总数	珍贵文物			一般文物	未定级文物
		一级	二级	三级		
	1436	0	0	0	0	1436

	单位名称	重庆市北碚区图书馆				
北碚区	通信地址	重庆市北碚区公园村26号		邮政编码	400700	
	联系电话及传真	023-60313607,60313602(FAX)		网址	www.cqbblib.org.cn	
	文物古籍总数	珍贵文物			一般文物	未定级文物
		一级	二级	三级		
	102968	0	3	68	0	102897

北碚区	单位名称	重庆自然博物馆			
	通信地址	重庆市北碚区金华路398号	邮政编码	400700	
	联系电话及传真	023-63521630	网址	www.cmnh.org.cn	
	标本化石总数	珍贵	一般	其他	
	94880	2788	87708	4384	

綦江区	单位名称	重庆市綦江区文物管理所（綦江博物馆）				
	通信地址	重庆市綦江区古南街道农场村三社		邮政编码	401420	
	联系电话及传真	023-48690516		网址	www.qjbwg.com	
	文物古籍总数	珍贵文物			一般文物	未定级文物
		一级	二级	三级		
	8129	0	37	163	798	7131

綦江区	单位名称	重庆市綦江区图书馆				
	通信地址	重庆市綦江区古南街道北街68号		邮政编码	401420	
	联系电话及传真	023-48678672		网址		
	文物古籍总数	珍贵文物			一般文物	未定级文物
		一级	二级	三级		
	629	0	0	0	0	629

大足区	单位名称	大足区石刻研究院				
	通信地址	重庆市大足区龙岗街道北山路7号		邮政编码	402360	
	联系电话及传真	023-43722268,43729600（FAX）		网址	www.dzshike.com	
	文物古籍总数	珍贵文物			一般文物	未定级文物
		一级	二级	三级		
	8017	3	8	65	4	7937

<table>
<tr><td rowspan="4">大足区</td><td>单位名称</td><td colspan="4">中共重庆市大足区委党史研究室</td><td></td><td></td></tr>
<tr><td>通信地址</td><td colspan="4">重庆市大足区棠香街道办事处北环二路东段1号党政办公中心207室</td><td>邮政编码</td><td>402360</td></tr>
<tr><td>联系电话及传真</td><td colspan="4">023-43762848</td><td>网址</td><td></td></tr>
<tr><td rowspan="2">文物古籍总数</td><td colspan="3">珍贵文物</td><td rowspan="2">一般文物</td><td rowspan="2" colspan="2">未定级文物</td></tr>
<tr><td>一级</td><td>二级</td><td>三级</td></tr>
<tr><td></td><td>7</td><td>0</td><td>0</td><td>0</td><td>0</td><td colspan="2">7</td></tr>
</table>

<table>
<tr><td rowspan="4">渝北区</td><td>单位名称</td><td colspan="4">重庆市渝北区档案局</td><td></td><td></td></tr>
<tr><td>通信地址</td><td colspan="4">重庆市渝北区义学路64号</td><td>邮政编码</td><td>401120</td></tr>
<tr><td>联系电话及传真</td><td colspan="4">023-67821709</td><td>网址</td><td></td></tr>
<tr><td rowspan="2">文物古籍总数</td><td colspan="3">珍贵文物</td><td rowspan="2">一般文物</td><td rowspan="2" colspan="2">未定级文物</td></tr>
<tr><td>一级</td><td>二级</td><td>三级</td></tr>
<tr><td></td><td>2</td><td>0</td><td>0</td><td>0</td><td>0</td><td colspan="2">2</td></tr>
</table>

<table>
<tr><td rowspan="4">渝北区</td><td>单位名称</td><td colspan="4">重庆市渝北区中华职业教育社</td><td></td><td></td></tr>
<tr><td>通信地址</td><td colspan="4">重庆市渝北区回兴街道宝圣东路501号</td><td>邮政编码</td><td>401120</td></tr>
<tr><td>联系电话及传真</td><td colspan="4">023-67211670</td><td>网址</td><td></td></tr>
<tr><td rowspan="2">文物古籍总数</td><td colspan="3">珍贵文物</td><td rowspan="2">一般文物</td><td rowspan="2" colspan="2">未定级文物</td></tr>
<tr><td>一级</td><td>二级</td><td>三级</td></tr>
<tr><td></td><td>21</td><td>0</td><td>0</td><td>0</td><td>0</td><td colspan="2">21</td></tr>
</table>

<table>
<tr><td rowspan="4">渝北区</td><td>单位名称</td><td colspan="4">西南政法大学</td><td></td><td></td></tr>
<tr><td>通信地址</td><td colspan="4">重庆市渝北区宝圣大道301号</td><td>邮政编码</td><td>401120</td></tr>
<tr><td>联系电话及传真</td><td colspan="4">023-67258767,67258755（FAX）</td><td>网址</td><td>www.swupl.edu.cn</td></tr>
<tr><td rowspan="2">文物古籍总数</td><td colspan="3">珍贵文物</td><td rowspan="2">一般文物</td><td rowspan="2" colspan="2">未定级文物</td></tr>
<tr><td>一级</td><td>二级</td><td>三级</td></tr>
<tr><td></td><td>7628</td><td>0</td><td>0</td><td>0</td><td>0</td><td colspan="2">7628</td></tr>
</table>

	单位名称	\multicolumn{4}{c	}{重庆市渝北区文化遗产保护中心（重庆巴渝民俗博物馆）}	
渝北区	通信地址	\multicolumn{3}{c	}{重庆市渝北区双龙大道2号}	邮政编码	401120
	联系电话及传真	\multicolumn{2}{c	}{023-67821596}	网址	\multicolumn{2}{c	}{www.ybwb.com.cn}
	文物古籍总数	\multicolumn{3}{c	}{珍贵文物}	一般文物	未定级文物
		一级	二级	三级		
	9752	0	11	212	786	8743
	标本化石总数	\multicolumn{2}{c	}{珍贵}	\multicolumn{2}{c	}{一般}	其他
	40	\multicolumn{2}{c	}{0}	\multicolumn{2}{c	}{0}	40

	单位名称	\multicolumn{4}{c	}{重庆川剧博物馆}	
渝北区	通信地址	\multicolumn{3}{c	}{重庆市渝北区金山大道2号}	邮政编码	401121
	联系电话及传真	\multicolumn{2}{c	}{023-63011293,63011010（FAX）}	网址		
	文物古籍总数	\multicolumn{3}{c	}{珍贵文物}	一般文物	未定级文物
		一级	二级	三级		
	207	0	4	71	132	0

	单位名称	\multicolumn{4}{c	}{重庆市巴南区文物保护管理所（巴南区文化遗产保护中心）}	
巴南区	通信地址	\multicolumn{3}{c	}{重庆市巴南区渝南大道公园北路文化艺术中心}	邮政编码	401320
	联系电话及传真	\multicolumn{2}{c	}{023-66215361}	网址		
	文物古籍总数	\multicolumn{3}{c	}{珍贵文物}	一般文物	未定级文物
		一级	二级	三级		
	4504	2	30	187	338	3947

	单位名称	\multicolumn{4}{c	}{重庆市巴南区图书馆}	
巴南区	通信地址	\multicolumn{3}{c	}{重庆市巴南区渝南大道公园北路文化艺术中心}	邮政编码	401320
	联系电话及传真	\multicolumn{2}{c	}{023-66223062,86991793（FAX）}	网址		
	文物古籍总数	\multicolumn{3}{c	}{珍贵文物}	一般文物	未定级文物
		一级	二级	三级		
	8046	0	75	0	0	7971

黔江区	单位名称	重庆市黔江区冯家街道办事处					
	通信地址	重庆市黔江区桂花路68号				邮政编码	409006
	联系电话及传真	023-79422023				网址	
	文物古籍总数		珍贵文物			一般文物	未定级文物
			一级	二级	三级		
	4		0	0	0	4	0

黔江区	单位名称	重庆市黔江区文物管理所					
	通信地址	重庆市黔江区城西街道新华大道西段520号				邮政编码	409000
	联系电话及传真	023-79222189				网址	
	文物古籍总数		珍贵文物			一般文物	未定级文物
			一级	二级	三级		
	3353		3	19	42	3288	1

黔江区	单位名称	重庆市民族博物馆					
	通信地址	重庆市黔江区新华大道西段512号				邮政编码	409000
	联系电话及传真	023-79238807,79223769(FAX)				网址	
	文物古籍总数		珍贵文物			一般文物	未定级文物
			一级	二级	三级		
	53		0	0	0	32	21

黔江区	单位名称	重庆市黔江区图书馆					
	通信地址	重庆市黔江区舟白街道学府路1号				邮政编码	409000
	联系电话及传真	023-79222438				网址	www.qjtsg.com
	文物古籍总数		珍贵文物			一般文物	未定级文物
			一级	二级	三级		
	2896		0	0	0	0	2896

	单位名称	重庆市黔江区旅游天地有限公司					
黔江区	通信地址	重庆市黔江区西沙北路100号			邮政编码	409000	
	联系电话及传真	023-79225066			网址		
	文物古籍总数		珍贵文物			一般文物	未定级文物
		一级	二级	三级			
	51	0	0	0		51	0

	单位名称	重庆市长寿区龙河镇合兴卫生院					
长寿区	通信地址	重庆市长寿区龙河镇合兴正街58号			邮政编码	401243	
	联系电话及传真	13635465265,023-40852982(FAX)			网址		
	文物古籍总数		珍贵文物			一般文物	未定级文物
		一级	二级	三级			
	5	0	0	0		0	5

	单位名称	重庆市长寿区图书馆					
长寿区	通信地址	重庆市长寿区菩提街道文苑大道6号			邮政编码	401220	
	联系电话及传真	13036302493,023-40249107(FAX)			网址	www.cqcslib.cn	
	文物古籍总数		珍贵文物			一般文物	未定级文物
		一级	二级	三级			
	285	0	0	0		0	285

	单位名称	重庆市长寿区文物管理所					
长寿区	通信地址	重庆市长寿区菩提街道桃源大道9号			邮政编码	401220	
	联系电话及传真	023-40663065,40661162(FAX)			网址		
	文物古籍总数		珍贵文物			一般文物	未定级文物
		一级	二级	三级			
	23090	0	0	30		0	23060

江津区	单位名称	重庆市聚奎中学校					
	通信地址	重庆市江津区白沙镇黑石山		邮政编码		402289	
	联系电话及传真	023-47328131		网址		www.jukuizx.com	
	文物古籍总数		珍贵文物			一般文物	未定级文物
		一级	二级	三级			
	10138	0	0	0		0	10138

江津区	单位名称	重庆市江津中学校					
	通信地址	重庆市江津区几江街道鼎山大道816号		邮政编码		402260	
	联系电话及传真	023-47571728		网址		www.cqjjzx.com	
	文物古籍总数		珍贵文物			一般文物	未定级文物
		一级	二级	三级			
	54	0	8	1		0	45

江津区	单位名称	重庆市江津区继侨小学校					
	通信地址	重庆市江津区夏坝镇五岔场10号		邮政编码		402267	
	联系电话及传真	023-47658088		网址			
	文物古籍总数		珍贵文物			一般文物	未定级文物
		一级	二级	三级			
	31	0	0	0		0	31

江津区	单位名称	重庆市江津区文物管理所					
	通信地址	重庆市江津区几江街道大同路120号		邮政编码		402260	
	联系电话及传真	023-47522901		网址			
	文物古籍总数		珍贵文物			一般文物	未定级文物
		一级	二级	三级			
	2079	0	18	230		1829	2

	单位名称	聂荣臻元帅陈列馆				
江津区	通信地址	重庆市江津区几江街道鼎山大道386号		邮政编码	402260	
	联系电话及传真	023-47562678		网址		
	文物古籍总数		珍贵文物		一般文物	未定级文物
		一级	二级	三级		
	1592	0	16	221	484	871

	单位名称	重庆市江津区陈独秀旧居陈列馆				
江津区	通信地址	重庆市江津区几江街道五举村石墙院社8号		邮政编码	402260	
	联系电话及传真	023-47583958		网址		
	文物古籍总数		珍贵文物		一般文物	未定级文物
		一级	二级	三级		
	44	0	0	0	8	36

	单位名称	重庆市江津区塘河镇文化站				
江津区	通信地址	重庆市江津区塘河镇河坝街26号		邮政编码	402237	
	联系电话及传真	023-47346488		网址		
	文物古籍总数		珍贵文物		一般文物	未定级文物
		一级	二级	三级		
	6	0	0	2	0	4

	单位名称	重庆市江津区白沙镇综合文化站				
江津区	通信地址	重庆市江津区白沙镇中滨路115号		邮政编码	402260	
	联系电话及传真	023-47338050		网址		
	文物古籍总数		珍贵文物		一般文物	未定级文物
		一级	二级	三级		
	2	0	0	0	0	2

江津区	单位名称	重庆市江津区图书馆					
	通信地址	重庆市江津区几江街道鼎山大道667附2号			邮政编码	402260	
	联系电话及传真	023-47521027			网址	www.jjtsg.com	
	文物古籍总数		珍贵文物			一般文物	未定级文物
		一级	二级	三级			
	18640	0	0	0		0	18640

合川区	单位名称	重庆市合川区档案局					
	通信地址	重庆市合川区希尔安大道222号			邮政编码	401520	
	联系电话及传真	023-42756826			网址		
	文物古籍总数		珍贵文物			一般文物	未定级文物
		一级	二级	三级			
	2	0	0	0		0	2

合川区	单位名称	中共重庆市合川区委党史地方志办公室					
	通信地址	重庆市合川区希尔安大道222号(区档案局104)			邮政编码	401520	
	联系电话及传真	023-42756818			网址		
	文物古籍总数		珍贵文物			一般文物	未定级文物
		一级	二级	三级			
	54	0	0	0		0	54

合川区	单位名称	重庆市合川区文物管理所					
	通信地址	重庆市合川区鹤林巷8号			邮政编码	401520	
	联系电话及传真	023-42725969,42747326(FAX)			网址		
	文物古籍总数		珍贵文物			一般文物	未定级文物
		一级	二级	三级			
	27379	1	23	105		2	27248
	标本化石总数	珍贵		一般			其他
	18			18			

	单位名称	钓鱼城风景名胜区管理局(钓鱼城古战场遗址博物馆)					
合川区	通信地址	重庆市合川区南园东路99号		邮政编码		401520	
	联系电话及传真	023-42821586		网址			
	文物古籍总数		珍贵文物			一般文物	未定级文物
		一级	二级		三级		
	206	0	6		28	171	1

	单位名称	重庆市合川区图书馆					
合川区	通信地址	重庆市合川区交通街140号		邮政编码		401520	
	联系电话及传真	023-42833426,42840739(FAX)		网址		www.cqhctsg.cn	
	文物古籍总数		珍贵文物			一般文物	未定级文物
		一级	二级		三级		
	367	0	0		0	0	367

	单位名称	重庆市永川区文物保护管理所(永川博物馆)					
永川区	通信地址	重庆市永川区文昌路801号		邮政编码		402160	
	联系电话及传真	023-49896627		网址			
	文物古籍总数		珍贵文物			一般文物	未定级文物
		一级	二级		三级		
	3905	0	9		60	3836	0

	单位名称	重庆市永川区何埂镇玉宝山寺庙					
永川区	通信地址	重庆市永川区何埂镇玉宝村大湾头村民小组		邮政编码		402185	
	联系电话	18202318288		网址			
	文物古籍总数		珍贵文物			一般文物	未定级文物
		一级	二级		三级		
	1	0	0		0	1	0

南川区	单位名称	重庆市南川区党史与地方志办公室					
	通信地址	重庆市南川区和平支路6号			邮政编码	408400	
	联系电话及传真	023-71422461			网址		
	文物古籍总数		珍贵文物			一般文物	未定级文物
			一级	二级	三级		
	13		0	0	0	13	0

南川区	单位名称	重庆市南川区文物管理所					
	通信地址	重庆市南川区东城街道文化路9号			邮政编码	408400	
	联系电话及传真	023-71410190			网址		
	文物古籍总数		珍贵文物			一般文物	未定级文物
			一级	二级	三级		
	727		0	23	112	592	0

南川区	单位名称	重庆市南川区图书馆					
	通信地址	重庆市南川区东城文化路134号			邮政编码	408400	
	联系电话及传真	023-71641295			网址	www.cqnctsg.com.	
	文物古籍总数		珍贵文物			一般文物	未定级文物
			一级	二级	三级		
	1004		0	0	0	223	781

万盛经济技术开发区	单位名称	重庆市万盛经济技术开发区党工委宣传部					
	通信地址	重庆市万盛经济技术开发区新田路72号			邮政编码	400800	
	联系电话及传真	023-48288105			网址		
	文物古籍总数		珍贵文物			一般文物	未定级文物
			一级	二级	三级		
	4		0	0	0	0	4

万盛经济技术开发区	单位名称	重庆市綦江区金桥镇综合文化站					
	通信地址	重庆市綦江区金桥镇金灵庙1号			邮政编码	400800	
	联系电话及传真	023-48335006,48335301（FAX）			网址		
	文物古籍总数	珍贵文物			一般文物	未定级文物	
		一级	二级	三级			
	22	0	0	0	0	22	

万盛经济技术开发区	单位名称	重庆市万盛经济技术开发区文物管理所					
	通信地址	重庆市万盛经济技术开发区万东镇塔山路23号			邮政编码	400800	
	联系电话及传真	023-48261573,48261575（FAX）			网址		
	文物古籍总数	珍贵文物			一般文物	未定级文物	
		一级	二级	三级			
	74	0	0	7	23	44	
	标本化石总数	珍贵		一般		其他	
	25	1		24		0	

潼南区	单位名称	重庆市潼南区文物保护管理所					
	通信地址	重庆市潼南区梓潼街道文化路5号			邮政编码	402660	
	联系电话及传真	023-44551937			网址		
	文物古籍总数	珍贵文物			一般文物	未定级文物	
		一级	二级	三级			
	286	0	0	61	54	171	
	标本化石总数	珍贵		一般		其他	
	3	0		0		3	

潼南区	单位名称	重庆市潼南区图书馆					
	通信地址	重庆市潼南区梓潼街道办事处书院街16号			邮政编码	402660	
	联系电话及传真	023-44581499			网址	cqtnlib.cn	
	文物古籍总数	珍贵文物			一般文物	未定级文物	
		一级	二级	三级			
	17	0	0	0	0	17	

潼南区	单位名称	重庆市潼南区杨尚昆故里管理处（杨闇公杨尚昆旧居陈列馆）					
^	通信地址	重庆市潼南区梓潼街道办事处石碾村杨闇公烈士陵园			邮政编码		402660
^	联系电话及传真	023-44862666			网址		ys.tn.cq.cn
^	文物古籍总数	珍贵文物			一般文物	未定级文物	
^	^	一级	二级	三级	^	^	
^	138	0	0	0	0	138	

铜梁区	单位名称	重庆市铜梁区文物管理所（重庆市铜梁区博物馆）					
^	通信地址	重庆市铜梁区巴川街道龙门街169号			邮政编码		402560
^	联系电话及传真	023-45692846			网址		www.cqtlbwg.com
^	文物古籍总数	珍贵文物			一般文物	未定级文物	
^	^	一级	二级	三级	^	^	
^	10890	173	15	558	0	10144	

铜梁区	单位名称	邱少云烈士纪念馆					
^	通信地址	重庆市铜梁区巴川街道民主路64号			邮政编码		402560
^	联系电话及传真	023-45632537			网址		
^	文物古籍总数	珍贵文物			一般文物	未定级文物	
^	^	一级	二级	三级	^	^	
^	266	0	13	30	223	0	

荣昌区	单位名称	重庆市荣昌区安富街道广播电视文化服务中心					
^	通信地址	重庆市荣昌区安富街道兴发路35号			邮政编码		402466
^	联系电话及传真	023-46322077			网址		
^	文物古籍总数	珍贵文物			一般文物	未定级文物	
^	^	一级	二级	三级	^	^	
^	17	0	0	2	15	0	

荣昌区	单位名称	重庆市荣昌区图书馆					
	通信地址	重庆市荣昌区昌元街道广场路52号			邮政编码	402460	
	联系电话及传真	023-46745989			网址	www.rctsg.com	
	文物古籍总数		珍贵文物			一般文物	未定级文物
		一级	二级	三级			
	2211	0	0	0		0	2211

荣昌区	单位名称	重庆市荣昌区文物保护管理所					
	通信地址	重庆市荣昌区昌元街道迎宾大道26号附1号			邮政编码	402460	
	联系电话及传真	023-61471976,61471960（FAX）			网址		
	文物古籍总数		珍贵文物			一般文物	未定级文物
		一级	二级	三级			
	111	0	21	0		0	90

璧山区	单位名称	重庆市璧山区来凤小学校					
	通信地址	重庆市璧山区来凤街道解放东路98号			邮政编码	402763	
	联系电话	13983724766			网址		
	文物古籍总数		珍贵文物			一般文物	未定级文物
		一级	二级	三级			
	1	0	0	0		0	1

璧山区	单位名称	重庆市璧山区文物管理所					
	通信地址	重庆市璧山区中山北路110号			邮政编码	402760	
	联系电话及传真	023-41433544			网址		
	文物古籍总数		珍贵文物			一般文物	未定级文物
		一级	二级	三级			
	1001	0	13	49		0	939
	标本化石总数		珍贵		一般		其他
	42		0		42		0

梁平区	单位名称	重庆市梁平区档案局					
	通信地址	重庆市梁平区梁山街道人民南路1号			邮政编码	405200	
	联系电话及传真	023-53233543			网址		
	文物古籍总数		珍贵文物			一般文物	未定级文物
		一级	二级	三级			
	12	0	0	0		0	12

梁平区	单位名称	重庆市梁平区文物管理所					
	通信地址	重庆市梁平区梁山街道暗桥街50号			邮政编码	405200	
	联系电话及传真	023-53652959			网址		
	文物古籍总数		珍贵文物			一般文物	未定级文物
		一级	二级	三级			
	1155	1	60	199		1	894

梁平区	单位名称	重庆市梁平区图书馆					
	通信地址	重庆市梁平区梁山街道梁山路586号			邮政编码	405200	
	联系电话及传真	023-85705268			网址	www.lplib.com	
	文物古籍总数		珍贵文物			一般文物	未定级文物
		一级	二级	三级			
	1649	0	0	0		33	1616

梁平区	单位名称	重庆市梁平双桂堂					
	通信地址	重庆市梁平区金带镇金桂路78号			邮政编码	405208	
	联系电话及传真	023-53378734			网址		
	文物古籍总数		珍贵文物			一般文物	未定级文物
		一级	二级	三级			
	369	0	43	92		39	195

城口县	单位名称	重庆市城口县文物管理所（川陕苏区城口纪念馆）					
	通信地址	重庆市城口县葛城街道半月池2号			邮政编码	405900	
	联系电话及传真	13996679789,023-59221620（FAX）			网址		
	文物古籍总数		珍贵文物			一般文物	未定级文物
			一级	二级	三级		
	1554		0	2	103	0	1449

丰都县	单位名称	丰都县都督乡人民政府			
	通信地址	重庆市丰都县都督乡都督社区居委会1组		邮政编码	408228
	联系电话及传真	023-70663001		网址	
	标本化石总数	珍贵	一般		其他
	1	1	0		0

丰都县	单位名称	丰都县文物管理所					
	通信地址	重庆市丰都县三合街道商业一路323号附1号			邮政编码	408200	
	联系电话及传真	023-85601307			网址		
	文物古籍总数		珍贵文物			一般文物	未定级文物
			一级	二级	三级		
	52544		1	18	673	0	51852

丰都县	单位名称	丰都县图书馆					
	通信地址	重庆市丰都县滨江西路10号			邮政编码	408200	
	联系电话及传真	023-70607508			网址		
	文物古籍总数		珍贵文物			一般文物	未定级文物
			一级	二级	三级		
	580		0	0	0	0	580

	单位名称	丰都县档案局(馆)		
丰都县	通信地址	重庆市丰都县三合街道雪玉路625号	邮政编码	408200
	联系电话及传真	023-70605271	网址	dafz.cqfd.gov.cn
	文物古籍总数	珍贵文物 一级 / 二级 / 三级	一般文物	未定级文物
	260	0 / 0 / 0	0	260

	单位名称	丰都县风景名胜管理局		
丰都县	通信地址	重庆市丰都县平都大道西段291号	邮政编码	408299
	联系电话及传真	023-70738579	网址	
	文物古籍总数	珍贵文物 一级 / 二级 / 三级	一般文物	未定级文物
	1	0 / 0 / 0	0	1

	单位名称	丰都县悟惑寺		
丰都县	通信地址	重庆市丰都县兴义镇泥巴溪村	邮政编码	408200
	联系电话及传真	023-85601307	网址	
	文物古籍总数	珍贵文物 一级 / 二级 / 三级	一般文物	未定级文物
	1	0 / 0 / 0	0	1

	单位名称	丰都县延生禅院		
丰都县	通信地址	重庆市丰都县名山街道景区路1号	邮政编码	408200
	联系电话	15111939989	网址	
	文物古籍总数	珍贵文物 一级 / 二级 / 三级	一般文物	未定级文物
	2	0 / 0 / 0	0	2

	单位名称	垫江县文化馆					
垫江县	通信地址	重庆市垫江县桂西大道北段1号			邮政编码	408399	
	联系电话及传真	023-74512565			网址		
	文物古籍总数	珍贵文物			一般文物	未定级文物	
		一级	二级	三级			
	453	0	3	61	0	389	

	单位名称	垫江县图书馆					
垫江县	通信地址	重庆市垫江县桂溪街道文化西路22号			邮政编码	408399	
	联系电话及传真	023-74513840			网址	www.djxtsg.com	
	文物古籍总数	珍贵文物			一般文物	未定级文物	
		一级	二级	三级			
	98	0	0	0	0	98	

	单位名称	重庆市武隆区文物管理所（重庆市武隆博物馆）					
武隆区	通信地址	重庆市武隆区芙蓉街道芙蓉中路79号			邮政编码	408500	
	联系电话及传真	023-77723551			网址	www.xlxbwg.com.	
	文物古籍总数	珍贵文物			一般文物	未定级文物	
		一级	二级	三级			
	2962	0	7	104	4	2847	

	单位名称	重庆市武隆区档案修志馆					
武隆区	通信地址	重庆市武隆区巷口镇柏杨路49号			邮政编码	408500	
	联系电话及传真	023-77821506			网址		
	文物古籍总数	珍贵文物			一般文物	未定级文物	
		一级	二级	三级			
	15	0	0	0	0	15	

武隆区	单位名称	重庆市武隆区图书馆					
	通信地址	重庆市武隆区巷口镇芙蓉中路81号			邮政编码	408500	
	联系电话及传真	023—64506038,64502028（FAX）			网址	www.cqwltsg.com	
	文物古籍总数	珍贵文物			一般文物	未定级文物	
		一级	二级	三级			
	308	0	0	0	0	308	

忠县	单位名称	重庆市忠县金声乡卫生院					
	通信地址	重庆市忠县金声乡金声场103号			邮政编码	404331	
	联系电话及传真	023-54866013			网址		
	文物古籍总数	珍贵文物			一般文物	未定级文物	
		一级	二级	三级			
	2	0	0	0	0	2	

忠县	单位名称	重庆市忠县文物局					
	通信地址	重庆市忠县忠州镇白公路28号			邮政编码	404300	
	联系电话及传真	023-54215063			网址		
	文物古籍总数	珍贵文物			一般文物	未定级文物	
		一级	二级	三级			
	16899	3	15	306	473	16102	

忠县	单位名称	重庆市忠县图书馆					
	通信地址	重庆市忠县忠州镇红星梯道8号			邮政编码	404300	
	联系电话及传真	023-85822018			网址		
	文物古籍总数	珍贵文物			一般文物	未定级文物	
		一级	二级	三级			
	2367	0	0	0	0	2367	

忠县	单位名称	重庆市忠县东溪镇文化站					
	通信地址	重庆市忠县东溪镇宣公路			邮政编码	404336	
	联系电话及传真	13996684992,023-54783311（FAX）			网址		
	文物古籍总数	珍贵文物			一般文物	未定级文物	
		一级	二级	三级			
	1	0	0	0	0	1	

开州区	单位名称	重庆市开州区文物管理所				
	通信地址	重庆市开州区滨湖中路			邮政编码	405400
	联系电话及传真	023-52236637			网址	
	文物古籍总数	珍贵文物			一般文物	未定级文物
		一级	二级	三级		
	8130	41	44	503	5633	1909
	标本化石总数	珍贵		一般		其他
	27	0		27		0

开州区	单位名称	刘伯承同志纪念馆管理处				
	通信地址	重庆市开州区北环路781号			邮政编码	405400
	联系电话及传真	023-52222914			网址	
	文物古籍总数	珍贵文物			一般文物	未定级文物
		一级	二级	三级		
	295	17	45	128	44	61

开州区	单位名称	重庆市开州区图书馆				
	通信地址	重庆市开州区汉丰街道月潭街52附2号			邮政编码	405400
	联系电话及传真	023-52222624			网址	www.kztsg.com
	文物古籍总数	珍贵文物			一般文物	未定级文物
		一级	二级	三级		
	3731	0	0	0	0	3731

云阳县	单位名称	重庆市云阳县文物保护管理所（云阳博物馆）					
	通信地址	重庆市云阳县外滩大道两江广场市民文化活动中心一楼				邮政编码	404500
	联系电话及传真	023-55818101,55818103（FAX）			网址	www.cqyybwg.com	
	文物古籍总数		珍贵文物			一般文物	未定级文物
			一级	二级	三级		
	41949		10	39	231	1	41668

云阳县	单位名称	重庆市云阳县图书馆					
	通信地址	重庆市云阳县外滩大道两江广场市民文化活动中心五楼				邮政编码	404500
	联系电话及传真	023-85859903			网址	www.cqyytsg.com	
	文物古籍总数		珍贵文物			一般文物	未定级文物
			一级	二级	三级		
	101		0	0	0	0	101

云阳县	单位名称	重庆市云阳县地方志办公室					
	通信地址	重庆市云阳县双江街道杏花路60号			邮政编码		404599
	联系电话及传真	023-55128448			网址		
	文物古籍总数		珍贵文物			一般文物	未定级文物
			一级	二级	三级		
	26		0	0	0	0	26

奉节县	单位名称	重庆市奉节县草堂初级中学					
	通信地址	重庆市奉节县白帝镇浣花村5社			邮政编码		404600
	联系电话及传真	023-56731090			网址		
	文物古籍总数		珍贵文物			一般文物	未定级文物
			一级	二级	三级		
	2		0	0	0	0	2

奉节县	单位名称	重庆市奉节夔门高级中学					
	通信地址	重庆市奉节县鱼复街道办事处鱼复路555号			邮政编码	404600	
	联系电话	13983506638			网址		
	文物古籍总数	珍贵文物			一般文物	未定级文物	
		一级	二级	三级			
	2	0	0	0	0	2	

奉节县	单位名称	重庆市奉节县夔州博物馆(奉节县文物管理所)					
	通信地址	重庆市奉节县夔门街道诗城东路83号			邮政编码	404600	
	联系电话及传真	023-56569911			网址		
	文物古籍总数	珍贵文物			一般文物	未定级文物	
		一级	二级	三级			
	4046	651	63	609	0	2723	

奉节县	单位名称	重庆市奉节县图书馆					
	通信地址	重庆市奉节县永安镇永安路3巷21号			邮政编码	404600	
	联系电话及传真	023-56559353			网址	www.fengjielib.cn	
	文物古籍总数	珍贵文物			一般文物	未定级文物	
		一级	二级	三级			
	2187	0	0	0	0	2187	

奉节县	单位名称	重庆市奉节县清静庵					
	通信地址	重庆市奉节县永安镇彩云街221附2号			邮政编码	404600	
	联系电话及传真	023-85966868			网址		
	文物古籍总数	珍贵文物			一般文物	未定级文物	
		一级	二级	三级			
	27	0	0	0	0	27	

奉节县	单位名称	奉节县清真寺					
	通信地址	重庆市奉节县永安街道诗仙东路10号			邮政编码	404600	
	联系电话	18623463563			网址		
	文物古籍总数	珍贵文物			一般文物	未定级文物	
		一级	二级	三级			
	9	0	0	0	0	9	

奉节县	单位名称	奉节县长龙山天仙观					
	通信地址	重庆市奉节县公平镇长龙村天仙观			邮政编码	404600	
	联系电话	15223619888			网址		
	文物古籍总数	珍贵文物			一般文物	未定级文物	
		一级	二级	三级			
	5	0	0	0	0	5	

巫山县	单位名称	重庆市巫山县南峰小学					
	通信地址	重庆市巫山县祥云路392号			邮政编码	404700	
	联系电话及传真	023-57651483			网址		
	文物古籍总数	珍贵文物			一般文物	未定级文物	
		一级	二级	三级			
	1	0	0	0	1	0	

巫山县	单位名称	巫山县图书馆					
	通信地址	重庆市巫山县广东东路333号"两心四馆"2楼			邮政编码	404700	
	联系电话及传真	023-57693345			网址	www.wstsg.net	
	文物古籍总数	珍贵文物			一般文物	未定级文物	
		一级	二级	三级			
	97	0	0	0	0	97	

	单位名称	重庆市巫山县大溪乡综合文化服务中心					
巫山县	通信地址	重庆市巫山县大溪乡黛溪街69号		邮政编码		404700	
	联系电话及传真	13594867818，023-57589135（FAX）		网址			
	文物古籍总数		珍贵文物			一般文物	未定级文物
		一级	二级	三级			
	304	0	0	0		304	0

	单位名称	重庆市巫山县福田镇文化服务中心					
巫山县	通信地址	重庆市巫山县福田镇三桥社区福华路24号		邮政编码		404708	
	联系电话及传真	1829020577，023-57811125（FAX）		网址			
	文物古籍总数		珍贵文物			一般文物	未定级文物
		一级	二级	三级			
	2	0	0	0		2	0

	单位名称	巫山县文物管理所（巫山博物馆）					
巫山县	通信地址	重庆市巫山县高唐街道平湖西路369号		邮政编码		404700	
	联系电话及传真	023-57689290		网址			
	文物古籍总数		珍贵文物			一般文物	未定级文物
		一级	二级	三级			
	55820	12	91	1318		826	53573

	单位名称	重庆市巫溪县图书馆					
巫溪县	通信地址	重庆市巫溪县马镇坝丰益路300号		邮政编码		405800	
	联系电话及传真	023-51522025		网址			
	文物古籍总数		珍贵文物			一般文物	未定级文物
		一级	二级	三级			
	76	0	0	0		0	76

巫溪县	单位名称	重庆市巫溪县文物管理所					
	通信地址	重庆市巫溪县马镇坝柏杨街道春申大道167号			邮政编码	405800	
	联系电话及传真	023-51529007			网址		
	文物古籍总数		珍贵文物			一般文物	未定级文物
			一级	二级	三级		
	5464		1	2	40	11	5410

石柱土家族自治县	单位名称	重庆市石柱土家族自治县文物管理所					
	通信地址	重庆市石柱土家族自治县万安街道都督大道			邮政编码	409199	
	联系电话及传真	023-73322106			网址		
	文物古籍总数		珍贵文物			一般文物	未定级文物
			一级	二级	三级		
	7460		0	0	11	0	7449

秀山土家族苗族自治县	单位名称	重庆市秀山土家族苗族自治县文物管理所					
	通信地址	重庆市秀山土家族苗族自治县乌杨社区渝秀大道186号			邮政编码	409900	
	联系电话及传真	023-76683223			网址		
	文物古籍总数		珍贵文物			一般文物	未定级文物
			一级	二级	三级		
	3114		1	11	74	1	3027

秀山土家族苗族自治县	单位名称	重庆市秀山土家族苗族自治县图书馆					
	通信地址	重庆市秀山土家族苗族自治县乌杨街道渝秀大道195号			邮政编码	409900	
	联系电话及传真	023-76683065，76662573（FAX）			网址	www.xslib.com	
	文物古籍总数		珍贵文物			一般文物	未定级文物
			一级	二级	三级		
	2961		0	0	0	0	2961

	单位名称	重庆市西阳第一中学校				
西阳土家族苗族自治县	通信地址	重庆市西阳土家族苗族自治县龙潭镇渝湘路82号		邮政编码		409812
	联系电话及传真	023-75312007		网址		www.yylz.cn
	文物古籍总数	珍贵文物			一般文物	未定级文物
		一级	二级	三级		
	1846	0	0	0	3	1843

	单位名称	重庆市西阳土家族苗族自治县文化馆				
西阳土家族苗族自治县	通信地址	重庆市西阳土家族苗族自治县桃花源街道文体中心四楼		邮政编码		409800
	联系电话及传真	023-75550679		网址		
	文物古籍总数	珍贵文物			一般文物	未定级文物
		一级	二级	三级		
	91	0	0	0	0	91

	单位名称	重庆市西阳土家族苗族自治县文物管理所				
西阳土家族苗族自治县	通信地址	重庆市西阳土家族苗族自治县桃花源街道文体中心四楼		邮政编码		409800
	联系电话及传真	023-75556022		网址		
	文物古籍总数	珍贵文物			一般文物	未定级文物
		一级	二级	三级		
	922	0	3	21	812	86
	标本化石总数	珍贵		一般		其他
	6	0		5		1

	单位名称	重庆市西阳土家族苗族自治县图书馆				
西阳土家族苗族自治县	通信地址	重庆市西阳土家族苗族自治县桃花源街道文体中心五楼		邮政编码		409800
	联系电话及传真	023-75555001		网址		youyangxian.superlib.libsou.com
	文物古籍总数	珍贵文物			一般文物	未定级文物
		一级	二级	三级		
	766	0	0	0	0	766

酉阳土家族苗族自治县	单位名称	重庆市酉阳土家族苗族自治县红色景区管理委员会（赵世炎烈士纪念馆）					
	通信地址	重庆市酉阳土家族苗族自治县龙潭镇赵庄社区219号				邮政编码	409812
	联系电话及传真	023-75312067				网址	
	文物古籍总数		珍贵文物			一般文物	未定级文物
			一级	二级	三级		
	173		1	0	0	0	172

彭水苗族土家族自治县	单位名称	重庆市彭水苗族土家族自治县诸佛乡中心校					
	通信地址	重庆市彭水苗族土家族自治县诸佛乡青灵村二组				邮政编码	409611
	联系电话及传真	13896447023，023-78845109（FAX）				网址	
	文物古籍总数		珍贵文物			一般文物	未定级文物
			一级	二级	三级		
	1		0	0	0	0	1

彭水苗族土家族自治县	单位名称	重庆市彭水苗族土家族自治县文物管理所					
	通信地址	重庆市彭水苗族土家族自治县汉葭街道民族路88号				邮政编码	409600
	联系电话及传真	023-78448016				网址	
	文物古籍总数		珍贵文物			一般文物	未定级文物
			一级	二级	三级		
	1064		3	4	33	0	1024

彭水苗族土家族自治县	单位名称	重庆市彭水苗族土家族自治县图书馆					
	通信地址	重庆市彭水苗族土家族自治县汉葭街道民族路88号				邮政编码	409600
	联系电话及传真	023-78891358				网址	www.psxlib.cn
	文物古籍总数		珍贵文物			一般文物	未定级文物
			一级	二级	三级		
	151		0	0	0	0	151

后　记

巴渝藏珍丛书是重庆市第一次全国可移动文物普查成果汇编,由两部分组成。其一为《巴渝藏珍——重庆市第一次全国可移动文物普查总结报告暨收藏单位名录》,收录了重庆市总报告、6家直属单位及39个区县的报告,以及全市165家国有文物收藏单位的基本信息。其二为《巴渝藏珍——重庆市第一次全国可移动文物普查精品图录》,由6部图录组成,分别是:标本、化石卷;石器、石刻、砖瓦,陶器,瓷器卷;书画、碑刻、古籍卷;金属器卷;工艺、文玩卷;近现代卷。

编委会及专家组讨论确定了编写体例和分卷原则,审定了编写组提交的入选文物清单。重庆中国三峡博物馆承担项目的组织工作。通过招投标,确定西南师范大学出版社为出版单位。

《巴渝藏珍——重庆市第一次全国可移动文物普查总结报告暨收藏单位名录》由重庆中国三峡博物馆甘玲、金维贤主编。各有关单位提供了本卷的图片。

《巴渝藏珍——重庆市第一次全国可移动文物普查精品图录》各分册分工如下:

卷一:标本、化石卷,由重庆自然博物馆李华、童江波主编。重庆自然博物馆地球科学部姜涛、钟鸣,生命科学部钟婧、陈锋、马琦参与初选整理;孙鼎纹、王龙重新拍摄了部分收录标本图片,向朝军对收录图片进行后期处理。相关区县博物馆、文物管理所提供了标本照片。

卷二:石器、石刻、砖瓦,陶器,瓷器卷,由重庆中国三峡博物馆王纯婧、李娟主编。重庆中国三峡博物馆藏品部甘玲、杨婧等参与了初选整理,研究部贺存定帮助初选石器文物。

卷三:书画、碑刻、古籍卷,由重庆中国三峡博物馆江洁、杨婧主编。重庆中国三峡博物馆藏品部胡承金等参与初选整理,研究部刘兴亮帮助初选古籍图书。

卷四:金属器卷,由重庆中国三峡博物馆夏伙根、吴汶益主编。重庆中国三峡博物馆藏品部庞佳、马磊参与初选整理。

卷五:工艺、文玩卷,由重庆中国三峡博物馆梁冠男、梁丽主编。重庆中国三峡博物馆藏品部庞佳、马磊参与初选整理。

卷六:近现代卷,由重庆中国三峡博物馆艾智科、张蕾蕾主编。

卷二至卷六所选文物藏品的图片，主要来自普查登录平台，重庆中国三峡博物馆文物信息部王越川为图片的提取、整理做了大量技术性工作。重庆中国三峡博物馆陈刚、申林与万州区博物馆李应东对不符合出版要求的图片，进行了重新拍摄。

巴渝藏珍系列图书的编辑工作得到各直属单位和各区县的大力支持，重庆中国三峡博物馆抽调专业人员进行了为期一年多的文物甄选、资料收集、编辑、拍摄工作。编委会及专家组的王川平、张荣祥、刘豫川、白九江、邹后曦等先生对各分册编辑组提出的入选文物进行了审定。序言由李娟、黎力译为英文。西南师范大学出版社为图书顺利出版付出了大量辛勤劳动。对以上各单位的支持与专家、学者的付出，表示衷心感谢。

本丛书既是重庆市第一次全国可移动文物普查的成果汇编，也是重庆市可移动文物的第一部综合性大型图录，通过丛书可了解全市国有文物收藏单位及馆藏文物精品，进而了解重庆这座国家历史文化名城的深厚文化内涵。由于我们经验、水平和能力的不足，难免存在错讹和疏漏，敬请读者不吝赐教。